当代中国村镇空间变化与管治

余　斌　罗　静　曾菊新　著

科学出版社
北　京

内 容 简 介

村镇空间是一个宽泛而复杂的地域系统。在中国新型城镇化背景下探究村镇空间变化与管治，旨在推动中国村镇空间的功能转型以及乡村发展模式的创新，力图为中国城乡一体化建设及空间管治政策制定提供理论依据和智力支持，为地理科学的乡村空间研究贡献有效成果。

全书共 12 章。第 1 章为城乡二元化背景下的村镇空间结构；第 2 章为城乡一体化进程中的村镇空间变化；第 3 章为科学发展观视野下的村镇空间转型。前三章主要是当代村镇空间发展的背景分析。第 4 章为村镇空间结构的系统解读；第 5 章为当代村镇空间结构的主要特征；第 6 章为村镇空间结构变化的影响因素；第 7 章为村镇空间结构变化的动力机制；第 8 章为村镇空间结构变化的主要规律。这五章主要是探寻村镇空间结构变化的基本原理。第 9 章为村镇空间优化布局模式与管治方式；第 10 章为村镇土地利用规划与管治；第 11 章为人居环境建设规划与管治；第 12 章为公共服务保障规划与管治。最后这四章涉及村镇空间布局规划与管治问题。

本书可供经济地理、区域经济与城乡规划等领域的研究者、城乡规划部门的专业技术人员以及政府有关部门的管理者参考。

图书在版编目（CIP）数据

当代中国村镇空间变化与管治/余斌，罗静，曾菊新著. —北京：科学出版社，2016.9

ISBN 978-7-03-047733-0

Ⅰ.①当… Ⅱ.①余… ②罗… ③曾… Ⅲ. ①乡村规划–研究–中国 Ⅳ.①TU982.29

中国版本图书馆 CIP 数据核字(2016)第 050559 号

责任编辑：朱海燕 丁传标 / 责任校对：张小霞
责任印制：张 伟 / 封面设计：北京图阅盛世文化传媒有限公司

科学出版社 出版
北京东黄城根北街 16 号
邮政编码：100717
http://www.sciencep.com

北京凌奇印刷有限责任公司 印刷

科学出版社发行 各地新华书店经销

*

2016 年 9 月第 一 版 开本：787×1092 1/16
2016 年 9 月第一次印刷 印张：24
字数：550 000

POD定价： 149.00元
（如有印装质量问题，我社负责调换）

前　言

《当代中国村镇空间变化与管治》这部著作，始于 2006 年承担和 2009 年结题的教育部人文社会科学重点研究基地重大项目“城乡一体化过程中的空间结构与村镇布局问题研究”的研究成果。

近年来，在新型城镇化的导向下，有关城乡统筹发展、城乡一体化发展和新农村建设等，对中国村镇空间结构与布局已经并将继续产生重要影响。随着区域中心城市能量的极化和辐射作用，还有小城镇衔接城乡发展的纽带作用以及乡村对农业和农民的服务作用等，也使得村镇空间结构的功能效应更为显著。但是，随着近 30 年来中国城镇化速度的加快，部分地区的城镇格局出现了空间结构单核化、趋同化、摊大饼式的无序蔓延，以及小城镇发展和副中心功能区的滞后性等问题，部分农村地区没有实现真正意义上的城镇化，故导致部分地区村镇空间结构比较离散，乡村空间趋于边缘化。这种发展格局很难适应甚至将阻碍城乡一体化发展。

快速城市化必将加剧村镇空间的离散性和乡村空间的边缘化，这既是一部分发展中国家的普遍性现象，也是一道世界性难题。国际经验表明，发达国家的城乡一体化始于工业化和城市化的完成，因而具备优越的社会经济、资源环境和地理空间基础。在当代世界的城市化历程中，如何有效突破这道难题，尚无发展中大国的成功案例可资借鉴。在中国城镇化进程中，人口众多、区域和城乡差异大以及城乡流动性较强等独特的国情，增加了乡村空间发展的复杂性和不确定性。科学发展观和新型城镇化视野下的城乡一体化，旨在推动中国乡村空间的功能转型，也意味着中国乡村发展道路和发展模式的创新，并对相关学术研究提出了重大需求和挑战。

当代中国的乡村发展已渐成国内外相关学术领域的研究热点，并陆续出现了一批研究视角不同和研究重点各异的力作。地理学领域也发表了一系列有深度和有见地的专题论文，但基于新常态、新情况和新变化的学术著作尚不多见。在“创新、协调、绿色、开放、共享”发展理念和空间管治导向下，如何优化中国的村镇空间布局，如何遵循村镇空间结构演化规律并保持其肌理的自然性、有机性以及发展的连续性和自组织性，是有待探究的理论问题。该项研究课题力图以系统的思维、空间的视角和综合的专长，对当代中国的村镇空间变化及其管治进行“融贯”研究，旨在为地理科学的乡村空间研究贡献有效成果、为相关学科的乡村发展研究提供参考，力图为中国的城乡一体化建设及政策制定提供理论依据。

该项研究倡导并践行“认识—实践—认识”的学风，通过深入思考、集体探讨和集成研究，形成了如下论点：①村镇空间结构既是乡村发展的结果，也是乡村发展的条件，基于城乡网络化发展模式，通过空间结构创新能够推动村镇空间优化发展。村镇空间结构变化源于村镇主体的空间行为及其相互作用，本质是不同类型村镇主体多重博弈的结果，通过相关空间政策的有效引导，能够推动村镇空间结构的优化。②中国城镇化进程中的村镇空间主要是一种生产性主导的空间，科学发展观视野下的当代村镇空间应是一种生活-生产-生态兼容的多功能性空间，新农村建设的实质是一种政府主导的、乡村空间的功能转型。从区域空间结构决定功能效应考量，现实中只有通过优化村镇空间结构，方能达到推动村镇空间功能转型的目的。③村镇规划对村镇空间结构具有较大影响。时下部分地区的村镇规划尚存在“城市思维”以及“忽略农业生产和农民生活”的现象。当前中国村镇规划研究与实施所欠缺的，不是对西方规划理论和实践活动在中国的简单应用，也不是城市规划方法和研究思路在村镇地区的简单复制，而是应该立足于中国村镇自身发展规律的研究——从农村生态环境、农业生产条件和农民生活方式研究的角度入手，进而构建不同地域特色的村镇空间格局。④村镇空间结构是乡村人地关系的状态显现，在人类活动主导人地关系的条件下，异质人类活动之于均质自然环境的叠加亦可形成人地关系的空间分异，刻画这种空间分异的基本单元即所谓的村镇地域系统，当代乡镇地域构成村镇地域系统的基本结构。⑤空间需求是人类的基本需求，包容不同关系的实体空间形成不同的空间类型，村镇空间结构变化是村镇地域系统内部不同空间类型排列组合的变化；在微观机理上，不同村镇主体的空间需求、空间行为及其空间博弈是村镇空间结构变化的关键驱动机制。

在上述认识论的导向下，我们形成了本书的整体架构。全书分为三大部分（共 12 章）。

第一部分为“当代村镇空间发展的背景分析”，包括第 1 章城乡二元化背景下的村镇空间结构；第 2 章城乡一体化进程中的村镇空间变化；第 3 章科学发展观视野下的村镇空间转型。这一部分首先回溯了中国的村镇空间经历的曲折演化历程。传统农业社会的乡村地域是一种均质、离散的空间；城市化和市场经济发展催生了乡村空间的边缘化及其内部结构的异质化；计划经济的刚性约束强化了城乡二元经济和地域结构，并推动了乡村空间的“再均质化”；改革开放使城市化渐趋常态、体制转型使乡村空间被“商品化”，两者的耦合作用加剧了乡村空间的边缘化及其内部结构的“再异质化”。在科学发展观视野下，中国的乡村空间应是一种生活性主导的多功能性空间，新农村建设的实质是政府推动的一种乡村空间功能转型。

第二部分侧重“村镇空间结构变化的规律研究”，包括第 4 章村镇空间结构的系统解读；第 5 章当代村镇空间结构的主要特征；第 6 章村镇空间结构变化的影响因素；第 7 章村镇空间结构变化的动力机制；第 8 章村镇空间结构变化的主要规律。第二部分力图探寻中国村镇空间结构某些规律性的变化。村镇空间结构是乡村人地关系的状态显现。村镇地域系统是异质人类活动叠加于均质自然环境形成的空间组织系统和日常生活系统，乡村中心（节点）、通道设施和面域要素的有机结合构成村镇空间结构；当代村镇地域系统以乡镇辖区为基本单元，并存在单中心、主副型和发散状等地域模式。在生活性空间的视角下，当代村镇空间结构的变化表现出相互矛盾特征：中心节点和通道设施的发展便利了乡村居民的日常活动，村落形态和生态环境的演化则降低了乡村居民的生活质量，制度变迁、产业发展和文化转型是当代村镇空间结构变化的主要外生变量，市场机制和政府调控双重作用下的居民行为变化则是其主要内生变量，村镇空间结构的均衡是多元村镇主体多重空间博弈的结果。村镇空间结构的变化具有时间阶段性、空间差异性和时空耦合性规律，政府主导下的人类能动作用能够推动村镇地域系统的空间功能转型。

第三部分为“村镇空间布局规划与管治研究”，包括第 9 章村镇空间优化布局模式与管治方式；第 10 章村镇土地利用规划与管治；第 11 章人居环境建设规划与管治；第 12 章公共服务保障规划与管治。第三部分主要是从规划与管治视角研究村镇空间问题。空间布局优化是推动村镇地域系统功能转型的有效路径，空间管治创新是实施村镇空间结构优化的必要手段；通过产业布局优化和聚落形态优化，提升村镇空间的可通达性、可居住性和可持续性；通过协同性管治体系和激励性管治工具的创新，确保村镇空间布局规划的实施和优化目标的实现。科学规划乡村土地利用的类型、结构、强度和格局，以综合性的空间管治确保乡村土地的节约集约利用应当是优化村镇空间布局的基础工程；大力加强乡村人居环境建设，以空间环境优化约束并推动自然环境和社会环境优化，创造独具魅力和富有竞争力的新型人类家园是村镇空间转型的核心内容；有效增加乡村公共服务供给、不断完善乡村公共服务体系，以公共服务均等化增强乡村空间的生活性是建设新乡村空间的必备条件。

总体而言，本书立足当代中国乡村空间发展的新阶段和新实际，以新型城镇化和城乡一体化为背景，以科学发展观贯穿始终，以系统思维和空间综合视角对当代中国的村镇空间变化及其管治进行解析，理当具有一定的理论意义和实践价值。具体而论，关于当代村镇空间“生活-生产-生态兼容的多功能性”定位可视为对传统乡村发展理论的突破，有助于明晰新农村建设的目标，有助于创新乡村空间发展的路径和模式。基于中观层面的村镇地域系统概念体系将地理学的乡村宏观研究和微观研究有效联结，形成完整的内容结构，因符合当代乡村空间优化实际而构筑村镇建设的实践平台和操作抓手；关于村镇主体空间行为及其博弈分析揭示了村镇空间结构变化的内在机理，能够为国家和地方政府的政策制定及其引导提供理论依据和路径启示。

资助“城乡一体化过程中的空间结构与村镇布局”这个课题研究，不仅有教育部人文社会科学重点研究基地重大项目（05JJDZH232），还有国家自然科学基金项目（41371183）以及华中师范大学中央高校基本科研业务费（CCNU15ZD001）。参加这个科研项目以及撰写《当代中国村镇空间变化与管治》初稿的有曾菊新、罗静、余斌、邓明艳、邓婕、付永、冯娟、刘承良、李文田、李艳、李伯华、郝华勇、柳士双和蒋子龙等，余斌、罗静和曾菊新负责书稿的终审修改，陈燕、向云、孙璇、唐明敏和何永娇等做了部分编校工作。这是一个“协同作战”的研究成果，在此一并致谢！这部著作的初稿已经存放了 6 年，尽管部分前期应用研究成果为地方政府所采纳以及公开发表，但书稿中难免有不够完善之处，其学术价值还有待实践的检验。

曾菊新

2015 年 12 月于武昌桂子山

目　录

第 1 章　城乡二元化背景下的村镇空间结构

1.1　城乡关系演化与城乡二元结构

1.1.1　城乡关系的内涵解析

城市与乡村是两个富有感染力的词。我们只需想一想它们代表了人类社会的多少经验，就会明白这一点。在英语中，“country”可以表示一个国家，也可以表示一片“土地”。“the country”可以是整个社会，也可以是该社会中的乡村（雷蒙·威廉斯，2013）。

城乡关系是人类社会生产力发展的阶段性现象，是现阶段中国政治、经济和社会发展中最重要的结构性问题之一。城乡关系研究也是国内外部分人文社会学科涉足的重要问题域。

在西方文献中，虽然城乡关系中的“关系”有不同表述，如关系（relationship、connection）、互动（interaction）、联系（linkage）等，但主要含义都是将城市和农村视为通过人口、商品等要素流动而彼此紧密联系、相互依赖的两个共生系统，一般泛指城乡之间要素流动和功能耦合的状态（陈方，2013）。

从人类社会发展层面考察，城乡关系是社会生产力发展和社会大分工的产物。自城市产生后，城乡关系便随之而生。城乡关系问题是追求工业化现代化的发展中国家所共同面对的一个普遍问题，其包含的内容广泛，如城乡发展关系、城乡经济关系、城乡文化关系、城乡社会关系、城乡生存关系、城乡运行关系等（李泉，2005a）。第二次世界大战后，随着新独立国家工业化的展开，城乡关系日益引起国际学术界的关注，并产生了一批研究成果。新中国成立后，也启动了工业化进程，但由于国内外多种原因，城乡关系问题在一定时期内并未被学界所真正关注。改革开放后，随着农村经济体制改革的深入和乡镇企业的迅速崛起，城乡关系逐渐为人们所深刻认识，并日益成为研究的一个重要问题。

不同学者对于城乡关系的内涵具有不同的认识。袁政（2004）认为：城市和乡村应当是一个整体，在这一整体中，人流、物流、信息流自由合理地流动，城乡经济、社会、文化相互渗透、相互融合、互相依赖；城乡差别很小，各种资源得到高效利用，城乡地位平等而功能不同。何一民（2004）认为：城乡关系是广泛存在于城市和农村之间的相互作用、相互影响、相互制约的普遍联系与互动关系，是一定社会条件下政治关系、经济关系、阶级关系等诸多因素在城市和农村两者关系的集中反映。马远军等（2006）认为应从不同层次理解城乡关系的内涵：一是地理学意义上城市与乡村的区位关系；二是经济学意义上工业与农业的产业关系；三是社会学意义上市民与农民的身份关系；四是生态学意义上斑块与基质的结构关系，等等。综合而言，我们认为这样表述城乡关系可能较为合适：城乡关系是国家工业化与现代化过程中出现的城市和乡村之间在人口、物资、信息、资金等方面相互流动，经济、社会、文化等方面相互渗透的一种相互影响和相互作用的联系。

1.1.2 城乡关系的历史分析

在长达 2000 多年的封建社会中，中国城乡一直处于共生状态而没有根本分离。城市一直在城乡关系中处于和乡村相联系的状态，在政治上统治乡村，在经济上依赖乡村，而没有发展成为独立于乡村之外的经济中心。城乡之间的经济联系主要是单向的，即城市从乡村征收贡赋、调集劳役，而很少向农村提供产品。城市的性质和职能主要是政治性和消费性，城乡关系使当时广大的乡村封闭在小农业与家庭手工业相结合的自然经济圈子内。同时，这种城乡关系中的城市也是相对封闭的，缺少独立的工商业组织，社会分工程度很低，城市经济功能微弱，对社会经济发展的带动力极小。城市中的居民主要有三大类型：封建王公、贵族、军队等公职人员；城市商人和手工业者；从事农业活动的城市农民。在古代城乡关系中，城市工商业比重很低，城市职业种类很少，城市社会分工也很不发达，对于乡村人口进城就业的吸纳能力非常微小。封建统治者仅仅利用城市在政治上巩固自己的统治地位，统治农村并在经济上剥削农村，城市完全依赖于剥削农村而存在。城乡关系中的经济以农业为根本，各种制度以农业文明为象征，粮食自给自足和田园式生活是人们所追求的人生理想状态（苏雪串，2003）。城乡关系简单，正如马克思所言“亚细亚的历史是城市和乡村无差别的统一”（中共中央马克思恩格斯列宁斯大林著作编译局，1961）。

近代商品经济的发展要求改变自然经济条件下城乡的相互孤立和隔绝状况，强化两者的依存和联系，形成统一的商品市场。城乡关系在商品经济及多种因素的影响与作用下变得日益复杂，与封建社会相比，突出表现在城乡间联系性的加强与对抗性矛盾加剧的两极分化态势上（何一民，2004）。城乡关系呈现出新旧交替，由传统趋向近代的过渡形态。一方面城乡社会分工扩大，另一方面又带有浓厚的传统色彩，农村商品经济不发达。生产力的发展促进了城乡人口流动的日趋频繁和城乡贸易的日趋扩大，改变了城市人口的职业构成，农业人口比重下降，非农业人口比重上升，封建性军政人口逐渐让位于资本主义性质的工商业等经济活动人口。以往在农村进行的经济活动一定程度上为城市所取代，城市取得了生产中心和流通中心的经济地位，支配作用与辐射功能大为增强，相应地促进了资源配置从乡村到城市的变化。乡村自然经济逐步瓦解，工业与农业分离并向城市集中，形成“城市工业、乡村农业”新的分工格局（宫玉松，1994a）。城乡经济联系由近代以前基本是单向性流动向双向性对流发展，城乡工农业产品的对流，促进了城乡商品交换范围的扩大和交换数量的增加。然而，由于中国近代农村经济发展缓慢、农业生产率低、农民生活贫困，因此，能为工业提供的原料、市场极为有限，从而制约了中国近代城市工业和城市化的发展。正如毛泽东所说：“在半殖民地，城市虽带着领导性质，但不能完全统制乡村，因为城市太小，乡村太大，广大的人力物力在乡村不在城市。”[①]城乡关系实质是一种城市剥削乡村的对立关系，城市在经济上剥削乡村，在政治上统治乡村。城市浓厚的殖民地性和封建性使城乡对立的性质主要不是反映资本与地权、商品经济与自然经济的对立，而是帝国主义和封建买办势力对广大农民的剥削

① 毛泽东. 1981. 毛泽东军事文选. 1981. 北京：战士出版社. 149.

关系。其实质是占人口大多数的农民阶级与主要盘踞在城市的外国帝国主义、本国封建势力、官僚买办资产阶级之间的尖锐矛盾与斗争（宫玉松，1994b）。

新中国成立之初，从社会整体结构看，属于传统农业社会，是典型的农业国，处于社会发展的前工业化阶段。以 1952 年为例，1952 年，全国总人口 57482 万，其中非农业人口 8291 万，占 14.4%，农业人口 49191 万，占 85.6%；在工农业总产值构成中，工业总产值占 43.1%，农业总产值占 56.9%（国家统计局，1993a）。从这一时期农村迁入城市的人数和城市迁往农村人数的比例上看，大约是 1.8∶1。总体而言，新中国成立初期中国城乡关系表现为开放双向的特征，城乡之间迁移比较自由，呈现互动对流状态。之后，在快速推进工业化的过程中，国家逐渐采取了依靠建立单一的公有制和计划经济来推行优先快速发展重工业的战略模式，由此导致了农村经济体制和城乡关系的变迁。在推行农村经济体制由个体经济、合作经济向"政社合一"的集体经济的转变过程中，为了制止广大农民自发地向收入和生活条件好的城市流动，政府通过建立人民公社和实行集体经营，将农民束缚于农村、束缚于农业、束缚于集体生产经营中。1958 年公布实施《中华人民共和国户口登记条例》，通过严格的户籍制度把社会一分为二：城市和农村，市民和农民，他们分属于不同制度和体制，具有不同身份和待遇，并且存在着身份和地位的不可转换性。"这就不仅划分而且固定了工人和农民之间的社会地位的差别"（刘应杰，1996a）。自此，中国城乡关系的矛盾逐步积累，导致城市与乡村的分离与对立日益严重并不断强化，最终形成了一个难以逾越的城乡关系鸿沟（李泉，2005b）。城乡分离限制了农民向城市的自由流动，人民公社的"三级所有、队为基础"的体制，使得农民在集体内部很少存在差别，大家处在普遍的贫困状态（刘应杰，1996b）。城乡关系实质上是工农业关系的更广泛表现，工农业关系是城乡关系的核心（武力，2007a）。在工农业关系方面，主要表现为农业支持工业，农村支持城市和城乡分隔的"二元结构"体制。

改革开放后，中国城乡关系由于农村改革而开始松动和变化。1978 年实施家庭联产承包责任制，取消集体生产和分配，给予农民支配自己劳动和收益的自由，放开农民从事非农产业的限制，提倡和鼓励乡镇企业大量发展。农村改革的另一项重大变化是 1985 年国家正式取消了自 1953 年年底开始实施的延续了 30 多年的农副产品统购统销制度，代之以合同定购和市场收购（刘应杰，1996c）。改革带来了三大直接后果：一是粮、棉、油等农产品大量增加；二是农业剩余劳动力大量涌现；三是农村市场化得到迅速发展。并由此引出了一系列的后续反应，尤其表现在乡村工业化和乡村城镇化方面。1994 年，中国乡镇企业产值超过农业产值，占到农村社会总产值的 74.3%。农村工业产值超过全国工业总产值的一半，已占全国工业的半壁江山（国家统计局，1995b）。在传统农业和现代工业两大板块夹缝中成长起来的乡镇企业吸纳了大量的农业剩余劳动力，有效地促进了城乡二元结构和城乡关系的重大变革，并成为沟通城乡关系、融合工农产业的纽带。为了进一步松动城乡关系，促进城乡人口对流，1997 年国务院批转了《关于完善农村户籍管理制度的意见》的通知，2001 年国务院批转了《关于推进小城镇户籍管理制度改革的意见》。进一步放开了对城乡人口流动的限制，真正触及了城乡人口流动的壁垒，形成了以市场机制为城市化的主要推动力量，城乡之间人口流动规模不断扩大。农民和乡村通过直接和间接的农业剩余来支持工业化和城市的比重越来越低，而通过农民提供廉价劳动力和乡村资源（资金和土地等）来支持工业化越来越成为主体（武力，2007b）。

虽然改革开放后，中国城乡关系日益改善，但还存在一个非常值得注意的问题。即城乡居民之间的收入差距却越来越大，两极分化趋势严重。据相关资料：城乡居民收入差距1978年为2.37∶1、1981年为2.05∶1、1985年为1.72∶1、1990年为2.02∶1、1995年为2.47∶1，2004年进一步扩大为3.21∶1（国家统计局，2005c）。2005年中国人均GDP已达1700美元，接近和达到中等收入国家水平；从产业结构看，第一产业增加值已由1978年的28.1%下降到2004年的15.2%，已经进入工业化中期阶段。国家已经到了转变旧的城乡关系，建立新型城乡关系的关键时期，需要改变“城乡两策，重城抑乡”的旧有思路，而应从城乡各自的小循环、小系统走向城乡统一的大循环、大系统，树立城乡一盘棋的总体思想，发挥城市辐射带动优势和城乡之间关联优势，打通城乡，资源共享，双赢共荣（李泉，2005c）。正是在这一大背景下，温家宝总理2004年3月提出了5年内逐步减免农业税的计划，胡锦涛总书记2004年12月也强调：“中国现在总体上已到了以工促农、以城带乡的发展阶段”（王伟光，2006）。2005年国家作出了废止农业税的决定，农业税从此退出历史舞台。同年10月，国家提出建设社会主义新农村的重大历史任务，12月有《中共中央国务院关于推进社会主义新农村建设的若干意见》，比较全面地论述和规定了建设社会主义新农村的思想、方针、政策和部署。根据《中华人民共和国国民经济和社会发展第十一个五年规划纲要》精神，“十一五”期间，中央财政不仅在农村实行免除农业税政策，而且每年将拿出1200多亿元用于乡镇财政支出，此外，还将加大对农村教育、农村基础设施、农村医疗卫生等方面的资金投入力度。这是中国自改革开放以来，探索解决城乡关系与城乡问题方面理论和实践的重大总结；同时也标志着，中国的工农关系、城乡关系进入了一个新的历史阶段。

谢志强和姜典航（2011）把新中国成立到改革开放前这个时期的城乡关系演变划分为三个阶段：第一个阶段是1949～1952年（开放的城乡结构）。这是中国国民经济的恢复时期。在这一时期，城乡结构是开放的，城乡之间的迁移相对来说比较自由，城乡关系的发展基本上是正常的。第二个阶段是1953～1957年（城乡二元结构初步形成）。1953年中国进入大规模经济建设，中央政府开始限制农村劳动力、资本、土地等生产要素流动合作化从组织上配合统购统销制度。第三个阶段是1958～1978年（城乡二元结构的固化时期）。1958年后，在统购统销、户籍以及人民公社化等制度的安排下，城乡之间的联系和要素流动基本被切断，城乡之间形成了相互封闭、相互隔绝的城乡二元结构。改革开放后的城乡关系也可以划分为三个阶段：第一个阶段是1979～1984年（城乡二元结构开始松动）。中国改革始于农村。自实行家庭联产承包责任制后，在提高农副产品收购价格等因素的激励下，农业产量大幅增长，农民收入也随之提高，城乡收入差距趋于缩小，生产要素开始在城乡之间和农村内部流动，城乡之间呈现了良好的发展态势，城乡二元分割矛盾得到了一定程度的缓解。第二个阶段是1985～2002年（城乡关系剧变，内容大于形式）。1984年10月党的十二届三中全会通过了《中共中央关于经济体制改革的决定》，这标志着中国的经济体制改革的全面展开，同时也标志着改革的重点由农村转移到了城市。伴随着改革重心的转移，各种资源配置也逐步向城市转移，城乡差距在这一时期急剧扩大，但与此同时，作为城乡二元结构核心的户籍制度也出现了松动，它对城乡关系的影响作用开始下降。第三阶段是 2003 年至今（统筹城乡协调发展的历史性转折）。2002 年召开的党的十六大将城乡关系的认识推向了一个新的高度。十六大以前，中国采取了农业支持工业、农村支持城市的城乡发展战略，取得了巨大成就，但也带来了城乡关系的失衡。可以说，自十六大以来逐步确立的统筹城乡发展，工业反哺农业、城市支持农村，建设社会主义新农村，城乡经济社会发展一体化等一系列重大举措，标志着中国的城乡关系进入了一个新的历史时期。

1.1.3　城乡二元结构的主要特征

城乡二元结构问题，主要是由城乡之间的差别引起的。郭书田认为中国的社会结构是二元的，一元是城市居民组成的城市社会，另外一元是广大农民组成的农村社会。城乡二元结构以两种户籍制度为基础，形成了一系列不平等的社会制度体系，使城市和农村处于不平等的发展水平、不同的经济体系和不同的社会环境中，日益形成了一个高度僵化、严格分离的社会经济结构（陈瑞莲和李学，2004）。中国城乡二元结构主要有以下特征。

（1）受所有制结构影响与制约，在城乡不同地域上，存在和发展着两大特征鲜明的经济实体。

通俗一点来说，就是城市以国有经济体制为主，农村以集体经济和个体所有制为主，形成了互相独立的两大不同性质的经济板块（许学强等，1998）。在城市地域之中，以国有经济体制为主，城市国有企业单位的数量和规模远远大于集体所有制企业，城市当中基本不存在个体私营企业。与城市国有企业单位职工人数相比，非国有企业单位职工人数比重较小，而且在城市经济当中具有的地位也较低，国有企业单位职工就业人数在城市企业职工就业人数中占据主导和支配地位。例如，1978 年中国城市国有单位职工就业人数比重为 77%左右，而所有非国有制企业单位职工就业人数比重仅占 23%左右。在广大的农村地域之上，改革开放之前以人民公社集体所有制为主，杜绝私有制等其他经济体制在农村的生长发展；改革开放后实行家庭联产承包责任制，逐渐发展为集体所有制和其他所有制并存，但国有经济在农村的份额很小，如国有农场职工占乡村劳动力总数的比例不足 2%。城乡所有制结构的明显差别，导致城乡发展水平的极大差异。城乡二元经济结构的强度可以用农业与非农业之间的相对劳动生产率的差距及二元对比系数来衡量（苏雪串，2003）。在城乡二元结构中，农业相对劳动生产率低，城乡经济二元对比系数也较低。与城市相比，农村是中国经济结构中相对弱势的一元，城乡居民收入差距较大。例如，1978 年中国城乡居民收入差距为 2.37∶1，1984 为 1.71∶1，1993 年为 2.54∶1（刘世锦，2004），农村居民收入增长低于城市居民收入增长，严重影响城乡国民经济的全面发展。

（2）受户籍管理制度影响与制约，人为规定两种不同的身份制度，城乡分割，形成两种社会形态和两大利益集团（许学强等，1998）。

虽然新中国成立后也提倡城乡互助，工农联盟，允许城乡居民之间的相互流动。但自 1958 年实行“户口登记条例”后，情况就发生了极大的变化，为了配合城乡户籍管理的实行，国家配套了针对城市与乡村差别的一系列相关政策，从而使中国的城乡分割局面日益形成和强化，逐步形成了市民与农民两种非常独特的身份和待遇，在城乡之间人为构筑起了一道难以逾越的鸿沟。从居民身份来看，世界上不少国家，不论发达国家或者发展中国家，虽然也普遍地存在着对所辖地区进行的城市与乡村的划分，所辖地区内的居民也普遍地存在着城市居民与农村居民的身份差异，但与中国城乡二元户籍管理制度不同的是，这些国家不同地区不同身份的城乡居民在进行城乡之间的迁徙和流动时没有什么制度性限制和约束。在户籍管理制度上城市与乡村、市民与农民之间是平等的，市民与农民在城乡之间的流动和迁徙是自由的，不存在制度方面的障碍与限制。城市与乡村最大的区别在于自然景观不同，而非经济发展、城乡收入的差距；市民与农民的主要区别不是体现在身份与待遇的差别，而是主要体现在居住地与从事职业的不同。改革开放以后，随着城乡经济体制改革的不断深化，中国以户籍制度为核心的城乡隔离制度正在受到有力的挑战，城乡隔离体制正在逐步丧失其存在的基础（邓鸿勋和陆百甫，2004）。

（3）受乡镇企业异军突起的影响，传统的“城市工业、农村农业”的产业分工日益被冲破，在城乡不同地域上，逐渐形成了城乡两大工业系统和双重的工农关系（许学强等，1998）。

乡镇企业的前身是人民公社时期的社队工业，在城乡二元结构当中，其主要依附于农业、服务于农业，作为人民公社体制下的集体副业形式而存在。其存在对“城市工业、农村农业”的典型城乡二元分工格局没有任何影响。随着改革开放政策的日益推进，20世纪 80 年代中期以后，乡镇企业在中国广大农村蓬勃兴起与发展。此时的乡镇企业无论在形式和规模方面与社队工业相比，均已发生了质的变化，经济实力大大增强，极大地促进了中国的乡村工业化和乡村城市化发展过程。2003 年，乡镇企业增加值已经占到全国工业增加值的 42%，占整个国家 GDP 的 31.4%。乡镇企业已经成为中国国民经济和农村经济不可缺少的重要组成部分，尤其是已经成为中国国民经济和农村经济新的经济增长点，对农民的增入、农民的就业、农村的发展以及农业结构的调整等产生了至关重要的影响。更为重要的是使“城市-工业、农村-农业”的传统城乡产业分工发生了本质上的改变，促进了城市工业与农村工业两大工业系统的形成与和谐发展，推动了传统城乡二元产业结构向城市工业、农村农业、农村非农业的城乡三元产业结构转换，使中国在城乡地域上出现了双重的工农业发展关系。

总的看来，中国城乡二元结构的基本特点是经济技术与制度机制双重结构相互交织，且制度性约束占据主要矛盾（孙自铎，1996）。

1.2　新中国成立前的村镇空间结构

村镇空间具体由地理空间、经济空间和社会空间构成，三者相互联系，构成乡村空间系统。乡村变化必然带来乡村经济的重组、社会的重构及聚落的重新分布（周心琴和张小林，2005）。新中国成立前的村镇空间格局基本上都是在以农业文明为基础的自然和社会背景中形成和发展起来的。特有的农业自然生态环境和农业经济社会形态构成了中国传统时期村镇空间发展演化的基础。在这一发展历程中，自然经济一直具有重要作用和地位，在其影响与制约下，村镇空间无论在聚落形态、经济运行或者社会交往方面，均表现出强烈的均质性。

1.2.1 自然经济条件下的乡村均质空间

自然经济简单而言就是自给自足的经济。在中国社会发展中，自然经济形态占据的历史很长，基本上涵盖原始社会、封建社会以及半殖民半封建社会。自然经济的典型特征是以农为本和以自给为主，血缘关系至关重要，主要以家庭为基本生产单位，生产规模小，耕作居于支配地位，最主要的经济活动是农业劳动。在自然经济社会中，农业生产通常与家庭手工业紧密结合，“男耕女织”特征鲜明，在乡村空间的表现上均质性尤为突出，主要表现在以下三方面。

1. 乡村聚落空间的均质性

自然经济社会中的乡村聚落空间整体而言是同自然经济社会的生产力水平和经济社会发展模式相对应的。落后的生产力水平，内向的自给自足的小农经济，封闭的社区交际与社会交往，使自然经济社会中的乡村聚落空间是以村落为中心，分散而组合成的“村落结构化空间”（张小林，1999a）。这样的乡村聚落空间在地理空间分布上具有明显的均质性，这种均质性我们可以从村落的形态与布局方面来进行考察。村落的形态是由住宅用地、耕地、林木及河川、道路等共同组成的景观系统（李立，2007a）。从村落的外部形态可以看出，村落在自然经济社会中基本处于自然生长的状态，河网水道、陆路交通是组织村落外部空间形态的主要因素。村落大多为沿水陆交通而建，道路的形状、走向等对村落景观的形成有重要的影响和制约，受自然经济条件所限，村落规模一般较小且分布分散，相应地，在广大的地理空间上村落的分布密度就相对较高。从村落的内部形态分析，内部格局类似且规模相近，也呈现较高层次的均质特征。村落内部家庭人口的较小规模与较低的经济状况既造成了村落建筑结构、类型的单一与均质，也造成了村落内部功能的单一和均质。例如，村落当中很难见到纯粹的工商业建筑，为村民日常生活服务的各种店铺常常混杂于普通民宅当中。

2. 乡村经济空间的均质性

在自然经济社会中，推动农村经济增长的动力主要来自于两大方面：一是农村人口总数的持续增加，二是耕地面积的不断扩大。由于自然经济社会条件的制约，农耕技术发展缓慢，总体经济水平较低。人们生产粮食的能力在早期很少能超出其所能供养的能力，所以，自然经济社会早期，大部分地区的农业仅仅能够维持生存需要，是典型的维生型农业。农户家庭一直是乡村地区集生产、消费于一体的基本社会组织形式，生活上自给自足，产品交换极为有限。乡村经济活动的突出特点是耕织结合，对外依赖性不高，在自然经济格局下，经济活动空间较为封闭。每个家庭都构成了一个相对自给自足的经济实体。若干个家庭聚居一起组成一个相对封闭的村落经济圈，这个经济圈以耕作半径为腹地，与村落的规模大小紧密联系，在一定耕作技术条件制约下，就形成了自然经济条件下相对均质的规模不同的村落经济圈空间组织模式。

3. 乡村社会空间的均质性

社会空间以人为中心，体现的是人的生存空间和活动空间的形式及其组构特征（杨彬，1996）。一般而言，乡村社会空间主要由家庭居住基础和家庭居住活动范围两大部分构成，可以依次分为家庭空间、邻里空间、社区空间、区域空间等几个层次[①]。在人类社会早期，生产力异常低下，原始农业的脆弱性迫使早期群居聚落内部形成了重要的社会组织——氏族公社，每个氏族公社都有自己的属地，在属地内统一划定居住、耕作、薪材、放牧等用地类型；氏族内部的原始宗教，则对人们的精神生活起着约束和引导作用。传统农业兴起后，氏族的公共财产被分散到各个家庭，家庭生产替代了氏族生产，家庭成为生产与生活的基本单位。家庭承担着生产、生活、生育、教养等多种功能，家庭既是农民个人生活的依存，也是乡村社会构成的基础，氏族公社的社会空间发生变化。在乡村社会空间构成上，从居住与交往关系看，血缘因素与亲缘关系为纽带联结形成的同族聚居村落非常明显。这些村落作为人们社会生活的主要空间，占据着一定的地域，集血缘关系与地缘关系为一体，承担着几乎所有的社会生活与社会功能，以此来满足人们的日常生活需要。人们的日常交往主要局限在村落内部，与外界联系较少，各个村落之间相对较为隔离（艾大宾和马晓玲，2004a）。一个或几个这样的村落就构成一个相对独立的社区，这种独立性表现为村落和外部世界较少联系，缺少经济、文化、社会、人际等方面的交往，村落几乎就是农民的全部世界，而在地缘关系基础上建立起来的邻里关系就成为除血缘关系以外最重要的乡村社会关系。各个村落社区之间经济社会特征相似，结构与功能雷同，浓厚的宗族观念、狭小的交际空间等是其共有特征。居住地的不同使村民形成了一种多层次的村落认同：对村外的人，他们以作为地缘关系群体的大村落辨认；对村内的人，他们则以血缘聚居地相辨认（李立，2007a）。总体而言，一个个大体相似的村落社区构成了自然经济条件下的乡村社会空间主体，血缘关系和地缘关系在人们的日常行为中起着基础性作用，乡村社会空间具有明显的封闭性和均质性。

1.2.2　商品经济发展与乡村空间变化

商品经济是自然经济的对称，是商品的生产、交换、出售的总和，是社会生产力发展的产物。在中国长期的封建社会历史中，商品经济是在自然经济的缝隙中生长和发展的。商品经济在中国社会的长期发展中虽不占主导地位，但是其发展也对自然经济条件下的乡村经济与社会产生了一定的影响，促进了原有乡村均质空间的变化和商品经济条件下基层市场体系的发展与完善。从公元 10 世纪的宋朝开始，中国封建社会进入了发展的后期，整个两宋时期是中国乡村空间系统内市镇的兴起与转型时期（张小林，1999b）。宋代是中国封建社会历史中粮食商品化进程发展较快的时期，当时，部分粮食高产区提供余粮较多，粮食生产与市场的关系已经比较密切，有些农家的生活已经开始突破自给自足自然经济的束缚，向半自给、半开放的社会经济生活转化（刘石吉，1987）。粮食商品化程度的提高促进了地区性商品交换的活跃，推动了地方市镇的发展与城市经

① 乔家君. 2004. 中国中部农区村域人地关系系统定量研究. 郑州：河南大学博士学位论文.

济的繁荣。反过来又进一步促进了粮食商品贸易，为地区间经济联系的加强提供了更大的可能。随着交易的发展，一些乡村草市逐渐演变成为商业性聚落，而军事性及以行政机能为主的城镇也渐次蜕变为工商业的据点。粮食商品化主要给乡村空间变化带来了三方面影响：一是适应粮食商品化程度的提高，促进了城镇职能的转化；二是粮食贸易的流向决定了城镇的地点及分布格局；三是粮食贸易量的大小规定了城镇的规模及其兴衰（张小林，1999c）。

明清以后，封建社会渐趋没落，资本主义日渐萌芽，商品经济不断向社会经济结构的纵深发展。同时对农村的影响也越来越强，乡村社会分工程度日益提高，不断有人脱离耕作劳动，从事工商贸易，市镇较之以前更为发展与繁荣。农业的日益商品化导致农村变革步伐日渐加速，农民开始更多地参与市场，扩大交往，传统均质的村落经济空间随着商品经济的发展逐渐走向解体。商品经济在这里主要起了三方面的促进作用：①商品经济的发展，增多了农民与外部世界联系的机会，增强了农民对市场的依赖性。这样，农业生产商品化的发展就从根本上引发了自给自足经济的分化，促使原先封闭内向的村落经济圈逐步走向开放。②商品经济发展过程中，商人的作用加速了村落经济圈瓦解的速度。村落经济圈中的农户经营以一家一户为主，商品出售零星、分散，劳动生产率低。随着商品经济的发展，大量农产品的输出如果再演习以往的小户经营就显得很不经济，除部分由官府以行政手段进行外，更多的是通过商人为中介而进入流通领域来完成，正是商人的这种中介作用加速了村落经济圈的瓦解速度。③商品经济促进了地方市镇的发展，地方市镇的发展反过来推动商品经济进一步发展，两者相互促进，进一步促使村落经济圈解体。市镇作为城市与乡村之间的中介，在促进村落经济圈解体的过程中，充分发挥了将城市的商业化影响向乡村渗透的作用，以市场力打破了原有村落经济圈的内向与封闭。

村落经济圈解体的直接结果就是促进了以集市为基本形式的基层市场体系的形成和发展。在商品经济的不同发展时期，村镇空间分布具有一定的内在规律，满足商品交换的可达性是其空间区位选择的首要前提。在此基础上，由于商业经营结构以及辐射能力不同，市镇之间又形成了一定的级差区别（李立，2007b）。施坚雅（1998a）由基层集镇开始对中国农村市场与社会结构进行了研究，并认为基层市场区是中国空间经济组织的最小单元，它满足了农民家庭所有正常的贸易需求：家庭自产不自用的物品通常在那里出售；家庭需用不自产的物品通常在那里购买。基层市场为其下属区域生产的商品提供了交易场所，一个设有基层市场的居民点，即为一个“基层集镇”。低于基层集镇水平的居民点最为常见的形式就是各地不同的聚居型村庄；基层市场之上分别是中间市场和中心市场。中间市场在商品和劳务向上下两方的垂直流动中都处于中间地位；中心市场通常在流通网络中处于战略性地位，有重要的批发职能。随着商品经济的发展，加之商业竞争、运输效能等因素的制约，各级商业集镇之间为了均衡发展，相互之间保持一定的距离，最终形成了与中心地理论接近的六角形基层市场体系。中国第一个画出并描述乡村基层市场体系的社会科学家杨懋春说：“大体上，尽管没有明确划分的界限，每个集镇都有一个清楚的可以意识到的区域，并把某些村庄中的居民看做它的基本顾客；反过来，这些村民也把它看做他们的镇”（施坚雅，1998b）。事实上，由于各种因素的影响，基层市场体系并不会像理论模型那样界限清楚，但就大体格局而言，仍同中心地模型显示出较大的一致性：一定数量的依附性村庄总是环绕在基层市场周边；在基层市场之上，有一般的规模较大的集镇（中间市场）；而在中间市场之上，又有更大的地区经济中心（中心市场），一般指府县城市，乃至更大的区域性城市。按照这一模式进行划分，明清时期江汉平原的沙市可以作为中心市场，荆门、沙洋、蒲圻等为中间市场，草市、十廻桥、十里铺等为基层市场。

鸦片战争以后，随着帝国主义列强的入侵，中国成为列强掠夺原料的基地和倾销产品的市场，在外部市场扩大的刺激下，乡村经济的商品化程度进一步提高，城市近代化日益发展，这又对中国的基层市场体系产生了新的影响。例如，江汉平原从前期的地方性经济（地方性市场）向区域性经济体系转化，传统的以州县阶层结构为基础，以荆州、襄阳、鄂州等城市为中心的基层市场结构，逐步转变成了以汉口、武昌等近代城市为中心、阶层更为简单化的市场结构。为了与六角形的网状结构相区分，可以认为是一种分支状的市场结构，新的市场结构有四个组成部分：港口城市（汉口）、战略城市（荆州、襄阳水路交通要道城市）、地方市场（县城、各级市镇）、依附性村落，其结构是分支状的。面向出口的商品以及满足城市所需的商品在乡村地方市场上集中，并在少量的战略城市中堆积或加工，然后通过商人运往港口城市。相反，乡村不能生产的消费品通过战略城市流向地方市场（张小林，1999d）。分支状市场结构与网状市场结构的主要区别在于：网状结构是以小农间水平的横向交换为主的市场结构，而分支状结构的主要特征是乡村农产品与城市工业品之间的垂直性的竖向交换（李立，2007c）。

1.2.3　村镇空间结构的空间非均衡演化

农村社会学者吴怀连通过对传统农业区位的研究，从一个侧面对农村空间结构进行了解析（吴怀连，1991）。从宏观区位考察，可以将农村空间结构区分为中心-边缘两大部分，中心区即农业发达、生产条件与生产水平较高的全国重要的粮食和经济作物产区，如秦汉时期的黄河中下游地区，唐宋时期的苏南地区，明清时期的两湖地区等。边缘区即生产条件和生产水平均较差的地区。从中观区位考察，农村空间结构指的是由行政、市场及社会关系所构成的集市与小城镇组合系统，主要表现为不同时期集市与小城镇的发展变化所展现的均质性、结节性、密集性及外向性等特征。从微观区位考察，农村空间结构主要表现为自然村的区位特点，可以从混沌性、孤立性、稀疏性、内向性四方面来说明。

从发生学的角度分析，在自给自足的农业经济阶段，自然村的形成和分布多为混沌状态，农村空间经济活动以土地利用为主（曾菊新，1996a）。进入商品经济农业阶段后，随着剩余农产品和农村人口的增加，各种交换活动随之产生并寻求相对便利的区位，从而形成集市和集镇。一般而言，区域自然环境和社会经济条件对农村空间结构的形成与发展具有综合性的影响（杨贵庆，1993）。例如，具有水陆联运优势和良好开放条件的地区，农村可以依靠良好的区位条件较快地向市镇演变，从而改变所在区域的村镇空间结构。尽管制约村镇空间结构的因素很多，但村镇空间结构的基本模式主要有三种类型：离散型、条带型与积聚型。由于村镇所在地区的自然环境、社会经济、行政区划和交通条件的影响，使得不同地区不同时期村镇空间结构的演变具有不同的特点。一定的综合条件影响下，一定地区某个时期的村镇空间结构可能达到一个相对均衡的状态，但随着条件的变化，这一均衡状态又会发生新的非均衡性演化。

余斌①在其博士论文中较为详细地探讨了传统乡村住区系统的空间均衡演变问题。余博士认为，乡村居民的空间需求变化通过空间交易行为而推动需求空间的拓展，乡村住区的空间密集化通过村庄增加和集镇成长而推动空间结构的演进。这种空间需求和空间供给的变化过程不是无限发展的，而是有节奏和有节制的；不是彼此孤立的，而是相互联系和相互耦合的。基于系统科学观点，他认为影响乡村住区系统及其演化的因子主要有自然作用力（N）、经济作用力（E）、社会作用力（S）和政治作用力（P），其合力为 F（$F=N+E+S+P$）。在乡村住区发展的不同地理区域和不同历史时期，N、E、S 和 P 的“数值”大小、作用方向都可能发生变化，F 也随之变化；F 的不同性质（大小和方向）决定了乡村住区系统的演化状态和空间型式。基于经济学的观点，他认为乡村居民的空间交易行为是乡村住区系统空间变化的主要推动力。乡村住区系统的空间结构变化，包括系统的地域边界均衡和空间内涵均衡，取决于乡村居民的空间交易均衡，即交易实施过程中发生的空间边际收益（SMR）和空间边际成本（SMC）的比较。

1.3　计划经济时代的村镇空间结构

新中国成立之初，国际国内形势异常严峻，国际面临着西方资本主义国家的冷战与孤立，国内面临着重建家园的巨大压力。在特殊的国际国内背景下，新中国从成立伊始就深深与广大乡村联系紧密。新中国成立初期，一系列国家建构的制度性变革和组织重构深刻地影响着乡村社会的变迁（李立，2007d），并在相当程度上决定了中国这一时期的村镇空间结构。

1.3.1　计划经济体制与城乡二元结构的强化

所谓计划经济，是指由国家统一计划调节国民经济运行的经济体制，主要表现为由国家通过行政手段来强制贯彻国家制订的指令性计划以实现国民经济的发展（张树新和费迅，2003）。新中国成立后即开始了计划经济体制的构建工作，经过从新民主主义向社会主义的转变，1956 年年底基本形成了以高度集中为特征、以行政管理为模式的社会主义计划经济体制。陈甬军（2004）认为中国计划经济体制的建立主要基于以下几点：首先，为了迅速恢复国民经济，实现对生产资料私有制的社会主义改造，有计划地建设社会主义，需要建立起集中统一的经济体制。其次，为了建立独立的工业体系，需要建立全国集中统一的经济体制，以实现从新民主主义向社会主义的过渡。再次，从更深的历史背景来看，建立独立的工业体系既是中国从一百多年来遭受帝国主义列强侵略的事实中得出的教训，也是当时国际国内环境的产物。最后，社会主义实行计划经济的理论要求和原苏联社会主义建设的成功经验，也成为缺乏经济管理经验的中国向苏联学习，逐步形成计划经济体制的理论来源和现实途径。牟宗国等（2006）认为当时中国所面临

① 余斌. 2007. 城市化进程中的乡村住区系统演变与人居环境优化研究. 武汉：华中师范大学博士学位论文.

的国际环境和国内形势，是高度集中的计划经济体制形成的客观因素：第一，新中国成立初期的国际环境和“一边倒”的外交政策，是导致以苏联模式为样本而确立高度集中的计划经济体制的重要因素。第二，新中国成立初期严峻的国内经济形势是计划经济体制建立的又一重要因素。第三，当时的经济发展战略也是影响这一体制选择的重要因素。新中国成立初期优先发展重工业的经济发展战略，在当时资本极度匮乏、生产要素极为不足的国情下，是一个合乎逻辑的选择。

中国计划经济体制的形成大致经历了三个阶段（林浣芬，1995）：一是计划经济体制的萌生阶段（1949 年 10 月至 1950 年 6 月）。主要通过没收官僚资本主义工业企业，初步建立了社会主义国营工业体系；通过调整私营工商业，初步将私营企业纳入到了计划生产的轨道；通过成立中央财经委员会、全国编制委员会等组织机构，开始对国家经济活动实行专门的行政管理。二是计划经济体制的雏形阶段（1950 年 6 月至 1952 年 8 月）。1950 年中央第一次全国计划工作会议的召开，初步奠定了中国计划经济体制的结构雏形，在此基础上，国家统一领导，以指令性计划形式，对国民经济各方面实行管理的计划经济体制初步形成。三是计划经济体制的定型阶段（1952 年 9 月至 1956 年 12 月）。计划经济体制基本确立后，1952 年中国成立了国家计划委员会，1954 年成立了五年计划编制工作小组，并依据国家过渡时期总路线，编写了第一个五年计划草案（初稿）。1954 年宪法第十五条明确规定：“国家用经济计划指导国民经济的发展和改造，使生产力不断提高，以改进人民的物质生活和文化生活，巩固国家的独立和安全”。1956 年年底“一五”计划预定目标的基本完成，标志着计划经济在中国正式形成。伴随着计划经济体制的形成而确立和颁行的一系列城乡发展管理制度对中国城乡二元结构起到了进一步的强化作用，其中，比较重要的有以下几个方面。

1. 户籍制度对城乡二元结构的强化

从 1956 年年底中国计划经济体制正式确立起，作为人口流动管理重要依据的城乡户籍制度对城乡二元结构的强化起到了重要的作用。1958 年《中华人民共和国户口登记条例》，以法律形式对农村人口盲目流入城市进行限制，标志着中国城乡分割户籍制度的正式形成。户籍制度赋予不同户籍身份的人不同的等级价值，使人与人处于不平等的竞争地位（许经勇，2005）。城乡户籍成为界定个人身份的重要符号，城市户籍和农村户籍成为区分城市居民与农村居民的重要标示，城市和农村被人为分割为彼此隔绝的二元结构单位，城乡人口及其他生产要素的流动受到极其严格的限制。城乡二元结构体制下，市民与农民不仅仅是一个职业概念，更代表着具有不同身份，享有不同地位的两个群体。以户籍制度为核心的城乡二元分割体制，体现了强制性制度变迁的特征（朱志萍，2008）。

2. 粮食供应制度对城乡二元结构的强化

新中国成立之初，国家对城乡人口迁移的控制还不是很严格，但是随着 1953 年后大量农村人口涌入城市，引发出一系列社会问题的严重性，国家开始对城乡人口流动加强政策上的管理。除了以法律的形式对农村人口向城市人口转移作出严格限定外。

为了进一步对农村人口进入城市作出限制，1953 年 11 月，当时的国家政务院又正式颁布了《关于实行粮食的计划收购和计划供应的命令》，明确规定“在城市，对机关、团体、学校、企业等人员，可通过其组织进行供应；对一般市民，可以发给购粮证，凭证购买，或暂凭户口簿购买”（周德群，2009）。这一规定对粮食的自由买卖进行了严格的限制，对解决城市人口的粮食供应问题提供了强大保障，同时，使流动进城市的农村人口基本上丧失了获得口粮的可能性，而不得不返回农村，城乡二元结构得到进一步强化。

3. 劳动用工制度对城乡二元结构的强化

除了上述户籍制度与粮食制度对城乡二元结构的强化作用外，当时国家规定的劳动用工制度也是一个不可忽视的重要因素，劳动用工制度的执行对严格限制农民进城也起到了极大的作用。为了阻止农民进城，1952 年国家政务院发出《关于劳动就业问题的决定》，1956 年周总理签发《国务院关于防止农村人口盲目外流的指示》，1957 年国务院发布《关于各单位从农村中招用临时工的暂行规定》，明确规定城市“各单位一律不得私自从农村中招工和私自录用盲目流入城市的农民。农业社和农村中的机关、团体也不得私自介绍农民到城市和工矿区找工作”，“招用临时工必须尽量在当地城市中招用，不足的时候，才可以从农村中招用”（周德群，2009）。以上指示和规定在很大程度上限制和排除了农民进城务工就业的可能性，农民被束缚于农村从事农业不得自由流动，从而无法进入城市这一体系，从就业层面强化了城乡二元结构。

4. 工业发展优先战略对城乡二元结构的强化

从“一五”计划开始，中国转入大规模工业建设，基于当时特殊的历史环境，实行快速优先发展重工业战略，重工业优先发展成为中国工业化的本质。进行工业建设的资金主要通过农业剩余来积累。国家为了确保工业，尤其是重工业的优先发展，分别在农村和城市采取了一系列不同的政策与措施。城市和工业可以通过各种行政强制从农村获取农产品、土地、资金等生产要素，而农民、农村和农业却被一系列的制度与政策强制性地拒绝在城市与现代工业的大门之外（邵西梅，2005）。农民主要是通过不离开农村、不脱离农业、不进入城市而为城市和工业的发展提供农业剩余产品和降低工业发展成本，这也在很大程度上加深并强化了城乡二元结构。

5. 国家财政制度对城乡二元结构的强化

在高度集中的计划经济体制下，国家对全民所有制、集体所有制经济实行“统一计划，分级管理”，并相应建立了高度集中的“统收统支”国家财政体制（邵西梅，2005），其主要功能是构建了农业剩余向工业转移的通道，正是这一功能，强化了中国的城乡二元结构。国家向城市与工业倾斜的财政政策，一定程度上牺牲了农民利益，限制了农村资金积累，使得农村发展落后于城市（周德群，2009）。在这一财政制度作用下，一方面，农业剩余持续流向工业，工业部门快速发展，成效显著；另一方面，由于长期剩余流出，资金和其他要素投入匮乏，导致农业发展速度缓慢，工农二元经济特征愈加突出。

据测算，1952～1978 年，仅仅通过价格“剪刀差”提取的农业剩余就达 4097 亿元，占同期国家财政收入的 29.1%，而同期国家财政支农资金占财政支出仅为 11%（潘九根等，2006）。

1.3.2 乡村人口密集化与乡村空间“再均质化”

计划经济时期，就乡村人口增长来说，由于对计划生育工作的误解和忽视，新中国成立后的前 30 年一直是中国乡村人口快速增长的时期（王银芹和谢云，2007）。特别是 20 世纪 50 年代后期至 70 年代中期，人口自然增长率一度超过 20‰以上，个别年份甚至接近 30‰。导致乡村人口自然增长过快的原因众多，主要表现在以下方面（王玉贵和娄胜华，2006）：首先是不加控制的人口政策；其次是鼓励生育的传统习惯；再次是对乡村人口形势的严峻性认识不足；最后是平均主义的分配方式和抚养子女的低成本。这几方面的原因在很大程度上助长了这一时期中国乡村人口数量的快速增长。再加上这一时期全国上下轰轰烈烈的知青上山下乡运动，更造成了农村人口总数的激增，导致乡村人口密集化。知青下乡运动始于 20 世纪 50 年代中期，止于 20 世纪 80 年代初期，前后持续 25 年左右。1955 年 8 月《人民日报》发表社论《必须做好动员组织中、小学毕业生从事生产劳动的工作》，第一次比较明确地向广大知识青年提出下乡号召。9 月，毛主席向知识青年发出“农村是一个广阔天地，在那里大有作为”的号召（毛泽东，1977a）。在强大的舆论宣传感召下，许多知识青年自愿到农村和山区去参加农业生产。1957 年年底，下乡知青已近 80000 人（张化，1987）。1958 年“大跃进”，全国基建规模急剧膨胀，工厂职工人数大量扩充，城市知青上山下乡运动趋缓，这一时期知青下乡主要从经济角度考虑，基本不含政治动因（欧健，2000）。

20 世纪 60 年代初，为缓解大跃进造成的经济困难，1964 年年初中央决定把上山下乡确立为城镇知青就业的长远方针，纳入国民经济和社会发展计划。中央成立“知识青年下乡指导小组”和国务院安置办公室，各级政府也成立相应的分支机构（崔禄春，1999），这标志着知青下乡进入了有组织、有计划阶段。从 1962～1966 年“文化大革命”爆发，全国下乡知青超过 129 万（金春明，1995）。“文化大革命”期间开始对知青上山下乡运动从政治的角度和立场进行大肆宣传。“自 1968 年年底开始，中央和地方各级政府均将知青下乡运动作为政治任务来抓，上山下乡再掀高潮，规模空前。1969 年上山下乡知青达 400 万人。1968～1978 年，全国累计有 1680 万知识青年上山下乡（关海庭，1995）”。随着 1976 年粉碎“四人帮”，知青上山下乡规模逐年缩小，1978 年全国知青上山下乡工作会议召开，会议之后开始出现知青大返城。1979 年邓小平提出用经济手段解决政治问题，减少知青下乡，安排知青就业。1980 年这一方法获得了良好效果，知青运动很快结束。这一时期，中国乡村人口增长情况见表 1.1。

该时期，由于乡村人口密集化和乡村基础设施薄弱，再加上计划经济体制的高度强制性，几乎在任一乡村地区，获取农业生产要素和销售农产品的方式和途径都比较统一，导致广大乡村地区在聚落形态、经济发展、社会交往等方面差距不大。由于过度强调人为变迁的作用，忽视乡村发展的自身规律，广大乡村地区经济社会发展表现出徘徊不前，出现村镇空间演化的再度均质化趋势。具体表现为以下方面。

表 1.1　计划经济时期中国乡村人口增长情况

项目	1958 年	1960 年	1962 年	1964 年	1966 年	1968 年	1970 年	1972 年	1974 年	1976 年	1978 年
总人口	65994	66207	67295	70499	74542	78534	82992	87177	90859	93717	96259
人口增长/%	2.1	–1.5	2.2	1.9	2.8	2.8	2.9	2.3	1.9	1.4	1.4
乡村人口	55273	53134	55636	57549	61229	64696	68568	72242	75264	77376	79014
乡村人口占总人口/%	83.8	80.3	82.7	81.6	82.1	82.4	82.6	82.9	82.8	82.6	82.1

资料来源：《中国农村经济统计大全（1949～1986）》，农业出版社，1989 年版第 6～9 页。

1. 乡村聚落空间的再均质化

计划经济条件下，随着乡村人口密集化的发展，乡村聚落空间发展表现出明显的再度均质化。从乡村聚落的形态与布局方面进行考察，村落形态基本上由住宅、农田、道路、河流等共同组成。随着城镇人口规模的压缩，大量知识青年上山下乡，越来越多移居农村，加入到农业生产中来，再加上乡村人口的高速增长，使得乡村人口日益密集。尤其是在比较偏远的老、少、边、穷地区，广大知识青年与当地农民一道，为当地农业的发展作出了积极的贡献。许许多多的荒山秃岭、滩地沼泽快速消失，随之而起的是修筑的道路、新建的村舍、开垦的良田以及其他农业辅助设施。与传统乡村聚落相比，无论是外部形态或者是内部构成都非常相似。

2. 乡村经济空间的再均质化

单一农业结构和以国家计划为主的统购统销经济模式在农业经济占绝对优势的情况下，广大乡村经济空间的发展也表现出再次均质化现象。新中国成立后，对于传统的乡村基层经济市场结构，国家主要通过建立国营贸易公司和供销合作社两种形式来进行乡村经济市场的社会主义改造。贸易公司属国家所有，一般设立于城镇，部分在附近市镇设立分公司，专营某种物品；供销合作社是成立于各级市镇，不属于国家机构的自主联合体，具有为国营贸易公司收购特产和销售商品的功能。在全国供销社建设过程中，绝大部分小商贩被纳入供销合作社系统进行管理，成为供销合作社的代理商或开办的代销点。基本上一个镇建立一家供销合作者，在各个乡村开办属于这个供销合作社的代销点。很快全国农村市场 90%以上的零售业务已经掌握在供销合作社手中。虽说这一运动引起了农村经济市场的强烈变化，但原先乡村市场中的基本结构和功能却依然存在，只不过由过去的私人商家变成了今日的国有公司。例如，湖北省汉川，20 世纪 40 年代，汉川县的 51 个镇子当中，可以确定有 3 个中心市镇和 9～10 个中间市镇。1956 年，该县建立了 12 家贸易公司，几乎每家公司在 3 个中心市镇都保留有行政位子或分号……另外，合作社在大多数基层市场拥有收购站，在所有基层市场有零售店（施坚雅，1998c）。

3. 乡村社会空间的再均质化

计划经济时期，乡村社会空间也主要由家庭居住地和家庭居住活动范围两大部分构成。在乡村社会空间构成上，从居住与交往关系看，血缘因素与亲缘关系依然具有非常重要的作用，村落与村落之间的独立性依然很强，缺少相应的经济与社会往来。但是，这一时期宗族观念的影响逐渐减弱，按阶级成分划分的不同农村阶层之间的关系得到加强，贫富差距不大。人民公社时期，几乎每一个人民公社就是一个独立的社会交往空间，社与社之间的交际空间很小，机会也很少，人们的交往主要在自己的公社内进行。此外，计划经济时期，国家非常重视对乡村管理的介入，从土地改革、互助组、初级社、高级社的发展过程看，国家一步步深入地改变了国家与乡村社会的关系格局，使国家能够直接掌握与控制乡村社会中几乎所有的关系与交往，农村的党组织在乡村社会空间变化中起到了重要的作用：所谓“支部建在村上”，是党在军队中成功做法向乡村的延伸（彭勃和金柱演，1999）。

1.3.3 城乡隔离背景下的村镇空间结构演化

新中国成立后，在全国相继进行了土地改革，将封建地主阶级土地所有制变为农民土地所有制。由于广大土地和牲畜农具被均分，使得农村劳动力、耕畜、农具等生产资料相对不足，单户农业生产能力下降；同时，随着国家工业和城市建设的发展，商品粮需求剧增，粮食问题日益短缺，导致农村及农业面临新的问题。在此背景下，国家提出了新的解决思路与办法，即鼓励农民互助合作，先是建立互助组，逐渐建立初级社及高级社。从效果看，互助合作运动初期是成功的，然而，随着急躁冒进情绪的刺激，互助合作的步调被打乱，开始向无序发展。1954 年年底，全国有初级社 48 万个，1955 年 4 月就发展到 67 万个，发展速度逐渐失控。1955 年夏，初级社快速向全国普及，1956 年春掀起高级社的热潮。1956 年年底，入社农户已占全国农户总数的 96.3%，其中高级社由 1955 年年底的 1.7 万个发展到 54 万个，参加高级社的达到农户总数的 87.8%（沈志华，2007）。原来预想 18 年时间完成的农业合作化，仅用了 6 年多的时间就提前完成。人民公社体制的建立，提高了乡村组织化的程度，增强了对农村人口的控制力。1958 年《中华人民共和国户口登记条例》颁行，自此，乡村人口向城市的迁移正式被迫中断，农村失去了向城市投资兴业的权利，开启了中国独特的没有城市化的工业化道路，城乡差别得到进一步强化。在这一典型的城乡隔离背景下，中国村镇空间结构演化可分为两大阶段。

第一阶段为新中国成立初期的村镇空间结构演化期（1949～1957 年）。张小林（1999e）认为这一阶段是中国国民经济恢复时期，也是国家进行封建土地所有制改革和进行农业与工商业社会主义改造时期，是私有制向公有制转变的过渡期。经过土改，富农的土地被没收，贫农、雇农获得了自己的土地，农村的阶级差别趋向平均，土改后的农村基本上是一个相对均一的小农社会。乡村结构发生了明显变化，农村不仅实现了土地占有的平等，而且基本上实现了经济上的平等，旧社会农村农民阶层之间的明显差距已不复存在。从社会分化的角度看，土地改革在农村不仅是经济财产的再分配过程，而且是社会阶层的再划分过程，通过阶级的划分取代了农村长期沿袭的血缘辈分的划分，用阶级组织取代了家族组织，促使传统的家族组织职能日益弱化，逐步走向消解，家族、宗族之间的联系也日益松散，并由此导致村镇内部社会空间的分化。随后，国家为了推进农业的社会主义改造，积极鼓励农民互助合作，提倡并引导农民将土地所有权转入合作社，促进土地所有权和使用权的分离与完成，最终实现了土地制度由家庭所有制向集体所有制的转换。

集体所有制土地制度建立后，为了缓和落后的粮食生产与大规模工业化建设之间的不协调，1953 年国家出台了粮食统购统销政策，以保证国家大规模工业建设的顺利进行。由于这一政策的城市与工业偏向，进一步增强了城乡隔离的二元结构。这一时期，全国村镇结构基本上延续了解放初期的空间格局，由于此时国家还没有出台设镇的统一标准，但凡农产品交易兴盛之处多形成自然集镇，此时全国乡村集镇数量并不稀少。实行粮食统购统销政策后，国家对乡村集镇农产品的交易管理越来越严，大宗农产品国家统购统销，蔬菜等土特产品实行自产自销，粮棉等重要农产品严禁私营买卖，乡村集镇上可以交易的农产品数量急剧减少，集镇的交易功能大大降低，集镇人口也随之减少。1955 年国家颁布建制镇设立的统一标准，规定常住人口 2000 以上、居民 50%以上为非农业人口的居民区为城镇（周一星，1995a）。依此标准，国家撤销了一大批不合标准的乡村集镇，导致乡村集镇数量大大减少。

第二阶段为人民公社时期的村镇空间结构演化期（1958～1978 年）。张小林（1999f）认为人民公社实行高度的集中和高度的平均，实行集体劳动、平均分配、三级所有、队为基础的经济管理体制，其建立与实行对村镇空间结构的演化影响广泛，主要表现在以下三个方面。

其一，表现在对村镇聚落空间的影响上。人民公社“政社合一”的体制使乡村村镇发展与行政设置的联系比以往任何时候都更为密切，对村镇发展的控制性比以往任何时候更强。乡村村镇聚落分布、村镇规模等级及村镇内部结构在人民公社的影响下都发生了很大变化。首先，人民公社的建立使乡村聚落中心的空间分布趋向均衡。作为国家最低一级行政单元，人民公社在一定区域内的规模彼此大致相当，各公社所辖地域范围、人口规模比较接近，这样作为农村中心的公社集镇在一定地域内的分布与之前相比大大趋于均衡。其次，人民公社的建立使部分乡村村镇规模等级发生了变化。主要表现为作为公社所在地的一些自然集镇和自然村落，随着公社的建立其规模等级不断变大，影响力也逐渐增强；未作为公社所在地的集镇或村落则发生衰落，规模等级和影响范围逐渐缩小。最后，人民公社的建立形成了公社范围内不同级别村镇构成的乡村村镇体系。公社所在地集镇往往区位条件优越、基础设施较好、人口规模较大，是全社的政治、经济、文化中心；一般集镇往往是公社下属的大队所在地，人口规模大于生产队所在地而小于公社所在集镇；村落往往是一个或几个生产队所在地，是农民居住及劳动的场所，人口规模较小。这样就形成了一个公社范围内的乡村村镇体系：公社集镇-一般集镇-村落，并且行政等级与规模等级之间有较高的吻合度。

其二，表现在对村镇经济空间的影响上。人民公社体制下，农村商品性生产受到制约，从而使得每一个公社内部基本上都是一个相对封闭的、自给自足的自然经济实体。农村土地及主要生产资料均归集体所有，土地的经营权由生产队支配，家庭仅获得很少量的自留地自由种植。生产队是公社内部的基本核算单位，按照计划部门下达的生产任务进行生产，农民没有调整生产配置的自主权，农民从事生产劳动的范围大致以生产队的领域划定。人民公社内部，农业生产基本上是单一经营，以粮为纲，生产劳动“大锅饭”，产品分配平均化，农民家庭之间收入基本平等，差距不大。这一时期的农村工业起源于乡村家庭手工业和集镇加工业，在国家的引导下也逐步走上了合作化道路，进而由农村工业合作社转变为社办工业，生产上以“三就地”为布局原则，即“就地取材、就地加工、就地销售”，为满足当地生产生活所需为目的。农村商业基本上由供销社垄断经营，蔬菜、肉类供应由公社食品站负责。

其三，表现在对村镇社会空间的影响上。作为国家进行基层管理的一级政权组织，人民公社“一大二公”“政社合一”的特点，对于强化农村控制、约束公社社员，有效管理公社范围的各种事务具有非常重要的作用。作为国家的基层社会组织，人民公社对于在公社内开展的各种社会活动都有管理与指导权，每一个公社成员都必须受它的约束，任何社员个人都没有脱离公社而独立存在的权力，这在事实上造成了公社对社员的全面掌控以及社员个体对公社集体的全面依附。公社社员作为集体的主人仅仅是名义上和口头上的，在实际劳动和生活中，对集体的生产和经营活动没有什么发言权。乡村居民的社会空间活动主要还是在所属村镇范围之内展开，各种社会交往活动基本不会超出公社的管辖范围，商品买卖大多通过供销社或其下属的代销点进行。通婚行为方面，公社社员的婚姻圈一般局限于本公社范围内的村镇或相隔不远的相邻公社的村镇。

1.4 传统村镇空间结构的主要特征

中国传统村镇空间基本上都是在农业文明社会中形成和发展起来的，农业经济和社会形态是它的大背景，自然生态环境则构成了它的基础（张小林，1999g）。传统村镇空间结构的主要特征可以分别从村镇聚落空间、村镇经济空间和村镇社会空间几方面进行分析和说明。这些特征也构成了以后不同时期村镇空间变革的基底。

1.4.1 传统村镇聚落空间结构的主要特征

乡村聚落空间结构指农业地域中居民点的组织构成和变化移动特点，以及村庄分布、土地利用和网络组织构成的空间形态及其构成要素间的关系。其构成要素一般包括村庄地域结构、土地利用结构及聚落组合结构等。乡村聚落空间结构具有一定的层次性，大体可分为区域聚落空间结构、群体聚落空间结构、单体聚落空间结构三种（范少言和陈宗兴，1995）。传统村镇聚落空间结构的特征主要有以下几个方面的表现。

1. 形态结构特征

作为人类生产和生活的场所，乡村聚落从形成之初就与自然环境密不可分。村落作为组成乡村聚落体系的基本单位，其聚居形态结构、土地利用格局等均会对村镇空间结构造成影响。依据村落外部形态及空间联系的不同，传统乡村聚落大体上可以分为三种类型：聚集型乡村聚落、松散团聚型聚落、散居型聚落（尹怀庭和陈宗兴，1995）。不同的聚落类型在形态结构方面具有明显的差异。聚集型乡村聚落在形态结构上多表现为长方形或多边形的团状组合，聚落用地和人口规模比较大，土地利用格局分化明显，聚落内街道纵横，有主次道路之分，农民宅院相间排列、分布密集。松散团聚型聚落在形态结构上多表现为多核心、条带状分布，聚落用地和人口规模相对较小，土地利用格局分化不明显，聚落内街道狭窄，农家宅院之间间隔较大、分布稀疏。散居型聚落在形态结构上的表现多以三、五户农宅的组合形式出现，甚至以独户村的形式零散分布，其形成原因主要是村落内耕地数量分散且量少，缺少修建村落的较大平地。

从村落形态的角度分析，周心琴[①]认为传统村落大致分为两类：自发形成的村落与具有一定布局意图的村落。自发形成的村落多临水布局，或沿河一岸，或夹河两岸，或围绕河汊数面临水；在山区和丘陵地带，村落常在接近水源和耕地的山脚或山腰沿等高线自由布置，在背山面水的条件下，往往以直通水源垂直等高线的街道作为村镇的脊线错落布局；在沿江和沿湖地区，村落建在高于水平面的堤上，呈现出线状的特征。具有一定布局意图的村落常常表现为规则的，或有寓意的布局形式，一般规模较大，并受血缘关系的影响，多同宗而居，表现为以宗祠和支祠为中心的布局形式。或受传统文化影响，往往采用一些祈福纳祥含有吉祥寓意的布局形式。受民间文化影响，很多传统村落在中心位置布局戏台，作为全村居民休闲娱乐场所，围绕戏台修建民宅，形成紧凑的块体形态。农民建房多就地取材，宅院选址多依地势而建，在内部结构上，受经济条件制约，建筑多采用木架结构，以土作墙，屋顶铺草；在构筑形式上，缺少特色，不事张扬，类型单一，房屋低矮、开窗较小，住宅无明显的功能划分。

2. 类型分布特征

中国地域辽阔，不同地方传统村镇聚落的类型及分布也差异巨大。南方水乡与北方平原的乡村聚落大不相同，东部沿海与西部内陆的乡村聚落也差异明显。这里仅以长江流域的乡村聚落类型及分布特征为例进行描述。邓先瑞（2003）结合长江流域的乡村聚落发展历史，对长江流域的乡村聚落类型从个体类型到聚落群类型进行了划分。乡村聚落的个体类型又称房屋型式，它深受当地自然环境影响，长江流域乡村的房舍建筑大多就地取材，个体形式有三种主要类型：干栏式民居、移动型民居和上栋下宇式民居。干栏式民居是适应中国南方潮湿多水的自然环境的住宅构造形式。移动型民居主要指与定居聚落完全不同的游牧性帐篷聚落和以舟楫为家的水上船居。长江流域的两湖平原河湖地区历史上多有此种民居。上栋下宇式民居，这是一种上有天棚下有地基、中立四壁的固定房屋。所谓栋是屋的脊梁，宇是屋的椽，栋承屋的顶盖使其向上，宇垂屋的顶檐使之向下。这种民居基本上代表了长江流域民居的基本格局，是长江流域内最为普遍的个体聚落形式。

单体聚落组合就形成聚落群，按照村落自然特征和形态特征的不同，长江流域乡村聚落群的结构类型，从分布特征上主要可分为线轴型、串珠型、中心型、均衡型、星点型等几种。线轴型聚落，也称带状聚落，通常是沿河谷、道路沿线两侧延展，耕地分布于聚落两侧或一侧，有的带状聚落人口可达数千、绵延可达数里。串珠型聚落，指由于地形等原因，在山麓、河谷、沼泽高地等地区分布的若干规模相仿、形似串珠的村庄，长江中上游地区的一些山区乡村聚落多呈此种分布。中心型聚落，指以一个小型村镇为中心与其周围散居农户相联系的乡村聚落集聚体。均衡型聚落，指在平原地区由几个甚至十几个、几十个基本村落构成均匀分布的、规模不很大的村落集合体。江汉平原此种聚落类型分布较多。星点型聚落，指在丘陵山区由数户、十余户形成的点状村落集合体，

① 周心琴. 2006. 城市化进程中乡村景观变迁研究——以苏南为例. 南京：南京师范大学博士学位论文.

各点状村落有时互相临近，构成一个片村，有时无规则地分布。星点型聚落在长江中上游地区分布较多，如四川、湖北一些被称为“垸子”的村落就明显地带有这种特征（邓先瑞，2003）。

3. 空间演变特征

作为人类最早出现的聚落单位，村落承载着农耕时代的人类生活，传统村镇聚落空间结构伴随村落而生，并随其发展而不断演进，农业文明演进的轨迹在其空间演化过程中有着清晰的显现。村落作为乡村活动的主体场所，在不同的社会经济发展时段，具有不同的外部形态和内部结构。传统农业时期，村镇聚落之间缺少强有力的相互交流与联系，村落规模与人口数量受社会生产能力所限，大体波动于乡村耕地所能维系的最大人口数量的平衡点上。一旦乡村人口增长过快，或所拥有耕地生产能力下降，就会迫使部分人口从村落内部迁出，到别处另辟新地，组建新的村落。整体而言，传统乡村聚落空间结构发展表现为宏观上的动态平衡，聚落空间分布形态呈均质离散特征。随着农业生产技术的进步以及乡村交通条件的改善，乡村聚落之间的联系与交往日渐增强，在交通便利之处，乡村聚落呈空间集中化趋势，交通干道沿线村落密度增大，部分村落发展成为乡村集镇，聚落空间结构演化表现出非均质化倾向。此外，村落内部用地布局还受当地环境对外联络通道的影响，村庄用地呈块状聚集或沿线性要素排列，并随内部实际情况而有所伸缩（范少言，1994）。

传统村镇聚落空间演变与地理环境和文化传统密切相关。自然地理条件往往成为村镇聚落空间结构发展演进的主要影响因素（尹怀庭和陈宗兴，1995）。不同地理环境条件下，传统村镇空间演进具有明显的差别。例如，平原地区，自然生态环境条件往往比山地丘陵地区优越，尤其是区域内土地资源利用状况更为明显，相应地对村镇聚落空间的形态与分布影响也更为突出。所以，平原地区乡村聚落用地规模与人口数量远高于山区丘陵，村落之间间隔较小，常形成以某一较大的村镇为中心的聚集型村落，在较大的区域范围内呈均衡分布；丘陵地区，地形复杂多变，村落间隔较大，往往在一定区域内形成线性排列的沟谷聚落，或者形成分布疏稀的离散型点状聚落。除自然地理环境外，村镇聚落空间的演变一定程度上还与地方文化传统密切相关。例如，传统村落多建于血缘关系之上，受封建土地所有制、农业生产方式及家族组织势力影响明显，特别是与土地所有制相连的人身依附关系将村落成员严格地限制在一定的地域之内。同时，受传统文化及自然经济条件的影响，乡村居民同外界交流有限，以宗法血缘关系为纽带的家族组织一方面限制农民流往区外，另一方面对流入本区的人员进行排斥，造成传统村落扩散多表现为围绕中心向四周展开。

1.4.2 传统村镇经济空间结构的主要特征

传统村镇聚落经济空间是建立在小农经济基础之上的，其空间结构同农业社会的经济结构和城乡关系相适应[①]。传统社会中自然经济条件下的村镇经济空间特征主要有以下几个方面的表现。

① 周心琴. 2006. 城市化进程中乡村景观变迁研究——以苏南为例. 南京：南京师范大学博士学位论文.

1. 经济活动空间范围狭小

传统社会当中，生产力发展水平的缓慢导致村镇产业结构的单一和固定，农业种植一直是社会产业构成的主体。农业生产在人们的意识当中占有很高地位，士农工商的阶层划分也反映了人们对农业的重视与尊重。村镇基本上都属于从事单纯个体农业生产的传统聚落，村镇之中，农家宅院四周基本上属于果园或菜园，也表现出一定的农田景观。由于生产力水平低下，商业和手工业发展依附于农业，规模较小，交换有限。社会劳动者就业结构中，第一产业劳动者占据绝大多数。乡村居民的农业生产以粮食种植为主，产品单一，商品化程度很低。在生产组合上，乡村家庭手工业与农业生产在时间上具有一定的互补性。土地为人们提供了最大量的和最基本的生活资料，家庭手工业是自给自足的农村自然经济生活的重要组成部分，它为封闭状态下的农村居民提供生产生活所需的各种工具和用品。广大农民基本不需要依赖市场的供给，农业生产活动基本上是非商业性的小农耕作。在此条件下，以血缘关系为纽带建立起来的家庭是农业生产的基本组织单位，耕织结合是其基本结构，家庭手工业产品首先不是为了市场交换的需要，而是家庭生活的需要。如此的经济模式将农民、家庭、村落与外界联系的要求降到了最低限度，使每个村落基本上就是一个自给自足的经济单元，生活必需品均由这一单元内部提供，居民经济活动范围空间狭小，形成了以自给自足的家庭为细胞，以村落为核心，以农民耕作半径为活动范围的内向型经济空间（张小林，1999h）。

2. 基层市场体系以集镇贸易为主

从区域的观点看，乡村市场指的是乡村地区承担着商品的生产、供应、销售、调配、存储等活动的组织者功能的商业中心。它不仅是乡村商品交换的场所，也是乡村各种交换关系的总和，既包括各种有形市场，也包括各类无形市场。传统社会中乡村经济空间突出地表现在以集镇贸易为主的基层市场体系中，基层集镇是普遍存在于前现代中国各个地区的中心地。传统时代后期，基层市场在中国大地上分布广泛，几乎每一个农村家庭都至少可以进入一个基层市场，基层市场被作为村镇产品的出口场所及乡村必要商品和劳务的来源之所。基层市场体系内的绝大多数市场经济活动，诸如产品的生产—供应—销售—储存等，除了产品的流通环节发生在交通、邮电等线网设施以外，无不以集镇为发生地。集镇是乡村基层市场体系中联系商品生产者与消费者最重要的中介，是众多商品得以顺利交换的重要场所，更是区域内一切商品进行各种经济活动的中心所在。很大程度上乡村基层市场体系就是乡村各级集镇体系及各种商品市场关系在乡村地域空间上的表现。同时，基层市场体系中的集市贸易多表现出以下特点：小摊小贩的经营方式，数量不大的经营规模，极不丰富的商品种类，比较单一的交易方式以及较为稀缺的专业市场。

3. 村镇经济空间布局均衡

传统社会时期，无论是农业生产、手工业制作，还是基层集市贸易，在乡村地域的分布基本上都表现出较为明显的均衡性格局。村镇经济空间布局特征表现为同质同构，分散布局多，集聚布局少的特征。乡村聚落是传统社会乡村经济生活的中心，乡村经济空间的形成与发展与该区土地资源状况密切相关，乡村聚落拥有土地资源的数量，往往成为决定乡村聚落经济空间布局的重要影响因素。在传统社会交通运输条件的限制下，农民的耕作半径普遍较小，这使得传统内向型的乡村经济空间也普遍规模不大。金其铭（1988）认为江南平原一般耕地离村二三百米。尹怀庭和陈宗兴（1995）根据对陕西农村的调查认为封建社会时期当地农民耕作半径一般为 0.5～0.7km，村民去田里耕作所需时间为 15～20min。在传统经济条件下，乡村经济活动过程往往是封闭的、内向的。每个家庭需要的生活资料与生产资料基本上均由自己独立生产，每户家庭构成一个彼此相对独立的经济实体。若干农户聚居在一起，形成一个对外相对封闭的村落经济圈，这个经济圈基本上以耕作半径为界限，一定程度上受村落人口规模的影响。这样的村落经济圈形成以后，随着生产力与耕作技术的提高，手工业和商业相继从农业中分离出来，进一步促进了贸易型集镇的发展。随着一些新兴贸易市镇的兴起与发展，地方市镇发挥了城市与乡村之间的中介作用，村落经济圈的原有特征发生变化，市镇对乡村区域的影响逐渐增强，新的市场作用力加强了原有村落与外界的经济、社会联系，扩大了原有村落经济圈间的活动空间。但这时，村镇经济空间的布局仍表现为比较明显的均衡性。

1.4.3 传统村镇社会空间结构的主要特征

传统时期农村社会内部分化程度低，阶层分化速度慢，农民生活节奏遵循自然规律，日常社交范围有限，农民土地意识强烈，安土重迁，在一定的地域范围内长期保持固定态势，外向流动性极弱，乡村社会生活大体处于一种彼此差别不大、均质、单一的状态。反映在村镇社会空间结构方面主要有以下特点。

1. 生活空间受自然条件影响显著

传统时期以农业种植为主的产业结构，决定了农民生产及生活对自然环境强烈的依赖性。农民遵循自然规律，安排农事组成；随四时季节变化，调整生产生活。农忙时节，几乎没有任何闲暇；而农闲时，几乎整段时间都闲暇无事。春秋时节是农民种田收获的繁忙季节，劳动量大，劳动时间长，这两个阶段大约占用农民一年之中劳动时间的 80%以上；夏季是农民农田管理阶段，对劳动力需求不大，此时农民劳动时间主要是在早晚时分；冬季属于作物休眠期，是农民一年之中生产任务最为轻松的时节，也是农民生活最为放松的时节，而且随着春节的临近，农村的各种风俗娱乐活动开始逐渐增多，农民经常在这一时期探亲访友。由于传统时期农民的农田耕作时间没有固定的时间约束，农民的生活规律基本上完全由自己安排把握。在一天的生产生活中，具有典型的“日出而作，日落而息”的自然节律性，受自然条件制约严重，不管是农事劳作还是乡村其他活动，几乎都安排在白天进行，极少在晚间活动。此外，自然条件对乡村社会空间的影响还表现在农民的饮食行为方面。由于生产力水平低下，物质丰歉随不同季节变化明显，农民很少有剩余产品。所以，除收获季节和重大节日期间释放一下物质消费欲望外，一年之中大部分时间都过着节俭生活。这种强烈的遵循自然的生活节奏使得传统时期的农村生活节奏缓慢、变化微弱，乡村社会空间也长期保持不变。

2. 社会生活空间区域有限

传统时期农村的生活来源基本上全部出自于农民所依赖的土地，他们生于斯，长于斯，终老于斯。土地是农民的生活之源，农民对土地感情特殊，土地往往成为农村家庭财富的主要象征。传统农村社会规模较小，每个人大致从事着基本相同的工作，农民的生活模式彼此差异不大；村民们与外界极少接触，人们平时经历相差无几，在耕作经验与技术方面，大家也基本上都大致相同。人们的日常生活交往主要限于自己所熟悉的土地范围之内，在自己所熟悉的土地范围之外，很少进行相关的社会生活活动。“购买一份属于自己的土地并不断扩大这份土地几乎成了农民们的最高理想”（周晓虹，1998）。乡村社会生活空间的有限性与中国农民与生俱来的浓厚的土地意识及农耕经济基础是密不可分的，也与农民们在择地定居过程中形成的土地崇拜情结紧密相连。如果将“乡土”分开理解的话，“乡”是农民世代居住的场所，而“土”则是农民基本生活的根源，正是在“土”这一根基和“种地”这一经济活动的共同作用下形成并强化了农民的乡土观念和乡土意识，也决定了其社会活动空间的有限性。再加上传统时期封建政府与统治者推行强本弱末的重农和敬农政策，进一步强化了农民的土地意识，助长了农民的土地情结，造成了他们安土重迁的行为特征（李立，2007e）。使得农民在社会活动当中，极不愿意轻易改变自己的生活和居住之所，很大程度上限制了他们的社会活动空间。

3. 生活空间以地缘和血缘关系为主

传统村镇主要是单纯的农业型村落，用地结构以居住为主，社会空间主要表现为封闭、狭小、单调。农民就业结构的分化程度不高使得他们的社会交往层面和交往圈具有高度同质性。农民日常生活中的休闲行为主要围绕村中水井、戏台、院坝、村口等地进行，生活空间以地缘关系和血缘关系为主。平时交往过程中，由于血缘关系与地缘关系的作用，人与人之间较为亲密、随意、热情，隔膜较少，日常交往通常成为村民们休闲的重要方式。在传统思想和生产方式影响下，村落当中以初级性组织占统治地位，缺乏超出血缘和地缘关系的社会组织，农村社会组织化程度低，再加之交通条件的限制，村落之间的界限往往就是农村居民日常交往空间的临界点。虽然没有明确可见的围墙分界线，但村界在村民心理上却可以形成一种隐隐的较为固定的交往障碍线，从而对本村居民与外界居民的交往活动起到阻止作用。并且在此基础上还可进一步形成一定地域内村镇小范围的“集体意识”，这种集体意识加强了人们之间认识的一致性和思想的凝聚性，对那些来自外界、与自己认识相差较大的事物，农民们几乎普遍以内部的统一标准作为判断事物好坏的准则，由此导致对新事物的反对与排斥，对同一区域内农民社会生活的统一和强化。在婚姻行为方面，受传统婚恋观影响，表现为通婚自主权力很小，婚姻普遍遵循父母之命、媒妁之言，强调门当户对，通婚圈范围较小，基本在所在村落不大的周边范围之内。居民交往主要以个体社交活动为目的，很少有以群体利益为目的的社交活动；农民社交活动大多表现为友谊和亲情，较少与经济活动相关联，交往目的以走亲访友为主。人与人之间的交往频率主要受个人关系亲密程度和交往距离远近的影响，交往关系受传统的人情和礼俗约束较大。交往对象较为固定，交际圈主要局限于家族及邻里，很难由本乡本土扩大到更广的地域空间；在原有交往形式和交往空间之外，很难形成新的交往圈。

1.5　小　　结

城乡区别主要表现在产业结构、社会结构、人口规模和集聚密度等方面。对于城乡关系的内涵，不同研究从不同角度进行了探讨。城乡关系是社会生产力发展的产物，是国家现代化过程中出现的城市和乡村之间的一种相互影响和相互作用关系。在中国社会的农业时代，城乡关系比较简单，近代以来，中国城乡关系在内外因素的作用下，变得日益复杂，城乡二元结构初步形成，城乡间联系性加强与对抗性矛盾加剧。改革开放前与改革开放后，中国的城乡关系变化显著。中国城乡二元结构的特征主要体现在城乡分布、居民身份、产业分工等方面。随社会变迁城乡关系不断呈现出新的特点。

新中国成立前的村镇空间差不多都是在以农业文明为基础的自然和社会背景中形成和发展起来的。特有的农业自然生态环境和农业经济社会形态是中国村镇空间发展演化的大背景。在这一村镇空间的发展历程中，自然经济一直具有特殊的地位与作用。在自然经济的影响与制约下，村镇空间无论在聚落形态、经济运行或者社会交往等方面，均表现出强烈的均质性。随着自然经济的缓慢解体，商品经济逐渐发展并改变着传统村镇空间的组成和结构。

新中国成立后，在特殊的国际国内背景下，一系列国家政策与制度变革深刻地影响着乡村社会的变迁，并在相当程度上决定了这一时期的村镇空间结构。中国城乡二元结构的形成与计划经济体制的建立息息相关，计划经济体制对中国城乡二元结构从不同方面起到了强化作用。计划经济时代，中国农村人口的增长异常迅速，广大乡村地区，由于人口密集化和基础设施的薄弱性，加之计划经济体制的高度强制性，使得国内大部分地区在聚落形态、经济发展、社会交往等方面均差距不大。人的作用被过分强调，乡村发展的自身规律遭到忽视，乡村地区经济社会发展表现出徘徊不前、再度均质化的特点。

中国传统村镇空间格局基本上是在农业文明社会的基础上形成和发展起来的，典型的自然生态环境、传统的农业经济和均质的社会形态是它的大背景。传统村镇空间结构的主要特征可以分别从村镇聚落空间、村镇经济空间和村镇社会空间等方面进行分析和说明。

第 2 章　城乡一体化进程中的村镇空间变化

2.1　当代城市化与城乡一体化

2.1.1　当代城市化的发展进程

城市是人类现代文明的空间载体和象征，城市化是指一个国家或地区城市规模扩大、数量增多和效益增长的过程，是人类社会经济结构发生根本性变革并获得巨大发展的空间表现（宫玉波，2006）。城市化一词最早出现在 1867 年西班牙工程师 A.Serd 的著作《城市化基本原理》中，20 世纪 70 年代末，“城市化”概念被引入中国。城市化是一个国家社会经济发展到一定阶段必然出现的历史发展过程，是全球性的社会现象（姜斌和李雪铭，2007）。一般认为，世界城市化起步于 18 世纪中叶开始的工业革命。随着工业革命的兴起，西欧与北美地区的国家城市发展速度迅速加快，之后，世界其他国家与地区的城市化速度也大大加快。据联合国统计，自 1950～1995 年不足半个世纪的时间里，不同国家的城市居民均有极大增加，发达国家城市居民增长率为 30%以上，欠发达国家城市居民增长一倍以上。20 世纪末，世界城市化水平已近 48%左右。

1. 世界城市化发展的三大阶段

（1）起步阶段。这一阶段大致经历了近百年时间，始于 18 世纪中叶，终于 19 世纪中叶。这一时期世界城市化逐步兴起，18 世纪中期，英国城市人口超过农村人口，成为世界上第一个城市化国家。英国的成功促使欧洲和北美许多国家选择了产业革命和城市化的道路。

（2）局部繁荣阶段。本阶段也大致经历了一个世纪时间，自 19 世纪中叶始，至 20 世纪中叶止。本期是发达国家城市化推广普及阶段，世界工业革命后，随着工业化国家的增多及工业化进程的加快，世界城镇人口比重日益增大，城市化发展速度越来越快，城市化在欧洲和北美等发达国家迅速推广和普及，经过本阶段发展，当代世界发达国家基本上实现了城市化，典型是美国和日本，同时，发展中国家和地区的城市化开始加速发展。

（3）全面繁荣阶段。从 20 世纪中叶开始至今为世界城市化发展的全面繁荣时期，截至目前也已经历了半个世纪之多，第二次世界大战以来，世界城市化发展已经进入一个空前发展、迅速扩散和全面繁荣的崭新时期。2000 年世界城市人口比重已达 47.7%，是世界城市人口增长最为迅速的时期。据世行预测，2015 年世界城市人口比重将达 50%以上，其中，发达国家城市人口比重 80%以上，发展中国家接近 50%（叶裕民，2004）。本期的典型国家有中国、韩国、巴西和东南亚国家等。

联合国人居署发表《世界城市状况报告》指出，近 200 年来，世界城市化发展趋势日益加快，各国城市以前所未有的规模和速度发展。当前世界城市化发展主要有以下特点：一是城市化加速发展，城市人口急剧膨胀，城市数量剧增。二是大城市呈现优先发展趋势，人口更多地向大城市和特大城市集中；地理上互相毗连，经济上互相渗透的城市群和城市带相继出现，城市化发展由“点”式向“面”式转换。三是无论是发达国家还是发展中国家，城市在国家经济中的地位越来越重要（何洪泽，2003）。四是一些发达国家和地区，出现城市郊区化现象或逆城市化现象，大城市边缘不断出现卫星城。五是世界城市化发展地区差异巨大，城市化发展重点正由发达国家向发展中国家转变。此外，第三产业、知识经济在新时期城市化过程中正发挥着越来越重要的作用（宫玉波，2006）。世界人口的城市化进程见表 2.1（曹建云，2003）。

表 2.1　1950～2000 世界人口的城市化进程

年份	世界		发达地区		发展中地区	
	城市人口/亿人	比重/%	城市人口/亿人	比重/%	城市人口/亿人	比重/%
1950	7.49	29.7	4.46	54.9	3.03	17.8
1960	10.16	33.6	5.62	61.4	4.54	21.6
1970	13.56	36.7	6.81	67.6	6.74	25.1
1980	17.57	39.6	7.73	71.5	9.83	29.3
1990	22.92	43.5	8.47	73.8	14.44	35.1
2000	28.45	47.7	9.02	76.0	19.42	39.9

2. 中国城市化发展的纵向分析

中国是现代城市化后发国家，虽然城市在古代中国已有了一定程度的发展，但近现代意义上的城市化，却是自鸦片战争以后，随帝国主义的入侵而逐渐发展起来的。新中国成立后，经济快速发展，为城市化提供了坚实的基础和极大的推动力。不同学者对新中国的城市化过程进行了不同的阶段划分。叶裕民（2001）将新中国城市化分为两大阶段：1949～1978 年城市化停滞和低速增长阶段和 1978～2000 年城市化迅速推进阶段。陈颐（1998）将新中国城市化分为三个阶段：城市拉动型城市化发展时期（1949～1957 年），城市化发展倒退、停滞时期（1958～1978 年），城市化较快发展时期（1979～1998 年）。顾朝林（2000）将新中国城市化分为四个阶段：起步阶段（1949～1957 年）、动荡阶段（1958～1965 年）、停滞阶段（1966～1978 年）、恢复与发展阶段（1979～1998 年）。辜胜阻（1993）将新中国城市化分为五个阶段：工业化起步时期的城镇化阶段（1949～1957 年）、“爆发性”工业化引起的超高速城镇化阶段（1958～1960 年）、工业调整时期第一次逆城镇化阶段（1961～1965 年）、工业化停滞时期第二次逆城镇化阶段（1966～1977 年）、改革开放高速城镇化阶段（1978～1993 年）。姜爱林（2002）以改革开放为主线，以经济结构调整为补充，将改革开放后的中国城市化分为四个阶段：农村经济体制改革推动城镇化体制发展阶段（1978～1983 年）、城市经济体制改革推动城镇化发展阶段（1984～1992 年）、社会主义市场经济体制转型推动城镇化阶段（1993～1998 年）、经济结构调整推动城镇化阶段（1999～2001 年）。

新中国成立后，中国城市化发展主要有以下特点：一是城市数量和城市人口比重显著变化，城市建设成就巨大。例如，城市化水平从 1951 年的 11.8%增加为 1998 年的 30.4%。二是城市化发展速度与经济发展速度密切相关，特别是与农业生产关系较大。例如，1961～1977 年为中国农业生产下降、恢复与缓慢增长阶段，城市化的发展也是下降和缓慢发展阶段。三是城市化道路与国家政策关系密切，改革开放前城镇化发展的主要动力是政府，是自上而下地推动城镇化；改革开放后政府推动仍占据主导地位，但是由于农村经济体制改革成功，催生了自下而上的城镇化模式，农村经济和乡镇企业的发展成为城镇化发展的又一动力。例如，国家长期执行限制大城市发展的政策，虽然大城市数目增加了，但是城市人口总数中的比重变化不大，在小城市方面，由于政策的支持，数量增加很快（赵荣，2002）。四是城镇化速度与世界进程相比相对较为缓慢，城镇化水平偏低；城镇化发展过程中的反复性和曲折性明显。例如，在新中国成立初至改革开放前 30 年中相继经历了 1949～1957 年城镇发展的短暂健康期、1958～1960 年的过度城镇化期、1961～1965 年的第一次反向城镇化和 1966～1976 年的第二次反向城镇化（周一星，1995b）。五是城市化发展区域不平衡，中小城市发展速度要快于大城市，中西部地区低于东部地区，西部地区又低于中部地区。六是随着改革开放后城市化发展速度的加快，大城市和特大城市加快了发展速度，城市圈和城市群也开始在不同的地区出现并加快发展，若干大都市连绵区正在逐步形成。

2.1.2　当代城市化的空间透视

从地域空间看，当前世界城市化的重点正在由发达国家向发展中国家转移，同时，世界城市化水平在不同的地区之间表现出显著差异。最早欧洲一度是世界城市化水平最高的地区，到了 20 世纪初期，北美洲的城市化发展具有更高的速度，并与世界其他发达国家和地区一道在 1925 年达到城市化发展的高潮。20 世纪 50 年代以后，随着国际民族解放运动的普遍胜利，世界城市化的主流逐渐转向欠发达地区，亚洲和非洲成为城市化发展迅速地区。周一星对世界不同地区城市化水平增长幅度的横向比较表明：世界城市化速度最快的地区并不是城市化水平最高的地区，也不主要是水平最低的地区，而是处于中等或中等偏上水平的那些地区；城市化最慢的地区主要是城市化水平最高或最低的那些地区（周一星，1995c）。世界城市化发展存在明显的差异。发达国家和大多数拉美国家城市化水平较高，1997 年发达国家城市化水平已达 78%，而中、低收入国家的城市化水平仅为 40%（汤茂林，2003）。发展中国家与地区的城市化发展水平大大落后于发达国家与地区，其城市化进程在总体上约落后于发达国家 75 年（叶裕民，2004）。世界范围内 1960～2000 年各洲城市化发展，无论是发展中国家还是发达国家，其城市化水平总体趋势是逐渐上升，但是发展速度有所不同。1960～1980 年，发达国家较发展中国家城市化水平上升的速度快；1980～2000 年城市化水平的发展速度正好相反，发达国家的速度明显放慢，发展中国家明显加快。城市化水平在各洲的分布也有很大差别，在发达国家地区北欧最高，其次是西欧和北美；在发展中国家地区最高的是温带南美，其次是热带南美、中美，然后是西亚和南非（孟祥林，2008）。按照城市化水平的高低进行划分，基本上可以将当前世界各大洲分为两大层次：以北美洲、欧洲、大洋洲和拉丁美洲为一个层次，城市化水平在 75%左右；以亚洲和非洲为另一个层次，城市人口比例刚刚超过 1/3。这两个层次大体上也反映出发达国家和地区与发展中国家和地区的差别，北美洲、欧洲、大洋洲是发达地区，亚洲和非洲主要是发展中地区，拉丁美洲的情况则是一个例外。在 20 世纪 50 年代，拉丁美洲城市化水平为 40%以上，高出亚洲和非洲约 25 个百分点，但比北美、欧洲、大洋洲的城市化水平要低，至 2000 年拉丁美洲的城市化水平已经达到 75.3%，目前仅次于北美洲（曹建云，2003）。

城市化水平在各国表现更不相同，包括美国、英国、法国、俄罗斯和日本等在内的发达国家在 20 世纪 90 年代基本上已经进入后城市化时期。这些国家先后出现“逆城市化”现象，中心城区居民不断迁出城市中心，不断向城市边缘及郊区、乡村地带迁移，城市发展表现出人口空心化和产业空心化特征。在城市化速度方面，自 20 世纪 50 年代后，发展中国家与地区大大超过发达国家和地区。例如，2001 年发达国家和地区的城市人口年度增长率只有 0.56%，而发展中国家和地区则为 2.87%，比发达国家和地区高出 2.31 个百分点。城市化发展过程与工业化发展过程密切相关，按照工业化发展与城市化发展的适应程度，还可以将当前世界不同国家与地区的城市化状况分为三种类型：第一种类型是适度城市化的国家和地区，这些国家和地区的城市化发展特点是城市化水平与工业化水平基本相当，城市化和经济、社会发展相互推动，相得益彰，如美国、日本、英国、韩国和中国的台湾地区等；第二种类型是过度城市化的国家，这些国家与地区的城市化特点工业化水平明显高于城市化水平，经济发展和社会进步受城市病问题严重制约，如印度、巴基斯坦等；第三种类型是低度城市化国家，这些国家的工业化水平明显高于城市化水平，城市化水平滞后已经成为制约经济进一步发展的瓶颈，如中国、朝鲜等（任志军，2003）。如果对世界的城市化发展趋势做一下预测的话，从地区分布来看，非洲与亚洲的广大国家与地区将是城市化水平发展快速的地区；其次是欧洲、拉丁美洲与北美洲；大洋洲基本不发生变化。

中国城市化进程的主要特征是在地域空间上也存在极为显著的差异。由于地域广大，各地自然、经济、社会、人口、文化等客观条件各有不同，因此，必然会造成各地城市化过程的差异（高国威和孟祥林，2006）。许学强和叶嘉安（1986）通过对 7 个自变量做主因素分析，解释了 1978 年中国城镇化程度的省级差异。认为影响中国各省区城市化差异的两个主要因素分别是工业化和人口密度，省区城镇化水平与工业化进展呈正相关关系，与人口密度呈负相关关系；中国的工业化布局政策促进了人口密度较低的华北、东北、西北部分省区的城镇化，而控制市镇非农业人口增长的政策，又制约了东部和中南部部分省区的城镇化。通过运用柯尔摩哥洛夫-史密尔诺夫公式对于中国 1978 年的市镇分布特征进行检验，认为中国市镇分布不是随机型，并通过罗伦兹曲线检验认为市镇分布属集聚型。将新中国成立之初至改革开放前 30 年的城镇化发展水平与改革开放后 30 年的城镇化发展水平进行对比，可以看出：虽然半个多世纪以来中国各省区的城镇人口都在增长，但增长的速度地区之间差异巨大。改革开放前 30 年，内蒙古、新疆等北方边远省区是城镇化水平增幅最大的省区，其次是新建工业较多的贵州、湖北等内地省。而沿海的河北、天津、山东、江苏等都是城市化发展较慢的省区，只有北京和辽宁例外。改革开放后的 10 年中，情况发生了根本性的变化，总的来讲是：南方比北方快，沿海比边远快（周一星，1995d）。从大区角度看，20 世纪 80 年代末期，中国城市化水平北 3 区高于南 3 区。1989 年城镇非农业人口比重在东北、华北、西北地区均高于全国平均水平，而华东、中南、西南均低于全国平均水平。从省区差异看，京津沪和台湾城镇化水平最高，其次是辽宁、吉林、黑龙江东北三省，再次是内蒙古、新疆、青海、宁夏等四个边远省区，城镇人口比重也均超过了全国平均水平；城镇人口比重最低的省区是西藏、云南、贵州三省区，以及广西、河南、四川、安徽、河北、湖南等人口稠密的农业大省（周一星，1995e）。

进入 20 世纪 90 年代，中国城市化水平的省际差异逐渐由原来的北高南低态势向东高西低格局转变。北京、天津和上海 3 个直辖市的城市化水平自 1990 年以来已超过 65%，基本进入城市化发展的后期。1990 年，属于次高城市化水平类型（30%～65%）的省区大多为长城以北的北方省区，南方地区仅有浙江和广东两省，总体上呈较显著的南北差异。发展至 2000 年，海南、福建、江苏的城市化水平类型已晋升至次高类型（40%～70%），与前期已属于该类型的广东、浙江以及东北三省基本连接成为了一条东部次高城市化水平类型分布带；其他西部大部分省区的城市化水平仍低于 30%，属于低度或极低城市化类型，尚处于城市化发展的初期阶段，总体上呈较显著的东西差异（刘盛和，2004）。之后，东部和南方省区的城市化发展进一步加快，而北方和中、西部省区的城市化发展相对较慢，城镇人口进一步向东南沿海省区集聚，东南沿海各省区城市人口在全国城市人口中所占的份额日益增加，尤以广东和江苏增长最快。进入 21 世纪，中国的城市化格局有了进一步的发展。于涛方在《“中国城市化格局、过程及其机理研究”进展》一文中指出：根据城市人口分布 Kernel 密度分析，中国城市集聚区自 1949 年的京津、辽中和长三角 3 个城市集聚区开始发育到 2003 年，其空间格局演化很大，已形成“长三角-山东半岛-苏鲁皖边界”、“京津冀-中原-晋中”和“珠三角”等三大城市连绵区、11 个城市集聚区和 9 个城市集聚发育区。在城市体系区域组合上，截至 2003 年基本形成了两个大区（Ⅰ级城市体系）和七个亚区（Ⅱ级城市体系）的总体格局。在此基础之上，中国城市体系共形成了 64 个地方（Ⅲ级）城市体系（于涛方，2007）。

2.1.3 作为一种过程的城乡一体化

正确处理好城市化进程与农村的关系是世界各国面临的共同问题。工业革命早期，资本主义经济发达国家，出现了工农分裂与城乡对立，在此背景下，一些学者提出了诸如区域统一体、城乡混合体、城乡融合系统等建议，以此作为推进城乡融合的方式。19 世纪中叶，随着主要资本主义国家工业革命的相继完成，一方面农业生产和生活条件大为改善；另一方面城乡之间的联系逐渐加强，促使城乡之间的差别明显缩小。20 世纪以来，由于城市工业扩散和快速交通网络建设，大量城市人口由城市向郊区和小城镇迁移，为城市郊区和小城镇带来了新的发展契机，成为城乡一体化过程中的一个新趋势。目前，发达国家和地区已经进入后现代化社会和城市化高级阶段，农业和工业之间的相互联系和相互依赖进一步加强，城乡居民社会地位日益平等。发展中国家在获得独立后，大多重视工业与城市，忽视农业和乡村，从而使城乡差别呈扩大态势。20 世纪 60 年代后期以来，许多发展中国家逐步认识到片面工业化的局限性，开始对城乡经济一体化进行了探索和实践。越来越多的人认识到，城乡一体化发展将成为摆脱城市繁荣而农村衰落窘境的有效途径（石忆邵，2003）。一体化的英文为 integrate，本意是消除差异，实现整合。城乡一体化战略提出的国际背景是全球化浪潮的涌动。城乡一体化的本质是通过体制的创新与确立，填平城乡之间的巨大鸿沟，实现社会资源的共享，形成统一的社会结构，实现最终的共同发展（于波，2005）。工业革命以来，世界城市化与城乡发展大致可以以 20 世纪 50 年代为界分为两个不同的发展阶段：发达国家主导的城市化与城乡发展时期和发展中国家主导的城市化与城乡发展时期（赵树枫等，1998）。世界城乡发展历史表明，城市化与城乡发展遵循“城乡依存—城乡对立—城乡融合—城乡一体”的阶段性演变规律。伴随着经济发展水平的提高和产业结构的演进，城市化进入分散的发达型阶段，城乡发展由对立转向融合，其进一步发展将使城市与乡村形成紧密的、双向的和内在的有机联系而达到城乡一体化。城乡一体化是城市化与城乡发展的终极阶段和理想境界（余斌，2005）。

从世界范围看，工业革命后的 200 多年时间里，世界人口快速增长的同时，世界城镇人口以更快的速度增长，人口分布的城乡格局也发生逆转（孟祥林，2008）。世界各国的城镇化道路，其基本动力首先源自于自身需要，同时又受到外部力量的促进、引导和制约。发展小城镇是世界城镇化进程中不可回避的一个环节，是实现区域城乡一体化、促进地区社会经济整体发展的关键。从城市化与工业化发展水平关系看，世界城市化和城乡发展可分成四种模式：同步城市化、过度城市化、滞后城市化和逆城市化。城市化的快速推进过程伴随着各种经济社会问题的相继出现，如农村发展滞后、城市住宅和基础设施供应短缺等。为使城市化进程与农村发展得以稳妥进行，一些国家采取多种措施来化解城乡矛盾，协调城乡关系，促进城乡一体化发展。例如，日本在城乡发展过程中非常重视协调城市与农村的发展关系，在处理城市与农村发展关系方面，日本政府制定了大量法律促进农村发展；同时，日本政府比较重视对农村、农业的投资，投资方式多样，通过这些措施改善了农村环境，加强了城乡联系，为实现城乡一体化提供了可能。美国注重倡导城市的集约型增长，提出了“紧凑型城市”和“精明增长”的概念。近年来西方国家在城市土地利用规划方面的理论和实践表明，未来城市规划发展的主流应该是“集约和精明”地使用土地，以实现人类居住区的可持续发展（姜斌和李雪铭，2007）。工业革命推动了世界城市化的进程，同时也开启了世界城乡一体化的发展过程（华淑华，2009）。当今世界，不同的国家依据其自身资源、环境、经济等方面的特点，形成了各不相同的城镇化与城乡发展模式。其中，影响比较大的城镇化与城乡发展模式主要有英国的工业化模式、美国的自由市场模式、日本的行政管理导向模式、韩国的“新村运动”模式、拉美国家的外部经济模式等（王卫华和陈家芹，2007）。应该说，世界城市化与城乡发展并不存在统一的标准模式，发达国家与地区的经验对于发展中国家与地区并不具有普遍的指导意义。不同国家与地区应根据自己的具体条件，发展具有自身特色的城市化与城乡一体化。

中国城乡建设的发展同国家宏观区域发展政策的三次重大转变联系紧密。第一次转变为 1949～1972 年，国家长期把经济建设和城市发展重点放在内地和“三线”地区；第二次转变为 1979～1990 年，先后实施了向沿海地区倾斜的区域发展政策和东、中、西三大地带发展战略；第三次转变自 20 世纪 90 年代开始，针对地区间经济差距扩大，提出地区协调发展战略和西部开发战略（刘盛和，2004）。改革开放之前，中国城市化与城乡发展呈现以下几个特点：一是政府是城市化动力机制的主体；二是城市化对非农劳动力的吸纳能力很低；三是城市化的区域发展受高度集中的计划体制制约；四是劳动力的职业转换优先于地域转换；五是城市运行机制具有非商品经济的特征等。这种城市化的结果是形成了城乡之间相互隔离和相互封闭的“二元社会”，造成城乡间的巨大差异和城乡壁垒。改革开放后，中国城市化和城乡发展突破了长期停滞局面，呈现加速趋势。1978～1984 年以农村经济体制改革为主要动力，城市化与城乡发展开始加速，同时，乡镇企业的崛起也在一定程度上促进了小城镇的发展。1985～1991 年在乡镇企业和城市改革双重推动下，城市化和城乡发展时期日益加速，新城镇发展迅速，尤以沿海地区为甚，开创了有中国特色的城市化和城乡发展之路。1992 年至今以城市建设、小城镇发展和普遍建立经济开发区为主要动力，城市化与城乡发展全面推进，从沿海向内地全面展开，城市化水平迅速提高，城乡关系得到了极大改善，为了进一步推进城乡和谐，国家提出了新农村建设策略（武力，2007c）。在城市化与城乡发展模式方面，改革开放以来，中国学术界和实际工作部门主要提出过五种模式：小城镇模式、中小型城市模式、大城市模式、城市群（带）模式、乡村生活城市化模式（王明美，2006）。现阶段，中国城市化与城乡发展正处于快速发展时期。杨国安、杨兆萍以 2005 年中国大陆 263 个城市为样本，运用 ROXY 指数对 1985～2005 年中国城市化进程中的地域运动变化特征进行了实证研究。结论显示，20 多年中国城市化空间循环运动基本上是由加速分散向减速分散，再向加速集聚转变的过程。1985～1990 年的加速分散表征了改革开放初期自下而上的改革高效率引发的中小规模城市的快速发展；1990～1995 年和 1995～2000 年的减速分散则表征了在中国中小城市快速发展的同时，大都市也得到了快速发展；2000～2005 年的加速集聚则表征了中国大都市发展效率总体上高于中小城市，城市化重心转向大都市（杨国安和杨兆萍，2008）。

进入 21 世纪后，乡村城市化成为中国城市化的主流。但对于这一发展，必须要有清楚的认识：城乡一体化绝不是全部乡村都变为城市，更不是城市乡村化，而是城乡结合，以城带乡，以乡补城，互为资源，互为市场，互相服务，协调发展的过程（陈光庭，1999）。甄峰（1998）认为城乡一体化不是城乡“一样化”和“平均化”，其动力机制是城市化和农业产业化，其核心是城乡统一市场的建立，城乡一体化建设需要“以人为本”。一些学者从城乡经济一体化研究入手，希望在经济转型期，将城乡一体化作为一种手段，通过生产要素在时空上的优化配置，确保城乡协调发展。部分学者将城乡一体化研究范围扩展到更为广泛的制度领域，试图通过调整和改革传统的城乡分割体制，达到消灭城乡差别，实现城乡融合发展。还有学者将城乡融合发展扩展至政治、经济、生态、文化、空间等各个方面，将城乡一体化视为经济社会发展的必然结果，认为城市和乡村最终将成为一个互相依托、互相促进的统一体。实践上，政府部门和学界在许多方面做了努力和尝试。例如，进行“市带县”“县改市”、小城镇建设等体制改革探索；通过试点提出了若干具有代表性的城乡一体化模式（如珠三角模式、上海模式、北京模式、苏南模式等）；在大中城市郊区，将城乡一体化规划的思想方法付诸实践等（石忆邵，2003）。从生产力发展内在规律看，城乡之间互为开放、互为关联，从开放到协调，从对立到融合，乃势所必然。城乡一体化是现代城乡关系发展的必然趋势（甄峰和黄朝永，1999），随着“科学发展观”的提出和贯彻，以及中国经济社会各方面改革的日益深入，城乡一体化已成为中国整体推进现代化的大趋势。党的“十六”大报告号召“统筹城乡经济社会发展，建设现代农业，发展农村经济，增加农民收入”，并将其视为全面建设小康社会的重大任务。中国乡村建设已经进入了一个重要的战略机遇期，城乡一体化进程必将加快（季先峥，2005）。城乡一体化的目标首先是针对日益突出的“三农”问题，客观上要求把工业与城市的现代化、农业农村和农民的现代化作为同一个历史过程。城乡一体化主要目标可以归纳为城乡空间布局一体化、城乡产业布局一体化、城乡社会发展一体化、城乡就业与保障一体化、城乡生态环境一体化、城乡市场一体化、城乡政治一体化等方面。

2.2 当代村镇的地理空间变化

2.2.1 乡村城镇化与村镇地理空间变化

乡村城镇化是乡村人口变迁、乡村社会经济转型和乡村地域空间重构的过程。改革开放前，中国的城市化进程主要是政府运用计划手段自上而下进行，政府是区域城市化的唯一主体。城市化表现为外部拉力有限，内在推力不足，城市化进程显著滞后于工业化进程。改革开放后，随着人们思想上对城镇在社会经济发展中重要作用认识的变迁，乡村城镇化制度环境大为改观。更为重要的是，乡镇企业的兴起与蓬勃发展为乡村城镇化更是提供了前所未有的动力和条件。首先，乡镇企业以集体经济为主、以工业行业为主、以就地建厂为主的工业化方式，深刻改变了乡村传统聚居的生产与生活方式；其次，乡镇企业的勃兴带动了乡村人口的集聚，促进了农民居住的迁移，形成了农民先进镇就业、后进镇定居的渐进式居住迁移过程，加快了乡村城镇化发展的速度与规模；最后，随着乡镇企业的发展壮大，乡村城镇体系得以进一步完善，乡村空间在地域上有序退缩，形成了新的村镇地理空间。可以说，乡镇企业的异军突起开启了中国独具特色的乡村城镇化进程，其影响主要有以下几点：一是促进了“镇乡合并”，原有县属镇与所在的乡域合并。县属镇体制是公社化时期镇、乡分置的制度产物，其本身属县域工业化链条中的一环，与周围乡村地域联系不紧密，人口规模以自然增长为主，用地规模受镇、乡行政区划制约。20 世纪 80 年代后，随着乡镇企业的发展，国家重开镇、乡交流之门，实行镇乡合并的“镇管村”新体制，城镇规模因此发生快速发展。二是加快了“撤乡建镇”的速度，增加建制镇的数量。新中国成立初，由于城乡分离，国家调高了设镇标准，导致建制镇数量减少；改革开放后，乡镇企业崛起，乡镇发展日趋兴旺，为此，国家重新调整了设镇标准，放宽了设镇条件。指导思想由以前的控制紧缩转向积极发展，由城乡分离转向城乡结合，提出撤乡建镇新模式，提倡实行以乡建镇、以镇管村新体制。三是扩大了区域性的整体城镇化。上面两种设镇方式，大大促进了乡村地区城镇人口的增长，提高了中国部分地区的区域性整体城镇化水平。例如，苏南地区呈现出中心城市、县级市、建制镇、乡镇（含村镇）、村落共同组成的城乡连续体，表现为区域性整体城镇化（李立，2007f）。

从地理空间角度看，乡村城镇化实质上是一定地域范围内村镇空间结构的发展变化。这种变化主要体现在两方面：一是村镇土地利用规模和类型的变化。随着乡村城镇化的深入，城镇数量不断增多，城镇规模不断扩大，相应的城镇建设用地需求也日益增长，尤其是小城市和小城镇发展的建设用地增长最快。例如，江南地区小城市人均用地10年间（1984～1994年）从62m^2/人增加到158 m^2/人。从土地的利用类型看，20世纪80年代城镇建设用地的主要用途是工业用地和生活用地，由于受所有制特点的制约，乡镇企业选址往往在本乡镇区域范围之内，并常常与农民建房联合进行，土地利用主要以粗放型的分散就地建设为主；20世纪90年代以后，各级政府逐渐意识到土地集约利用的好处与重要性，城镇建设用地逐渐向集约型的开发区形式转移。二是村镇建设与村镇形态的变化。城镇用地扩张的过程既是自身空间不断延展的过程，也是对周边空间不断侵入的过程。城镇化过程对乡村原有空间的直接影响，一是直接侵并，使原有乡村直接成为城镇发展区的一部分。二是迁并与整合，即通过城镇空间的扩张导致村庄发生迁移、撤并，以达到土地集约化和空间集聚化。三是城市用地扩张缩短了乡村与城市间的空间距离，加强了城乡之间的联系和作用（邢谷锐等，2007）。自20世纪80年代以来，中国的自然村落，尤其是乡镇企业发达地区的自然村落，一直处于不断减少状态。就存留下来的村镇而言，村镇建设与村镇形态变化明显，突出表现在：一是村镇的占地面积较以前大为增加，如苏南地区村落占地面积1984年为1.82hm^2/村，2000年变为2.84 hm^2/村；二是村镇建设用地类型较以前变得复杂，形成工业、农业、居住用地的“三分散”格局；三是城乡日益接近的生活方式使农民的住房观念发生了较大变化，由以前的“居住型”向“享受型”转变，农村建房不少地方已经经过了“草房变瓦房”、“瓦房变楼房”、“楼房转别墅”几个阶段；四是随着农村交通、供水、供电等基础设施的提高与完善，原先村落的布局特征逐渐发生改变，更多的是沿道路分散布局，乡镇企业选址更是以“飞地”的形式抢占沿路或村镇的外围空间发展，农田不再环绕村落，而是在农宅之间“插花”，村镇的原有形态受到极大改变（李立，2007g）。

乡村城镇化对村镇地理空间的影响还表现在“空心村”现象上，即随着农村经济的迅速发展，在农村出现的一种村庄中心衰败、外围扩展无序的村镇地理空间异化现象。张昭（1998）认为：“空心村”是农村现代化过程中，村庄面积盲目扩大，新住宅向村庄外围和道路两旁发展，村庄内部出现大面积的空闲宅基地的一种“外实内虚”、“边新心旧”的空间形态异化现象。童荣萍（2006）认为：“空心村”是城市化过程中，农村剩余的青壮年劳动力，且大都是文化素质相对较高的青壮年劳动力大批地流向城市，老人、妇女和儿童留守村庄，农村建设失去了主力军，从而导致农村经济萎缩、人才流失的现象。李立（2007h）认为：空心村是局部地区城乡关系失调的背景下，在农村现代化的进程中，由于农村经济结构转轨、村落组织机能涣散、乡村文化失落而造成的村落内部建设用地闲置的一种聚落空间形态的异化现象，是村落社会经济文化变迁在村落物质形态上的表现。冯丽（2008）认为：空心村是在城市化滞后于非农化的条件下由迅速发展的村庄建设与落后的规划管理体制的矛盾所引起的村庄外围粗放发展而内部衰败的空间形态的分异现象。“空心村”的形成与工业化和城市化相联系，既反映了城市化的共性——农业人口向城镇集中和从事非农业生产，又反映了中国城市化的特殊性（肖文韬和宋小敏，2001）。其成因比较复杂，成令波等（2009）认为，“空心村”成因主要有规划意识淡薄、宅基地私有观念浓厚、缺乏土地法制意识、缺乏市场价格调节机制、多吃多占观念作祟等方面。刘洪彪和甘辉（2008）认为，“空心村”的成因主要有城市化滞后于非农化需求、土地使用制度不完善、迅速增长的住宅需求与乡村规划的滞后、旧有住宅布局、结构及组合缺陷为“空心村”的形成留下隐患、家庭规模的小型化加剧了“空心村”的程度等方面。王成新等（2005）认为村落空心化是主观、客观以及外部软环境三种矛盾对立和深化的必然结果。乡村城镇化过程中带来的产业转移、乡村剩余劳动力输出以及农村剩余资金市场的活跃为“空心村”的出现提供了物质条件，乡村基础设施条件的差异和居民生活观念的转变为“空心村”的形成提供了动力基础。村落向心力和离心力失衡的矛盾是造成村落空心化的客观因素，经济迅速发展和意识观念落后的矛盾是村落空心化的主观因素，新房建设加速和规划管理滞后的矛盾是村落空心化的环境因素。在村落离心力远远大于向心力的过程中，在农村基层管理和乡村规划没有到位的大环境下，囿于传统的意识形态和行为，村落空心化成为历史必然。

“空心村”形成后，造成村镇内部空间特征变化最为明显的是出现单核或多核的同心圆式的聚落空间形态。在空心村形成的过程中，乡村的“核心区”不断被闲置和废弃，新的住宅沿村庄外围不断铺摊和蔓延。从乡村城镇化的发展角度，可以把空心村的形成过程分为初始期、发展期、成熟期三个阶段。在空心化初始期，农村对村庄规划管理较为宽松，一些先富起来的农户开始在村庄外围建房，这是空心化的开始；在空心化发展期，随着农村经济的进一步发展，有能力在村外建房的农户越来越多，许多村内农宅日益遭到闲置乃至废弃，从而使村落内部出现破败萧条景象；在空心化成熟时期，农户迁向村外建房居住的高潮已过，村外新房形成规模，村内旧宅连接成片，新旧住宅在村落内外对比鲜明，整个村庄从外到内形成一个明显的圈层结构。如果村庄相距较近则可能连接成片或成块，从而形成多核同心圆式的空心村空间形态，在城市近郊区的空心村随着城市的扩展则很可能被扩展后的城市新区所包围，成为“城中村”。由于各地经济发展水平、城镇化程度、自然环境条件、基础设施、人口规模等不同，空心村的发展也表现出明显的地区差异性。例如，江苏省由于苏南、苏中、苏北经济发展的地域差异，农村聚落空心化也处于三个不同的发展时期（薛力，2001）。空心村的空间表现形式与城镇间的距离密切相关，一般来说，距离城镇越近，村镇空心化程度越高，反之越低。空心村的整治需要同全国的乡村城镇化进程和新农村建设一起科学规划、综合实施、统筹兼顾、共同发展。

2.2.2 乡村边缘化与村镇地理空间变化

当代中国城市化主要有两种类型，一是城市的城市化，二是乡村的城市化。由于中国大量人口生活在乡村，因此乡村城市化的发展水平决定着中国城市化发展的最终结果。可以说，当今中国所有的乡村都在受城市化的影响，但由于中国地域广阔，乡村城市化在不同地区差异巨大，真正实现城镇化的乡村还不是很多，大部分乡村还处于向城镇化转变的过程之中。就过程而言，各地乡村城镇化的发展程度差异巨大，整体来说是东部大于中部，中部强于西部。在一些乡村城镇化发展较快的地区，出现了这样一类乡村，其突出特点是乡村已经基本摆脱传统乡村的特有属性，但还没有达到现代化要求的城镇化水平，正处于一种非城非乡的过渡化状态，从区域整体来看，我们将乡村的这种过渡化发展状态称为乡村边缘化，处于这种状态的乡村，称为边缘化乡村。为了更好地理解乡村边缘化及其形成的边缘化乡村，最好结合中国不同地区的乡村城镇化来进行。这里，我们以乡村城镇化发展水平较高的江南地区为例来说明。江南地区乡村城市化的主要内涵是乡村城镇化，其主要途径是撤乡建镇，也就是说江南地区的城镇化并非是以少量城市为主的点状城市化，而是以量大面广的乡镇转制为主的区域性城镇化。李立在《乡村聚落：形态、类型与演变——以江南地区为例》中指出："江南地区呈现出的是一种区域性的整体城镇化，城乡之间的密切联系使得该地区形成了城、镇、村所共同构成的城乡连续体……处于这个连续体最末端的村就是边缘化村落。边缘化的特点在于村落已不再具备较强的乡村属性，无论生产方式、生活方式或者文化观念都在向城镇靠近，加之村镇之间较为便利的交通条件使这种村落正在成为一种非城非乡的边缘聚落"（李立，2007i）。

乡村边缘化作为乡村城镇化过程中的一个环节，其结果是在城乡连续体之间产生了一个非城非乡，位于城市和乡村之间的新的地域单元。这一地域单元成为乡村城市化过程中城乡多种矛盾的聚集地，通过影响村镇发展的多种因素，而对村镇地理空间产生重大影响。具体表现为：一是对村镇土地利用的影响。乡村边缘化地区土地利用相对复杂多样，城市用地、工业用地和农业用地等均有分布，但总体上表现为向城市用地与工业用地转变。二是对村镇经济与产业结构的影响。乡村边缘化地区受城镇化影响，经济和产业结构构成复杂，国营、集体、个体经济和一、二、三产业等多种结构并存，但总体上趋向于二、三产业转变。三是对村镇社会文化的影响。乡村边缘化地区既有传统的乡村习俗，也有现代的城市文明，人们的思想观念、意识行为受到双重影响，但总体上趋向于城市文明转变。四是对村镇人口的影响。边缘化村落由于受城镇生活吸引而产生的自下而上的复杂的人口流动，既有离土不离乡，进厂不进城的人口流动，又有离土又离乡，进厂兼进城的人口流动；既有居住性人口迁移流动，又有非居住性人口迁移流动。由于村民居住迁移的不完全性特点，常常造成村落中空置房屋的增多和废弃，最终导致空心村现象，可以说边缘化村落的人口特征主要表现为村落实际居住人口的动态衰减过程。五是对村镇建筑类型与数量的影响。边缘化村落中既有现代型的城市建筑，也有传统型的农村建筑，但受现代城市建筑影响，总体趋向于城市建筑转变；在建筑数量上，从发展的角度看，许多边缘化村落普遍表现出农宅建设趋于停滞的特征，这主要是因为随着城镇化进程的加快，越来越多的农村青年的住房消费观念开始从在农村建房转向在城镇购买商品房居住，致使村落中农宅建设大幅减少。总之，乡村边缘化的出现并不是偶然的，而是有其必然根源的。城市作为经济、人口、信息、文化等活动的高度密集场所，其与乡村无论在经济水平、人才储备、信息流通，还是社会文化环境等方面都存在着强烈的"位势差"。这种"位势差"促使城市不断向乡村进行扩散，带给乡村发展转变的推动力，使乡村逐渐接受城市化的影响而向边缘化发展，并最终加入到区域城镇体系之中。

2.2.3 新农村建设与村镇地理空间变化

改革开放以来，中国在解决农村问题上已经进行过三次重大改革，分别是20世纪80年代实行的家庭联产承包责任制；2003年开始实施的农村税费改革；党的十六大提出的城乡统筹和新农村建设。党的“十六大报告”明确提出，“统筹城乡经济社会发展，建设现代农业，发展农村经济，增加农民收入，是全面建设小康社会的重大任务”。统筹城乡和新农村建设是中国新时期提出的重大战略决策，标志着中国经济社会发展和现代化工程建设已经进入新的历史阶段。这是以胡锦涛为总书记的党中央认真审视新中国成立以来，尤其是改革开放以来“三农”问题的发展与解决思路的又一创举（熊正文和孙斌，2009）。推进社会主义新农村建设对于确保中国实现全面建设小康社会的建设目标，扩大内需、实现经济又好又快发展的战略部署具有重要的推进作用。社会主义新农村建设是以科学发展观为指导，以全面贯彻落实城乡统筹战略为目标而实施的一项包含农村经济、农村社会、农村文化、农村环境、农村管理等在内的系统性建设工程。其内涵主要包括以下方面：一是适应乡村城镇化、工业化、市场化的需求，发展农村经济，调整农业结构。按照集聚发展、集约经营的原则，统筹农村与城镇的生产力布局，实现城乡经济协调统一。二是适应城乡统筹发展的需求，加强农村社会文化建设，注重农村文明，进行农村环境整治。通过加快乡村社会重构与社区转型，实现农村物质文明与精神文明的巨大提升。三是按照新农村建设的总体要求，编制新农村规划，在规划的指导下，合理进行农村空间布局。通过有效的规划调控，切实提高农村人居环境质量，形成现代城镇化下城乡协调的空间布局。

新农村建设一定程度上就是乡村空间重构的过程，其具体内容主要包括重塑和培育乡村组织核心、重构乡村居民点、优化乡村产业空间、完善乡村基础实施配套、加快乡村公共设施配套、加强乡村生态环境保护、重视乡村文化保护、改善劳动力及土地要素流动和空间分布、加强与城市共享要素的统筹等（张泉等，2006a）。正确理解新农村建设的内涵与内容是进行新农村建设的关键。然而，实际工作中，一些地方却对新农村建设做简单化理解，认为新农村建设就是建新房、改村貌。“只见新房、不见新村”或“只见新村、不见新貌”成为不少地区新农村建设的真实写照（陈晓华等，2008）。这就从根本上违背了新农村的建设内涵，偏离了正确轨道。新农村建设应着眼于农村现代化建设全局，科学规划、分步实施、阶段推进，纠正和克服各种误区，关注村庄在新农村建设中的定位，寻找新农村建设的战略支点（徐建光，2006）。遵照中央提出的社会主义新农村建设20字方针：“生产发展、生活宽裕、乡风文明、村容整洁、管理民主”，进行新农村建设。新农村建设主要通过新农村规划进行，新农村规划主要包括两大方面：村庄布点规划和村庄建设规划（张泉等，2006b）。村庄布点规划是从宏观层面解决乡村空间可持续发展问题，其核心目的是以科学发展观为指导，实现土地资源的节约利用。村庄建设规划是从微观层面解决村落内部空间问题，其核心目的是从农村实际出发，完善村庄公共设施和基础设施，构建“两型”社会下的社会主义新农村。新农村建设进程中，原有村镇地理空间将发生不断的演变。首先，在新农村规划的指导下，农民适度集中居住，农村居民点由分散型向集聚型转变，原有村镇地理空间将会在聚落密度、聚落规模和空间结构等方面发生变化；其次，新农村建设中乡村产业结构和经济结构的多元化趋势必将引起农村内部各种地域的功能发生异化，促进农村不同地域土地利用类型的变化和扩展；最后，新农村建设中传统生产生活方式的改变和居民生活质量的提高必将引起原有村庄生活习俗、房屋结构、文化观念等方面的变化。新农村建设对村镇地理空间变化的影响主要有以下几个方面。

（1）村镇形态与空间分布的集中化。交通网络的发展对村镇地理空间演变具有强烈的外部引导作用，长期以来，乡村聚落偏僻、闭塞的外界感知状态是不发达的交通设施条件和相对落后的出行方式所带来的直接结果。在新农村建设中，乡村聚落在选择区位时首先考虑交通因素，远离中心地的农业人口由于地理位置偏僻，交通不便，会考虑将住宅搬迁至地势相对平缓和主要公路、铁路、河流沿线地区，形成由腹地向区域中心地迁移，低一级中心地向高一级中心地迁移（周心琴，2005）。基于城乡共同发展思路下的区域交通网络的构筑，把乡村空间纳入到了城乡网络发展构架当中，从而加速了城乡之间的人员、物质、资金和信息等要素的往来，并最终作用于乡村空间特征的改变（邢谷锐等，2007）。随着新农村建设的不断深入，在新农村建设规划的指引下，村镇人口、生产要素、经济要素等逐渐趋向于资源较好、交通便利之处集中分布，村镇形态由原来的散居型向松散团聚型、集聚型转变。

（2）村镇功能与用地组织的多元化。从根本上说，推进新农村建设的过程，也是城乡、工农、区域利益格局的调整过程。其实质是促进城乡地域经济、社会、人口、空间、生态等实现协调与交融发展。新农村建设中乡村产业结构和经济结构的多元化必将引起农村地域空间功能分布与用地组织的多元化，促进农村不同地域土地利用类型的变化和扩展。新农村建设所带来的交通和非农产业的集聚效应，使原来乡村聚落单一的农业生产职能发生转化，同时兼有了农村社会、农村文化、农村政治、农村商业、农村服务等职能。受乡村经济发展、产业结构调整和居民生活观念变迁等的影响，农民对生活用地、生产用地、服务用地等表现出不同的区位需求。例如，公共设施的选址与安排、居民公共活动空间及活动范围的扩大等，从而使新农村建设中的村庄功能和用地组织趋向多元化发展。

（3）村镇等级体系的完善与农宅建筑的多样化。长期以来，由于经济不发达，交通不便利，在广大乡村长期存在周期性的集市贸易，聚落中心地的等级较小。随着新农村建设的不断深入，农村经济迅速发展，农民收入不断增加，交通条件大为改善，聚落规模日渐扩大，各种相对高级的村镇中心逐渐形成，乡村聚落等级体系日趋完善。作为乡村聚落体系构成的最小单元，农宅建筑是人和社会、自然环境的综合作用结果。随着新农村建设的不断深入，尤其是“三清三改”（清垃圾、清淤泥、清路障，改水、改厕、改路）工程，使原来的农村宅院建筑样式发生了很大改变。传统的农宅建筑形式不断被创新，新型的庭院建筑形式不断出现，形态不一、功能齐全的各种楼房和别墅等院落成为新农村建设中的主要景观（陈永林和孙巍巍，2007）。

2.3　当代村镇的经济空间变化

2.3.1　乡村工业化与村镇经济空间变化

随着工业化的日渐深入，乡村工业化成为现代乡村经济社会发展的主流。乡村工业化是指乡村通过工业化生产和经营实现乡村非农化发展，使乡村产业结构变换和乡村经济结构调整的过程。乡村工业又称乡镇工业，它融乡村地域、农民身份和企业所有制于一体，包括乡村地域上乡镇办、村办、个体私营及其合资、联营等工业形式（苗长虹，1998）。改革开放以后，乡村工业发展迅速，成为现代中国农村经济社会发展的主流，不仅是农村发展的变革，而且是全国工业化的重要组成部分。1980～1994 年中国工业总产值年均增长 15.7%，而同期乡村工业产值年均增长却高达 28.4%。1995 年，中国乡村工业从业人员超过 7000 多万，乡村工业产值达 3.9 万亿元，占全部工业产值比重的 42.4%，比 1980 年增长了 32.5 个百分点。1978～1998 年的 20 年间，乡镇企业数量由 152.4 万个增加到 2004 万个；乡镇企业总收入由 431.4 亿元增加到 22186 亿元；乡镇企业劳动力人数由 2826.6 万增加到 12537 万，占农村劳动力的比重达 27%，成为农业剩余劳动力转移的主要渠道（赖扬恩，2002）。在乡镇企业的快速增长下，原有乡村计划经济体制下的“自然经济”特征很快被打破，农村经济结构日益多样，乡村工业化水平也迅速提高。

不同时期的乡村工业表现出不同的发展特点。新中国成立后，受当时国际国内背景影响，实行了高度集中的计划经济体制和乡村人民公社制度，在城市建立“单位制”，在农村建立“人民公社”，在一系列“城乡隔离”政策制约下，开始走上一条具有自身特色的工业化道路。改革开放以来，国家相继进行了农村经济体制改革与城市经济体制改革，计划经济体制逐渐向社会主义市场经济体制转变，在各项改革措施的推动下，原来城乡之间分割对立的两大阵营开始分化，原有的农村支持城市、农业支持工业的发展战略格局得到调整。农村自身的利益开始凸显，在已有国家工业体系的基础上，乡村工业迅速崛起，逐渐拉开了中国大规模的乡村工业化进程。改革开放初期的乡村工业脱胎于先前的社队企业，受社区所有制限制，生产活动主要在本乡本村范围内，资源配置封闭，产业结构雷同，企业布局以“三就地”为布局原则；20 世纪 80 年代中期以后，面对日趋激烈的市场竞争，乡村工业开始进入结构转轨时期，从过去侧重量的增长转向侧重质的提高，从主要以内向性经济为主转向内外结合，从注重企业的外延发展转向注重企业的内涵提升，乡村工业发展日益注重生产的规模化、管理的科学化、技术的现代化与组织的集团化等方面，逐渐由以前的劳动密集型产业向资金、技术密集型产业转变；进入 20 世纪 90 年代，中国的乡村工业化又出现了新的发展趋势。首先，乡村工业化中的非农化速度逐渐由以前的加速转向滞缓，尤其以苏南地区、珠三角地区为典型；其次，在乡村工业化的推动下，乡村地域的城市化逐渐由隐性向显性转化，20 世纪 80 年代“离土不离乡”、“进厂不进城”的乡村工业化，开始向“离土又离乡”、“进厂又进城”的趋势转化；最后，在乡村工业发展过程中，乡村企业的选址与布局更加注重向城镇工业小区集中，注重乡村工业的产业集群化发展。

乡村工业化的过程也是乡村地区生产生活组织的转换过程。在这一过程中，农村地区的资源要素配置、经济增长方式、社会制度变迁、空间结构演变、区域城乡关系等均会发生不同程度的变化。在当前经济转轨的大背景下，乡村工业化与当代村镇经济空间的演进具有非常密切的联系，主要表现在以下几个方面。

其一，乡村工业化促进了乡村地区产业结构的改变、经济水平的提高和市场化的拓展。首先，乡村工业化改变了乡村地区的产业结构，一方面改变了单一种植业的状况，促使林、牧、渔等部门均得到了较快的发展；另一方面打破了广大乡村地区长期以来以农业为主的产业结构，提升了非农产业在乡村产业结构中的地位。其次，乡村工业化为乡村地区培植了乡村工业这一新的经济增长点，极大地提高了农民的经济收入，从生产供给与消费需求两个方面促进了农村地区的经济增长，为农村经济水平的提高及国民经济的发展作出了极大的贡献，在产业结构转换、经济效益贡献与城乡公平贡献三大方面表现突出（苗长虹，1997a）。再次，乡村工业化拓宽了农村地区经济的市场化范围，从根本上打破了农村经济的封闭状态，增强了农村居民的市场观念，促进了农民从自给自足的小农经济向专业化分工的市场经济的转换。为了将外部性市场风险转化为内部协调，增强市场竞争力，乡村工业往往主动与乡村农业结成“贸-工-农”、“公司+农户”等一体化经济组织，强化了资源有效配置中市场的基础性作用。

其二，乡村工业化推动了乡村地区社会的进步、城镇化的进程和新兴城乡关系的建立。乡村工业化的发展不同程度地体现了工业文明，为乡村地区的经济发展产生了强大的推动作用，同时，乡村工业化也为乡村地区带来了新的思想、观念和行为方式，增强了农民的自主意识，提高了农民的文化素质，提升了乡村地区的现代文明程度，整体上推动了乡村地区社会的进步。从发展关系考察，在乡村工业化进程中，企业选址和产业布局在条件许可的情况下，一般都会趋向于条件较好的乡村城镇进行发展；在乡村工业的带动下，乡村人口也逐渐在城镇集聚，这样就进一步促进了乡村城镇的发展速度，城镇在一定程度上得到发展后，其投资环境和生活环境进一步得到改善，从而吸引更多的乡村人口在城镇集聚，结果就产生了乡村工业化推动下乡村城镇与乡村工业协同并进的良性循环。乡村工业化还使乡村地区的传统形象发生了巨大变化，推动了新型城乡关系的建立。一方面，乡村工业化改变了乡村地区只输出农产品的形象，增强了乡村地区的经济实力，改变了原有的乡村市场结构，使乡村消费结构日渐趋向城市化发展；另一方面，乡村工业化所引起的经济结构调整、社会进步和乡村城镇化进程，增强了乡村与城市之间在经济、社会、技术、信息等方面的联系，推动了相互交融的新型城乡关系的日渐形成，使得农村与城市之间的界限开始趋于淡化，农村从自身努力主动地建立新型的城乡关系，使城乡之间在发展上关联互动（李小建，1999）。

其三，乡村工业化改变了国民经济的城乡构成，提高了乡村经济结构的复杂性，扩大了乡村经济的联系空间。首先，乡村工业化逐渐改变了“乡村—农业、城市—工业”的二元经济格局，提高了国民经济和乡村经济结构的复杂性，使国民经济形成了以农业、乡村工业、城市工业为主体的三元经济结构（李克强，1991）。其次，乡村工业化也提高了乡村经济结构的复杂性，乡村经济组织中现代经济组织的地位与作用越来越强，乡村经济组织迅速多样化和现代化。乡村经济组织形式由改革开放前的以家庭和社区政府为主，向股份制、有限责任公司制、股份合作制、私营企业和城乡经济合作、企业集团等现代化新型经济组织形式发展。再次，乡村工业化扩大了乡村经济发展的联系空间，使乡村经济与城市经济、区域经济、全国经济乃至全球经济紧密地联系在一起。与改革开放前乡村经济的封闭性和与城市经济联系的计划安排相比，乡村工业化使乡村经济富有开放性并通过产品和要素市场与外部经济紧密联系起来，并使城乡工业联系成为城乡联系的主体和核心（苗长虹，1997b）。越来越多的乡村工业在区域经济一体化和经济全球化的影响与作用下发展，经济联系空间日益拓展，经济发展的要素来源无论在数量和质量方面均较以前有了极大提高，置身于范围更大的区域市场或全球市场之下，乡村工业化发展受市场规模的限制与约束越来越小，从而使得乡村经济的发展能力和结构转换能力也较之前大大增强（苗长虹，1998）。

2.3.2　农业产业化与村镇经济空间变化

继家庭联产承包责任制之后，中国农业正经历着又一场深刻的变革，这就是农业产业化的兴起和发展。农业产业化是现代农业发展的必然趋势，也是与新一轮农村经营管理体制改革环节紧密地联系在一起，形成产加销一条龙、贸工农一体化的农业产业链，在市场机制的作用下，充分发挥加工龙头企业和市场中介、信息服务的作用，把分散的农产品生产和流通联结起来。张济生（1999）认为农业产业化，就是通过基地、机制和龙头企业把农产品的生产、加工、流通以及服务诸品生产和流通联结起来，形成利益共沾、风险共担的经营机制，保证农产品的生产、加工、流通等各个环节均有良好的经济效益和抗市场风险的能力。张丽亚（2004）认为农业产业化指以市场为导向，以效益为中心，依靠龙头企业带动科技进步，对农业实行区域化布局、专业化生产、一体化经营、社会化服务和企业化管理，形成种养加、产供销、贸工农一体化的农村经营方式和产业组织形式。袁克忠（1998）认为农业产业化的基本内容是以市场为导向，以增加农民收入为目的，通过加强农业生产、加工、流通各环节的联系，建立起新的农产品生产经营体系，其实质是实现整个农业由小农经济、产品经济向社会主义市场经济的状态转移。许然（1999）认为农业产业化是以市场为导向，以提高农业经济效益为核心，对农业生产实行区域化布局、专业化生产、一体化经营、社会化服务、企业化管理，通过对计划经济体制下乡村农业的改造，打破传统的农业生产与经营模式，逐步实现农业生产的商品化、专业化、规模化和社会化，其本质就是把农业推向市场。张晓玲等（1999）认为中国农业产业化的基本模式是市场牵“龙头”、“龙头”带基地、基地连农户的种养加、产供销、贸工商、农科教一体化的“龙型”生产经营体系，形成产业链和关联产业群。农业产业化的实质是农户与市场的连接，农业产业化的基本组织形式是市场+中介组织+农户，其中，市场是导向，农户是基础，公司是核心。于文博认为中国农业产业化组织形式主要有六种类型：农民合作组织、合同制组织、股份制企业、农-工-商综合体、家庭农场、专业（行业）协会等。从中国典型农业地域农业的发展水平看，农民合作组织、合同制组织、农-工-商综合体和专业（行业）协会四种形式更为适合（于文博，2001）。

作为中国广大乡村地区现代化的主要推动力，农业产业化对中国村镇经济空间的影响主要表现在以下几个方面。

其一，农业产业化可以加速乡村—城市转型的速度。乡村—城市转型是人类社会经济活动方式由农村向城市、由传统向现代转变的过程（河南大学环境与规划学院，1998）。农业产业化是中国乡村—城市转型的主导力量，乡村—城市转型的核心是广大乡村经济结构，尤其是产业结构的转变，而产业结构的转变则主要依赖于乡村工业化的发展和农业产业化的程度。农业产业化不仅可以加速乡村工业化的发展速度，改变广大乡村农业比重过大的产业结构，增强农村剩余劳动力非农化的转化过程，而且可以为乡村—城市转型所需要进行的基础设施和公共设施建设提供可靠的经济来源与资金保障。同时，农业产业化所形成的生产要素聚集效应和规模效应为乡村小城镇建设与发展提供了新的动力；加速了以农副产品市场和农用生产资料市场为主体的农村市场体系的建立与完善，极大地促进了乡村第三产业的迅猛发展和乡村经济的繁荣；提高了农业的劳动生产率，解放了农村劳动力，使大批农民从土地中解放出来流向小城镇，从事与农业产业化经营相关的行业，为小城镇的“市镇化”增添了生力军（李学鑫等，2000）。

其二，农业产业化有利于扩大农业经济组织的规模，提高农业经济组织的效益，促进村镇经济空间的市场化水平。农业产业化本质上是一种新的经营体制，随着乡村人口的快速增长和乡村城镇化的日益加快，农村的耕地资源日益变得稀缺，迫使农村对农业生产必须依托一定的组织形式以规模化、集约化的方式进行经营，以此来扩大农业经济组织的规模，提高农业经济组织的效益。从国内外农业产业化的发展实践看，组建现代化的农业经济组织，通过“公司+农户”的形式，将农业产品的生产、供应、加工、销售等环节连为一体，形成有机结合并相互促进的组织机构，如农业企业集团、农业股份公司、农业经济联合体等实行产业化经营，发挥了现代化农业经济组织的开拓市场的作用。农业产业化的发展，带来了农业经济组织规模的扩大和农业经济组织的创新，同时带来了农业用地类型的变换，推动和改变了农村中传统的耕作模式，解放和扩展了农民的生产及生活活动空间，促进了乡村经济空间布局的转变。随着农业产业化的发展，农村土地的集中程度日渐提高，一些乡村地区出现了村落和土地的兼并，部分农业产业化发展较快的村镇把集中建设规划农民住宅区作为推进乡村城镇化的重要举措，村落经济空间与原先相比发生了很大变化。

其三，农业产业化促进了农业的现代化和农村的郊区化。农业产业化对农业现代化的促进导致现代城乡之间的关系日益密切，现代乡村空间日益向城市的郊区化转变。首先，随着农业产业化的发展，农业生产效率逐渐提升，农产品加工技术不断完善，农业产业链条不断延伸，日益深入到农业生产的耕作、播种、植保、收割、供应、加工、销售等各个环节，乃至农业产业化的全过程，促使农业生产的现代化水平不断提高。其次，农业产业化带动了乡村地域经济活动的组织化程度，培育和强化了农业产业社会化服务体系，促进了农业服务管理的现代化，建立起了种子、农技、管理等一条龙服务的综合服务体系，有力地刺激了人们提高农业产业化的激情，促使农业产业的管理方式、经营模式、组织机构等不断向集约化、市场化转变，很大程度上推动了村镇经济空间的演变过程。

其四，在农业产业化和农业现代化的推动下，乡村经济对外联系空间不断扩展，农业产业化受城市经济与需求影响，既可以享用城市提供的资金、人员、技术等支持，又可以通过联合经营、协作配套、组建集团等形式，密切城乡之间的经济联系，形成农产品的专业化、区域化生产格局，如各种禽蛋之乡、花卉之乡、水产之乡等的形成与发展等，乡村发展日益郊区化。

2.3.3 生活市场化与村镇经济空间变化

市场化是一个用来反映传统经济向市场经济转轨过程的特有范畴，它是指市场机制对资源配置作用不断增大、市场体制逐步成熟、市场规则日益完善的过程（石霞，1999）。农村生活市场化则是指市场机制对农村生活的影响与作用不断增强、农村生活市场体制逐步发育、农村生活市场趋向有序的过程。从自然经济、计划经济向市场经济转轨的过程中，农村生活市场化主要表现为农村市场当中产品自给自足的份额在减少，通过市场交易获取的份额在增多。随着经济体制改革的进展，商品市场和生产要素市场的发展，农村市场体系日益形成，农村居民生活市场化程度越来越高，农民生活有了更多可供选择的机会，并可按市场规则来规范、调节自己的行动。在生活市场化方面，当代农村比较明显地体现在以下两个方面。

其一是生活方式由传统的分散化、个体化向集中化、群体化转变。改革开放 30 年来，农村生活方式逐渐由分散化、个体化向集中化、群体化转变。从当前中国农村生活用水情况看，大多数村子实现了集中供水，条件较好的建起了集中处理生活用水的公共设施。从农民居住情况看，传统方式的住宅形式正为新型的住宅形式所取代，许多农村按照新农村建设的要求进行了科学的新村建设规划，有的地区进行了村庄的迁建与兼并，集中盖起了居民楼。从农村基础设施与公共设施的建设看，以前不受重视的农村基础设施建设与公共设施建设正日益受到足够的重视和强调，成为新时期新农村建设与农村生活市场化建设的一大亮点，绝大多数农村实现了村村通工程，方便了农民的出行。通信方面，农村的电话拥有率大大提升，移动通信的普及率也明显提高。其他反映集中化、社会化特征的公共生活服务设施，如商场、超市、连锁店、网吧、休闲娱乐场所等，在乡村也已经广为出现。今天的农村居民已经基本上改变了原有的传统生活方式，显出了与市场经济并进的特征。但就地区而言，东、中、西的差别较大，东部地区农村生活的市场化程度明显高于中部和西部地区。

其二是农村生活消费意识、生活消费习惯、生活消费结构明显转变。30 余年的改革开放给广大乡村地区带来了社会经济的快速发展，农民家庭人均年可支配收入从 1978 年的 133.6 元增加到 2000 年的 2253.4 元，净增 15.9 倍（熊汉富，2000），这一发展在很大程度上带动了农民全新的生活消费理念和市场化的生活方式。主要表现在：生活消费的市场化意识得到增强、生活消费的传统习惯得到改善、生活消费的结构序列发生转变。在生活消费意识方面，随着农村经济的日渐发展，农民收入持续增加，农民生活消费意识与质量不断提高，就日常饮食结构看，1978～2000 年，食油的消费量净增 4.58 倍，蛋类的消费量净增 8.25 倍，鱼虾的消费量净增 6.77 倍（严正，2000）。同时，注重饮食营养的理念也越来越受到农村居民的重视。在生活消费习惯方面，过去主要集中于食品、衣着的消费情况大为改观，文化、教育、家庭耐用消费品等方面的投入逐渐增多；原先农村生活中常见的鸡鸭遍地、猪羊乱跑的景象已不多见，乱泼涨水、乱倒垃圾的现象也越来越少，越来越多的农民开始注重生活卫生，改变了原有生活中不刷牙、不洗澡的习惯。除了一些偏僻的乡村以外，大多数农村基本上户户都建起了厨房，用上了煤球或者煤气（一些条件较好的地方还集中供应煤气），电磁灶、电饭煲在不少农村地区也已经广为使用。在生活消费结构方面，农民的吃、穿、用、住、烧和文化服务方面的各项消费均有大幅度的增加。生活水平从贫困型上升到温饱型并逐渐向小康型过渡，主要表现为食品消费占生活消费总支出的百分比，即恩格尔系数持续下降，而生活服务性支出却稳步增加，消费结构越来越科学化和合理化。

在计划经济向市场经济转轨的大潮中，广大乡村正在日渐走出原先的狭小、封闭，而更多地走向外界、开放，市场经济日益渗透到乡村生活的方方面面，改变着广大农民的生存与生活意识，使广大乡村生活逐渐市场化。市场普遍性地成为连接广大乡村与城市生产生活关系的纽带，农村生活在广泛流通的市场当中日益繁荣，生活市场化下的村镇经济空间也随着市场化的不断发展而不断进行着演进与建构，主要表现在以下三个方面。

（1）生活市场化加速了农村市场体系的形成与完善，从而影响村镇经济空间的变化。农村生活市场化打破了传统小农经济条件下农村生活方式、生活习惯、生活意识与生活消费结构等，促进和改变了农民生活消费观念，使农村居民产品生产与产品消费相分离。通过生活市场化的转变，形成了以市场为导向，以盈利为目的，以培育农村市场主体为宗旨的农村市场体系，为乡村工业化与农业产业化的发展提供了更为适宜的环境和条件，也在很大程度上造成了村镇经济空间的调整和变化。同时，农村生活市场化的发展还有力地促进了工业与农业之间、城市与乡村之间商品交换关系的建立，大大便利了互通有无、便利城乡的农村生活市场的形成，改变了以前农民家庭生产并加工绝大部分供自己以后消费的生活资料和原料的情况。

（2）生活市场化与乡村工业化和农业产业化相互促进，从而影响乡村经济空间的变化。生活市场化在一定程度上促进了乡村工业化和农业产业化的发展进程，反过来，乡村工业化和农业产业化的发展，又进一步促进了生活的市场化。在农村生活市场化过程中，农户作为独立经营单位的地位在一定程度上被确立，促使原先农村当中普遍存在的自给自足的生产方式和传统的生活消费品获得方式发生了极大变化，随着乡村工业化和农业产业化的发展而在农村当中出现的大量农民兼业现象（亦工亦农），使得农村当中的纯农户和非农业户大量减少，商品经济意识日益走进农民的思想当中，进而肯定和强化了农民的独立经济组织主体地位，刺激了农民对经济利益的追求，促进了城乡间、工农间的交换关系，在很大程度上也促使了广大农民生活观念、生活习惯及消费意识的改变，从而促进了农村市场化的推进及乡村经济空间的变迁。

（3）生活市场化促进了村镇人口的空间流动，从而对村镇经济空间变化造成一定的影响。随着经济体制改革的不断深入，农村居民生活市场化程度不断提高，食品、住房、燃料、水电等生活消费品的供应日益纳入商品化的轨道，劳动就业、失业保障、医疗保险等亦日趋纳入到市场化与社会化之中，农村生活市场化程度日益提高，农村生活产品交易彻底进入自由流通阶段，二元户籍制度下的城乡人口流动制度受到强大冲击。城乡居民在居住空间选择、城乡就业机会、生活福利、社会地位等方面的差别开始逐渐缩小，计划经济体制下的各种城市利益正在逐渐弱化，城乡人口流动的外部环境正在发生巨大变化，城乡人口流动大为增强。

2.4 当代村镇的社会空间变化

2.4.1 社会阶层分化与村镇社会空间变化

新中国成立后，为了实现国家工业化目标，国家通过指令性生产计划、禁止农村要素自由流通以及限制城乡人口自由流动等一系列措施对农村实行控制。由此形成了由工人、农民、干部与知识分子四大利益群体组成的具有刚性特征的中国社会结构构成，农村社会内部表现为高度同质化和均等化的特点。1949～1979 年的 30 年，农民基本没有大的职业分化（陆学艺，2002b）。中国农村阶层分化始于 20 世纪 70 年代末，最初动因是农民自发的以家庭联产承包责任制为核心内容的农村经济体制改革。之后，中国政府所采取的鼓励农村改革的措施和对农村的政策倾斜则从政府层面加速了这种分化（孔繁金，2007）。20 世纪 80 年代中国农村社会阶层关系变化明显，其突出表现是由单一的农业劳动者阶层迅速向单纯性农业生产者和农民工两个主要阶层转化。进入 21 世纪，随国内形势的进一步变化，农村社会阶层也随之出现了新的转化现象。经过 30 年的发展和变化，中国农村阶层分化的格局已基本形成，昔日农村内部高度同质化、均等化的格局已被彻底打破（许欣欣，2000）。

针对中国农村社会阶层的分化及成因，不同学者看法不一。1992 年农业部农村固定观察点办公室通过对全国 29 个省（自治区、直辖市）312 个固定观察点的农民职业分化状况进行调查。将农民的职业划分为农业劳动者、农民工、乡村集体企业管理者、个体或合伙工商劳动与经营者、私营企业经营者、受雇劳动者、乡村干部、教科文卫工作者、家务劳动者、其他劳动者 10 种类型，并认为经济发展是农民职业分化的根本动因；农村改革以来的经济政策调整是农民职业分化的巨大推动力；社会经济环境是影响农民职业分化的重要条件；自身素质是农民职业分化的决定性因素（中共中央政策研究室，1994）。陆学艺（2002a）认为中国农民已初步分化为农业劳动者阶层、农民工阶层、雇工阶层、农民知识分子阶层、个体劳动者和个体工商户阶层、私营企业主阶层、乡镇企业管理者阶层和农村管理者阶层 8 个阶层。胡琼阁（2005）认为农村社会阶层分化的原因主要有两点：一是家庭承包制的推行是农民分化的前提；二是乡镇企业的迅速发展大大加深、加快了中国农村社会结构的分化程度和分化速度。罗小青[①]将中国农村居民划分为农业劳动阶层、农民工阶层、雇工阶层、农村知识分子阶层、个体劳动者与个体工商户阶层、私营企业主阶层、乡镇企业管理阶层、农村管理者阶层、农村非独立生存者阶层 9 个阶层，并指出农村社会阶层分化有七点原因：社会主义经济制度的改革是中国农村社会阶层变迁的基本原因；农村体制变革使农村社会阶层变迁成为可能；农村大量剩余劳动力的存在成为农村阶层结构变迁的客观基础；经济利益的追求成为中国农村人

① 罗小青. 2003. 当代中国农村社会阶层结构的变迁分析. 昆明：云南师范大学硕士学位论文. 13～26.

口流动的直接动力，加快了农村社会阶层变迁；思想观念的转变为农村人口流动提供了思想观念基础，促进了农村阶层的变迁；城市经济的持续发展为农村阶层变迁提供了广阔的空间；现代化进程与农村社会阶层变迁的互动。郭玉亮（2006）认为随着农村经济体制改革的实行，农村社会的同质性迅速减弱，异质性逐渐加强，大规模的农村社会阶层分化开始形成，传统意义上的农民比例不断下降，形成了转型时期中国农村具有不同社会地位的 8 个阶层。金晔（2006）对西南地区部分农村社会阶层分化情况进行了调查与访谈，认为引起变化的原因主要有三个方面：外部经济大环境的变化迫使乡镇集体企业进行改制及精简合并，由此导致农村新阶层出现以及原有阶层分化；农村税费改革的全面推行在一定程度上减轻了农民进行农业生产的负担，农民开始“回归土地”；城市化进程加速，农民工就业难度增加。

中国乡村工业化程度较低，市场经济发育还不完善，一定程度上造成了中国农村社会阶层分化的不稳定性和不成熟性。郭玉亮（2006）认为中国农民阶层的分化具有以下特征：农民中的各个阶层的分化具有不完全性，即仍未真正脱离农村；农民各阶层分化仍处于动态之中，阶层分化边界具有不固定性；农民阶层的分化具有行业不平衡性与区域不平衡性；农民各阶层之间收入和财富差距明显拉大。胡琼阁（2005）认为中国农村社会阶层分化主要具有三个方面特征：一是阶层分化程度的区域不平衡性；二是农民群体内部差异性主要表现为收入差距拉大和由经济收入所决定的社会地位的差异明显；三是农民的阶层意识逐渐增强，随着农民群体内部强势阶层与弱势阶层的出现，农民的阶层意识逐渐清晰。樊平（2005）认为改革开放以来中国农村社会阶层变化分为三个阶段：第一阶段是 20 世纪 80 年代，变迁特征是社改乡镇、联产承包和乡镇企业，农村社会分化为 8 个阶层，阶层层次丰富，阶层关系多组。第二阶段是 20 世纪 90 年代，农村阶层的基本结构是 80 年代中期农村中比较全面的阶层结构出现了简单化的趋势，农民工外出打工，乡镇企业进入城镇工业小区，城市扩张开始规模化地汲取农村资源，对农村土地的占用开始形成压力。第三阶段是“十五”期间，农村社会出现了阶层结构的简单化和阶层关系的简单化：一是乡镇企业脱离农村社区向城镇工业小区集中，农民在乡镇企业兼业上班的比例下降；二是随着乡镇工业向小区和城镇集中，私营企业主、村办企业厂长阶层在村内日常生活和经济生活意义上的阶层互动关系明显减少；三是资本和行政权力占用农村土地，占用农村资源压力呈加剧趋势。

随着农村社会阶层的日渐分化和重组，农村的社会空间结构关系也日渐变化。金晔认为当前农民阶层关系变化对农村主要有以下影响：一是农民收入增加，但贫富悬殊进一步增大，在社会分化中获得优势和利益的群体，其生产、生活方式在当地农民中起着重要的带动和导向作用，尤其是对年轻农民的影响更为明显。例如，一些靠养殖、运输、加工等发家致富的村民，往往给村子当中的其他居民以直观的带动和引导作用，使其他村民纷纷仿效。二是随着农村阶层关系构成的日渐分化，农村阶层关系出现了层次多样化的特点，与此相适应，农民的思想观念和政治态度也日趋多样化，从而使村民自治当中出现不同的观点和发挥不同的作用。三是农村社会阶层的分化对农村管理方式的合理化与法治化起到了有力的促进作用。“农民阶层利益的存在，促使农村管理逐步走向法治化。在法律的规范下，农民不同阶层之间利益的竞争和矛盾从无序走向有序，单一僵化的行政命令的管理方式逐步走下了历史舞台（王红艳，2005）。”廖洪兰等（2006）认为农村社会阶层分化对农村建设的积极影响主要表现为：一是有利于促进农村政治的社会化，有利于建设“民主法治”的和谐农村；二是有利于发挥调动广大农民的主动性、积极性和创造性，建设“充满活力”的和谐社会。消极影响主要表现为农村社会阶层的分化使不同农民的价值取向发生不同的变化，有可能不利于和谐农村的建设；农村社会阶层分化过程中出现的收入分配不均，贫富差距拉大问题，可能会引起穷者越穷、富者越富的“马太效应”，不利于实现和谐社会的“公平正义”，可能会影响到社会的稳定。郭玉亮（2008）认为农村社会阶层分化对中国农村社会建设与发展的积极影响主要表现在：一是打破了农村长久以来的孤立与隔膜，极大地促进了农村社会的流动与开放，改变了农村传统的安土重迁观念，密切了城乡交流，拓展了农村市场，增强了农村整体的“亲社会”倾向。二是消解了农村社会的传统属性，有利于农村新的社会属性的建构与形成。三是有利于资源的优化配置，并促使城市建设与管理思路进一步创新。四是打破了户籍制度和身份制度，推动了农民“从身份到契约”的转化过程，为进一步深化政治体制改革提供了生态动力。五是有利于缩小城乡差距和城镇化建设的快速发展，也有利于实现人的全面发展。

2.4.2　经济组织演进与村镇社会空间变化

新中国成立后，中国农村经济组织大致经历了如下演变阶段：1950～1957 年的互助合作阶段；1958～1982 年的人民公社阶段；1983 年至今改革开放背景下农村经济组织的变革发展阶段[①]。1978 年以来中国农村实行了两项影响至深的改革：一是家庭联产承包责任制的实施，二是农副产品市场化的改革。前者重新奠定了农户家庭作为农村基本生产单元的地位，强烈地激发了农民生产的主动性和积极性，促进了农业生产的大发展；后者在对农副产品价格放开的过程中逐步取得成功，20 世纪 90 年代初期，90%以上的农副产品基本实现了市场化。但是，随着两项改革的不断深化，一些新的矛盾开始出现。农户家庭作为农业生产经营的基本单位不能满足日益扩大了的农村市场需求，农村经济组织跟不上农村市场化的发展需要，“小生产、大市场”的矛盾日益尖锐。个体农户与复杂市场之间缺乏有效的连接机制，在这一矛盾日渐凸显的背景下，中国农村经济组织开始了以市场为导向、以农业产业化为核心的改革。一定意义上讲，以市场为导向、以农业产业化为核心的农村经济组织改革实质上就是在市场经济条件下进行的对家庭承包责任制的完善和超越，其完善和超越的意义就在于把农副产品的生产、加工、销售等活动稳定地连接在一起，并使之一体化（林德荣，2007）。牛若峰（2002）将中国农业产业化经营的兴起和发展认为“是继家庭承包责任制和乡镇企业‘异军突起’之后的又一伟大创举”。

在对中国农业经济组织模式及演进研究方面，谭静（1996）将农业产业化经营组织划分为龙头企业带动型、商品基地带动型、专业市场带动型、服务组织带动型、能人带动型、科技推动型、“专业协会+农户”型、股份合作型等类型。曹利群（2000）依据联结方式将中国农村新兴组织形态分为以契约形式作为联结方式的分包制、以劳动要素之

① 廉高波. 2005. 中国农村经济组织：模式、变迁与创新. 西安：西北大学博士学位论文. 32～40.

间的合作作为联结方式的专业合作经济组织、以土地要素作为联结纽带的社区合作经济组织，以及以资本要素作为联结纽带的农村股份合作经济组织四类。周立群和曹利群（2001）在对山东莱阳调研的基础上描述和分析了该地农村经济组织形态的演进与创新过程，指出农村经济组织改善和创新应重视三个要素：信誉与合作、专用性投资与组织调整、政府的互补性制度安排。邓汉超（2002）按照主体及运行方式的不同将农村经济组织形式分为政府性经济组织、农户自己形成的经济组织、投资商投资形成的经济组织三类，并认为商业化、市场化、社会化、产业化是中国农村经济和农业发展的必然趋势，农村经济组织形式应朝着符合市场要求又能促进市场效率的组织形式演进，企业经营型组织形式是中国农村经济组织的演进方向。侯军岐（2003）根据组织生产要素结合方式的不同，将农业产业化组织划分为合同（契约）组织模式、合作社组织模式和企业组织模式三类。

农村经济组织的演进促进了农村各种经济组织的多样化，推动了村镇社会空间的拓展。在计划经济向市场经济转轨的过程中，农民对市场的接触越来越多，农业对市场的要求越来越广，农产品的生产、加工、销售等越来越受到市场经济的影响与制约。在农村经济组织持续演进的背景下，以农业生产模式、生产结构与生产要素的全面优化为核心，农村经济经营方式不断得到重构，从而使得农村社会空间不断适应市场化的挑战而发生相应的变化。农民走进市场进行产品交换，为了获取信息，寻找贸易、确定价格和签订合同等均需要对市场的熟悉和了解。为了降低交易成本，增加比较收益，各相关主体开始寻求和建立新的农村经济制度和经济组织，原来通过外部市场进行非固定交易买卖关系，逐渐向以契约或资产为纽带结成的“利益共享，风险共担”的经济组织共同体转化。农业生产不同环节主体之间相互依存、共同发展、双赢互利的多种农业经济组织相继出现，在其推动下，农村社会空间日益拓展。

农村经济组织的演进带动了农业产业化经营变化与转型，促进了村镇社会空间的变化。随着农业经济组织的演进与创新，为了适应多种经济组织的不同需求，多种所有制主体参与农业产业化经营，促进了农村社会各种农业产业化经营组织的变化与转型。现代农村经济组织直接进入农村经济社会结构之中，尤其是股份制企业、股份合作制企业、合资企业、联营企业、私营企业等企业组织形式在农村迅速兴起与发展。例如，不同农村分别建立了以“公司+农户”、“公司+中介机构+农户”模式为主的龙头企业带动型，以“批发市场+农户”、“零售市场+农户”模式为主的市场带动型，以“合作社+公司”、“合作社+农户”模式为主的合作组织带动型等多种农村经济组织形式（张泉等，2006c）。促使农业生产要素在更大的空间范围内进行流动和组合，从而打破了传统农村经济社会结构的封闭和稳定，为农民及农业发展在不同部门、不同地区和城乡之间的流动提供了更大的动力和更多的机遇，强烈地推动了农村经济社会组织的多元化与现代化。不同的农村经济组织在组织机构、运作机制、市场意识等方面推动着农村经济社会产业和劳动分工的深化，带动和促进着与之相对应的农村社会化生产、加工、服务、流通等体系的发育和完善，促进了村镇社会空间的变化。

2.4.3 文化观念转型与村镇社会空间变化

随着农村社会阶层的日益分化和农村经济组织的现代演进，传统的农村文化观念也加速了现代化的转型过程，总体上看，中国广大农村的文化观念转型主要有以下表现。

1. 农民认识的转变

改革开放以后，市场经济在农村的发展一方面调动了农民学文化、学技术的积极性，另一方面为农民学文化、学技术创造了较好的环境条件和物质基础。从个人对知识与技能的认识看，越来越多的农民认识到科学技术在脱贫致富过程中的重要作用。调查表明：中国农民进行非农产业转移的比例与农民文化程度的高低呈明显的正相关关系。在乡村工业化和农业产业化快速发展的背景下，农村社会阶层的分化和农村经济组织的演进成为驱动农民进行知识与技能更新与提高的直接动力。与此相适应，中国许多地方的农村在各级政府的推动和集体组织的支持下开办了适合农民知识更新与技能提高的由农村职业教育、农业技术培训和普通教育相结合的农村教育体系，为广大农民更新知识与提高技能提供了很好的机会和条件；农业部从 1990 年开始在农村地区实施“绿色证书”制度试点工作，当前在全国已经全面展开，并取得了很好的效果。在意识到科学技术知识的重要性后，新时期的农民正将学知识、懂技术看做农村社会活动的时尚之一。

2. 生活观念的转变

乡村工业化的快速发展使广大农民初步体验了现代工业文明所带来的生活观念和行为方式；乡村城市化过程中兴起的众多小城镇更是成为了大中城市现代文明观念向广大农村渗透的中继站；现代交通、通信、传媒等工具的迅速崛起更为现代城市生活理念向农村传播提供了便捷的途径，极大程度上打破了农村自然形成的隔绝状态，大大拓展了农民的生活视野。“借由现代传媒反复渲染的与传统乡村生活理念截然不同的现代城市生活理念，轻而易举地在乡村中确立了强势地位，使现代生活观念对农民产生了一种不可抗拒的示范作用（李立，2007b）”。传统农耕经济基础之上形成的强烈的乡土观念正在转化，越来越多的农民“离土又离乡”、“进厂又进城”，安土重迁的农民行为特征正在发生质的变化。在消费观念上，开始表现出高层次和多元化的追求，并逐渐向享乐型和娱乐型转化；在时间观念上，生活节奏不断加快、效率意识不断增强；在金钱观念上，新的义利观开始形成；在民主法制观念上，知法、学法、懂法意识有所提高，对农村社会政治的参与积极性不断增强。然而，在现代生活观念不断深入当代农民生活中的同时，一些落后的文化形态也有抬头和蔓延的趋势，如宗族意识的复归、封建迷信思想和活动的反弹、平均主义观念的再度显化等（吕红平，2001）。

3. 家庭观念的转变

随着农村现实生活背景的巨大变化，原先农村社会生活中与传统的小农经济体系相适应的以家庭为中心的传统家庭规范明显发生了变化。多子多福、传宗接代、族权制度、亲缘关系等家庭观念逐渐淡化，以围绕家庭血缘关系组成的亲属群体为主的乡村社会活动形式逐渐弱化。随着乡村工业化的发展和城市文明向农村的日益渗透，加上国家的政策宣传及其他措施的有效执行，农民的生育观念发生了较大变化。农村人口增长率日趋减缓，农村独生子女家庭也逐渐增多，原先大家族式的农民家庭逐步小型化，日益演化为由三口之家或四口之家构成的小家庭模式。农村家庭模式的这种变化意味着传统主干式大家族家庭的逐渐分化与解体，也意味着家庭权威结构的重心逐渐下移，家庭成员之间的平等关系日益受到重视。在婚姻观念上，越来越多的农村青年趋向于自由恋爱和民主婚姻，家长在婚姻当中的作用与影响越来越小。

4. 交往观念的转变

与传统农村社会中的人际交往相比，当代农民的交往观念同样发生了巨大的变化，主要表现在交往对象、交往范围与交往目的方面。由于自给自足的小农经济带来了生活同质性，传统农村中的社会交往在空间上更多地表现出一种保守、封闭和固执，交往对象常常局限于关系较为密切的亲缘群体、血缘群体和地缘群体，交往范围往往局限于家庭、村落所在的空间范围内，稍广一些的可以扩展到传统市镇所及的范围，很少能扩展到村落所在的市镇之外，交往目的主要以走亲访友、情感交流为主。改革开放以后，尤其是随着乡村工业化、城市化的推进和深入，一大批小城镇迅速发展成为农村地区的经济、商贸和文化中心，吸引了大量农民走出农村，参与到城乡互动的交往当中。传统农村当中由血缘关系、地域关系连接起来的生活共同体，日益为以现代业缘关系为主连接起来的交往共同体所取代，农民的交往空间比以前大为拓展，交往对象比以前大为广泛，交往目的由以情感交流为主向多元化的目的转变。

农村文化观念的转型，活跃了农村的社会性活动，扩展了农民的社会活动空间，影响和改变了村镇的社会空间结构。随着农村居民文化观念的转型，原来农村高度均质化的社会群体结构变化更加明显，职业方面的分化进一步加深，不同地位的农村社会阶层进一步多样，从而引起不同层次群体的文化水准、交往理念、生活方式、消费观念等大为不同，促使农村社会生活空间越来越多样化。农村文化观念的转型，使得广大农民的公民意识较以前大为增强，生活方式和行为方式具有了更大的自主性，对农村社会活动的参与意识越来越强，农村社会活动空间进一步突破了传统观念的制约，农村社区类型日益多样化。在农村文化观念转型的影响下，农村的开放性日益增强，导致农村居民在城乡之间的社会流动性明显增强，农村人口日益向集镇和中心村聚集，乡村城镇化速度加快，农村社会组织逐渐由村落型地缘、血缘家族组织向业缘型经济组织转化，原有的农村社会空间得到了极大的改变。

另外，农民文化观念的转型促进了现代工业文明及商业精神逐渐进入到农民的日常生活观念之中，极大地改变了农民的思想和观念，自主决策、效益和效率优先、重视市场和科技、平等竞争等，已成为中国新型农民的追求（苗长虹，1998）。推动了农村的生活节奏逐渐趋向于城市发展，促进了农民的生活与行为价值取向发生变更与重组。在市场经济环境培育下，当代农民的市场竞争意识和开拓进取精神较以前大大提高，在其变化和影响下，农民的生活观念及行为方式出现了极大的转变。例如，生活消费目标首要的已不是生存，而是转变为生活的保障性选择；越来越多的农民想走出农门，对寻求合适的路径发家致富兴趣极大；在交易行为上，市场意识越来越强，对物品的买卖越来越趋于理性；随文化观念的转变，青年农民的婚姻越来越趋向于民主和自由；交际行为也大大突破了传统的亲友交际圈，更广地涉及地域性、行业性交际圈。在文化观念转型的影响下，农村的生活环境质量日益受到重视，村镇文化娱乐设施建设，如文化中心、电影院、网吧、乡村公园等，得到重视与强化，村镇综合功能明显增加。

此外，农村文化观念的转型还必然会引起乡村社会生活的分化，并一定程度上体现在村镇社会空间结构的变化上。总体上看，中国农村将由原先较为单一的农村社区逐渐演变为农村社区、小城镇社区并存的形式，且城乡联系不断拓展，农村社会空间结构逐渐科学化、合理化。随着市场经济在农村发展的不断深入，农村基层社区将日益从封闭走向开放，传统的农村小社区将日益向现代化的大社区转化，具体表现在社区的对外经济文化交流越来越频繁，农民的社会交往活动类型越来越多样，农民的社会交往空间越来越广阔，农村社区地域范围不断扩大，社区功能日趋完善。从农村社会空间结构发展过程看，文化转型下的农村社会空间变迁主要经历了一个由同质性到异质性再到同质性的螺旋式上升过程。具体表现为由自然经济条件下具有明显均质性和同构性的自然村落社会空间向商品经济和市场经济条件下具有异质性的城镇型社区与农村社区并存的农村社会空间发展，最终向更高层次同质性的城乡一体化农村社会空间演进。总之，随着乡村社会经济的发展，传统乡村分散落后的村落社区将逐步为新型的乡村城镇型社区体系所取代；随着城乡一体化的发展，乡村城镇社区与大中城市社区的经济、文化、社会联系更趋紧密，功能更加完善和现代化（艾大宾和马晓玲，2004b）。

2.5 小　　结

城市是现代人类文明的空间载体和象征，世界城市化大致可分为三个阶段。可分为初期发展、中期加速和后期成熟阶段。中国是现代城市化后发国家，改革开放后是新中国城市化快速发展时期。从地域空间看，世界城市化的重点正由发达国家向发展中国家转移；同时，世界城市化水平在不同的地区之间差异显著。进入 20 世纪 90 年代，中国城市化水平的省际差异逐渐由原来的北高南低态势向东高西低格局转变。在全球化浪潮涌动的国际背景下，城乡一体化的本质是通过体制的创新，实现城乡的共同发展。现阶段中国城市化与城乡变革正处于快速发展时期，进入 21 世纪后，乡村城市化成为中国城市化的主流。

乡镇企业的兴起与蓬勃发展为中国乡村城镇化提供了前所未有的动力和条件。乡村城镇化过程中村镇空间结构的变化主要体现村镇土地利用规模和类型的变迁与村镇建设和村镇形态的变迁方面。空心村是农村出现的一种村镇内部空间异化现象，其形成与工业化和城市化密切相关。乡村边缘化作为乡村城镇化过程中的一个环节，其结果是在城乡连续体之间产生了一个非城非乡，位于城市和乡村之间的新的地域单元。社会主义新农村建设是以科学发展观为指导，以全面贯彻落实城乡统筹战略为目标而实施的一项系统性建设工程。

在乡村工业化的刺激与影响下，广大乡村与城市之间的交往日益扩展，乡村经济空间日益变化。农业产业化是以市场为导向，以效益为中心的一种农村经营方式和产业组织形式，农业产业化可以对村镇经济空间的变迁造成重要影响。生活市场化是指市场机制对生活的影响与作用不断增强、生活市场体制逐步发育、生活市场趋向有序的过程。生活市场化下的村镇经济空间随着市场化的不断发展而不断进行着演进与建构。

中国农村阶层分化始于 20 世纪 70 年代末，当前中国农村阶层分化的格局已基本形成。农村阶层关系变化对农村社会空间可以造成多方面的影响。新中国成立后，中国农村经济组织大致经历了互助合作、人民公社、改革开放背景下农村经济组织变革三个阶段。农村经济组织的演进促进了农村各种经济组织的多样化，推动了村镇社会空间的变化。传统农村文化观念的现代转型主要表现在农民认识的转变、生活观念的转变、家庭观念的转变、交往观念的转变等方面。在农村新社会空间的形成与发展过程中，农村文化观念转型具有重要作用。

第 3 章　科学发展观视野下的村镇空间转型

3.1　村镇空间发展与村镇空间转型

3.1.1　发展与转型：概念辨析及内涵阐释

1. 发展的概念及本质内涵

发展是一个极具普适意义的概念，一般是指事物由小到大、由简单到复杂、由低级到高级的变化。辩证唯物主义认为，世界上的一切事物都存在着普遍联系和相互作用，由于事物内部的固有矛盾而时刻不停地发生变化。据此，“发展”的概念适用于一切事物和现象，主要用于描述事物或现象所发生的积极的、正向的变化。例如，人的生命个体随年龄增长而发生的变化等。

本书中，发展作狭义理解，是指与人类社会随时间而发生的积极的、正向的变化，对应于英文的 development。由于人类社会的独特性和复杂性，基于人类社会的发展概念被赋予诸多新的特征。首先，发展具有多个维度。在最基本层面上，人类社会包括经济、社会、文化和政治四个方面，并据此有经济发展、社会发展、文化发展和政治发展四个维度。其次，发展具有空间属性。这是由人类生存和生活的空间属性决定的。人类生存和生活于地球表面的不同空间，一定的空间单元成为人类组织生产和生活活动的基本依托。例如，城市和乡村及其城市发展和乡村发展，中国的东、中、西部及其各自的发展等。再次，发展具有多种层次。从发展的经济维度看，可分为经济—产业—制造业—汽车制造业等，并构成不同的发展层次；从发展的空间属性看，可分为全球—国家—区域—地方等，并构成不同的发展层次。最后，发展具有二元视角。如同地球上的其他生命有机体一样，人类的生存和生活离不开一定的环境支撑并需要一定的条件保障。据此，基于人类的发展可分为人类自身的发展和生存环境的发展，其中，后者又包括自然环境和社会环境两个部分。

此外，发展还具有二重特性，即发展实践的客观性和发展认识的主观性。本质上，发展揭示的是人类社会的一种客观变化，是一种事实存在。辩证唯物主义认为，由于生产力与生产关系的矛盾运动，人类社会的发展是一种不以人的意志为转移的客观规律；同时，发展不是一帆风顺的，发展的进程是曲折的，发展的轨迹是螺旋递进的。这说明，从长期趋势上看，人类社会的发展是绝对的和客观的，但其发展路径的不完全确定性为人们对发展的认识保留了一定的弹性空间。另外，发展描述的是人类社会的一种积极的、正向的变化，这种“积极的、正向的变化”既有赖于人们的价值判断，又有赖于人们的认识水平。对于人类社会的一定变化，不同的人类群体依据不同的价值取向可能作出不同的判断，不同的社会发展时期凭借不同的认识水平可能得出不同的结论。从这种意义上，人类对自身发展进程的认识又具有主观性和时代局限性。发展所具有的复杂特征及其二重特性是不同发展观形成和演替的逻辑基础。

发展观是人们对发展问题的总体看法和根本观点，是人们对发展本质内涵的认识和表达。发展观的进步意味着人们对发展内涵认识的不断深化。自 20 世纪 50 年代以来，发展观大致经历了“以经济增长为核心的传统发展观”、“以综合发展为核心的新发展观”、“以可持续发展为核心的新发展观”到“以人类发展为核心的现代发展观”的演变。如果说，从经济发展观到综合发展观、再到可持续发展观反映的是人们对发展问题的认识逐渐趋于全面，那么，人类发展观揭示的是人们对发展本质认识的一种“回归”。

20 世纪 90 年代以来，以联合国开发计划署发布的《人类发展报告》为标志，“人类发展（human development）”的理念和“人类发展指数（HDI）”的方法逐渐为人们所普遍认可和广泛接受。人类发展的思想源于人们对增长理论的质疑和对发展目的的思索，国际劳工组织的“基本需要”理论和阿马蒂亚·森的“发展能力”理论构成其理论基础，经过 10 多年的丰富和完善，现已形成较为完整的理论体系，其核心思想（对发展的本质内涵的阐释）可概括如下。

（1）发展首先是人的发展。根据发展的二元论，发展的本质是人类自身的发展，人类生存环境的发展（包括自然环境的改善和社会条件的创造）是人类自身发展的条件。经济发展只是人类生存环境发展的一个维度，综合发展则拓宽了环境发展（条件创造）的维度；可持续发展涉及人类的自身发展，但却赋予人类发展和环境发展以相等的“权重”。人类发展观使得人类自身的发展“回归”到发展的中心，发展的其他属性服从和服务于人类的自身发展。

（2）发展是人的全面发展。“人类发展涉及创造一种环境，在这种环境中民众可以充分实现他们的潜力并导向同他们的需要和利益相一致的、建设性的和创造性的生活。发展的目的是为了实现民众所珍视的生活而扩大他们的选择，经济增长只是其扩大选择的一种工具，拓宽人们各种选择的最基本途径是进行能力建设”。据此，考察人类发展涉及两个核心主题：即人们是否能够“过得更好”和“做得更多”，这两个主题分别对应人类发展的“评价方面”和“机制方面”，其中，前者重在描述结果、后者重在揭示过程，后者对前者具有决定性作用。以能力促进发展、以选择界定发展、以自由看待发展，“建设能力”—“增加选择”—“扩大自由”是人类发展的主线。

（3）发展是所有人的发展。人类发展观将人置于发展的中心，视可行能力为发展的基础、选择机会为发展的“工具”、实现自由为发展的目标，但这里的“人”是指世界上所有的人和社会全体成员，即发展首先应是一种公平的发展。事实上，在人类发展的四要素（公平、可持续、生产力和赋权）中，“公平（Equity）”是第一位的，并始终居于发展的核心。这里的公平主要不是指结果公平，而是机会公平。在当代背景下，机会公平的获得需要一些基本的社会结构的变革，如弱势群体的权力保障、城市与乡村的统筹发展等。

作为人类文明的智慧结晶和共同成果，人类发展观关于发展本质内涵的揭示对世界各国的发展均具有普遍指导意义。然而，发展又是“以民族、历史、文化、制度、资源和环境等内在条件为基础”的，世界各国的发展都是历史的和具体的，因而理应存在不同的发展道路和发展模式，发达国家的经验总结断难“放之四海而皆准”。据此，中国共产党人在系统总结国家发展实践、充分借鉴国际发展经验、科学判断国家发展阶段、理性审视世界发展趋势的基础上，提出了具有中国特色的科学发展观。“科学发展观，第一要义是发展，核心是以人为本，基本要求是全面协调可持续，根本方法是统筹兼顾”。科学发展观既吸收人类文明进步的最新成果，又体现当代中国发展的具体国情，既包容了发展的本质内涵、不同维度和多重属性，又实现了发展的普遍性与特殊性的统一。科学发展观对21世纪中国的人类发展、社会和谐和现代化进程必将产生重大而深远的意义。

2. 转型：发展转向及型式变化

“转型”一词在当代学术论坛，尤其是国内学术界颇为流行。例如，以2000年为起始时间、以“转型”为关键词，在中国期刊全文数据库的搜索结果显示，在“全部期刊”中共有记录41843条，在“核心期刊”中亦有记录11102条，其中的常见用法大致如下。

（1）人类社会的系统要素转型，包括“经济转型”“社会转型”“文化转型”“政治转型”“产业转型”和“企业转型”等；

（2）人类社会的运行机制转型，包括“政府转型”“市场转型”“体制转型”“战略转型”“治理转型”和“结构转型”等；

（3）人类社会的空间属性转型，包括“区域转型”“空间转型”“城市转型”“乡村转型”和“城乡转型”等；

（4）人类社会的其他活动或属性转型，包括“教育转型”“贸易转型”“行为方式转型”，此外，还有所谓的“增值税转型”等。

上述的归纳和概括既不够准确，也不甚全面，但仍可据此获得以下基本认识和判断：现阶段的中国的确处在一个全面转型的时代；与此同时，“转型”作为一个学术概念，其使用亦存在泛化之嫌。

那么，转型一词的本质涵义到底应该做何理解？

在中国，转型似乎是一个新近创造的词汇，其具体含义至今尚未查阅到权威性的解释。综述相关学术文献，对“转型”的理解大致存在两种倾向：一是取变形、变质之意，对应于英文的Transformation；二是取转变、过渡之意，对应于英文的Transition。两者的相同之处是均以事物的变化为基础，不同之处是前者强调事物的变化特征，后者强调事物的变化过程。此外，在当代中国的背景下，常与“转型”混用或串用的词汇还包括“转向”“转轨”等。

由此可见，事物、变化和过程（时间）是构成“转型”涵义的三个基本元素，其中以变化为核心。事实上，这里的“变化”不是指事物的量变或渐变过程，而应理解为事物的质变或突变过程，转型之“转”是该词的精要所在。在这里，“转”的字面意思是指事物发展的方向或轨道发生变化，实则蕴含着事物的性质变化，而这种性质变化常常以其所具有的、不同于前期的特征表现出来，并可通过这些新的特征予以考察和揭示。

据此，转型的本质涵义是指事物性质的根本性变化及其所表现出的特征变化，是事物随时间而发生的转折性变化，并常与事物变化的阶段性区分相联系。当然，事物之任一维度的转型都不会是一帆风顺和一蹴而就的，从这种意义上，“转型”本身内含变化过程之意。

转型与发展是两个既有联系、又有区别的概念，两者均以变化为基础，没有变化就没有发展，更无从谈转型。然而，事物的变化往往不是单向的，可能存在多个（至少两个）备选的方向，依据一定的价值判断标准，事物的积极的、正向的变化谓之发展，事物的消极的、反向的变化谓之倒退，事物没有发生明显变化谓之停滞。事物的变化也具有累积效应，从量变到质变是事物变化过程中所遵循的一个基本规律，从量变的累积到质变的跃升谓之转型；理论上，量变和质变也存在变化方向的差异，转型也存在转型发展和转型倒退之分。从这种意义上，发展强调事物变化的方向，转型强调事物变化的阶段。

人类社会的演化也概莫能外。从趋势上看，人类社会的演化方向应是逐步从低级阶段向高级阶段发展；从过程上看，这种演化的轨迹不是线性的，而是迂回曲折的，在特定的历史时期，人类社会或其发展的某个（些）维度出现倒退的事实也是客观存在的。例如，欧洲中世纪长达近千年的“黑暗时代”。尽管“现代研究表明，中世纪不是曾经被认为的那么黑暗，也不是那么停滞；文艺复兴不是那么亮丽，也不是那么突然”（哈斯金斯，2008），但该时期政治混乱、战争频仍、经济停滞、文化倒退，人民生活在没有希望的痛苦之中却也是大多数学者的共识。一般认为，欧洲中世纪始于西罗马帝国灭亡，终于文艺复兴运动的兴起。据此，可视欧洲自西罗马时期向中世纪的变化（至少是某些发展维度的变化）为人类社会的一种倒退，自中世纪向文艺复兴时期的变化为发展。显而易见，欧洲历史上的上述三个阶段之间的过渡均可称为人类社会的转型。

唯物辩证法认为，任何事物不是孤立存在的，而是普遍联系的；事物的变化根源主要在于其内部的矛盾运动；另外，事物之间的联系构成一事物存在的条件，这种条件能够对事物的变化产生影响，甚至也能够改变事物的性质和发展方向。按照系统科学的解释，任何事物均可视作一个系统，与之发生联系的其他事物则共同构成该系统的环境，系统的变化源于其构成要素及其结构的改变，环境通过作用于系统，影响要素及其结构变化，进而对系统的性质及其演化方向产生影响。“内因是变化的根据，外因是变化的条件，外因通过内因而起作用”（毛泽东，1977b），这是一切事物变化所遵循的普遍规律。据此，事物的发展或转型有两种基本的存在形式：一种是由事物自身的矛盾运动推动的，可称为自发模式；一种是由外部条件的影响推动的，可称为引导模式。

3.1.2　发展与转型：基于村镇空间的解读

1. 村镇空间发展

乡村是一种有别于城市的地域空间类型。乡村空间变化的起点始于人类生存空间的分化。如果说，在原始社会的采集狩猎时代，整个地球表面还是一片“混沌”的世界，则农业文明已使乡村成为一个相对独立的人类住区类型。在经历了漫长的历史演化之后，当代城、乡的边界已变得非常模糊，国内外城市的概念及其标准的差异进一步增加了对该问题认识的复杂性。然而，城市和乡村毕竟是两种结构有别、功能有异的地域类型，并总是面临不同的发展问题。城市和乡村的甄别及区分不仅具有重要的理论意义，而且具有更为重要的实践价值。

城乡二元分类及其区分问题已再次受到学术界的关注。目前有两种代表性的思路：一是乡村地理学家的“乡村视角”，通过引入“乡村性（Rurality）”的概念、计算“乡村性指数（RI）”以区分乡村和城市；二是城市地理学家的“城市视角”，通过构建指标体系明确城市的地域范围及其边界，并以此区分城市和乡村。上述两种思路均能够给出明确的城乡地域分界，并能够揭示一定地域从乡村到城市转型的动态特征，但却淡化了城乡之间的空间联系，并忽视了乡村地域的空间组织。在当代背景下，城乡地域的区分有必要寻求新的视角。

历史上，城市化加剧了城乡空间分化；在今天，城市化则加速了城乡地域融合。当代人类住区已演变为从超级城市、特大城市、大城市、中等城市、小城市到小城镇、中心村和自然村庄的完整序列，并出现城市群和城市化地区等新兴的地理空间现象，其中，小城镇的地位具有独特意义。从成长机制看，存在“自上而下”和“自下而上”两种不同路径，前者是指伴随着国土开发的地域推进出现的小城镇“据点型、机械性”增长；后者是指伴随着经济发展和社会进步而出现的小城镇“聚集型、内生性”增长。从性质上看，通过“自上而下”路径成长的小城镇多具有城市的性质；通过“自下而上”路径成长的小城镇则多具有乡村的性质。从功能上看，小城镇是城乡联系的纽带和桥梁：既是承接城市文明扩散的基地，又是组织乡村地域发展的中心。由此可见，尽管不同小城镇的成长机制有别、性质有异，但其内在功能却是统一的、无差异的。另外，乡村是“活生生的乡村”，不仅乡村居民是活生生的生命有机体，而且乡村地域也是活生生的空间有机体，乡村居民的生存和发展必须获得充分关注，并通过乡村空间的合理组织为其提供有效保障。在当代中国，小城镇的成长多沿循“自下而上”路径，因而其乡土气息浓郁；坚持科学发展、构建和谐社会要求保证乡村住区，首先是乡村居民的全面可持续发展。据此，本书以小城镇（包括乡政府所在地的集镇）为中心、以中心村为节点、以自然村为单元，以交通道路、电信线路等基础设施为连接通道，构筑三级村镇网络、形成村镇地域系统，并以此作为乡村空间组织单元和区别于城市的地域类型。以此为判据，凡属村镇地域系统的覆盖范围皆为乡村住区，反之则为城市住区。

进一步，“人类发展涉及创造一种环境，在这种环境中民众可以充分实现他们的潜力并导向同他们的需要和利益相一致的、建设性的和创造性的生活”（联合国开发计划署，2001）。以系统的观点审视村镇空间发展，可将其界定为村镇空间结构的不断优化过程，这种空间结构的优化意在“创造一种环境”，这种环境既是乡村居民“过得更好”的基础，也是其能够“做得更多”的条件；这种空间结构的优化意在提升和丰富村镇空间的功能，使乡村居民“可以充分实现他们的潜力并导向同他们的需要和利益相一致的、建设性的和创造性的生活”（联合国开发计划署，2001）；这种空间结构的优化意在完善村镇空间的地域组织和环境建设，通过城乡一体化而获取外部发展动力，以推动村镇空间的可持续发展。村镇空间结构优化是村镇空间发展的基本内涵。

如前所述，作为乡村居民发展环境的村镇空间具有多重结构。首先，地理空间结构是乡村居民生活和村镇空间发展的基础平台；其次，经济空间结构是乡村居民生活和村镇空间发展的活力之源；再次，社会空间结构是乡村居民生活和村镇空间发展的联系纽带；最后，生态空间结构是乡村居民生活和村镇空间发展的保障条件。这种多重空间结构的有机整合和有效叠加形成村镇地域的有序空间。随着时代的变迁和需求的变化，村镇空间的有序度将不断提高。

2. 村镇空间转型

空间维度是人类社会发展的基本属性，也是地理学考察人地关系变化的传统视角。伴随着经济的发展和技术的进步，人类社会的行为已演绎出日益多样化和复杂化的空间图案，“重新发现地理学”使空间视角和空间思维备受青睐并广为应用，基于地理学的空间分析更是如火如荼，“乡村空间”再次回归相关学者的视野之中，“乡村空间转型”更成为近年来国内外学术论坛上的热门论题之一，但争议颇多，主要集中于两个问题，即理论上，“乡村空间转型”的内涵是什么？实践中，当代乡村空间是否在发生转型？

国际上，关于“乡村空间转型”的探讨始于 20 世纪末，问题的缘起是欧盟提出的“欧洲空间发展展望（ESDP）”和据此进行的“共同农业政策（CAP）”的修订，转型的内涵是乡村空间功能的重新定位，即当代乡村住区是否已由“生产性（productivist）空间”向“后生产性（postproductivist）空间”抑或“多功能性（multifunctionality）空间”转型。特别是，CAP 中新的“乡村综合发展”政策突出强调农业土地资源的保护、乡村文化景观的修复和自然生态环境的可持续发展。据此，学者认为，当代城市发展已凸现乡村空间的生态屏障作用，技术进步和经济发展则为乡村空间的功能转型提供了有效动力，欧美发达国家的乡村空间已进入转型发展的新阶段。当然，也有学者激进地认为，所谓的“乡村空间转型”只是少数发达国家为应对 WTO 的农产品贸易条款而寻找的借口。目前，这类争论仍在继续中。

在中国，改革开放 30 年来，伴随着工业化、城市化的快速推进，乡村空间在曲折中发展、在动荡中巨变，进入 21 世纪，国家的空间政策重心有所调整，并提出了“建设社会主义新农村”的战略目标。在该双重背景下，国内关于“乡村空间转型”的探讨逐渐增多。期间，由于广义“转型”的宽泛内涵，冠之以“乡村空间转型”的内容丰富多彩；又由于中国改革开放的空间轨迹及其形成的空间格局，关于“乡村空间转型”的案例主要是东部地区。代表性的观点主要有“经济转型”和“区域转型”等。“经济转型”论立足于区域产业结构的历史考察，认为中国东部沿海地区第一产业的比重，包括产值结构和就业结构均已发生转折性变化，农村地区已进入转型发展的新时期，这种转型使得农村地区的人地关系呈现出新的特征，并为新农村建设奠定了坚实的基础。“区域转型”论以苏南地区为例，从多维视角系统总结了该地区由“苏南模式”到“新苏南模式”的演变历程，认为当代苏南地区的乡村空间既非典型的城市、也非传统的乡村，是一种城乡融合地区或城市化地区，苏南地区实践的是一种以城乡融合为根本特征的“城市化的特殊模式”，当代苏南地区的乡村空间已发生根本性转变而进入城乡一体化发展的新阶段。

由此可知，国内外学术界关于“乡村空间转型”的论题及其涵义并不完全一致。总体而言，西方发达国家早已完成城市化而进入城乡一体化发展阶段，在该阶段，乡村人地关系已显著改善、空间主体功能的确发生了某些变化，主要表现为其“生产性”的日趋弱化和“生态性”的不断增强。中国与主要发达国家具有不同的国情，并处在不同的发展阶段，城市化的加速推进加剧了乡村空间变化，基于不同的视角，“转型”一词的确能够概括乡村空间的某些变化特征。可以认为，单以乡村空间的变化幅度和剧烈程度而论，当代中国远甚于欧美国家；由于发展阶段及其发展水平的差异，目前中国的乡村空间变化主要可视为一种“量变”的积累，而西方国家的乡村空间变化则可以看做是一直“质变”的跃升，而且这种“质变”又主要以乡村空间的功能转型体现出来。从这种意义上讲，发达国家的当代乡村空间变化更趋近于“乡村空间转型”的本质，而中国的乡村空间变化仍然处在为“乡村空间转型”储蓄势能的历史阶段。据此，著者将乡村空间转型理解为村镇空间性质及其功能的转折性变化。

根据辩证唯物主义和历史唯物主义的观点，乡村和城市可视为既相互对立、又相互依存的矛盾统一体。以近代工业化及其与之相伴而生的城市化为标志，可将城乡发展分为两个不同阶段：在前一阶段中，乡村居于矛盾的主要方面，是乡村主导的城乡发展时期；在后一阶段中，城市居于矛盾的主要方面，是城市主导的城乡发展时期。工业化和城市化形成城市对乡村的持续的“空间剥夺”，使得乡村空间沦落为一种弱化空间；农业自然再生产和经济再生产的二重属性突显了农业产业的弱质性；农民的特定生产方式及与之相适应的分散化居住模式和不易组织化的典型特征，使得农民本身形成难以逆转的弱势群体。在工业化和城市化主导的城乡发展时期，乡村住区弱势的政治基础、弱质的经济基础和弱化的空间基础表明，仅仅依靠其内部的自发动力，势必难以推动和实现村镇空间的性质及其功能转型，源于外部的自觉作用可能成为村镇空间转型的关键推动力，其中，国家的空间政策能够发挥决定性作用，甚至在城乡一体化发展时期也是如此。当代西方发达国家乡村空间转型的实质是国家政策对乡村住区的保护，或者说，国家的空间支持政策为乡村空间转型提供了可能、创造了条件，并构筑了有效实施路径。在很大程度上，中国正在实施的“新农村建设”，也是一种主要依靠国家政策导向推动乡村空间转型的理论创举和实践创新。如前所述，西方国家早已实现工业化和城市化，乡村空间变化的“量变”积累也基本完成，在其乡村空间转型的进程中，国家政策的作用主要是一种“顺势引导”；中国的工业化和城市化尚处于加速发展时期，乡村空间变化尚处在“量变”积累的过程之中，兼有人口众多、资源稀缺的具体国情，相对于发达国家的经验，“新农村建设”及其作用下的乡村空间转型可视为一种“逆势推动”。当代中国的乡村空间转型任重道远。

乡村（村镇）空间转型涉及对该类空间的性质认定和功能界定。作为人类住区的一种类型，乡村空间总是具有某种（些）特定的功能，伴随着人类社会的进步，乡村空间的功能还可能不断发生变化（分化）；对应于某一特定的历史时期，乡村空间总是存在一种或一组功能，这种（些）功能从根本上决定了乡村空间的性质。因此，乡村（村镇）空间转型以性质变化为内涵，以功能变化为表征。关于乡村空间性质、功能及其变化的深入讨论详见后续内容。

3.2 村镇空间发展阶段及功能变化

3.2.1 村镇空间发展阶段及其诊断

1. 村镇空间发展阶段：一般分析

乡村是一种历史最为悠久的人类住区类型，定居农业的出现使人类逐步走出采集狩猎时代的“混沌”世界，形成了乡村空间的初始形态，并由此开始了漫长的历史演化。在很大程度上，乡村空间的历史演化大致可映射出人类文明的发展轨迹。乡村空间的发展阶段受到不同方面的关注。

由于视角和依据不同，关于乡村空间发展阶段的划分有多种“版本”。但大致可归为三类。

一类着眼于整个人类社会的发展，通过区分人类社会的发展阶段揭示不同阶段乡村空间的发展特征。马克思主义以生产力与生产关系的矛盾运动解释人类社会的发展进程，运用阶级分析的方法将人类社会划分为原始社会、奴隶社会、封建社会、资本主义社会、社会主义社会和共产主义社会等发展阶段；在此基础上，进一步从空间上考察城乡关系的演变历程，将城乡关系划分为城乡依存、城乡分离和城乡融合三个阶段。此外，根据经济形态的变化，可将人类社会发展分为自然经济时代、商品经济时代和市场经济时代等。与此相对应，乡村空间发展亦可划分为相应的阶段，在这些不同的历史发展阶段，乡村空间均表现出互有差异的特征。

另一类着眼于乡村空间发展的外部环境影响。城市化是一种引发人类社会深刻变革的综合性现象，也是一种引发乡村空间剧烈变化的主要环境因素。从空间的视角看，城市化的一端是城市的崛起和城市空间的不断扩展，另一端则是村落的消失和乡村空间的不断萎缩。根据世界城市化的实践进程和经验研究的相关结论，城市化的发展大致可分为三个阶段，即低水平缓慢发展阶段、中等水平快速发展阶段和高水平均衡发展阶段。由于不同国家的发展背景和发展条件不同，其用于区分不同阶段的城市化水平“阈值”可能有别，但城市化发展的阶段性规律已为理论和实践所证明。据此，可将近代乡村空间发展划分为三个递进阶段，在不同的阶段，城市化对乡村空间的作用机制和影响程度，甚至作用方向都会发生变化，乡村空间发展呈现出不同的特征。

再一类着眼于乡村空间的内部矛盾运动，并充分考虑与外部城市世界的相互作用。这是基于综合视角的乡村空间发展研究，主要有三种代表性观点。第一种是通过考察乡村地域的人地关系演化以揭示乡村空间的发展特征。人地关系反映的是自然条件对人类活动的影响与作用，以及人类基于对自然现象认识和把握的基础上对自然环境影响和限制的顺应与突破。据此，将乡村空间发展分为四个阶段：采集狩猎社会的依附自然阶段、农业社会的顺应自然阶段、工业社会的干预自然阶段和信息社会的回归自然阶段。第二种是通过考察乡村住区主体及其引起的空间结构要素变化揭示乡村空间的发展特征。居民是乡村住区的主体，聚落是乡村住区的主要空间要素，从人居环境的视角看，两者的关联及其变化可能对乡村空间发展具有决定性影响。据此，将乡村空间发展分为三个阶段，即空间稀疏化阶段、空间密集化阶段和空间再稀疏化阶段，乡村空间在否定之否定的螺旋发展进程中不断跃升到新的层次。第三种是通过考察乡村社区的社会经济变迁以揭示乡村空间的发展特征。施简雅在其著名的《中国农村的市场和社会结构》中提出了“基层市场”的概念，认为基层市场是乡村一定历史时期经济社会发展的产物，也是乡村社区中心，透过基层市场的历史演化轨迹可能寻求乡村空间发展的一般逻辑。据此，可以基层市场的出现和消亡为标志，将乡村空间发展分为三个阶段，基层市场出现之前为传统乡村社会时期，基层市场消亡之后为现代乡村社会时期，其间可称为过渡（近代）乡村社会时期。在这里，基层市场的消亡意味着乡村已转型为城市化地区。然而，并非所有的乡村都会转型为城市化地区，因此，并非所有的基层市场都将趋于消亡。对一些地区的乡村基层市场而言，规模扩张，特别是功能提升，可能是其演化的主要趋势。

综上所述，人类社会发展可视为乡村空间变化的宏观背景，城市化是乡村空间变化的关键外部因素，内部矛盾运动是乡村空间变化的主要动力机制。相关讨论均从不同视角揭示了乡村空间发展的某些特征和规律。本书中，乡村空间发展是指乡村空间结构的不断优化过程，在这里，乡村空间是一个开放的地域系统，乡村空间发展是内外因素共同作用的结果。据此，优化的空间结构包括两个方面的含义，即村镇空间内部组织的有机化和外部联系的网络化。基于这一思想，本书将乡村（村镇）空间发展分为三个阶段。

（1）空间离散化阶段。在该阶段，农民是人类社会的主要群体，农村是人类住区的主要类型，农业是区域经济的主要部门，自给自足是农村经济的主要形态，“鸡犬之声相闻，老死不相往来”是农村社会的基本特征，整个社会经济结构处于一种超稳定状态。该阶段乡村空间结构的主要特征是：传统村落均匀散布于广袤的田野之中，蜿蜒的乡间小道镶嵌其间，以“基层市场”为代表的乡村中心尚未形成，相关独立的村落构成乡村空间的基本单元，乡村空间与外部世界基本处于隔绝状态。该阶段大致对应于近代城市化发生前的农业经济时代。

（2）空间边缘化阶段。在该阶段，人类社会进入了经济、社会和空间的快速分化时期，工业化和城市化是该阶段人类社会发展的主旋律。伴随着工业化和城市化的快速推进，工业部门迅速成长、城市住区迅速崛起，经济、社会和空间的“二元结构”开始形成并不断强化；机器大工业的产生，撕裂了“农业和工场手工业的原始家庭纽带”，乡村空间被纳入城市空间主宰的工业化、城市化和市场化的轨道：政治权力、资源配置和发展机会均被不同程度地剥夺，乡村空间处于剧烈动荡的变化之中。该阶段乡村空间结构的主要特征是：相互独立了村落体系逐步趋于瓦解，经济和生活市场化的发展催生了“基层市场”等乡村中心的出现，并形成乡村聚落的等级结构，适用于机动车辆通行的道路等相关基础设施获得一定的发展，乡村空间结构开始走向有机化，但其网络化水平还有待提高。该阶段大致对应于近代城市化启动后的工业经济时代。

（3）空间一体化阶段。在该阶段，人类社会已完成了工业化和城市化，由于技术进步的推动，人类在很大程度上能够摆脱对传统经济资源的依赖，经济形态已转入知识经济的新时代。与此同时，人类的社会经济发展水平已达相当高度，乡村空间的人口已大大减少、劳动生产率大大提高，内外因素的作用使得乡村空间的整体发展逐步缩小与城市空间的差距，城乡空间开始形成一种公平、和谐的发展关系。该阶段乡村空间结构的主要特征是：部分乡村空间已被整体纳入都市连绵区或城市化地区的空间体系之中，部分乡村空间提供功能强大的乡村中心和连接快捷的道路（线路）系统与城市化地区形成密切的联系网络，乡村聚落体系结构完整、空间布局错落有致，内部道路（线路）系统发达，乡村空间的有机化和网络化均达到较高水平，乡村住区重又成为充满魅力和竞争力的新型人类家园。该阶段大致对应于城市化完成后的知识经济时代。

2. 村镇空间发展阶段：当代实践

由于考察视角和区分依据的不同，乡村空间发展可以被划分为不尽相同的若干阶段，但其所呈现的递进式、阶段性发展既是不可阻挡的历史趋势，也是无需置疑的基本规律。然而，由于发展起点、发展条件和发展机制的差异，在不同国家之间，甚至是同一国家的不同地区之间，其乡村空间的发展进程并不同步，发展水平存在差异，甚至分处于不同的发展阶段。纵观当今世界乡村空间发展的地理图谱，可以在不同的区位分别寻找到上述三个发展阶段的“烙印”。由于市场化的发展和全球化的推进，乡村空间离散化的痕迹已渐行逝去，空间边缘化和空间一体化构成世界乡村空间发展的主流景观，其中，前者以发展中国家为典型，后者以西方发达国家为代表。

发达国家是工业化和城市化的先驱，并分别于 20 世纪 50～60 年代之前完成了国家的工业化和城市化，此后进入城乡一体化发展阶段。在很大程度上，空间一体化是城乡一体化的基础和前提。经过数十年乃至上百年的发展，发达国家的空间一体化和城乡一体化已达较高水平，基本达到了城乡空间公平和和谐发展的境界。由于独特的历史和国情，发展中国家的工业化和城市化起步较晚，现大都处于工业化和城市化的加速发展时期，该时期正是乡村空间的剧烈变动时期。城市化进程中的乡村空间边缘化发展曾经是发达国家的经验路径和经典模式，今天的发展中国家似乎正在重复发达国家“昨天的故事”，而且，经济全球化、资源环境变化和发展观进化已构成发展中国家乡村空间发展的多重约束，“昨天的故事”难以也不能被完全复制，发展中国家面临更加严峻的挑战，探索新的发展道路和发展模式，以尽可能减缓乡村空间的边缘化仍然征途漫漫。

中国是一个历史悠久、人口众多、人均资源较少的发展中大国，近代灾难深重、发展进程曲折，当代发展则面临较大的人口、资源、环境压力，自 20 世纪 80 年代的改革开放以来，工业化和城市化的发展，才进入常态，自 20 世纪 90 年代中期以后呈加速发展态势。总体上，中国的乡村空间发展仍处在空间边缘化阶段，但区域发展并不平衡，东部沿海地区发展水平较高、中西部地区发展差距明显，特别是，西部部分偏远地区依稀尚存传统乡村社会的痕迹。另外，较早期的发达国家，中国的乡村发展似乎给人以“貌合神离”之感。即两者尽管具有相同或相似的发展特征，但却具有不同或迥异的发展内涵。当代中国走的是一条由内源动力启动的、有别于发达国家的乡村发展道路。

得益于历史基础、区位条件和政策优势，东部沿海地区一直走在中国改革开放和经济发展的前沿，并由此形成当代中国乡村空间发展的“经典版本”。立足于国家政策的宏观背景和乡村发展的实践进程，改革开放以来东部地区乡村空间发展大致经历了四个阶段。

（1）1978～1985年为第一个发展阶段。中国的改革开放发轫于农村，从家庭联产承包责任制到统分结合的双层经营体制的确立，打破了长期计划经济形成的农村超稳定状态，推动了农业生产力的又一次大解放，粮食生产连年丰收，占中国人口绝大多数的农村居民迅速解决温饱问题，乡村发展焕发出新的活力。逐渐富裕起来的农民开始关注微观人居环境的改善，并由此启动了住宅更新的热潮，乡村聚落景观不断发生变化。该阶段可称为农业经济振兴时期。

（2）1985～1995年为第二个发展阶段。伴随着农业经济的振兴，剩余劳动力问题由隐性转为显性、乡村人地矛盾凸现；农民在解决了“肚子”问题之后，诱发了寻求增加“票子”的冲动。在该阶段，农村改革继续深化，国家先后取消了长期实行的粮食统购统销政策、废止了人民公社制度，农村发展环境进一步得到优化，但城市改革严重滞后、二元政策背景并未松动。由于固有的地方产业传统和城市经济的渗透，农村已积累了较强的产业转型的势能；乡镇企业兼具产业比较优势和分流剩余劳动力的双重功能，因而成为农村产业转型的现实选择，短缺经济背景则为乡镇企业的高速发展提供了广阔的市场空间。在东部地区乡镇企业发展的鼎盛时期，曾形成“三分天下尤其二”的产业发展格局。伴随着乡镇企业的强势崛起，作为其主要空间载体的小城镇如雨后春笋般涌现；由于农村基层经济实力增强，村镇面貌发生深刻变化，道路交通等空间结构要素不断得到优化，乡村空间内部的有机化水平显著提升。该阶段可称为乡镇企业崛起时期。

（3）1995～2005年为第三个发展阶段。进入20世纪90年代，经济全球化的浪潮汹涌而至，国际产业资本开始大规模向东亚地区转移；中国的改革开放不断向纵深领域推进，国有企业和城市经济全面复苏；与此同时，乡镇企业技术落后、布局分散、污染严重及其社区属性等内在缺陷得以充分暴露，在告别短缺经济时代后，日趋激烈的市场竞争严重挤压了乡镇企业的生存空间。区域经济发展已进入城市经济主导的新时期，区域城市化随之进入快速发展阶段。在这种背景下，东部地区的乡镇企业审时度势、迎难而上，紧紧抓住产业转移、企业改制和布局调整等机遇，并以此构筑新一轮产业发展的驱动力，全力进行与城市经济的融合，积极参与国际市场竞争，农村经济发展由此开创了新局面，迎来了新跃升。在该阶段，乡村（村镇）空间发展的突出特征是“工业向园区集中、人口向城镇集中”，并通过行政区划调整等措施，减少了小城镇的数量，扩大了小城镇的规模，提升了小城镇的功能，城乡经济融合发展的需求也有效推动了乡村空间链接城市社会的通道建设，乡村空间内部的有机化和外部的网络化程度均获得了进一步提高。该阶段可称为城市经济主导的区域发展时期。

（4）自2005年开始转入第四个发展阶段。进入21世纪以来，城市经济全面主导区域发展，城乡发展差距进一步扩大，这种态势在广大中西部地区表现得尤为突出。据此，国家先后提出“科学发展观”的发展理念和构建“和谐社会”的战略目标，试图通过统筹城乡发展以加快新农村建设步伐。2005年，国家全面取消农业税，在同年发布的《中华人民共和国国民经济和社会发展第十一个五年规划纲要》中，新农村建设被列为十大治国方略之首，标志着国家空间政策重心的重大战略调整，乡村空间发展由此迎来“工业支持农业、城市带动乡村”新阶段。“新农村建设”的本质内涵是意欲通过政府主导推动乡村空间的功能转型，使乡村由生产场所真正转变为生活家园。事实上，经过 30 年的快速发展，东部地区已经积累了较为雄厚的物质基础，部分省市已率先进行新农村建设的实践探索，如上海的城市郊区化和郊区城市化、浙江的“千村示范、万村整治”等。新农村建设涉及乡村空间功能的重新定位及其转型。在当代中国快速城市化的背景下，这既是一个长期的奋斗目标，也是一项艰巨的历史任务。

上述以东部地区为蓝本的、关于乡村空间发展的阶段划分同样适用于中西部地区，但后者的乡村空间发展道路更为曲折、空间结构仍然处于较低层次。两者的显著差别主要体现在第三及以后阶段。由于东部与中西部地区固有的区域差异，在乡镇企业异军突起的时代，后者较前者无论就规模还是素质已经拉开较大距离。经过 20 世纪 90 年代的激烈市场竞争，东部地区的乡镇企业抢抓历史机遇，大都顺利实现了由“内生发展”向“外向发展”的转变，并重新赢得了生机与活力；中西部地区的大部分乡镇企业则被无情淘汰，乡村空间发展的产业基础被严重削弱，由此形成东部与中西部地区之间乡村发展差距大于城市发展差距的空间格局。在乡村空间发展的第四阶段，由于来自乡村内部的推动力不足，中西部地区的新农村建设进程也明显滞后于东部地区。中西部地区的乡村（村镇）空间转型面临着更为严峻的挑战。

3.2.2　村镇空间功能定位及其变化

1. 村镇空间功能的系统分析

一般来说，功能是指系统所具有的功效或能发挥的作用。功能的概念包括三个方面的涵义：第一，系统是功能的主体，即功能源于系统；第二，存在功能的客体，即功能作用的对象；第三，结构是功能发挥的载体，可视作连接功能主体与功能客体的媒介。据此，系统的功能既是绝对的，又是相对的，其所表现出来的常常是绝对性与相对性的有机统一。系统功能的绝对性是指系统是客观存在的，一定的系统总是具有一定的结构，系统的结构也是客观存在的，由于结构决定功能，对应于一定的系统结构，总是存在相应的系统功能，这种功能也是客观存在的，因而具有绝对性。系统功能的相对性是指功能的作用对象不是唯一的，而是可变的，相同的系统功能作用于不同的功能对象可能产生不同功效，对应于特定的功能对象，系统能够发挥出某种特定的功能，对应于另一种功能对象，这种特定的功能可能失去应用的功效，此即系统功能的相对性。另外，系统的功能可能是单一的，也可能是多样的。根据系统科学的基本原理，简单的系统可能只具有单一的功能，复杂的系统则往往具有多样化的功能，简单系统与复杂系统的区别在于系统要素的数量及其相互作用的状态，即系统的结构。

乡村空间既是一种人类住区类型，也是一种人地关系系统。自然环境构成乡村空间的本底条件，空间环境构成乡村空间的物质支撑，社会环境构成乡村空间的作用介质；其中，自然环境、空间环境和社会环境各自构成相对独立的子系统，自然环境包括大气、土壤、生物和水等所有自然要素，空间环境是指以乡村聚落为节点、以交通道路和通信线路等通道联结而成的物质体系，社会环境则涉及经济、政治、社会和文化等所有人文要素。各种要素以不同的关联形式发生相互作用，形成各自不同的子系统，三个子系统的有机叠加形成完整的乡村空间单元。在不同的地理区位，自然环境不同、空间环境有别、社会环境相异，由此形成各具特质的乡村空间单元。由此可知，乡村空间是一种自然-经济-社会耦合而成的复合系统，也是一种具有多要素、多层次结构的复杂系统。

作为一种复杂系统，乡村（村镇）空间具有多样化的功能。这种空间功能的多样化首先表现为功能类型的多样性。基于人地关系的视角，乡村（村镇）空间是一种人居空间，即人类通过一定的方式作用于周围的自然环境，以获取一定的生活资料并生活在其中的空间场所。据此，乡村（村镇）空间是一种地理空间。这种空间的内核是以各种居民点为骨架的居住体系，以此形成空间的居住功能。乡村（村镇）空间是一种生产空间。这种空间的内核是以土地资源为基础的自然资源体系，人们通过作用于劳动对象获取生活资料，以此形成空间的生产功能。乡村（村镇）空间是一种社会空间。这种空间的内核是人们在日常生产和生活活动中所结成的相互关系，并以法律、制度、惯例和习俗等形式规范人们的行为，以此形成空间的交往功能。乡村（村镇）空间还是一种生态空间。人类在本质上是地球生态系统中的一个物种，一定空间系统中的人类活动与资源环境之间存在着内在的矛盾。这种空间的内核是人类活动强度与环境承载力之间的平衡关系，生态空间的要义是强调乡村（村镇）空间的可持续发展功能。

乡村（村镇）空间的多样化还表现为功能层次的多样性。上述的空间功能类型是基于一般意义上的区分。事实上，上述每一种功能类型均包含丰富的涵义，都可进一步细分，此即所谓的空间功能分化。例如，作为一种生产空间，可视其地域产业结构而区分为农业生产空间、工业生产空间和服务业生产空间；其农业生产空间可继续区分为种植业生产空间、畜牧业生产空间、林果业生产空间和水产养殖业生产空间等；种植业生产空间还可继续区分为粮食生产空间、经济作物生产空间和牧草生产空间等；粮食生产空间可继续区分小麦生产空间、水稻生产空间……与这种空间的细分相对应，乡村（村镇）空间的功能也不断分化，形成不同的功能层次。这种空间及其功能的细分同样适用于其他空间类型，尽管其空间功能分化的具体层次可能有别。空间功能的多种类型和多种层次共同构成乡村（村镇）空间复杂的功能体系。

乡村（村镇）空间功能还可能因作用对象的不同而发生变异，进而形成新的功能体系。前述关于空间功能类型和功能层次的解析暗含一个基本假定，即乡村（村镇）空间的功能作用对象是人，主要是乡村（村镇）居民。如果视城市和乡村为区域的两大空间实体，以城乡空间的相互作用界定乡村（村镇）空间的功能，此时，城市空间构成乡村（村镇）空间的功能作用对象。在这种视角下，乡村（村镇）空间功能可能形成新的分化或组合，其功能体系也随之发生变化。根据城市地理学的基本原理，城市化进程中乡村空间的功能类型主要包括以下几个。

（1）人口供给功能。城市化最显著的特征是人口的乡村—城市流动。如果说，工业化是近代以来经济发展和社会进步的初始动力、工业化催生了城市化，由于聚集的内在经济效应，现代城市化已经能够摆脱工业化的伴生物形象而成为经济增长的原动力，甚至是主要原动力，即人口的聚集本身能够带来经济增长。由于人类社会发展的历史逻辑和人口空间分布的初始格局，乡村空间成为城市人口聚集的供给源。

（2）资源供给功能。如前所述，城市的飞速发展得益于聚集经济的固有属性，城市是一种有效率的空间。在市场经济背景下，劳动力、资本、土地等传统生产要素向城市聚集是市场机制自发作用的必然结果。然而，城市又是一种狭小的空间，其自身资源稀缺。城市的不断成长引发对相关资源，特别是土地和劳动力的持续需求，这种持续需求只能由广阔的乡村空间和庞大的乡村人口来供给，甚至在城市化的初中期，城市扩张所需的资本也主要来自乡村。

（3）生产功能。城市是晚于乡村而出现的一种空间类型，并曾经历“乡育城市”的初级发展阶段。工业化使城市的性质发生了变化，城市成为人类社会的主导性空间，但城市性质的变化并未能从根本上消除其对乡村的原始依赖。首先，城市是人口的主要集中地，吃饭是人类的第一需要，乡村空间农产品剩余的有效供给仍然是城市健康发展的必要前提。其次，城市是工业的主要集中地，尽管技术进步使得工业的分工越来越精细，但一些初级产业部门仍然需要来自乡村空间的原材料供给。粮食和相关原材料生产是乡村空间不可或缺的功能。

（4）市场功能。城市持续扩张的内在动力主要源于其强大的经济功能，其经济功能的发挥则有赖于城市生产产品的价值实现，由价值到使用价值的转换是扩大再生产的基础和前提。作为又一种人类住区类型，乡村空间始终承载着一定数量的人口，发生着生产、生活、交往等人居活动，所有这些活动大都需要必要的工具支持，特别是，当代市场经济的背景已使得整个人类活动被“市场化”，乡村空间成为城市经济发展的重要市场。

（5）生态功能。乡村空间占据地球表面的绝大部分，是地球自然生态系统的主体构成部分。现代城市已成为人类活动作用于自然环境的最为剧烈的地域，其狭小的空间难以完全承载城市活动的复杂影响。由于自然环境的不完全可分性，乡村空间不仅肩负维护自身可持续发展的历史使命，同时也是稀释城市环境污染、转移城市活动压力、缓解城市人地矛盾的有效载体。例如，城市污染向乡村空间的扩散、城市垃圾向周边地域的排放、乡村空间已成为城市居民休闲游憩、放松心情的主要场所等。由此可知，乡村空间是一种多功能性空间。

2. 村镇空间功能变化及性质定位

由于乡村（村镇）空间的复杂系统属性，多功能性构成其所具有的基本特征之一。在乡村（村镇）空间的诸多功能中，其作用强度并不是等同的，而是有区别的。一般地，在乡村（村镇）空间的功能体系中，总是存在这样一种或几种功能，不仅自身作用强度大，而且还规定和（或）制约着其他功能的变化及其作用的发挥，这种（类）功能可称为乡村（村镇）空间的主体功能，这种主体功能决定了乡村（村镇）空间的性质，或者说乡村（村镇）空间的性质是对空间功能的高度概括。从这种意义上，乡村（村镇）空间的性质定位就是其主体功能的甄别。例如，在城市化的快速发展阶段，乡村（村镇）空间卷入以城市为中心的现代市场体系，片面追求物质财富的增长凸现空间的生产功能，对人类自身的忽视淡化了空间的生活功能，而对技术进步的自信则践踏了空间的生态功能。此时，乡村（村镇）空间的生产功能是第一位的，可视为空间的主体功能；与此相对应，乡村（村镇）空间的性质可主要界定为一种生产性空间。

另外，随着人类社会的进步和发展环境的变化，乡村（村镇）空间功能也会发生变化。这种空间功能的变化首先表现在“量”的方面。在乡村（村镇）空间的诸多功能中，不同功能的作用强度会此消彼长，伴随着这一变化过程，某些功能可能消失，新的功能也可能成长。例如，位于城市郊区的乡村空间，其都市农业功能对传统农业功能的替代等。这种空间功能的变化其次表现在“质”的方面。在乡村（村镇）空间的功能变化过程中，某一（些）功能的持续提升使得其能够和乡村（村镇）空间的主体功能并驾齐驱，或已形成对原来主体功能的替代，空间功能体系发生根本性变化，乡村（村镇）空间的性质随之发生转变。此即所谓的乡村（村镇）空间转型。例如，城市化进程中乡村（村镇）空间生产功能的增强及其对人居功能的侵蚀等。这种乡村（村镇）空间功能随时间和环境的变化而变化的特性也是系统功能相对性的重要表现形式。

乡村（村镇）空间功能变化是不以人的意志为转移的客观规律。在当代中国快速城市化的背景下，正确认识乡村空间演变规律，准确把握乡村空间主体功能，自觉引导乡村空间发展，努力推动乡村空间转型，不仅具有重要的理论意义，而且具有重大的实践价值。总体而言，从空间功能的视角系统探讨乡村（村镇）空间变化与发展的成果尚不多见。国际相关研究主要基于“欧洲空间发展展望（ESDP）”和欧盟“共同农业政策（CAP）”的现实背景，而且目前尚存在较大争议。国内相关研究多从农村产业结构、土地利用变化等视角间接涉及乡村（村镇）空间的功能问题。近年来，已有学者明确提出“乡村转型发展”的概念，但其内涵仅侧重产业结构的演变；也有学者开始关注中国东、中部地区的乡村（村镇）空间功能及其变化，但前者对东部地区乡村（村镇）空间“粮食安全、经济安全、社会安全和生态安全”的功能定位难言准确，后者对中部地区乡村（村镇）空间的功能定位则只是涉及农业生产及粮食安全。本书认为，当代中国乡村（村镇）空间的功能已经出现新的变化，对这种新变化的正确认识必须立足于纵向的历史比较，即只有通过系统考察乡村空间的历史演化及功能变化，才能准确揭示当代乡村空间的功能特征，并进而明晰乡村空间的性质。

据此，本书依据乡村空间发展的历史逻辑阐释其功能变化及性质定位。

（1）空间离散化与生存性空间。乡村空间离散化阶段大致对应于农业经济时代。乡村空间是人类社会生存的根基。在该阶段，乡村空间不仅占据最广大的国土面积，而且容纳最大量的社会人口；更为重要的是，土地资源构成人类社会生存与发展的最基本保障。由于低下的生产力水平，以自给自足为突出特征的自然经济主导整个社会的经济形态：人们从事生产的主要目的是维持日常生活及满足人口再生产的需要。此时的乡村人地关系主要表现为人类社会对自然环境的被动适应。从城市—乡村空间的经济和组织关系看，城市空间并不具备独立的生产功能，更多的是一种寄生于乡村空间的附属；城市空间尚不具备某种空间组织能力，乡村空间的发展状况基本决定了城市空间的发展前景。乡村空间的中心地位及其维系型的生产方式表明，乡村空间的主体功能主要表现为维系乡村人口及整个人类社会的生存和发展，乡村空间的性质主要是一种生存性空间。

（2）空间边缘化与生产性空间。乡村空间边缘化阶段大致对应于工业经济时代。现代工业化打破了农业经济时代的既有空间秩序，乡村空间的功能也随之发生变化。该阶段的表象特征是工业化推动下的城市空间的快速扩展；其实质内涵则是生产关系的变革使得资本成为社会生产中更具决定意义的投入要素，城市工业成为整个社会经济形态的主宰。此时，城市—乡村空间的组织关系演变为一种“核心—外围”体系，即与工业化相伴而生的城市化不仅要求乡村空间为城市空间扩张提供土地、为城市产业扩张提供劳动力，还要为城市生产提供原料和市场、为城市生活提供粮食和副食品。为适应这种角色转换，乡村空间被“商品化”：农业生产经营实现市场化，整个农村经济被迫成为城市工业生产链条上的一个环节。与此同时，技术进步使得乡村空间的土地利用和生态环境表现出对人类欲望前所未有的“臣服”。在该阶段，乡村（村镇）空间的主体功能是服务以城市经济为核心的物质财富增长，乡村空间的性质主要是一种生产性空间。

（3）空间一体化与生态性空间。乡村空间一体化阶段大致对应于知识经济时代。知识经济的出现迎来了乡村空间发展的新纪元。知识经济的根本特征是有效改变人类社会的生产函数，使社会生产摆脱了对物资资源的过度依赖。另外，技术创新的推动、聚集经济的作用和消费结构的高级化使得城市空间的生产功能更加突显，并可能形成对乡村空间功能的部分替代；经济和人口的高度集中也使得城市空间的人地关系更趋紧张。与此相对应，乡村空间的人口和经济活动日趋“稀疏化”、人地关系明显改善。在该阶段，乡村空间的主体功能逐渐演变成为地球人类系统的生态屏障，乡村空间的性质主要是一种生态性空间。

乡村空间变化是一个渐进的历史过程，乡村空间的功能转换不是、也不可能是一蹴而就的。事实上，作为人类住区的一种空间载体，“多功能性”可能是对乡村空间性质更为准确的描述。特别是，在空间边缘化向空间一体化转换的过程中，对乡村空间生活功能的认识及其生活性空间的性质定位尤其具有现实意义。西方国家始于20世纪70年代的“乡村复兴（rural revitalization）”也为这种认识提供了实践依据。纵观当今世界城市化发展的空间格局，可以认为，发展中国家的乡村空间发展状态总体尚处于第二阶段，其空间主体功能主要服务于物质财富的创造，对应于一种生产性空间；西方发达国家则已开始由第二阶段向第三阶段迈进，其空间主体功能正在从物质资料生产转向生态环境保护和历史文化传承，并逐步由生产性空间向生态性空间或多功能性空间转型。

3.3　当代城市化与村镇空间发展

3.3.1　城市化背景下的村镇空间效应

1. 城市化对村镇空间的影响路径

城市化是人类社会历史上最引人注目和影响深远的现象，中国的城市化被公认为影响 21 世纪世界发展进程的两个最重大事件之一。城市化是城乡空间相互作用的主要媒介，也是人类社会空间重构的主要机制。连接城乡是城市化的基本特性，城市化对其两端的城乡空间均能够产生重大影响。伴随着城市化的不断推进，城市空间持续增长、乡村空间日趋萎缩。城市化对乡村（村镇）空间的影响存在多种作用路径，表现各不相同的空间效应。

（1）乡村人口效应。城市化的标志性成果是基于人口的空间效应。乡村—城市的人口流动是城市化最显著的特征，人口的地域结构比例（所谓的城市化率）因此成为反映城市化发展水平的基本指标。城市化的作用有效改变了人口分布的空间格局，推动了人口的空间聚集。例如，中国 2000 年和 2005 年的城市化水平分别为 36%和 43%，这意味着“十五”期间大约有 8000 万人口由乡村空间流动到城市空间、年均转移人口达 1600 万。人口的大规模流出有利于缓解乡村空间的人地矛盾，为农业劳动生产率的提高奠定了资源基础。

（2）资源环境效应。城市化对乡村空间资源变化的影响主要表现为两个方面，即人力资源效应和土地资源效应。基于人力资源的空间效应是指，伴随着城市化的发展，乡村空间的高质量劳动力不断向城市空间转移；基于土地资源的空间效应是指，伴随着城市化的推进，乡村空间的优质农业用地不断转化为城市空间的非农产业和城市建设用地。应该说，城市化塑造了聚集经济的空间载体，并加速了资源的优化配置和空间重组。然而，高质量劳动力的持续流出和优质农业用地的持续丧失可能威胁到国家的粮食安全和乡村空间的可持续发展。

城市化对乡村空间环境变化的影响也主要表现为两个方面，即直接环境效应和间接环境效应。基于环境的直接空间效应是指，伴随着城市化的发展，城市空间扩张产生的大量污染直接向乡村空间扩散，即环境污染的空间转移，如城市大气污染、水污染和垃圾污染的溢出等；基于环境的间接空间效应可理解为，城市化形成并不断强化城市的核心主导地位，为适应城市发展的需要，乡村空间的生产、生活和行为方式改变引起的各种环境污染。乡村空间的环境污染不仅侵蚀了自身的发展基础，同时也削弱了区域生态系统的承载功能。

（3）社会经济效应。更高的社会经济效益是城市化持续发展的不竭动力，城市化水平是经济发展和社会进步的显示器。然而，城市化带来的效益并非均衡地惠及城乡空间，而是更多为城市空间所垄断。城市化对乡村空间经济发展的影响可主要从两个方面来考察，一是资本流动，二是产业关联。就资本流动而言，城市化进程中资本流动的主要方向是“自下而上”，主要形式是国家空间收入与分配政策的倾斜和工农产品的非等价交换，尽管在城市化的不同发展阶段，上述形式及其重点可能有所变化。就产业关联而言，城市空间的需求变化有效推动了乡村空间产业结构的升级与优化，具体表现为城市产业的配套需求（如原材料需求变化）、城市居民的消费需求（如副食品需求变化）和城市产品市场需求（如农业生产资料供给）等。显然，城乡产业关联和资本流动具有截然不同的乡村空间效应，前者能够促进乡村经济发展，后者反之。

城市化对乡村空间社会发展的影响主要表现为城市文化的扩散效应。城市化打开了乡村空间长期以来紧闭的大门，通过人口流动和经济联系将城市文明传递到乡村空间。现代城市文明与传统农耕文明具有完全不同的文化内涵，城市文化的扩散使得市场观念、竞争意识、交易风气等逐渐在乡村空间弥漫，并由此引导乡村居民生产方式和生活方式的变革，乡村经济不断市场化、乡村生活不断现代化。城市化的文化影响推动乡村空间精神文明的发展。

（4）乡村政治效应。城市的出现使人类社会分化为城市和乡村两大空间实体。与乡村空间的分散特征相反，城市的本质属性是聚集，城市是各种事物聚集的空间载体。聚集能够形成多方面的优势，包括经济优势、信息优势、交通优势、组织优势和创新优势等，城市自其诞生之日起即代表着人类文明的发展方向。另外，城市是自乡村蜕变而来的一种新型人类住区，城市的主体是活生生的、有着自身利益诉求的市民。由于既定资源的约束，城市的出现同时也使人类社会分化为城市集团和乡村集团两大对立的空间利益实体。如果说在“乡育城市”的漫长历史时期，乡村集团尚能够对城市集团形成某些约束（其极端表现形式即为此起彼伏的农民起义），则现代城市化使政治权力的空间分配完全倾斜于城市，由此形成城市之于乡村的空间剥夺。在很大程度上，城市化进程中乡村空间的边缘化也是乡村集团政治权力被进一步边缘化的结果。现代城市化加剧了城乡利益集团的矛盾，由此形成的空间剥夺违背了社会公平正义的原则。从这种意义上，城市化的乡村政治效应无疑恶化了乡村空间的发展环境。

2. 城市化对村镇空间影响的综合分析

城市化是一种复杂的综合性现象，其对乡村空间的影响具有多种路径和多重效应，如前所述，不同的作用路径可能引致不同的空间效应，甚至同一作用路径也可能分裂出不同的作用方向。另外，城市化又是一种渐进的历史过程，在发展的不同阶段，对乡村空间的影响也会有所不同。例如，就城市对乡村的空间剥夺而言，或者说，从乡村空间对城市化的贡献来看，即经历了由农业剩余（主要表现为剩余农产品和农村资金积累）向资源分割（主要表现为人力资源和土地资源）的转变。城市化的复杂性决定了其乡村空间效应的复杂性。

尽管如此，从总体上把握城市化之于乡村空间的影响既是可能的，更是必要的。特别是，正确认识城市化对乡村空间影响的性质，准确理解城市化对乡村空间影响的规律，对国家空间政策的制定及其转向具有现实意义。

城市化对乡村空间影响的性质。基于表象化的特征，城市化的正向作用方向是城市空间的成长，逆向作用方向是乡村空间的萎缩；或者说，城市化之于城市空间表现为“正”效应，之于乡村空间表现为“负”效应。事实上，这种简单化的概括既不准确，也不真实。之所以不准确是因为任何事物及其变化都不是绝对的，之所以不真实是因为城市化的空间效应往往都是复合的。例如，城市化可能加剧城市空间的环境污染、交通拥挤和住房紧张等，城市化也可能带来乡村空间的人地矛盾缓解、产业结构优化和生产方式变革等。城市化的乡村空间效应理应是多种作用路径和多重作用效应的叠加，但这种叠加的结果往往难以准确衡量和精确评估。时间变化和地区差异更增加了该问题的难度。

经验研究提供了解决该问题的有效视角。纵向考察世界城市化的发展历史，发达国家早已完成了快速城市化而进入城市化的动态均衡发展时期，其乡村空间发展在经历了空间离散化和空间边缘化之后现已迈向空间一体化的新阶段。叠加城市化的发展历程和乡村空间的发展轨迹可以发现，在现代城市化的启动至快速发展阶段，乡村空间发展由离散化转向边缘化；在现代城市化的减速至动态均衡阶段，乡村空间发展由边缘化转向一体化。横向观察世界城市化的发展现实，发展中国家大多正处在城市化的快速发展时期，与此相对应，乡村空间发展普遍呈现出空间边缘化的特征。据此可以推断，城市化的乡村空间效应总体上可区分为两个阶段：在城市化的前中期，其对乡村空间的影响以“负”效应为主（或具有总的“负”效应）；在城市化的中后期，其对乡村空间的影响以“正”效应为主（或具有总的“正”效应）。

应该说，上述关于城市化的乡村空间效应的概括只是一种具有统计学意义的基本规律。由于具体国情的差异和发展环境的变化，相关时间节点错位显著，如发达国家与发展中国家关于城市化及其乡村空间发展阶段的时间错位等；相关指标“阈值”也不尽相同，如拉美国家以城市化率衡量的城市化发展甚至高于发达国家的水平，但却难以认定其乡村空间发展已经转入一体化阶段。具体问题具体分析仍然是国家制定空间政策应该坚持的基本原则。

城市化对乡村空间影响的特征。城市化是涉及人口、空间、经济和社会、连接城市和乡村两端的综合性空间现象。城市化是一个连续的过程，在一定的区域范围内，城市化无时无刻不在发生着；城市化是一个动态的现象，在一定的时期内，城市空间或（和）乡村空间的变化既可视为城市化作用的结果，也可看做是城市化过程的表现。因此，如果以乡村空间为考察对象，城市化的乡村空间效应包括两个方面，城市化过程的影响和城市化结果的影响，后者是指伴随着城市化的发展，城市空间变化对乡村空间发展的影响。一般地，视城市化过程的影响为直接作用，则城市化结果的影响为间接作用。其典型的例子是，乡—城人口流动为城市化的直接作用，城—乡政治控制为城市化的间接作用。

如前所述，城市化的乡村空间效应存在两种不同的结果，即积极影响和消极影响。前者有利于乡村空间发展，因而是一种正向的作用；后者有损于乡村空间发展，因而是一种逆向的作用。需要说明的是，城市化的不同作用路径引发的乡村空间效应可能随城市化发展阶段的变化而发生反向变化，但其对乡村空间影响的性质并未发生根本性改变。例如，在城市化的快速发展时期，其人口效应表现为乡—城人口流动，这种人口流动有利于改善乡村空间的人地关系，因而是一种正向作用。在城市化的特定历史阶段，可能存在城—乡人口流动，即所谓的逆城市化现象，此时，这种人口流动有利于改善乡村空间的人口和经济萧条，因而也是一种正向作用。例如，20 世纪 50～60 年代的美国，城市产业的分散化和乡村空间的居住发展引起城市阶层向乡村空间涌入，这种逆城市化现象曾经构成其“乡村复兴”的重要推动力量。

3. 城市化对村镇空间的作用机制

从区域视角看，城市空间和乡村空间是区域空间的两个子系统，其纵向连接媒介是小城镇，其横向连接媒介是城市化。基于前述分析，城市化对乡村空间的影响有两种表现形式，即城市化的外力作用和乡村空间的自身变化。在当代背景下，不仅城市化的外力作用影响深远，乡村空间的自身变化也不会仅仅停留在初始层次上。例如，伴随着城市化发展而形成的乡村—城市人口流动，其初始变化和表象特征是乡村空间的人口减少，但由此可派生出多方面、深层次的后续影响：总量人口减少影响乡村空间的人地关系和生态系统变化，作为劳动力载体的人口减少影响乡村空间生产要素的投入结构，高素质人口的流出影响到乡村空间的社会变迁……这些影响链条还可继续延伸，并可能形成交叉。城市化对村镇空间变化的影响具有复杂的作用机制。

乡村空间是一个相对独立的地域系统，系统内部要素众多、关系复杂。根据系统科学原理，乡村空间的变化主要源于其内在结构的变化，伴随着这种结构的变化，乡村空间不断分化出新的功能。城市化的作用主要表现为对乡村空间构成要素的影响，这种影响直接改变了乡村空间的要素结构，并通过系统内部要素的相互作用机制得以传递。城市化初始层次的作用对乡村空间构成要素的改变具有显性化的特征，其衍生出的后续作用则具有不确定性，其发展前景取决于系统内部的响应机制和系统外部的环境变化。具体而言，可能存在两种基本的发展方向：一种是城市化的初始影响被逐级放大，并可能由此改变乡村空间的发展态势，如高素质劳动力的持续流出严重损害了乡村空间的自我发展能力，可能使乡村空间整体锁定于"被剥夺能力"的贫困状态。另一种是城市化的初始影响被逐级过滤、渐行消失。国家空间政策的制定应正确认识城市化的发展规律和乡村空间组织规律，通过政策引导放大城市化的正向作用、过滤城市化的逆向作用，通过城市化的健康发展，推动乡村空间由边缘化走向一体化。

3.3.2　当代社会背景下的村镇空间发展

1. 村镇空间发展的多重背景

乡村空间发展是区域（国家）现代化进程的重要组成部分。由于时代的变迁和发展的滞后，较早期的发达国家，发展中国家的乡村空间发展正面临着差异巨大的环境变化。中国是一个人口，特别是乡村人口众多、发展后进的传统大国，发展问题颇多、复杂，但诚如晏阳初先生所言，在中国，"有些问题是急迫的，却未见得是最基本的；有些问题是最基本的，可又未见得是最急迫的。只有农村问题才是当前又急迫又基本的问题"。尽管已时过境迁，中国已不是20世纪70年前的中国，世界也不再是20世纪70年前的世界，但农村问题仍然是当前中国最急迫、最基本的问题。因为中国社会的传统结构尚无根本性变化、乡村人口众多的基本国情尚无根本性改观，与此同时，"中国已不是20世纪70年前的中国，世界也不再是20世纪70年前的世界"——当代中国的乡村空间发展面临着更为复杂的环境。

（1）城市化。城市化是当代中国最为显著的发展特征之一，也是乡村空间变化的最重要外部影响因素。城市化的发展阶段不同，其对乡村空间的作用路径和影响程度也不同。中国正处在城市化的快速发展阶段，其乡村空间发展总体上仍然处于空间离散化阶段。前述不同部分已分别对此进行了详细讨论。

（2）市场化。中国是当今世界最为著名的转型经济国家之一，社会主义市场经济体制的建立及其不断完善从根本上改变了国家经济的运行环境。相对于乡村空间发展而言，伴随着经济体制的转型，农民的利益主体地位得以确认，其自身需求受到尊重，其自主生产与自由择业的权利获得保障。市场机制的作用唤醒了乡村居民自我发展的意识，激发了乡村空间内生发展的活力；与此同时，由于农业的初级产业性质和农民的低组织化程度，市场竞争的背景进一步恶化了乡村空间的发展环境，加剧了乡村空间的边缘化。

（3）信息化。这里的信息化用以代指风起云涌的新技术革命。历史上，技术替代是农业进步的主要推动力。传统上，存在两种经典的技术替代模式，即生物化学技术对土地的替代和动力机械技术对劳动的替代。在当代背景下，技术创新周期缩短、频率加快，特别是，交通通信技术的飞速发展极大降低了经济联系的空间成本和经济主体的交易成本，并推动重塑了世界经济地理的空间格局。相对于乡村空间发展而言，如果说，传统的技术进步有力推动了农业发展，则以交通通信技术为代表的新技术革命不仅进一步打开了乡村空间的大门，而且大大缩短了其与城市主流空间的距离，从而有利于推动乡村空间的全面发展。

（4）全球化。全球化是指始于 20 世纪后期，由跨国公司主导的，新技术革命推动的，以资本和信息的大规模、大范围跨界流动为标志的世界经济现象。今天，全球化的浪潮已席卷至地球的每一个角落，也毫无例外地对乡村空间发展形成强烈的冲击。全球化对乡村空间发展既是一个历史机遇，也是一个严峻挑战。其积极意义在于，全球化为外部资本的注入和技术的引进提供了可能，乡村空间可据此强化其发展的外源动力；全球化为农产品生产的国际市场开拓提供了可能，乡村空间可据此推动其产业结构的优化与升级。其积极意义在于，全球化加剧了农产品的国际市场竞争，特别是，WTO 的框架协议有可能瓦解发展中国家脆弱的农业基础地位，并可能威胁到国家的粮食安全和经济安全。

（5）生态化。这里的生态化是指基于全球资源环境变化的经济社会生态化发展的趋势。大规模的工业化、城市化和信息化（技术进步）已造成对人类赖以生存的地表环境的过度毁损，资源短缺、环境污染和生态退化已严重威胁到人类社会的可持续发展。生态理念提供了化解这一尖锐矛盾的新思维，经济社会发展的生态化已成为当今世界的一种潮流。生态化对乡村空间发展的主要意义在于，一方面，乡村空间自然本底条件优越的价值得以凸显，乡村住区可能重新成为富有魅力的新型人类家园；另一方面，乡村空间可凭借自然条件和生态环境优势，开发形成生态农业和乡村旅游等高端产品，以此构造新的发展模式。

综上所述，城市化、市场化、信息化、全球化和生态化共同构成中国乡村空间发展的国家和全球背景，这些背景因素同时构成乡村空间发展的外部环境要素，并可能对中国的乡村空间发展产生持久的影响。此外，意识形态的变革，特别是发展观的进步和科学发展观的提出及其实践，对当代中国的乡村空间发展既是一种导引，也是一种约束。该部分内容详见后续相关章节的讨论。

2. 村镇空间发展的多元动力

唯物辩证法认为，事物的发展变化源于其内在的矛盾运动，这种矛盾运动是事物发展变化的内因；另外，任何事物与其他事物之间均存在着普遍的联系，这种普遍联系是事物发展变化的外因。在事物的发展变化过程中，外因是变化的条件，内因是变化的依据，外因通过内因而起作用；在特定条件下，外因也可能转化成为事物发展变化的决定性因素。历史唯物主义认为，生产力与生产关系的矛盾运动是推动人类社会发展的根本动力，其中，生产力是最具活力的要素，因而成为矛盾的主要方面；在现阶段，这一基本矛盾转化为人们日益增长的物质文化需求与落后的生产发展之间的矛盾，发展生产力构成矛盾的主要方面。乡村空间是一个独立的系统，其内部存在着固有的矛盾；乡村空间也是一种开放的系统，其与外部环境存在着多路径的相互作用；乡村空间还是区域空间系统中的一个弱化的子系统，超越城、乡的区域统筹与协调构成一个相对独立的影响因素。当代乡村空间发展具有多元的动力结构和复杂的作用机制。

（1）内生驱动力。内生驱动力是指源自于乡村空间内部的作用力。总体上，内生驱动力的基本含义是乡村空间内部居民需求与生产发展的矛盾运动；现实中，因生产发展居于该矛盾的主要方面，推动乡村空间生产发展的诸要素之组合构成其内源驱动力的主要成分。具体而言，乡村空间发展的内源驱动力主要包括三个有机组成部分：乡村空间主体（居民）的自我发展能力、乡村空间的技术创新能力和乡村社会的制度创新能力。按照人类发展观的逻辑，人类发展的永恒主题是人的发展，最高境界是自由的扩大，表现形式是选择的增加（能否“过得更好”和“做得更多”），实现路径是能力的拓展。因此，在内源驱动力的动力结构中，自我发展能力居于核心地位，只有人的能力不断拓展，人的发展才更加自由。相对而言，技术进步和制度变迁作用于次一级层次，其主要功能分别对应于“过得更好”和“做得更多”，并共同服务于人的能力拓展及其自由发展。

（2）外源驱动力。外源驱动力是指源自于乡村空间外部的作用力。根据乡村空间与其外部环境的空间关系，外源驱动力可分解为三个不同层次，即区域层次、国家层次和全球层次。在区域层次上，城市空间是区域空间系统中相对于乡村空间的又一子系统，从这种意义上，乡村空间发展的外源驱动力主要来自城市空间的作用，主要作用路径是区域工业化和城市化，主要作用内容包括对乡村空间人口、资源、环境、经济、社会、文化和政治等诸多方面的影响。在国家层次上，乡村空间发展的外源驱动力来自不同区域之间的联系。地理空间及其发展的非均衡性形成区域差异，区域差异推动区域分工，区域分工衍生区域联系。这种区域联系对乡村空间发展的影响包括直接作用和间接作用。前者是指外部区域与直接乡村空间发生的社会经济联系，包括产品、资本（含人力资本）、技术和信息等要素流动等。后者是指外部区域首先与城市空间发生直接的社会经济联系，进而通过城市空间的派生需求而作用于乡村空间发展。在全球层次上，全球化的力量已经渗透至世界的每一个角落，但国家的政治边界依然发挥着难以抹去的作用，加之当代乡村空间的边缘化性质和信息不对称地位，全球化对乡村空间发展的影响大多需要经过不同层次的传递，其中介可能包括国家、区域和（或）城市等不同角色，并由此形成更为复杂的作用路径和空间影响。

（3）协调驱动力。协调驱动力是指超越城、乡空间系统的第三种作用力。从经济关系的视角审视区域空间系统及其结构，并行存在着两个不同的空间利益主体，即城市集团和乡村集团，其政治代理分别为城市地方政府和乡村基层组织。与此同时，区域空间系统是一个完整的统一体，理应具有区域整体利益；进一步，区域空间是国家空间系统的子系统，同样具有国家利益的诉求。因此，在区域空间系统中，存在一个超越城、乡利益集团的第三种力量——区域政府，作为区域空间系统中的第三者，区域政府是区域整体利益和国家最高利益的代理人，其主要功能是谋求区域利益和国家利益的最大化。区域政府根据国家利益导向和区域利益诉求引导城市空间和乡村空间的发展，并协调两者之间的关系，由此形成推动城乡空间发展的协调驱动力。由于区域政府的主要目标是区域整体利益最大化及其与国家利益的统一。在不同的历史发展阶段，区域空间政策的重心可能向不同“区位”倾斜。协调驱动力对乡村空间发展的影响主要通过两条途径。一是通过其掌握的经济资源，直接向乡村空间注入相关生产和生活要素，如增加乡村公共产品供给和实施政府转移支付等；二是通过积极的空间政策引导，推动并塑造“以城带乡、以工促农”的发展格局。

当代乡村空间发展是上述三种动力耦合作用的结果。其中，外源驱动力具有自发作用的性质，因而其作用方向分为正向作用和逆向作用两种情形。乡村空间发展应注意化解其消极影响，放大其积极影响，努力将外部环境的影响真正转化为推动乡村空间发展的驱动力。协调驱动力具有自觉作用的性质。在区域工业化和城市化发展的初中期阶段，基于效率优先的要求，区域空间政策的重心主要向城市空间倾斜；现阶段，工业化和城市化已经进入中后期阶段，其持续快速发展已使乡村空间日趋边缘化，乡村空间的固有属性使得其内在活力更趋弱化，特别是，当代背景下的乡村空间已难以完全通过自身努力转入良性发展轨道。这种趋势势必危及区域整体利益和国家最高利益，区域空间政策重心的城市—乡村转向应该受到关注。区域空间政策的转型对当代中国尤其具有现实意义。

3. 村镇空间发展的多样模式

由于区域背景、地理区位、资源基础和发展历史等方面的差异，乡村空间发展的动力结构也会有所不同，并表现出不同的发展特征，由此形成不同的乡村空间发展模式。国内外学术界对当代乡村空间发展的实践经验有所总结，如关于“Desakota”模式、“苏南模式”和“新苏南模式”的提出等。近年来，有学者根据对中国东部沿海地区乡村空间的发展条件及其区域特征，系统提出了乡村空间发展的模式分类体系，该体系包括城市化外援驱动主导型和农村自我发展主导型两个一级发展类型；其中，前者分为工业企业带动型、城镇建设带动型和劳务输出带动型三个二级类型模式，后者分为特色产业发展型、生态旅游发展型和专业市场组织型三个二级类型模式。也有学者基于“乡村性”的概念框架，通过构建指标体系对乡村发展的类型进行了归纳，将中国东部沿海地区的乡村发展划分为农业主导型、工业主导型、商旅服务业主导型和均衡发展型四类。上述分类均从不同的角度揭示了乡村空间发展的地区差异及其特征。

总体而言，相关研究对乡村空间发展模式的概括大都立足于对其经济发展的考察。毋庸置疑，一定的物质技术基础是乡村空间发展的必要前提，然而，生产只是乡村空间的一种而非唯一功能，单一视角的考察未必能够准确揭示乡村空间的本质特征；另外，区域差异应更多地体现于发展水平，而未必是发展模式的差异，在注重区域差异的基础上，考察更为广泛的国土空间可能获得更为丰富的信息，并据此描绘更加斑斓的图景。本书的一个基本命题是：中国东部沿海地区空间发展的今天未必就是中西部地区的明天。一个显而易见的事实是：发达的城市化已使得东部沿海部分地区的“乡村性”渐行消失，区域空间从整体上形成城市化地区，而这种图案将很难在广大中西部地区复制和重现。据此。本书从对当代乡村空间多功能性的综合分析出发，结合国家关于优化国土空间开发格局的战略构想，将当代中国乡村空间的发展模式概括为三种主要类型。

（1）生产型空间发展模式。前述不同分类体系中的大部分发展模式都可统一纳入这一模式类型中。现实中，该模式主要分布于沿海发达地区。其主要特征是：生产是乡村空间的主体功能，乡村非农产业（工业）发达，乡村经济被卷入城市生产系统，乡村空间被“商品化”。其中，部分乡村因与城市的空间融合而形成城市化地区，部分乡村因难以与城市空间融合而变得“非城非乡”，乡村空间的物质基础提升，但基于乡村本底条件的宜居水平下降。

（2）生活型空间发展模式。前述不同分类体系中对该类模式较少涉及。现实中，该模式主要分布于中部传统农区。其主要特征是：乡村空间人口密集，生产的主体功能特征不甚突出，大农业是乡村空间的支柱产业，服务业是乡村空间的主导产业。该模式的突出标志是乡村工业不发达或不发展。现阶段，该类模式下的乡村经济基础甚为薄弱，其生活功能尚体现于较低层次，宜通过内生驱动力的激发和协调驱动力的注入，优化产业结构、提升产业层次、完善基础设施、丰富公共产品，使该类乡村成为具有较高宜居水平的生活性空间。

（3）生态型空间发展模式。现实中，该模式分布广泛，但以东西部地区更为典型。其主要特征是：人口分布稀疏、土地资源短缺，但自然环境优美、生态条件优越，部分地区兼具较为深厚的人文底蕴；乡村空间的经济基础薄弱、生活条件亟待改善，但生态价值重大，生态保障成为乡村空间的主体功能。宜通过外源驱动力的导入和协调驱动力的注入，在加强生态环境保护的基础上，适度发展生态旅游等第三产业，激发乡村空间发展活力，进一步提升其生态屏障功能。

事实上，纯粹的单一发展模式在现实世界中并不多见，多数情形常常是上述三种模式不同组合和融合。据此，本书关于乡村空间发展模式的概括，分别以“生产功能主导的乡村空间发展模式”、“生活功能主导的乡村空间发展模式”和“生态功能主导的乡村空间发展模式”的表述可能更为贴切，即便如此，也仍然难以盖全当代中国丰富多彩的乡村空间发展实践。

3.4　科学发展观与村镇空间转型

3.4.1　科学发展观与村镇空间功能

1. 科学发展观的理论内核

作为地球生态系统中的一类成员，人类相对于其他生物物种的本质区别在于人类能够有意识地调控其自身的行为；相对于乡村空间变化的自发性质，乡村空间发展则更多地包含人类社会的能动作用。例如，在城市化和市场化的双重机制作用下，乡村空间的自发变化趋势是日趋边缘化，并不断走向凋敝，乡村空间的自觉发展要求是摆脱边缘化、并寻求走向复兴。人类能动地作用于自身活动主要通过制度安排、政策导向和实施措施等来实现，其中的核心是包括价值取向、发展理念等内涵的发展观的导引。

发展观是关于发展的价值观和方法论。不同的发展观对应不同的发展路径和发展模式，并最终收获不同的发展绩效。长期以来，以经济增长为核心的传统发展观曾被奉为世界各国普遍遵循的行为准则和行动纲领，发达国家的工业化和城市化也曾缔造了传统发展观的经典范例。20 世纪 50～60 年代，发展经济学的理论危机和发展中国家的实践困惑引发人类对传统发展路径和发展模式的反思。自 20 世纪 70 年代以来，全球范围内的资源环境问题和发展中国家普遍存在的社会经济矛盾日益凸显，人类开始从更深（发展观）层次思考自身的发展问题，陆续出现了以综合发展为核心的新发展观、以可持续发展为核心的新发展观和以人类发展为核心的当代发展观等思潮，特别是，可持续发展观和人类发展观经由联合国等国际组织的强力推销，已逐步形成全球共识，并开始对世界各国的发展实践产生实质性影响，人类社会的运行轨迹正在悄然变化。

新中国成立以来，中国的发展总体上走的是一条传统发展路径。以改革开放为分界点，前 30 年主要实践发展经济学的经典理论，后 30 年主要复制发达国家的经验模式。然而，当代发展环境已发生深刻变化，资源环境对经济发展的约束凸显、国际竞争愈演愈烈；另外，中国的国情独特，不仅乡村人口众多，而且发展基础脆弱。传统发展观“以物为本”、以 GDP 的增长为中心，明显存在着两个缺陷：一是忽视人的主体地位，将人仅视为生产要素的一种，颠倒了发展目的与手段的关系；二是无视资源有限供给和环境有限承载的基本事实，损害了地球生态系统的健康和人类发展的可持续性。在传统发展观指导下，中国的发展在持续获得较快经济增长的同时，社会矛盾和环境矛盾逐步显现并日趋激烈，主要表现为区域、城乡和群体差距越来越大、资源供给和环境承载难以为继等。国家于 1994 年制定并发布《中国 21 世纪议程》，试图将可持续发展的原则贯穿于社会经济发展的各个领域，但收效甚微；1998 年，中共中央发布了“关于农业和农村工作若干重大问题的决定”，提出了建设社会主义新农村的奋斗目标，但进程缓慢。中国的发展需要从发展观的高度实施战略转型。

进入 21 世纪，由于传统发展观的惯性作用，中国经济社会发展诸多方面的矛盾进一步凸显。中国政府以高度的历史责任感、强烈的忧患意识和宽广的世界眼光，准确把握中国发展的阶段性特征，适时提出科学发展观的理念。2003 年 10 月，中共十六届三中全会明确提出了“坚持以人为本，树立全面、协调、可持续的发展观，促进经济社会和人的全面发展”；强调“按照统筹城乡发展、统筹区域发展、统筹经济社会发展、统筹人与自然和谐发展、统筹国内发展和对外开放的要求”，推进改革和发展；2006 年 3 月，国家正式发布《中华人民共和国国民经济和社会发展第十一个五年规划纲要》，提出要“以科学发展观统领经济社会发展全局”、“坚持以人为本，转变发展观念、创新发展模式、提高发展质量，落实‘五个统筹’，把经济社会发展切实转入全面协调可持续发展的轨道”；2007 年 10 月，中共十七大报告对科学发展观的深刻内涵和基本要求进行了系统阐述，认为“科学发展观，第一要义是发展，核心是以人为本，基本要求是全面协调可持续，根本方法是统筹兼顾”。由此形成了科学发展观的理论体系。

科学发展观“是立足社会主义初级阶段基本国情，总结中国发展实践，借鉴国外发展经验，适应新的发展要求提出来的”，反映了当代最新的发展理念，顺应了当今世界的发展潮流，是对人类社会发展经验的深刻总结和高度概括，是人类发展观与中国国情相结合的理论成果。科学发展观的精神实质是以人为本。首先，发展是人的发展、发展是所有人的发展、发展是人的全面发展，发展的目的是不断满足人民群众日益增长的物质文化需要，切实保障人民群众的经济、政治和文化权益，使发展的成果惠及全体人民；其次，发展是为了人的发展、发展是服务人的发展、发展是依靠人的发展，发展的要求是通过全面推进经济建设、政治建设、文化建设、社会建设和生态建设，促进现代化建设各个环节、各个方面相协调，为人的更好发展提供条件和创造环境；再次，发展的方法是通过妥善处理发展过程中的各种重大关系，统筹城乡发展、区域发展、经济与社会发展、人与自然和谐发展、国内发展和对外开放，保障发展的要求得以体现、发展的目标得以实现。人的发展和所有人的全面发展是发展的核心，也是解决所有发展问题和顺利推进发展进程的出发点和落脚点。

2. 当代村镇空间发展的功能分化

科学发展观是关于发展的世界观和方法论。发展的世界观要求人的公平发展和全面发展；发展的方法论要求社会的统筹发展和可持续发展，从空间的视角看，传统发展观以经济增长为中心、以效率优先为保证，发展主要聚焦于城市，乡村是发展的附庸。科学发展观内在的要求是空间公平发展和城乡统筹发展，由此推动了乡村空间被“重新发现”。有学者认为，当代中国发展所面临的矛盾错综复杂，但突出矛盾是忽视乡村空间所造成的城乡发展差距，诸多社会矛盾均可从城乡差距找到渊源并获得解释。例如，有研究表明，城乡收入差距对中国贫富差距的贡献率超过了 50%。长期以来，在传统发展观指导下，乡村空间的发展基础严重受损、发展能力几近丧失、发展权利无从保障，这种状况不仅关乎乡村群体的社会公平，也对城市乃至国家的持续健康发展构成威胁。据此，科学发展观强调以人为本，将统筹城乡发展视为科学发展之首。

统筹城乡发展要求立足国家层面、区域视角和当代背景重新审视乡村空间的功能。如前所述，乡村空间的基本功能包括居住、生产、交往和生态（可持续性）等，如果将交往分解为生产性交往（交易）和非生产性交往（狭义的交往），可将居住和非生产性交往合并为生活，生产和生产性交往合并为生产（狭义的生产），则乡村空间的基本功能可概括为生产、生活和生态三大功能。应该说，对应于不同发展观及其视野下的发展模式，乡村空间的基本功能定位是不会改变的，发生变化的是不同基本功能的作用强度，当这种作用强度的对比发生转折性变化时，乡村空间的主体功能随之发生转变。在科学发展观的视野下，发展是人的发展和人的全面发展。基于国家层面的考察，人口众多是中国的基本国情，目前约有 7.5 亿人生活在乡村空间，今后仍将有数亿人口容纳其中，这一庞大群体的公平发展权利（包括优化发展环境和共享发展成果）不容侵犯，乡村空间的生活功能必须强化。基于区域视角的考察，由于聚集经济的作用，城市的生产功能不断增强，伴随着技术的进步和需求的变化，工业生产已能够部分替代农业生产，乡村空间的生产功能有所弱化。基于当代背景的考察，全球环境变化暴露人类社会的可持续发展问题，乡村空间占据地球生态系统的绝大部分，也是人类作用于地理环境相对和缓的部分，从生态系统的自我调节功能看，乡村空间无疑承担更多、更重和更大的责任。乡村空间的生态功能必须强化。在传统发展观及其发展路径和发展模式下，依附于城市—工业系统的生产构成乡村空间的主体功能；在科学发展观及其新的发展路径和发展模式下，乡村空间的功能结构出现新的变化，主要表现为生产功能趋于弱化，而生活和生态功能趋于强化。

3.4.2 新农村建设与村镇空间转型

1. 新农村建设的政策内涵

新农村建设的思想渊源可追溯至早期空想社会主义者的“乌托邦”构想，霍华德的“田园城市”——可视为一种均衡城市化模式——理论与试验则向世人展现出一幅理想的乡村空间图案。中国新农村建设的理论思考和实践探索始于 20 世纪 20 年代晏阳初等人的“新乡村运动”。“新乡村运动”基于对当时中国国情的深刻理解，提出“平民教育”—“乡村改造”—“民族振兴”的国家发展思路，试图通过“以文艺教育救‘愚’、以生计教育治‘贫’、以卫生教育救‘弱’、以公民教育救‘私’”改造农民和发展乡村，进而推动国家发展和民族振兴。晏阳初对中国国情的认识及其发展对策至今仍然具有警醒和启示意义。新中国成立后，以毛泽东为代表的中国共产党人清醒认识到中国作为农业大国、农业经济作为一种封闭式小农经济的国家基础，提出了建设社会主义新农村的战略构想，并系统设计了统筹城乡发展的政策主张。例如，毛泽东同志曾经在中共七届二中全会明确指出：“城乡必须兼顾，必须使城市工作和乡村工作，使工人和农民，使工业和农业，紧密地联系起来。决不可丢掉乡村，仅顾城市。”遗憾的是，有鉴于当时的国际国内背景和迷信于生产关系的能动作用，农村发展随后误入“人民公社”的歧途，但为后来的农村改革积累了经验和教训。

国际上，工业化、城市化进程中的乡村空间发展问题一直受到学术界和国家政策的重视，特别是，后发达国家已出现新农村建设成功案例。总体上，欧美等先发达国家人口较少、发展历史较长，尤为重要的是，其工业化和城市化的推进主要得益于广阔世界市场和宽松资源环境的支撑，而并非构成对国内农业和农村的长时期、过度性依赖，加之并未形成对乡村空间的严重忽视（例如如同中国一般的城乡隔离等），特定历史发展阶段的乡村空间边缘化特征并不非常显著。日韩等后发达国家的工业化、城市化发展较快，但大都能够及时通过空间政策转型推动乡村振兴或农村发展，并获得显著成效。其中，尤以韩国的经验更具借鉴意义。韩国政府于 20 世纪 70 年代发动了著名的“新村运动”，并提出了具体的分阶段 10 年计划：第一阶段（1971～1973）主要是农村基础设施建设，第二阶段（1974～1976）进入以增加收入为主的全面发展阶段，第三阶段（1977～1979）重点是以发展农产品加工为主要内容的农村工业化。从 1970～1980 年的 10 年间，韩国政府财政累计向“新村运动”投入资金 2.8 万亿韩元，占财政支出的 1%；参加新村运动人数累计达 11 亿人次。韩国农村由此取得了长足的发展，其突出变化是农民生产生活条件显著改善。韩国的“新村运动”获得巨大成功。

中国的工业化和城市化进程曲折、模式独特，乡村空间长期处于被“剥夺”的地位。据估计，现阶段中国的农村、农业和农民每年仍然为城市、工业和市民提供各种剩余近 20000 亿元，包括产品剪刀差 1000 亿元、土地剪刀差 1000 亿元和工资剪刀差 17000 亿元等。城乡矛盾及其由此派生的各种社会经济矛盾日趋尖锐和复杂，乡村空间逐步成为国家政策关注的焦点。进入 21 世纪以来，在科学发展观的指导下，国家自 2004 年起，连续发出六个一号文件，分别以“促进农民增加收入”、“提高农业综合生产能力”、“推进社会主义新农村建设”、“积极发展现代农业”、“加强农业基础建设”和“促进农业稳定发展农民持续增收”为主题，对乡村空间发展进行持续部署。特别是，围绕社会主义新农村建设，国家于 2006 年年初先后出台和实施三项重大举措：一是根据全国人民代表大会常务委员会的一项决议，自 2006 年 1 月 1 日起在全国全面废除农业税；二是当年的中央一号文件以《中共中央国务院关于推进社会主义新农村建设的若干意见》为题，明确提出“统筹城乡经济社会发展，扎实推进社会主义新农村建设”的重大战略任务，并从产业支撑、经济基础、物质条件、体制保障、治理结构和新型主体培育等方面进行系统安排和全面部署；三是国家随后发布的《中华人民共和国国民经济和社会发展第十一个五年规划纲要》，将“建设社会主义新农村”列为“十一五”期间十二项任务之首，提出要“坚持统筹城乡经济社会发展的基本方略，在积极稳妥地推进城镇化的同时，按照生产发展、生活宽裕、乡风文明、村容整洁、管理民主的要求，扎实稳步推进新农村建设”。为当前乃至今后一个时期中国的乡村空间发展创造了条件，并指明了方向。

国家相关文件对社会主义项目从建设的指导思想、建设目标、主要任务和实施措施等均进行了详细阐述和周密安排，通过发展现代农业强化新农村建设的产业支撑，通过促进农民增收夯实新农村建设的经济基础，通过基础设施建设改善新农村建设的物质条件，通过深化农村改革健全新农村建设的体制保障，通过加强民主建设完善新农村建设的治理结构，通过加快发展环境建设培育新农村建设的新型主体。推进社会主义新农村建设的政策内涵是以国家为主导、以农民为主体，通过城乡统筹和国家支持，推动乡村全面复兴；其精神实质是将乡村空间逐步建设成为适宜生活的和可持续发展的新型人类家园。

2. 当代村镇空间发展的性质定位

中国于 1998 年提出建设社会主义新农村的奋斗目标，2004～2009 年连续六年以中央一号文件的形式安排部署，期间，农业税全面取消，《中华人民共和国国民经济和社会发展第十一个五年规划纲要》全面实施，国家还直接增加了乡村空间的资金注入，农民收入有所增长，乡村面貌有所改观，新农村建设已取得初步成效。但城乡收入差距和空间失衡的总体趋势并未从根本上得到扭转，新农村建设的进程也出现了一些偏差，由于背离了新农村建设的本质内涵，将其曲解为仅仅是修修路、搞搞村容整修，甚至采取强制措施，要农民拆旧房子、建新房，形式化和表面化的“试点推进”和“样板塑造”花样百出，结果造成了“不搞新农村建设还能活，搞了新农村建设却活不下去”的极端局面和现象。中国的新农村建设依然任重道远。

新农村建设须进一步明晰“搞什么”、“谁来搞”和“如何搞”等基本认识问题。明晰“搞什么”是实施新农村建设的先决条件。对该问题的理解可以从两个视角出发：一是国家的空间意愿，二是农民的现实需求。在科学发展观的视野下，乡村空间首先是一种人居空间，是数以亿计乡村人口的生活空间，基于空间公平的理念，乡村空间的基础设施、服务设施和人居环境的改善是新农村建设的基本任务；乡村空间其次是一种可持续发展空间，数以亿计乡村人口将长久生活于此，要求建设可持续的空间发展环境，作为乡村空间的生态基础和城市空间的生态屏障，要求建设可持续的空间生态环境。从农民的现实需求看，由于区域背景和发展水平的差异，不同的地区可能存在不同的需求，但基本上可分为三个层次，即生存需求、生活需求和发展需求。前者要求解决生存环境问题，如日常饮用水问题、总体生存环境恶化问题等；中者要求解决生活环境问题，如居住环境污染和村容村貌问题等；后者要求解决发展环境问题，如对外交通与通信设施和内部发展活力等。上述分析表明，国家的空间意愿和农民的现实需求分别从长期和短期两个方面统一于对乡村空间发展的性质定位，科学发展观和新农村建设要求当代乡村空间应是一种生活—生产—生态兼容的多功能性空间。

“谁来搞”涉及新农村建设的动力机制。纵观世界乡村空间发展的历史轨迹，存在三种有所区别的动力模式，即自发演进模式、政府主导模式和社会推动模式。较之于当代情景，欧美发达国家的乡村空间发展背景较为宽松，其所表现的主要是一种自发演进模式；20 世纪 60～70 年代日韩的乡村空间发展以“乡村振兴计划”和“新村运动”为标志，具有明确的国家计划和强力的国家行为特征，其所表现的主要是一种政府主导模式；以联合国等国际组织在非洲和南亚等地区实施的类型多样的乡村空间发展试验为代表，则可主要视为一种社会推动模式。诚如前述分析，中国国情独特，乡村空间经历了一种长时期、多路径的边缘化过程，其空间发展需要协调驱动力、外源驱动力和内生驱动力的耦合作用。类似韩国的“新村运动”，新农村建设的实质是国家（政府）主导的一种乡村空间转型，协调驱动力是推动乡村空间转型的核心动力，其主要作用路径包括制度供给、基础设施与公共设施建设和资金注入——目前新农村建设最为需要、最为急迫的内容。其中，乡村空间转型首先是一种体制推动过程，国家政策干预是实现乡村空间转型的先决条件，破解城乡二元体制、构建空间倾斜政策将具有战略性意义和持久性功效。另外，城市化是乡村空间转型的必要前提，外源驱动力是新农村建设的关键动力。诚如麦吉所言，“城乡转型过程是由一个充满活力的空间范围内的人口、商品、信息和资本的流动网络所驱动”，“政策无需假定城乡均质，但必须承认城乡是相互作用的综合性空间”，“因为城乡转型同时发生在城市和乡村，且两者存在千丝万缕的联系”。外源驱动力的主要作用包括城市化和工业化引起的乡村—城市人口转移、产业带动和技术、信息、文化扩散等；其中，人口转移对乡村空间转型将产生实质性影响。相对于国家政策和城市空间的作用，乡村空间的内生驱动力是乡村空间转型的基础动力。这种驱动力的基础作用主要表现为：乡村空间主体是新农村建设的主体；外部动力的作用依赖于内部空间的响应等。内生驱动力的主要作用包括乡村产业发展、环境改善和主体培育等；其中，新型农民的培育对新农村建设将具有直接的决定性意义。如果说，乡村空间发展包括乡村空间主体的发展和乡村空间环境的发展，基于科学发展观的理念，新农村建设的首要目标理当是推动乡村空间主体自身的发展，乡村空间环境的发展既服务于、同时又依赖于乡村空间主体的发展。

“如何搞”涉及新农村建设的具体实施路径。“中国的农业、农村和农民问题是世界上最典型、最复杂的问题”，新农村建设因而成为最艰巨、最繁重的任务。新农村建设的基本方向是塑造生活-生产-生态兼容的新乡村空间，三力驱动是新农村建设的内在需求，区域性、阶段性差异是新农村建设的客观基础。据此，提炼新农村建设的地方化主导模式、探索乡村空间的可持续发展路径可能是“如何搞”的现实选择。限于资料支撑、实践基础和内容约束，本书无意于具体的地方化模式的概括，事实上，现实中基于“样板塑造”和“形象工程”的实践基础未必能够构成新农村建设模式的丰富素材。在此，仅基于国家层面，从空间和时间两个维度探讨中国新农村建设的相关问题。从空间维度上看，一个至关重要的问题是国家新农村建设的空间重心选择。有学者认为，农业产业化、农村城镇化、农民文明化是解决“三农”问题、推进中国新农村建设的基本条件。沿海地区总体上已进入工业化中后期阶段，具备工业反哺农业、城市带动乡村的基础和能力。因此，“应该率先推进沿海发达地区的新农村建设”。然而，综合因素已造就了中国沿海地区经济发展的独特地位，并已初步形成城市化地区的空间形态，其乡村空间发展基本具有通过自发演进走向城乡一体化的特征和条件，这种格局很难为广大中西部地区所复制，故源于沿海发达地区新农村建设的实践模式未必具有典型意义和推广价值。另外，中国的新农村建设是政府主导的乡村空间转型，意在促使乡村空间摆脱边缘化趋势而逐步成为生活-生产-生态兼容的多功能性空间。如果说，中国的“三农”问题在世界上最为典型和最为复杂，则这种“最为典型和最为复杂”集中反映在中国中部地区。中部地区是中国的传统农区，也是国家的粮食主产区，乡村空间面域广阔、人口众多，“乡村性”显著而典型；可以预计，尽管中部地区的城市化仍将快速发展，但中国未来数以亿计的乡村人口将主要集中于此。通过国家的重点支持和强力推动，使得新农村建设在中部地区率先突破，不仅具有区域层面的现实意义，而且具有国家层面的战略意义。从时间维度上看，新农村建设不可能一蹴而就，短时间的搞样板、做示范均不可能达成既定目标，新农村建设注定将是一个长时期的历史过程。新农村建设的长期性是由乡村空间发展的“三元驱动力”动态博弈所决定的。中国以新农村建设为标志的乡村空间转型与当代西方国家具有本质的区别，前者试图起步于城市化的快速发展阶段，而后者则发生于城乡一体化阶段。在不同的乡村空间发展阶段，“三元驱动力”的作用方向和作用强度存在显著的差别。就当代中国的情形（快速城市化时期）而言，影响乡村空间发展的外源驱动力的综合影响主要表现为强烈的逆向作用；由于乡村空间的长期边缘化和封闭性，内生驱动力极其脆弱，且作用方向具有一定程度的不确定性；协调驱动力的正向作用不仅要有效克服城市化的消极影响，还必须以“余力”持续作用于乡村空间生活和发展环境的“修复”。城市化进程中乡村空间的剧烈动荡变化决定了国家政策作用的曲折性和艰巨性，乡村空间发展的累积“负”效应和城市化过程的长期性决定了新农村建设的复杂性和长期性。任何短期规划都是乐观而不现实的。

3.5 小　　结

变化、发展和转型是一组既具有内在联系、又具有性质区别的概念。简言之，事物随时间而出现差异（新情况）谓之变化，事物的积极、正向变化谓之发展，事物从量变的累积到质变的跃升谓之转型；变化、发展和转型是事物内部构成要素之间及其与外部影响因素之间相互作用的结果。乡村空间是一种人类住区类型，也是一种空间组织系统，其自身具有复杂化的结构和多样化的功能。根据系统科学的基本原理，本书将乡村空间变化界定为乡村空间结构的差异。据此，乡村空间发展是指乡村空间结构的优化过程，其中，乡村空间结构由地理空间结构、经济空间结构、社会空间结构和生态空间结构复合或叠加而成；乡村空间转型是指乡村空间性质或主体功能的转折性变化，其中，乡村空间的基本功能包括居住功能、生产功能、交往功能和生态功能等。乡村空间的多样化功能构成一定的功能体系，这种功能体系视其作用对象而有所变化。一般地，在乡村空间的功能体系中，总是存在一种或一组功能，不仅自身作用强度大，而且能够规定和制约其他功能的变化及其作用的发挥，这种（组）功能类型称为主体功能。乡村空间的主体功能决定了乡村（村镇）空间的性质。

乡村空间发展是一个历史的过程，客观上存在着不同的发展阶段，这种发展阶段可因考察视角和区分依据的不同而形成不同的结果。从区域的视角看，城市空间和乡村空间是区域空间系统的两个子系统，其对立统一的矛盾运动决定着乡村空间的发展状态。根据城、乡空间的矛盾运动及其主要方面的变化，可将乡村空间发展的历史进程分为三个阶段。第一个阶段称为空间离散化阶段。在该阶段，乡村空间是城、乡空间矛盾主要方面，大致对应于人类社会的农业经济时代。第二个阶段称为空间边缘化阶段。在该阶段，城市空间是城、乡空间矛盾主要方面，大致对应于人类社会的工业经济时代。第三个阶段称为空间一体化阶段，在该阶段，城乡矛盾趋于统一、城乡空间趋于融合，大致对应于人类社会的知识经济时代。在乡村空间发展的不同阶段，乡村空间结构表现出不同的特征，乡村空间的性质及其主体功能也随之发生改变。在乡村空间的离散化阶段，其主体功能主要表现为维系乡村人口及整个人类社会的生存和发展，乡村空间的性质可视为一种生存性空间；在乡村空间的边缘化阶段，其主体功能主要服务于以城市经济为核心的物质财富增长，乡村空间的性质可视为一种生产性空间。在乡村空间的离散化阶段，其主体功能逐渐演变成为地球人类系统的生态屏障，乡村空间的性质可视为一种生态性空间。

在当代背景下，城市空间是城乡空间矛盾的主要方面，因而对乡村空间发展可能产生决定性影响。作为乡村空间的主要外部环境，城市空间通过城市化而对乡村空间施加影响。城市化的乡村空间效应包括多个方面。①人口效应，表现为乡村—城市的人口单向流动。②资源环境效应，又可分为资源效应和环境效应。资源效应主要包括人力资源效应和土地资源效应，前者是指乡村空间高素质劳动力向城市空间的转移，后者是指乡村空间优质农业用地转变为城市建设用地；环境效应主要包括直接环境效应和间接环境效应，前者是指城市污染的溢出及其向乡村空间的扩散，后者是指城市化发展的需求派生的乡村空间污染。③社会经济效应，又可分为经济效应和社会效应。经济效应主要包括资本流动效应和产业关联效应，前者是指乡村空间的经济剩余“自下而上”地流向城市空间，后者是指城市空间的需求变化引起乡村空间产业结构变化；社会效应主要表现为城市文化的扩散引导乡村居民生产方式和生活方式的变革。④政治效应，主要表现为城市集团通过政治权力的运用而形成并强化对乡村空间的剥夺。总体上城市化的综合影响恶化了乡村空间的发展环境。同时，城市化与市场化、信息化、全球化和生态化的交互作用构成乡村空间发展的多重背景，加剧了其发展的不确定性。这种状况要求构造乡村空间发展的多元动力系统。客观上，乡村空间发展存在内生驱动力和外源驱动力两种基本的动力类型，前者是指乡村空间内部的作用力，主要源于居民需求与生产发展的矛盾运动，综合表现为一种正向作用；后者是指乡村空间外部的作用力，主要源于工业化、城市化和全球化，综合表现为一种逆向作用。在当代背景下，内生驱动力日趋弱化而外源驱动力不断强化，由此催生了乡村空间的边缘化，乡村空间发展必须寻求新的动力。协调驱动力是指超越城、乡空间系统的第三种作用力，主要源于国家力量和政府政策的作用，主要形成一种正向作用，并通过资源直接注入和协调城乡关系等路径对乡村空间发展施加积极影响。当代乡村空间发展是上述三种动力耦合作用的结果。

科学发展观是立足中国基本国情，总结中国发展实践，借鉴国外发展经验，适应新的发展要求而提出的当代最新发展理念，可视为人类发展观与中国国情相结合的具体成果。科学发展观的核心是以人为本，突出人的发展、所有人的发展和人的全面发展。科学发展观的乡村空间意义在于乡村空间被“重新发现”，其本质是对生活在其中的乡村居民及其生存权力的“重新发现”。在科学发展观的视野下，乡村空间的功能结构出现新的变化，主要表现为生产功能趋于弱化，生活功能和生态功能趋于强化。科学发展观的乡村空间效应是新农村建设的创新实践。如果说，科学发展观理念的内在要求是乡村空间性质重新定位，则新农村建设的实质是政府主导的乡村空间转型，即推动乡村空间由传统发展观下的生产性空间向科学发展观下的生活-生产-生态兼容的多功能性空间转变。从乡村空间发展的动力机制看，新农村建设存在三种基本模式，即自发演进模式、政府主导模式和社会推动模式，当代中国所实践的主要是一种政府主导模式。有鉴于中国的具体国情和区域发展格局，新农村建设的空间重心应自觉向中部地区倾斜，并力争在该地区率先取得突破；由于城市化的发展阶段和乡村空间发展“三元驱动力”的动态博弈特征，新农村建设将是一个长时期的历史过程。

第 4 章　村镇空间结构的系统解读

4.1　乡村人地关系与村镇地域系统

4.1.1　乡村人地关系及其描述

一般地，人地关系是指人类活动与地理环境之间的关系。自人类诞生于地球表面，人地关系就是一种客观存在。然而，由于人类活动和地理环境各自的丰富内涵，还有两者之间的复杂联系及其变化，人地关系似乎是一种难以穷尽的理论和实践命题。该命题涉及两个基本问题：①人地关系的内涵是什么？亦即人类活动与地理环境之间究竟存在哪些关系？②人地关系的实质是什么？亦即人类活动与地理环境之间到底是一种怎样的关系？

关于人地关系的内涵，大致存在着三种层次不同、依次递进的理解。①指人口数量与耕地数量之间的匹配关系；②指人类的生产生活强度与自然环境承载力之间的对比关系；③指所有人类活动与地理环境（包括自然环境和人文环境）之间的相互作用关系。关于人地关系的实质，亦可大致归纳为三类视角有异、相互对立的观点。一是“环境决定论”，包括“天命观”和“宿命论”等；二是“人类中心论”，如“人定胜天”思想和“文化决定论”等；三是“人地和谐论”，如“天人合一”思想和可持续发展理论等。

应该说，上述关于人地关系命题的理解和阐释具有客观的逻辑基础，并呈现出不断深化的认识轨迹。在原始社会和农业经济时代，人类社会面临的主要矛盾是生存等基本需求的满足，其对地理环境的关注主要集中于能够提供食物的土地资源，由于生产力水平低下，人类尚无力抵御和抗拒自然环境变化的影响，土地问题和环境决定论思想构成人们对人地关系认识的主流观点。在工业经济时代，机器大工业的生产方式极大地拓展了人类需求的广度和深度，并由此形成了地理环境的多方面供给和支撑；与此同时，伴随着科学技术的飞速发展，人类对地理环境的索取似乎已达到随心所欲、游刃有余的程度，资源环境问题和“人类中心主义”逐步主导人地关系的理论与实践。在后工业社会和知识经济时代，生产力的持续发展推动着人类需求不断走向高级化和广域化，与此相适应，产业结构进一步走向轻型化和多元化，社会经济发展对自然环境的损害有可能不断弱化；另外，工业经济时代人类对自然环境的过度“蹂躏”及其累积效应充分暴露，全球资源环境承载力构成人类社会可持续发展的刚性约束和严峻挑战，人类社会必须革新发展理念、创新发展模式，以适应地球生态系统逆向变化的威胁。据此，人文环境被纳入地理环境的框架，人地和谐成为人们认识和实践人地关系的必然选择。由此可知，源于生产力进步和人类需求的推动，人们对人地关系命题的认识经历了一个“否定之否定”的螺旋发展过程。

事实上，人地关系中的人类活动和地理环境是一对矛盾的统一体（图 4.1）。首先，作为地球表面的一类生命有机体，人类的生存和发展需要地理环境提供支撑和保障，人类需求和环境供给相互联系、相互作用，共同构成人类生态系统；其次，人类需求的满足通过人类活动而获得，人类活动作用于地理环境而改变环境状态，环境供给的实现通过环境变化而完成，人类活动与环境变化构成人地关系的直接表现形式；再次，人类活动与环境变化相互作用的媒介是（广义的）资源，即图 4.1 中圆圈框定的部分，其中，（广义的）资源包括空间、（狭义的）资源和环境三个依次递进的层次；最后，在人类活动与环境变化的矛盾运动中，科学技术水平决定矛盾的性质及其变化、环境承载力制约矛盾的性质及其变化。人地关系在人类活动与环境变化的对立统一运动中不断发展变化。

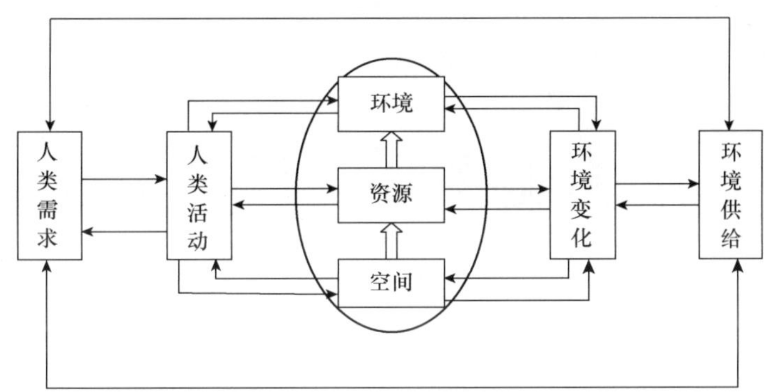

图 4.1　人地关系是一种矛盾的对立统一体

由于地理环境的空间属性和环境承载力的有限特性，人类社会的经济理性驱动着人类活动的空间展布，客观上形成了人地关系的地域分异。人类社会起源于乡村，以农为本的生产方式塑造了地球表面最基本的人地关系型式；城市的出现打破了这种统一格局，人口的区位聚集及其与此相适应的非农生产活动改变了人类活动与地理环境的相互作用方式，形成了一种全新的人地关系型式。人地关系的城乡分异构成其地域分异的最基本和最主要的表现形式。据此，乡村人地关系——最简单的理解——是指乡村地域的人地关系。

作为人类活动的一种基本地域类型，乡村地域的人地关系具有有别于城市的一般特征。

（1）人类活动对地理环境的作用。总体上，城市的聚集特性必然伴随着高强度的人类活动，并由此形成对地理环境的强烈影响；与此相反，乡村是一种分散化的空间，数量众多的人口散布于广袤的乡村大地，单位土地面积上的人类活动强度较低，因而对地理环境的影响相对较弱。从城乡地域的生产活动看，城市的非农生产活动不仅直接作用于当地的地理环境，如企业生产所需的厂房建设、工艺用水和过程废弃物及其污染的排放等，而且还以间接的方式对异地的地理环境产生影响，如企业生产所需的原料输入、产品输出和废弃物及污染的溢出等；乡村农业生产方式主要是人类通过劳动工具作用于土地，以直接获取生活资料，农业生产活动对地理环境的影响主要局限于当地，表现为直接作用的方式，随着市场经济的发展，农业产业化活动不仅增强了对当地地理环境的直接作用，如农业生产资料的投入等，而且产生了对异地地理环境的间接作用问题，如当地农产品的异地销售等。然而，由于农业生产本身具有经济再生产和生物再生产相统一的二重属性，其所引发的环境效应本质上表现为对地理环境的适应和对环境资源的利用。因此，较之城市的非农产业发展，乡村的农业生产活动对地理环境影响的性质和强度均有显著差别。从城乡地域的生活活动看，城市居民的居住大都以功能区的形式密集布局于城市的特定地域，与生产区和公共区等共同营造出水泥丛林，从而从根本上改变了城市地域的性质，日常生活完全市场化并游离于自然环境之外，生活垃圾及其污染集中排放于狭小的城市地域及其周边环境；与此相反，特定的农业生产方式造就了乡村居民的小规模的分散居住型式，一个个自然村落宛如繁星点点镶嵌于无垠的田野之中，生活在其中的乡村居民如同自然界中其他生命有机体，生活资料取之于周围环境、生活垃圾弃之于周围环境，几乎构成局域地理环境的组成部分。因此，较之城市居民的封闭式生活方式，乡村生活与地理环境之间具有一定的相容性和和谐性。简言之，城市以高密度的人口、高层次的生产技术和高效率的土地利用形成对地理环境的高强度影响，乡村则是以低密度的人口、低层次的生产技术和低效率的土地利用形成对地理环境的低强度影响。从城乡人类活动的环境效应看，如果说城市地域是一种完全的人工生态系统，乡村地域则是一种自然-人工复合生态系统。

（2）地理环境对人类活动的反作用。地理环境本身是一种由多圈层组成的复杂系统，其整体及其各个圈层均存在自身的演变规律，从时间尺度看，地理环境及其组成要素的变化是缓慢而悠长的，从空间规模看，这些变化是广域而非均衡的，从作用效应看，其对城乡人类活动的影响又是巨大而有差异的。城市是依靠科学技术和生产力发展而创造的新型人工环境，又是人类社会物质财富高度聚集的地域，其对地理环境变化的响应可概括为：抵御环境变化的能力强，遭受环境灾害的损失大。前者是因为城市是人类有意识的、强烈改变局域地理环境的产物，基于环境灾害的空间非均衡性，“人类有意识的”通过城市区位选择可在一定程度上规避某些环境风险；基于环境变化的缓慢特征，“人类强烈的”反面则是通过城市建设可形成一定的抗风险能力；尤其是，城市非农产业活动在很大程度上已摆脱对地理环境的依赖，因而具有适应环境波动的较大弹性。后者是因为人类的能力总是有限的，而环境变化的力量是巨大的，有时甚至是无法抗拒的，基于环境灾害的突发性和城市财富的聚集特征，特定的环境灾害易于给城市社会带来灾难性后果；另外，由于城市地域人口密集、空间狭小，应对环境灾害的回旋余地也必然受到限制。例如，由人类活动自身造成的严重城市环境污染有可能使得城市居民为此付出健康的代价等。作为一种自然-人工复合生态系统，乡村地域对地理环境变化的响应可概括为：环境波动变化引起的成灾频度高，但由此引起的灾害损失相对较小。一般地，地理环境及其组成要素的变化尤以气候波动最为频繁、土地变化最为显著。基于乡村生态系统的人工生态属性，由于乡村社会尚不能够完全摆脱“靠天吃饭”、“靠地吃饭”的窘境，气象灾害和土地退化极易对乡村地域的生产生活活动产生重大影响，乡村空间的不断边缘化加剧了地理环境变化对乡村人类活动的负面影响；另外，基于乡村生态系统的自然生态属性，气候波动和土地变化同时可视为地理环境自身演化的具体表现形式，亦可通过地理环境的调节功能、无需人类社会的人为干涉而自行恢复，并可能重新恢复到乡村人类能够加以持续利用的状态，加之乡村社会的生产力水平较低、物质财富相对稀疏，就人类社会的承受能力及其应对水平而言，地理环境异常变化引起的灾害损失相对较小。

综上所述，乡村人类活动对地理环境具有更强的依赖性，地理环境变化对乡村人类活动的制约作用也更为显著，就是说，乡村人类活动与地理环境变化之间的关系更为密切。然而，社会是不断发展的，环境是不断变化的，特别是，伴随着科学技术的不断进步，乡村人地关系的性质和特征也在不断发生改变。纵观人类社会发展的历史进程，以人类的能动作用为主线，可将乡村人地关系的演化分为依次递进的 4 个阶段（图 4.2）。

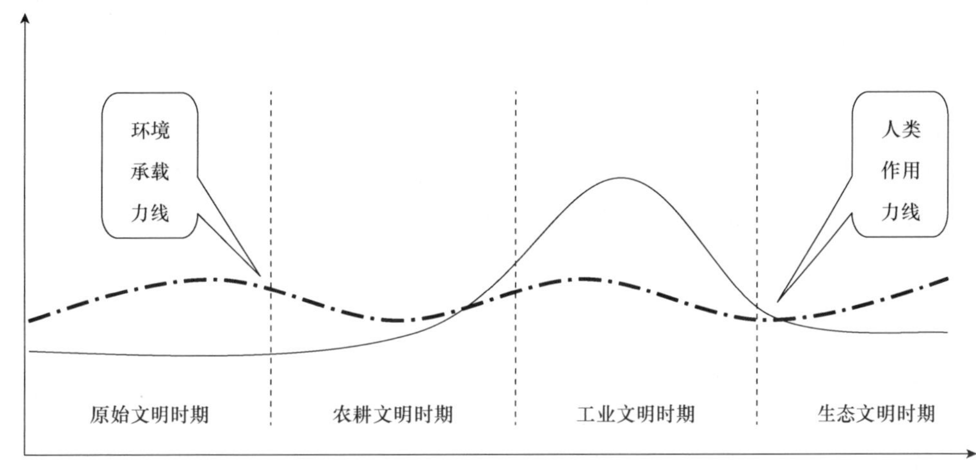

图 4.2 乡村人地关系的演变——概念性分析

（1）原始文明时期。地球人类的诞生标志着人地关系演化的起始。在长达数万年的漫长岁月里，人类自身经历着缓慢的进化。在这一过程中，由于能力（包括心智和身体机能）低下，人类的生存状态基本等同于地球上的其他生命有机体，一方面，人类需要从地理环境之中获得居身之所和生活资料；另一方面，人类又无力抵御地理环境变化的影响，“逐水草而居”遂成为早期人类的主要生存方式。在该阶段，(乡村）人地关系的基本特征是人类惧怕—屈从自然，地理环境的变化构成人地矛盾的主要方面。

（2）农耕文明时期。以生产工具为代表的生产力进步意味着人类作用于地理环境的能力有所增强，定居农业和农业剩余的出现推动了人类的产业分工和空间分工，人类活动的城乡分异形成。在该阶段，乡村是国家的主导地域类型、农业是经济的主导产业部门，乡村人地关系的状态决定着人类活动与地理环境之关系的性质。此时，人类已积累了关于地理环境变化的一定经验，并能够自觉顺应其变化，通过对地理环境的有限影响而相对稳定地获取日常生活资料，但科学技术发展缓慢，农业生产力水平依然低下，乡村（人类）生活长期停留在“靠天吃饭”的水平；乡村人地关系的基本特征是人类顺应—利用自然，地理环境的变化仍然是人地矛盾的主要方面，但乡村人口持续增加，并由此形成对地理环境持续增加的压力。当代世界的绝大多数国家均已跨越该历史时期。

（3）工业文明时期。工业革命的爆发和机器工业的出现从根本上改变了人类社会的生产生活方式，彻底动摇了人地关系和城乡关系的技术基础，人类从此迈入以城市为核心的工业文明时期。在该阶段，乡村退居为国家（区域）的边缘化地域，但农业仍然是国家（区域）经济的基础产业，乡村人地关系的演化进一步复杂化。该阶段的突出特征是科学技术的日新月异和社会生产力的飞速发展，与此同时，人口增长迅速，并存在大规模的乡村—城市人口转移。此时，城市核心地域和工业主导部门的发展需求加剧了对乡村地域的空间剥夺，巨大的乡村人口规模直接加重了地理环境的压力；更为重要的是，技术进步由工业—城市向农业—乡村的扩散也逐步将乡村人类活动“武装到牙齿”，并由此滋长了“人定胜天”的狂妄和无知，需求和能力的双向驱动催生了乡村人类活动对地理环境肆无忌惮的作用。在这一历史进程中，工业化和城市化的强力推动使得乡村人地矛盾发生由“数量型”向“质量型”的转变，即基于人类活动的直接作用逐步减弱、基于技术进步的间接作用逐步增强，并据此形成地理环境的不可逆变化。此时，乡村人地关系的基本特征是人类挑战并践踏自然，人类活动的作用已然上升成为人地矛盾的主要方面。我国目前的乡村发展正处在这一关键时期。

（4）生态文明时期。城市工业文明为人类社会创造了喷如泉涌的物质财富，也对地理环境造成了不易恢复的恶化情景，将可能使得人类的未来如履薄冰。反思技术进步的功能和人类自身的行为、自觉协调人类活动与环境变化之间的关系已成为人类社会可持续发展的必然选择。“生态文明一方面是弘扬农业文明、工业文明的好处，另一方面又要抛弃影响人类可持续发展的缺陷”，“是一种实现人口、资源、环境、生态相协调的新的社会结构模式”（仇保兴，2009a）。在当代背景下，城市化的发展使得乡村人口不断减少，技术进步必将有效减少对乡村空间的需求，据此，乡村空间的功能将逐步由经济供给转向生态保障，人类对乡村地理环境的作用在适度、有限利用的同时，将更加注重于保护。此时，乡村人地关系的基本特征是人类回归—亲近自然，人类活动的作用仍然是人地矛盾的主要方面，但人类对人地关系的认识及其对地理环境的作用已经具备坚实的理性基础。部分发达国家的乡村已开始接近或进入该阶段。

由于人类社会和地理环境各自的复杂性，反映人类社会与地理环境相互作用的人地关系更为复杂，乡村地域的人地关系也不例外。正确认识区域人地关系的状态、准确解析其演变机理既是地理学理论研究的长期前沿，也是区域可持续发展实践的重大需求，但该方面的理论建设和实践发展均面临严峻挑战，甚至在其基础层面——关于人地关系的科学描述也还仍然需要付出艰苦的努力。

目前，着力于（乡村）人地关系的定量研究主要存在两种不同的视角：宏观区域视角和微观村域视角。张雷等（2004）以水、耕地、矿产、能源和森林五种资源代表区域资源环境承载力，以人口总量和经济总量代表区域人类活动作用力，构建区域人地关系演进状态模型：

$$\mathrm{ML} = (P \times E) / \mathrm{RCER}$$

式中，ML 为区域人地关系演进状态；P 和 E 分别为区域相对人口密度和相对经济密度；RCER 为区域五种相对资源密度的加和。作者据此对东部沿海地区的人地关系演进状态进行了较为全面细致的分析，并得出了相关结论。

王黎明（1998）借鉴生态足迹的思想，以生产行为和消费行为总括人类活动对地理环境的压力；借鉴土地承载力的概念，通过在土地承载力分析中引入人文因子修正系数以重构环境承载力模型；在此基础上，构建基于公里格网数据平台的中国人地关系紧张度综合分析模型：

$$\mathrm{MLT}=(\mathrm{MP}-\mathrm{EC})/\mathrm{EC}$$

式中，MLT 为人地关系紧张度；MP 为人类活动压力；EC 为环境综合承载力，且有：MLT>0，说明人类活动压力大于环境综合承载力，人地关系处于紧张状态，MLT 越大意味着人地关系紧张度越高；MLT=0，说明人类活动压力等于环境综合承载力，人地关系处于临界状态；MLT<0，说明人类活动压力小于环境综合承载力，人地关系处于协调状态，MLT 越小意味着人地关系协调度越高。作者据此对国家层面的人地关系状态及其空间分异进行了系统分析和模拟，也得出了与实际情况大致相符的结果。

不仅由于人地关系演变机理的差异，更因为方法选择，特别是数据获得的困难，基于微观视角的村域人地关系定量研究成果尚不多见。乔家君（2004）[①]根据系统科学的基本原理，视一定地域为一种人地关系系统，以人类活动方式和诸多偶然因素作用于复杂地理环境的结果及其变化类比热力学中的分子运动状态，构建人地关系系统熵模型：

$$V=k\ln(M/C)=k\ln M-k\ln C$$

式中，V 为人地关系系统熵，表示地域人地关系系统的状态；k 为人地协调系数；M 为人类活动无序度；C 为地域环境承载量，并以ΔV 的变化（称为熵变）刻画一定地域系统人地关系的演变，且有：$V>0$，说明人类活动无序度已超出地域环境承载量的范围，人地关系已经失调，V 越大意味着人地关系越紧张；$V=0$，说明人类活动强度等于地域环境承载量，人地关系处于临界状态；$V<0$，说明人类活动强度尚处于地域环境承载量的范围之内，人地关系协调，V 越小意味着人地关系越协调。此外，$\Delta V>0$ 说明地域人地关系趋于恶化；$\Delta V<0$ 则说明地域人地关系趋于优化。作者据此以中国中部农区河南省三个不同类型村为例，通过大量的实地调研数据，对 1990～2002 年案例村庄的人地关系状态、演化及其地域分异进行了系统分析，并提出了村域人地关系系统调控的对策。

应该说，关于（乡村）人地关系的定量研究已经迈出坚实的步伐，上述列举的相关研究是其中颇具特色的代表性探索。如果说，立足于人类活动需求与区域资源供给的平衡分析人地关系的状态变化尚属地理学的传统思路，基于生态足迹理论和环境承载力模型的人地关系状态分析已对人类活动类型和地域环境结构进行了解析，源于系统思想的人地关系系统熵及其熵变分析则从人类活动、地理环境和空间范围等方面进一步走向微观化和精细化。上述三种方法的共同点均是通过人类活动强度和地理环境基础的比较，试图揭示地域人地关系的状态、描述其演变，可称之为（乡村）人地关系定量研究的特征路径。

---

① 乔家君. 2004. 中国中部农区村域人地关系系统定量研究. 郑州：河南大学博士学位论文.

事实上，人类活动与地理环境的相互作用具有复杂的多路径反馈。基于人类活动和地理环境的定量比较分析虽然能够揭示地域人地关系的现实状态及某些特征，由于缺乏两者相互作用的机理支撑，因而在预测地域人地关系的未来演化方面可能暴露出依据不足的缺陷。（乡村）人地关系的定量研究可能而且有必要寻求其机理路径。此外，在科学发展观主导的当代背景下，（乡村）人地关系的协调还存在价值取向的选择问题。例如，在人口众多的广大乡村地域，人地关系的协调应当以乡村居民的一定生活保障为前提，如果片面追求生态环境的健康，则有可能引起乡村居民公共福利的损失等。

4.1.2　乡村人地关系的空间分析

人地关系具有广阔的内涵和深刻的意义，正确认识人地关系是进行人地关系理论研究的必要前提。“地理环境是对应主体而言的，其主体是人类社会。所谓地理环境有广狭两义，狭义的地理环境即自然综合体，广义的地理环境则是指由岩石、土、水、大气和生物等无机和有机的自然要素和人类成员及其活动所派生的社会、政治、经济、文化、科技、艺术、风土习俗和道德观等物质的或意识的人文要素，按照一定规律相互交织，紧密结合而构成一个整体。它在空间上存在着地域差异，在时间上不断发展变化”（吴传钧，1991）。从这种意义上，人地关系研究是多学科面临的共同任务。

首先，人地关系的本质是不同事物之间的关系，因而构成一个哲学命题，事物自身发展变化的思想、事物之间普遍联系的观点及事物运动变化的“三大规律”等，既是正确认识人地关系的指导思想、也是科学研究人地关系的方法论基础。其次，从地球生态系统的视角看，人类是自然界中的一类生命有机体，如同其他生命有机体相似，一方面，人类的生存和进化须适应环境的变化，另一方面，人类的行为和进步也影响环境的演化，人类与其生活其中的环境共同构成一种人类生态系统，因而成为人类生态学的研究主题。人类生态学的概念和内涵由美国地理学者巴罗斯（H.H.Barrows）于 1923 年率先提出并进行系统阐释，故其与地理学有着深厚的历史渊源。可以认为，基于生态学的视角、理论和方法进行的人地关系研究属人类生态学范畴，基于地理学的视角、理论和方法进行的人地关系研究则属人文地理学范畴。最后，人地关系涉及人类活动对地理环境的作用和环境变化对人类活动的影响两个方面，就是说，以人类活动为己任的人文科学研究难以忽视环境变化的影响，以环境变化为对象的自然科学研究必须考虑人类活动的作用，人文科学的诸多学科和自然科学的诸多部门都从不同侧面，甚至可能是不自觉地涉足人地关系问题，并以独特的视角和丰富的成果为人类生态学和人文地理学的人地关系主题研究提供营养和支撑（图 4.3）。

由于地理学“着重研究地球表层人与自然的相互影响与反馈作用”，因此，“对人地关系的认识素来是地理学的研究核心，也是地理学理论研究的一项长期任务，并将始终贯彻于地理学的各个发展阶段”。然而，“人地关系具有广阔的内涵和深刻的意义，地理学不能研究它的所有方面和内容”，而应当着重于人地关系的空间方面（吴传钧，1991）。空间分析既是地理学的独特视角，也是地理学的传统专长，以地理信息系统为代表的地理技术的飞速发展，进一步积累了地理学空间分析的垄断性优势。由于人地关系客观上存在着不同层次的空间分异，以地理学的理论、技术和方法为依托，从空间的视角进行人地关系的分异研究，遂构成地理学独具特色的研究路径。

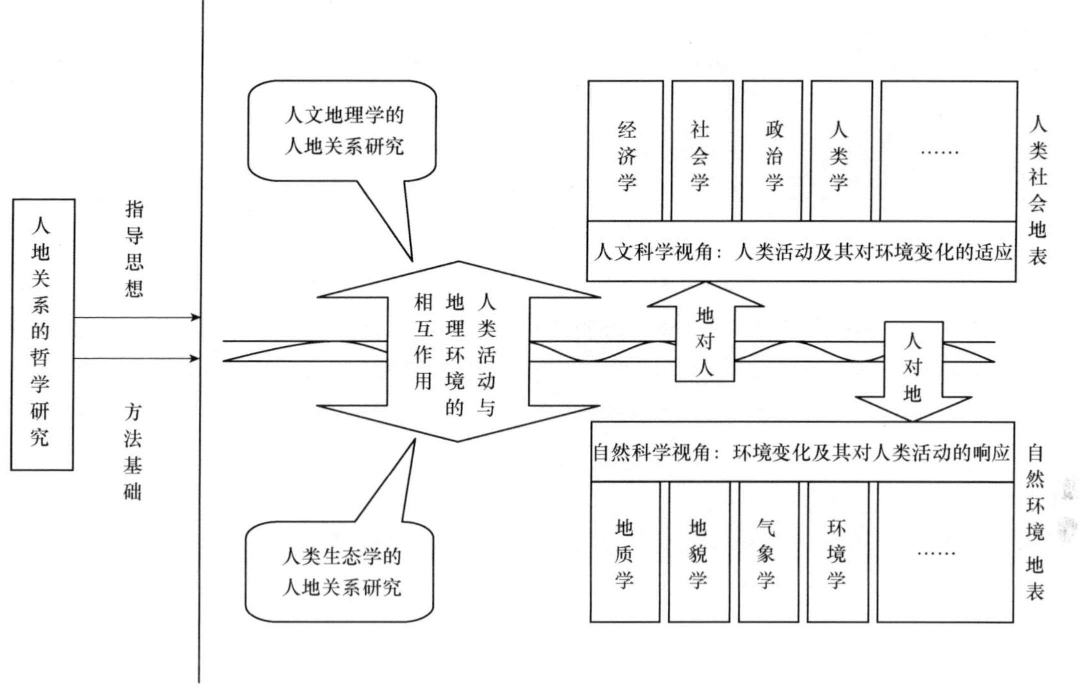

图 4.3　涉及人地关系研究的学科体系及其分工

从空间的视角看，城市的形成和发展是非农人口及其活动区位聚集的结果，这种区位聚集的起始诱因与其说偶然事件的作用使然，不如说是自然生态环境的空间差异所形成的区位引力；城市的形成推动了社会经济环境的空间分异，据此塑造了累积循环、自我强化的城市发展路径。由此可知，从地理环境到人类活动的空间差异既是城市形成的初始条件，也是城市发展的持续动力。城乡分异构成人地关系空间分异的最基本形式。

从乡村地域的内部结构看，同样存在着人地关系的空间分异现象。例如，在云南的哀牢山中，分布着一个古老的水稻民族——哈尼族。在海拔 2000m 之上是茂密葱郁的丛林，高山截流来自印度洋的暖湿气流，形成云雾弥漫的“龙山”仙境；在海拔 1500～2000m 的中部是哈尼族人的山寨，这是人们生活和居住的场所，来自“龙山”的甘泉自家门前流过，荡涤尽村落的生活垃圾和牲畜粪便流向山下；寨子以下则是层层梯田，来自山寨的“污泥浊水”源源不断地灌溉着块块梯田。自上而下的丛林、山寨和梯田，构成一幅人类活动与地理环境和谐共处的生动画卷。这是局域乡村人地关系空间分异的真实写照。

乡村人地关系的空间分异还具有多尺度、多层次的特征（表 4.1）。

首先，乡村人地关系的空间分异表现为国家层面的农业带或农业区。如前所述，乡村人类的基本生活方式是以劳动对土地的直接投入获取生活资料。太阳辐射和地球运动（包括其内部的构造运动）形成地表自然条件的巨大差异，不同地区由此具有截然不同的气候、地貌、土壤和水文组合特征，并形成不同的农业生态格局。不同的农业生态格

表 4.1　乡村人地关系的分异：基于尺度和层次的分析

层次	尺度	分异特征	主导因素	动因机制	备注
第一层次	宏观—国家	农业地带	自然环境分异	气候-地貌-土壤特征	灰色类型
第二层次	中观—区域	边缘地带	经济环境分异	区位特征、城乡作用	
第三层次	中观—村镇	地域系统	社会环境分异	政治-社会-文化特征	
第四层次	微观—村域	空间类型	生活环境分异	生活方式、生产方式	村镇系统内部结构
第五层次	微观—村域	农地结构	生产环境分异	地貌-土壤-水文特征	

局不仅意味着农业生产方式的不同，同时意味着其环境承载力的差异，也就是说，不同的区域具有不同的人口密度和人类活动方式。据此，乡村人地关系的区域分异得以形成。

乡村人地关系的区域分异可通过综合农业区划予以科学揭示和系统描述。中国的综合农业区划始于 20 世纪 50 年代。1979 年，为适应农村改革开放和经济发展的需要，由全国农业资源调查和农业区划委员会组织、周立三院士领衔，联合多个学科的专家学者、并充分听取多个部门的意见，研究提出了新的《中国综合农业区划》方案。该方案根据综合农业区划的分区依据和指标，将全国划分为 10 个一级农业区和 38 个二级农业区。尽管该方案的初衷意在为科学指导国家农业生产提供依据，但其中全面阐释了我国农业资源的基本特征，综合揭示了中国农业生产的地域差异，因而可视为认识我国乡村人地关系区域分异的经典成果。该成果于 1985 年获国家科技进步一等奖。

其次，乡村人地关系的空间分异表现为城乡边缘区的出现。城乡边缘区是指位于城市和乡村之间、以城乡土地混合利用为典型特征、人口和社会特征具有城乡过渡性质的一种独特地域。显而易见，城乡边缘区与其外围的乡村共存于同一农业带（区），但相对于乡村地域，其土地利用方式已发生显著变化，具体表现为大量非农用地类型的出现和城市居住型式的发展。与此相对应，地域人群的就业结构、社会圈层和生活方式均随之发生变化。城乡边缘区的形成主要源于其临近城市的区位条件，城市要素的扩散，特别是城市非农产业的扩散极大地改变了该地域的经济环境，如土地租金的提升，从而形成有异于外围乡村的人地相互作用方式和人地关系的地域分异。

“在地理学的世界中，空间和地方是人们认识社会经济活动的基本出发点……地理空间不仅仅是容纳人类社会经济活动的容器，更是塑造社会经济活动的重要力量。对于作为社会经济活动容器的空间，可以假定是中性的、均质的；对于作为社会经济活动基本单元的空间，其本质上是异质的，并直接参与社会经济活动的建构”（苗长虹，2007）。在相对均质的乡村自然环境中，农业对土地的依赖造就了乡村特定的生产方式，空间阻隔的存在制约着农民生活圈层的扩展，政治管理和社会服务的需要则以一定的形式和规模分割乡村空间，形成乡村社会环境的空间分异，这种分异的本身同时意味着人类活动的空间分异；与此同时，异质的社会环境叠加于相同或相似的自然环境和经济环境之上，构成乡村地理环境及其人地关系的空间分异。这种基于社会环境异质性的人地关系分异是村镇地域系统形成和演变的逻辑基础。

在村域内部，由于人类活动的多样性，不同的人类活动类型反映出不同的人地相互作用方式，如果说，农业生产活动大抵可视为融人类活动与环境保护于一体，则居民的集中居住活动已然构成对自然环境的深度改造，并由此形成乡村聚落景观与农业田园风光的地域分异。另外，由于地貌、土壤和水文等自然条件的局域差异，村域内部还可能分化出不同的农业类型，表现为不同的农业用地结构。不同的农业类型代表着不同人地作用方式，形成局域人地关系空间分异的更为精细层次。事实上，乡村社会环境的异质性催生出村镇地域系统，乡村居民活动的多样性和局域自然环境的异质性缔造了村镇地域系统的空间结构。

4.1.3　村镇地域系统及其结构

自人类文明诞生以来，乡村景观一直是地球表层空间的主色调。城市的出现丰富了地表人文景观的结构类型，城市化则极大地改变了地理景观的空间格局。一方面，城市地域不断扩展（包括原城市的扩大和新城市的崛起）、城市面貌日新月异，城市景观在地球表层跳跃式蔓延；另一方面，伴随着城市文明的扩散及其向乡村地域的渗透，城市与乡村的景观分异趋于模糊，并衍生出一种新的人文景观类型——城乡边缘区景观。然而，城市化的快速发展并不能掩盖乡村地域客观存在的事实，但面积广阔的乡村空间既非均质的、一体的，亦非孤立的、离散的，而是有机的和有秩序的，也就是说，现实中的乡村空间总是依据某种（些）机制被分割为一个个相对独立的地域单元，这些地域单元依据某种（些）路径发生特定的联系，通过某种结构形成特定的体系。在此，所谓的“某种机制”、“某种路径”和“某种结构”应当做何理解？

如前所述，“在地理学的世界中，空间和地方是人们认识社会经济活动的基本出发点”。源于地表自然环境的空间异质性，人类活动也具有空间异质性，两者的叠加形成人地关系的空间异质性；人地关系的空间异质性客观上存在程度的差异，正是程度差异，塑造了地球表面“全球—国家—区域—地方”的空间层次序列。另外，当今世界是一种城市化的世界。在城市化的世界里，不同等级的城市是不同等级空间的人类活动中心，不仅如此，由于城市的健康发展要求乡村持续提供粮食、土地、资金、市场、原材料、劳动力和生态服务等多种支撑，不同等级的城市同时成为不同等级空间的地域组织中心，客观上要求乡村地域的组织化和有机化。与此同时，作为人类社会的组成部分，乡村地域不能够脱离国家和城市而独立存在，乡村经济发展需要城市的支持和带动，乡村社会发展需要国家的管理和服务……这种城市的支持与带动和国家的管理与服务等决定了乡村自身也存在地域组织化和有机化的内在要求。乡村地域的空间分割是内外因素共同作用的必然结果。

在科学发展观的视野下，乡村空间组织所应遵循的基本原则之一是社会公共服务的保障。由于学校、医院等教育和医疗设施自身的规模经济属性，公共服务设施的布局要求乡村中心的平台支撑；国家政治控制和社会管理的效率原则同时要求乡村中心的存在。在中国现行的政治体制和发展水平下，乡镇政府所在地及其依托的小城镇成为乡村中心的最适地域模式，以乡镇辖区为依据，进行乡村地域的空间分割，形成相对独立的乡村地域单元，即为村镇地域系统。从这种意义上，村镇地域系统是乡村空间的基本组织单元，并通过与城市地域系统的相互作用（城镇地域系统可视为由村镇地域系统向城市地域系统演化的过渡形态），形成区域空间的有机整体，即城乡地域系统。因此，村镇地域系统也是区域空间的基本组织单元（图 4.4）。由于“地理空间不仅是容纳人类社会经济活动的容器，更是塑造社会经济活动的重要力量”，乡村人类活动的地域组织使得不同村镇地域系统的人地关系表现出不尽相同的特征。

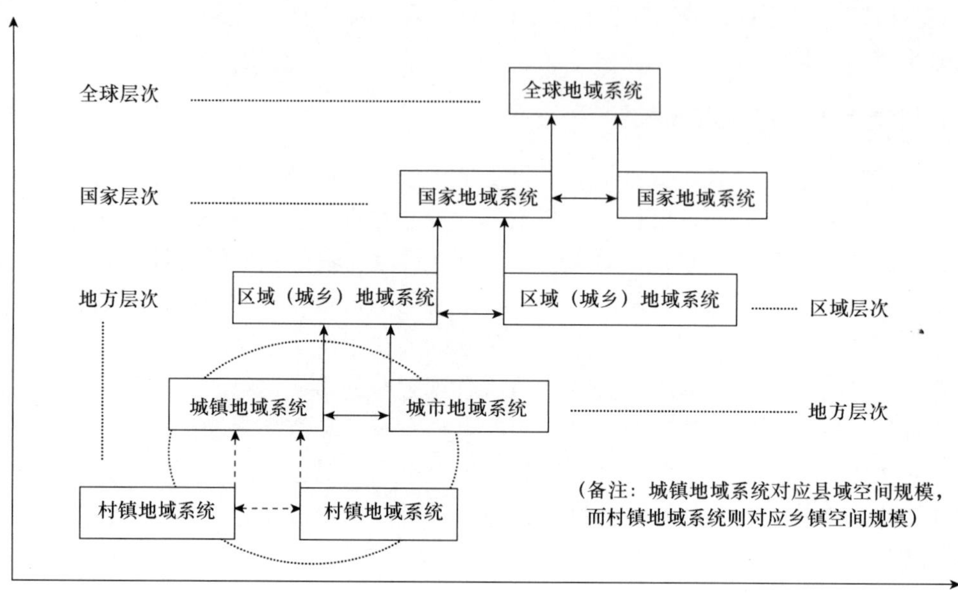

图 4.4　地表空间的组织结构体系——基于人类活动的视角

值得指出的是，在我国现有的相关研究，甚至是有关法规中，作为乡镇政府载体的小城镇大多被纳入城市体系之中。事实上，我国的小城镇大多根植于乡村，其主体功能也是服务于乡村。可以设想，如果以城市的思维看待小城镇，从广域的乡村空间剥离出小城镇，则乡村空间势必成为“一盘散沙”，健康的城乡联系将无从建立，乡村空间因游离于现代化进程之外而将日趋边缘化。

作为乡村空间相对独立的地域组织单元，村镇地域系统的形成和演变具有颇为独特的机制和特征。

首先，村镇地域系统是一种日常生活系统。对幸福生活的追求是人类社会的永恒主题。人类的幸福生活源于环境所提供的满足。由于人类所具有的二重属性，这种源于环境的满足包括两个基本方面：作为“生物的人”而获得“生态环境的满足”和作为“社会的人”而寻求“人文环境的满足”。人类对幸福生活的追求衍生出自身与自然环境的关系以及人与人之间的关系，人类在影响自然环境的同时，也在塑造着人文环境。另外，人类的幸福生活源于自身的双手创造，并在与自然环境和人文环境的相互作用过程中形成丰富多彩的人类活动。从空间的视角看，人类的各种活动总是借以一定的空间而展开，人类总是生存和生活于特定的地理环境之中。就乡村人类而言，维系日常生活的主要活动包括居住、生产、交易、交往和治理五种基本类型。由于乡村地域的生产生活方式和综合地理特征，时间约束和空间阻隔构成乡村居民从事各种活动的主要制约因素。也就是说，乡村居民的日常活动总是局限于一定的地域范围：人们居住于特定区位的村落、生产于特定地域的田野、交往于特定范围的圈域、交易于特定空间的市场，其日常治理活动也发生于特定的场所。反过来讲，乡村居民日常活动范围的有限性在客观上要求一个有限的空间能够保障这种日常活动得以正常开展。事实上，伴随着生产力的发展和社会的进步，乡村居民的日常活动空间也在不断拓展。在传统的自然经济时代，乡村居民的日常活动大致局限于以村落为中心、以耕作半径为界线的有限空间；在当代的市场经济时代，其活动空间已拓展至以乡镇政府所在地（小城镇或中心集镇）为中心、以乡镇级政府辖区为界线的更大的空间范围。乡村居民日常生活范围的有限性是村镇地域系统形成和演变的地理基础。

其次，村镇地域系统是一种空间组织系统。空间需求是人类生活的基本需求，有限性是乡村人类需求的基本特征。“地理空间不仅仅是容纳人类社会经济活动的容器，更是塑造社会经济活动的重要力量……对于作为社会经济活动基本单元的空间，其本质上是异质的，并直接参与社会经济活动的建构”。生产力的发展和社会的进步不仅推动着乡村居民空间需求的变化，同时推动乡村地域空间供给的实现，乡村社会的“有限”空间也是乡村人类活动直接作用的结果。传统上，“熟人社会”既是乡村居民日常生活的真实写照，也是塑造乡村地域空间分异的主要力量。在当代，乡村社会逐步被卷入工业化和城市化的潮流中，市场交易和社会治理上升为乡村地域空间变化的主导力量。在工业化和城市化的进程中，乡村居民的居住、生产、交易、交往以及乡村社会的治理等活动也随之发生变化，农业生产力的发展凸显乡村劳动力的剩余，人类社会的进步激发乡村居民对城市文明的向往，人口城镇化、乡村工业化和农业产业化等现象展示出乡村居民的居住行为和乡村地域的生产方式变化，并由此带动乡村社会的交易、交往和治理方式的变化，乡村居民的日常活动和乡村地域的社会管理趋于复杂化。这些新的变化深刻地影响着人类活动与自然环境，特别是其与人文环境的关系。乡村居民的日常活动及其与地理环境之间关系的复杂化客观上要求乡村地域的空间组织化和有机化，乡村地域中心应运而生，其组织功能不断提升、服务范围不断扩大。村镇地域系统就是以乡村地域中心为节点、组织功能为机制、服务范围为半径的空间组织系统，通过交通、通信等有形设施和管理、服务等无形路径使得特定地域结成一个有机整体，并以此形成乡村地域人地关系的空间分异。此外，基于当代乡村空间的开放性，以乡镇政府所在地（小城镇或中心集镇）为代表的乡村地域中心也是通过内部组织与外部世界相关联的平台和枢纽。乡村地域空间组织的有机性是村镇地域系统形成和演变的动力机制。

最后，村镇地域系统是一种人地关系系统。人地关系涉及人类活动与自然环境和人文环境的相互作用两个方面，并客观上存在着空间分异。在人地关系及其空间分异的形成与演化过程中，自然环境及其空间分异是基础、人文环境及其空间分异是人类活动与自然环境相互作用的结果，人类活动在实体地理空间塑造中已由被动的适应地位上升为积极的主导作用，特别是，伴随着科学技术的发展和社会生产力的进步，现代人类活动已经能够逐渐摆脱自然环境的束缚成为塑造实体地理空间的主导性力量。从这种意义上，尽管现代地理环境的空间分异及其演化还深深打上自然环境空间分异的烙印、根植于其演化过程之中，但由科学技术进步和社会生产力水平决定的人类活动方式可能对当代地理环境的演化和空间分异更具关键性意义，人文环境的差异在当代地理环境的演化和空间分异中更具革命性力量，就是说，在当代背景下，人类活动与人文环境的关系在人地关系的演化及其空间分异的形成中发挥着不容忽视的作用。就乡村空间而言，不同村镇地域系统之间首先存在一定的自然环境差异，与此相适应，地域人类活动理应存在一定差异，并通过累积效应形成人文环境的一定差异；其次，可能存在这样一种情形，即在更大空间尺度中的自然环境差异未必能够导致人类活动的差异，但村镇地域系统内部的乡村主体之间显然存在着更为密切的相互联系，通过这种持续的相互作用，能够塑造有别于其他地域的乡村人文环境，这种具有局域特色的人文环境反过来作用于当地的乡村人类活动，进而形成具有一定局域特色的乡村人地关系。例如，即便是在自然环境相对均质的乡村地域，相邻村镇地域系统的人文景观也会有所差异，尽管有时这种差异可能不甚显著。因此，在村镇地域系统的空间层次上，人地关系的特征可能更多地体现为局域人文环境的差异及与此相适应的乡村人类活动的差异。乡村地域人地关系的差异性是村镇地域系统形成和演变的本质内涵。

系统与结构是两个相对应的概念范畴，要素-联系是沟通系统与结构的基本桥梁，结构分析是对系统整体性的还原，通过对系统结构的精细解剖，有利于把握系统发展变化的机理。结构分析的本质在于廓清系统的构成要素并明晰其间的有机联系。村镇地域系统是基于一定地域的一种人地关系系统，其构成要素可分为两个基本部分：人类活动和地理环境。就乡村地域的人类活动而言，主要归纳为居住活动、生产活动、交易活动、交往活动和治理活动，伴随着乡村居民生活水平的提高，休憩活动也逐步被纳入其日常活动的范畴；就乡村地域的地理环境而言，大致可分为自然环境和人文环境两部分。其中，人文环境又可细分为文化环境和人工环境，文化环境是指在人类活动与自然环境的长期相互作用过程中所形成的法规、制度、习俗和传统等，是人文环境的核心成分和无形部分；人工环境是指在一定的文化环境中，人类活动与自然环境的长期相互作用所形成的聚落、道路沟渠和支撑乡村生产生活的其他设施，是人文环境的物质载体和有形部分。在乡村人地关系的演化过程中，人工环境部分尤其具有特殊意义。人工环境既是人类活动与地理环境相互作用的物质成果，也是人类持续作用于自然环境的实施工具和物质载体，从而构成人类活动与自然环境相互作用的连接界面（图 4.5）。如果说，相关人文科学主要研究人类活动及其变化规律、相关自然科学主要研究地理环境及其变化规律，作为沟通人文科学与自然科学桥梁的地理学，其研究重点当为人类活动与地理环境相互作用连接界面及其变化。据此，乡村地域的人工环境及其变化规律构成乡村人地关系研究的焦点。

在村镇地域系统中，人类活动与地理环境，特别是自然环境的相互作用主要通过地域人工环境而发生，但不同的人类活动类型并非均匀作用于地理环境的结构，不同的地理环境要素亦非均匀反作用于人类活动的结构，也就是说，不同人类活动类型与不同地理环境要素之间存在着不同的联系。在村镇地域系统的“有限”空间内，乡村居民的居住活动和生产活动与自然环境的关系密切，乡村社会的交易活动、交往活动和治理活动与文化环境关系密切，乡村地域的所有活动都与人工环境发生着联系。不同人类活动类型与不同地理环境要素之间存在着复杂的联系机制和作用路径，故村镇地域系统是一种复杂系统。

事实上，对系统结构的解析因对其构成要素的分类视角不同而可能存在多种“图谱”。如前所述，村镇地域系统是一种空间组织系统，微观上，系统内部的人地关系仍然存在着异质性，即不同区位的人地关系呈现出不同的状态、人类活动与地理环境的相互作用表现出不同的特征。例如，在村镇地域系统内部，地理景观仍然具有空间异质性。如果从空间的视角对其地理景观进行解析，即为村镇地域系统的空间结构。“地理学主要研究人地关系的空间方面”，村镇地域系统的空间结构是乡村人地关系研究的核心内容。

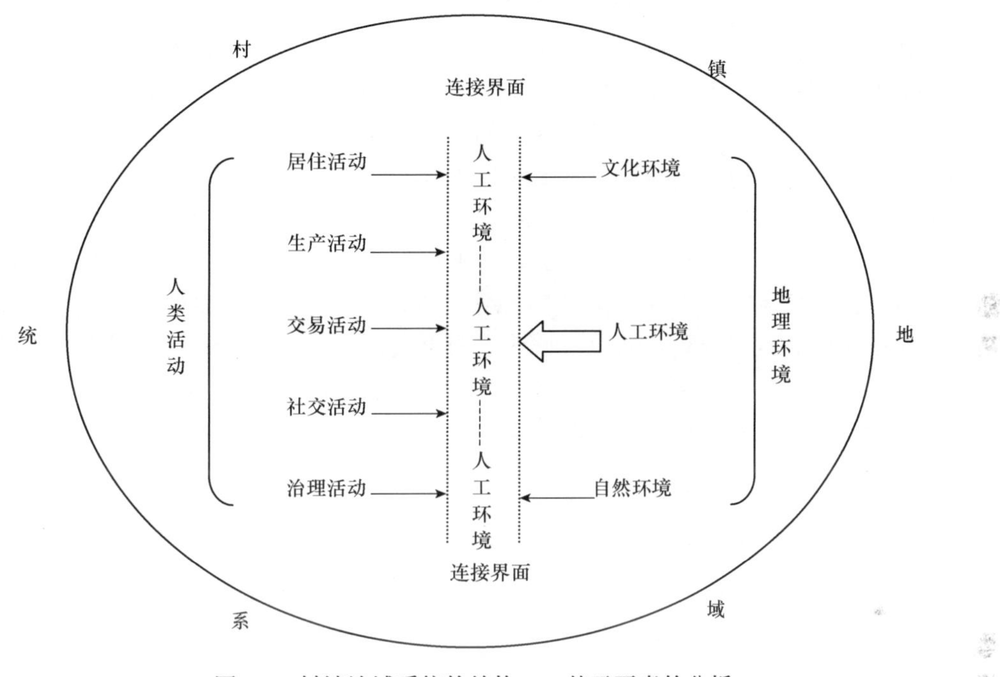

图 4.5　村镇地域系统的结构——基于要素的分析

4.2　村镇地域系统的空间结构

4.2.1　村镇空间结构：要素分析

乡村地域的空间结构研究一直是乡村地理学或农区地理学的传统领域，聚落体系和土地利用是其两个基本的研究视角，基于宏观区域的一般研究和基于微观区位的问题研究则是其两个主要的研究路径。本书的村镇空间结构研究主要立足于村镇地域系统的中观——地方层次、着眼于聚落体系和土地利用的综合视角。如果说，宏观研究擅长揭示乡村地域的地理格局、微观研究专注分析乡村地域的地理过程，中观研究则以沟通两者的联系为己任、有利于解释乡村地域的地理机制。基于村镇地域系统的空间结构构成本书的研究特色之一。

作为一种空间组织系统，村镇地域系统的构成要素存在着一定的地域分布：自然环境在不同的区位具有不同的结构和特征，人类活动在不同的区位具有不同的类型和强度，作为人类活动与自然环境相互作用的物质成果，人工环境在不同的区位也具有内容和形态，空间差异激发地域联系，人地关系的空间分异是村镇地域系统空间结构形成的客观基础。

前述分析表明，村镇地域系统中的人工环境是指，在特定的文化环境规范下乡村人类活动与自然环境相互作用的产物和持续作用的工具，由此，人工环境既是人类活动与地理环境相互作用的连接界面，同时也是地域人地关系状态的显示器。由于村镇地域系统的本质是一种人地关系系统，其内部人地关系的空间分布及其地域联系即为村镇地域系统的空间结构。从物质形态上看，村镇地域系统的空间结构在表象上显现为一定的空间秩序，并呈现出某种景观图像，其实质则是特定地域人地关系在地表空间上的映射。由此可知，村镇空间结构是村镇地域系统的物质表现方式，因而其本身也是一种由物质实体构造的地域系统，自身具有一定类型和数量的空间组织要素，并形成具有一定形态和特征的空间排列秩序。对村镇空间结构的认识首先源于对其构成要素的解析，这种基于整体性的“还原”分析是准确把握其精细结构的前提。

地理学解析地域空间结构的常规思路是将其构成要素归纳为“点”、“线”和“面”（有时还包括“网络”）等基本类型。这是一种基于形态特征的分类。村镇地域系统的空间结构是一种较低层次的地域空间结构，地理学关于空间结构要素的“三分法”同样也适用于村镇空间结构的解析。然而，村镇空间隶属地表空间序列的地方层次，所描述的是广域而又离散的乡村地域，在这种离散的空间背景下，欲使村镇地域系统或村镇空间结构形成一个有机整体，相关要素的功能作用不可忽视。据此，本书基于形态和功能的综合视角，将村镇空间结构的地域组织要素分为中心、节点、连线和面域四种类型。

1. 中心

顾名思义，这里的中心是指村镇空间结构中的人类聚集活动中心，通常有两类物质载体，即镇政府所在地的小城镇和乡政府所在地的中心集镇。在形态上，小城镇或中心集镇常常具有特定地域的最大聚集规模，理论上常抽象以点状表示，实践中占据一定的地域面积并具有自身的内部结构；在区位上，小城镇或中心集镇一般位于村镇地域系统的交通地理中心，并配置有便利的内部组织和外部连接设施；在功能上，小城镇或中心集镇是特定地域非农人口、非农产业和非农活动的聚集场所，也是村镇地域系统的空间组织中心。相对而言，小城镇较中心集镇具有更大的规模和更强的功能，因而可视为村镇空间结构的较高级层次。此外，根据不同乡村地域的实际状况，村镇空间结构的中心一般只有一个，在中心功能分离的情况下，也有两个中心的实践案例（表 4.2）。

表 4.2　村镇地域系统的空间结构：基于要素的分析

要素名称	要素实体	要素形态	要素结构	要素功能	备注
中心	小城镇或 中心集镇	点状	数量：1～2 个 类型：1～2 种	非农活动载体、空间组织中心	—
节点	中心村或 自然村落	点状	数量：多个 类型：1～2 种	日常生活基地、空间治理单元	—
连线	交通道路 通信线路	线状	数量：多条 类型：多种	地域连接纽带、空间联系通道	实体类型包括其他
面域	耕地草地 林地荒地	面状	数量：多块 类型：多种	农业生产场所、生态保护屏障	实体类型包括其他

2. 节点

这里的节点是指零散分布于村镇地域系统中的人类聚集活动场所，包括中心村和自然村两类物质载体。本质上，小城镇、中心集镇、中心村和自然村都是一定乡村地域人类活动的聚集空间，可视为村镇空间结构中规模不同、等级有异的节点，自小城镇到自然村，乡村人类活动的聚集规模依次减小，因而其作为节点的等级层次逐级减低，故理论上都以点状形态描述，其区别仅在于点的大小不同。据此，小城镇和中心集镇可视为村镇空间结构的中心节点，而中心村和自然村是村镇空间结构的外围节点。然而，伴随着这种聚集规模的减小和等级层次的降低，村镇空间结构的节点功能也在发生变异。相对于小城镇和中心集镇等中心节点的非农活动载体和空间组织中心，中心村和自然村等外围节点主要是一种日常生活基地和空间治理单元，也就是说，自然村作为乡村社会的基本构造单元，其主要功能是为乡村居民的日常生活提供空间载体，并据此形成乡村社会治理的基点；中心村大多只是在自然村的基础上，增加部分服务功能、适度提升社会治理层次等。此外，由于中心村，特别是自然村的数量众多，其“外围性”还蕴含着区位选择的随机散布特征。

3. 连线

这里的连线是指特定乡村地域的交通道路、通信线路、电力网络和水务管道等基础设施。本质上，这些基础设施同样具有基本物理属性和物质特征，并占据一定的地表空间，但由于宽度相对于长度已小到可以忽略不计的程度，故常常抽象为线状形态。总体而言，这些线状基础设施的基本功能大抵相同，主要在于连接村镇空间结构的不同节点及其作用面域，并部分表现为与外部世界的空间联系；具体而言，这些线状基础设施具有不同的特性，因而具有各自的独特功能。例如，交通道路设施主要承担地域内部不同节点、面域及其与外部之间的人流和物流的传送，通信线路设施则主要用于不同节点、面域及其与外部之间的信息沟通等。在村镇空间结构的线状基础设施体系中，交通道路设施不仅承载着特定地域内部组织和外部连接的主要功能，而且还规定或制约着其他联系路径的基本走向，因而具有基础性地位和先导性作用，是线状基础设施体系的核心组成部分。此外，由于乡村空间的边缘化和村镇空间的有限性，村镇空间结构的线状要素类型及其构成也具有特殊性。例如，交通道路设施本是一种由公路、铁路、水路、航空线路和地下管道等构成的复杂体系，其中，每种道路设施类型还可根据不同的技术标准来进一步细分；但由于受村镇地域系统的人口密度和空间规模约束，村镇空间结构的内部连接主要依赖乡道和村道、外部连接主要通过县道和部分省道及国道；由于不同等级公路存在车流密度和承载强度的需求差异，村镇地域系统的内部组织线路具有较低等级、外部连接线路具有较高等级。相关线状基础设施在村镇空间结构中已深深打上“乡村性”的烙印。

4. 面域

村镇空间结构中的面域要素是指除去乡村建设用地以外的其他土地利用类型，主要包括耕地、草地、林地、水面和荒地（未利用土地）等。一方面，这些不同的土地利用类型密不可分地拼接为一体，从而构成村镇地域系统的空间基础；另一方面，各种土地利用类型各自占据一定的空间规模，从而成为村镇地域系统的空间主体。如同线状基础设施一样，这些不同的土地利用类型总体上具有相同的基本功能，即提供乡村农业生产的平台。这一生产平台既是乡村人类赖以生存和发展的物质基础，也是村镇地域系统及其空间结构得以形成和演化的物质基础，没有这类要素，也就没有乡村的存在，正是村镇空间结构的诸种面域要素决定了乡村空间的性质。另外，由于农业生产具有自然再生产和经济再生产的二重属性，村镇空间结构中的面域要素是在广域地表空间适度叠加人类活动的产物，是一种自然-人工复合生态系统。在人类活动与地理环境的相互作用过程中，这种复合生态系统具有一定程度的自然净化和自我调节的能力，从而构成地域（地球）生态的保护屏障和支撑（乡村）人类可持续发展的基础。

应该指出，村镇空间结构的上述诸多要素并不是离散和孤立存在的，其中的中心、节点、连线和面域是有机联系的。正是这些要素之间的有机联系使得村镇空间结构浑然一体，由此“涌现”出个体要素所不具有的性质和功能。村镇空间结构的表象是要素组成，实质是要素联系。如上所述，各类线状基础设施不仅是村镇空间结构的组织要素，也是相关组织要素的联系机制。事实上，村镇空间结构组织要素之间的相互作用具有更为复杂的内在机理。

4.2.2　村镇空间结构：演化分析

作为一种人地关系系统，村镇地域系统伴随着乡村人地关系，特别是乡村人类活动的变化而变化；村镇地域系统的变化必然在其空间结构上有所反映，也就是说，作为一种系统结构形式，村镇空间结构理当伴随着村镇地域系统的变化而变化。由于乡村人地关系演化的阶段性，村镇空间结构的变化也必然表现出阶段性。如前所述，人类文明的发展和人地关系的演化可分为原始文明、农耕文明、工业文明和生态文明四个阶段，对应于这种依次递进的不同发展阶段，村镇地域系统及其空间结构随之发生变化，相关空间组织要素和空间关联机制也具有差异显著或完全不同的特征。

原始文明前期的人类社会还是一片混浊的世界，“食无定源、居无定所”是该时期地球人类生存状态的真实写照。此时，乡村（村镇）地域系统的空间组织要素尚未形成。原始文明后期的氏族部落并未能从根本上改变人类“逐水草而居”的生存方式，人类社会仍然处在一种空间无序状态，地域空间要素尚未真正发育，乡村（村镇）地域系统的形成缺乏空间基础。

农耕文明的诞生对人类社会的空间结构演化具有划时代意义。农业和村落的出现意味着对原来均质地表空间的突破，使人类社会开始向着生活组织化和空间有序化的方向迈进。城市的出现进一步强化了人类活动的空间分异，并由此形成真正意义的乡村地域。在漫长的农耕文明时期，生产力的不断进步伴随着人口的不断增加和人类作用于地理环境的能力不断增强，人类活动的足迹不断凸显。从乡村（村镇）地域的空间组织要素看，该时期最显著的变化是村落的增加和集镇的成长。传统农业的主要生产方式是以村落为中心的田野劳作，相对较低的生产技术和土地生产率决定了单位土地面积的有限承载力及其较小弹性。在这种背景下，一方面，人口的增长推动了家庭的分裂和农户的增长；另一方面，“距离摩擦力”的作用阻止村庄腹地的无限蔓延。由此，传统村落不断分裂。又由于长期的人脉网络和根植的地缘关系形成的生活惯性，新的村庄派生于和联系于原有村庄，在空间上必然表现为地域临近性的特征，一定乡村地域的村庄密度增加。村庄增加是传统乡村居民面对人地关系变化的自然反应。伴随着乡村人口的增长和农户数量的增加，乡村地域的交易、交往和治理需求增加；生产力的发展推动了社会分工的深化，交易的经济基础和经济激励提高。在既定生产方式和生活节奏下，寻求更有效率的交易、交往和治理方式以及市场模式、社区范式和组织形式成为乡村行为主体的共同意志。如果说，流动的“行商”模式能够支持传统乡村地域稀疏的交易需求，在乡村空间的密集化过程中，集中的“集期”模式较前者具有显而易见的交易效率优势，在不干扰乡村居民生活节奏的前提下，能够使得交易各方的空间成本尽可能减小，并能够有效强化乡村社会网络和住区治理活动。由此，乡村集镇迅速成长，新兴集镇不断诞生，原有集镇不断壮大。集镇成长是传统乡村地域适应居民需求变化的逻辑结果。

从乡村（村镇）地域的空间组织效应看，以城镇出现和城乡分离为标志，该阶段又可分为两个时期。前一个时期，在广袤的乡村原野上，一个个村落犹如点点繁星镶嵌其中，一条条小道自村落呈放射状散布其间，一片片农田于原生态的自然环境基底叠加其上，形成一个个以自然村落为中心、乡间小道为连线、农田系统为面域的乡村空间组织架构，表现为乡村地域系统及其空间结构的初级形态。后一个时期，伴随着集镇的崛起，乡村聚落体系和道路系统开始出现等级和功能分化，集镇之于村落具有更大的规模，并逐步集中了乡村空间交易、交往和治理的主要功能，同时，自集镇向周边村落辐射的道路较原来的乡间小道显然具有更高的等级和更好的路况，乡村生活进一步走向社会化。此时，集镇成为一定地域乡村空间的组织中心，形成集镇—乡村干道—村落—乡间小道—农田的乡村空间组织架构，表现为乡村地域系统及其空间结构的基本形态。

工业革命的爆发彻底打破了乡村空间的沉寂状态，工业化和城市化不仅加速了城乡空间的分化，而且推动了乡村空间的重构。从村镇地域的空间组织要素看，该时期三个方面的变化最为引人注目。①村落的变化。如前所述，社会生产力的发展推动了人口增长和村庄的分裂，村落数量增加、乡村空间走向密集化。在工业文明前期，工业化和城市化增加了对乡村空间的需求，大大加速了农业技术进步，对经济利益的追逐刺激了乡村人口的增长，土地生产力的低收入弹性加剧了家庭分裂和村落分化，乡村空间进一步密集化。伴随着工业化和城市化的加速推进，乡村—城市的人口流动逐步超越乡村人口的自然增长，乡村人口开始绝对减少，这一过程持续发展的结果是，部分村落由逐步衰败到渐行消失，部分村落因乡村空间整合而被不断撤并，村落数量开始经历由持续增加转变为持续减少的过程（图 4.6）。②连线的变化。在农业文明时代，乡村道路系统不仅是人群和货物传送的支撑载体，也是人们进行社会交往和信息交流所赖以凭借的有力工具。进入工业文明时代，城乡联系更为密切，这种空间相互作用的需求不仅推动了乡村地域外联通道的发展，而且带动了乡村空间内部道路的升级和网络的密集化；更为重要的是，社会交往和信息交流在人们的日常生活和经济活动中愈发显得不可或缺和日益频繁，日新月异的技术进步使得以广播、电视、电话和电脑为代表的通信线路设施从传统的乡村连接系统中分离出来，形成一种全新的乡村空间连接媒介，这类连接媒介不仅有效拉近了城乡空间的距离，而且进一步密切了乡村内部的联系。③中心的变化。在农业文明时代，集镇是乡村中心的基本形态。在工业文明时代，伴随着工业化和城市化向乡村地域的推进和渗透，乡村工业逐步兴起，乡村居民的需求升级和结构变化进一步推动了乡村空间的“商品化”。在乡村地域，传统集镇是非农活动的载体，乡村第二、三产业的发展合力推动了传统集镇的规模扩张和功能完善，在一些乡村经济发达的地区，传统集镇逐步演化并上升为小城镇。另一方面，工业化和城市化的进一步发展使乡村人口转为逐步减少，小城镇的功能提升及其由此引发的空间竞争、乡村人口不断减少两者的相向作用使得部分地方集镇日趋萎缩，以至趋于消失，快捷的交通设施和先进的通信设施为这种空间重构提供了强有力的技术保障。在这种背景下，乡村中心也开始了由加剧转为减少的变化过程（图 4.6）。此外，工业化和城市化还推动了乡村地域农业结构的调整，作为面域单元的乡村景观随之呈现出多样化和复杂化的特征。

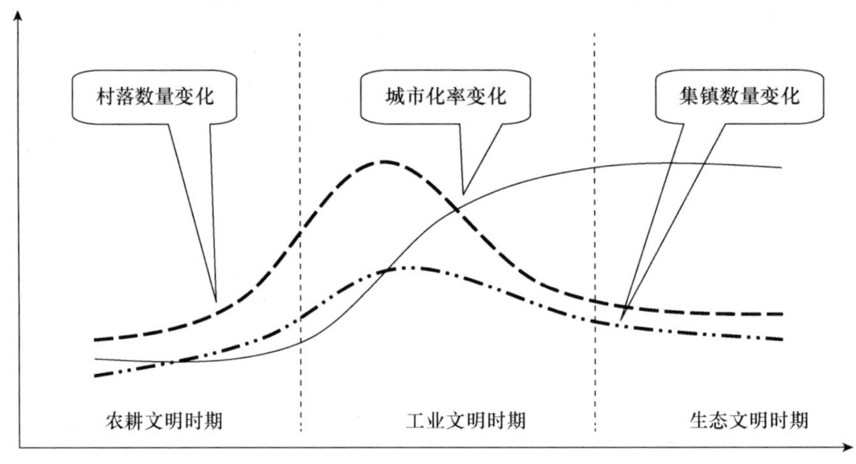

图 4.6　乡村（村镇）空间结构节点变化示意图

从村镇地域的空间组织效应看，大致可以乡村人口变化的“拐点”为界，也可将该阶段分为两个时期。对应于乡村人口的持续增长，该时期可视为地方集镇主导的村镇空间结构演化时期，其空间组织要素的变化特征是：村落数量、规模和密度均有所增加，连接路径的等级迅速提升、网络初步形成，在乡村空间密集化的背景下，诸种组织要素之间的联系进一步增强；但由此构成的村镇地域系统数量相对较多、空间范围相对较小。对应于乡村人口的日趋减少，该时期可视为小城镇主导的村镇空间结构演化时期，其空间组织要素的变化特征是：村落数量和密度不断减少、规模有所增加，连接路径的等级继续提升、网络不断完善，在乡村空间稀疏化的背景下，依靠乡村中心和连接路径的功能提升，诸种组织要素之间的联系继续增强；但由此构成的村镇地域系统数量趋于减少、空间范围有所拓展。与此同时，部分地区可能出现乡村中心的层次分化和村镇地域系统的复合结构，村镇地域系统及其空间结构趋于多样化。

生态文明是人类社会，也是乡村地域发展的高级阶段和共同追求。国际经验表明：较高的工业化和城市化水平可能是人类社会，进而也是乡村地域步入生态文明发展之路的先决条件。显而易见，工业化和城市化的完成必将为人类社会和乡村地域的生态化发展奠定更为有利的物质基础。工业化的完成意味着人类社会将由此进入知识经济时代，伴随着经济形态的转型，乡村空间的生产性功能趋于弱化、生态性功能趋于强化，城市化的完成则为村镇地域系统的演化提供了相对稳定的空间基础。在该阶段，乡村地域空间组织要素的变化特征是：小城镇成为乡村中心的基本形态，中心数量趋于稳定、功能提升主要体现为生活服务功能的不断完善；村落数量亦趋于稳定、生活设施不断完备、人居环境不断优化；在连接路径方面，道路设施不断高级化，但网络密度可能有所降低，通信设施不断升级、网络密度趋于增加；土地资源保护、文化景观维护和生态环境修复逐步成为乡村人类活动的主题。从村镇地域的空间组织效应看，一方面，村镇地域系统呈相对稳定的状态，其与城市地域系统的空间关联更加密切，部分乡村地域已逐步融入城市地域系统而形成城乡一体化区域；另一方面，村镇地域系统的内部功能连接更加紧密、空间结构不断优化。

4.2.3　村镇空间结构：机理分析

村镇空间结构的本质要义是构造乡村人类活动的空间环境。联合国在《人类环境宣言》中指出："人类是环境的创造者，也是环境的改造者，环境不但提供人类的物质需要，而且提供人类智慧、道德以及精神上成长的机会"。人类改造和创造环境的动因源于自身的需求及满足。从这种意义上，村镇空间结构的形成是乡村居民空间需求与乡村地域空间供给相互作用的结果，两者的矛盾运动推动了村镇空间结构的变化。在这一矛盾运动中，乡村居民的空间需求及其变化始终居于主要方面，从而构成村镇空间结构演化的基本推动力量。

根据马斯洛的需求理论，人的需求是由人的本性决定的；人是兼具生物性特征和社会性特征的有机统一体，具有多种动机和需求，包括生理需求、安全需求、社交需求、尊重需求和自我实现需求；在人的各种需求之间，存在先后顺序和高低层次之分，在高层次的需求充分显现之前，低层次的需求必须得到适当的满足；人的需求结构和需求层次随着社会生产力的发展和物质财富的增加而不断发生变化。从这种意义上，村镇空间结构的形成和演化过程可视为乡村居民空间需求产生、变化和不断得到满足的过程。

人类诞生于自然界，获得基本的立足之地和食物来源是其得以生存的最基本需求，与此同时，避免其他动物的攻击和其他人群的袭击的动机形成人类基本的安全需求，定居农业应运而生、村落成为乡村人类的"安身立命之所"。在这种背景下，乡村人类主要是借助有利自然环境所提供的形式空间，通过投入自身的劳动，连接村落和周围的农田形成村落地域系统，即村镇地域系统的初始形态，此时的乡村空间结构表现为以村落为中心、乡间小道为连线、周边农田及环境为腹地的组织形态。在这一发展阶段，乡村人类的群居特征还派生出居民的社交和治理需求，但总体而言，基本的生理和安全需求是自觉的和主要的，社交和治理需求是不自觉的和次要的。在该阶段，乡村生活表现出自然化的典型特征，乡村居民"日出而作、日落而息"，自食其力、自给自足，村落与外部世界"鸡犬之声相闻、老死不相往来"，乡村地域空间供给的性质主要是以自然环境为主体的形式空间，空间规模主要以村落系统为基本单元。

随着技术的进步和社会的发展，人类改造环境和创造环境的能力不断增强，乡村居民依托传统村落系统构筑的空间环境，能够使自身的基本生存和安全需求获得相对稳定的满足，为新的需求的产生奠定了必要的物质基础。事实上，改进劳动工具以部分替代繁重的体力劳动，并取得更高的劳动效率一直都是乡村居民的不懈追求，获取丰富多彩的食物来源以更好地满足自身的生存和健康需要从来都是乡村居民的不竭梦想；与此同时，外部世界已经具备提供相关物品的条件和可能：前者可由发展非农产业的城镇提供，后者则可由发展异质农业的其他乡村提供。为了获取这些满足，乡村居民必须冲破传统村落系统的束缚而创造和拓展更为广阔的生活空间，实现手段是通过与其他乡村地域、并通过商人阶层与城镇发生交易和联系。由此，乡村居民新的需求产生了：交易需求。由于交易活动的内在属性及其“服务门槛”的要求，伴随着乡村人口的增加和农业生产的发展，一定地域的交易规模和交易频度不断提高，适应这种交易需求的地方集市随之涌现，乡村地域新的空间组织要素不断成长，商品交易的发展也推动了原有部分空间组织要素的量变或质变。在这一过程中，走出村落激励了人们了解外部世界的渴望，乡村地域经济关系的复杂化催生了地方治理的需求，社会交往和乡村治理进一步强化了乡村集市的聚集发展，集市集交易、交往和地方治理中心于一体，成为超越村落之上的、一定乡村地域的空间组织中心，分布于周边的、一定数量的村落下降为空间组织节点。在该阶段，乡村生活开始由自然化向商品化转变，商品化主要表现为部分生产工具和必须生活用品，乡村居民在更高的需求层次上通过交易而弥补自给的不足，同时开始走出以前相对封闭的村落，而与外部世界发生经济、社会和政治联系，乡村地域空间供给的性质也开始由以自然环境为主体的形式空间走向以人文环境为主体的关系空间（即具有异质性的实体空间），空间规模由村落系统扩大为集市系统（表 4.3）。

表 4.3　乡村居民空间需求与乡村地域空间供给的相互作用及其演变

类别	乡村生活自然化阶段	乡村生活商品化阶段	乡村生活市场化阶段	乡村生活生态化阶段
居民需求结构	居住、生产、社交	居住、生产、社交、交易	居住、生产、社交、交易、治理	居住、生产、社交、交易、治理
地域空间类型	居住空间、生产空间、交往空间	居住空间、生产空间、交往空间、交易空间	居住空间、生产空间、交往空间、交易空间、治理空间	居住空间、生产空间、交往空间、交易空间、治理空间
主要空间性质	自然-形式空间	自然—形式空间 社会—关系空间	社会—关系空间 自然—形式空间	自然—形式空间
基本空间规模	村落空间	集市空间	村镇空间	城镇空间
空间组织要素	自然村落—乡间小道—农田系统	地方集市—乡间干道—自然村落—乡间小道—农田系统	地方城镇—乡间干道—自然村落—乡间小道—农田系统	地方城镇—乡间干道—自然村落—乡间小道—农田系统
空间组织效应	村落地域系统	集市地域系统	村镇地域系统	城镇地域系统

如果说，从村落系统到集市系统都没有改变传统乡村地域的性质，工业化和城市化则自外部撞开了乡村地域的大门，并引发了乡村空间的剧烈变动。工业化和城市化从两个方面作用于乡村地域，由此引起乡村居民的需求变化。①工业化大大增加了对乡村的

需求，从生产原料到产品市场、从资金到土地、从劳动力到人才等，这种直接或间接的空间剥夺使得乡村地域的发展条件不断趋于恶化；另外，为服务自身需要，工业化通过技术扩散提升农业、通过机具供给武装农业，客观上提高了农业劳动生产率，并为劳动力由农业向工业的部门转移创造了条件；更为重要的是，大规模的人员、物质、信息和技术交流需要更高层次和更强功能的组织平台，以有效对接城乡空间的相互作用，传统集市因较小的规模、较弱的功能和较低的组织效率而不适应这种频繁、持续的交易需求，自集市到集镇、再到小城镇的空间组织形态不断升级，与此同时，不仅乡村地域与外部世界的联系通道迅速建立，其内部组织线路也不断分化和升级。在这一过程中，乡村生活被纳入城市工业生产的链条之中，整个乡村空间被“商品化”：从生产资料到生产工具、再到农业产品，从住宅建筑材料到日常家用器具、再到普通家庭用品，甚至乡村家庭的食物也大部分来自市场，由此，乡村居民和乡村社会被迫、也大大提高了自身的交易、交往和治理需求。②城市化的发展使得城市文明不断向乡村地域渗透，由此向乡村居民打开了一片新天地，五彩缤纷的外部世界激起了乡村居民的无限遐想，便捷舒适的生活方式形成了对乡村居民的无限诱惑。对乡村居民而言，如果说工业化可能更多地意味着挑战，城市化则更多地意味着机遇，像城市居民一样生活成为他们的普遍追求。显而易见，像城市居民一样的生活必然要求乡村居民自觉地、更多地涌入市场经济的大潮之中，通过全面卷入市场交易以获得更高品质的生活资料。与工业化对乡村居民的需求激励有所不同，城市化使得乡村居民和乡村社会自觉地激发出交易、交往和治理的内在渴望和冲动。在该阶段，乡村生活由不断商品化走向完全市场化，交易和交流逐步上升为乡村居民基本的和主要的需求，乡村地域内部及其与外部世界的经济、社会和政治联系进一步密切，社会的发展和技术的进步已使人们在很大程度上能够摆脱自然环境的束缚，乡村地域空间供给的性质开始转向以人文环境为主体的关系空间（即具有异质性的实体空间），相应地，空间规模也由村集市系统逐步扩大到集镇系统和城镇系统（表 4.3）。

在当代可持续发展的背景下，“环境—健康—发展”的平衡与和谐已成为全球人类的共同追求和美好愿望。伴随着工业化和城市化不断向纵深推进，乡村人口将转向减少，乡村空间将转而走向稀疏化，乡村地域通过空间重构（详见“演化分析”部分）形成新的空间秩序，追求清新的空气、优美的环境和文化的积淀等成为人们日常生活的时尚。此时，乡村地域空间供给的性质可能复又转向以自然环境为主体的形式空间，乡村生活转入生态化阶段。

应该指出，上述关于乡村地域空间供给的性质定位仅仅具有相对意义，是指在乡村生活的特定阶段起主导作用的空间性质。事实上，在乡村生活的每一个阶段，空间供给的性质都是综合的，是自然环境和人文环境复合而成的综合环境。此外，所谓均质的形式空间和异质的关系空间也是就两者相对而言。

4.3　村镇空间结构的地域模式

4.3.1　自然环境状态与村镇空间结构变化

村镇空间结构是一定地域人地关系的显示器，自然环境状态对村镇空间结构的形成和演化发挥基础性作用。在这里，自然环境状态主要是指自然地理要素的组合状况及其变化，包括气候、土壤、水文、地质、地貌和生物等，这些要素的性质及其分布可从不同的方面对村镇空间结构的形成和演化产生不同的影响，然而，具有决定性意义的则是相关要素的组合状况。

村落系统既是村镇地域系统的初级形态，也是其主要组织单元，村落的形成和演化是村镇地域系统形成和演化的基础，一定的自然环境条件则是村落形成和演化的物质前提。首先，自然环境要素影响村落的区位选择。村落的区位选择包括两个层次的问题，一是一定数量的、适宜耕作的土地，二是村落之于耕作用地的相对位置。由于农作物的生长需要光、热、土、水的适宜组合，气候、土壤和水文成为村落选址的先决条件，即农业土地资源的分布区域往往也是自然村落的分布区域，农业土地资源丰富的区域往往村落较为密集，而农业土地资源贫乏的区域往往村落分布较为稀疏。另外，村落既是乡村居民从事农业生产的基地，也是其日常生活的中心。在既定的农业耕作区中，村落的具体区位选择主要遵循安全、便利、舒适三项基本原则。这里的安全主要是指局域自然条件及其变化对乡村居民可能带来的生理伤害。基于安全的考虑，一定的地质、地貌和水文条件构成乡村民居区位选择的基本影响因素，地质条件影响民居的坚固性，地貌条件作用于气候变化的影响，水文条件则决定了水患的侵害与否等。这里的便利是指便于生活和便于生产两个方面。基于生活便利的考虑，一定容量的水资源构成民居和村落选址的首要约束条件；基于生产便利的考虑，由地貌条件决定的道路状态构成民居和村落选址的重要影响因素。这里的舒适主要针对乡村居民的生活而言。基于舒适的考虑，地貌和植被因素不容忽视。适宜的地貌条件能够顺气候之利而避气候之弊，良好的植被则是人体身心健康之必需。事实上，从自然环境因素对村落选址的影响看，乡村居民安全、便利和舒适的不同需求具有内在关联的地理基础，村落选址常常是多种自然环境因素综合作用的结果。

首先，中国传统民居大多选择“背山面水、负阴抱阳”的河谷阶地之上，这种空间格局的形成并非仅是“风水”理论的作用使然，其背后实则隐含着深刻的科学基础。一般地，在山岭与河流的过渡地带，多分布有一定面积的、适宜农耕的土地，构成一定村落布局于斯的基本前提。“背山面水、负阴抱阳”的河谷阶地具有适宜村落布局的综合有利条件：村落是民居的集聚之地，一定面积的河谷阶地相对平坦而开阔，该类地表成为村落选址的理想之所；一定的水资源条件不仅为农业生产之所需，更为居民生活之必需；一定的山陵及坡地在构造错落有致空间格局的同时，提供了一定数量的树木和花草，由此塑造了适宜人居的空间背景。“背山面水、负阴抱阳”则更是人们对中国特定地理环境的主动适应，这种地理构造既可消除人们的安全隐患（心理），又能提供人们的用水便利；冬季可阻挡北来的寒风并直面南来的阳光，夏季可得益于前面水域和四周植被的调节。在这种自然环境中，山、水、田、园有机结合，民居、村落掩映其间，共同描绘一幅人类与环境和谐相处的理想图案。由于自然村落演化的路径依赖及其存在的空间惯性，在许多现代村落中无不领悟和察觉到“风水”理论的痕迹。

其次，自然环境要素影响村落的布局形态。村落由民居集聚而成，从形态上看，主要包括村落的集聚规模及其空间展布形式。自然环境要素对该两个方面都能够产生影响。村落的集聚规模主要受制于区域地理背景。聚居是人类自然属性（安全）和社会属性（交往）的综合反映，但能否形成聚居，或能够聚居多大的规模则主要取决于区域环境要素所构成的支撑条件。一般地，在土地资源（宜农耕地）丰富的平原地区，村落能够形成聚居，且能够支撑较大的聚居规模；与之相对应，具有较大集聚规模的村落常称为集村。在土地资源（宜农耕地）分布零散的丘陵地区，村落仅能够支撑较小的聚居规模。在土地资源（宜农耕地）稀缺的山地，村落不易形成聚居、民居常孤立地散布于山岭之间；与之相对应，孤立分布或仅有两三家农户集聚而成的村落常称为散村。显而易见，宜农耕地的多寡及其分布的连续与否是村落能够形成聚居及其聚居规模大小的先决条件。根据前述分析，有无宜农耕地或宜农耕地的状态主要取决于区域自然环境要素的有机组合。自然环境要素能够影响村落的集聚规模。

再次，村落的集聚形式主要受制于局域地理环境条件。无论是理论上、抑或是实践中，村落的空间布局形态可能存在多种形式，但也可简单归纳为三种基本形式："团状"村落、"线状"村落和"随机"村落。顾名思义，"团状"村落是指具有一定集聚规模的村落在布局上自中心向四周均匀展开，其空间景观簇拥呈团。这一现象通常存在于两种极端情形：一是在面积广阔、地势平坦的平原地区，村落的空间组织不受自然环境要素的刚性制约，基于节约土地资源的内在机制，村落通过空间自组织自发形成团状形态；二是由于历史原因或偶然要素的作用，村落形成于某一特定的区位，而该区位的周边存在相关自然环境要素的刚性制约，地域自然环境的"环形"格局决定了村落的团状集聚。"线状"村落是指具有一定集聚规模的村落在布局上沿某一特定方向向两边均匀展开，其空间景观展布呈线。这一现象通常与三种特定的地理环境格局或者其组合情形相伴而生：峡谷、河流和道路。峡谷和河岸不仅提供了民居村落的建设用地，而且能够为乡村居民的生产生活活动提供取水之利，因而成为村落选址及其发展的适宜之地，峡谷和河岸的形态规定了民居村落建设可资利用的地基分布形态；道路的导向意在便利村落内部，尤其是村落与外部世界的沟通与交流，但其自身的选址与布局通常要求一定的地理环境基础，而且常常与峡谷和河岸相匹配，归根结底有赖于自然环境要素的基础作用。村落的这种布局形态充分体现出人类活动对地理环境的适应及其相互作用。"随机"村落指具有一定集聚规模的村落在布局上在一定地域随机展开，其空间景观呈现出不规则的图案。这一现象形成的常见条件是：村落所在之地既无约束其发展的刚性制约条件，也无便利其演化的充裕有利因素，村落的空间演化适应局域自然环境条件而呈不规则变化，常常是，地域自然环境的不规则性造就了村落空间形态的不规则性。自然环境要素能够影响村落的集聚形态。

最后，自然环境要素影响村落的演化进程。在人类社会发展的历史长河中，乡村空间经历了，或正在经历着抑或将要经历由密集化转向稀疏化之螺旋递进的变化过程。在这一历史进程中，不同村落的命运可能具有截然不同的前景：有些村落经历了工业文明的洗礼，在走向生态文明的进程中进一步显现出勃勃生机，成为充满魅力和富有竞争力的新型人类家园，有些村落也曾经拥有过农业文明时代的辉煌，但在工业文明的强烈冲击下渐行衰落，并可能在生态文明中走向消亡；有些村落则在经历了短暂的旅途之后则土崩瓦解。如果视村落为一种生命有机体，在其漫长的历史演化中，前期的主导生态因子为自然环境要素，则后期的主导生态因子已经转变为人文社会因素。然而，自然环境要素仍然在村落的历史命运中发挥基础性作用。例如，城市化的快速发展推动了乡村空间的稀疏化，在城市化进程中，率先走向凋敝的村落常常是那些自然环境恶劣、耕地资源贫瘠和交通条件闭塞的村落，自然环境要素及其组合状况的“先天不足”决定了它们行将消亡的前景；在生态文明时代，那些地处崇山峻岭或山间峡谷地带的村落最终也将难以摆脱被淘汰的命运等。只有在那些自然条件优越、土地资源丰富、耕作土壤肥沃、交通条件便捷的地区，部分村落因能够适应农业产业化和规模经济的要求，并有利于生态环境的保护，从而显现出旺盛的生命力。

此外，一定地域众多村落的分布状况及其空间格局还会影响地方集市和乡村集镇（小城镇）的布局。出于节约空间成本和联系成本的考虑，作为乡村空间组织中心的乡村组织中心总是趋向于布局在一定地域人口分布的中心区位。据此，在村落大致呈均匀分布的均质平原地区，地方集市和乡村集镇（小城镇）常位于一定地域的几何中心，并大多形成正六边形的地域结构；在山间河谷地带，村落大致呈间歇性线状分布，位于山间河谷两端的出口通道有可能成为乡村地域组织中心区位选择的重要主导性因素；在村落呈随机散布的丘陵地区，便于交通设施建设和对外联系的区位也可能成为地方集镇（小城镇）的优先选择。区域自然环境条件在乡村组织中心的形成和发展中发挥基础性作用。

4.3.2　人文环境状态与村镇空间结构变化

作为一定地域人地关系的显示器，村镇空间结构无不在时间和空间两个方面镌刻着人文环境状态的烙印。可从多个视角阐释人文环境的内涵，如有人将人文环境视为物化环境、行为环境和制度环境的有机统一等。本质上，人文环境即被赋予文化内涵的日常生活环境；一般地，人文环境可简单地理解为人们生活在其中的社会经济环境。据此，人文环境状态主要是指一定时空背景下的社会发展状况和经济发展水平，一定的人文环境状态既是人类活动作用于地理环境的累积性结果，也是人类活动作用于地理环境的先决性条件。伴随着人类社会的历史演进，人地关系的性质也在悄然发生着变化，人类活动已经上升为人地矛盾的主要方面。因此，如果说，在村镇空间结构的形成和演化过程中，自然环境状态及其变化发挥着基础性作用，人文环境状态及其变化则可能发挥着主导性作用。一定地域的社会经济发展水平是村镇空间结构变化的关键影响因素。

经济发展水平是村镇空间结构变化的基本推动力量。经济发展水平主要从乡村居民的空间需求和地域环境的空间供给两个方面影响村镇空间结构变化。一般地，经济发展水平提高的直接效应是居民收入水平的同步提高；随着收入水平的不断提高，乡村居民的空间需求呈现出日益扩展的态势。根据前文的相关分析，乡村居民的空间需求主要包括居住空间、生产空间、交易空间、交往空间和治理空间等不同类型，其中，居住、生产和交易空间构成其直接需求类型，而交往和治理空间则可视为其派生需求类型。总体而言，不同的空间需求变化能够对村镇空间结构的变化产生不同的影响，但交易空间的扩展更具决定性意义。

乡村居民的居住空间扩展一般存在两种基本形式：一是基于原有村落的居住空间扩

展，主要表现为乡村民居的就地更新或择址重建；二是脱离原有村落的居住空间迁移，主要表现为乡村住户的村—镇或村—城流动。与此相对应，乡村居民居住空间扩展的村镇空间结构效应是：前者主要影响村落内部的空间结构和村落整体的空间形态变化，并进而影响村镇地域系统组织要素之间的空间关系变化；后者不但具有与前者性质相同的村镇空间结构效应，而且通过乡村住户的村—镇流动成为村镇系统组织中心的主要成长路径。乡村居民的生产空间扩展通常也有两种基本形式：一是基于乡村内部的从业领域扩展，主要表现为乡村地域的产业结构变化，可称为生产空间的内涵式扩展；二是基于乡村劳动力的村—镇或村—城迁移，主要表现为村镇地域的就业结构变化，这种就业结构的变化反映在村镇地域系统的空间层次上，因而可称之为生产空间的外延式扩展。乡村居民的生产空间扩展对村镇空间结构变化的影响分为直接影响和间接影响两个方面；其直接影响包括乡村地域的产业结构变化能够显著改变村镇空间结构面域要素的景观格局，村镇地域的就业结构变化能够部分贡献村镇地域系统组织中心的成长；其间接影响则主要通过收入水平的提高而作用于乡村居民空间需求的变化。乡村居民的居住和生产空间扩展是村镇空间结构变化的重要机制。

这里的交易空间是指地域交易活动的承载空间。随着收入水平的提高，乡村居民的自身需求也随之发生变化，表现为需求层次的提升和需求结构的转变两个方面。在“生计农业”时期，乡村居民的收入微薄，自身需求维持在作为“生物的人”获得“生态环境的满足”之水平，即通过作用于自然环境，着重解决“住有其所、食有其物”的问题；此时，乡村居民因需求层次低而“无需交换”，因收入水平低而“无以交换”。伴随着“生计农业”向“商品农业”的过渡，乡村居民的收入水平逐步提高，其需求层次开始提升、需求结构开始分化，这些新的需求已经超越局域自然环境的供给能力，要求通过空间交易以满足这些需求，其本质是作为“社会的人”而寻求“人文环境的满足”。乡村居民收入水平的持续提高推动着自身需求层次的不断升级和需求结构的不断丰富，与此相适应，交易方式由行商向坐贾转变，交易空间由市井向集镇转移。乡村住区由“商品农业”迈向“市场农业”意味着乡村居民的更高收入水平，生产生活活动完全卷入市场经济的大潮之中，整个乡村空间被“市场化”。此时，乡村居民的需求日趋多样化和个性化，这种需求变化要求更为广阔的市场空间予以支持，交易空间逐步向小城镇或城市拓展。乡村居民的需求变化推动了交易空间的变化。

乡村居民的交易空间变化是村镇空间结构变化的主导动力机制，其直接空间效应是通过交易活动的空间集中促成了从乡村集市到地方集镇的形成；更为重要的是，这种交易活动的空间集中在不断满足乡村居民交易需求的同时，通过人口的空间集中创造出新的需求，进而创造出新的空间交易类，由此进一步推动交易活动的空间集中……交易活动的空间集中存在一种自我强化机制，正是这种自我强化机制，形成乡村集市和地方集镇持续成长的不竭动力。据此，乡村居民的交易空间拓展既是乡村空间组织中心形成的人文基础，也是现代村镇地域系统持续演化的逻辑起点，因而对村镇空间结构变化具有决定性意义。此外，由交易空间推动的人口集中使得乡村组织中心同时成为理想的交往空间和治理空间，即交易空间、交往空间和治理空间具有高度关联的特征，交易空间的拓展推动交往空间和治理空间的拓展，后者的变化强化交易模式变化的空间效应。正是从这种意义上，交往空间和治理空间实乃两种派生的空间需求类型（表 4.4）。

表 4.4　乡村居民的空间需求变化及其空间结构效应

需求类型	需求性质	空间需求变化	主要表现形式	主要空间效应
居住空间	直接需求	①居住空间原地拓展	①原地更新或择址重建	①村落结构及空间形态
		②居住空间异地迁移	②住户村—镇流动	②村落结构、形态、集镇
生产空间	直接需求	①生产空间内涵式拓展	①村落产业结构变化	①村域景观变化
		②生产空间外延式拓展	②村镇就业结构变化	②组织中心成长
交易空间	直接需求	①层次提升、空间拓展	①交易活动的空间集中	①组织中心形成与成长
		②结构丰富、空间拓展	②交易活动的空间集中	②组织中心形成与成长
交往空间	派生需求	①内容增加、空间拓展	①交往活动的空间集中	①组织中心成长
		②形式多样、空间拓展	②交往活动的空间集中	②组织中心成长
治理空间	派生需求	①内容增加、空间拓展	①治理活动的空间集中	①组织中心成长
		②力度增强、空间拓展	②治理活动的空间集中	②组织中心成长

经济发展水平对村镇空间结构变化的另一影响路径乃是作用于地域环境的空间供给。在此，地域环境的空间供给是指人类活动作用于地理环境而创造的新的空间类型或新的空间关系。例如，市井交易的出现意味着乡村交易空间的形成，乡村交易活动由市井模式向集镇模式的转型则意味着交易空间及其空间关系的拓展。据此，经济发展水平至少从两个方面能够影响村镇空间结构的变化：随着经济发展水平的提高，乡村人类的技术水平不断进步，由此构筑地域环境空间供给的技术保障，其作用于地理环境的能力不断增强；与此同时，乡村社会的物质财富不断增加，由此构筑地域环境空间供给的物质保障，其作用于地理环境的力度不断提升。例如，乡村交易活动向地方集镇的空间集中要求创造新的空间环境与其相适应，相对于传统的村落空间，集镇空间显然具有更高的技术含量和资本密度，作为一种新的实体空间类型，集镇是在技术能力和物质水平的双重支持下经由人类活动对地理环境的作用而创造出来；另外，乡村交易活动自分散的村落向地方集镇的空间集中同时意味着交易空间及其空间关系的拓展，这种新的交易空间及其空间关系的维系有赖于相关基础设施的支撑，包括交通道路设施和通信线路设施、能源保障系统和水务管理系统等，所有这些基础设施的建设也都需要一定的物质技术基础。正是地域环境空间供给的实现、乡村居民空间需求的满足及其两者的动态均衡，不断推动着村镇空间结构的变化。

社会发展状况是村镇空间结构变化的重要推动力量。一般地，构成社会的基本要素是自然环境、人口和文化；其中，自然环境是人类社会存在的基础，一定的人口构成人类社会的核心要素，文化是人类活动与地理环境长期相互作用的结晶，也是一定社会人类活动的控制变量。理论上，乡村地域的自然环境变化、人口和文化发展均能够影响村镇空间结构的变化，在此侧重探讨乡村人口发展和文化发展的空间结构效应。

乡村人口发展包括人口数量变化和素质变化两个方面。首先，乡村人口的数量变化能够显著影响村镇空间结构的变化。前述研究表明，乡村空间的发展是一个由密集化转向稀疏化的历史过程，在乡村空间的不同发展阶段，村镇空间结构具有不同的特征。一般地，乡村空间的密集化总是伴随着村镇空间结构要素的密集化，乡村空间的稀疏化同时对应于村镇空间结构要素的稀疏化。具体而言，在乡村空间密集化阶段，乡村人口持续增加，这种人口的增加不仅推动着乡村居民居住空间的扩展和生产空间的转型，而且推动着交易空间的扩展和乡村组织中心的成长；在乡村空间稀疏化阶段，乡村人口持续减少，这种人口的减少不仅能够通过村落减少显著降低村镇地域系统的节点分布密度，而且能够有效推动乡村地域空间结构的重组及其空间景观的重塑。其次，乡村人口的素质变化能够部分影响村镇空间结构的变化。总体而言，人口素质主要通过作用于人们的行为选择而加速或减缓村镇空间结构的演化进程。乡村社会的发展可视为一种人口素质不断提升的过程，据此而论，乡村人口的素质变化推动着村镇空间结构向着优化的方向发展。有鉴于乡村人口素质是经济发展水平的函数，现实中，不同的乡村地域总是存在着人口素质的差异，并由此显现出村镇空间结构演化进程的差异。

文化包括观念文化、制度文化和行为文化三个层次，通常是指一定地域的人群所具有的价值观念、思维方式、行为规范、传统习俗及其支配下的生活方式。就乡村文化发展的空间效应而言，基于行为文化层次的居民生活方式对村镇空间结构的变化具有直接的影响，但居于支配地位的观念文化和制度文化则更具有决定性意义。在当代中国乡村发展实践中，城市化引起的乡村居民的观念变化和国家的空间政策背景是推动村镇空间结构变化的两个重要变量，其中，后者可视为乡村地域的制度文化变化。城市文明向乡村地域的渗透唤醒了乡村居民“沉寂”的需求，进而引发其居住、生产、交易、交往和治理等行为的全方位变化，这些行为的变化通过其需求空间的拓展影响村镇空间结构的变化。国家空间政策对村镇空间结构的变化具有直接和间接两个方面的影响。例如，国家对乡村空间的基础设施和公共设施投资能够直接改变村镇空间结构的构成要素，进而密切村镇地域系统的空间联系；国家对乡村空间的产业支持和转移支付能够有效提升乡村居民的收入水平，通过刺激乡村居民的有效空间需求影响村镇空间结构的变化等。

4.3.3　村镇空间结构的主要地域模式

模式（pattern）是指事物从形式上所表现出来的规律，是从纷繁复杂的事件中抽象和提炼出来的事物的共性特征。只要事物可以重复出现，就可能存在某种模式。模式的本质是通过事物的外在表现形式揭示其隐含其中的内在关联机制。村镇空间结构是一种地域空间现象，是村镇地域系统的空间要素有机连接而成的组织系统，其外在表现为一定形式的景观图案。村镇空间结构的地域模式即一定地域范围所表现出来的具有典型性、代表性的景观图案。

“形式表现内容、内容规定形式”是辨证认识事物或现象的基本思维。村镇空间结构的地域模式着重描述其外在表现形式、意在揭示其内在组织机制，形态学和发生学成为审视其地域模式的两种主要视角。基于形态学的视角，景观特征构成辨识村镇空间结构地域模式的主要标准；基于发生学的视角，驱动因素成为凝练村镇空间结构地域模式的主要依据。

1. 基于发生学视角的村镇空间结构模式

根据前述讨论，自然环境要素和人文环境要素及其组合状况均能够影响村镇空间结构的变化，因而也是一定地域村镇空间结构模式形成与变化的影响因素。一般地，一定村镇空间结构及其地域模式的形成和演化总是诸多自然环境要素和人文环境要素综合作用的结果；由于客观地域条件的差异，这些自然和人文环境要素常常非均等地发挥作用。在一些乡村地域，自然环境要素的作用是主要的、人文环境要素的作用是次要的；在另一些乡村地域，情况则可能相反；更有甚者，同是自然环境要素或人文环境要素发挥主要作用的乡村地域，也可能存在不同自然或人文环境要素作用的类别差异。依据村镇空间结构变化的主导影响因素，可将其地域模式大致分为三种类型：自然环境要素主导型、人文环境要素主导型和自然-人文环境要素综合作用型。

（1）自然环境要素主导的村镇空间结构模式。该类型的主要特征是：一种或两种自然环境要素控制着地域自然环境的空间格局，村镇空间结构的空间形态受制于该自然环境要素的刚性约束，景观图案由该自然环境要素的空间格局所塑造，并随其变化而变化。该类型具有两种典型表现形式：一是局域地貌形态主导的村镇空间结构模式，如山间盆地的村落集中分布区域等；二是局域水文特征主导的村镇空间结构模式，如临湖半岛的村落集中分布区域等。这种类型形成的共性机制是：起主导作用的自然环境要素形成了一定程度的空间摩擦力，这种空间摩擦力构筑了一定乡村地域的相对封闭性。此外，在高度均质化的平原地区，村镇空间结构变化基本不受自然环境要素的约束而呈现出一种自组织状态，可视为该类型的一种极端情形或特例。

（2）人文环境要素主导的村镇空间结构模式。该类型的主要特征是：一定乡村地域的自然环境要素分布相对均质，一种或两种人文环境要素控制着地域人文环境的空间格局，村镇空间结构的空间形态受制于该人文环境要素的弹性约束，景观图案由该人文环境要素的空间格局所塑造，并随其变化而变化。该类型又可分为两种亚型：一是经济发展主导的村镇空间结构模式，即可依据乡村地域经济发展水平的差异对村镇空间结构模式进行区分，显而易见，不同乡村地域的经济发展差异显著，其村镇空间结构的景观图案特征不同；此外，在经济发展水平趋同的不同乡村地域，由于地域主导产业的不同，其所塑造的村镇空间结构模式也可能具有不同特征，如工业村镇系统、商贸村镇系统和旅游村镇系统的空间结构模式差异等。二是传统文化主导的村镇空间结构模式，如果在共同区域文化背景之中镶嵌有独特的民族文化集聚区，文化背景的差异必然导致乡村居民的行为差异，进而形成村镇空间结构的景观差异，例如，散布于主流民族地区的少数民族自治乡镇等。这种类型形成的共性机制是：起主导作用的人文环境要素形成一定程度的空间内聚力，这种空间内聚力构筑了一定乡村地域的内在关联机制。

（3）自然-人文环境要素综合作用的村镇空间结构模式。该类型的主要特征是：在特定时期内，一定乡村地域的自然环境要素或人文环境要素均不构成村镇地域系统演化的主导性力量，村镇空间结构的空间形态和景观图案呈现出随机变化的特征，其地域组织模式尚处于不稳定变化或动态调整之中。严格地说，在该类乡村地域，村镇空间结构尚不存在具有共性特征的具体模式。

2. 基于形态学视角的村镇空间结构模式

根据前述讨论，乡村中心、村落节点和线路设施是村镇空间结构的基本组织要素，也是塑造村镇地域系统空间形态和景观图案的基本变量。乡村中心和村落节点的聚集规模及具体形态均能够影响到村镇空间结构的变化，诸多线路设施及其组合状况构成村镇空间结构的连接媒介和整合机制，通过作用于中心与节点以及节点与节点间的空间关系影响村镇空间结构的变化。依据一定乡村地域村镇空间结构要素的分布密度，可将其地域模式大致分为三种类型：紧凑型、松散型和过渡型。

（1）紧凑型村镇空间结构模式。该类型的主要特征是：村落节点分布和线路设施布局较为密集，单位国土面积该两种要素的数量较多。在空间上，该类型多存在于自然条件优越、乡村人口密集的平原地区；在时间上，该类型多出现于乡村空间密集化阶段。基于这些特定的时空背景，村落节点往往也具有较大的规模，相互之间，特别是与乡村中心之间的联系也更为密切；与此相对应，村镇空间结构的景观特征表现为斑块较大而密集、廊道交错而清晰。

（2）松散型村镇空间结构模式。该类型的主要特征是：村落节点分布和线路设施布局较为稀疏，单位国土面积该两种要素的数量较少。在空间上，该类型多存在于自然环境相对恶劣、乡村人口分布稀疏的山区或丘陵地带；在时间上，该类型多出现于传统农业社会或乡村空间稀疏化阶段。基于这些特定的时空背景，村落节点往往具有较小规模，相互之间，特别是与乡村中心之间的联系普遍松散；与此相对应，村镇空间结构的景观特征表现为自然植被的底色凝重，村落斑块和线路廊道离散、模糊，并掩映其中。

（3）过渡型村镇空间结构模式。如果以村镇空间结构要素的密度指标进行区分，则该类型相关要素的密度指标介于上述两种类型之间。在村镇空间结构的实态上，不同乡村地域村落的密集分布与稀疏分布同在、线路的密集布局与稀疏布局并存，其景观特征表现出很大程度的不规则性。该类型多出现于快速城市化进程中的乡村空间剧烈变动时期。此外，在一定历史时期的特定乡村地域，自然环境与人文环境的空间错位也可能构造这类空间模式。

3. 基于动力学视角的村镇空间结构模式

事实上，审视村镇空间结构模式的上述两种视角具有紧密的逻辑联系和内在的统一性，某种事物特定的外在特征及其表现形态总是对应特定的内在原因及其动力机制；特别是，地理事物的变化相对缓慢、路径依赖显著，其特征与成因的对应关系较为集中。另外，前述分析表明，伴随着人类社会的发展和科学技术的进步，人类活动作用于地理环境的能力不断增强，人文环境因素已逐步取代自然环境因素成为村镇地域系统演化的主要推动力量，乡村组织中心成为影响村镇空间结构变化的核心变量。据此，以乡村地域的空间集中度为原则、以乡村组织中心的数量、规模和功能为依据，构建村镇空间结构变化的特征–成因综合视角，将其地域模式大致分为单中心、双中心和多中心三种类型[①]。

（1）单中心村镇空间结构模式。该类型的主要特征是：村镇地域系统拥有单一的空间组织中心，该中心多对应较大的空间聚集规模和较高的空间聚集水平，表现为人口聚集、用地扩张和非农产业发展等；与此相对应，该中心通常具有较强的空间组织能力和较广的生活服务领域，表现为交通枢纽地位、空间辐射范围及其生活服务内容等，村镇空间结构的要素联系相对紧密、空间形态较为紧凑。这是当代中国村镇空间结构的常见地域模式。

（2）双中心村镇空间结构模式。该类型的主要特征是：村镇地域系统同时拥有两个组织中心。根据两个中心的职能分工和功能强度，又可分为三种亚型。

a. 综合功能主导型。在该类型中，乡村经济中心与政治中心的空间区位重叠，形成村镇地域系统的主中心，在远离主中心的某一空间区位出现一个副中心；主、副中心之间并没有绝对的职能分工，但存在功能强度的显著差异，表现为主中心的空间聚集规模、聚集水平、组织能力和服务领域等方面大于或强于副中心。

b. 经济功能主导型。在该类型中，乡村地域经济中心与政治中心的空间区位分离，由于经济与市场发展水平较高，经济中心的发展构成村镇地域系统的主导因素，从而成为主中心，乡村政治中心为副中心；主、副中心之间不仅存在明确的职能分工，还同时存在一定的功能强度的差异。

c. 政治功能主导型。在该类型中，乡村地域经济中心与政治中心的空间区位分离，由于经济与市场发展水平较低，政治中心的发展构成村镇地域系统的主导因素，从而成为主中心，乡村经济中心为副中心；主、副中心之间并行存在明晰的职能分工和一定的功能差异，但功能强度差异低于后者。该类型在中国乡村地域有一定代表性，亦可称之为主副型模式。

（3）多中心村镇空间结构模式。该类型的主要特征是：村镇地域系统同时存在 3 个或者以上的住区中心。历史传统的路径依赖（如古代集镇的存在等）、村镇系统的出口通道建设（如地域门户的形成等）、自然环境要素形成的“距离摩擦力”影响（如不规则地域空间形态等）、乡村地域的行政区划调整以及周边村镇地域中心的空间竞争等，或者上述因素的综合作用也均可能形成村镇空间结构的该类地域模式。例如，湖北省石首市的久合垸乡的地域空间由长江支流藕池河的两个分支合围而成，地貌形态为洞庭湖平原的组成部分，长期的历史演进早已完成地方经济及社会文化的均质化，由此形成较为完整的村镇地域系统。但是，特殊的地理背景造就了东、南、西三个不同的地方出口通道，并由此奠定了地方传统贸易的基础；现代市场经济的兴起加速了地方经济空间的分割，三个经济据点的聚集成长演绎出村镇地域系统的“品”字形空间结构和多中心地域模式。在该种类型中，村镇地域系统

① 余斌. 2007. 城市化进程中的乡村住区系统演变与人居环境优化研究. 武汉：华中师范大学博士学位论文.

的空间聚集规模、聚集水平、组织能力和服务领域等方面大都较低或较弱，其内部空间联系相对稀疏、空间形态较为松散。该类型大多存在于经济与市场发展水平低下的乡村地域。

上述不同的村镇空间结构模式具有不同的空间形态特征，单中心模式多对应面域图案的方形或圆形结构，主副型模式则多对应长方形或条形结构，而多中心模式对应的面域图案常呈现为不规则情形（图 4.7）。

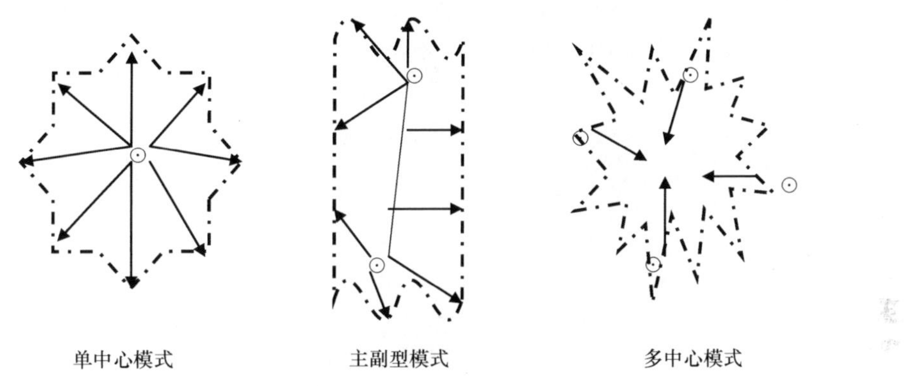

图 4.7　村镇空间结构的地域模式及其类型

4.4　小　　结

乡村人地关系是指乡村地域人类活动与地理环境相互作用的性质和状态。一般地，乡村人类活动对地理环境变化具有较强的依赖性，但社会发展和技术进步推动着乡村人地关系的性质和人地相互作用的方式变化，伴随着工业化和城市化的脚步，乡村人类活动的能动作用不断增强，其对地理环境的直接作用逐步为间接作用所替代。乡村人地关系客观上存在着不同层次的空间分异，其中，自然环境因素主要作用于宏观层次，人文环境因素侧重作用于中观层次。村镇地域系统是一定地域乡村居民的日常生活系统，也是一种空间组织系统和人地关系系统，村镇地域系统的概念意在揭示异质人类活动叠加于均质自然环境之上所形成的乡村人地关系的空间分异现象。

村镇地域系统具有一定的空间结构。遵循地理学的常规思维，可将村镇空间结构的组织要素区分为组织中心、村落节点、线路设施和面域单元等部分。村镇（乡村）地域系统的形成始于定居农业和村落的出现，伴随着村镇地域系统的演化，其空间结构及其组织要素也不断发生变化。在当代乡村地域，村镇地域系统已由农耕文明时代的村落系统演变为村镇系统，地方集镇或小城镇已成长为村镇空间结构的组织中心，村镇地域系统的空间规模也随之扩展。村镇空间结构的变化是乡村居民的空间需求与地域环境的空间供给相互作用的结果，人类文明的进步推动着乡村人类需求层次和需求结构的变化，基于人文环境的交易空间拓展逐步上升为村镇空间结构变化的关键推动力量。

由于乡村人地关系的空间分异，村镇地域系统存在着不同的类型，村镇空间结构的景观形态也表现出不同的特征，并可抽象为不同的地域模式。影响村镇空间结构变化的因素可分为自然环境要素和人文环境要素两个方面，其中，前者常表现为刚性约束，后者常表现为弹性约束。伴随着人类社会的演进，人类活动已逐步上升为乡村人地矛盾的主要方面，人文环境要素已经取代自然环境要素成为塑造村镇空间结构模式的主要变量。可从发生学和形态学等不同视角区分村镇空间结构的地域模式，本书基于发生学-形态学的综合视角，将村镇空间结构的地域模式区分为单中心模式、主副型模式和多中心模式三种类型，这些不同的地域模式具有相异的空间形态和景观图案。

第 5 章　当代村镇空间结构的主要特征

5.1　当代村镇地域的情景分析

5.1.1　当代村镇地域的自然生态环境

自然生态环境是村镇地域的本底部分，是指源于自然的、可供乡村居民日常生活利用的资源和条件，可分为原色的自然地理环境、半人工的农业生态环境和渐趋人工化的村落居住环境三个组成部分①。乡村自然环境具有生产、生活和生态多元价值，是乡村得以形成和演变的基础。近 30 年来，中国村镇地域的自然生态基础已经发生剧烈变化，自然生态环境日趋脆弱化。

中国村镇地域自然生态环境的主要问题是环境污染。由于特殊的发展路径及其地理的广域化和空间的分散化特征，村镇地域的环境污染类型有别于城市地域、点源污染（point source pollution，PS）和面源污染（non-point source pollution，NPS）兼具，前者主要是乡村工业发展的结果，后者主要是现代农业发展的产物。根据中国环保总局组织的“全国乡镇企业工业污染源调查”，1995 年，散布于乡村的、有污染的乡镇企业个数达 121.60 万个，比 1985 年增长了 6.7 倍；其产生的废水、化学需氧量、二氧化硫、固体废弃物和工业粉尘主要污染物质排放量由 1985 年的 27.16 亿 t、116.60 万 t、270.50 万 t、0.46 亿 t、431.70 万 t 增加到 1997 年的 38.39 亿 t、407.00 万 t、489.00 万 t、4.01 亿 t、957.00 万 t，分别增长了 140%、349%、181%、872%和 222%。据估算（刘青松，2003）' 目前中国乡村住区的农田生产系统遭受工业“三废”污染的面积已达 0.1 亿 hm^2，按 1991 年的不变价折算，每年造成的经济损失约为 125 亿元。与此同时，面源污染及其危害程度不断加深。一是化肥、农药和农膜的过度使用问题。例如，1991～1999 年，中国乡村地域的化肥、农药和农膜使用量由 2805 万 t、76 万 t 和 64 万 t 上升到 4124 万 t、132 万 t 和 126 万 t，分别增长了 1.5 倍、1.7 倍和 2.0 倍②，1998 年，中国农田因此而受污染的面积达 1990 万 hm^2（张维理等，2004）。二是畜禽规模化养殖产生的有机废弃物污染问题。2000 年，中国乡村地域的畜禽粪便产生量约 36.4 亿 t，为同期工业固体废弃物产生量（9.5 亿 t）的 3.8 倍，使得一些地方土地的氮、磷含量剧增，最大已达 1721kg/hm^2 和 639kg/hm^2，超过农田可承载的安全负荷，并成为地方水域的重要污染源（张维理等，2004）。此外，还有乡村居民，特别是乡村集镇和小城镇的生活垃圾问题。巨量垃圾的随意处置和“肆意”扩散构成面源污染的重要源头。

乡村生态系统遭受破坏的情形同样触目惊心，其主要标志是土地退化，主要作用机理包括水土流失、荒漠化和盐渍化等。从水土流失的角度来看，当前中国水土流失总面

① 余斌. 2007. 城市化进程中的乡村住区系统演变与人居环境优化研究. 武汉：华中师范大学博士学位论文.

② 根据《新中国五十年农业统计资料 2000》相关数据计算.

积达 355.56 万 km^2，占国土面积的 37.42%，每年流失表层土 50 亿 t 以上、丧失肥力高出全国化肥的年产量；从土地荒漠化的角度来看，当前中国土地沙化的速度为 $3000km^2/a$、每年损失约一个中等县的土地面积，根据初步测算，近 50 年中国土地沙漠化总面积已达 10 万 km^2 有余、约为 3 个海南省的面积之和；从土地盐碱化的角度来看，中国干旱、半干旱地区的土壤盐渍化发展最为突出，现已形成的盐渍化土地近 37 万 km^2、累积总面积已达 80 万 km^2（曲格平，2002）。此外，乡村地域生物多样性下降幅度加速，如严重的环境污染已使得中国 8200km 河段的鱼虾基本绝迹，2.5 万 km 的河流水质不符合渔业水质标准，生物多样性下降导致农作物抗病虫害能力减弱；同时，乡村地域的水环境问题日益突出，饮水安全愈发不可忽视，农业生产因污水灌溉导致产量减低、质量下降，居民生活因水质恶化导致身体健康受损，或无水可饮。总而言之，乡村地域的环境污染和生态破坏使弱势的乡村居民成为最大的受害群体，不仅数亿人的发展受到限制，而且千百万人的生存受到威胁，并由此形成乡村发展与环境退化之间的恶性循环，已被认为是比“农民负担”更为沉重的负担。

5.1.2　当代村镇地域的社会经济环境

社会经济环境是村镇地域的人文基础，是指影响乡村地域持续发展的人文资源及条件，包括经济基础、社会状态和政策环境等。相对于自然生态环境，社会经济环境是推动村镇地域系统演变最具活力的环境要素，是乡村得以形成和发展的先决性条件。近 30 年来，中国村镇地域的社会经济环境已经发生革命性变化，村镇地域发展日新月异。

对中国村镇地域发展具有导向和引领作用的人文条件变化首推农村制度变迁；其中，对中国农村发展产生深远影响的制度变迁包括以土地承包经营为核心的乡村经济体制改革，以农业税费调整为主体的乡村分配制度改革和以乡政村治为主要内容的乡村管理制度改革①。土地问题一直是中国村镇发展的核心问题。新中国成立后，在经历分田到户、合作社运动等实践探索后，农村土地经营管理明确和强化了“三级所有、队为基础”的体制框架。农村土地集体所有制曾经为新中国成立后 30 年重工业主导的工业化发展作出了历史性贡献，但不平等的经济交换和歧视性的权益分配也使得中国的农村发展走向崩溃的边缘。在“以经济建设为中心”的宏观背景下，始于 1978 年春、由安徽省部分村民率先进行“包产到户”改革试验，由 1980 年 9 月中共中央以当时著名的 75 号文件予以肯定；此后的 1982～1986 年，中共中央连续以 5 个 1 号文件的形式不断完善这项“中国农民的伟大创造”，并逐步将其规范为“以家庭承包经营为基础、统分结合的双层经营体制”，由此完成了农村经济管理的重大制度创新，并曾经带来 20 世纪 80 年代中国农村经济的繁荣。自 20 世纪 90 年代中期以来，中国的市场化和城市化加速发展，农业天然的弱质性和农村派生的边缘化特征全面凸现，农民经济利益和政治权利保障问题凸显。乡村税费改革起源于农村经济主体的变化；自 21 世纪，则开始转向于“减轻农民负担、增加农民收入”，并逐步完善为“以工补农、以城带乡”的国家利益分配格局的重大调整。1998 年 10 月，中共十五届三中全会通过《中共中央关于农业和农村工作若干重大问题的决定》，提出“农业生产发展、农民收入增长、农村社会稳定”的

① 余斌. 2007. 城市化进程中的乡村住区系统演变与人居环境优化研究. 武汉：华中师范大学博士学位论文.

“三农问题”工作目标。2000～2002 年，国家陆续发出《中共中央、国务院关于进行农村税费改革试点工作的通知》《国务院关于进一步做好农村税费改革试点工作的通知》和《国务院办公厅关于做好 2002 年扩大农村税费改革试点工作的通知》，农村税费改革先行在安徽省试点，并通过“扩大试点、积累经验、全面推开”的程序、因循“减少税种—降低税率—全面取消”的路径，在全国范围内有计划、分步骤地展开。截至 2006 年，延续数千年的农业税在中国彻底取消，以新农村建设为标志的乡村综合发展全面进入实质推进阶段。与此同时，农村治理结构创新同步推进。1979 年 9 月，四川省广汉县原向阳人民公社率先进行“政社分开”的改革探索；1980 年，广西壮族自治区宜山、罗城两县农民自发建立一种全新的基层组织形式——村民委员会；1982 年 12 月，五届全国人大第五次会议通过的《中华人民共和国宪法》中，明确规定乡镇人民代表大会和人民政府的设置及其相应的权力和行政职能、村民委员会的“基层群众性自治组织”性质，确立了中国村镇地域“乡政村治”的治理模式；1998 年 11 月，九届全国人大常委会第五次会议正式通过《中华人民共和国村民委员会组织法》，标志着“村民自治”进入制度化运作阶段，农村居民依法行使民主权力、农村地区实行自我治理成为中国的一项基本政治制度，并获得了相应的法律保障。

中国村镇地域经济环境变化的核心要素是农村经济市场化。新中国成立初期，中国经济体制主要是照搬原苏联模式，并经历了从市场经济逐步走向计划经济的过程，到 1956 年，计划经济体制确立。服务于国家经济发展战略的需要，农村经济的功能主要有两个：养活尽可能多的人口和贡献尽可能多的剩余。基于前一种功能，“以粮为纲”成为必须；基于后一种功能，“统购统销”成为必然。“一大二公”的管理体制和“自上而下”的计划经济造就了农村近乎单一化的产业结构，农村人口的持续增长大大超过了农村经济的缓慢增长，有限土地近乎无限的劳动投入使得土地的边际生产率趋于极限，农业剩余源源不断地流出。1980 年，中国农村地区总产值为 2792.6 亿元，其中，农业总产值为 1922.6 亿元、约占 70%，农村居民人均纯收入约为 190 元，在农村经济总量不断增长的背景下，经济产业结构却保持相对稳定，农村居民收入的变化并不显著，农村地区已处于经济变革的“临界点”。1978 年，中国的市场化改革以“摸着石头过河”的渐进方式起航；到 1993 年，中共十四届三中全会通过《中共中央关于建立社会主义市场经济体制若干问题的决定》，经济体制转型在上层建筑领域宣告完成，社会主义市场经济体系不断完善，市场机制在经济资源配置中越来越发挥决定性作用。如果说，土地制度变迁确立了农户的农村经济主体地位，市场经济转型则为其提供了多样化的经济机会；对农户而言，经济机会的增加意味着计划经济时代难以企及的经济预期，其经济理性形成的强大动力推动了农村经济的全面发展。相关统计资料表明：改革开放以来，中国农村经济总量持续增长、产业结构持续变化，传统农业的贡献不断减少、非农产业的贡献不断增加。总体说来，中国农村经济的发展可大致分为两个时期，1980～1995 年为外延扩张时期，对应于传统农业的全面增长和乡镇企业的高速发展，农业尚未褪去“生计农业”的色彩；1995 年至今为内涵调整时期，对应于现代农业的逐步转换和乡镇企业的结构优化，农业已经显现“市场农业”的特征。具体而言，1980 年、1995 年和 2005 年，农村经济的总量分别为 2792.6 亿元、89256.1 亿元和 175288.7 亿元，其中，农业总产值分别为 1922.6 亿元、20340.9 亿元和 39450.9 亿元，各占 68.8%、22.8%和 22.5%。伴随着农村经济的发展，居民的收入水平不断提高、收入结构不断优化。1980 年，农村居民人均纯收入为 191.3 元，其中，非农收入为 56.3 元，占全部收入的比重不足 30%；1995 年的相应数值分别增长到 1577.7 元、621.3 元和接近 40%；2005 年则进一步增长为 3254.9 元、1758.3 元和 54.0%。进入 21 世纪，国家加大了对农村地区财政转移支付力度，用于公共基础设施和公共服务设施建设等，国家利益分配格局的空间倾斜也极大地推动了农村地区的经济发展和居民生活的质量改善。

中国村镇地域社会环境变化的主导要素是农村地区城镇化。一般认为，现代城市化普遍遵从“诺瑟姆曲线”的基本规律，工业化是城市化快速发展的主要动力机制。在中国，计划经济时代的工业化并未带来城市化的同步发展。相关资料显示：新中国成立初期的 1950 年，中国的工业化水平约为 28.0%、城市化水平约为 11.2%，改革初期的 1980 年，其对应的数据分别为 48.5%和 23.7%，城市化发展速度严重滞后于工业增长。造成这种结果的主要原因一是重工业优先发展的工业化模式，二是以户籍制度为主要内容的城乡隔离制度。重工业以资本替代劳动，具有排斥劳动的固有属性，重工业优先发展稀释了工业化对人口空间聚集的强烈需求。优先发展重工业需要密集的资本投入，尽可能抽取农业剩余成为当时的“良策妙方”；将尽可能多的人口禁锢于乡村住区，既可通过劳动密集投入获取有限土地的边际产出，又可将稀缺的农业剩余多用于建设而非用于吃饭，严格的户籍制度已别无选择。这种空间隔离制度极大地约束了正常的乡—城人口流动。城乡孤立发展大大强化了国家经济与文化的二元结构，形成世界城市化历史上著名的“例外”之一。改革开放和市场经济掀开了中国城市化的新篇章。新时期的城市化发展大致可分为两个阶段：1981～1995 年为城市化起步时期，中国工业化水平由 46.4%增长为 48.8%、城市化水平由 20.2%提高到 29.0%，显现出工业化与城市化协调发展的特征；1995 年至今为城市化加速时期，2005 年，工业化和城市化水平已经分别达 47.5%和 43.0%，表现为工业化与城市化优化发展的特征。这一发展趋势与诺瑟姆曲线基本吻合，说明中国的城市化发展已步入常态。这种转变得益于诸多因素的耦合作用：①按照现代产业发展的自然逻辑顺序调整工业化模式，根据中国的具体国情扶持劳动密集型产业发展，有效刺激了人口集聚的空间需求；②非农产业，特别是第二产业发展迅猛，推动国民经济持续保持高速增长，比较劳动生产率差异增加了农村劳动力转移的经济激励；③市场经济体制构造了劳动力自由流动的框架，为人们实现其经济预期开拓了市场空间；④传统的户籍制度有所松动，越来越多的城市陆续对农村敞开大门，造成城乡隔离的樊篱逐渐消除；⑤土地制度改革在还农村居民以自由之身，其自主空间决策权力奠定了剩余劳动力转移的行为基础；⑥农村地区的非农化催生了“自下而上”的城市化模式，小城镇竞相崛起，为当代城市化注入了新鲜血液。此外，交通和通信设施的改善降低了人口流动的空间成本和信息成本等。城市文明不断在向更深层次、向更广地域扩散。

5.1.3 当代村镇地域的空间组织环境

空间组织环境是村镇地域的空间基础，是指影响村镇内部组织及外部联系的相关条件和背景因素。具有明确边界的一定农村地域是村镇空间组织的客观物质载体，村镇内部及城乡之间的空间交易需求是村镇空间组织的关键驱动变量[①]。改革开放以来，中国村镇空间组织的地域边界走向明晰、范围不断扩大，空间交易需求类型多样、规模剧增，特别是，工业化、城镇化和市场化创造外部空间关联，催生内部空间组织，村镇地域的空间组织环境不断优化。

村镇空间组织的地域范围及变化。本质上，村镇空间组织的范围即村镇空间组织中心的辐射半径，村镇空间组织中心的区位变化具有先导性和决定性。事实上，村镇空间组织中心的变化首先表现为其空间区位的回归和辐射半径的扩展。在中国，小城镇（建制镇）是村镇空间组织中心的代表和主体。近 30 年来，随着国家政治导向的转变和经济制度的变迁，村镇空间组织中心在经由生产大队向农村集镇的空间回归后，逐步发展以到小城镇（建制镇）为主体型式，地域边界不断扩大。我国自 20 世纪 90 年代开始恢复设立建制镇，2000 年以来，建制镇的总体变化趋势是数量趋于减少、辖区范围增大。2000 年，全国共有建制镇（不含县城关镇）16266 个，2005 年减少到 16064 个，2010 年进一步减少到 15067 个；与此相对应，建制镇规模不断扩大，平均人口分别由 0.69 万增加到 0.84 万和 0.92 万，平均 101.71hm^2 增加到 133.62 hm^2 和 210.99 hm^2（中国城市科学研究会等，2012）。伴随着小城镇（建制镇）的聚集增长，村镇空间组织中心服务功能不断增强、辐射半径不断增大。

村镇空间组织的市场需求及变化。改革开放加速了中国的工业化和城镇化，工业化和城镇化的快速发展加剧了村镇空间的边缘化和商品化。工业化通过农村原材料、劳动力供给和产品销售市场的需求，使村镇地域被动转入现代工业生产系统，加剧了村镇空间的边缘化；城镇化通过城市工业文明和时尚生产生活方式的扩散，使农村居民被动转入现代城市生活系统，加剧了村镇空间的商品化。在当代市场经济的条件下，空间交易活动在农村居民的日常活动中越来越占据重要地位。农村居民的交易活动主要表现为其生产市场化和生活市场化的发展，并可通过对居民的收入结构和支出结构的分析而获得解释；具体的，家庭收入和支出结构中的现金收入和支出所占的比重可大致反映农村居民的交易活动状况。定义村镇空间的生产市场化指数 PMI=（经营现金收入+经营费用支出）/（经营收入+工资收入），生活市场化指数 LMI=生活货币消费（支出）/生活消费（支出），并据此计算中国村镇空间的 PMI 和 LMI 变化。结果表明：1980～2005 年，农村居民的 LMI 从 52.32%提高到 83.53%，年均提高 1.25%；乡村住区的 PMI 从 51.68%提高到 81.43%，年均提高 1.19%。从 LMI 和 PMI 的时间变化看，两者均表现出明显的阶段性特征，其演化进程表现出“快—慢—快”的波动变化；其中，1980～1985 年为 LMI 和 PMI 的第一个快速发展时期，对应于中国改革开放和市场经济的起步，1985～1995 年为 LMI 和 PMI 的稳定发展时期，1995～2005 年则进入第二个快速发展时期，可看作是中国市场经济深入发展的逻辑结果[①]。由此可见，尽管当代中国农村尚处于较低的经济发展水平，但农村居民的日常生产生活已经彻底卷入现代市场经济的洪流之中，村镇空间也已逐步摆脱“传统的变化”而进入“现代的变革”过程（施坚雅，1998d）。村镇空间的边缘化和商品化不仅创造了外部关联机制，而且催生了内部组织需求。

---

① 余斌. 2007. 城市化进程中的乡村住区系统演变与人居环境优化研究. 武汉：华中师范大学博士学位论文.

5.2　主要特征：静态的视角

5.2.1　节点变化特征

从静态的视角看，村镇空间结构表现为村镇地域系统的节点、通道和面域等要素数量、规模及变化，节点、通道和面域表征的是村镇空间结构的物质形态，即村镇地域系统的空间形式。在村镇空间结构的物质形态层面，节点是村镇地域系统的核心构件，在村镇空间结构变化中居于主导地位。据此，此处的节点是指村镇地域的空间组织中心，村镇地域组织中心的变化主要以作为乡镇治所载体的小城镇（建制镇）和农村集镇及变化予以描述。

1. 村镇地域组织中心发展历程

从中国农村空间发展的实际进程看，新时期村镇地域组织中心的演变总体上可分为三个递进发展的阶段。

（1）第一阶段自改革开放至 1985 年，该阶段可视为地方集市主导的发展时期。新时期村镇地域组织中心的发展始于“基层市场”的复兴。中国的改革开放发轫于农村，“包产到户”确立了农民生产经营的自主权，激发了其生产的积极性和生活的热情，生产发展和生活改善催生了乡村居民的交易需求，从事农业生产的灵活性则为其自主交易活动提供了可能。由于该阶段的总体生产和生活水平不高，农村居民的需求还停留在日常必需品的基本需求层次；由于道路条件的约束和时间距离的阻隔，农村居民的日常交易活动也被限制在较小的空间范围内；加之农业经济背景下长期形成的交易传统，地方集市成为农村地域内部组织的最适模式。除此之外，数以万计的乡镇政府所在地也同时发挥着地方集市的作用。

（2）第二阶段自 1985～2000 年，该阶段可视为乡政府所在地主导的发展时期。该阶段的标志性事件是地方政府治理体制的变革及其功能转型。1983 年，中共中央全面部署人民公社体制改革，其基本目标是实行国家基层政权职能和经济职能的分离，其基本形式是以乡镇政府取代原人民公社体制。1985 年，全国范围内的乡镇改制工作完成。乡镇改制的实质是政府退出对农村生产经营的直接干涉而强化其公共服务职能。与此同时，由于乡镇政府地方治理中心的地位，道路交通等基础设施围绕其所在地建设、学校医院等公共设施依托其所在地布局，乡镇政府所在地的综合服务功能日益提升，并取代地方集市成为乡村住区中心发展的主导模式。期间，乡镇政府综合服务功能的提升推动了村镇空间的整合，乡镇总体数量持续减少；伴随着乡镇企业的兴起和波动发展，以镇政府为依托的小城镇不断成长；但从地方政府的组织结构看，乡政府所在地依然居于优势地位。地方政府组织结构的变化预示着具有更高组织效率和更强服务功能的小城镇将逐渐取代乡政府所在地成为乡村住区中心发展的主流模式。

（3）第三阶段自 2000 年至今，该阶段可视为小城镇主导的发展时期。发展小城镇是一个涉及中国城市化发展道路及模式选择的命题，小城镇可视为新时期村镇地域组织中心的未来发展方向。早在改革开放初期，人们已开始注意到小城镇建设对促进中国农村发展的特殊意义。20世纪80年代后期，乡镇企业的崛起引发了小城镇建设的实践需求。1998年，十五届三中全会从新农村建设的视角出发，提出“发展小城镇是带动农村经济和社会发展的一个大战略”；2000年，国家“十五”规划纲要提出“发展小城镇是推进我国城镇化的重要途径”，“要把发展重点放到县城和部分基础条件好、发展潜力大的建制镇，使之尽快完善功能，集聚人口，发挥农村地域性经济、文化中心的作用”；同年，国家发出《中共中央国务院关于促进小城镇健康发展的若干意见》，提出要“抓住机遇，适时引导小城镇健康发展，应当成为当前和今后较长时期农村改革与发展的一项重要任务”。我国小城镇发展开始由数量扩张、全面发展转入提高质量、重点发展。期间，以撤乡并镇为主要内容的行政区划调整，特别是，以“工业向园区集中、人口向城镇集中”为主要内容的农村空间整合政策的实施，极大地推动了小城镇的发展。村镇地域组织中心的发展进入小城镇主导的新阶段。

2. 村镇地域组织中心变化特征

中国村镇地域系统的节点变化首先表现为地域组织中心区位的“空间回归”。新中国成立前，中国村镇地域系统的主导模式已经演变为“基层市场区”系统，村镇空间组织中心为农村集市；新中国成立后，政治机制的强力主导作用促成村镇组织中心的“塌陷”和辐射半径的“萎缩”，村镇地域系统扭曲为以生产大队为中心的村庄系统；改革开放以来，随着国家政治导向的转变和经济制度的变迁，村镇空间组织中心复又“回归”到农村集镇，辐射半径也得以重新扩展。由于中国农村治理的传统和政治作用力的惯性影响，当代村镇组织中心多表现为经济中心与治理中心重合，亦即农村集镇与政府治所的区位重叠，经济-政治二元主导的村镇系统成为中国村镇地域系统的主体型式，建制镇和中心集镇（乡政府所在地）成为村镇空间组织中心的主要形态。

中国村镇地域系统的节点变化的显著特征是村镇组织中心数量及规模变化。

在当代中国，建制镇和集镇是村镇组织中心的主体部分。建制镇是经过法律程序正式建立的县下乡及行政单位。我国20世纪90年代开始恢复批准设立建制镇，随即成为村镇空间组织中心中最具活力的组成部分。21世纪以来，建制镇发展日趋规范。一是数量逐渐减少。2000年，我国共有建制镇16266个，2005年减少到16064个，2010年进一步减少到15264个；2000～2010年，建制镇数量减少6.28%。二是规模逐渐扩大。2000年，我国建制镇镇区平均占地面积约为101.71hm^2、平均人口0.69万，2005年分别增加到133.62 hm^2、0.84万，2010年进一步增加到205.12 hm^2、0.92万。2000～2010年，建制镇镇区面积和人口分别增加101.67%和34.43%。这种数量减少、规模扩大的变化趋势更多反映的是通过行政区划调整进行空间整合，进而提升建制镇空间组织功能的要求，特别是，2006年我国建制镇数量（16065个）首次超过集镇数量（14580个），说明建制镇已成为名副其实的村镇空间组织中心；与此同时，镇区面积增长大大快于人口增长，说明建制镇的成长方式总体上仍然处在粗放发展阶段，空间聚集增长和组织功能提升当是建制镇今后发展的主要方向。

集镇一般是乡政府所在地，因而也是一定农村地区的政治、经济、文化、科教和生活服务中心，具有一定规模的公共服务和商业服务设施，并设置有定期的集贸市场，是村镇空间组织中心的又一主体组成部分。进入 21 世纪以来，集镇发展总体具有类似建制镇的发展趋势。从数量变化看，2000 年，我国共有集镇数量 27552 个，2005 年减少到 20686 个，2010 年进一步减少到 13700 个；2000～2010 年，集镇数量减少 50.28%。从规模变化，2000 年，我国集镇镇区平均占地面积约为 32.90 hm^2、2005 年增加到 37.71 hm^2、2010 年进一步增加到 54.83 hm^2，2000～2010 年，集镇镇区面积增加 66.66%；但平均人口几乎没有变化，2000 年、2005 年和 2010 年，镇区人口分别为 0.21 万、0.25 万和 0.23 万。这种集镇数量减少、镇区面积增大、平均人口在低水平中稳定的变化趋势反映出我国新时期集镇的动荡变化特征。比较建制镇和集镇的变化，前者的数量减少（50.28%）远大于后者（6.28%），用地规模增加（66.66%）远小于后者（101.67%）；在人口变化方面，前者基本保持不变，后者有较快增长（34.43%）（表 5.1）。一方面，说明粗放式的外延增长是现阶段村镇空间组织中心的共性变化特征；另一方面，建制镇以其较强的人口聚集能力显示出优于集镇的空间发展前景。伴随着村镇组织中心的空间规模变化，其空间内涵随之发生变化（详见 5.3 节）。

表 5.1 中国农村地区建制镇和集镇的数量及规模变化

年份	建制镇			集镇		
	数量/个	面积/hm^2	人口/万	数量/个	面积/hm^2	人口/万
2000	16266	101.71	0.69	27552	32.90	0.21
2005	16064	133.62	0.84	20686	37.61	0.25
2006	16065	181.01	0.79	14580	63.44	0.24
2007	15065	170.00	0.78	14168	53.58	0.24
2008	15365	196.29	0.90	14100	57.55	0.24
2009	15264	205.12	0.90	13900	54.50	0.24
2010	15067	210.99	0.92	13700	54.83	0.23

资料来源：《中国小城镇和村庄建设发展报告 2010》，中国城市出版社，2011；《中国城乡建设统计年鉴 2011》。

5.2.2 通道变化特征

村镇空间结构中的通道主要指农村地区的交通道路和通信线路等基础设施，是村镇地域系统的联系纽带，具有空间结构要素和空间联结机制的双重功能。可以认为，交通道路和通信线路等基础设施的变化和现代化是村镇地域系统由传统走向现代的标志。改革开放以来，中国农村地区交通道路和通信线路等基础设施的外延（数量）和内涵（质量）建设均取得了长足进步。

1. 村镇地域组织通道发展历程

农村公路是村镇地域组织通道的基本元素，对村镇地域系统的空间组织具有基础性和先决性作用。改革开放以来，我国公路建设大致可分为三个发展阶段。

（1）第一阶段（1978～1990 年）是农村公路快速发展的起步阶段。由于中国改革开放“农村包围城市”的发展路径，该阶段改革开放的成果主要来自农村空间。由于农村经济的全面发展，农村公路建设的需求增加；但城市工业改革滞后、城乡二元结构特征依然显著，短缺经济背景淡化了农村经济发展的运输成本矛盾，农村公路建设的供给动力不足。该阶段前期，农村公路发展以农村地区的自发建设为主，发展速度较为缓慢。“六五”期间共计新建农村公路约 5 万 km、年均增加 1 万 km。该阶段后期，国家政策开始介入农村公路建设。1984 年年底，原国家计委基于贫困地区生产条件改善和贫困人口就业机会创造的双重动机，开始采用以工代赈形式组织农村公路修建，各级地方政府和公路交通部门投入相应配套资金积极予以扶持，农村公路建设速度开始加速。“七五”期间共计新建农村公路约 6.5 万 km、年均增加 1.3 万 km。从国家层面上看，该阶段农村公路建设主要基于公平发展目标，致力贫困地区基本生产条件的改善，资金投入渠道狭窄、总额有限，但建设重点主要侧重农村空间内部的道路整修，为村镇地域系统的有机发展奠定了较好基础。

（2）第二阶段（1991～2000 年）是外部关联主导的农村公路发展时期。20 世纪 90 年代，中国改革开放的重心转向城市空间和工业部门，国有企业逐步脱困使城市经济重现活力，国民经济持续保持快速增长态势；与此同时，中国基本告别短缺经济时代，乡镇企业陷入困境、农村经济趋于停滞，城乡差距日益扩大。在此背景下，国家在继续推进国有企业改革和城市经济发展的同时，进一步加大了对农村和贫困地区的支持力度；基于“造血与输血”的辩证关系和“要想富、先修路”的朴素理念，“道路造血”和“交通扶贫”构成国家空间政策的重点之一。1994 年，中国推出《国家“八七”扶贫攻坚计划》，决定在 1994～2000 年以每年 10 亿元的商品进行以工代赈，主要解决贫困地区行路难和饮水难问题，实施范围覆盖 21 个省区 529 个国家级贫困县，其中用于农村扶贫公路建设的资金每年达 7 亿元；交通部同时编制并开始实施《交通扶贫公路建设“九五”规划》，每年投资 9.2 亿元帮助贫困地区发展公路交通、重点解决“出口路”、“经济路”和“通乡路”等“三路”建设问题。农村公路通车里程持续保持稳定增长，10 年累积增加 32 万 km、年均增加 3.2 万 km；其中，“八五”期间新增 11 万 km、年均增加 2.2 万 km，“九五”期间新增 21 万 km、年均增加 4.2 万 km。农村公路的快速发展使村镇地域系统的外部联系和内部组织均获得了有效改善。

（3）第三阶段（2000 年至今）是内部组织主导的农村公路发展时期。自 20 世纪 90 年代中期，中国进入快速城市化发展阶段，经济全球化加剧了国家竞争，城市和城市群经济成为支撑国家竞争的核心空间单元，农村空间更趋边缘化。进入 21 世纪，城乡差距进一步扩大，农村市场需求持续疲软，城乡矛盾突出，并由此派生出诸多复杂的社会经济矛盾。另外，经过近 30 年改革开放，国家综合国力大大增强、财政资源持续增长，通过国家政策推动“工业支持农业、城市带动农村”发展的条件基本成熟，国家空间政策的重心开始由城市转向农村。2003 年，交通部提出“修好农村路，服务城镇化”的工作目标，并具体组织实施，旨在改善农村公路通行条件的通达工程和通畅工程；2005 年，国务院批准并发布《全国农村公路建设规划》，明确提出“具备条件的乡镇和建制村通沥青（水泥）路”的农村公路建设总体目标；2006 年，国家启动并实施“农村公路建设五年千亿元工程”，以确保农村公路建设“十一五”规划目标的顺利实现……据统计，仅“十五”期间，国家发展和改革委员会和交通部相继组织实施了 8 项农村公路交通专项建设计划，五年共完成农村公路建设投资 4178 亿元（其中，中央投入专项建设资金超过 900 亿元），总投资是“九五”期的 3 倍，5 年累计增加 43 万 km，相当于改革开放前 20 年新增农村公路的总和。“十一五”期间，农村公路建设更以每年超过 10 万 km 的速度发展。中国农村公路建设进入里程延伸和等级提升并重、外延发展和内涵发展相结合的新阶段。

通信线路设施主要是指网络、电话和电视等连接通道构成的“三网”线路，这些线路设施通过信息传递与交流影响村镇地域系统不同等级节点和不同行为主体之间的相互作用，并进而影响其空间结构的变化。改革开放之前，我国农村通信线路设施几近空白。随着农村经济的发展和居民生活水平的提高，通信线路设施发展迅速，并经历了电视主导—电话主导—电脑主导的发展阶段。进入 21 世纪，在国家政策的大力引导和财政资源的强力支持下，农村空间的信息化发展更是获得了突破性进展。根据原信息产业部发布的数据，2007 年，全国行政村通电话比重已达 99.5%，移动电话普及率达 72.5%；在互联网方面，97%以上的乡镇具备接入条件、92%的乡镇开通了宽带业务。同年，农村网民规模达 5262 万，年增长率为 127.7%，远高于城镇网民 38.2%的增长水平。截至 2013 年，全国农村地区行政村宽带开通比例已提高到 91%、通电话比例提高到 95.6%。

2. 村镇地域组织通道变化特征

理论上，可以农村公路的变化考察村镇地域交通道路设施的发展情况。以 *H* 表示村镇地域的公路线路里程，PH 表示铺装路面里程，分别以 VT 和 HV 表示村镇地域的村庄总数和通汽车村庄数，则 *H* 值的大小可表示村镇地域交通道路设施的外延变化，PH/*H* 表示其内涵变化，而 HV/VT 可看做是当代乡村住区交通道路设施的空间结构效应。类似地，可以电视和电话的普及考察村镇地域通信线路设施的发展情况。以 TP 和 TV 表示农村居民拥有电话和电视的数量，以 MP 和 LV 表示拥有移动电话和有线电视的数量，以 TPV 和 TVV 表示村镇地域的通电话村庄数和通电视村庄数，则 TP 和 TV 值的数值大小表示村镇地域通信线路设施的外延变化，MP/TP 和 LV/TV 表示其内涵变化，而 TPV/VT 和 TVV/VT 可视为当代村镇地域通信线路设施的空间关联效应。此外，根据信息化时代的社会发展特征，以 ITC 表示互联网的通村数量，则 ITC 的数量可帮助考察村镇地域通信线路设施的内涵发展水平。

受限于有关数据的获取难度及其真实性和准确性，现仅侧重分析当代中国村镇地域交通道路设施的发展情况，并以 TP 和 TV 的乡村普及率粗略分析中国村镇空间通信线路设施的发展情况（表 5.2）。据此，村镇地域交通道路设施发展的主要特征是：在形态上，农村公路里程（*H*）不断增加，说明农村交通道路设施不断向面域伸展；在层次上，农村公路铺装路面里程（PH）不断增加，说明农村公路等级不断晴雨“两栖化”提升。1980～2005 年，由于村庄（VT）的数量持续递减、农村公路里程（*H*）和铺装路面里程（PH）的数量持续递增，农村公路铺装路面里程占农村公路总里程比重（PH/*H*）得以以更快的速度提高，PH/*H* 由 1980 年的 58.30%上升到 2005 年的 87.10%，伴随着农村公路里程的不断增加，交通道路设施的质量不断改善；与此同时，村镇地域通汽车村庄数占村庄总数的比例（HV/VT）迅速提高，HV/VT 由 1980 年的 65.30%上升到 2005 年的 94.30%，说明当代村镇地域交通道路设施的空间关联效应日趋增强。同期，村镇地域通信线路设施发展的主要特征是：农村居民每百户拥有电话（TP）和电视机（TV）数量增长迅速，农村信息基础设施建设同时向着普及率提高（面域伸展）和功能性增强（层次提升）的方向变化。1980～2005 年，农村居民每百户拥有电话（TP）和电视机（TV）的数量分别由 0.76 部和 0.40 台上升到 58.30 部和 105.80 台，年均升幅高达 230.16%和 420.16%，两者均表现出与交通道路设施大致相同的变化趋势，说明当代村镇地域通信线路设施的外延不断扩展、内涵不断提升，空间关联效应持续向着良性方向发展[①]。此外，伴随着城镇化、市场化和信息化的深入发展，农村居民拥有的电脑数量和互联网的通村数量也逐渐增加。2007 年，中国农村上网人数已占中国总上网人数的 5.1%，但与庞大的农村人口比重和农村空间发展还很不相称，电脑缺乏是农村地区网络普遍受限的主要因素之一，农村家庭的电脑拥有水平也仅为 2～3 台/100 户，网络应用主要停留在新闻和娱乐等初级功能水平上。

表 5.2　改革开放以来中国村镇地域通道的变化及其空间关联效应

年份	VT	*H*	PH	HV	PH/*H*	HV/VT	TP	TV
1980	500.00	255	164	326.50	58.30	65.30	0.76	0.40
1985	469.87	269	211	329.85	67.40	70.20	3.20	11.70
1990	377.60	285	224	283.95	71.50	75.20	6.80	44.30
1995	369.52	303	246	303.07	81.20	83.10	12.30	80.70
2000	353.75	324	283	320.14	81.23	90.50	26.38	101.70
2005	320.70	350	305	302.42	87.10	94.30	58.30	105.80

资料来源：据相关年度《中国农村统计年鉴》、《中国经济年鉴》和《中国乡镇统计资料（2003）》整理，其中，VT 和 HV、*H* 和 PH、PH/*H* 和 HV/VT、TP 和 TV 的单位分别为：万个、万公里、%和部、台/百户。转引自：余斌，《城市化进程中的乡村住区系统演变与人居环境优化研究》，华中师范大学，2007，第 100 页。

另外，尽管中国村镇地域空间组织通道（交通道路和通信线路）发展迅速、成效显著，与新的时代背景下农村经济社会发展和农民生活质量提高的需求仍然不相适应。从空间效能看，农村公路总体发展水平仍然较低，路网密度不高、通达深度不够、技术等级偏低、地区发展很不平衡；从技术层面看，公路标准参差不齐、养护管理矛盾突出。加之以互联网为标志的信息基础设施建设刚刚起步。中国村镇空间的通达化和信息化还任重道远。

5.2.3　面域变化特征

村镇空间结构中的面域是指广域农村空间及其散布其中的村落，作为村镇地域系统的空间组织单元，村落系统是农村空间的主体，农地系统是农村空间的载体，前者是富于积极变化的因素，后者通过前者的作用而变化。作为农村居民的日常生活基地，农村村落的空间状态直接反映村镇地域系统的人居环境水平。总体而言，当代中国的村落空间已发生显著变化，并朝着更加优化的方向发展。

1. 村镇地域组织单元发展历程

在当代中国，城镇化对村落空间变化具有关键性影响[①]。据此，以农村人口变化和

---

① 余斌. 2007. 城市化进程中的乡村住区系统演变与人居环境优化研究. 武汉：华中师范大学博士学位论文.

城市化发展水平为依据，以 1995 年为时间界线，将改革开放以来的中国村落空间变化分为两个不同的演变阶段。

（1）前一个阶段为村落的自发演变时期。在该阶段，农村人口的持续增长增加了居民居住的绝对需求，农业生产经营机制的变革和乡镇企业的迅猛发展大大提高了农村居民的生活水平，并由此唤醒了农村居民的空间欲望，从而增加了居民居住的相对需求，加之国家土地管理政策相对宽松，三方面的合力作用掀起了此起彼伏的农村居民住房更新热潮，尽管同期的村落数量因空间聚集而有所减少，但村落占地规模迅速扩展。以 20 世纪 90 年代为例，1990～1995 年，全国农村人口总量由 84138 万人增加到 85947 万人；同期，全国村落数量由 3775964 个减少至 3695195 个，农村居民点占地面积由 157.12 亿 m^2 增加到 162.66 亿 m^2。农村人口增加、村落数量减少和村落占地面积增加，一方面揭示出农村空间聚集发展的总体趋势，另一方面也暴露出农村地区土地浪费的严重弊端。同期，中国村落的平均人口规模由 222.825 人增加到 232.591 人，平均占地面积由 4.16 万 m^2 增加到 4.40 万 m^2；然而，同期全国村落人均占地面积由 186.740 m^2 增加到 189.256 m^2，该指标超过国家规定标准，而且实际水平仍在继续增加。

（2）后一个阶段为村落的自觉发展时期。在该阶段，城市化进入快速发展时期，其人口效应已开始超过人口自然增长的贡献，农村人口由相对减少转为绝对减少；快速城市化进一步加剧了农村空间的边缘化，伴随着经济资源的持续流出和市场竞争的日趋激烈，农业比较劣势充分暴露、乡镇企业不断走向衰落，乡村经济增长和农民收入增加陷入困境，农村居民的空间需求有所萎缩；耕地大量流失和农业增长乏力已经威胁到国家的粮食安全，农村消费市场持续疲软严重制约了区域经济的可持续发展。如果说，农村空间内部的自发变化已经迎来村镇地域系统空间重构的有利时机，则国家空间政策的适时引导有力推动了农村空间的自觉发展。中国多年改革开放成果的积累为国家空间政策的重心调整提供了可能。1998 年，中共十六届三中全会提出“新农村建设”的命题；此后，以统筹城乡发展的思路连续推出基于农村发展的空间倾斜政策，村镇地域系统开始走向空间重构的漫漫征途。同以 20 世纪 90 年代为例，1996～2000 年，全国农村人口总量由 85947 万人减少到 80837 万人；同期，全国村落数量由 3695195 个进一步减少至 3537475 个，农村居民点占地面积由 162.66 亿 m^2 增加到 165.00 亿 m^2。农村人口减少、村落数量持续减少和村落占地面积增幅减小，反映出城市化进程中农村空间的动荡变化趋势，农村空间的土地粗放利用尚未得到根本扭转。1996～2000 年，由于城市化的加速发展，中国村落的平均人口规模有所减少，具体由 232.591 人减少到 229.516 人；然而，同期全国村落平均占地面积仍在继续增加，具体由 4.40 万 m^2 增加到 4.66 万 m^2；相应地，人均占地面积由 189.256 m^2 增加到 204.114 m^2。农村人口的绝对减少未能引发村落占地面积和人均居住面积的同步减少，中国农村空间的集约利用潜力巨大。

2. 村镇地域组织单元变化特征

当代中国的村镇地域正在经历由空间密集化向空间稀疏化的历史性转变，村落的分布数量、规模及形态变化构成村镇空间结构变化的基础。在快速城镇化背景下，农村地区人口密度的倒“U”型曲线揭示了村镇空间变化的基本规律；与此相适应，数量减少、规模增大应是当代中国农村地区村落变化的一般趋势。2000 年，全国共有村落 3537475 个，村落平均人口规模 229.6 人；2010 年，村落数量减少到 2729000 个，村落平均人口规模增加到 281.8 人。2000～2010 年，村落数量减少 808475 个、减幅为 22.85%，村落平均人口规模增加 52.2 人、增幅为 22.74%（中国城市科学研究会等，2011）。村落数量减少、规模增加显著，说明我国村镇空间村落变化符合城镇化发展的一般规律。

在村镇地域由空间密集化向空间稀疏化转变背景下，村落的空间形态变化随之由扩散主导走向集聚主导。现以村落人口、占地面积的变化进一步刻画这种发展进程。以 VPCR 表示基于人口的村落规模时间变化率、VACR 表示基于面积的村落规模变化率，以 VPAR 表示村落人口密度变化率、VPAI 表示村落单元的集散系数，其中，VPAI=VPCR/VACR[①]。

VPCR 和 VACR 可解释村落单元的空间形态变化方向：

VPCR>0、VACR>0，村落单元的规模递增、结构趋于均质化；

VPCR>0、VACR<0，村落单元的规模递减、结构趋于密集化；

VPCR<0、VACR>0，村落单元的规模递增、结构趋于稀疏化；

VPCR<0、VACR<0，村落单元的规模递减、结构趋于均质化；

VPAI 和 VPAR 可解释村落单元的空间形态变化机制：

VPAR>0、VPAI >1，村落单元的结构密集化、人口变化主导型；

VPAR>0、VPAI<1，村落单元的结构密集化、用地变化主导型；

VPAR<0、VPAI>1，村落单元的结构稀疏化、人口变化主导型；

VPAR<0、VPAI<1，村落单元的结构稀疏化、用地变化主导型。

表 5.3 为相关统计及计算结果。1980～2005 年，中国村镇地域空间组织单元（村落）的平均人口数量和占地面积均持续增加，VPC 和 VAC 分别由 159 人/个、22.87 亩[②]/个提高到 232 人/个、131.73 亩/个，意味着中国村落的空间形态变化在区域层次上表现为空

表 5.3　当代中国村镇组织单元（村落）空间形态整合及变化

特征值	1980	1985	1990	1995	2000	2005	平均值
VPC/（人/个）	159.13	172.19	222.59	232.29	228.35	231.87	207.74
VAC/（亩/个）	22.87	39.70	63.29	78.06	97.55	131.73	80.71
VPA/（人/亩）	70.91	45.35	37.45	31.74	26.88	22.44	34.07
VPCR/%	—	2.61	10.08	1.94	–0.79	0.70	—
VACR/%	—	3.36	4.72	2.95	3.90	6.84	—
VPAR/%	—	–5.11	–1.58	–1.14	–0.97	–0.89	—
VPAI/%	—	0.78	2.14	–1.70	–0.20	0.10	—

资料来源：根据相关年度《中国统计年鉴》和《中国农业统计年鉴》整理并计算。转引自：余斌，《城市化进程中的乡村住区系统演变与人居环境优化研究》，华中师范大学，2007，第 102 页。

① 余斌. 2007. 城市化进程中的乡村住区系统演变与人居环境优化研究. 武汉：华中师范大学博士学位论文.

② 1 亩≈666.67m^2。

间聚集；进一步考察村落平均人口数量和平均占地面积时间变化发现，基于人口的空间聚集以 1990 年最为突出（VPCR=10.08%），基于面积的空间聚集以 2005 年最为显著（VACR=6.84%），揭示出当代中国村落的空间聚集由村庄平均人口增长推动其平均面积扩张的演化轨迹，村落单元的规模递增同时伴随着其结构的均质化。在这种总体演变趋势下，也曾有出现基于规模递增的结构稀疏化现象，如 1995～2000 年，VPCR 和 VACR 分别由 1.94%、2.95%变化为–0.79%、3.90%，该时期恰好与当代中国城镇化进程的转折时期相对应，快速的人口城市化推动了乡村住区单元空间结构的稀疏化。

另外，村落单元的人口密度和集散系数变化能够揭示其空间形态变化的原因。1980～2005 年，中国农村地区村落单元的平均人口密度持续减少，VPA 由 71 人/亩降低为 22 人/亩，意味着其空间形态变化在单元层次上存在空间扩散的趋势，且基于密度的空间扩散以 1985 年最为迅速（VACR=6.84%），该时期与同期中国农村地区“村庄蔓延”的事实基本相符。与此同时，从村落平均人口密度及其集散系数的组合变化看，当代中国村落单元的形态变化经历了一个自用地变化主导的结构稀疏化到人口变化主导的结构稀疏化、再到用地变化主导的结构稀疏化的演化过程，其“拐点”出现于 1990 年，其时，VPAR= –1.58%<0，VPAI=2.14>1。

其具体机制及其实践基础尚待深入探讨[①]。

综上所述，区域层次的空间聚集和单元层次的空间扩散构成当代中国农村村落单元空间形态演化的总体趋势。究其原因，既有乡村住区人口增长的推动，如农户家庭的“裂变”及其居住变化等，又有农村居民空间需求的激励，如“合意”居住行为引起的村庄蔓延等，可能还有国家空间政策的引导，如“撤村并点”和中心村建设等一系列“村庄整治”工程的实施等。在当代村镇地域系统中，组织中心是“心脏”，空间通道是“动脉”，村落单元是基础“部件”，三者联结构成村镇地域系统的有机整体，组织中心的有效拓展、空间通道的有机伸展和村落单元的有序发展及其之间的内在统一和空间关联，既是当代中国村镇地域系统空间结构演变的基本趋势，更应该成为中国政府和农村居民的共同追求。

5.3　主要特征：动态的视角

5.3.1　内部组织特征

从动态的视角看，村镇空间结构表现为村镇地域系统要素的内部组织、外部关联及其网络结构及变化。内部组织、外部关联及其网络结构的实质是村镇空间结构要素之间及其与外部环境之间的关系，这种空间结构及变化可视为村镇地域系统的空间内涵及变化。在村镇地域系统的空间关系层面，内部组织是村落单元之间，特别是村落单元与村镇组织中心之间的联系，村镇地域系统内部的有机化组织是村镇空间结构优化的基础。

村镇地域系统内部空间组织的内隐机制是农村居民的空间交易和交往需求，外显方式是村镇空间结构要素变化。从内隐机制看，可以我国农村全社会零售品销售总额及变

① 余斌. 2007. 城市化进程中的乡村住区系统演变与人居环境优化研究. 武汉：华中师范大学博士学位论文.

化粗略描述。改革开放前，高度的计划经济基本瓦解了农村居民空间交易的经济基础；改革开放后，市场经济发展逐步唤醒了农村居民的空间交易需求，进而催生了村镇地域系统的形成及其内部空间组织的发展。2005～2010 年，我国农村地区全社会消费品零售总额由 22082 亿元增加到 47528 亿元，并持续保持两位数以上的增长率①。说明村镇地域系统内部组织的空间需求旺盛。另外，基于农村居民的服务供给是村镇地域系统内部组织空间的主要机制，相关服务设施发展是内部空间组织的重要路径。农村集贸市场的发展和变化是村镇空间市场服务供给及变化的重要体现。1980 年，中国农村地区共有集贸市场 37890 个，此后持续增加，最多曾经达到 71359 个（1988 年）；其后在动荡中调整，并逐步减少到 2000 年的 62416 个，2003 年进一步减少到 54011 个②。中国农村集贸市场的变化表现出与村镇空间组织中心的类似变化趋势，说明伴随着农村地区的空间整合，农村集贸市场功能存在着聚集与扩散并存的发展特征。随着农村市场化进程的推进，村镇市场体系发育不断进步，集市贸易由初级市场向专业市场到高级市场转化。到 2006 年，布局综合市场的乡镇占比已达 68.4%，布局专业市场的乡镇占比为 28.2%、其中，布局农产品专业市场的乡镇占比为 23.0%（表 5.4）。农村市场的繁荣，有效地促进了村镇地域系统内部的空间组织。

表 5.4　2006 年中国农村市场设施布局及区域差异（%）

农村市场类别	全国	东部	中部	西部	东北
有综合市场的乡镇	68.4	78.8	73.7	59.0	69.5
其中：年交易额超过 1000 万元以上	23.9	36.9	25.9	15.7	20.2
有专业市场的乡镇	28.2	36.0	38.5	18.2	24.2
其中：有年交易额超过 1000 万元以上	10.5	19.0	12.4	4.7	9.6
有农产品专业市场的乡镇	23.0	27.8	33.9	14.7	16.5
其中：有年交易额超过 1000 万元以上	7.6	13.4	9.4	3.3	6.4
有 50m^2 以上的综合商店或超市的村	34.4	40.6	35.1	22.3	57.2
在村内可以买到化肥	50.2	54.6	51.6	44.8	42.3
在村内可以买到彩电	5.2	5.2	5.2	5.4	3.5

资料来源：国家统计局综合司《第二次农业普查主要数据公报》。

从外显方式看，村镇空间组织要素是实现农村居民空间需求的物质载体。如前所述，改革开放后，农村交通道路设施和通信线路设施获得了长足发展，有力地支持了村镇地域系统的内部空间组织。现以交通道路设施为例，2005 年，我国已基本实现东部地区“油路到村”，中部地区“油路到乡”，西部地区“油路到县”。截至 2006 年年底，我国农村公路通车总里程已达到 302.6 万 km，其中，95.5%的行政村和 82.6%的自然村已通公路，进村公路路面以水泥路面居多，村内道路路面以沙石路面为主；25.0%的村域有车站或码头，村庄到最近车站或码头的距离在 5km 以内的比例已达 91.7%（表 5.5）。

进一步，因村镇地域通村道路和通信线路等基础设施大多以乡镇政府所在地（建制镇或中心集镇）为核心关联伸展布局；另外，当代中国村镇空间联系通道的地域

① 数据来源于《中国统计年鉴》和《中国农村统计年鉴》。
② 相关数据来源于《中国农村统计年鉴》。

延伸及层次提升是农村居民空间需求演变的结果。据此，村镇空间的交通道路和通信线路等基础设施建设及分布可近似视为村镇地域系统内部村落单元与村镇中心及村落单元之间空间组织的外显方式①。现以 VLRI 和 VLR11 分别表示通汽车村庄数量和通电话村庄数量的时间变化，VLRI 和 VLR11 可用于解析村镇地域系统内部的空间组织特征②。

表 5.5　2006 年中国农村交通道路设施发展情况（%）

分类型	全国	东部地区	中部地区	西部地区	东北地区
按村到最近车站或码头的距离分					
村内有车站或码头	25.0	29.0	21.9	19.9	45.5
1～3km	45.2	52.1	48.4	34.8	36.9
4～5km	11.5	9.1	13.4	13.4	6.9
6～10km	10.3	6.7	10.7	15.1	6.9
11～20km	5.2	2.5	4.3	9.5	2.8
20km 以上	2.8	0.6	1.3	7.3	1.0
按进村公路路面类型分					
水泥路面	35.2	51.8	37.1	14.1	25.1
柏油路面	26.3	32.8	26.7	16.4	34.9
沙石路面	25.7	10.8	26.3	42.7	32.7
砖石路面	1.1	1.2	1.1	0.6	2.4
其他路面	11.7	3.4	8.8	26.2	4.9
按村内主要道路路面类型分					
水泥路面	27.7	44.0	26.4	10.6	15.6
柏油路面	11.1	16.5	11.0	4.3	13.0
沙石路面	35.7	24.1	38.9	43.5	57.0
砖石路面	2.7	3.9	2.7	1.1	2.6
其他路面	22.8	11.5	21.0	40.5	11.8
村内主要道路有路灯的村	21.8	44.5	13.0	4.0	10.9

资料来源：国家统计局综合司《第二次农业普查主要数据公报》。

（1）VLRI>0、VLR11>0，村镇地域系统内部的空间联系趋向开放、空间组织趋于紧密；

（2）VLRI>0、VLR11<0，或 VLRI <0、VLR11>0，村镇地域系统内部的空间联系非平衡开放，空间组织非平衡发展；

（3）VLRI<0、VLR11<0，村镇地域系统内部的空间联系趋向封闭，空间组织趋于松散。

经验表明，当代中国村镇地域系统内部的空间联系日趋开放、空间组织日趋紧密。前述有关章节的讨论结果表明，村镇空间交通线路设施的外延获得快速扩展、内涵也有显著提升，这种变化进一步促进了村落单元与村镇中心及村落单元之间的空间关联效率的提高。事实上，村镇地域系统通道的空间关联效应即村落单元的内部关联效率。该部分内容在 5.2 节中已有讨论，此处不再重复。

由于村落单元的空间组织涉及国家的农村空间政策和农村地区的公共基础设施建

①② 余斌. 2007. 城市化进程中的乡村住区系统演变与人居环境优化研究. 武汉：华中师范大学博士学位论文.

设，基础设施具有公共产品的性质，城镇化进程中的村镇空间是一种边缘化空间，因而政府的空间引导和公共投资在村镇地域系统的空间联系和空间组织中均发挥着主导性作用，通过政府的强力调控替代市场失灵，以应对快速城镇化可能引发的村镇空间“负”效应——西方国家普遍曾经出现的乡村萧条，将可能形成中西村镇空间发展实践过程与逻辑结果的重要区别。

5.3.2　外部关联特征

村镇地域系统的外部空间关联是指村镇空间组织中心及其空间结构要素与外部环境之间发生的空间相互作用。城镇化创造的内部需求和市场化催生的外部需求是村镇空间外部关联的主要动力，要素流动和商品流动是村镇空间外部关联的主要内容，交通设施和通信设施是村镇空间外部关联的主要载体。在当代背景下，外部空间关联是村镇地域系统演化的决定性因素。

城镇化创造的对村镇空间的需求主要包括原材料、劳动力、资本、市场和土地（周一星，1994）。城镇化发展的根本动力是非农产业的空间聚集和持续发展，非农产业发展（工业化发展）需要生产要素的充分供给和销售市场的稳定发展，特别是，在城镇化发展的第一阶段（城镇化水平达 30%之前），工业化所需的原材料、劳动力、资本、市场和土地主要来源于农村。改革开放后，我国城镇化步入常态，非农产业的比较劳动生产率和比较经济利益吸引农村经济资源源源不断地流向城镇。从劳动力要素流动看，伴随着我国农业经营机制改革的推进，农村剩余劳动力“浮出水面”、规模不断扩大；另外，市场化改革使工业化发展对劳动力的需求增加。在这种“推力-拉力”的合力作用下，农村剩余劳动力自发向城镇非农产业转移。由于我国农村庞大的人口基数，加之政府引导经验的缺乏，曾经形成著名的“民工潮”现象。例如，20 世纪 90 年代是我国“民工潮”集中爆发的时期，1996 年，全国农村外出务工人员总数高达 2519 万。此后城镇化进入加速发展时期，但工业化进入结构调整时期，农村外出务工人员数字有所减小，但规模仍然巨大。2010 年，我国农村外出务工人员总数仍有 15335 万①。从资本要素流动看，农业资金非农化是我国的普遍现象。截至 20 世纪末，农村资本向城镇非农产业流动的趋势尚未得到根本扭转。研究表明（马从辉，2002），改革前 20 年，农业资金年均净流出量（按 1995 年不变价计算）达 458 亿元，1978～1996 年间，农业资金共流出 8709 亿元。90 年代年均流出量比 80 年代增加了近 100 亿元。农村资金转移的主要形式包括通过价格形式的收入转移、通过政府预算的收入转移、通过金融系统的资金转移，以及对农业的投资减少等。村镇资本流失的途径主要有价格流失和储蓄流失。价格流失是我国工农业产品价格剪刀差形成的农业剩余被人为转移到城市和工业领域。随着我国价格体制改革的推进，价格剪刀差有所缩小，但新的外界因素又导致价格剪刀差拉大，这些因素包括国内农产品结构性过剩，农业生产资料价格上涨过快等。储蓄流失是指农村金融机构在农村吸收的储蓄存款低于贷款，其剩余部分流向城市非农产业部门。农村资本要素外流的具体表现形式包括农业银行对农业贷款大规模减少和农村信用社贷款用于农村部分的比重下降等（卢荣善和张远秀，2009）。进入 21 世纪，城镇化的加速发

① 相关数据来源于《中国农村统计年鉴》。

展加剧了村镇空间的边缘化，不断扩大的城乡发展差距已严重威胁我国经济社会可持续发展的基础，国家开始倡导和推动实施“以城带乡、以工补农”的空间发展政策，资本要素的空间流动呈现出新的变化。

市场化催生的对城镇空间的需求主要包括商品、资本、技术和信息①。市场化的本质是公平交易，交易的动力源于需求的满足，人类的需求随自身发展而变化。我国始于农村的市场化改革开放极大地调动了农民生产的积极性，农业生产连年丰收，农村居民很快解决了“温饱”问题，改善生活质量成为他们的共同追求，家庭日常生活用品消费数量持续增加、档次不断升级，特别是，包括住宅装饰材料和家用电器等高档消费品主要来自城镇工业部门，家庭日常生活用品构成城-乡商品交换的基本部分。以家庭耐用消费品为例，改革开放以来，中国农村居民家庭耐用消费品经历了显著的变化（表 5.6）。改革开放以来，我国出现了农村居民家庭耐用消费品类型增多、档次提升的持续变化过程。截至 1990 年，自行车和电视机是中国农村居民家庭耐用消费品的主要类型；到 2000 年，彩色电视机、洗衣机、电话机和摩托车获得了较快增加，家用计算机、移动电话等新兴家用消费品开始走进农村居民家庭；到 2010 年，移动电话、彩色电视机已基本完成对电话机和黑白电视机的升级替代，洗衣机、电冰箱和摩托车逐步普及，家用计算机和抽油烟机等增长迅速。家庭耐用消费品拥有量及其结构变化表明中国农村居民日常消费变化的一般趋势。另外，伴随着中国城镇化的快速发展和农业劳动力不断转移，要求农业生产方式随之发生变化，机械技术替代和生物技术替代逐步在农业生产领域得到推广，农机、化肥、农药等工业产品需求种类增加、规模扩大，农业生产资料消费构成城—乡商品交换的又一组成部分。以农用化肥施用量为例，1980 年，全国农用化肥施用量为 1269.40 万 t，2010 年，这一数字上升到 5561.70 万 t，30 年间增加了 4.38 倍。与此同时，农业机械总动力更是增加了 6.29 倍（由 1980 年的 1474.60 亿 W 增加到 2010 年的

表 5.6　中国农村居民家庭平均每百户年底耐用消费品拥有量及变化

指标	1990 年	1995 年	2000 年	2005 年	2010 年
洗衣机/台	9.12	16.90	28.58	40.20	57.32
电冰箱/台	1.22	5.15	12.31	20.10	45.19
空调机/台		0.18	1.32	6.40	16.00
抽油烟机/台		0.61	2.75	5.98	11.11
自行车/辆	118.33	147.02	120.48	98.37	95.98
摩托车/辆	0.89	4.91	21.94	40.70	59.02
电话机/部			26.38	58.37	60.76
移动电话/部			4.32	50.24	136.54
黑白电视机/台	39.72	63.81	52.97	21.77	6.38
彩色电视机/台	4.72	16.92	48.74	84.08	111.79
照相机/台	0.70	1.42	3.12	4.05	5.17
家用计算机/台			0.47	2.10	10.37

资料来源：《中国统计年鉴》（2011）。

① 余斌. 2007. 城市化进程中的乡村住区系统演变与人居环境优化研究. 武汉：华中师范大学博士学位论文.

9278.00 亿 W)。城镇商品的城—乡流动具有与农村人口的乡—城流动类似的机理和效应：村镇空间的生产生活需求形成拉力，城镇空间的市场需求形成推力，两者的相互作用推动了农村居民生活资料和农业生产资料的乡—城流动；这种商品的乡—城流动有效构筑了城乡联系路径，进一步密切了村镇空间的外部关联。

外联通道建设是村镇地域系统外部关联状态的“显示器”。改革开放以来，日趋紧密的城乡空间联系对村镇空间外联通道建设提出不断增加的需求，村镇空间通往主要城市和交通枢纽基础设施不断延伸、时间距离不断缩减。整体上，中国农村地区外联通达水平均有提高。由于空间区位的基本稳定和空间距离的基本不变，村镇空间到主要城市的时间距离变化主要说明外联通道的内涵发展。以中国农村地区到特大城市为例，20 世纪 80 年代末，两者间的平均车程时间约为 6.0h，2006 年已缩短至 0.6h，时间距离减少了约 10 倍。由于交通道路及场站设施的动态发展性，村镇空间到交通枢纽的时间距离变化可部分解释外联通道的外延发展。以中国农村地区到高速公路为例，同期，平均车程时间由 2.5h 缩短至 0.6h，时间距离减少了约 4 倍（表 5.7）。具体的，可以 1h 时间距离为单位，以中国农村地区到达主要城市和交通枢纽的乡镇比例及其变化考察村镇空间外联区位、形式及变化（表 5.8）。就村镇空间与主要城市的外联状态而言，1h 可达各类城市（镇）的乡镇比例均有所提高，可达省会及特大城市的乡镇比例由 20 世纪 80 年代末的 3%～5%提高到 2006 年的 26%，可达县城和地级市的比例分别由 39%、17%提高到现阶段的 81%、58%，地级市已成为村镇空间外联的主要区位，县城更已成为农村居民的自由出入之所。就村镇空间与主交通枢纽的外联形式而言，21 世纪之前，村镇空间外联的主要便利途径是铁路，1h 可达火车站的乡镇比例由 20 世纪 80 年代末的 41%提高到 90 年代末的 51%，但高速公路交通发展迅速，同期，1h 可达高速公路的乡镇比例由 6%上升到 39%；进入 21 世纪，航空运输发展迅猛，铁路交通仍然发挥重要作用，高速公路已然成为农村居民外出最为便捷的交通形式，到 2006 年，1h 可达高速公路、机场和火车站的乡镇比例已分别达到 74%、42%和 71%。中国农村地区外联时间和便捷水平变化是村镇空间外联内涵的外在表现形式，时间距离的普遍缩短和空间可达性的普遍提高，说明村镇空间的外联范围不断扩展、外联强度不断增加。

表 5.7　中国农村地区乡镇到各类交通设施和各级主要城市车程时间及变化

类别		20 世纪 80 年代末/h	20 世纪 90 年代末/h	2006 年/h
交通枢纽	高速公路	2.5	1.5	0.6
	机场	4.0	2.3	1.6
	火车站	1.4	1.2	0.7
	港口	5.5	4.2	2.0
主要城市	特大城市	6.0	4.5	2.4
	省会城市	7.7	4.9	4.0
	地级市	8.6	7.1	6.5
	县城	1.6	1.3	0.9

数据来源：转引自建设部课题组，《新时期小城镇发展研究》，中国建筑工业出版社，2007，第 4 页。

表 5.8　中国农村地区 1h 可达主要交通设施和主要城市的乡镇比例及变化

类别		20 世纪 80 年代末/%	20 世纪 90 年代末/%	2006 年/%
交通枢纽	高速公路	6	39	74
	机场	9	21	42
	火车站	41	51	71
	港口	11	12	18
主要城市	特大城市	5	9	26
	省会城市	3	14	26
	地级市	17	33	58
	县城	39	67	81

资料来源：转引自建设部课题组，《新时期小城镇发展研究》，中国建筑工业出版社，2007，第 4 页。

5.3.3　网络结构特征

村镇地域系统的网络结构是指村镇空间的组织中心、节点及其单元之间通过人流、物流、资金流、技术流和信息流等运动而结成的空间组织形态，外在形式是由交通道路和通信线路联结组织中心、节点和单元形成的聚落等级结构，内在联系是人流、物流、资金流、技术流和信息流等要素的运动方向、频率和强度。外在形式提供村镇地域网络联结载体，内在联系反映村镇空间网络结构层次，两者的有机统一构成村镇地域系统的网络结构。

村镇聚落的等级结构变化。改革开放以来，中国村镇空间正在经历空间密集化向空间稀疏化的转型发展过程①。与此相适应，村镇地域持续经历空间整合过程，由此推动村镇聚落的等级结构变化。具体表现为：①村镇中心的“空间回归”。如 5.2 节所述，改革开放前的中国村镇系统是一种以生产大队为单位的村庄系统，严格的户籍制度封闭了农村空间，高度的计划经济割裂了城乡联系，一个个孤立的村庄系统宛若繁星点点镶嵌于广袤的乡村田野，农村空间是一种均质的“扁平”状乡土空间。改革开放后，土地制度改革赋予了农村居民的自主行为权利，市场经济发展唤醒了农村居民的空间交易欲望，工业化和城镇化发展打开了农村空间封闭的大门，内外合力作用推动了村镇中心复又回归到农村集镇，村镇空间转向异质化和“垂直”化方向发展。②村镇聚落的等级分化。城镇化推动了村镇空间的稀疏化，市场化催生了村镇空间的异质化。由于资源、区位、历史传统和发展机遇等差异，部分村镇中心不断崛起，部分农村集镇走向萧条，部分村庄日益壮大，部分村落日趋萎缩，行政区划的适时调整进一步强化了村镇空间的差异性发展，不断崛起的村镇中心规模等级提升、影响腹地扩大，其中心职能逐渐超越一般农村集镇的覆盖范围，最终成长为农村区域中心。例如，广东省东莞市虎门镇原是一个普通的海边小镇，改革开放后，充分发挥其毗邻广州、深圳、香港、珠海和澳门的区位优势，通过大力发展，乡镇企业迅速在珠江三角洲脱颖而出，期间，以行政区划调整推动村镇空间整合，将原太平镇和新湾镇并入其中，现状土地面积为 178.5km^2，镇域常住人口为 60 余万，2012 年全镇地区生产总值为 348 亿元，同年获中国城镇综合实力 500

① 余斌. 2007. 城市化进程中的乡村住区系统演变与人居环境优化研究. 武汉：华中师范大学博士学位论文.

强第一名。如今的虎门镇经济实力和辐射范围远超中西部地区的一般县市，成为超越中国一般乡镇的客观“存在”。一些村庄通过经济快速发展不断吸引人口聚集，通过经济实力提升不断扩大辐射范围，逐步成长为农村社区中心。例如，享誉“中国第一村”的江苏省江阴市华士镇华西村，该村原是一个拥有土地面积 0.96km^2、分散居住村民 380 户 1520 人的江南普通村庄。改革开放后，华西村坚持集体经济方向，积极发展农村工业，不断优化产业结构，农村经济迅速发展。从 2001 年开始，华西村通过“一分五统”[①] 方式帮带周边 20 个村共同发展，现已建成面积 35km^2、人口达 3.5 万的大华西。2012 年实现销售收入 524.5 亿元，其中，现代服务业所占比重已达 45%；人均收入 10 万元，并初步形成了南“钱庄（工业集中区）”、北“粮仓（农业示范区）”、中“天堂（村民居住区和山水园林风景区）”的村镇空间格局。现在的华西村已然成为亦城亦乡的新型社区。③村镇体系的空间组织。进入 21 世纪，城镇化和市场化发展进一步推动村镇地域的空间聚集，村镇空间稀疏化和聚集化并存。村镇空间稀疏化使得各类村镇聚落的数量持续减少。2000～2010 年，全国村镇中心（包括建制镇和小集镇）数量从 43818 个减少到 28767 个，总量减少约 34.35%；村庄单元数量从 3537475 个减少到 2729000 个，总量减少约 22.85%。村镇空间聚集化使得各类村镇聚落的规模不断扩大。2000～2010 年，全国村镇中心（包括建制镇和小集镇）平均人口从 0.39 万增加到 0.59 万，平均增加约 51.28%；村庄单元数量平均人口从 229.6 增加到 281.8，平均增加约 22.74%。更为重要的是，村镇空间的异质性进一步凸显，从而强化了村镇中心和村庄单元的等级分化。以村镇中心为例，2000 年，我国建制镇平均人口为 0.69 万、平均用地面积为 101.71hm^2，农村集镇平均人口为 0.21 万、平均用地面积为 32.90hm^2，前者分别是后者的 3.29 倍和 3.09 倍；2010 年，我国建制镇平均人口增加到 0.92 万、平均用地面积增加到 205.12hm^2，农村集镇平均人口为 0.23 万、平均用地面积增加到 54.83hm^2，前者分别是后者的 4 倍和 3.74 倍，建制镇与农村集镇之间的等级规模进一步拉大。2000～2010 年，建制镇平均人口和用地面积分别增长 34.43%和 101.67%，农村集镇平均人口和用地面积分别增长 9.52%和 66.66%，建制镇与农村集镇之间的聚集功能进一步拉大[②]。建制镇与农村集镇之间的空间增长差异进一步强化了村镇中心的等级分化，村镇体系的空间组织趋于复杂化。可以认为，伴随着部分中心城镇的快速崛起，村镇地域系统的空间组织正在经历由小城镇（乡政府所在地）—中心村—自然村三级体系到中心城镇—一般城镇（乡政府所在地）—中心村—自然村四级体系的演化过程。

村镇空间的网流结构变化。村镇聚落体系构筑村镇空间网络结构的基本框架，相关要素运动体现村镇空间网络结构的实质内涵。改革开放前，村镇空间是一种扁平状空间，较少发生垂直联系；村镇空间也是一种离散性空间，基本没有水平联系。由于经济社会发展更多地服务于政治管理需要，较少的垂直联系一是政治动员，二是农业剩余的转移，在这种背景下，村镇空间的有效网络缺乏内在需求。改革开放后，村镇空间向垂直化发展，村镇中心与村庄单元之间的联系日益密切；村镇空间的异质性显现，村庄单元之间

① “一分”是指吸纳的 20 个村村委会仍由原村村民选举产生，实行村民自治；“五统”是指加入华西村后实行经济上统一管理，劳动力统一安排就业，福利统一发放，干部统一使用，村镇建设统一规划。

② 该部分数据来源详见本章 5.2 节相关内容。

互补性联系不断增强。由于经济社会发展成为政治实践的中心任务，村镇空间的生产功能和生活功能回归，此时，市场化要求生产要素自由流动，公平性要求政府职能科学转型，村镇地域及城乡之间的空间交易需求催生村镇空间向有机化和网络化发展。在村镇地域系统的网络结构中，运动其间的首先是人流。我国农村地区的市场化改革不仅赋予农户市场主体地位，同时还村民行动自由之身，农户通过就业选择追求最大化、通过商品交易获取效用最大化，频繁的人员往来构成村镇空间网络流动的基础性要素。其次，物流是村镇空间网络流动的支撑性要素。村镇空间的物质流动主要包括生产资料和生活资料两大类别。如前所述，工业化和城镇化推动了村镇空间的商品化，市场交易成为农业生产过程和农民日常生活必不可少的环节。改革开放以来，我国村镇空间的生产市场化指数和生活市场化指数不断提高，两个指数持续提高的背后，隐含着村镇空间网络结构中物流总量和物流水平不断提升的事实。最后，与人流和物流相伴而生的资金流、技术流和信息流是村镇空间网络流动的能动性要素。在很大程度上，资金流、技术流和信息流是村镇空间网络结构的动力之源。

改革开放以来，伴随着村镇空间人流和物流的密集化，资金流、技术流和信息流流动频率及强度不断提高。现以全社会消费品零售伴生的资金流变化为例（表 5.9），2005～2010 年，该类资金流动总量由 22082 亿元增加到 47528 亿元，5 年间资金流动总量增加了 1.55 倍，并一直保持两位数增长。现代信息传播工具的使用状况是信息流变化的显性标尺。2000 年，农村地区移动电话和家用电脑的使用尚属新生事物，2010 年，农村居民每户拥有手机 1.36 部、每 10 户拥有家用电脑 1 台。伴随着村镇空间信息基础设施的不断完善，移动电话和家用电脑等信息传播工具将更为普及，信息流在村镇空间网络结构中将会发挥越来越重要的作用。

表 5.9　2005～2010 年中国全社会消费品零售总额及分布

年份	全国			城市			农村		
	总量/亿元	占比/%	增速/%	总量/亿元	占比/%	增速/%	总量/亿元	占比/%	增速/%
2005	67177	100	12.8	45095	67.2	13.6	22082	32.8	11.5
2006	76211	100	13.4	51543	67.6	14.0	24668	32.4	12.7
2007	89210	100	17.0	60411	67.7	17.2	28799	32.3	15.8
2008	108488	100	21.6	73735	68.0	22.1	34753	32.0	20.7
2009	125343	100	15.5	85133	67.9	15.5	40210	32.1	15.7
2010	148496	100	18.5	100968	68.0	18.6	47528	32.0	18.2

资料来源：《中国统计年鉴》（2005～2010）。

村镇地域的网络机制变化。如前所述，村镇主体的空间交易需求是村镇空间网络化发展的基本动力。广义来讲，交易是付出与效用的交换，基于空间的交易都可视为功能空间的转换[①]。从空间交易的功能结构看，市场交易、社会交往和公共服务是村镇地域空间交易的主要内容。市场交易是村镇主体之间及其与外部经济主体之间的经济交换活动。由于经济发展的中心地位，市场交易是村镇地域空间交易的核心内容。社会交往是

① 余斌. 2007. 城市化进程中的乡村住区系统演变与人居环境优化研究. 武汉：华中师范大学博士学位论文.

村镇主体之间及其与外部社会成员之间的日常生活联系。由于人类社会的群体属性，社会交往是村镇地域空间交易的重要纽带。公共服务主要是指地方政府与农村居民之间的治理结构关系。由于民生发展的目标导向，公共服务是村镇地域空间交易的基本工具。改革开放以来，村镇空间的经济交换活动密集、日常生活联系频繁、治理结构关系转型，三者的合力作用构成村镇空间网络化发展的内在机制。从空间交易的支撑结构看，空间交易据以展开的主要形式是以村镇聚落为节点、交通道路和通信线路为连线组织而成的村镇空间结构，村镇聚落依据等级规模和功能范围构筑不同层次的空间交易平台，交通道路和通信线路通过连线等级和时间距离提供不同效率的空间联系方式。例如，中心城镇是农村区域层次法律、金融、中等教育、医疗卫生和高档次消费品的服务空间，通过较高等级公路及通信线路辐射乡镇以上的空间范围；村落则可为本村居民提供日常消费品服务等。改革开放以来，村镇聚落体系的不断完善为村镇主体的空间交易创造了良好的空间基础，村镇空间结构是村镇空间网络化发展的外在条件。

5.4　主要特征：功能的视角

5.4.1　生产功能变化

村镇空间结构的基本功能是实施村镇地域系统的空间组织，终极目标是推动实现村镇地域系统的整体功能。在生态文明视野下，村镇地域系统可分为生产空间、生活空间和生态空间三个组成部分，据此，其整体功能实为生产功能、生活功能和生态功能的有机统一。从这种意义上，村镇空间结构的功能是指通过村镇地域系统的有机组织支撑的生产、生活和生态状态、水平及变化。村镇空间结构的生产功能是村镇地域系统中生产空间的功能体现，村镇地域系统中的生产空间及其功能是村镇地域区别于城市地域的本质所在，为社会提供稳定粮食供给一直是村镇地域生产空间的基本任务，农业生产的状态、水平及变化是村镇地域系统生产功能的集中体现。改革开放以来，我国农业国民经济基础地位不断强化，与此同时，粮食食品安全问题逐步显现。

粮食生产连年丰收。我国是世界人口第一大国，2012 年末全国内地总人口超过 13.5 亿；我国又是农业资源相对贫乏的国家，同年人均耕地面积不足 1.35 亩，尚不及世界平均水平的 40%。“将饭碗牢牢端在自己手中”一直是我国经济社会持续发展面临的重大挑战。改革开放前，由于制度和技术的双重制约，我国农业生产长期停滞不前，农民温饱问题长期得不到有效解决。改革开放后，制度创新极大地调动了农民的生产积极性，技术进步有力提高了农业的劳动生产率，农业生产连年丰收、粮食产量持续增加（表 5.10）。30 多年来，我国粮食生产具有如下特点：①不断攀升新台阶。1985 年，全国粮食总产量为 32056 万 t，1987 年首次突破 40000 万 t 大关，达到 40298 万 t；1996 年再次突破 50000 万 t 关口，达到 50454 万 t；2012 年为 58958 万 t，逼近 60000 万 t。②基本保证连年增。自 1980 年以来，我国粮食产量基本保持稳定增长态势，其中，在经过改革开放初期的 5 连增（1980～1984 年）后，进入 21 世纪，更是实现了 12 连增（2001～2012 年）。粮食生产的连年丰收不仅整体上解决了农民的温饱问题，也有力地保障了国家的粮食安全。

表 5.10　1980～2012 年中国主要农作物总产量　　（单位：万吨）

年份	总产量	稻谷	小麦	玉米	大豆	薯类
1980	32056	13991	5521	6260	794	2873
1985	37911	16857	8581	6383	1050	2604
1990	44624	18933	9823	9682	1100	2743
1995	46662	18523	10221	11199	1350	3263
2000	46218	18791	9964	10600	1541	3685
2005	48402	18059	9745	13937	1635	3469
2010	54648	19576	11518	17725	1508	3114
2012	58958	20424	12102	20561	1305	3293

资料来源：《中国统计年鉴》（1980～2012）和《中国农村统计年鉴》（1985～2012）。

农林牧渔全面发展。伴随着粮食生产的连年丰收，农业结构不断优化，农林牧渔全面发展。改革开放前，为解决 10 亿人口吃饭问题，农业生产坚持“以粮为纲”，单调的农业生产结构不仅浪费了多样化的农业资源，也损害了农业可持续发展的基础。改革开放后，人民生活水平不断提高要求丰富农产品供给，提升农业生产效益要求优化农业结构，农村经济进入全面发展的新时期（表 5.11）。

表 5.11　1980～2012 年中国农村农业总产值及构成

年份	农林牧渔		农业		林业		牧业		渔业	
	产值/亿元	占比/%	产值/亿元	占比/%	产值/亿元	占比/%	产值/亿元	占比/%	产值/亿元	占比/%
1980	1922.6	100	1454.1	75.6	81.4	4.2	354.2	18.4	32.9	1.7
1985	3619.5	100	2507.8	69.3	188.7	5.2	796.9	22.0	126.1	3.5
1990	7662.1	100	4954.3	64.7	330.3	4.3	1967.0	25.7	410.6	5.4
1995	20340.9	100	11884.6	58.4	709.9	3.5	6045.0	29.7	1701.3	8.4
2000	24915.8	100	13873.6	55.7	936.5	3.8	7393.1	29.7	2712.6	10.9
2005	39450.9	100	19613.4	49.7	1425.5	5.7	13310.8	33.7	4016.1	10.2
2010	69319.8	100	36941.1	53.3	2595.5	6.6	20825.7	30.0	6422.4	9.3
2012	89453.0	100	46940.5	52.5	3447.1	3.9	27189.4	30.4	8706.0	9.7

资料来源：《中国统计年鉴》（1980～2012）和《中国农村统计年鉴》（1985～2012）。

总体上，农业在农林牧渔总产值中的比重稳定下降，牧业所占比重稳定上升。具体的，1980 年，我国农林牧渔总产值为 1922.6 亿元，其中，农业产值为 1454.1 亿元，占总产值的比重为 75.6%，牧业产值为 354.2 亿元，占总产值的比重为 18.4%；2012 年，全国农林牧渔总产值为 89453.0 亿元，其中，农业产值为 46940.5 亿元，占总产值的比重已下降至 52.5%，牧业产值为 27189.4 亿元，占总产值的比重为上升到 30.4%。此外，林业产值增加，所占比重保持稳定，渔业产值快速增加，所占比重大幅上升。农业结构不断优化，生产效益显著提高。

生产能力不断增强。粮食生产连年丰收和农业结构持续优化得益于农业生产技术的推广应用和农田基本建设的不断实施。改革开放后，我国城镇化步入常态，工业化快速发展，城镇化和工业化发展既为农业发展创造了技术替代需求，也为农业发展提供了生产资料供给；另外，依靠国家政策的强力支持，农田基本建设持续跟进，农业生产能力不断巩固。以农业机械总动力和农用化肥使用量的变化表征农业生产机械技术和生物技术的推广应用情况，以农田有效灌溉面积和旱涝保收面积等指标描述农业基础设施建设情况（表 5.12 和表 5.13）。从农业技术推广应用情况看，机械技术替代和生物技术替代均呈现快速发展态势，1980～2010 年，农业机械总动力由 1474.6 亿 W 增加到 9278.0 亿 W，年均增长约 7.24%，农用化肥施用量由 1269.4 万 t 增加到 5561.7 万 t，年均增长约 5.72%。另外，农业技术的推广应用具有明显的阶段性特征：大致以 1995 年为分界线，前期为生物技术替代主导的发展时期，农用化肥施用量的增加快于农业机械总动力；后期为机械技术替代主导的发展时期，农业机械总动力的增加快于农用化肥施用量。该特征反映出城镇化和绿色化发展的推动作用。从农田水利建设情况看，随着我国总耕地面积的动态变化，耕地有效灌溉面积、旱涝保收面积和机电排灌面积均稳定增加。1980～2010 年，总耕地面积由 99340.6hm^2 增加到 135268.3hm^2，增长了 36.17%，耕地有效灌溉面积和机电排灌面积分别由 44888.1hm^2 和 25314.5hm^2 增加到了 60347.7hm^2 和 40750.2hm^2，增长了 34.44%和 60.98%；耕地旱涝保收面积由 1990 年的 33638.5hm^2 增加到了 2010 年的 43848.7hm^2，增长了 30.35%。机电排灌面积和旱涝保收面积的增长速度快于有效灌溉面积和总耕地面积的增长，说明农田水利建设和机械技术发展成效显著。农业生产能力建设为粮食连年丰收和农业结构优化奠定了坚实的物质技术基础。

表 5.12　1980～2012 年中国农业技术推广应用及变化

年份	机械技术替代		生物技术替代		年份	机械技术替代		生物技术替代	
	农业机械总动力/亿 W	增长率/%	农用化肥施用量/万 t	增长率/%		农业机械总动力/亿 W	增长率/%	农用化肥施用量/万 t	增长率/%
1980	1474.6	—	1269.4	—	2000	5517.2	52.8	4146.4	15.4
1985	2091.3	41.8	1775.8	39.9	2005	6839.8	24.0	4766.2	14.9
1990	2870.8	37.3	2590.3	45.9	2010	9278.0	35.6	5561.7	16.7
1995	3611.8	25.8	3593.7	38.7	2012	10255.9	—	5838.8	—

资料来源：《中国统计年鉴》（1980～2012）和《中国农村统计年鉴》（1985～2012）。

表 5.13　1980～2012 年中国农田水利建设情况统计表

年份	总耕地面积/千 hm^2	有效灌溉面积		旱涝保收面积		机电排灌面积	
		数量/千 hm^2	占比/%	数量/千 hm^2	占比/%	数量/千 hm^2	占比/%
1980	99340.6	44888.1	45.2	—	—	25314.5	25.5
1985	96846.3	44035.9	45.5	—	—	24629.2	25.4
1990	95672.9	47403.1	49.5	33638.5	35.2	27148.3	28.4
1995	94973.9	49281.6	51.9	36118.8	38.0	32205.3	33.9
2000	128243.1	53820.3	42.0	38336.3	29.9	35954.1	28.0
2005	122082.7	55029.3	45.1	40236.1	33.0	36715.4	30.1
2010	135268.3	60347.7	44.6	42870.8	31.7	40750.2	30.1
2012	135158.5	62490.5	46.2	43848.7	32.4	42491.4	31.4

资料来源：《中国统计年鉴》（1980～2012）和《中国农村统计年鉴》（1985～2012）。

此外，农村工业化和农业产业化发展强化了村镇地域的生产功能，特别是，乡镇企业的崛起进一步凸显农村生产空间的价值。以 2010 年为例，当年全国实现国内生产总值397983亿元，其中，第一产业完成增加值40497亿元，占国内生产总值的比重为10.2%，乡镇企业完成增加值 69214 亿元，占国内生产总值比重为 17.4%，乡镇企业对国民经济发展的贡献高于第一产业①。

改革开放以来，我国村镇地域系统的生产空间功能不断提升，同时面临耕地数量和质量变化的双重挑战。一是尽管总耕地数量在动态变化中小幅增加，但难以平衡快速城镇化发展和国家人口政策调整引发的土地需求增长，我国人均耕地面积减少的趋势短期内将难以从根本上扭转，国家粮食安全保障不容忽视；二是耕地质量下降将构成我国农业生产持续发展挥之不去的困扰，除去过度利用造成的耕地退化（如沙漠化和盐碱化等），农业水土污染问题更加令人担忧，农产品质量安全问题凸显。规范耕地利用管理、优化农业生态环境将是我国农业生产能力建设的长期任务，保障人民群众“吃得饱、吃得好”任重道远。

5.4.2 生活功能变化

村镇空间结构的生活功能是村镇地域系统中生活空间的功能体现，村镇地域系统的生活功能具有类似于城市地域的本质特征，为居民创造宜居的人居环境是村镇地域生活空间的基本任务，农村居民生活的状态、水平及变化是村镇地域系统生活功能的集中体现。据此，村镇空间结构的实质是构造农村地区的生产生活环境，村镇地域系统的生活功能变化主要表现为其生活空间发展。农村生活空间既是一定农村人口的承载空间，也是地域农村居民的生活场所，农村生活空间承载的人口数量及其生活水平是刻画村镇地域系统生活功能变化的主要标尺。改革开放以来，我国村镇地域生活空间内涵不断丰富，人居环境质量不断改善。

村镇空间人口承载及变化。人类生活起源于农村，村镇地域自古就是人类活动的主要场所。现代城镇化创造了一种新型人居环境，但农村生活空间仍然是一种不可替代的人居环境类型②。我国是一个总人口和农村人口数量众多的国家，农村生活空间发展尤其具有特殊意义。改革开放初期，我国 80%以上的人口生活在农村，随着城镇化的常态化发展，农村人口不断向城镇转移。由于我国总人口基数庞大，人口城镇化并未带来农村人口的同步减少。1980～1995 年，农村人口持续增加。此后，我国城镇化进入快速发展时期，加之国家实施的人口政策效应显性化，农村人口以较快速度减少。截至 2012 年，我国仍然有近 6.5 亿人生活在农村；与此同时，农村地区容纳的劳动力人数接近 4 亿。据预测，2030 年，我国总人口将超过 15 亿，城镇化水平将达到 70%，到时仍然有近 5 亿人口生活在农村（联合国开发计划署，2013 年）。村镇生活空间仍将在我国人口承载中发挥难以忽视的作用。

农村居民日常生活及变化。村镇地域系统的生活功能主要体现为为农村居民创造宜居的生活环境。稳定的收入来源是保障居民日常生活的经济基础，良好的居住条件是构

① 相关数据来源于《中国统计年鉴》（2011）和《中国乡镇企业统计年鉴》（2011）。

② 余斌. 2007. 城市化进程中的乡村住区系统演变与人居环境优化研究. 武汉：华中师范大学博士学位论文.

筑居民生活环境的物质基础。改革开放以来，我国农村居民收入和农民居住条件均已获得显著改善。从农村居民收入看，我国农民人均纯收入保持持续增长态势。1980～2012年，农民人均纯收入增长了 41.4 倍；2005 年以后，我国农民人均纯收入增长进入了快车道，截至 2012 年，农民人均纯收入年均增长 20.5%。农村居民收入的快速增长伴随着收入结构的深刻变化。改革开放初期，农民人均纯收入主要来源于家庭经营性收入，1990 年，家庭经营性收入（518.6 元）仍然占据全部总收入（686.3 元）的 75.6%；此后，家庭经营性收入缓慢增加，占比不断下降，工资性收入总额和占比同步上升，财产性收入和转移性收入逐年增加，2012 年，全国农民人均纯收入达 7916.6 元，其中，家庭经营性收入占比下降至 46.2%，工资性收入占比上升为 42.5%，财产性收入和转移性收入分别占农民人均纯收入的 3.2%和 8.1%。相较于 1990 年，家庭经营性收入增加 7.1 倍，工资性收入增加 24.2 倍，财产性收入和转移性收入合计增加 30.9 倍，农村居民工资性收入、财产性收入和转移性收入增长速度大大快于家庭经营性收入增长①，国家增加农民收入、建设美丽家园的政策实施获得了积极成果。从农村居住条件看，我国农村人均住房面积与农民人均纯收入保持同步增长。1980～2012 年，农村人均住房面积增长了 3.2 倍。农村居住条件的改善更主要体现为住房结构及其内部设施的变化。改革开放初期，我国农村住房以土坯结构为主，1985 年，钢筋混凝土结构住房占全部农村住房的比例仅为 2.1%，2005 年，这一比例已提升到 39.4%（表 5.14）。从住房内部生活设施的配备看，截至 20 世纪末，空调机、抽油烟机、移动电话、照相机和家用电脑等高档耐用消费品在我国农村居民家中尚属“稀缺商品”，到 2010 年，我国每百户农村居民家庭拥有的空调机、抽油烟机、移动电话、照相机和家用电脑分别已达 16.0 台、11.1 台、136.5 部、5.2 部和 10.4 台（参见表 5.6）。“土坯变瓦房、平房变楼房、沼气进厨房、电话进客厅、太阳能进浴室、互联网进书房、散居变小区、垃圾桶进村庄”成为我国农村居住条件改善的生动写照。

表 5.14　1980～2012 年中国大陆总人口及农村人口基本情况统计表

年份	全国总人口/万	城镇化水平/%	农村总人口/万	农村劳动力/万	农民人均纯收入/元	农村人均住房面积/m^2
1980	98705	19.31	79565	31836	191.3	11.59
1985	105851	23.71	80757	37065	397.6	17.34
1990	114333	26.41	84138	47708	686.3	17.80
1995	121121	29.04	85947	49025	1577.7	21.00
2000	126743	36.22	80837	48934	2253.4	24.80
2005	130756	42.99	74544	46258	3254.9	29.68
2010	134091	47.50	67113	41418	5919.0	34.10
2012	134504	52.57	64222	39602	7916.6	37.10

资料来源：《中国统计年鉴》（1980～2012）和《中国农村统计年鉴》（1985～2012）。

村镇地域人居环境及变化。改善的住房条件是农村宜居生活环境的基础，良好的人居环境（自然-空间-社会环境）对村镇地域系统的生活功能发挥着更具决定性的意义。

① 基础数据来源于相关年份《中国农村统计年鉴》。

总体上，我国农村长期的粗放发展曾经形成自然环境“脏、乱、差”、空间环境“阻、闭、散”、社会环境“麻、冷、迷”的人居环境格局①，始于 21 世纪的新农村建设有力推动了农村人居环境的全面改善，“生产发展、生活宽裕、乡风文明、村容整洁、管理民主”逐步成为新的时尚。具体的，我国农村人居环境的自然、空间和社会要素发展并不平衡。从自然环境看，农业生产中生物技术的过度替代已严重损害村镇地域的自然生态基底，水土污染已经严重到农村地区的可持续发展；另外，农村居民长期形成的传统生活方式尚未从根本上改观，加之居住相对分散，污水、垃圾污染也还未能从根本上解决，我国农村自然生态环境的改善仍需付出艰苦的努力。从空间环境看，伴随着村庄整治工程的系统实施和交通道路及通信线路等基础设施的系统建设，村镇空间已初步告别了“阻、闭、散”时代（详见 5.2 节相关内容），城乡人口流动和产业扩散进一步密切村镇地域内部及其与城市地域的空间联系，村镇空间通达性及其生活便捷性大大提高，农村地区空间环境的改善成为人居环境优化的有力支撑。从社会环境看，城镇化的快速发展凸显村镇空间的边缘化地位，农业弱质产业、农民弱势群体、农村弱化空间尚难以在短时期内扭转，可喜的是，我国政府已开始实践“经济集中化与社会均等化并行不悖”的发展理念，自“十二五”以来，更是着力推进城乡基本公共服务均等化，与此同时，城市文明不断向农村扩散、城乡文化不断融合，村镇空间的社会关系也在发生积极的变化。可以预期，随着我国城乡一体化的深入发展，村镇地域的社会环境必将得到进一步优化。

5.4.3　生态功能变化

村镇空间结构的生态功能是村镇地域系统中生态空间的功能体现，村镇地域系统的生态功能是村镇地域区别于城市地域的又一本质特征，为区域发展创造健康的生态环境保障是村镇地域生态空间的基本任务，农村生态空间既是支撑农村可持续发展的基础，也是保障城市生态安全的屏障，可以认为，村镇地域系统的生态功能变化主要表现为其生态空间发展。由于农地生态系统是农村生态空间的基本构成部分，农村环境质量是农村生态空间的状态表征，可以农业耕地变化和农村环境变化考量农村生态空间发展状况。

农业耕地变化。作为一种自然-人工系统，农地系统具有生产和生态双重功能，不仅是人类社会生活的主要食物来源和生产的重要原料来源，同时具有消纳污染、涵养水源、调节气候等生态价值。由于国土面积和地理环境的刚性约束，可用于农业耕作的土地面积是有限的，随着工业化和城镇化发展，建设用地扩张必然形成对农村土地的侵占；另外，农业耕作的过度利用和城镇污染的跨界蔓延还可能损害农村土地的质量。土地面积的减少和质量下降不仅动摇国家粮食安全，而且有碍区域生态安全。我国幅员辽阔、土地面积总量大，但人口众多、人均耕地面积小，实施最严格的土地管理制度、坚持耕地保护红线一直是我国的基本国策。改革开放以来，我国耕地总量在动态变化中小幅增加，1980～2012 年，总耕地面积由 9934.06 万 hm^2 增加到 13515.85 万 hm^2（表 5.12）。“动态变化”是指年内和年际耕地面积有减有增，其中，耕地面积减少主要源于非农建设占用、自然灾害毁损和农村退耕还林等，耕地面积增加则主要源于农村土地整理和农

① 余斌. 2007. 城市化进程中的乡村住区系统演变与人居环境优化研究. 武汉：华中师范大学博士学位论文.

业结构调整等，耕地面积的年内增减变化影响年际变化结果。例如，2012 年，全国因建设占用、灾害毁损和生态退耕等原因减少耕地面积 40.20 万 hm^2，而通过土地整治、农业结构调整等增加耕地面积 32.18 万 hm^2，年内净减少耕地面积 8.02 万 hm^2，即 2012 年总耕地面积较 2011 年减少约 0.06%。另外，我国耕地质量变化更能揭示农村生态空间发展的真实图景。由于农耕地增减变化的机制差异，在耕地面积基本保持稳定的同时，耕地质量总体趋于下降。按照我国农业耕地质量分等定级体系，所有耕地依据立地条件、耕层理化性状、土壤管理、障碍因素和土壤剖面性状等方面综合评价耕地地力水平，进行汇总分析，从而划分出一至十等级耕地数量及分布。其中，一至三等为耕地基础地力较高，基本不存在障碍因素；四至六等为耕地所处环境气候条件基本适宜，农田基础设施建设具备一定基础，障碍因素不明显；七至十等为耕地基础地力相对较差，生产障碍因素突出，短时间内较难得到根本改善。2014 年国家农业部首次发布的《全国耕地质量等级情况公报》显示，在全国现有 18.26 亿亩耕地中，评价为一至三等的耕地面积为 4.98 亿亩，占耕地总面积的 27.3%；评价为四至六等的耕地面积为 8.18 亿亩，占耕地总面积的 44.8%；评价为七至十等的耕地面积为 5.10 亿亩，占耕地总面积的 27.9%。由于我国农业生产一直坚持高投入、高产出模式，耕地长期高强度、超负荷利用，耕地质量的总体变化呈现出“三大”、“三低”态势（徐明岗，2014），即低产田比例大、耕地质量退化面积大、污染耕地面积大，有机质含量低、补充耕地等级低、基础地力低。据估算，目前我国耕地退化面积占耕地总面积的 40%以上；耕地“占补平衡”中的补充耕地与被占耕地地力相差 2～3 个等级等。事实上，农业面源污染加剧、农村生态环境恶化已成为农业耕地质量变化和农村生态空间发展的最严重威胁。

农村环境变化。农村环境变化是生态空间发展状态的“显示器”。由于自然环境的缓慢变化特征，农村环境变化主要源于人类活动的作用（陆大道，1998）。改革开放以来，我国农村环境变化的基本趋势是环境污染不断加剧。农村环境污染的主要途径包括农业生产污染、农村生活污染和农村工业污染。

（1）农业生产污染。又可分为农业面源污染和畜禽养殖污染。农业面源污染的形成机理是：农业生产过程中化肥农药的过度使用超过农作物的吸收能力，过剩滞留土壤或渗入水中，进而形成对土壤和水体的损害或破坏。改革开放以来，由于解决温饱的需要，增施化肥和农药是获得粮食增产的有效途径。1980～2012 年，我国化肥年施用总量连年攀升，由 1269.4 万 t 上升到 5838.8 万 t，增长了约 4.6 倍，化肥施用强度由 134kg/hm^2 上升到 432 kg/hm^2、增长了约 3.2 倍；同期，农作物总产量由 32056 万 t 上升到 58958 万 t、增长了约 1.8 倍（参见表 5.9、表 5.11 和表 5.12 相关数据）。我国化肥施用总量及施用强度增长大大高于农作物总量增长的事实表明，化肥施用的增产效应正在逐渐降低。事实上，2012 年我国化肥平均施用强度已大大超过国际公认的 225kg/hm^2 的警戒线。我国农药施用存在类似变化趋势，并已威胁到城乡居民的食品安全。畜禽养殖污染是农业生产污染的又一主要类型。畜禽养殖污染的形成机理是：畜禽粪便经过雨水冲刷而蔓延，脏化流经地表、恶化流入水体，并可能造成生物病源菌扩散等。改革开放以来，伴随着人民生活水平的不断提高，农业结构不断优化调整，主要特征之一是畜牧业快速发展，其在农林牧渔总产值中的比重显著增加。1980～2012 年，畜牧业年产值由 354.2 亿元增加到 27189.4 亿元，占农林牧渔总产值的比重由 18.4%提高到 30.4%（见表 5.11）。与此相对应，畜禽粪便产生量和排放量不断增加。据统计（张田等，2012），2010 年全国畜禽粪便、尿液产生总量约 40000 万 t，畜牧业的化学需氧量（COD）排放为 1184 万 t，占农业排放总量的 95%、占全国化学需氧量排放总量的 45%；总氮（TN）排放 65 万 t，占农业排放总量的 79%、占全国总氮排放量的 25%，总磷（TP）排放 16 万 t，占农业排放总量的 56%、占全国总磷排放量的 38%。但畜禽粪污的无害化处理量不足总排放量的 10%，大量未经处理的粪污对地表水、地下水、土壤和大气环境造成较大危害，成为重要水源江河和湖泊富营养化的主要原因。此外，农村田野农作物残留秸秆等的随意燃烧是构成我国大面积严重雾霾天气的主要原因之一。

（2）农村生活污染。主要指村镇居民日常生活产生的污水、垃圾（简称农村“两污”）的随意排放和不当处置形成对环境的损害。作为人-地系统的主体，人类生活于自然环境获取原料、向自然环境排放副产品本是人类生态系统的自然循环过程，但工业化和城镇化极大地改变了村镇居民的生产生活方式，村镇空间逐渐被“商品化”，城镇工业生产系统自农村地区获取生产原料，并通过产品销售的形式向农村地区反馈副产品，是农村居民日常生活的市场化生活污水和生活垃圾不断增长的深刻原因。改革开放以来，工业化城镇化和国家人口政策的双重作用极大地缓解了农村人口的增长态势，我国农村人口总量于 1995 年达到峰值（85947 万），此后开始逐渐减少，城镇人口也于 2011 年首次超过农村人口，但农村生活污染却呈不断蔓延态势——工业化和城镇化显著改变了农村居民的生活方式，却没有环境基础设施建设的同步跟进。据估算（王婷婷等，2013），2011 年全国农村产生生活污水约 90 亿 t、生活垃圾约 3.6 亿 t，绝大多数生活污染随意排放、生活垃圾无序堆置。农村地区生活污水处理率不足 3%、生活垃圾处理率仅有 10%。生活污水和生活垃圾的蔓延和扩散不仅占用耕地、破坏景观，而且还传播疾病、恶化环境，成为村镇人居环境优化挥之不去的困扰。

（3）农村工业污染。主要是指村镇企业在生产过程中所排放的废水、废气和废渣（简称工业“三废”）形成对环境的损害。我国乡镇企业的快速发展起始于改革开放初期，兴盛于 20 世纪 80 年中后期。在乡镇企业发展的鼎盛时期，全国乡镇企业数量曾有接近 2500 个、实现增加值占全国 GDP 的三分之一（胡世明和张海鹏，2010）。伴随着国有企业和城市工业改革逐步走出困境，乡镇企业不断暴露出“先天不足”的缺陷，部分企业通过转型步入规范化发展的轨道，部分企业竞争失败而淹没于市场经济的大潮之中。乡镇企业是中国农民的伟大创造，自发展之日起即肩负着扩大农民就业增收、推动农业现代化和农村城镇化的艰巨使命，并曾为中国的经济起飞作出了历史性贡献。由于乡镇企业发展的历史渊源，其先天缺陷也是显而易见的：乡镇企业一般规模较小、设备简陋、技术落后、布局分散，依靠劳动投入和资源消耗的外延式粗放型增长是 20 世纪我国乡镇企业发展的共性特征；与此同时，由于环保意识的淡薄和控制成本的需要，工业生产过程中产生的废水、废气和固体废弃物普遍存在随意处置现象，特别是，低层次的造纸、印染、电镀、化工、冶炼等企业产生的“工业三废”未经处理直接排放到周围环境，构成农村环境污染的主要来源。自 20 世纪末，我国乡镇企业发展进入新阶段，一方面，企业布局逐渐摆脱“村村点火、户户冒烟”的分散式格局向工业园区集中，使得乡镇企业污染由面源转向点源；另一方面，部分乡镇企业经过结构调整和技术改造，“三废”排放量减少、污染防治率提高，从而使乡镇企业污染在农村污染结构中的比例有所降低。但是，由于农村地域特性，加之村镇工业园环境基础设施建设相对落后，乡镇企业污染对农村环境污染的影响仍然不容忽视。据分析（王婷婷等，2013），我国乡镇企业排放的废水、废气和废渣仍占全国“三废”排放总量的 21%、67%和 89%。此外，城市污染向农村的转移（包括城市污水、垃圾向农村的直接转移和城市污染企业向农村迁移伴随的间接转移等）也是造成农村地区污染加剧的重要影响因素。

重大生态问题。农业生产中化肥、农药的过量施用，畜禽养殖中粪便、废水的肆意蔓延，加之农村生活“两污”和农村工业“三废”的无序扩散已经对农村地区的水体、土壤和地表造成严重损害，农村环境污染与全球气候变化叠加已经引发诸多重大生态问题，主要包括水资源严重短缺、土地荒漠化加剧和水土流失日趋严重等。

（1）水资源严重短缺。我国是人口大国和农业大国，水资源是人民生活和农业发展不可或缺的基础性要素。我国水资源总量丰富，淡水资源总量约为 28000 亿 m^3、排名世界第四位，但人均水资源量贫乏，人均仅 2300m^3，只及世界平均水平的 1/4。由于地表环境的异质性，我国水资源的空间分布很不平衡：长江流域及以南地区土地面积只占全国的 36.5%，其水资源量占全国的 81%；其以北地区土地面积占全国总量的 63.5%，其水资源量仅占全国的 19%，按照国际公认的标准，其中 6 个省为极度缺水地区（人均水资源低于 500m^3）。水源性缺水本是我国水资源利用的主要矛盾。改革开放以来，工业化、城镇化和农业产业化发展造成的水污染引发了令人担忧的水质性缺水问题，特别是，农村环境污染凸显部分农村地区的饮水安全。我国自 2005 年正式启动“农村饮水安全工程”，“十二五”期间工程实施成效显著，共计解决 2.76 亿农村人口的安全饮水问题。据统计，2011 年，我国仍有 2.42 亿农村人口没有达到饮水安全标准①，由此引发的地方病和传染病已严重威胁到人民群众的生命安全。

（2）土地荒漠化加剧。土地荒漠化是指包括气候异变和人类活动在内的种种因素造成的干旱地区的土地退化现象，人口增长对土地的压力是土地荒漠化的直接原因，过度放牧、粗放经营、盲目垦荒、水资源的不合理利用、过度砍伐森林和不合理开矿等均是人类活动加速荒漠化扩展的主要表现。全国沙漠、戈壁和沙化土地普查及荒漠化调研结果表明，我国荒漠化土地面积为 262.2 万 km^2，占国土面积的 27.4%，近 4 亿人口受到荒漠化的影响，因荒漠化造成的直接经济损失约为 541 亿人民币。我国约有一半国土处于干旱和半干旱地带，受少雨多风和人为破坏植被的影响，沙漠和沙漠化土地呈不断扩展态势。20 世纪 50 年代到 70 年代末期，我国平均每年增加沙漠化土地 1500km^2；进入 20 世纪 80 年代，平均每年增加达 2460km^2，相当于每年损失一个中等县的土地面积。2011 年，中国北方沙漠化土地面积达 37.59 万 km^2，其中，轻度沙漠化土地占 33.80%，中度沙漠化土地占 22.84%，重度沙漠化土地占 22.16%，严重沙漠化土地占 21.21%（金铭，2012）。土地荒漠化已成为我国最为严重的生态灾难之一。

① 数据来源于《新华网评：如何解决好农村饮水安全问题》（2012-03-02）。

（3）水土流失日趋严重。水土流失是指在自然条件和人类活动作用下，由于水力、风力、重力等营力作用造成的水土资源破坏和损失。我国是世界上水土流失最为严重的国家之一，水土流失的主要特点是：流失面积大，波及范围广，发展速度快，侵蚀强度高，泥沙流失量大，成因复杂，区域差异明显。据探测，目前全国水土流失总面积为 357 万 km^2，占国土总面积的 37.2%，而且每年还在以 1 万 km^2 的速度递增；每年因水土流失损失的土壤约 50 亿 t，带走的氮、磷、钾营养元素超过了全国年产化肥的总量；因水土流失而毁掉的耕地达 4000 多万亩，年均损失约 100 万亩。根据科考和亚洲开发银行的研究，水土流失给我国造成的经济损失相当于 GDP 总量的 3.5%。水土流失带来的危害主要有：一是土地退化，破坏耕地；二是导致江河湖泊淤积，加剧洪涝灾害；三是恶化生存环境，加剧贫穷；四是削弱生态系统功能，加重旱灾损失和面源污染。为应对日益严重的水土流失问题，国家已正式出台《全国水土保持规划（2015～2030）》，为我国今后的水土流失防治指出了工作重点和操作指南。

5.5　小　　结

改革开放以来，中国村镇空间结构的变化具有迥异于计划经济时代的发展环境。可分自然生态环境、社会经济环境和空间组织环境观察。自然生态环境是指源于自然的、可供乡村居民日常生活据以利用的资源和条件，是乡村得以形成和演变的基础。中国村镇地域的自然生态基础已经发生剧烈变化，自然生态环境日趋脆弱化，主要表现为生态环境脆弱、环境污染加剧。社会经济环境是指影响村镇地域持续发展的人文资源及条件，包括经济基础、社会状态和政策环境等。中国村镇地域的经济基础相对薄弱、社会文化趋向多元，但国家政策环境优越，村镇地域发展日新月异。空间组织环境是指影响村镇内部组织及外部联系的相关条件和背景因素。中国村镇空间组织的地域边界走向明晰、范围不断扩大，空间交易需求类型多样、规模剧增，特别是，工业化城镇化和市场化创造外部空间关联、催生内部空间组织，村镇地域的空间组织环境不断优化。

从静态的视角看，村镇空间结构表现为村镇地域系统的节点、通道和面域等要素数量、规模及变化。节点、通道和面域是村镇空间结构的物质形态，表征的是村镇地域系统的空间形式。村镇空间结构的节点是指以建制镇和农村集镇为代表的空间组织中心，是村镇地域系统的核心构件，其变化的主要特征是数量不断减少、规模不断扩大。村镇空间结构中的通道主要指农村地域的交通道路和通信线路等基础设施，是村镇地域系统的联系纽带，具有空间结构要素和空间联结机制的双重功能。中国农村地区交通道路和通信线路等基础设施数量显著增加、质量不断提升，表现为外延和内涵同步增长。村镇空间结构中的面域是指广域农村空间及其散布其中的村落，是农村居民的日常生活基地。当代中国村落空间总体趋向萎缩，其演化的总体趋势是空间聚集与空间扩散并存。

从动态的视角看，村镇空间结构表现为村镇地域系统要素的内部组织、外部关联及其网络结构及变化。内部组织、外部关联及其网络结构的实质是村镇地域系统的空间内涵及变化。村镇空间的内部组织主要是指村落单元之间，特别是村落单元与村镇空间组织中心之间的联系。在市场化驱动下，村镇空间的内部联系日益紧密。村镇空间的外部关联是指村镇空间组织中心及其空间结构要素与外部环境之间发生的空间相互作用。在城镇化推动下，村镇空间的外部关联不断深化。村镇空间的网络结构是指村镇空间组织中心与村落之间通过要素流运动而结成的空间组织形态，是村镇聚落等级结构与人流、物流、资金流、技术流和信息流的相互作用和有机统一。当代中国村镇聚落已经出现新的分化，等级体系日趋优化，以人流、物流为基础，资金流、技术流和信息流为纽带，要素流动范围不断扩大、流动频率不断加快、流动强度不断提高。

从功能的视角看，可从生产、生活、生态三重空间透视村镇空间结构的变化特征。村镇空间结构的基本功能是实施村镇地域系统的空间组织，终极目标是实现生产、生活、生态相统一的整体功能。村镇空间结构的生产功能是村镇地域生产空间的功能体现，农产品的生产和供给是村镇地域生产空间的基本功能。改革开放以来，我国农业生产的国民经济基础地位不断强化，与此同时，粮食及食品安全问题逐步显现。村镇空间结构的生活功能是村镇地域生活空间的功能体现，农村居民的安居乐业是村镇地域生活空间的基本功能。由于中国的独特国情，村镇地域一直生活着数以亿计的农村居民，伴随着城乡一体化发展，农村居民的收入水平不断提高，但人居环境有待优化。村镇空间结构的生态功能是村镇地域生态空间的功能体现，提供农村环境支撑、保障区域生态安全是村镇地域生态空间的基本功能。改革开放以来，中国农村地域农业生产、农民生活和乡镇企业污染尚未得到根本扭转，由此引发的饮水安全等重大生态环境问题不容忽视。

第 6 章　村镇空间结构变化的影响因素

6.1　政治因素与村镇空间结构变化

6.1.1　土地制度变迁与村镇空间结构变化

土地作为农村生产资料，蕴涵着巨大的生产力，土地利用方式和效率能够深刻影响村镇空间结构的演变乃至中国社会经济发展进程。土地制度变迁通过影响土地利用结构、经营方式和利用水平进而作用于村镇空间结构变化。

1. 当代中国土地制度变迁的特点

新中国成立以来，中国土地制度经历了三次大的变迁，土地制度变迁的核心是土地所有权和经营权的权属变化。

（1）土地改革时期：土地所有权和经营权私有化。第一次土地制度的变革发生在新中国成立之初，是由中国共产党领导实施的土地改革运动，结果是将土地所有权、经营权都归农民（章辉美，2005）。新中国成立后，全国大部分地区封建剥削制度依然占主导地位，当时占农村人口不到 10%的地主拥有 70%～80%的土地，而农村人口 90%的贫下中农只拥有不到 30%的土地。农业生产力水平也很低，1949 年，粮食亩产仅为 68.5kg，连简单再生产都很难维持下去（李保东和王黎锋，2007）。1949 年 7 月，中国人民政治协商会议通过的《共同纲领》规定：中华人民共和国必须有步骤地将封建半封建的土地所有制改变为农民的土地所有制。（刘融，2010）。新中国成立后，中央人民政府于 1950 年 6 月颁布了《中华人民共和国土地改革法》，明确规定了土地改革的目的是“废除地主阶级封建剥削的土地所有制，实行农民的土地所有制，借以解放农村生产力，发展农业生产，为新中国的工业开辟道路。”规定了对“所有没收和征收来的土地和其他生产资料，除本法规定收归国家所有外，均应统一地、公平地、合理地分配给无地少地及缺乏其他生产资料的贫苦农民所有。”（李保东和王黎锋，2007）。分配土地的方法是以乡或相当于乡的行政村为单位，在原耕地的基础上，按数量、质量以及位置远近，用抽补调整的方法按人口统一分配（金丽馥和周德军，2001）。从 1950 年秋季开始，根据《中华人民共和国土地改革法》的规定，全国有计划、有步骤地开展了土地改革工作（李保东和王黎锋，2007）。到 1950 年年底，全国大部分地区都已经完成了土地改革（徐怡，2010）。经过土改，彻底打破了封建地主阶级垄断土地的格局，将土地按人平分给农民，使全国 3 亿多无地、少地农民获得了 7 亿亩土地，免除了 350 亿 kg 粮食的地租，实现了“耕者有其田”。有力地激发了农民的劳动积极性，使农业生产迅速得到了恢复。

（2）农业集体化时期：土地所有权和经营权集体化。这一时期土地制度改革的宗旨是将农民土地私有转变为公有，将农民的个体所有制改造成为社会主义的集体所有制（王永华，2002），将农民分散的家庭经营变成集体统一经营，农业集体化历经初级社、高级社和人民公社化三个阶段（李保东和王黎锋，2007）。1953 年 12 月，中共中央发布了关于发展农业生产合作社的决议，由此全面展开了农业的社会主义改造（樊志全，2007）。初级社以土地入股、集体经营为特点，完成了土地所有权仍为私有，而经营权归集体的过程。在这个阶段，农民仍然凭借对土地的所有权获得应得份额的收益。1956 年，我国开始了大规模的高级农业生产合作社建设，高级社是以公有、集中统一经营为特征的农业结构类型和农村组织类型，社员除保留自留地（占全部土地的 5%）外，土地及其他所有生产资料都实现了集体化。1958 年 8 月中央发出了《中共中央关于在农村建立人民公社问题的决议》，兴起了人民公社化运动，是将土地所有权、经营权都归人民公社等集体所有的制度变革，实现了生产资料集体所有的形式，导致了“一平二调”、“一大二公”为特征的农村土地制度。人民公社制度是统购统销制度的重要保障，保证了国家以低价向农民征购农副产品，减少了征购过程中的冲突环节。但是这种土地所有权、经营权都归集体所有的方式，严重阻碍了生产力的发展。据 1978 年国民经济统计数据显示，人民公社化运动 20 年以后，全国平均每人占有的粮食大体仍相当于 1957 年的水平，每人每日不足 0.5kg，全国仍有 1 亿多农民没有解决温饱问题。我国劳动力人均农业产值从 1957 年的 806.8 元下降至 1978 年的 508.2 元。

（3）家庭联产承包责任制时期：土地所有权和经营权分离。1978 年开始的第三次土地制度变革，是以家庭联产承包责任制的形式实现的，即土地所有权归集体，经营权归农民的变革。以家庭联产承包为基础，统分结合的双层经营体制取代人民公社统一经营、集中劳动的制度模式，是我国农民的伟大发明创造，是我国土地制度改革取得的伟大历史性突破。1982 年和 1983 年“中央一号文件”指出，要从两方面对人民公社体制进行改革，即实行生产责任制，特别是联产承包制；实行政社分离（李保东和王黎锋，2007）。这样，以统一经营、集中劳动为特征的在我国存在长达 20 多年的人民公社制度宣告结束，而被家庭联产承包责任制所取代。由此，农村土地制度的改革进入全面快速发展阶段。以家庭联产承包经营为基础的农村土地制度是在人民公社土地集体所有、统一经营、集体劳动、统一分配的基础上改革而来的，在保留土地所有权的前提下，实现了使用权与所有权的分离；在两权分离条件下，确认了家庭经营的主体地位，农户成为一个独立的经营主体（李保东和王黎锋，2007）。家庭联产承包责任制取得了举世瞩目的成就，显示出了巨大的制度绩效。主要表现在四个方面：一是农业生产力的极大发展，农业的粮食生产大丰收，基本解决了农民的温饱问题；二是随着土地制度的创新，以“苏南模式”、“温州模式”为标志的乡镇企业异军突起（陶林，2008），成为我国 20 世纪 80 年代工业增长的主力军；三是农业经济的发展，出现了农村剩余劳动力，带来了延续至今的“民工潮”现象；四是在政治上促进了农民政治意识的觉醒，农村出现了村民自治。由于农业经营环境的变化，联产承包责任制的局限性逐渐显现出来，促进了土地流转。例如，科学技术进步为农业规模化经营提供了可能，农民进一步提高劳动生产率受到土地规模的限制，客观上要求土地流转；农村城镇化、现代化趋势要求更多农民从土地经营中解放出来，但承包土地的束缚阻碍了这一进程；在中国经济市场化和国际化进程中，以单个农户家庭为主的土地经营方式面临巨大挑战，经济的市场化、国际化要求土地经营从保障型向效益型转变，从粗放型向集约型转变，从过度分散型向适度规模型转变；

从十六届五中全会后到2006年，国家取消了全部农业税，调动了农民生产积极性，很多农民愿意承包别人的土地，进城务工的农民可以从转包土地中获得一定的转包收益，促进了土地资源的有效配置，也使土地流转成为必然。十七届三中全会关于实行农村土地流转制度的决定为农村土地流转提供了合法化的依据和保证。它使土地资源的配置合理化、效率最大化，使农村土地科学化、规模化经营成为可能，进一步深化了农村改革，为新农村建设向纵深发展提供了契机，也为新农村向城镇化、现代化迈进提供了坚实的基础。

2. 土地制度变迁对村镇空间结构的影响

土地制度变迁引起了土地经营利用方式的变化，从而导致村镇空间结构要素“面域”的景观变化，直接改变了村镇空间景观。土地改革以后，农民拥有了土地的所有权和经营权，种植什么以及农产品卖给谁等，都由农民自己决策，土地经营分散状态使农业用地细碎化，农田景观破碎化，不利于农业生产力的提高。人民公社化后，土地的所有权和经营权都归集体，由集体统一经营，实行集体劳动，按劳分配，农民靠出卖劳动力为生。这一阶段土地集中经营改善了土地利用的细碎化状态，农田利用规模的扩大，增强了村镇空间“面域”的整体性。但由于当时的农业机械化水平较低，农田的规模化经营处于较低水平。在家庭联产承包责任制时期统分结合的双层经营体制下，农户成为了经营主体。由于农民拥有长期不变的经营权，为后来进行土地流转，实施土地的规模化集中经营，提供了必要的制度前提条件。在这样的制度下，农村土地开始向种田能手集中，种植规模上百亩，乃至几百亩的种粮大户纷纷涌现，土地集中连片规模化经营趋势十分明显，提高了村镇空间“面域”的整体性，改变了村镇空间结构。另外，家庭承包责任制实行后，农民在保证完成承包任务和国家征购任务的前提下，可以发展多种经济作物，改变了“以粮为纲”时代出现的农业单一经营局面，使农业产业结构得以调整并趋向合理化，农田景观由单一转变为多样化格局（杨维军，2006）。例如，在山东烟台农村，1983年之后，逐渐摆脱了“以粮为纲”的束缚，从提高种植业效益入手，因地制宜，调整种植业内部结构，积极开展多种经营，由过去长期单一注重粮食生产转向农林牧副渔全面发展，促进传统农业向现代化农业转化、自给经济向商品经济转化，逐步形成一个开放型的商品经济多元结构。20世纪90年代初的农业结构调整更加深入和细化，规划了农田、果园、林业山滩、浅海滩涂“四个100万亩”农业开发开放区，全市粮经作物产值比由1995年的34∶66到2000年调整为25∶75，果品、蔬菜迅速发展，形成多样化的农田景观。

家庭联产承包制的推行间接推动了我国城镇化的发展。与其他国家不同，我国的城镇化是在传统农业基础上起步的，城镇发展所需要的资金、物资和劳动力等，都来自农业。家庭联产承包制解放了农业生产力，为城镇发展创造了资金、物资和劳动力，奠定了城镇发展的产业基础。

（1）家庭联产承包制的推行和我国市场经济的发展，极大地解放了生产力，提高了农业劳动生产率，农业经济得以迅速发展，农业总收益不断提高，为村镇空间的发展变化提供了经济基础。据有关专家根据生产函数估计，1978～1984年，农业总产值以不变价格计算，增加了42.23%（于秋华和于颖，2006），其中大约一半来自家庭联产承包责任制改革所带来的生产率的提高，提高农产品价格的贡献为 16%左右（如果把提价也看做是其他方面的改革，则责任制改革的贡献近 70%）（朱希刚，1998）。据有关资料，1980～1990 年，粮食总产量由 32056 万 t 增加到 43500 万 t，棉花总产量由 271 万 t 增加到 447 万 t，农业总产值由 1923 亿元增长到 7382 亿元（辽宁经济统计，2010）。

（2）农业劳动生产率的极大提高，使广大农村释放了数以亿计的剩余劳动力。在当时"城乡分治、一国两策"的二元经济社会结构下，这些剩余劳动力只能进入乡镇企业。所以，20 世纪 80 年代，我国乡镇企业异军突起，得到了蓬勃发展。1984 年年末乡镇企业数量猛增到 606.52 万家，较上年净增 471.88 万家，其中，乡村办企业净增 51.66 万家，私营企业和个体企业开始涌现。随后，乡镇企业数量增长一直持续到 1988 年，是中国乡镇企业发展最辉煌的时期。乡镇企业突破了所有制形式和经营行业的限制，由过去的社办、队办转变为乡办、村办、联户办和户办同时发展，由农副产品加工为主的产业结构拓展为农业、工业、商业、运输业、建筑业和服务业同时并举的产业格局[①]。1988 年，乡镇企业总产值占全国社会总产值的比重达 24%，占农村社会总产值达 58%，年末在乡镇企业就业的劳动力占农村劳动力总数的 23.8%，1986～1988 年农民净增收入中有一半以上来自乡镇企业。乡镇企业成了农村经济的"半壁江山"。乡镇企业的发展为村镇的发展积累了建设资金。

（3）农村人口向城镇流动是农村城镇化的内在机制。家庭承包责任制为农村社会流动、分化创造了条件，有利于农民身份的转换。在土地集体化时期，国家用工分、口粮和户口等手段将农民捆绑在土地上，农民不能自由流动，结果是将农民捆穷、捆死。家庭承包责任制实行后，农民获得了相对的劳动自由。他们在种好承包田和完成联产承包任务后，可以自由地从事各种副业和非农活动，也可以进乡镇企业或到城市从事第二、三产业（杨维军，2006）。农民在身份、地位、角色等方面相应发生变化，趋于多样化。农民身份的转换使农村人口向城镇流动成为可能，直接推动了村镇规模的扩大，改变了村镇空间结构。

（4）农村工业化是农村城镇化发展的动力。当人口、生产要素以及经济活动在一个地理位置上的集中达到一定规模时，就会形成城镇。工业是一种集聚活动，随着工业发展水平的不断提高，工业企业的集中，又创造了对金融、交通、信息、旅店、餐饮、文化、娱乐等服务产业的需求，从而带动城镇第三产业的兴起和发展（齐友发和蔡梦筠，2007）。二、三产业的发展吸纳了大量人口就业和消费，引起人口向城镇集中。在我国，乡镇企业在农村工业化进程中扮演着重要的角色。1984～1988 年，乡镇企业每年转移 1300 万～1400 万农村劳动力，1988 年乡镇企业总产值在农村社会总产值中占的比重上升到了 58.1%（章辉等，2006）。因而，改革开放后乡镇企业的"异军突起"，为我国农村城镇化奠定了产业集聚的基础。随后，乡村人口向城镇的大量流动，增加了城镇劳动力的来源，满足了城镇经济对劳动力的需求，也满足了商品的市场需求[②]。与

① 许家伟. 2010. 社会物理学视角下农村工业时空演化研究——基于巩义市芝田村的调查分析. 开封：河南大学硕士学位论文. 79～82.

② 和强. 2010. 新泰市城镇化发展问题及对策研究. 泰安：山东农业大学硕士学位论文. 66.

此同时，大量的人口流入城镇会给城镇的基础设施带来压力，进一步刺激城镇建设的快速发展，促进农村城镇化发展。

由家庭联产承包责任制间接推动的村镇空间变化主要如下。

（1）村镇空间节点数量和规模的变化。农村工业化和农村人口向城镇流动等影响农村城镇化的诸因素，都直接受土地制度的影响。实行家庭联产承包责任制后，大大解放了农村生产力，产生了大量农村剩余劳动力，促进了乡镇企业的发展，带动了农村工业化，使农村人口向城镇流动成为可能，从而推动了农村城镇化发展，扩大了村镇空间节点的数量和规模。1978～2000 年，我国城市数量由 193 个增加到 663 个，建制镇由 2173 个增加到 20312 个，市镇总人口由 1.7 亿增加到 4.56 亿人，占全国总人口的比重由 1978 年的 17.9%提高到 2002 年的 36.1%。到 2012 年，进城打工的农民工数量为 2.5 亿。

（2）村镇空间类型的变化。家庭联产承包责任制大大激发了农民生产的积极性，农村生产力得到释放，创造了大量农副产品，给农民带来了生产剩余和对剩余的支配权，农村集贸市场由此得以恢复和蓬勃发展，乡村地域的空间规模由村落空间转变为集市空间。截至 1993 年上半年，全国农副产品专业市场已发展到 6970 个，其中批发市场 2094 个，批发市场比 1983 年增长了 10.5 倍（赵德余和温思美，2004）。而 1998 年年底，全国共有农产品专业批发市场 4243 个，比 1993 年又增加了一倍多（张绍丽，2006）。

（3）村镇空间通道的变化。村镇空间节点规模的增大，反映了村镇功能的增强，要求与外部空间联系的交通、通信等线状基础设施升级，从而适应增大的人流、物流、信息流。节点数量的增加，促进了村镇内部的空间联系，带动了交通、通信等基础设施建设。总之，内外的线状设施建设使村镇空间外部连线等级提高，内部连线增加。

农村土地集体化在一定程度上遏制了我国耕地减少的势头，对保证村镇空间有序发展的土地供给有重要意义。集体化的土地制度虽然还存在产权模糊的弊端，但限制了国家对农村土地的随意征用和滥用。在目前的土地产权制度下，农村集体经济组织是农村土地的所有者，国家只是对集体经济组织的农地所有权进行了一些限制，并没有代替集体所有者的身份。国家要将农村集体经济组织所有的土地变为国家所有，就要根据《宪法》的规定和市场经济的规则从农村集体经济组织的手中购买。现行的政策规定政府在征用农村土地时要进行规划、论证和补偿。而现实的情况是，在我国发生的大部分乱占滥用土地的违法案件中，各级人民政府又是违法的主体。所以，一旦政府成为农村土地的所有者，土地很可能会以更快的速度被消耗掉。据国土资源部督察组的调查，从 20 世纪 80 年代末至今，全国各地设立的各类开发区数量为 5524 个，其中，国家有关部门批准设立的有 232 家，省级批准设立的有 1019 家，省级以下政府批准的有 4273 家。全国开发区的规划面积已达到 3.51 万 km^2，这远远超过了中国城市建成区面积的总和，其中有很多开发区是政府违规设立的，特别是省级以下政府违规设立各类开发园区、乱占滥用土地的现象十分严重（宋磊和董捷，2005）。因此，农村土地集体化在一定程度上遏制了我国耕地减少的势头。

6.1.2　治理结构调整与村镇空间结构变化

乡村治理结构是国家为治理乡村社会建构的一整套机构设置、资源配置与制度体系，属于国家政治体系的基础性部分。根据现代治理理论，国家对于社会的治理都是在一定的时空背景下通过特定的公共权力和制度安排运用相应的治理资源实现社会整合的过程。所以，在乡村治理过程中，作为国家最基层的政治权利中心的乡镇，其空间结构会随着治理结构调整而发生相应变化（刘祖华，2007）。

新中国成立后，中国社会先后出现了两种主要的乡镇制度，即中华人民共和国成立后的“政社合一”的人民公社制和当前仍在沿用的“乡政村治”的二元体制。

中华人民共和国成立后，乡镇制度建设起初是在“议政合一”的人民代表大会制框架内进行的，但随着新民主主义向社会主义过渡的完成，“政社合一”的人民公社体制取代了“议政合一”的体制，成为乡镇制度建设的主要体制。1958 年 8 月 29 日，《人民日报》公布了《中共中央关于在农村建立人民公社问题的决议》。在人民公社的制度安排下，我国全面撤销了乡体制，乡镇归并为社，以政社合一的人民公社行使乡镇职权，原先的农业生产合作社改称为生产大队，普遍实行政社合一的人民公社体制。《决议》规定，对于公社的规模，可以根据自然地形条件和生产发展的需要，也可以由数乡并为一乡，组成一社。所以，各地掀起了兴办大社的高潮，不仅区的规模扩大、数量减少，更主要的是公社的规模大大扩大、数量大大减少。当时一个公社的规模竟然相当于 1952 年时的 11～12 个乡镇。截至 1978 年年底，全国共有 52781 个人民公社。乡镇区划的变动，扩大了乡镇规模，减少了乡镇数量，使村镇空间节点密度降低，空间规模增大，有利于乡镇的发展。但由于在人民公社体制下，农民丧失了生产和经营的自主权，这使得中国乡村经济长期在低水平上徘徊与维持，不能为乡镇的进一步发展壮大提供必要的经济基础。加上严格的户籍管理制度，人民公社将农民限制在乡村社会内部，阻断了农民向上流动的渠道，形成城乡对立的二元社会结构，乡村产业仍然以第一产业占绝对优势，严重阻碍着乡村社会的发展和农村城镇化进程。村镇空间节点的等级和功能发展受到限制，节点间以及节点与外部空间联系的人流、物流、信息流需求较低，基础设施建设水平低，影响了节点间连线的发育，村镇空间仍然较为封闭。在人民公社体制下，公社作为一个劳动组织，动员丰富的劳动力资源兴修了一批农田水利工程，为我国农业基础设施建设打下良好基础。水利工程作为农业线状基础设施，分割着村镇空间的“面域”要素，增加了农田景观的多样性。

伴随着市场化取向的经济体制改革与地方民主化的进程，1982 年后，中央决定撤销人民公社体制，恢复乡体制，乡镇制度由人民公社制转变为“乡政村治”的二元体制。1982 年修改的《宪法》第 95 条规定：“乡、民族乡、镇是我国最基层的行政区域，乡镇行政区域内的行政工作由乡镇人民政府负责，设立人民代表大会和人民政府”；第 111 条规定：“农村按居住地设立的村民委员会是基层群众性自治组织”。随后，1983 年中共中央、国务院联合发布了《中共中央国务院关于实行政社分开建立乡政府的通知》，要求设立乡政府，实行政社分开，同时设立乡镇党委，并可根据生产的需要和群众的意愿建立经济组织，而在乡之下实行村民自治（张聪群，2007）。乡政府职能主要是提供公共产品、社会服务，而村民自治村委会则负责农村经济社会发展的具体事务。这种治理格局，使村级成为基层民主的组织载体，使之与农民经营权的取得和经济发展相适应，调动了农民的生产积极性，大大解放了生产力，极大地提高了农业生产水平，为乡村城镇化发展提供了人力、物力和财力准备，为村镇空间格局的变化创造了条件。

在撤社建乡过程中，经济条件好，特别是工商业发达的地方则撤社建镇。从 1978 年至 20 世纪 90 年代末，我国的建制乡、镇得到了大发展，数量比改革开放初期有了急剧的增加。然而，长期以来，我国的农村城镇化发展处于一种以乡镇为单位、相对封闭的状态。各乡镇以自我为中心，各显神通、各自为战发展小城镇，小城镇数量多，绝大部分小城镇的人口规模过小。1997 年，国家经济体制改革委员会等 11 个部委对全国小城镇抽样调查显示，随机抽取的 1035 个建制镇平均镇区人口为 1.63 万，有 66%的非城关镇（非县政府所在地）规模在 1 万人以下；据 1997 年第一次全国农业普查结果，平均每个镇区平均总人口为 4920 人。小城镇规模过小，导致城镇总体布局散乱，基础设施建设水平低下，如道路等级较低、路网布局不合理，供水、供气、供能等系统建设不完善，污染处理能力低，环境污染问题日益严重等，并且重复建设严重，难以产生应有的极化效应和扩散效应，制约了农村城镇化水平提高。另外，小城镇规模过小，缺乏人口聚集效应，生活各个方面的社会化程度就难以提高，必然缺乏足够的、有效的市场需求，第三产业发展受到制约，就业也就难以增加，农业劳动力向非农产业转移的过程就会放慢，阻碍了农村城镇化发展。据经济学家测算，只有当人口达到 10000 人以上的规模时，小城镇才具有基本的集聚效应、降低公共服务和基础设施的发生成本，才能为产业集群的产生和发展提供基本的市场需求（刘洪彬和于桂娥，2008）。当小城镇人口达到 30000 万人以上的规模时，就具备了城市的各种基本功能。另外，由于我国乡镇数量过多，乡镇政府机构设置臃肿，人员不断膨胀，管理成本加速增长，一些地方甚至成为名副其实的“吃饭”财政。为了促进农村城镇化发展，更好地规范和统一管理，有效降低乡镇财政压力和减轻农民负担，从 1998 年开始，中国开展了乡镇撤并、精简机构工作。截至 2012 年年底，全国共有乡镇 33162 个，与 1985 年的 91590 个乡镇相比，减少了 58428 个，下降幅度为 63.79%。乡镇撤并使乡镇面积进一步增大，数量进一步减少。乡镇规模扩大后，小城镇发展空间得以扩展，扩大了村镇空间节点规模。由于人口增多，经济总量增加，各经济要素的集中度大幅度提高，规模效应显现。一些资源接近、产业趋同的乡镇合并后，避免了重复建设和资源浪费，产业规模不断扩大，有利于形成产业品牌，提升产业竞争力，促进乡镇产业结构调整。一些联系紧密、资源具有互补性的乡镇合并后，能更充分地利用资源优势，构建经济板块，为经济发展壮大提供坚实基础。产业规模扩大和经济发展壮大，促进了村镇空间节点升级。乡镇数量调整，使乡镇布局更加合理，区域优势更为明显，集聚、辐射效应显著提升，使乡镇之间的经济联系越来越密切，促进了交通、通信、电力等基础设施建设，村镇空间连线密度增加。治理结构调整使村镇空间结构发生了显著变化。

6.2　经济因素与村镇空间结构变化

6.2.1　产业非农化与村镇空间结构变化

产业非农化是指第一、二、三产业在农村经济结构中地位的转换，即从以第一产业为主，向第二、三产业为主转换。产业非农化是农村经济发展的标志，伴随产业转换，农村土地利用格局、人口就业结构发生相应变化，进而引起人口流动，促进乡村城镇化，带来村镇空间的变化。

1. 我国农村产业非农化发展过程

新中国成立以来，伴随着我国国民经济的发展，农村产业非农化发展过程大致可分为以下三个阶段：1949～1978 年的缓慢发展时期；1979～1990 年的大发展时期；1990 年以来的全面调整时期。三个阶段分别有其各自的特点。

（1）缓慢发展时期。新中国成立初期，我国农村产业部门主要是农业，农村工业和农村商业很少，主要是一些小商贩、小手工业和农村作坊。在农业中基本是单一的种植业结构，以粮食作物为主，林、牧、渔业没有相应的发展，历史形成的“农业等同于种植业等同于粮食种植”的单一农村产业结构基本上没有变化，整个农村产业结构处于极不合理的状态。与新中国成立时的农村产业结构相比，这一时期虽然有了一定程度的缓慢变化，但我国农村产业结构中农业一直处于绝对主导地位，第二、三产业在农村经济中所占的比重很低，只是作为农业的必要补充而存在（王景崚，2003）。

（2）快速发展时期。十一届三中全会以后，党和政府的工作重心转移到经济建设上来，农村经济得到了迅速发展，农村产业结构进入了变革阶段。以家庭承包经营为主的多种形式的责任制为开端的经济体制改革突破了单一种植业的格局，彻底改变了农村经济的微观运行基础，调动了农民生产的积极性，促进了农村专业化、商品化和社会化程度的提高，推动了农村产业结构的变化。改变了过去“重农型”的状况，尤其是种植业长期一统天下的格局，形成了农、林、牧、副、渔并举，以工业为龙头，商（业）、运（输业）、建（筑业）、服（务业）等非农产业为主体推动农村经济、社会全面发展的新模式。随着城市改革的启动和市场机制的深化，以及城市和农村消费结构的变化，农村第二、三产业加速发展，农村产业结构逐渐有了调整，使农村产业结构在逐步满足人们基本需要的同时，向农产品优质化、工业消费品优质化的方向发展。

（3）全面调整时期。由于我国农村产业结构面临新挑战而进行全面调整。为了适应我国经济“三步走”战略目标的实现和世界产业结构的变化，尤其是我国加入了世界贸易组织，农村产业结构更加需要作出相应的调整①。据有关资料统计，进入 20 世纪 90 年代以来，农村劳动力和产值的分布状况是：从相对值角度和劳动力分布情况来看，第一产业所占比重呈下降趋势，第二、三产业所占比重呈上升趋势，第三产业上升趋势更

① 黄倩. 2005. 粤北欠发达地区始兴县农村产业结构调整及县域经济的发展. 长沙：湖南农业大学硕士学位论文. 35～36.

为明显；从产值状况来看，第一产业的比重在降低，第二、第三产业的比重在上升，尤其是第二产业在产值等方面已经成为农村第一大产业。

综上所述，使中国农村经济真正发生深层次结构性变化的是自 1979 年以来的非农化，使中国农村经济结构发生了本质的变化：一是农村产业结构已经摆脱改革以前以第一产业，特别是以种植业为主的单一产业结构形态，进入“三次产业”共同发展的新的历史发展阶段；二是第二产业在产值等方面已经成为农村第一大产业，对推进中国特色农村工业化、城镇化、现代化意义重大。所以，改革开放后的农村非农化对村镇空间结构变化的推动作用巨大。

2. 产业非农化对村镇空间结构的影响

产业非农化对村镇空间结构变化的巨大推动作用，主要是从本质上改变了村镇空间结构，导致空间节点升级和壮大。

（1）交通设施改善：村镇空间走向开放。农村公路是农村地区最重要的基础设施之一，改革开放以来，国家一直高度重视乡村道路、农村电网、文化教育等关系农业和农村长远发展的基础建设，并把建设农村公路作为建设社会主义新农村的重大举措之一，掀起了历史上最大规模的农村公路建设热潮。2003 年，交通部提出了“修好农村路，服务城镇化，让农民兄弟走上油路和水泥路”的工作目标，加大了对农村公路的投入，组织实施了提高农村公路通行条件的通达工程和通畅公路；2004 年，交通部启动了“农村渡口改造”和“农村客运站点”的建设工程；2005 年年初，国务院通过了《全国农村公路建设规划》（田文玲，2009），规划明确了农村公路建设的总体目标是，具备条件的乡（镇）和建制村通沥青（水泥）路；2006 年和 2007 年，交通部进一步加大了农村公路建设投资力度，扩大了农村公路建设范围；2008 年，国务院扩大内需的措施中，有 100 亿元投向公路，其中有 50 亿元专门用于安排农村公路建设。截至 2012 年，农村公路（含县道、乡道、村道）里程达 367.84 万 km，通硬化路面的乡（镇）占全国乡（镇）总数的 97.43%，通硬化路面的建制村占全国建制村总数的 86.46%①。第二次农业普查结果显示，目前，全国通公路、电话、通电和能接收电视信号的行政村的比重均已达 95%以上。

公路是农村与城市的桥梁，是连接农村生产和消费的纽带，它直接服务于农业、农村经济和农村社会。交通条件的改善，畅通了农村人流、物流、信息流、资金流，优化了资源配置，促进了农村思想观念的更新和农村经济的繁荣，使村镇空间由原来的封闭和半封闭走向开放。

首先，畅通了产品市场通道。一方面，公路交通发展形成的快速通道，缩短了人流、物流的空间和时间距离，能够促进形成区域性的规模经济。发达的农村公路，不仅解决了农民“出行难”、“运输难”的问题，而且还带动了一大批农村特色产业的发展，为农副产品走向市场开辟了绿色通道。另一方面，农村公路建设和交通运输业的发展，奠定了农村市场化发展的基础。目前，我国已初步形成了开放、统一、竞争、有序的农产品市场体系，适应市场经济发展要求的粮食流通体制初步建立；农产品市场主体已经从单

---

①《2012 年公路水路交通运输行业发展统计公报》。

一经营发展为农民、各种中介组织、国有流通企业等构成的多元化经营；流通渠道逐渐形成了零售、批发、期货等多层次并进；信息服务也正朝着不断满足生产者、经营者和消费者多方需要的方向发展。市场基础设施也取得了显著成效，第二次农业普查结果显示，2006 年年末，68.4%的乡镇有综合市场，34.4%的村地域内有 50m^2 以上的综合商店或超市（刘晓梅和雷祺，2009）。其次，吸引了资金流。伴随着农村公路的发展，极大地支持了农村客货运输业的发展。同时，一大批与交通配套的水利、电力等基础设施也同时建成，有助于增强公路沿线商业化、产业化的交通区位优势，有效地改善了农村投资环境，促进了投资增长。最后，增强了城乡旅游流。可进入性是旅游资源开发的前提条件。许多优美的乡村自然景观和乡村文化景观，通过一条条农村公路的建设，改善了农村交通环境和条件，吸引了大量游客，带动和促进了“自驾游”、“农家乐”等乡村旅游的发展。

（2）乡镇企业崛起：促进城镇化进程。小城镇是中国城镇体系的重要组成部分，小城镇的发展推动了村镇空间节点升级。十一届三中全会以来，我国乡镇企业“异军突起”，迅猛发展，已成为农村经济和我国国民经济的重要支柱。随着乡镇企业的兴起，小城镇的发展速度明显加快。改革开放以来，小城镇发展速度之快、规模之大是中国历史上前所未有的。据建设部公布的《2001 年城市建设统计公报》显示，至 2001 年年末，我国有建制镇 20374 个，建制镇的数量较改革开放之初增长了近 10 倍（乔忠和王敬华，2003），而乡的数量则下降了近两倍，为 19341 个，建制镇的数量首次超过乡，这标志着我国城镇化进入崭新阶段。据统计，1992 年以后，我国城镇化发展进入高速增长期，2013 年年末中国城镇人口超过 7.3 亿，城镇化率为 53.73%①。

乡镇企业的发展壮大对农村城镇化发展发挥了极大的促进作用。

提供城镇基础设施建设所需资金的主要来源。1978 年社队企业总产值只相当于当年农业总产值的 37% 左右。到 1987 年，乡镇企业产值首次超过了农业总产值，标志着中国农村经济已经进入了一个新的历史时期。到 2008 年，乡镇企业增加值已占农村社会增加值的 71.21%，占国内生产总值的 27.98%，实缴国家税金 8765 亿元。2012 年，乡镇企业总产值为 616660 亿元，乡镇企业营业收入为 610505 亿元，实际利润总额为 36815 亿元②（陈劲松，2013）。乡镇企业的迅猛发展大大推进了农村的城镇化，为城镇基础设施建设提供了大量资金。1978～1994 年，乡镇企业用于农村各项事业的建设资金达 1000 多亿元，成为农村建设的重要经济来源和小城镇建设的基本依托。

带动第三产业发展和人口集聚，促进城镇化。人口集聚是城镇化发展的首要因素。乡镇企业是吸收农村剩余劳动力、聚集城镇人口的主要基地。乡镇企业规模的扩大、经济效益的提高，大量雇佣工人，因而聚集了人口，提供了城镇化发展的条件。1978 年全国社队企业职工只有 2827 万，只占当年农村劳动力的 9%多一点。到 2012 年，乡村企业从业人数为 16400 万，占农村劳动力总数的 34.17%，比 1978 年的 9.2%提高了 24.94

① 国家统计局《2013 年国民经济和社会发展统计公报》。
② 陈劲松. 2012 年中国农村经济形势分析与 2013 年展望. 中国乡村网：http：//www.zgxcfx.com/Article/56444.html.

个百分点①。乡镇企业的发展促进了城镇第三产业的发展，增加了城镇就业。当小城镇人口达到一定数量后，便能促进商业、餐饮等与人们日常生活息息相关的服务业的发展，而且乡镇企业的发展壮大也带动了金融、法律、财务、通信等生产性服务业的发展，农村第三产业的发展增加了就业空间，促进了剩余劳动力的转移。

带动专业市场发展，推动城镇化。随着乡镇企业异军突起，城乡商品生产和商品流通日益活跃，形成了很多专业市场。专业市场的兴盛带动了交通、邮电、通信、金融、商贸、房地产、餐饮等第三产业的发展，吸引了大量人口和生产力要素，人口的集聚和大量企业的集中促进了村落规模的扩大，经济的发展促进了村落建设的加快和公共基础设施水平的提高，也促进了村民生活方式和观念的蜕变，推动了农村城镇化。

在我国，依托专业市场的发展推动农村城镇化的主要地域在浙江省，专业市场的繁荣是浙江省城镇化的重要动力，浙江省城镇化水平变动历程与专业市场数量增长同步的现象就是证明（表 6.1）。

表 6.1　2001～2006 年浙江省的专业市场数量与城镇化水平演变（陈修颖，2008）

年份	2000	2001	2002	2003	2004	2005	2006
市场数量/个	4348	4278	4193	4036	4049	4008	4046
市场成交额/亿元	4023	4652	5143	5591	6384	7173	8247
城市化率/%	48.7	50.0	51.9	53.0	54.0	56.0	56.5

与东部相比，我国西部地区乡镇企业在数量、规模、职工人数和产值等方面都有明显差距，尤其是在工业总产值和工业职工人数两个指标上差距巨大。西部乡镇企业发展水平低，在提供城镇基础设施建设所需资金、带动第三产业发展和人口集聚，以及带动专业市场发展等方面的作用较小，是西部城镇化发展速度缓慢的重要原因（表 6.2）。

6.2.2　农户兼业化与村镇空间结构变化

1. 我国农户兼业化的产生及发展

农户兼业是指农户在从事农业生产的同时又从事非农业生产的经营形式。兼业改变了农户以往单纯从事农业生产、在农业中就业的状况，提高了农户的收入。无论在发达国家，还是在发展中国家，人均耕地多的国家，还是人均耕地少的国家，农户兼业都成为一种普遍现象，在我国也越来越普遍。20 世纪 80 年代初，农村外出务工者只有几百万人，80 年代末达 2000 多万人，1994 年则骤增到 6000 多万人。1996 年以来，农村实际常住人口已经连续 10 年以每年超过 1000 万人的幅度持续减少，农业从业人员自 1999 年起以年均 400 多万人的规模递减（曹利平，2009）。

我国农户兼业行为的产生，主要有以下几方面原因。

（1）农户需要满足日益增长的家庭消费。农民在基本解决温饱问题后，需求层

① 中国农业信息网：http：//www.agri.gov.cn/V20/SC/jcyj_1/zh/201301/t20130125_3208632.htm.

表 6.2　东西部地区乡镇企业主要指标对比（1998 年）

项目	东部	西部	东部占全国的百分数/%	西部占全国的百分数/%	东西部相差倍数（西部=1）
企业个数/万个	685.5	542	34.2	27.0	1.26
其中：工业企业/万个	277.9	122	42.0	18.4	2.28
职工人数/万人	5667	2301	45.2	18.4	2.46
其中：工业职工/万人	3974	849	54.2	11.6	4.68
总产值/亿元	55906	12249	57.8	12.7	4.89
其中：工业总产值/亿元	45898	5143	66.4	7.4	8.92
工资总额/亿元	3199	1057	51.2	16.9	3.03
人均工资/元	5645	4594			1.23
工业职工占全部职工/%	70.1	36.9			
工业产值占全部产值/%	82.1	42			

资料来源：《1999 年中国乡镇企业年鉴》，中国农业出版社。

次会进一步提高。他们需要改善居住条件，修新房、盖楼房；需要提高家庭生活质量，添置现代化生活设施；需要提高精神文化需求，他们希望小孩能接受更多更好的教育，以后能有更好的发展。满足这些需求仅靠农业经营是不行的，因为农业生产投入大，受自然条件和市场的影响大，风险大，利润低，农民必须进入第二、三产业，才能提高家庭收入，实现各种愿望。以教育消费为例，说明农户收入对家庭消费的制约。根据国家统计局《中国农村经济调研报告（2004）》对四川省 4000 户农户年均纯收入数据和教育调查情况的分析，有能力供养子女上乡村小学、乡镇中学、县城中学、中专和大学的农户比例分别是 51.50%、41.45%、34.87%、22.25%和 12.92%。从这些数据可以看出，学校的级别越高，能够提供子女入学条件的农户比例就越小。其中，能够供养子女入乡镇中学的农户比例不到 50%，能够供养子女上大学的农户比例不到 13%。这说明如果没有国家政策的扶持，农民受教育的愿望都难以实现。

（2）人多地少，拥有有限的土地资源。2005 年，中国农民人均耕地资源为 0.137hm^2，户均耕地资源也仅为 0.515hm^2。中国经营耕地面积不足 1hm^2 的农户比例高达 93.23%，经营耕地面积不足 0.2hm^2 的农户占 30.3%，而经营耕地面积为 2hm^2 以上的农户比例只有 1.9%。如果非农就业不能给农户带来足够高的收入，不能让农户消除离农的后顾之忧，农户可能采用“农忙务农、农闲务工”、“主要劳动力外出打工、辅助劳动力在家务农”的方式经营有限的土地资源，形成农户兼业化现象（钱忠好，2009）。

（3）承包土地具有社会保障功能。就农户土地经营收益而言，尽管在现行贸易条件下，农户从土地上获得的直接经济收益并不高，但在小规模土地经营时，农户持有土地是一种社会保障。在当前，农村的社会保障制度不健全，农户的生产经营风险得不到社会的有效保障，一方面农户自己要防范从事农业面临的自然风险；另一方面，又要因防范宏观经济环境造成非农业就业不稳定而带来的风险。在这双重风险的压力下，农户自然而然选择兼业的经营方式，以求可进也可退（张立平等，2006）。可见，现阶段土地之于中国农民，不仅具有经济功能，而且具有社会保障功能；不仅具有生产性收益，而且具有极大的非生产性收益，土地对农民的效用非常之大，以至于农民不会轻易地放弃土地（钱忠好，2009）。而且在当前，政府为进一步巩固农业的基础地位，采取了一系列惠农措施。并且随着经济的发展，土地的价值也在提高，农民对土地的转让比较谨慎。

（4）城市化进程的推进，使农村劳动力大量转移。城市化进程使城市规模扩大，需要更多的劳动力转向城市。再加上城乡收入差距越来越大，吸引了农村大量劳动力涌进大中城市和发达地区就业。2012 年，城镇居民人均可支配收入为 24564.7 元，农村居民人均纯收入为 7916.9 元，城乡收入比例为 3.1∶1；而在 1978 年，城镇居民人均可支配收入为 343.4 元，农村居民人均纯收入为 133.6 元，城乡收入比率为 2.6∶1。另外，随着农村改革深入和经济发展，乡镇企业、民营企业的兴起与蓬勃壮大，农村产业结构发生了巨大变化，第二、三产业迅速发展，使农民在农业外部有了更多的就业机会，而且非农业劳动的收入高出纯农业劳动收入，大量农业劳动力外出转向第二、三产业，以便获得更大的经济效益。

农民兼业从一开始就存在着两种不同模式，一种是“离土不离乡”，另一种是“离土又离乡”。

（1）“离土不离乡”模式。“离土不离乡”的农民兼业模式被称为“本地兼业”。兼业农户的家庭成员以农村非农产业为主体，以在当地乡镇企业从业为主，兼业的区域分布以本地为主。实际上，这种兼业模式才具有本质上的“兼业”性质，因为这种模式一方面有利于农民充分利用本身的要素资源和劳动力资源进行第三产业开发，创造新的增收途径；另一方面能够兼顾到农业生产。另外，这种兼业模式对于当地城镇建设具有积极促进作用。

（2）“离土又离乡”模式。“离土又离乡”模式被称为“异地兼业”。这种兼业模式的主要特点表现为农户家庭成员通过外出打工从事非农业生产活动。农村闲置劳动力背井离乡，从业区域跨度较大，基本脱离了本土农业生产，专业性地在较大城市从事非农生产活动，家庭农活则交由家庭次要劳动力完成，或者干脆荒废土地。当然，其中一部分务工农民可能在农忙阶段回乡务农。因为农民兼业的首要目标表现为增加家庭纯收入。

在初始阶段，“离土不离乡”是兼业农户的首要选择。据有关调查资料，外出打工人员在本县内就业占 36.1%，本省就业占 73.1%，跨省流动只有 26.9%。“离土不离乡”模式在一定程度上促进了乡镇企业发展和农村小城镇的建设和发展。但随着中国经济体制改革的深入，第二种模式很快替代前者而成为农户兼业的主要模式。一方面，区域经济发展差异所导致的收入差异越来越明显，导致劳动力出现了跨地区流动，“离土又离乡”的异地兼业逐渐扩大，李强的研究表明，66.4%的外出农民工属于出省流动。另一方面，农业生产的成本以及在农户户口所在地创业的成本都大大提高，致使“离土又离乡”模式越来越成为农户兼业的主要选择模式。不管是哪种兼业模式，兼业农户一方面在第二、三产业就业，另一方面又没有脱离土地。所以，兼业农户对土地的利用方式，以及从事第二、三产业带来的流动性，影响着村镇空间结构的变化。

2. 农户兼业化对农村土地利用的影响

首先，农户兼业化制约了土地流转，农村土地利用细碎化，使村镇空间面域被细碎分割。细碎化的土地利用不利于农业规模经营，影响农业生产率的提高。农村土地流转，可整合土地资源，有效促进耕地向种粮能手、家庭农场、农业企业集中，有效推动农业生产向规模化、产业化和现代化方向发展。这不仅有利于调整农业产业结构，也有利于先进农业生产技术的普及以及农业机械化的推广应用，推动高效农业规模发展，更重要的是促进农民增收和农村经济发展。引导土地流转、促进农业规模经营是优化农业资源配置，发展现代农业的必由之路，对于推动农业产业转型升级，促进农民创业创新，推进工业化、城市化和城乡统筹发展有着十分重要的意义（周楦博和李余全，2014）。但目前我国农村土地流转陷入了困境，虽然最近几年，由于农村大量富余劳动力跨地区流动，加上地方政府的直接推动，农村土地使用权流转速度有所加快（贺振华，2006）。据农业部的统计，目前以各种形式流动使用权的耕地约占承包耕地总面积的5%～6%，多数发生在沿海发达省市（白呈明，2003）。根据陈锡文等对浙江几个县市的实地调查，截至2000年年底，绍兴县、上虞市和余姚市已流转出的耕地分别占其耕地面积的30.7%、24.8%和32.9%。2009年4月，中共浙江省委办公厅、浙江省人民政府办公厅发布的《关于积极引导农村土地承包经营权流转促进农业规模经营的意见》，要求“力争到2012年，全省土地流转率达35%以上，其中，经济发达县（市、区）达50%以上，土地集约程度和经营者的规模效益明显提高。”然而，总体看来，土地流转仍然有限，而且，全国各省的发展极不平衡。农村土地流转市场发展缓慢不利于农村土地资源的合理配置和农村经济的可持续发展。农户兼业化是制约土地流转的重要因素。由于土地流转市场不规范、农村保障机制不完善、土地流转的利益不够大、家庭有足够的劳动力经营承包地，或外出务工劳动力在农忙时回家务农等原因，在农村经济迅速发展的背景下产生的农业剩余劳动力，大多数选择了兼业而不是向城镇转移，使农村土地经营分散化，制约了土地流转。由于我国耕地利用过于细碎化，农业生产规模过小，耕地经营虽然投入不低，但经济效益低下，严重阻碍了农村经济的发展和城镇化水平提高（曹志宏等，2008）。

其次，土地撂荒不利于土地集约节约利用。当农户把承包土地作为解除后顾之忧的“社会保障”，且又对土地转让较为谨慎时，农户选择了撂荒土地，造成土地资源的巨大浪费。近年来，我国耕地撂荒面积逐年增加，且撂荒现象在全国各地普遍出现。据统计，1996～2000年，全国耕地面积累计减少大约3000万亩，平均每年减少600万亩，土地抛荒是耕地面积减少的一个重要原因（种道平和钟涨宝，2003）。另有相关数据显示，2000～2005年，全国的耕地面积呈下降态势，从2000年的13828.31万hm^2，逐年下降至2005年的12208.27万hm^2。据国土资源部2007年4月12日发布的2006年度全国土地利用变更调查结果显示，截至2006年10月31日，全国耕地面积为18.27亿亩，每年撂荒耕地可达0.265亿亩。2000年，安徽省土地撂荒面积占总承包面积的1.2%，河北省季节性撂荒面积占耕地面积的4%左右；2001年，浙江省2505万亩耕地中0.2%～0.5%被常年撂荒。虽然我国采取了取消农业税等措施提高了农民种地的积极性，但是耕地撂荒现象仍没有很大的改观。由于兼业农户家庭收入的主要来源是从事第二、三产业的收入，因而，农户兼业是耕地撂荒的重要原因。

除自然条件、农村基础设施、农业结构、农产品价格等因素外，大量劳动力外出务工，即农户兼业化是我国耕地撂荒的重要原因。改革开放以来，我国农村土地实行家庭承包责任制，农户成为土地利用的决策主体。在市场经济条件下农民有了更大的自主性，其经济行为日趋理性。由于在我国现实中，农户从事非农业的收益远远大于从事农业生产的收益，农户就会将更多的时间投入到非农业生产中，就出现了农户的撂荒行为（曹志宏等，2008）。据农业部农村经济研究中心统计数据显示，2003 年我国农村居民外出从业劳动力人均收入为 6364.39 元，至 2006 年我国农村居民外出从业劳动力人均收入已经增长至 8530.28 元，年均增长率为 10.26%。其中，我国东部农村居民外出从业劳动力人均收入从 2003 年的 9458.06 元增至 2006 的 12416.53 元，年均增长率为 9.5%；中部从 5304.04 元增至 7406.33 元，年均增长率为 11.77%；西部从 4687.90 元增至 7112.72 元，年均增长率为 14.91%。而 2003 年农村居民农业人均收入为 885.70 元，2006 年增至 1159.56 元。据国家统计局《2012 年全国农民工监测调查报告》中显示，2012 年，我国农村居民外出从业劳动力人均收入已经增长至 27480 元，比去年增长了 11.8%。其中，我国东部农村居民外出从业劳动力人均收入从 2006 年的 12416.53 元增至 2012 年的 27432 元，中部从 7406.33 元增至 27084 元，西部从 7112.72 元增长至 26712 元。而 2006 年农村居民农业人均收入为 1159.56 元，2012 年增至 7916.58 元。由于我国实行家庭联产承包责任制，人均耕地面积十分有限，农民从事农业生产获得的劳动收益是十分有限的，农村居民外出从业收益约相当于 8 年从事农业生产的收入，而且这个比例随着经济的发展还会继续上升（曹志宏等，2008），在经济效益的比较利益驱动下，“弃耕务工”就成为越来越多农民的理性选择，这种趋势在我国东部经济发达地区更为显著。在我国农村社会保障体制不完善的情况下，耕地对农户来说既具有经济功能，同时还具有社会保障功能，所以他们不轻易放弃承包耕地，甚至有人进城定居后，宁愿将承包地荒芜也不处置，造成土地资源的巨大浪费（曹志宏等，2008）。

3. 农户兼业化对农村城镇化的影响

农村城镇化是农村经济社会发展进步的标志，是农业人口逐步向非农业人口转移的过程，同时也是农村产业结构、农民生活方式、农业生产水平发生根本性变革并获得巨大发展的空间表现（秦岭，2000）。同时，农村城镇化也直接带来村镇空间结构的变化，最明显的是村镇空间中心规模的扩大和功能的增强。农业产业化和农村人口向城镇流动是影响农村城镇化的重要因素，目前，我国农户兼业化对农业产业化和农村人口向城镇流动都有不利影响，因而制约了农村城镇化水平，制约了村镇空间的良性演化。

（1）动摇农村城镇化的基础。农业产业化是农村城镇化发展的基础保障。农业的发展进步为农村城镇化提供了所需的大量资金、劳动力、农产品以及作为工业初级原料的农产品等重要生产要素。同时，农业的产业化为城镇化进程中的基础设施建设提供了大量的资金来源，为农村城镇化提供持续的、充足的农产品和工业原料，为农村城镇化的工业化提供物质基础（吕新发和耿幸宏，2014）。因而，没有农业的发展，农村城镇化将失去持续发展的保障和基础。农户兼业化的普遍存在延缓了农业产业化的进程。农业产业化通过优化资源配置和改变经营方式，能够调节小生产和大市场的矛盾，以及农业的弱质性与农业自身效益的矛盾。农户兼业化无暇顾及劳动技术的革新及生产方式的改进，一方面土地利用的细碎化、分散化，固化了较小规模的土地经营权，使劳动生产率极其低下；另一方面土地长期的粗放经营状态和大量的撂荒现象，造成土地、生产资料的浪费。最终制约了农业规模经营和集约经营，降低农业产业化水平提高，影响农村产业结构调整和农民向城镇转移，间接影响了农村城镇化的进程。

（2）制约农村城镇化进程。人口集聚是农村城镇化的必要条件。人口集聚带动非农产业发展，形成城镇发展的经济基础。人口集聚产生的大量消费需求，成为城镇第二、三产业发展的动力。但以异地兼业为主的农户兼业化模式，使大量农村剩余劳动力流入大城市，导致当地第三产业因缺乏劳动力而发展缓慢，不利于提升城镇工业化水平，使城镇发展缺乏产业支撑，制约农村城镇化进程。

6.3　社会因素与村镇空间结构变化

6.3.1　人口流动与村镇空间结构变化

人类活动是当代村镇空间结构变化的主导因素，作为人类活动重要现象的人口流动，增强了城乡联系，促进了城镇化，有利于村镇空间结构的良性演化。但在特定背景下，农村人口流动带来的“空心村”现象，对村镇空间结构的变化形成了负面影响。

1. 人口流动与“空心村”现象

“空心村”指在村庄空间拓展过程中，内部出现大量废弃旧宅，新住宅向村外发展，在空间结构上表现为中心衰败、外围扩展无序的村庄。空心村是我国特有的在城市化过程中发生的现象，它是一个复杂的社会经济过程在村庄的物质形态中的表现（薛力，2001）。村庄的“空心化”程度与基础设施有关，村庄中基础设施越落后，交通越不便、排水排污越困难，其“空心化”程度越高。在建房选址上，由“风水”定位或向“交通沿线”靠拢，没有统一规划，农户在空闲地单家独户建房，村庄四周新房林立，内部宅基地大多空闲（唐志军和王玉霞，2008），呈现出“只见新房，不见新村”的村庄景观。在我国工业化和城市化进程中，农村剩余劳动力大量从农村涌向城市，从落后地区流向发达地区，形成大规模的人口流动现象。而这种流动人口多数属户籍未动而离开原居住地外出打工、经商等寻求新的发展空间和机遇，但又没有形成永久性迁居的移动人口。人口流动的不彻底性，导致流动人口的回流，成为“空心村”现象形成的重要原因。

流动人口的回流效应是农村建房需求的增长。由于我国长期存在城乡二元体制，我国城市化道路呈现出城市化落后于工业化的独特性，使城市化滞后于非农化需求，导致人口流动的不彻底性。目前，我国已有 1.2 亿农业人口转移分化到非农产业，并以每年 800 万左右的速度递增。目前职业人群中非农就业者的比例已高出农业劳动者。完全从事非农业工作的在业人口比例为 46.6%，完全从事农业劳动的在业人口占 40%，兼务农业和非农职业的人员占 13.4%。农业户籍的在业人口中，纯粹务农者的比例已经下降到 39%，有近 1/3 的农业户籍者已不再从事农业活动，已转为非农就业人口①。但城乡二元体制性障碍在短时期内还无法根除，城市基础设施、环境等容纳力有限等因素，造成农村人口向城市流动过程中表现出极大的不彻底性②。使绝大部分农民工进城后又不得不返回农村，形成流动人口的回流效应。无论是返乡创业还是返乡从事其他非农产业农民工，原有住宅的环境、质量、设计都无法满足不断增长的物质、精神需求。这样，从农业人口中分化出来的富裕者开始向住房消费大量投资。但由于乡村建设规划管理滞后、土地制度不完善、旧宅环境的制约等因素，产生新宅选址的随意性和自发性，出现大规模将其住所向外围更新或交通便利处无序迁移的现象，形成了村庄外围的大量新房。

农村老宅成为暂居城市的流动人口的最后保障。欧美国家工业革命后大量农民向城市流动是彻底的、不可逆的，而目前我国农村人口的城市化，实质上属于一种准城市化的状态，一定的条件下可能会发生逆转，在一夜间弃城回村。例如，在这次金融危机的影响下，大量农民工被迫返乡。准城市化状态对农村宅基地的负面影响就表现为空心村的蔓延（周学勤，2009）。暂时定居城市但尚未转化为市民的流动人口，基于城市就业不稳定、身份受歧视，工作环境恶劣等不利因素，仍然以房屋闲置的方式保留宅基地，使其成为生活的最后保障和农村居民身份的现实选择，形成村中心旧宅的闲置和废弃③。根据张正河教授对在北京、石家庄、保定、郑州、安阳市等地打工的约 400 名中部地区农民的调查和观察，条件好的基本上都在县城（镇）建了房或者地级市买了房。对已经在外买了房子，生活工作不错的农民工调查，几乎没有人愿意将老宅子无偿交给集体。因为农宅是农民最后也是最可靠的保障（周学勤，2009）。

“空心村”现象在全国普遍存在，改变了村镇空间面域的利用方式，已造成了大量的土地闲置和浪费。据调查，目前全国村庄建设用地达 1600 万 hm^2，而“空心村”内老宅基地闲置面积约占 10%左右，即 160 万 hm^2 的土地处于闲置状态（刘倩等，2007）。如果这些闲置的土地有 70%可以复垦为耕地，我国可在近期增加耕地近 110 万 hm^2。根据国土资源部 2003 年 3 月发布的《全国土地开发整理规划（2001～2010）》，全国土地开发整理补充耕地的总潜力为 1340 万 hm^2（20100 万亩），其中，全国土地整理补充耕地潜力约 600 万 hm^2（9000 万亩），占补充耕地总潜力的 45%（王世元，2006）。通过对现有农村居民点逐步实施迁村并点、治理“空心村”、退宅还田等整理措施，可以增加有效耕地约 286.67 万 hm^2（4300 万亩），约占土地开发整理补充耕地潜力的 21.4%，约占土地整理补充耕地潜力的 48%（张晖等，2011）。根据国土资源部 2012 年 3 月发布的《全国土地整治规划（2011～2015 年）》，全国补充耕地潜力约为 1050 万 hm^2（1.58 亿亩），其中农用地整理补充耕地约为 420 万 hm^2（6300 万亩），产能提高潜力约为 4650 亿 kg。全国农村建设用地可整治规模约为 800 万 hm^2（1.2 亿亩），约占土地开发整理补充耕地潜力的 76.2%。这说明“空心村”集约化程度低，对我国土地资源

① 陈训迪. 近三成农业户籍人口在城镇居住，非农就业成主流. http：//polotics.people.com.cn.

② 城市化进程中的空心村问题. http：//www.docin.com/p-210025506.html.

③ 李丽. 新农村建设中空心村的整治. http：//www.docin.com/p-93130989.html.

造成了巨大的浪费。而根据河南省国土资源厅测算，在全省开展“空心村”整治，可腾出耕地 $10\times10^4hm^2$，按河南人均 $0.08hm^2$ 耕地的现有标准计算，等于增加了 120 多万人的耕地。

由于村庄的外延式发展，导致村庄内部更新滞缓，物质环境不断老化，环境污染严重，降低了村镇空间面域要素的生态功能，破坏了稳定协调的乡村人居环境，影响新农村建设的步伐。

由于新宅选址的随意性和自发性强，仅注重便利性，忽略科学性与统一性，使乡村聚落景观无序蔓延，布局零乱散落，降低了村镇空间节点的功能，不利于道路、电力、通信、水网和环保等基础设施的建设。且新宅占用耕地，不利于土地的集约化利用和机械化耕作方式的推广普及，阻碍了农业现代化的发展。目前，全国农村居民人均用地已达 $182m^2$ 以上，远远超过国家规定的 $150m^2$ 的上限标准。可见，要贯彻“坚持最严格的耕地保护制度，确保基本农田总量不减少，质量不下降”的“十一五”发展规划目标，使村镇空间有序良性发展，“空心村”的整治问题迫在眉睫。

2. 村庄整治与村镇空间变化

村落空心化已引发较为严重的社会经济问题。村庄空间的无序蔓延不仅导致土地资源的严重浪费，而且对于新农村建设和城乡统筹发展都产生了不利影响，整治“空心村”势在必行。“空心村”宅基地的整治模式主要有以下几种。

（1）迁村进镇模式。在经济发展水平较高、距离小城镇较近的地方，规划引导零散村庄整体或分批向小城镇搬迁（王继宏等，2006）。由于该区域区位优势明显，乡村工业发达，农民收入非农化比重较高，农民对土地的依赖性降低，有较强的农村城镇化趋势。通过楼房建设，搞公寓化住宅社区，降低人均用地标准，提高土地利用率，把居民点土地整理与城镇规划相结合，推动农民城镇化的进程（周学勤，2009）。

（2）村庄兼并模式。对于远离小城镇、规模小、布局分散的村庄，为了最大限度地节约耕地，采取将小的村庄搬迁至附近的中心村，实行村庄兼并的方式；或者将几个小村庄实行统一规划，合并为一个村落，原有村址改造为耕地（周学勤，2009）。

（3）中心村内部改造模式。中心村一般人口较多、用地规模较大，不适宜搬迁、合并。因此，通过村庄规划，严格宅基地使用标准，阻止村庄规模的外延式发展，向村庄内涵式发展转变（周学勤，2009）。根据合理布局、节约用地的原则，对村中的旧住宅、闲散地进行整治改造，打通主次干道，拆除违章建筑，完善基础设施建设，提高土地利用的集约化水平（陈静等，2010）。

（4）整体搬迁模式。对于地处偏远的山区村庄、有地质灾害隐患点的村庄，为了减轻环境压力，实现社会的可持续发展，对该类“空心村”的宅基地整理宜采取整体搬迁的方式，搬迁到交通便利、居住安全的地方，搬迁后的集体土地收归国有，退耕还林（周学勤，2009）。

村庄整治有利于村镇空间结构的优化。①农村生态环境改善。“空心村”整治以前，人居环境状况极其恶劣。房屋破旧，残亘断墙，路窄巷小。公共设施落后，基本上没有绿化、硬化、排水沟渠和垃圾处理设施，污水横流，垃圾遍地，苍蝇、老鼠猖獗。在科学合理的村镇规划指导下，按照新农村建设要求整治“空心村”后，形成了基础设施配套完善、用地布局合理、住宅组织有序、村容镇貌整洁优美、人居环境优良舒适、村镇管理规范有序的生态镇和生态村，农村生态环境得到极大改善。②村镇空间的整体协调发展。通过迁村进镇、村庄兼并和整体搬迁，农村居民点由散乱走向集中，村镇数量减少，规模扩大，布局更加科学合理。按照集中、集聚、集约发展的原则，优化了产业布局空间格局，向工业园区化和农业土地利用规模化、集约化方向转变。优化了资源配置、功能布局、基础设施、公共服务和生态环境，由单个村落优化向村庄整体布局转变，实现了村镇空间的整体协调发展。③基础设施完善。整治后的村镇围绕交通设施、卫生生活设施和公共福利设施等进行建设和完善。镇域交通网络形成，有序布置公园或游园等公共活动场所，满足居民交往活动需求。经济条件较好的中心村配套完善了燃气、供热、文化、教育、科技、医疗、福利等公共服务设施，逐步实现供水、燃气等公共服务设施向农村延伸。村庄内主要街道路面硬化，道路亮化，设有排水设施、卫生保洁设施、体育设施、娱乐设施，建有绿化景观活动场所。

6.3.2　文化转型与村镇空间结构变化

1. 城市化背景下的文化转型

中国传统乡村文化是指在中国特殊的自然环境和生产力水平低下的条件下形成的以农耕文明为基础，家族文化为核心，乡土本色为主要特征的，具有积淀和传承机制的相对稳定的文化综合体[①]。涵盖了历史上沿袭下来的知识、风俗、思想、道德、制度、价值观念、生活方式等一切物质文化和精神文化在内的多层次复合体之总和。乡村文化具有封闭性、稳定性和等级性等特征，制约着乡村社会经济的发展。城市文化是人类进化到城市生活阶段的产物，是人类在城市中创造的物质和精神财富的总和，是城市的人格化表现，是人类生活的空间化表述。它是城市人群生存状况、行为方式、精神特征及城市风貌的总体形态，是城市的灵魂，是文明的标志，是属于这个城市人群的完整价值体系（张玉龙，2008）。城市文化具有多元开放、存异求同，聚集交汇、辐射周边，个体中心、契约社会等特征。

在快速城市化进程中，我国社会经历着巨大变革，由“情感社会”向“利益社会”转型，由“等级社会”向“平等社会”转型，由“礼俗社会”向“法理社会”转型，由“同质社会”向“异质社会”转型，由“封闭的社会”向“开放的社会”转型。与此相伴的是，乡村文化逐步向城市文化转型，促进了权利文化、公民文化和法治文化的发展，以及文化的多元性和开放性。文化转型使人们思想观念和行为方式发生了变化，成为村镇空间结构变化的内在动力。

2. 文化转型推动村镇空间变化

人际关系由血缘关系向利益关系转变，村落居住空间线性化。聚族而居，这是中国

① 许灵. 2006. 农民流动与中国传统乡村文化的变化. 南京：南京师范大学硕士学位论文. 55～56.

传统家庭的居住模式，今天广大农村存在的张家庄、李家庄就是这种居住模式的反映。有些村庄虽已非单姓，但一两个大姓总是占了绝大多数家庭人口，这类村庄的宗族势力都相当严重。因为生产力低下，限制了个体的独立存在，在整体生存状态下，个体缺乏必要的反思，在情感和精神上过分依赖家族和宗族势力，血缘关系和地缘关系在人际关系中占主导地位，形成紧密内聚的村庄空间形态。随着商品经济和市场经济的发展，社会分工交往越来越频繁，人们的思想观念和生活方式慢慢地发生变化，血缘关系和地缘关系减弱，利益交换把人们有机地联系在一起，人们的行为以追求自己利益最大化为动力，居住方式出现相应变化。新建房屋向公路两侧聚集，内聚的村庄空间开始扩散，呈现线性空间形态。因为靠近公路的好处很多，出行方便，为许多机会的出现提供了良好条件，便于经商做生意，增加家庭经济收入。居住方式的演变一定程度上也反映了城市化进程中的文化转型。

文化由封闭性向开放性转变，村镇空间网络化发展。随着城市化进程的加快，城乡交通网络化建设、水电网络化建设和通信网络化建设的发展，使城乡间的交往日益频繁，在人流、物流、信息流和资金流的辐射下，乡村逐渐由封闭走向开放。村镇空间中心与节点之间，以及节点与节点之间的联系也随之加强，村镇空间网络化发展趋势明显。

观念意识从乡土性向现代性转变，人口向城镇集中，推动城镇化。在传统的乡村社会，由于文化的稳定性，农民日出而作、日落而息的生活日复一日地运行着。在农民的基本生产与生活中，其从业地域“固化”了他们农民身份的自我认同感和心理归宿感。但在现代化的冲击下，我国农民正在挣脱传统文化的束缚，其自我认同感和心理归宿感开始由“传统”向“现代”转变。随着市场经济的发展，农民的社会流动性不断加剧，其内部的社会分化日益明显，农民开始走出乡村地域，走向城市，推动城镇化的发展。

3. 文化转型滞后阻碍城镇化进程

由于受传统农业文化和计划经济体制的深刻影响，城市化进程中文化的转型明显滞后，传统的小农意识、封闭保守心态等已经成为中国城市化进程的巨大内在阻力。农民工不能融入城市主体，影响城镇化进程。在进入城市后，大多数的农民工仍然生活于以血缘、地缘为纽带的乡村社会结构之中，以重建乡村社会网络的方式适应城市生活，并没有建立起与城市居民的联系，与城市主体社会有着明显的距离，阻碍了农民工与城市主体社会的交往，使农民工的身份凝固化，不利于农民工与城市居民的沟通融合。从居住来看，因为收入低，一部分农民工居住在单位宿舍，一部分租住在近郊农民私房，与城市居民存在着居住隔离，从而导致农民工与市民之间的社会隔离。这样，一方面，居住的边缘化、城市空间资源匮乏，限制了农民工享有城市的公共资源，强化了农民工的过客心态。另一方面，居住的隔离，使农民工缺乏与城市建立互动的渠道，阻碍农民工融入城市社会。不能融入城市社会限制了农民工在城市的发展空间，影响到农民向城市转移的进程。缺乏城市归宿感，农民工不彻底转移制约城镇化进程。许多农民工虽然生活在城市，但对城市有着强烈的疏离感。首先，农民工居于城市就业体系的底端和边缘。农民工主要集中于对学历、技术要求比较低的行业，如建筑业、服务业、餐饮业、制造业、批发零售业等，多从事职业声望比较低的职业。微薄的薪酬又无法使农民工拥有与城市居民相同的物质生活。所以，大多数农民工并未将自己视为城市的一分子。其次，一些城市居民从观念上轻视贬低农民工，认为农民工给社会治安带来了问题、影响了城市的环境卫生等，对农民工缺乏应有的尊重和理解，更多的是冷漠、歧视和排斥。再加上农民工在城市享受到的制度上的不公平待遇，使他们缺乏对城市的归宿感，不得不保留乡村老宅，作为最后的保障。或利用打工积蓄在乡村另修新房，一旦有危机发生，就会回流到乡村生活。这种不彻底的人口流动，直接导致了“空心村”的产生，不利于城镇化进程。

6.4　环境因素与村镇空间结构变化

6.4.1　农村生态环境与村镇空间结构变化

生态环境是人类社会生存和发展的基础，生态环境质量状况体现了人地关系状态。人口增长过快，超过了环境承载力，人类不合理的资源利用方式、工农业污染物的大量排放等，都将加剧环境的损害，引起生态环境恶化、人地关系冲突，威胁人类生存。当生态环境发生变化时，人类通过适应或治理环境，来调整人类行为，引起村镇空间结构变化。

目前，我国的人地关系态势是资源需求日益增长、承载力损失逐年加大、人地关系矛盾日趋尖锐。作为生态保护的重要举措，生态移民成为了主要选择。生态移民是指出于保护生态环境的目的而实施的移民。生态移民主要有两种：一是保护性移民，即为了特殊环境保护需要而从保护区的特定区域移出居民（周建等，2009），如向海湿地、扎龙自然保护区移民等；二是恢复性移民，即将生态环境脆弱地区的居民迁移到适居地，以恢复原住地的生态条件，如华北、西北部分地区实施的移民项目。自 20 世纪 90 年代以来，我国的生态移民实践呈现出以下特点：①规模不等，从数百人、数千人到数十万人，如神龙架自然保护区 5 年内计划移民 6998 人，宁夏根据扶贫规划从 2001～2010 年移民将达 30 万人等；②方式灵活，有就地迁移、异地迁移等数种；③模式多样，有政府主导型、居民自发型和企业参与型（张志辽，2005）。生态移民改变了村镇空间结构，使迁出地村庄密度降低，扩大了迁入地村镇规模。

除生态移民外，生态环境治理相应引起村镇空间变化。生态环境破坏多数是资源利用方式不当造成的。一旦转变经济增长方式，通过生态环境的治理和恢复，当地社会经济往往能获得迅速发展，促进村镇繁荣，空间变化。著名的世界自然遗产九寨沟就是典型例证。

九寨沟位于四川省西北部的阿坝藏族羌族自治州境内，群山环抱又有岷山的天然屏障，九寨沟这个世所罕见的美景在深山中躲藏了数万年之久，寨子里仅有为数不多的藏族同胞过着半农半牧、自给自足的世外桃源般的生活。长期以来，九寨沟内只有马道和山间小路，藏民们很少与外界交往，因而九寨沟一直鲜为人知[①]。从 1966～1978 年，经济依靠森林砍伐，生态环境遭到不同程度的破坏。后来，通过实施退耕还林和天然林保

① 周晓喻，方瑞玺. 30 年九寨沟县跨上发展的飞驰骏马. http：//www.tibet3.com.

护工程，保护性开发旅游资源，生态环境得到了较好恢复和治理，全县经济顺利实现了“木头财政”向“旅游财政”的转变。2007 年 11 月 28 日被国家旅游局批准为全国 17 个之一、四川省唯一一个旅游强县，2007 年共接待游客 295 万人次，实现全社会旅游收入 300180 万元，分别是 1984 年旅游刚开放时的 98 倍和 10720 倍。旅游业的突飞猛进，促进和带动了全县基础设施建设、城市建设和农村建设进程，特别是景区内外的宾馆饭店如雨后春笋般迅速兴起。目前，九寨沟县辖 17 个乡镇，人口 6 万，交通网络四通八达，经济繁荣，村镇空间的规模、功能和开放性等都发生了极大变化。

6.4.2　农业生态系统与村镇空间结构变化

1. 调控农业生态系统引起村镇空间变化

农业生态系统是人们在一定的时间和空间范围内，利用农业生物与非生物环境之间，以及生物种群之间的相互作用建立起来的，并在人为和自然共同支配下进行农副产品生产的综合体，是一个人类调控下的由自然-社会-经济组合而成的复合生态系统。建立合理的农业生态系统，对于农业资源的有效利用、农业生产的持续发展以及维护良好的人类生存环境都有重要作用。

与自然生态系统一样，农业生态系统也是由农业环境因素、绿色植物、各种动物和各种微生物四大基本要素构成的物质循环和能量转化系统，具备生产力、稳定性和持续性三大特性（徐红星等，2009）。与自然生态系统相比，农业生态系统有如下特点：①为提高农业生态系统生产力而加入的辅助能源是经过加工的燃料（以及畜力和人力），并非自然能量。②人的管理使农业生态系统多样性大为降低，而使系统产物中特定的食物产量达到最大。③农业生态系统中的主要植物和动物并非是在自然选择下形成的，而是在人工选择下形成的。④农业生态系统受到外部的有目的控制，并非像自然生态系统那样通过内部的反馈来实现。所以，农业生态系统实质上是一个由人参与及主宰下的由社会-经济-自然结合而成的复合生态系统（段华平等，2001）。

发展农业，必须处理好人、生物和环境之间的关系。要按照生物与环境相统一的基本规律来指导和发展农业生产。只有生物与非生物环境之间相互协调、相互适应，农业生产才能获得最优化的效果（李双江和邢晨，2012）。农业生产是一个能量与物质流通过程，无论是能量与物质提供者的环境条件还是生产者的生物体，在一定时空条件下，它们的生产能力都是有一定限度的，超过其极限，就会造成生态平衡的破坏，使自然资源衰退，农业生产下降（马达文，2012）。在耕地利用上，如果忽视养用结合，会导致土壤肥力严重衰退，引起土壤退化。在大量的物质和能量随着商品流出农业生态系统之后，就必须从外界投入足够的物质和能量，才能保持其平衡。因此，对农业资源不能只顾利用，不断索取，必须加以保护，使之休养生息，才能促进资源增殖，提高农业产量，建立一个合理、高效、稳定的人工生态系统，促进农业现代化建设（罗亮，2010）。农业生产是一个以自然生态系统为基础的人工生态系统，它远比自然生态系统结构简单，生物种类少，食物链短，自我调节能力较弱，易受自然气候、病虫害、杂草生长的影响（李双江和邢晨，2012）。农业生产的不稳定性，很大程度上受自然环境的约束，因而应创造良好的农业生态环境，才能取得较佳的经济效益（马达文等，2012）。良好的农业生态环境有赖于森林、草原、水域等生态系统的支持、保护和调节。农业生态系统就其生产力来说应当比自然生态系统更高，因此，除太阳辐射外，还必须加入辅助功能，如农机、化肥、农药、排灌、收获、运输、加工等，通过人类的劳动和管理。只有不断地调整和优化生态系统的结构和功能，才能以较少的投入，得到最大的产出，取得良好的经济效益、社会效益和生态效益，建立一个合理、高效、稳定的农业生态系统（李双江和邢晨，2012）。

人类在合理利用太阳辐射能这一基本能量来源的同时，以施用化肥、农药以及机械作业等方式投入一定的辅助能源，增加系统内可转化为生产力的能量。通过栽培管理、选育良种和施用化肥、农药等技术，在提高农业系统生产力方面取得了巨大的成就，为满足日益增长的世界人口的生活需要和社会经济的持续发展奠定了坚实的基础（杨承训和张新宁，2014）。但是，在农业发展过程中，限于人口的压力和对自然规律的认识，人类对农业生态系统稳定性和持续性未能给予充分重视①。造成当前农业生态环境质量恶化，农业生态平衡遭到破坏，土地退化、土壤荒漠化及盐碱化、水土流失现象十分严重，农业用水污染及由此导致的农田土壤污染、农药和化肥污染也时有发生。这一切均严重影响着农业的持续发展和粮食的安全。所以，农业生态环境保护已成为迫在眉睫的重要问题。

农业生态系统的生物种群构成，是人类选择的结果。通常只有符合人类经济要求的生物学性状，诸如高产性、优质性等被保留和发展，并只能在特定的环境条件和管理措施下才能得到表现。一旦环境条件发生剧烈变化，或管理措施不能及时得到满足，它们的生长发育就会由于失去了原有的适应性和抗逆性而受到影响，导致产量和品质下降。人类的选择还使生物种类减少，食物链简化，系统通过不同生物之间的相互制约和相互促进而进行自我调节的能力削弱（百度百科）。所有这些都会导致农业生态系统的不稳定性或波动性。必须采取各种技术措施，对系统进行调节、控制，才能增强农业生态系统的稳定性，进而增强村镇生态空间的稳定性。

2. 农业生态系统演进引起村镇空间变化

任何一个现实的农业生态系统均表现出时间特征与空间特征。时间特性有两个方面的涵义，首先，在大尺度的时间范围内，系统会随着时间的推移而发生结构和功能的演变与更替；其次，在短期时间内，系统又具有周期性的节律变化而表现为一定的时间结构，如农业耕作的季相变化或年际周期变化等。也就是说，系统是一个动态的物质实体（章家恩和骆世明，2000）。系统的空间特性也包括两个方面的涵义：①系统的宏观尺度问题。农业生态系统的规模尺度，可以是农田尺度，可以是流域或县域尺度等。对于一个开放性的系统，其物质联系有时是跨地区的。例如，在一个“种—养”生产模式中，种植业所需的肥料可能来自很远的养殖业产生的粪便，养殖业所需的饲料又靠很远的种植业来提供。②从微域尺度来看，农业生态系统具有一定的三维空间结构，包括平面结构与立体结构，即系统是一个具有三维空间的物质实体（章家恩和骆世明，2000）。

农业生态系统是自然因素、经济因素和社会因素相互作用与演变的产物。随着这些

① 秦春秀. 2007. 农业生态系统与农产品质量生态系统关系的研究. 海口：华南热带农业大学硕士学位论文. 55～58.

因素的变化，农业生态系统的内容、结构和功能、多样性与复杂性也会发生相应变化而呈现一定的阶段性特点。在原始农业阶段、传统农业阶段和现代农业阶段，农业生态系统发生着显著的改变。

农业生态系统的动态演进，使村镇空间结构因面域的变化而变化。伴随着农业产业结构、产品结构和技术结构、就业结构调整进程的加快，我国农业生态系统的演进呈现出四大特点：①系统结构趋向复杂。由传统的种养业向第一、二、三产业全面发展，农业生态系统的产业链条不断延长并呈现区域网络化。村镇空间也随之呈网络化的发展趋势。②系统功能不断增强。目前我国农业粮食的综合生产能力不断增强，并从依靠资源消耗型的传统增长方式转向实施可持续发展战略，农业生态系统的开放程度和对外依赖水平越来越高。村镇空间的对外联系度提高。③系统边界内缩。农业生态系统中的耕地面积日趋缩减，使村镇生态空间规模缩小。④系统波动增大、污染严重。我国属大陆性季风气候，既具有雨热同季的特点，有利于农业生产，又具有变化剧烈的特点，农业气象灾害发生的种类多、范围广、频率高、危害重（中国乡镇企业杂志社，2004），对农业生态系统朝着空间集约、有序和合理的方向演进产生负面影响。

6.5　小　　结

影响当代中国村镇空间结构变化的因素可分为政治因素、经济因素、社会因素和环境因素等。改革开放以来，农村土地制度变迁和乡村治理结构调整对我国农村发展产生了深远影响，并从根本上作用于村镇空间结构变化。土地制度变迁的核心是土地所有权和经营权的变化，主要表现形式之一是实行家庭联产承包制。农村土地制度变迁的村镇空间结构效应主要包括农业景观格局的多样化和农村人居环境之经济基础的优化等。治理结构调整的主要内容由统一管理到村民自治，本质是赋予村镇主体村镇空间发展的自决权。乡村治理结构调整的村镇空间结构效应主要包括农村工业的兴起和农村城镇化发展等。

在经济层面，影响村镇空间结构变化的主要因素包括产业非农化和农户兼业化。产业非农化是指农村经济结构由单一农业向三产并举的变化过程，主要特征是农村工业的兴起。农村工业发展及其后续区位调整不仅增强了村镇空间的发展活力，而且有效扩大了村镇中心的规模及辐射功能，但也由此加剧了农村地区的面源污染。农户兼业化是指在一定时间内农村居民同时在多个产业部门就业，主要表现为以农业就业为主的“不离土不离乡”模式、农业-非农业机动就业的“离土不离乡”模式和以非农就业为主的“离土又离乡”模式。农户兼业化通过提高收入，能够有效改善人居环境，能够推动农村人口的空间聚集；但容易造成农业景观的破碎化，并对城镇化的健康发展产生消极影响。

在社会层面，影响村镇空间结构变化的主要因素包括人口流动和文化转型等。农村人口流动的主要类型包括农村人口的乡—城迁移和村镇空间内部的人员区位变化。人口城镇化是导致村镇空间稀疏化的主要原因，有利于减缓农村地区的人地矛盾，推动村镇地域空间聚集，但同时存在“空心村”现象；村镇空间内部的人员流动创造交通道路设施建设需求，有利于推动村镇空间组织及其网络化发展。文化转型主要是指城市文化的扩散和城乡文化的融合。文化转型改变了农村居民的思想观念，并通过行为变化作用于村镇空间结构变化，文化发展由封闭性向开放性转变，有利于村镇空间网络化发展，但村落景观的“城市化”有碍乡土文化的传承。

在环境层面，影响村镇空间结构变化的主要因素包括农村生态环境和农业生态系统变化等。总体上，我国农村地区生态环境持续恶化的态势尚未根本扭转，表现为村镇空间的环境承载力下降，已经严重威胁农村地区的可持续发展，并对农村地区的人口分布和产业布局产生消极影响。农业生态系统是自然因素、经济因素和社会因素相互作用与演变的产物。我国农村地区农业结构、产品结构和技术结构调整进程加快，农业生态系统演进呈现出结构趋向复杂、功能不断增强、边界内缩显著和污染日趋严重等特点，由于人类活动作用增强，生态健康水平下降，有可能从根本上动摇村镇空间持续发展和结构优化的基础。

第 7 章　村镇空间结构变化的动力机制

7.1　市场机制与村镇空间结构变化

7.1.1　空间稀缺性与村镇空间需求

1. 空间稀缺性及其内涵

在经济学中，稀缺性是研究资源配置与人类选择的基本前提。主流经济学家在分析经济发展或结构增长中长期忽略空间因素，使得基于空间稀缺性的空间需求模型长期发展停滞，基于空间需求的空间结构转换研究也处于弱势地位。随着空间资产观的确立和流行，空间稀缺性逐步受到应有的重视。

空间稀缺性是人类活动的空间需求变化与空间供给有限性的矛盾。法国著名城市社会学家列斐伏尔在他的《空间的生产》一书中，用辩证唯物主义的观点创造性地论证了空间产品的概念。空间作为一种产品，具有一般产品的二重属性——自然属性与社会属性（Henry Lefebvre，1990）。从空间的自然属性看，空间稀缺性是指在一定时空范围内，空间自然供给总量是有限的，即空间具有绝对稀缺性。有限的空间供给与无限的空间需求构成人类社会的空间矛盾。从空间的社会属性看，空间作为一种产品是被一定的人类社会活动所缔造，可以进行再生产或者被消费。由于人类社会知识、技术等方面的局限性，其缔造的空间具有一定的局限性或有限性，据此，作为再生产或被消费的空间具有相对稀缺性。第一，作为生产或消费的空间具有区域分布非均衡性及不可流动性（即不完全贸易性）；第二，作为生产或消费的空间具有不可替代性。例如，即使生产技术的进步可以提高产品之间在一定时间内的潜在替代性，但作为生产或消费的空间是人类经济活动和全球生态系统的客观载体，因而具有不可替代品，并由此加剧了空间的相对稀缺性。

村镇空间既是农村社会活动的场所，也是农村经济发展的基础性资产。在当代中国背景下，村镇空间既存在多种需求主体、其空间需求又处在快速变化之中，在一定程度上加剧了村镇空间的稀缺性。村镇空间需求是指村镇空间行为主体对村镇空间的需求，包括村镇居民的空间需求、村镇企业的空间需求及村镇组织的空间需求。基于空间稀缺性的村镇空间需求及其变化对当代中国村镇空间结构变化产生了重要影响。

2. 村镇居民的空间需求

村镇居民的空间需求是指乡村居民因居住、生产等日常活动而产生的对空间的需求。由于人类对空间的需求具有分割性与联合性相统一等特点[①]，村镇居民的基本空间

① 罗静. 2005. 区域空间结构与经济发展. 武汉：华中科技大学博士学位论文.

需求还会引致其对一系列相关空间产品的附属需求（如对通勤、消费等公共设施及其依托空间的需求等）。

村镇居民的空间需求源于其对自身生存和发展的追求。土地是农村居民赖以生存的重要空间资源，农村居民对土地的投入-产出构成了传统经济模式。传统的农村社会经济活动发生在一定封闭的空间范围之内，农村土地资源是传统农村经济活动的载体，由此产生了村镇居民的原始空间需求。随着经济社会的发展，农村居民对空间呈现多样性需求，当代中国村镇居民对空间的需求不仅表现为对传统土地资源的需求，而且也产生了对环境空间、消费空间、公共空间等方面的需求。这种空间需求的变化对中国村镇空间稀缺性及村镇空间结构演化产生了一定的影响。例如，中国自新中国成立至改革开放期间，农村实行的是集体生产合作制度，限制农民对私有空间的需求，农村居民的空间需求主要表现为对居住空间的需求，此时，农村居民的空间需求量较小，但由于技术与生产力水平低下，导致农村土地空间产出水平较低，土地资源也表现出较强的稀缺性。由于农村土地低水平产出，农村经济发展缓慢，严重阻碍了村镇空间、结构演变及优化。

村镇居民的空间需求可以空间需求函数予以描述。作为再生产或消费的空间，具有不充分竞争性、贸易不完全性，以及外部性与价格波动性[①]等特点，分析村镇居民的空间需求时，不能把空间看作一般产品（即简化的需求函数）来处理。村镇居民的空间需求主要受价格、居民收入、就业预期以及居民空间偏好等方面影响。以 Q 表示村镇居民的空间需求，X_1、X_2、X_3、X_4、X_5 分别表示空间价格、居民收入、就业预期、空间环境以及空间偏好等影响因素，村镇居民的空间需求函数可表示为

$$Q = F(X_1, X_2, X_3, X_4, X_5)$$

此时，假定村镇居民对空间的消费目标是满足空间效用最大化，居民的空间消费受价格、收入、预期以及偏好等各方面预算约束的限制（图 7.1）。

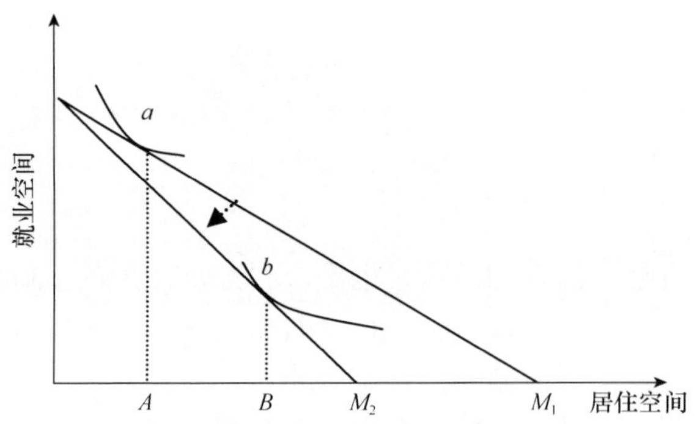

图 7.1　当代居住空间价格变化与消费者均衡

图 7.1 中，曲线 a 表示村镇居民对生产空间与居住空间组合的初始无差异曲线，曲线 b 表示居住空间价格上升后，村镇居民对空间组合需求的新的无差异曲线；M_1 表示村镇居民空间需求的初始预算约束，M_2 表示居住空间价格上升后的预算约束。随着中国乡村经济的发展，村镇居民居住空间成本不断上升，但乡村居民的知识、技能等水平

① 罗静. 2005. 区域空间结构与经济发展. 武汉：华中科技大学博士学位论文.

以及收入也相应提升与增加，居民对多样性居住空间（包括居住环境的改善、居住功能的提升等）预期以及偏好性反而增强，初始均衡由 A 点移动到 B 点，这种需求与价格的同方向变动及其空间的垄断竞争性加剧了村镇居住空间的稀缺性；另外，当代中国乡村地域生产技术的提升也使得土地资源的稀缺性相对降低，乡村居民对收入水平的预期变化引致较高的对生产空间的需求，居民普遍采取兼业化经营，也可能由此导致村镇空间资源的浪费。

3. 村镇企业的空间需求

村镇企业的空间需求主要表现为企业对生产空间（包括厂房、存货等空间的占用）、交易空间（产品销售场所的空间占用）以及废物排放对空间的干扰等方面，同时，这些基本的空间需求也会派生出一系列相关空间产品的附属需求。村镇企业的空间需求及其区位选择也受多方面的影响。例如，村镇企业的初始空间选择可能受企业家偏好的影响较多；一旦企业蛰居某个地方，企业对生产与扩大再生产空间、交易空间以及废物排放空间等方面的需求就会遵循成本-效益分析的基本原则，空间效用最大化成为其追寻的目标。

改革开放以来，随着中国社会主义市场经济体制的建立及其不断完善，具有私营性质的村镇企业应运而生。企业要生存发展，就必然要有一定的生产与扩大再生产的空间、交易空间以及废物安置空间。随着村镇企业的蓬勃发展，村镇企业对空间的多样性需求（包括环境需求及公共设施等附属需求）也逐渐增加，这些空间需求产生对中国村镇空间稀缺性及村镇空间结构演化同样产生较大的影响。例如，在中国东部发达地区，村镇企业产生较早，数量较多，分布较广，因此，对空间的需求较大，这无疑加大了空间资源的压力，空间稀缺性表现较为突出。基于对稀缺性空间的集约利用，或者是对规模经济的追求等，较多的村镇企业集群现象随之出现。这种集群现象加速了村镇空间结构的重构与演化。

总体而言，企业成长总是与空间扩张相伴而生。在村镇企业的生产与扩大再生产过程中，不同发展阶段对空间的需求会呈现动态变化。一般地，企业的生产空间需求变化遵循以下规律：从单一空间的需求向复杂的组合空间需求变化，从低水平、单一功能空间需求转向综合功能更强的空间需求（冯娟，2008）。基于村镇企业空间需求规模的扩大，需要挤占更多的村镇土地资源与空间产品，也会引致更多、功能更强的空间相关附属产品的需求。这无疑会加剧村镇有限的空间供给与需求之间的矛盾，导致村镇空间稀缺性的增强。当村镇企业对生产空间的需求无法得到满足时，企业会考虑新的生产空间区位；由于空间竞争而产生的优胜劣汰，会导致当代中国村镇空间结构的重组。例如，部分村镇空间趋于萧条而其他村镇空间则趋于繁荣等。不同村镇企业向某一中心区位集聚产生的集聚效应，会导致该中心区位的空间扩张。伴随着村镇企业的空间扩张，村镇空间供需矛盾加剧，并可能进一步加剧村镇中心区位的空间稀缺性。

4. 村镇组织的空间需求

中国村镇组织是指农村基层组织（包括村委会、村小组等）和地方政府（主要是指乡级政府）。有鉴于中国农村土地产权集体所有制的制度安排，村镇组织可理解为具有“公益人”（与“经纪人”相对）性质。从“公益人”的角度看，中国村镇组织所表现的空间需求不仅包括对办公场所或政府治所的直接空间需求，还包括对村镇集体经济以及公共设施供给等方面的空间需求。

村镇组织作为管理村镇经济及空间产品的单位，其本身运营也需要一定的空间基础。随着村镇经济的发展，村镇组织也朝着功能多样化迈进，不仅需要行使一定的行政管理功能，还具有负责地方经济发展规划和空间发展规划等多种部门职能。村镇组织功能多样化进一步扩充了其空间需求的类型，并同时产生诸多方面的附属空间需求，包括集体企业的生产、储备空间需求以及公共设施供给场所的空间需求等。村镇组织作为“公益人”，以追求空间需求的集体理性和空间消费的公共效用为目标，理论上，这些空间需求及其满足并不会造成或加剧村镇空间的稀缺性，实践中，出于对经济利益的片面追求或地方之间的空间竞争，也可能导致村镇空间布局的无序或混乱。无论如何，村镇组织的不同空间选择及其布局对村镇空间结构的发展与演化都能发挥重要作用。例如，乡（镇）政府驻地一般是乡（镇）辖区内的中心村镇，政府治所在辖区内的选择及布局不仅与村镇地域的经济发展有着较强的关联效应，而且注定会引起一定乡村地域空间格局的变化和村镇空间结构的重组。

近年来，随着村镇经济实力的不断增强和村镇组织功能的多样化发展，村镇组织源于从办公场所到政府治所，以及公共设施供给等方面的空间需求规模正在日益扩大，对空间品质的要求也不断提升。村镇组织空间需求规模的扩大在一定程度上会加剧村镇空间的相对稀缺性，也可能会引起村镇组织与辖区企业或乡村居民的空间竞争，进而导致村镇组织的空间需求目标偏离集体理性。村镇组织的空间需求规模的扩大与需求质量的提升也预示着村镇空间结构具有较强的成长效应（曾菊新，1996b）。另外，随着地方行政区划和空间发展规划的动态调整，村镇组织的空间需求数量正在减少，基于这种需求的土地利用有走向节约集约的趋势，可能在一定程度上缓解村镇空间的相对稀缺性。

7.1.2 空间异质性与村镇空间供给

1. 空间异质性及其内涵

在传统经济学中，空间常常被抽象为均质的、盛装经济活动的容器。事实上，空间的本质特征主要表现为异质性，是连接社会关系的实体。由于空间具有自然和社会的双重属性，空间异质性也表现为两个方面：自然空间的异质性和社会空间的异质性，前者是指地域自然环境的差异，后者是指地域社会关系的差异。基于系统之结构与功能的视角，空间异质性还可以从空间的结构异质性与功能异质性两个方面来考察。空间结构异质性主要包括由于不同空间自然资源（包括土地资源）、环境等要素的自然禀赋差异（即自然异质性）所表现出的空间资产组合与空间构型的异质性，表现为地理要素组合特征（包括密度、距离、分割等方面）的差异性；空间功能异质性主要包括空间社会经济活动的异质性（即社会异质性），表现为与经济活动相关的空间因素（包括规模、形状、区位、通达性和集聚性等方面）的差异性。

在乡村地域，不同的村镇行为主体具有不同的空间需求，并由此形成不同的空间利用类型，一定乡村地域的不同空间利用类型及其组合关系是村镇空间异质性的又一种表现形式。随着乡村地域社会经济的不断发展，不同村镇行为主体的空间需求和空间行为也不断发生变化，由此形成一定乡村地域的不同空间利用类型及其组合关系变化，这种变化的实质可视为村镇行为主体的空间供给及其变化。据此，与村镇空间需求相对应，村镇空间供给是指不同村镇空间主体之空间利用类型的变化，主要包括村镇居民、村镇企业和村镇组织的空间供给等。

2. 村镇居民的空间供给

村镇居民的空间供给主要是指村镇居民空间占用区位的置换或空间利用类型的转换，通常表现为乡村居民的居住空间和生产空间变化，包括住房择址更新、居住迁移、合同农地以不同形式流转等。收入水平提高（或许也包括下降）推动的乡村居民的需求变化是形成其空间供给的决定性因素，村镇空间的功能差异性（如建筑用地与农用耕地的功能分异等）是影响村镇居民空间供给的重要因素。例如，村镇居民在设计居住空间或进行置业时，不仅受到区位、规模、集聚以及通达性等空间因素的影响，还受到土地资源功能异质性的制约。

微观上，村镇居民的空间供给受到村镇土地价格、居民拥有宅基地数量、居民收入、居住预期以及不同区位条件等多种因素的复杂影响。村镇居民的空间供给目标是在上述因素的制约下，采取最优的空间选择策略，以寻求个人的空间效用最大化。据此，乡村居民的空间供给模型可以表示为

$$S = F(Y_1, Y_2, Y_3, Y_4, \cdots, Y_n)$$

式中，S 表示村镇居民的空间供给；Y_1、Y_2、Y_3、Y_4、…、Y_n 分别表示村镇土地价格、居民拥有宅基地数量、居民收入、居住预期等制约变量。

宏观上，乡村城市化和农业产业化是影响乡村居民空间供给的两个最重要因素，前者主要作用于乡村居民的居住空间变化，后者主要作用于其生产空间变化。由于中国相对独特的制度安排，村镇居民的空间供给及其变化具有复杂性特点。在计划经济体制下，乡村居民的空间供给弹性相对较小；在市场经济体制下，乡村居民的空间供给弹性相对较大。如以乡村居民的居住空间变化而论，其城市化进程中的空间供给曲线可大致以图 7.2 表示。在城市化初期，乡村空间尚处在空间密集化之中，由居住空间变化形成的空间供给相对较小；在城市化中期，乡村空间已开始由密集化转向稀疏化，居住空间变化剧烈而动荡，由此形成的空间供给快速增加；在城市化后期，乡村空间逐步走向稀疏化，由居住空间变化形成的空间供给趋于稳定。

一般认为，村镇居民既是村镇空间产品的主要消费者，也是重要供给者，其空间供给及其变化能够对村镇空间结构的变化产生有效影响。例如，当代中国村镇居民所设计的空间产品正迈向多样化发展阶段。但由于乡村地域空间发展规划的缺位，引致村镇空间的无序性现象（如空心村的出现）。

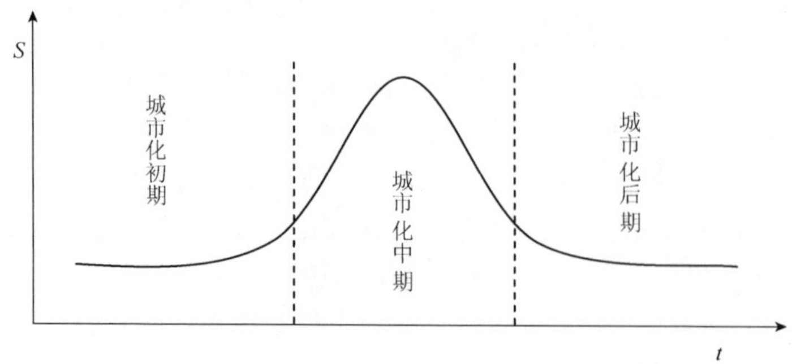

图 7.2　城市化进程中乡村居民的供给变化

3. 村镇企业的空间供给

村镇企业的空间供给主要是指村镇企业生产空间、销售空间区位的置换或布局迁移。村镇企业在原有占用空间的置换过程中，一方面形成新的空间需求，另一方面派生出新的空间供给；村镇企业生产、销售区位的区际迁移直接形成了新的空间供给。在当代中国，伴随着村镇生活功能区与生产功能区的空间分离，村镇企业的地域空间结构及其组合形式也发生了较大变化，如目前普遍推行的村镇企业向工业园区的集中或向某一中心区位的集聚等。

影响村镇企业空间供给的主要因素可以从宏观和微观两个方面予以概括。就宏观方面而言，地方经济发展状况、空间政策调整、重大项目建设和国家或区域经济格局变化等均可能影响村镇企业的空间行为。一般地，地方经济持续发展，则村镇企业的空间需求趋于增加、空间供给趋于减少，表现为原有企业的规模扩张、外地企业的区际迁入和新兴企业的区内成长等；地方经济转入衰退，则村镇企业的空间需求趋于减少、空间供给趋于增加，表现为原有企业的规模收缩和地方企业的区际迁出等。国家或区域经济格局变化通过影响地方经济的发展态势而作用于村镇企业的空间行为。相关重大项目的建设布局能够有效改变乡村地域的经济地理格局，进而增强或削弱不同地点的区位引力。例如，每一重大项目的投资总是吸引相关企业的区位聚集；区域重大交通设施的布局多能改变地域村镇企业的空间格局等。地方空间政策的调整能够通过刚性约束和弹性引导两种方式影响村镇企业的空间行为。例如，规模小、污染重、耗能高的“劣质”企业的关、停、并、转等政策能够直接推动村镇企业的空间供给；“企业向园区集中”的政策实施通过引导村镇企业布局的区位调整，在一定乡村地域的某些区位形成新的空间需求，而在其他区位形成新的空间供给等。

就微观方面而言，村镇企业自身的经营状态及其经营方向的转变等都可能影响村镇企业的空间供给。显而易见，经营状况好的企业多有扩展经营空间的需求，经营状况差的企业多有收缩经营空间的需求，在极端情况下，村镇企业的破产或转让直接形成一定规模的空间供给。另外，有些企业出于经营战略转变的考虑，可能在自身经营状况良好的情况下发生经营方向的转变，进而根据新的需要而进行区位调整，如企业布局的区外迁移等。如果说，乡村居民的居住区位调整源于其对空间效用最大化的追求，村镇企业的生产区位调整则大多源于其对空间利益（聚集经济、空间成本等）的考虑。

在一定乡村地域，村镇企业的区位调整能够有效影响村镇空间结构的变化。例如，村镇工业园区建设的实质是一种空间整合，不仅能够壮大乡村中心规模、提升发展活力，而且能够增强村镇地域系统内部的有机联系。

4. 村镇组织的空间供给

村镇组织是村镇土地资源与村镇公共设施的垄断供给者，这一特殊品质决定了村镇组织空间供给的多样性与复杂性。村镇组织的空间供给可分为两个方面，一是其自身形成的直接空间供给；二是其作用推动的间接空间供给。

村镇组织的直接空间供给是指伴随着不同层级乡村治所及其附属公共空间的区位调整而形成的空间供给。一般地，由于地方公共管理的需要，不同层级的乡村治所大都占据一定的地理空间；由于政治、经济和文化等因素的综合作用，这些乡村治所大都叠加于不同层次的乡村节点之上，因而常常附属一定的公共活动空间。由于行政区划的调整，或乡村地域政治、经济和文化的非均衡运动，在一定乡村地域的某一特定时期，可能发生乡村治所的区位调整行为，与此相伴随，在某一区位形成新的空间需求、在原有区位形成某种空间供给。

村镇组织的间接空间供给是指在村镇空间发展过程中，由于村镇组织的引导和调控而引起的村镇空间供给的变化。一般地，村镇组织是村镇居民公共利益的代理者和代言人，受村镇居民的委托，肩负提出空间政策、制定空间规划、推动空间发展和实施空间管治的职责。在很大程度上，村镇地域系统的空间结构变化无不镌刻有村镇组织行为的烙印。这些空间政策和空间规划的制定和实施规定了一定乡村地域的空间发展方向，引导着不同乡村利益主体的空间行为，不仅影响乡村地域的空间需求，还更为深刻地作用于乡村主体的空间供给。例如，通过规划建设中心村，能够有效整治空心村，进而形成新的空间供给；通过规划建设工业园区，能够有效吸引村镇企业的空间聚集，进而形成新的空间供给等。

由于村镇组织的委托——代理身份及其职责，其空间意愿和空间行为在村镇地域系统的空间供给——空间需求变化中可能更具有决定性意义。总体而言，村镇组织的作用使得乡村地域的异质性和村镇地域系统的有机性趋于增强；但村镇组织的不当措施及行为也可能导致一定乡村地域的空间组织走向无序。

7.1.3　空间均衡与村镇空间结构变化

1. 村镇空间类型及其转换

村镇空间类型是指依据村镇地域系统中的不同空间功能对地表空间进行的分割和归并。根据前述相关章节的讨论，基于乡村居民需求所派生的空间类型，可将一定村镇地域系统分割和归并为居住空间、生产空间、交易空间、交往空间和治理空间五种类型。在当代中国乡村的制度背景下，居住空间和生产空间可视为乡村居民的私性空间；与此相对应，交易空间、交往空间和治理空间则可视为乡村社会的公共空间。本质上，村镇地域系统的不同空间功能源于其不同的土地利用类型。例如，在乡村地域，公共空间主要对应于建设用地类型等。

一般地，一定的村镇地域系统具有一定的空间规模，并形成一定的地域边界。乡村地域的行政区划调整有可能打破一定村镇地域系统的地域边界、重组其空间规模；在城乡边缘区，城市的扩张也可能引发相同或相似的空间效应。然而，在更多的情形下，村镇地域系统的空间规模和地域边界具有相对稳定性，即一定乡村地域的空间容量是确定的。此时，乡村主体的空间需求及其满足和空间供给及其实现的途径主要表现为村镇地域系统内部不同空间类型之间的转换。例如，乡村居民居住空间需求的满足常常通过生产空间向居住空间的转换来实现；乡村中心的空间规模扩张则主要表现为生产用地向建设用地的转换等。村镇地域系统的空间结构变化是不同乡村行为主体空间需求与空间供给相互作用的结果。

由此可知，乡村行为主体的空间需求或空间供给引起一定乡村地域某种空间类型的变化，某种空间类型的变化通过不同空间类型之间的转换影响到其他空间类型的相应变化，不同空间类型的多重均衡形成相对稳定的村镇空间结构，村镇地域系统空间结构是一个“动态调整—相对稳定……”的循环变化过程；其中，乡村地域的空间稀缺性和空间异质性是这种循环变化的前提条件，乡村行为主体的空间需求或空间供给变化是这种循环变化的初始诱因，市场机制的自发作用和政府调控的自觉引导是这种循环变化的控制变量（图 7.3）。

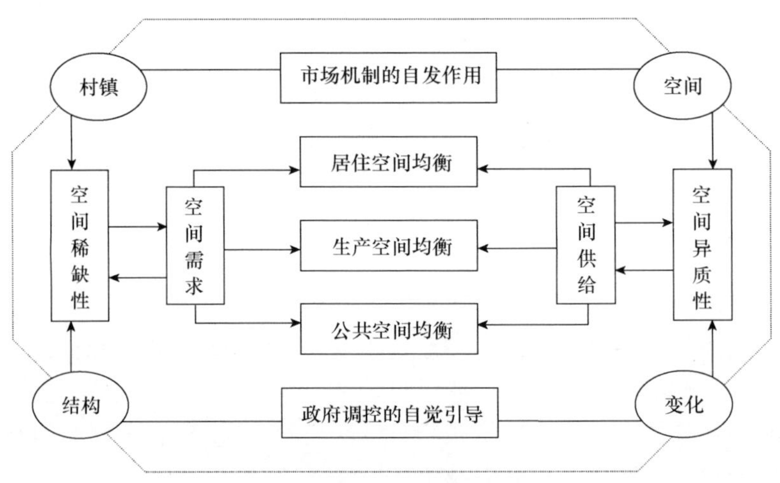

图 7.3　村镇空间结构变化机理

2. 居住空间均衡与村镇空间结构变化

村镇地域的居住空间均衡是指村镇居民的居住空间需求与地域环境的居住空间供给达到平衡的状态，表现为村镇居民的住房更新和（或）居住空间拓展。一般地，村镇居民的居住空间需求源于居民家庭的人口增长及其对改善生活质量的追求，其主要约束条件是家庭收入变化；村镇居民的居住空间需求主要通过两种途径来满足，一是民宅的原址改/扩/新建；二是民宅的择址新建，其中，后者涉及不同村镇空间类型的转换，因而具有较为显著的村镇空间结构效应。理论上，乡村地域的居住空间供给主要取决于既定空间资源约束下的空间原始成本（土地价格）和不同村镇空间类型转换中的空间交易成本；在当代中国乡村特定的制度背景下，乡村地域空间原始成本的价值被大大低估、空间交易成本的水平也被严格限制。实践中，由村镇居民实际收入水平决定的、有效的居住空间需求成为村镇地域居住空间供求矛盾的主要方面，因而也基本决定了村镇地域的居住空间均衡。此外，在一定乡村地域的既定空间格局中，国家基于不同村镇空间类型转换的法律法规构成村镇地域居住空间均衡的又一制约因素。

事实上，村镇地域居住空间均衡的简单化却引发了村镇空间结构效应的复杂化。在微观上，由于居住空间供给的约束弱化，居住空间均衡通过村镇居民相对灵活的空间选择行为而能够实现其个人空间效用的最大化；在宏观上，由于村镇空间资源的稀缺性和村镇地域系统的有机性，村镇居民相对灵活的空间选择行为及其形成的居住空间均衡有时可能带来村镇空间资源的浪费和村镇地域系统的混乱，进而损害村镇地域整体的空间效用，如“空心村”现象及其空间结构效应等，有时也可能带来村镇空间资源的集约利用和村镇地域系统的有机发展，进而提升村镇地域整体的空间效用，如村镇居民居住空间向乡村中心的空间聚集及其空间结构效应等。在市场机制的自发作用下，村镇地域居住空间均衡所引发的空间结构效应具有很大程度的不确定性。

3. 生产空间均衡与村镇空间结构变化

村镇地域的生产空间均衡是指村镇主体的生产空间需求与地域环境的生产空间供给达到平衡的状态，可依据乡村地域的产业结构区分为两种情形：一种是农业生产空间的均衡；另一种是非农产业空间的均衡。就前一种情形而言，由于农业生产相对低下的比较利益，该类空间对乡村居民仅具有生存保障意义，农业生产空间的需求弹性较小；另外，受一定乡村地域空间资源总量和农业生产适宜性的双重约束，农业生产空间的供给弹性也较小。据此，农业生产空间均衡对村镇空间结构变化的影响较小，乡村地域农业结构调整所引发的内部空间转换大多仅具有地域景观格局变化的意义。就后一种情形而言，由于非农产业的比较利益相对低高，该类空间对于村镇主体具有提高收入水平和改善生活质量的实际作用，因而非农产业空间的需求弹性相对较大；另外，由于乡村地域的非农产业空间主要由农业生产空间转换而来，受到比较利益的驱动和市场机制的自发作用，非农产业空间的供给弹性也相对较大。然而，由于中国人多地少的基本国情，乡村地域非农产业空间的均衡受到国家政策的强力制约。

乡村地域非农产业空间的均衡对村镇地域系统的空间结构变化具有重要的影响。空间聚集是非农产业的内在属性，追求聚集经济则是非农产业发展的基本准则，依托乡村中心布局是非农产业发展的普遍事实。在宏观上，非农产业空间的均衡总是具有使村镇地域系统的空间结构走向优化的倾向。乡村地域非农产业空间的扩张不仅有效壮大了乡村中心的空间规模，更为重要的是，乡村工业的发展能够密切村镇地域的生产性联系、提升乡村中心的生产服务功能，乡村第三产业发展能够密切村镇地域的生活性联系、提升乡村中心的生活服务功能，两者的作用均能够使得一定乡村地域的内聚力增强，进而使得村镇空间结构趋于优化、村镇地域系统的有机性趋于增强。在微观上，非农产业空间的均衡能够影响乡村中心的内部结构。在当代背景下，乡村非农产业向工业园区和商业街区的自觉聚集有利于乡村中心的有机成长，其随机散布则可能形成乡村中心的无序蔓延，并进而损害村镇地域系统及其空间结构的功能。在市场机制的自发作用下，村镇地域生产空间均衡所引发的空间结构效应同样具有一定程度的不确定性。

4. 公共空间均衡与村镇空间结构变化

一般地，公共空间总是与私性空间相对应，广义的乡村公共空间常常指村镇主体的公共活动空间，既包括村镇组织实施乡村治理所依托的空间载体，也包括超出单一行为主体活动所需的交往空间和交易空间等。在当代中国的乡村背景下，治理、交往和交易空间极易发生区位重叠，而且常常随乡村治理中心的区位变化而变化。例如，对应于单中心的村镇地域模式，上述三类空间耦合形成乡村中心等。据此，在本书中，村镇地域的公共空间均衡主要是指村镇组织的治理空间需求与地域环境的治理空间供给达到平衡的状态，表现为村镇政府治所的用房更新和（或）空间拓展。从政府治所的空间需求看，地方组织的职能结构、部门分割、效率要求和财政资源是影响其治所区位选择和空间扩张的主要因素；伴随着治理组织的职能转变和机构精简，乡村治所本身的空间需求趋于减小，其附属的公共空间需求趋于增大；但治理组织的集团意识、“面子”情结和“形象工程”都可能助长乡村治理空间需求的膨胀，并可能形成对其他公共活动空间的占用和挤压。一般地，乡村地域治理空间供给大多源于其他村镇空间类型的转换。理论上，这种空间供给取决于初始空间状态的基本成本和空间类型转换所产生的交易成本；实践中，地方治理空间的公共服务性质决定了该类空间形成中的供给成本普遍低廉，相关法律法规为其他空间类型向该类空间的转换提供了便利。从这种意义上，村镇治理空间及其附属公共空间的均衡具有一定程度的随意性。

村镇地域的公共空间均衡能够显著地影响村镇地域系统的空间结构变化。前述相关章节的分析表明，村镇治理组织的空间需求及实现是现代乡村中心形成和发展的重要动力机制。村镇治理空间的形成及其扩张不仅直接贡献于乡村中心的成长，而且通过适宜的区位选择，能够有效吸引一定乡村地域的人口和非农产业聚集，形成治理空间、交往空间和交易空间耦合增长的格局，进而推动乡村中心的规模发展和功能提升，通过交通、通信等基础设施建设，能够有效便利一定乡村地域的空间组织及其联系，进而推动村镇地域系统的有机演化及其空间结构的优化。另外，如果村镇地域的治理空间均衡偏离了村镇组织的公共行为目标，乡村治理空间盲目扩张和随意蔓延，则不仅可能造成稀缺空间资源的浪费，形成对其他空间类型的挤压，而且可能损害乡村中心的内部结构，降低其区位引力，进而抑制乡村中心的健康成长和村镇地域系统的有机演化。

7.2　政府调控与村镇空间结构变化

7.2.1　行政区划调整与村镇空间结构变化

1. 行政区划与村镇空间结构

政府的空间行为不是村镇空间结构变化的外生驱动力量，而是村镇空间体系的内生干预力量。在村镇空间结构系统中，政府作为一个的独立的主体，它具有双重身份，即空间调节的主体和空间行为的主体。一方面，政府作为空间调节的主体，它是所在区域公共利益的总代表，以追求区域空间整体利益最大化为基本目标。为了实现区域空间整体利益最大化，根据区域条件而制定空间行为规则、完善相关制度、并对其他空间行为主体实施相关引导政策和管制措施构成政府的主要职责。另一方面，政府作为空间行为的主体，其本身亦是区域系统中的一个重要子系统，上级政府对下级政府具有配置管辖区的数量、分割行政管辖边界和选择行政治所区位的职能，其目的在于通过村镇空间结构的优化而实现行政成本最小化，行政区划及其调整是政府行为干预村镇空间结构变化的措施。

行政区划是国家根据政治统治和行政管理的需要，按照有关的法律规定，在考虑经济联系、地理条件、民族分布、风俗习惯、历史传统、地区差异以及人口密度等客观因素的基础上，对国家行政区域进行的等级划分，将国家的国土划分为若干层次、大小不同的行政区域系统，并在各个区域设置相应的地方国家权力机关和行政机关，建立政府公共管理网络，为社会生活和社会交往明确空间定位。行政区划既是国家权力再分配的一种主要形式，也是国家统治集团意志及政治、经济、军事、民族、习俗等各种要素在地域空间上的客观反映。行政区划的本质是国家权力在空间或地域上的分割和配置（刘君德，1996）。在我国的行政区划体系中，县一级建制是我国司法、财政等职能最完善的基层政权组织，负责管理全县乡、镇、村的各项经济和社会事务；而乡镇政府则是我国最为基层的行政机构，它既是中央到县各个上级政府政策、经济和政治意图的具体执行者，又是调节农村社区政治经济活动的中枢。因而从国家权力的空间划分上，县、乡两级政府构成村镇空间体系主要的行为主体，是乡村地域行政区划调整的主要行政主体，其空间行为对村镇空间结构的形成与演化具有重要的推动作用。

相关研究表明，行政区划是影响村镇地域系统及其空间结构变化的一个重要因素。施坚雅（1998d）认为，每个乡或镇都是一个完整的经济区，其中心是一个有市场的村庄或集镇。在四川盆地的广大地区，知道了每个县的集镇、人口和平方公里数，就可以对基层市场区域的规模和分布作出可靠的分析。政府经过合理的行政区划，一旦选择某地为该乡镇一级的政府驻地，随后就会相应地设立政府机构，建立一定标准的交通、通信等基础设施，配备学校、医院、邮局等相应的社会公共服务机构，各种商业、运输业等服务性行业也应运而生，该地很快便会发展成为所在区域的政治、经济和文化中心，并通过其生产和生活服务功能对周边一定距离内的农村居民和乡镇企业的空间行为产生不同程度的影响，进而加速该地区村镇空间结构的演化。据此，乡村地域科学的行政区划既有利于村镇体系的合理布局，又有利于村镇能够在更大空间范围内安排生产和配置资源，从而减少重复投资和资源浪费。

2. 基于村镇地域的行政区划调整

近年来，伴随着我国农村政治、经济和社会的不断发展，原有乡镇数量众多、规模狭小、水平偏低、实力较弱、分布零散、风格雷同等众多问题日渐显现，这种情况难以适应新农村建设背景下村镇空间发展的需要。因此，在我国一些经济比较发达的地区，相继开展了基于村镇地域的行政区划调整工作，主要内容包括村镇地域所在县域范围内乡、镇、村级行政区域界线更替、行政管理机构治所迁移及行政区域废置与分合等，这是一个层次多样、结构复杂的动态演变过程。我国自撤社建乡以来，乡镇的设立与撤并几乎未曾中断过。乡镇的设立和撤并主要有六种基本类型：镇与镇合并，保留一个镇建制；镇与乡合并，保留镇建制；乡与乡合并，保留一个乡建制；乡与乡合并，设立一个镇建制；从原有乡、镇中析地新设立一个乡或镇；撤销城市建成区扩展所及的乡、镇，设立街道办事处等城市社区（罗宏翔和哈顺，2005）。现阶段村镇地域行政区划的调整主要表现形式为撤乡并镇、撤村并点和中心村建设。撤乡并镇指的是通过减少和归并乡镇数量，扩大乡镇面积和人口规模，彰显乡镇的规模效益。在具体实施过程中，一般遵从中心镇并一般镇、强镇并弱镇、大镇并小镇、老镇并新镇的基本原则，行政区划调整的总体趋势是乡的数量不断减少，建制镇的数量不断增加，乡镇的总体数量趋于减少，管辖面积不断扩大。据有关统计，1985 年，乡镇数量为 9.1 万个；到 2005 年年底，乡镇数量减为 3.5 万多个；与此同时，镇域规模不断扩大。1986 年全国乡镇平均人口规模约 1 万人，2003 年我国乡镇平均人口已达 2.5 万人，是 1986 年的 2.5 倍[①]。这种大规模的乡镇撤并对乡村地域的空间发展影响巨大。与此同时，撤村并点也同时展开。伴随着城市化的快速发展，我国一些乡村地域的人口数量已开始减少，并出现了所谓的“空心村”现象，这种格局不仅造成了乡村地域稀缺空间资源的浪费，而且扰乱了一定乡村地域的空间组织秩序，撤村并点恰逢其时，其主要途径是通过中心村建设引导乡村居民的适度空间聚集，总体发展趋势是中心村的数量将适度增加，基层村的数量将逐年减少。

由此可知，我国乡村地域的行政区划调整大致可归纳为两种情形：一是适应现阶段一定乡村地域的空间发展需要而进行的适应性调整，二是为实现一定乡村地域未来空间发展目标而进行的引导性调整。乡村地域行政区划调整的空间层次主要涉及村、镇（乡）两级。但无论是何种性质的调整，还是何种层次的调整都会对村镇地域系统及其空间结构变化产生直接影响。

3. 行政区划调整的村镇空间效应

基于乡镇层次的行政区划调整对其所涉及乡村地域的空间发展影响巨大。首先，“撤乡并镇”意味着一定乡村地域村镇地域系统的空间重构。“撤乡并镇”的直接空间效应是一定乡村地域空间规模的重新分割和空间边界的重新界定，在当代中国的背景下，乡镇是村镇地域系统的基本构成单元，这种空间效应不仅意味着一定乡村地域村镇地域系统的数量随着“撤乡并镇”而发生变化，而且意味着原有村庄节点的联系方向和道路系统的网络结构也可能发生变化，这些变化表现为一定乡村地域村镇地域系统的空间重构过程。其次，“撤乡并镇”意味着一定乡村地域村镇空间结构的核心——乡村中心的发展出现新的变化。“撤乡并镇”的又一直接空间效应是：伴随着新的乡村中心的规模扩张和功能提升，撤销乡镇的治所至少在短期内势必走向衰落，从一定乡村地域的空间经济效益视角看，这种行政区划的调整可能在整体上是一种“空间帕雷托改进”，但从局部上有可能带来原乡镇政府驻地等相关区位空间经济利益的损害，这些变化意味着一定

① 吴理财. 2006. 治理转型中的乡镇政府—乡镇改革研究. 武汉：华中师范大学博士学位论文. 133～135.

乡村地域村镇空间结构的经济基础被重构，从而对村镇地域系统的空间演化产生深远的影响。最后，“撤乡并镇”使得村镇地域系统的空间范围、地域边界、节点数量和网络结构发生全方位变化，从而有可能改变其原有的空间形态和地域模式。“撤乡并镇”对一定乡村地域的空间结构变化具有“颠覆性”影响。

基于村庄层次的行政区划调整对其在乡村地域的空间结构变化同样具有一定的影响。作为村庄层次行政区划调整的主要路径，并与“空心村”的整治相结合，通过“撤村并点”所形成的中心村建设，使部分处于无序发展状态的自然村合并其中，并对相关基础设施和公共服务设施进行统一规划和建设，对乡村居民的生活生产环境进行统一整治，不仅能够有效节约稀缺的农业耕地资源，有利于农业生产的发展，而且能够有效改善乡村住区的人居环境，有利于乡村居民生活质量的提高。中心村建设是优化村镇空间结构的有效措施。

从城市化发展的一般规律看，随着城乡社会经济的不断发展，乡镇必然经历由数量不断增加，进而转为数量减少、规模扩大、质量提高的过程。目前，我国乡村地域行政区划调整的一个重要特点是乡、镇政府所在地与小城镇空间区位日趋一致，这种变化趋势反映了中国小城镇的发展已经从以数量增长为主要特征的阶段进入到以规模扩大、功能提升为主要特征的新阶段。因此，通过撤乡并镇，并适时辅以中心村建设，同时科学进行乡镇政府治所选址，逐步建设或增强乡村中心的集聚引力，在一定乡村地域逐步形成规模适度、布局合理、功能优化的小城镇体系乃是当代村镇空间结构优化的方向之一。当然，现阶段乡村地域的行政区划调整也出现了一系列问题，如行政区划频繁变动可能造成乡村中心及部分村落的发展波动、行政区划调整引发的工业园区整合及其关系协调等。

7.2.2　公共设施供给与村镇空间结构变化

1. 村镇公共设施类型及其区位特征

村镇公共设施是指服务于乡村生产与生活活动，由乡村行为主体共同享用的相关设施。显而易见，村镇公共设施具有使用的非排他性、非竞争性和不可分性等特征，因而具有典型的公共物品性质。按照经济学的基本原理，村镇公共设施的需求者为一定乡村地域的不同行为主体，供给者则是包括乡镇政府在内的地方治理组织，其中，具有委托-代理意义的地方政府居于核心地位。

按照村镇公共设施的空间特征和功能差异，可将其分为基础设施和服务设施两大类别。村镇基础设施主要包括交通道路设施、通信线路设施、环境卫生设施、给水排水设施和供电、供气、供热设施等。这些设施还可继续细分，如交通道路设施可区分为公路、铁路、水路、航线和管道等，通信线路设施亦可区分为广播、电视、电话和网络（均存在有线和无线两种形式）等。服务设施主要包括医疗保健设施、教育文化设施、社会福利设施、休闲娱乐设施、信用服务设施、交易平台设施和乡村基层组织等。上述两类公共设施的共性特征是两者均为一定乡村地域的公众所共同使用，而且均具有一定的需求门槛。然而，从空间供给的视角看，村镇基础设施和公共服务设施又具有显著不同的区位特征。从空间形态看，村镇基础设施大都表现出典型的线状特征，而公共服务设施则多呈现显著的点状特征；从空间功能看，村镇基础设施建设意在克服空间阻隔、密切空间联系，而公共服务设施建设则意在辐射乡村地域、实施空间组织；从影响其空间布局的区位因素看，村镇基础设施建设侧重关注设施沿线的自然地理条件和人文地理特征，前者力图节约建设成本、后者希冀放大利用效率，而公共服务设施建设则主要关注一定乡村地域的人口、产业和基础设施分布状况，以人口集中区位和便利空间联系为主要布局原则。由此可知，村镇基础设施和公共服务设施既是村镇地域系统的空间组织要素，又是村镇空间结构的空间功能构件，两者的布局及其调整能够对村镇地域系统的空间结构变化产生深刻影响。

2. 村镇基础设施建设与村镇空间结构变化

村镇基础设施还可依据其功能及其性质差异进一步分为联系性基础设施和服务性基础设施。顾名思义，联系性基础设施的主要功能是密切乡村地域的空间联系，在性质上属完全公共物品，如交通道路设施等；服务性基础设施的主要功能是直接服务乡村居民的生活和生产活动，在性质上属准公共物品，如环境卫生设施等。在当代乡村地域的地理背景下，联系性基础设施和服务性基础设施的空间特性也不尽相同，相对而言，前者大多具有广域性，后者可能存在局域性，因而两者的布局建设也具有不尽相同的空间结构效应。另外，从两者之间的相互关系看，在很大程度上，联系性基础设施基本构筑了村镇地域系统空间结构的框架，并因此规定了服务性基础设施的空间发展方向。据此，联系性基础设施建设对村镇地域系统的空间结构变化具有更为显著的作用。

村镇基础设施建设是一个历史的发展过程，一定时期、一定地域的村镇基础设施状况（包括完善程度和建设水平）是该时空背景下乡村社会需求与政府供给能力相互作用的结果。从社会需求看，乡村地域的社会经济发展水平及由此派生的、乡村居民的空间需求构成村镇基础设施建设的必要条件；从政府供给看，国家的空间政策及由此派生的、地方政府的财政资源构成村镇基础设施建设的可能条件；此外，一定乡村地域的自然和人文地理环境条件构成村镇基础设施建设的经济技术约束。由于村镇基础设施，特别是联系性基础设施大都具有资产专用性特征，且一般而言其投资规模大、建设周期长、维护任务重，作为公共产品供给者，政府的主体地位和主导作用实乃村镇基础设施建设所必需。

村镇基础设施建设对村镇空间结构变化具有显而易见的影响。首先，村镇基础设施是村镇空间结构的构成要素，没有一定的村镇基础设施，则村镇空间结构不能形成具有特定功能的系统整体；其次，村镇基础设施是村镇空间结构的功能构件，没有一定的村镇基础设施，则村镇空间结构的其他构成单元势必难以发挥应有的作用。村镇基础设施还通过其自身的完善程度和建设水平影响村镇空间结构及其变化。当村镇基础设施建设与乡村居民的空间需求相适应时，有利于村镇空间结构的有机化，从而提高村镇空间的利用效率；当村镇基础设施建设与乡村居民的空间需求不相适应时，则易于使村镇空间结构的走向离散化，从而降低村镇空间的利用效率。在此，所谓的“相适应”是指村镇基础设施的密度、等级和布局能够支撑乡村地域社会经济发展的要求，其核心是村镇基础设施空间配置的适宜程度，如果其空间配置超越乡村地域社会经济发展的要求，则不仅造成国家有限财政资源和人力资源的浪费，而且可能导致村镇空间结构的紊乱；如果这种空间配置低于乡村地域社会经济发展的要求，则容易对村镇空间结构的系统效应造成损害，从而抑制或阻碍乡村地域的社会经济持续发展。然而，由于基础设施的产品特性和村镇空间的地域特性，当代中国乡村地域的基础设施建设常常面临“两难选择”。一方面，城乡空间的公平发展要求加大乡村地域基础设施的建设力度；另一方面，城市化进程中的乡村—城市人口转移要求审慎对待乡村地域的基础设施建设。这种“两难选择”的实质是基础设施建设中的公平-效率矛盾。事实上，中国新农村建设中的“村村通”工程在营造城乡公平发展环境的同时，已经形成了局部空间的效率损失。据此，准确预测区域城市化发展进程、科学规划村镇基础设施建设布局当是化解这一矛盾的有效举措。

3. 公共服务设施建设与村镇空间结构变化

村镇服务设施也可依据其功能及其性质差异进一步分为生活性服务设施和生产性服务设施。顾名思义，生活性服务设施以提高乡村居民的生活质量为目标，主要为乡村居民的日常生活提供便利和平台，在性质上大多属完全公共物品，如教育文化设施等；生产性服务设施以推动乡村地域的生产发展为目标，主要为乡村社会的经济发展提供便利和平台，在性质上属准公共物品，如交易平台设施等。由于村镇空间结构的系统属性和村镇服务设施的区位特性，选择人口密集和交通便捷的区位，并常常依托乡村中心进行集中布局是生活性服务设施和生产性服务设施的共同追求，因而两者的布局建设具有大致相同的空间结构效应。另外，从两者的供给主体看，如果说，生活性服务设施建设因其完全公共物品属性而主要由地方政府承担，则生产性服务设施因其准公共物品属性而可能形成供给主体的多元化。此外，一定历史时期的国家空间政策及其主导下的财政资源分配对村镇公共服务设施建设具有引导作用和决定性意义。

如同村镇基础设施建设，村镇服务设施发展也是一个历史的动态变化过程，一定时期、一定地域的村镇服务设施配置状况既是该时空背景下乡村社会需求与政府供给能力相互作用的结果，也是村镇空间结构变化的重要驱动机制。相对于村镇空间结构及其变化而言，村镇服务设施也具有系统构成要素和结构功能构件的双重属性。表象上，村镇服务设施发展能够直接贡献于乡村中心的成长和扩张；本质上，村镇服务设施建设能够增强村镇地域系统的内聚力，从而提高村镇空间结构的有机水平。具体而言，以学校、医院为代表的生活性服务设施提供乡村居民能力建设的基础平台，是乡村人类自身可持续发展不可或缺的资源。随着人类社会的进步和居民需求的变化，该类平台和资源的战略意义必将进一步凸显，其在村镇地域系统的内聚力构成和村镇空间结构的有机化作用中的地位也必将进一步提升。以有形交易市场和商业信贷机构等为代表的生产性服务设施提供乡村行为主体从事交易和交往的技术平台，是乡村空间市场化发展的物质基础和保障条件。该类服务设施曾经是乡村中心形成和演化的原始驱动力，随着人类发展观的进步和乡村地域生活——生产市场化的发展，生产性服务设施建设将仍然在乡村中心的发展和村镇地域系统的空间组织中发挥核心作用。

在当代中国新农村建设的背景下，公共服务均等化和乡村人居环境优化已经成为国家空间政策的重要目标导向，村镇地域的公共服务设施建设既迎来了千载难逢的发展机遇，也面临着难以回避的“发展悖论”。显而易见，公共服务均等化和人居环境优化使得乡村地域的公共服务设施建设能够获得相对稳定、充足的资金保障，从而能够加快发展进程、提高供给水平；与此同时，城市化进程中乡村空间的剧烈变动增加了乡村社会对公共服务设施需求的不确定性，特别是，应当怎样明确乡村公共服务设施供给和人居环境建设的目标模式？国家空间政策的支持力度将如何持续和予以保障？相关政策效应是偏向推动乡村地域的人口稳定、抑或是偏向引导城乡空间的人口流动？以统筹城乡发展的视角看待乡村空间发展、以城市化的思维规划乡村空间发展、以整合乡村地域的路径推动乡村空间发展可能为村镇公共服务设施建设和空间结构优化提供明晰思路。

7.2.3　空间发展规划与村镇空间结构变化

1. 空间发展规划的分类及其功能

空间发展规划是个泛指概念，是涉及空间范畴的相关规划的统称，可视规划内容及角度的差别分为多个不同的类型，如城乡规划、旅游规划、道路交通规划、土地利用规划和环境保护规划等。

城乡规划体系中的村镇规划直接作用于乡村空间发展，是指导村镇布局建设的主要依据，包括新建村镇的规划和原有村镇的改建、扩建规划等。村镇规划的基本任务是：确定村镇建设的发展方向和规模，合理组织村镇各建设项目的用地与布局，妥善安排建设项目的进程，以便科学地、有计划地进行农村现代化建设，满足农村居民日益增长的物质生活和文化生活需要；其中，县域村镇体系规划在村镇规划中具有典型性和代表性。根据县域村镇体系规划在实施过程中的作用力强弱，可将其分为三个层次。①主导县域城乡空间结构的调整。现阶段，中国正处在城市化的快速发展时期，伴随着城镇人口的不断增加，乡村地域的人口将逐步减少，村庄规模趋于萎缩，调整城乡地域结构、优化城乡空间布局面临良好的机遇。据此，应在乡村发展中通过规划审批手段组织实施县域村镇体系规划，通过规划实施推动乡镇撤并和迁村并点，逐步减少乡镇和村庄的数量、扩大乡镇和村庄的规模，努力实现县域空间重组和城乡优化布局。②指导县域各类基础设施和公共服务设施配置。县域城乡和产业的空间布局基本决定了各类公共设施的空间布局和容量配置，县域村镇体系规划应充分考虑城乡聚落和各种产业的发展规模及其空间布局，在此基础上，科学规划县域各类公共设施的空间布局和容量配置，以尽可能满足县域经济社会发展的需要。县域村镇体系规划在城乡各类设施的空间布局和容量配置中能够发挥指导作用。③引导县域产业发展的空间布局。在市场经济条件下，企业总是以追求利润最大化为目的，投资者为了降低成本、增加利润，总是倾向于选择在劳动力、土地、水源、能源和矿产等生产资源获取方便的地方建厂办企业，县域村镇体系规划通过规划村镇布局以确定劳动力供给、规划各类设施布局以明确企业生产条件，通过土地利用规划以界定企业发展用地，进而引导和吸引企业的发展布局。县域村镇体系规划能够在地域产业布局及其发展中发挥积极的引导作用。

土地利用规划是在一定区域内，根据国家社会经济可持续发展的要求和当地自然、经济、社会条件，对土地的开发、利用、治理、保护在空间和时间上所做的总体安排和布局，是国家实行土地用途管制的基础。从空间的视角看，土地利用规划可分为城市土地利用规划和村镇土地利用规划等。就我国村镇土地利用及规划实施情况而言，由于乡村集体土地产权主体不明晰、村庄建设缺乏科学规划或土地利用规划没有得到有效实施、乡村居民依法使用土地及合理利用和保护土地的意识不强等，导致农村居民点用地及其建设审批不严、管理不力等现象长期存在，农村居民点建设总体处于无序、土地利用总体处于粗放状态。新的《城乡规划法》的颁布与实施为扭转和改善这种无序状态提供了法律保证，通过村镇土地利用规划的编制和实施，能够有效推动土地整理、优化村镇空间布局、改善乡村人居环境，并进而推动村镇空间结构的优化。

交通发展规划的主要内容包括：确定一定地域的公路和道路交通建设的发展目标，设计达到这些目标的策略、过程和方案；在确定的年限和目标前提下，通过相关数据的调查、采集和分析，研究地域交通发展策略，进行道路网络、公交体系和停车设施规划等。通过交通发展规划的编制和实施，能够引导城乡土地的开发方向，协调土地开发强度与交通系统承载力；能够引导城乡体系的空间布局；推动城乡地域的统筹发展；能够引导城乡居民的生活方式变革，推动城乡地域的可持续发展。交通体系规划是城乡发展规划的基本技术支撑。

环境保护规划是国民经济和社会发展规划的有机组成部分，是国家或区域的环境决策在时间和空间上的总体部署和具体安排，代表着规划管理者对一定时期内区域环境保护目标和措施所作出的具体规定，常常表现为一种带有指令性质的环境保护方案。环境保护规划编制和实施的目的就是要在发展经济的同时保护生态环境，促进区域经济、社会与环境协调发展。

2. 空间发展规划的村镇空间效应

一般地，国家或政府调控村镇空间发展的基本方法大致可分为行政的、经济的和法律的三个方面。如果说，前述的行政区划及其调整代表着以行政手段为主的调控方式、村镇公共设施建设代表着以经济手段为主的调控方式，则空间发展规划可视为以法律手段为主的调控方式。村镇空间发展规划的编制及其实施能够对村镇地域系统的空间结构变化产生积极的影响。

以县域村镇体系规划为例，该规划至少涉及县域产业的统筹发展及其空间布局、县域村镇的等级体系及其空间布局和县域基础设施及公共设施的网络结构及其空间布局等基本内容，上述规划的编制和内容的实施能够从不同侧面对村镇地域系统的空间结构变化产生多方面的影响。

（1）县域产业发展规划的空间结构效应。一方面，县域产业的发展与布局是形成村镇基础设施和公共服务设施布局的基础，是推动村镇体系布局与发展的决定性驱动力；另一方面，县域村镇体系和基础设施布局及其演化又影响和制约着区域产业的发展和布局。县域产业的发展与布局主要通过影响村镇体系和基础设施布局而作用于村镇空间结构变化。一般来说，县域产业的现状分别是地域长期历史演化的结果，大多具有自发性和随意性等特点，已难以适应新农村建设和市场经济发展的要求。县域产业发展规划应充分考虑地方优势资源的合理利用、地域基础设施建设水平和企业发展的劳动力需求等因素，通过产业部门选择和空间非均衡布局促进乡村空间的非均衡发展，推动村镇空间结构变化的有机演化。

（2）县域村镇发展规划的空间结构效应。县域村镇体系是村镇空间结构的主体架构，其规划实施不仅直接作用于村镇空间结构的变化，而且通过规定村镇基础设施和公共服务设施的空间发展方向和地域配置水平而间接作用于村镇空间结构变化。此外，由于县域村镇体系对产业发展的能动作用，其规划实施还能通过引导产业发展的空间布局而间接作用于村镇空间结构变化。传统乡村地域的村镇体系大多具有数量多、规模小和空间联系松散等特征，在一定程度上浪费了稀缺的农耕资源，并大大提升了基础设施建设成本。现阶段的县域村镇发展规划应立足城市化快速发展的背景及趋势，准确预测县域人口的地域分布，明确界定不同城镇和村庄的性质、规模及其空间发展方向，认真分析不同农村居民点搬迁与合并的可能性，通过科学规划中心镇、一般镇、中心村和基层村，合理确定撤并乡镇和搬迁村庄，引导乡村人口的乡—城转移和适度空间聚集，构建空间分布合理、人口规模适度、职能分工明确、等级规模有序的县域村镇结构体系，为村镇地域系统的聚集发展和村镇空间结构的有机演化奠定坚实的基础。

（3）县域基础设施规划的空间结构效应。村镇基础设施和公共服务设施的主要功能是服务一定乡村地域的居民生活和生产发展需要，其布局和配置既受制于村镇——产业的发展与布局，同时又反作用于村镇空间结构的变化。一定乡村地域的村镇——产业布局和社会经济发展水平决定了村镇基础设施和公共服务设施的空间形态和配置标准。总体上，我国现阶段的村镇基础设施和公共服务设施建设的特点可归纳为质量较差、水平偏低、设施简陋，城乡空间的不公平，特别是城乡居民发展条件的不公平已经成为当代中国社会经济发展的突出矛盾和主要制约因素。新时期的县域基础设施和公共服务设施建设应坚决贯彻落实科学发展的指导思想，通过推进基础设施标准化和公共服务均等化，逐步提高乡村地域基础设施和公共服务设施建设水平，以满足乡村居民日益增长的生活需要和乡村地域不断发展的生产需要，与此同时，充分考虑乡村空间剧烈变动的现实基础，遵从建设资源节约型社会的原则，科学确定村镇基础设施和公共服务设施的建设水平及配置标准，通过相关基础设施和公共服务设施的共建共享推动有限乡村资源的集约利用，通过科学规划、合理配置和有序建设，构建分布科学、投资合理、运行有序、满足需求的县域基础设施和公共服务设施配置体系。

此外，县域土地利用专项规划和交通体系专项规划等都具有内在的空间属性，其编制及其实施都能够对村镇空间结构及其变化产生不同的影响。

3. 空间管治与村镇空间结构变化

“管治”（Governance）一词应用广泛，目前已被引入到城市规划中，试图将其作为一种综合的社会治理方式，以弥补市场机制以及政府“自上而下”调控的不足。空间管治是管治的重要表现形式和实现方式，主要功能在于试图解决市场运行所导致的公共利益缺失问题，通过协调不同空间的利益矛盾，促进区域空间结构的优化重组。空间管治的核心是地域空间结构优化，通过促进区域的整合和治理，充分有效利用空间资源，从而实现区域整体最优的发展目标。

在我国，空间管治的实践主要流行于省（市）域城镇体系规划层次上。村镇体系规划引入空间管治意在探求适合村镇发展的地域空间体系，从更深层次构建空间资源优化配置的机制。目前，当代中国村镇空间正处于转型发展时期，普遍存在着产业布局不尽合理、空间结构演化无序、招商引资项目区位选择盲目、基础设施建设与生态环境保护缺乏协调机制等问题。制定合理的地域空间管治规划是促进村镇合理集聚、提高资源利用效率、实现区域协调发展的重要保障。

在村镇空间发展中实施空间管治，就是要在城乡统筹的基础上，通过重塑乡村组织核心、重构乡村居住空间、完善乡村结构网络、加强城乡基础设施的共建共享等措施实现乡村空间的重构。在当代村镇地域，伴随着内部基础和外部环境的变化，村镇空间已开始走向经济、社会和文化的全面转型，并呈现出发展模式的多样化。依据生态环境状况、地域经济基础和交通区位条件，通过“撤村并点”扩建部分村庄或新建少量村庄，重点加强“中心村”的规划建设，将部分分布零乱、规模较小的村落进行整体撤并，形成环境优美、设施完善、宜居和谐的新型村庄形态，有利于乡村空间的节约集约利用，有利于提高相关基础设施和公共服务设施的利用效益，有利于形成科学合理的村镇地域系统网络结构。

以空间管治为指导的村镇规划体系是一种全覆盖性的空间控制体系。从技术层面看，空间管治规划是在传统村镇体系规划内容的基础上，从引导和控制功能出发，对乡村地域的产业发展和村镇建设进行空间引导，对区域生态环境保护与基础设施建设作出强制性的规定；在具体实施中，强调区域空间开发共同遵守的原则，以“空间准入”思想和开发强度要求划分空间管治类型区，如优化发展区、重点发展区、限制发展区和禁止发展区等，通过不同类型发展区的空间利用标准、开发准则及其实施措施的落实，使村镇空间发展走向规范化和有序化。

7.3 市场机制与政府调控的耦合作用

7.3.1 空间公共福利与村镇空间结构变化

1. 村镇空间结构的福利经济学分析

在地理学的世界中，空间和地方是人们认识社会经济活动的基本出发点。由于人类活动空间的异质性、关系性和地方的综合性、独特性，地理空间不仅仅是容纳人类社会经济活动的容器，更是塑造社会经济活动的重要力量。根据空间福利经济学的基本原理（余斌等，2007），现实世界中的空间异质性实乃经济福利的地理分布。村镇空间结构是一定乡村地域空间异质性的显性表现形式，实质是一定乡村地域经济资源的地域配置格局，能够揭示经济福利的地理分布状况。

进一步，以特定地理区位的空间边际价值描述其经济福利（余斌等，2006），记为 $V(x, y)$，一定村镇地域系统的空间范围（地域面积）为 S，其对应的总体福利 P，则有

$$P = \iint_{s} V(x,y)\mathrm{d}x\mathrm{d}y$$

对应于一定的村镇地域系统，总是存在既定的村镇空间结构，这种村镇空间结构决定了系统内部经济福利的地理分布，因而也决定了该村镇地域系统的经济福利总值（P）。一般来说，村镇地域系统的空间结构变化总是始于一个或少数区位的空间扰动，这种空间扰动的出现意味着该区位空间边际价值及其经济福利（V）的变化。例如，某一村镇地域系统内部一条乡村公路的升级改造能够有效提升公路沿线的空间边际价值；某一乡村中心商业街区大型超市的破产可能显著降低该区位的空间边际价值等。这种空间扰动的本身意味着村镇地域系统的空间结构已然发生变化，并引起系统经济福利的变化；更为重要的是，这种空间扰动还可能通过系统内部的空间相互作用而得以传递，致使村镇空间结构发生一系列连锁反应，从而改变村镇地域系统的空间格局，其空间经济福利（P）随之发生根本性变化。例如，乡村公路升级改造的影响并非仅仅局限于该公路沿线，常常是，这种空间扰动的效应有可能扩散至整个系统，从而引起村镇空间结构的系统性变化，村镇地域系统的经济福利随之发生适应性变化。

由此可知，空间扰动是村镇地域系统空间结构变化的初始诱因，这种初始的扰动可能源于单一村镇行为主体的空间选择行为，也可能源于不同村镇行为主体的空间联合行为。空间扰动一旦发生，其所形成的空间效应及其扩散则主要取决于村镇地域系统内部的空间响应机制。对应于不同的空间扰动，可能形成不同的空间效应。由于不同空间扰动存在性质和强度差异，某些初始扰动将被系统逐渐过滤，某些初始扰动则可能被系统逐渐放大，前者的空间效应不甚显著，难以对村镇地域系统的空间结构和经济福利产生实质性影响，后者的空间效应极其显著，易于对村镇地域系统的空间结构和经济福利产生根本性影响。从微观机理看，正是村镇地域系统的初始扰动及其空间响应机制，共同推动了村镇空间结构及其地域经济福利的变化。

如果说，村镇地域系统的初始扰动可视为一种随机现象，则其内部的空间响应机制理应具有某种确定性内涵。从初始扰动及其空间效应的扩散过程看，村镇地域系统的空间响应机制实乃一种空间自组织机制，其本质乃是市场机制的具体或综合表现形式，如聚集经济的作用等。然而，市场机制的自发作用并非总是导向村镇空间结构的优化和地域经济福利的增进。事实上，村镇空间结构在很大程度上可视为一系列空间要素组合而成的公共产品，由此决定的地域经济福利亦可视为一定乡村空间的公共福利，据此，优化村镇空间结构、增进地域经济福利是地方政府义不容辞的职责。根据经济学的基本原理，处于对市场机制缺陷的弥补，政府可通过公共产品、外部性和自然垄断等路径作用于村镇空间结构的变化和地域经济福利的增进。从公共产品的视角看，通过直接投资公路、通信等基础设施和学校、医院等服务设施，以推动村镇地域系统的空间聚集和有机关联；从外部性的视角看，通过投资水利设施和环境保护等，以改善村镇地域系统的空间基础；从自然垄断的视角看，通过协调电力、饮水等部门向乡村空间的拓展，以优化村镇地域系统的空间格局。政府还可通过调整国民收入分配，将国家各种转移支付直接

转化为乡村居民的货币收入，据此增加乡村空间的发展活力，增强乡村空间聚集发展的经济基础。

2. 村镇空间结构异化与公共福利损失

村镇地域系统是一种人地关系系统，人类活动或（和）地理环境的变化都能够引起村镇地域系统的变化，并可能外显为村镇空间结构的变化。理论上，村镇空间结构的变化可能存在两个不同发展方向：一是由于村镇地域系统的空间要素或空间联系退化，导致村镇空间结构的有机水平和整体功能下降，可称之为村镇空间结构异化，此时，村镇地域系统的空间公共福利趋于减少；二是由于村镇地域系统的空间要素或空间联系进化，导致村镇空间结构的有机水平和整体功能上升，可称之为村镇空间结构优化，此时，村镇地域系统的空间公共福利趋于增加。村镇空间结构的不同变化对应村镇地域系统公共福利的不同变化。

根据前述讨论，可以村镇地域系统空间公共福利的变化描述和判断村镇空间结构的变化趋势：

$$\mathrm{d}P/\mathrm{d}t = d\iint_{s} V(x,y)\mathrm{d}x\mathrm{d}y/\mathrm{d}t > 0$$ ，村镇空间结构趋于优化；

$$\mathrm{d}P/\mathrm{d}t = d\iint_{s} V(x,y)\mathrm{d}x\mathrm{d}y/\mathrm{d}t < 0$$ ，村镇空间结构趋于异化。

在乡村空间发展的历史进程中，村镇空间结构趋于优化可能是一种不可逆转的趋势，但在其不同的发展背景下和不同的发展阶段中，村镇空间结构走向异化似乎也是一种普遍现象，如在城市化的快速发展时期。在当代中国，由于区域发展势差巨大、乡村发展背景迥异，东、中、西部地区的城市化以及乡村空间发展分别处于不同的阶段，村镇空间结构的演变也分别呈现出不同的态势。总体而言，在东部地区，村镇空间结构正从功能性集聚阶段转向城乡网络化、一体化发展，村镇空间结构趋于优化；在中西部地区，城乡二元结构特征明显、乡村空间发展缓慢，伴随着乡村空间的剧烈变动，村镇空心化和地域离散化现象较为普遍，村镇空间结构有走向异化的趋势。

如上所述，村镇空间结构的异化主要表现为村镇地域系统的空间要素退化或（和）空间联系退化。例如，自 20 世纪 90 年代以来，在广大中西部地区，由于城市经济的竞争和市场经济的洗礼，乡村工业不断走向衰落，作为其空间聚集的载体，乡村集镇也随之走向萎缩，这种变化可视为村镇地域系统的空间组织中心退化。作为一种具有独特地位和组织功能乡村中心，这种退化不仅表现为其自身空间规模的萎缩，而且意味着其对周边乡村地域的辐射服务功能弱化，亦即村镇地域系统的空间联系退化。这种空间要素和空间联系的退化已对村镇地域系统的空间公共福利变化造成消极影响。首先，基于乡村工业衰落的集镇萎缩大大削弱了一定乡村地域的空间发展活力，损害了村镇空间结构演化的经济基础；其次，基于经济实力衰减的空间联系退化大大降低了乡村中心的经济带动功能，致使周边乡村地域的经济发展受到抑制或阻滞；最后，乡村中心的萎缩还直接降低了其所在区位的空间边际价值，削弱了村镇地域系统的内聚力乡村中心的区位引力，从而对村镇空间结构的优化和地域经济福利的增进带来持久的消极影响。正是从这种意义上，应对快速城市化背景下村镇空间结构的异化趋势构成了中国政府正在面临的挑战，“新农村建设”则可视为直面这种挑战的系统工程。

3. 村镇空间结构优化与公共福利增进

如上所述，村镇空间结构优化是指伴随着村镇地域系统的空间要素或（和）空间联系进化，其所对应的空间公共福利不断增进的状态或趋势。由于市场机制的效率倾向，城市化进程中的乡村空间存在着不断被“边缘化”的趋势。在这种背景下，村镇空间结构异化构成其变化的主旋律，这种变化趋势有悖于空间公平发展的基本原则，政府调控成为逆转这种变化趋势的主导动力机制。

在市场机制的自发作用下，城市化的主要空间效应是不同层次“核心—外围”体系的形成和强化，致使后发展地区和乡村空间日趋凋敝，表现为村镇地域系统的空间要素萎缩和空间联系松散。乡村空间“边缘化”的实质是包括土地、资本和劳动等有效资源的乡村—城市单向流动，其结果是乡村空间发展的经济基础被不断销蚀、发展活力不断丧失。根本改变经济资源“自下而上”的单向流动、逆转乡村空间的“边缘化”成为村镇空间结构优化的逻辑前提。

村镇空间结构优化与空间公共福利增进体现的是一种结构与功能的关系，两者在本质上是内在统一的整体。基于系统科学的视角，村镇空间结构优化涉及两个方面：①村镇空间发展环境的优化。在宏观层面上，应致力于构建支持乡村空间发展的空间倾斜政策和“工业反哺农业、城市支持乡村”的长效机制；在微观层面上，应着力构筑城乡联系路径，其基础工程是沟通城乡空间的交通通信等基础设施建设和城乡空间均等的公共服务设施建设。②村镇地域系统的空间要素和空间联系优化。从有形的空间要素优化看，应大力推进小城镇（乡村集镇）建设以重现乡村中心发展的活力、大力进行交通道路设施建设以推动乡村空间的重构等；从无形的空间联系优化看，可以公共服务设施的整合与升级为突破口、提升村镇地域系统的内聚力，以乡村市场开拓为重点、强化村镇地域系统的内部联系。通过外部环境和内部结构优化增强村镇空间结构的系统效应。

当今中国正处在城市化的快速发展阶段，乡村空间“边缘化”特征显著，在很大程度上，村镇空间结构异化及其内部环境恶化已经成为中国社会经济持续发展的突出制约因素。“新农村建设”以破解困扰中国政府已久的“三农难题”为出发点，外部发展环境优化和内部空间结构优化构成其主要实施路径，如“十五”期间的乡村公路建设等。从实践效果看，初步遏制了乡村空间的“边缘化”趋势，空间整合加速展开，村镇空间结构开始转向优化的轨道。

7.3.2 土地利用规制与村镇空间结构变化

1. 土地利用类型与村镇空间结构

一般来说，土地利用类型是指依据某种视角对不同土地利用状态进行的区分与归并。在地球人类生态系统中，土地是人类生存和发展不可或缺的基础资源，由于地球表面的有限性和地理环境的复杂性，人类发展的无限性加剧了土地资源的稀缺性，“珍惜每一寸土地”成为全球人类的普遍共识，“管理和使用好每一寸土地”是各级政府的基本职责，土地利用分类是土地资源管理的基础工程。《土地利用现状分类》（GB/T 21010—2007）依据土地利用现状对我国的土地利用类型进行系统的划分，据此可将乡村空间的土地利用分为农业用地、建设用地和未利用土地三个方面；其中，农业用地又可细分为耕地、林地、草地、内陆水域和其他用地等，建设用地亦可细分为居住、交通、工矿、商服和公共用地等。

一定乡村地域的不同土地利用类型是乡村人类活动与地理环境相互作用的产物，这些不同的土地利用类型与村镇地域系统的空间结构要素存在着一定的对应关系，如居住、商服和公共等建设用地的空间聚集多与乡村中心相对应等。据此，一定乡村地域不同土地利用类型在空间上的组合及其表现出的景观图案可视为村镇空间结构的呈现方式。换言之，村镇空间结构的实质即村镇地域系统内部不同土地利用类型及其空间组合关系。具体而言，基于土地利用的视角，村镇空间结构可分解为以下几个结构层次：①建设用地与农业用地及未利用土地之间的比例关系。建设用地主要承载乡村中心、村落单元和交通道路设施，农业用地及未利用土地主要承载农业生产和生态维护等。从空间的视角看，这种关系反映的是村镇空间结构中点状和线状要素与面状要素之间的数量关系。②建设用地内部不同土地利用类型之间的比例关系反映的是村镇空间结构中点状和线状要素之间，以及点状要素内部不同构造单元之间的数量关系。③农业用地和未利用土地之间、农业用地内部不同土地利用类型之间的比例关系，反映的是村镇空间结构中具有不同景观特征的面状要素之间的数量关系。④各种不同土地利用类型之间的空间组合关系，反映的是村镇地域系统的空间结构效应。⑤各种不同土地利用类型的空间品质，反映的是村镇地域系统的空间结构层次①。可以认为，正是不同土地利用类型之间的数量比例关系、空间组合图案和空间利用水平的差异，塑造了不同乡村地域的村镇空间结构。

2. 土地流转与村镇空间结构变化

土地是人类赖以生存和发展的稀缺性资源，人类的社会经济活动对土地具有全方位的依赖，对土地所拥有的权利及其让渡的规定成为保证社会经济秩序稳定的基本制度安排。广义的理解是，土地流转即土地权利的转移或让渡，其前提则是关于土地权属的界定。土地作为一种财产和资源，具有所有权和使用权的双重属性，所有权和使用权既可以统一、也可以分离则是土地权属的一个基本特征。在社会主义中国，《中华人民共和国土地管理法》《中华人民共和国农村土地承包法》和《农村土地承包经营权流转管理办法》对乡村地域的土地权属、利用方式及其变更路径进行了全面的规定，即土地所有权归农村集体经济组织，经营权可承包至农村集体经济组织下属的农户，农户可在自愿的前提下对其自身的承包经营权进行转让。这些规定为乡村地域的土地流转提供了法律和制度保障。

在中国现有的制度安排下，乡村地域的土地流转是指农户对依法取得的农村土地承包经营权在自愿的基础上进行的转换，主要包括转包、出租、入股、互换、转让或者国

① 余斌. 2007. 城市化进程中的乡村住区系统演变与人居环境优化研究. 武汉：华中师范大学博士学位论文.

家法律和政策规定的其他方式，其中，转包、出租和入股不涉及流转土地经营权的变更，互换和转让则需要对流转土地的经营权进行重新界定（农业部，2005）。据此，乡村地域的土地流转可能出现如下几种情形：①伴随着农户土地经营权的流转，部分农业用地转化为建设用地，如耕地变更为工业用地等；②伴随着农户土地经营权的流转，农业用地的利用方式可能发生变化，如部分耕地变更草地等；③伴随着农户土地经营权的流转，耕地内部的种植内容可能发生变化，如由粮食作物种植转变为经济作物种植等。④伴随着农户土地经营权的流转，土地利用的性质、方式和内容均不发生变化。显而易见，乡村地域的土地流转有可能带来土地利用类型及其结构的变化。

在工业化和城市化的背景下，土地利用类型的不同意味着土地利用收益的巨大差异；在市场机制的自发作用下，粮食作物种植—经济作物种植—牧渔产业利用—非农产业利用（转为建设用地）是乡村土地流转的基本趋向。这种土地流转的态势能够对村镇空间结构的变化产生多方面的影响。

（1）农业用地向建设用地转换可能带来村镇空间结构的复杂变化。在当代乡村地域，农业用地向建设用地转换主要表现为农业用地的减少和居住、工业、商服、公共和道路用地的增加。理论上，交通道路建设用地的增加总是意味着乡村地域空间阻力的减小和空间联系的便捷，从而有利于村镇空间结构的优化；如果居住、工业、商服和公共用地增加聚集于乡村中心区位，则意味着乡村中心的规模扩大和功能提升，从而有利于村镇地域系统的空间组织和村镇空间结构的优化。实践中，居住用地的增加在农业用地向建设用地的转换中常常占据较大比例，而且这种居住用地的增加并非局限于乡村中心的扩展，反过来，常常表现为分散的村落蔓延，并形成所谓的“空心村”现象。显而易见，这种土地流转的结果不仅浪费了稀缺的土地资源，损害了土地利用的效率，而且容易使得村镇空间结构走向无序和混沌。

（2）农业耕作用地向牧渔产业用地的转换总体上有利于村镇空间结构的优化。一方面，这种土地流转形式能够推动土地资源的有效配置，通过提高土地资源的利用效益而提升村镇地域系统的发展活力；另一方面，这种土地流转形式的前提是不同土地利用类型的适宜性保证，通过一定土地的适当流转使得土地利用类型趋于多样化，有利于自然生态系统的健康和村镇地域系统的良性演化。

（3）农业耕作用地内部的流转即承包经营权的流转有利于村镇空间结构的优化。首先，农村土地承包经营权的正常流转推动了有限土地的集中、提高了土地的规模经营，这是提高农业劳动生产率、增强乡村空间发展活力的必由之路；其次，乡村农业的适度规模经营为农业科技推广和农业产业化创造注入了新的动力，从而有效推动了乡村空间需求，为乡村中心的成长创造了有利条件；最后，也是更为重要的，乡村土地的适度集中有利于城镇化的健康发展，通过不同形式的土地流转及其法律保障，从制度上打开了乡村人口向城镇流动的大门，健康的城镇化不仅能够有效推动乡村人口的空间聚集，更是破解“三农”难题的钥匙。据此，农村土地承包经营权的正常流转成为国家政策和地方政府密切关注和着力推动的重点。

然而，由于乡村空间的独特功能，乡村土地利用具有强烈的正外部性。乡村地域具有可利用土地面积的绝大比例和土地利用类型的多样性，国家的粮食安全和区域的生态安全构成了乡村空间正外部性的基本体现。从村镇地域系统的内部演化看，农业用地向建设用地的转换并向乡村中心的集中有利于村镇空间结构的优化，市场机制的自发作用可能强化这种变化趋势。另外，城市化是人类社会发展的历史潮流，非农产业发展是乡村地域的比较劣势，乡村地域内部农业用地的过度减少既大大降低了区域土地利用的总体效益，也威胁到国家的粮食安全和区域的生态安全；与此同时，农业用地向建设用地转换的分散化还可能损害村镇地域系统的空间结构有序化。在工业化、城市化和市场化的多重背景下，乡村地域的土地流转和土地用途管制成为国家政策关注的焦点之一。

3. 土地管制与村镇空间结构优化

土地管制是相对于市场机制而存在的、促进土地资源有效配置的另一种作用方式。相关研究认为，市场经济条件下的政府具有管理土地市场的内在要求。第一，通过政府管制可保证稀缺土地资源在不同利用类型中的合理划分，如阻止在住宅区内建设重污染工业等。第二，通过政府管制能够保障土地私人使用和公共使用的一体化，如在人口稠密的地区提供建设交通基础设施的土地等。但是，政府的土地用途管制也可能会过头，从而打破公共利益和私人机会之间的微妙平衡。把握好市场机制和政府调控的平衡点对于实现不同空间功能、提高土地利用效益具有重要意义。

在中国现阶段的土地制度安排下，国家或政府在乡村地域的土地管制可理解为两个不同的方面，一是对土地用途的管制；二是对土地流转（指农村土地承包经营权的流转）的支持。政府实施土地用途管制的目的在于纠正市场机制的内在缺陷，协调城乡空间的土地利用，确保国家和区域整体利益和长远利益的实现。乡村地域土地管制的重点主要聚焦于两个领域，一是乡村农业用地向不同类型建设用地的转换，包括城市扩张对乡村空间的侵蚀和乡村地域建设用地的无序蔓延等；二是基本农田向其他土地利用类型的转换，既包括基本农田向其他农业用地类型的流转，也包括基本农田向不同建设用地类型的转换。乡村地域土地管制的实施路径主要包括村镇土地利用规划的编制实施和相关土地利用政策的贯彻落实等，前者主要界定乡村地域不同区位的土地利用方向，后者主要通过相关土地用途转换的审批程序达成管制目标。现阶段，城市和城镇建设用地无序扩张引发的“城镇蔓延”和“村庄蔓延”构成了政府土地管制的焦点。就土地管制的级别而言，如果说，对乡村农业用地向不同类型建设用地转换的管制是一种弹性管制，对基本农田向其他土地利用类型转换的管制则是一种刚性管制。

事实上，土地流转（包括不同土地利用类型间的转换）是市场机制与政府调控两者有机结合、共同作用的结果。在很大程度上，两者的关系可理解为：市场机制主要作用于土地流转的过程，土地管制主要作用于土地流转的方向。土地管制对村镇空间结构变化具有积极影响。首先，土地管制通过明晰城、乡空间的功能分工，能够有效遏制乡村地域内部农业用地向建设用地转换的自发冲动，从而维护村镇地域系统的性质及其空间基础；其次，土地管制通过适度鼓励乡村中心的规模扩张、严格限制自然村落的住宅蔓延，能够有效调控村镇地域系统的空间秩序，从而推动村镇空间结构的优化；最后，土地管制鼓励农村土地承包经营权的合法流转，能够有效引导乡村地域人口和产业的空间聚集，从而有利于乡村中心的健康成长、激发村镇地域系统的内部发展活力。

7.3.3 空间资产管理与村镇空间结构变化

1. 空间资产类型与村镇空间结构

在世界银行第25辑世界发展报告《变革世界中的可持续发展》(2003)中，首次提出了基于人类可持续发展的“全面”资产观，该报告据此将可持续发展界定为：对人类可支配、可影响的所有性质的资产——自然资产、人力资产、人造资产和社会资产的管理方法的改善和利用效率的提高，使这些资产在自然系统与经济系统及社会系统之间、在同代人的不同集团之间、在每代人之间实现均衡和协调。简言之，可持续发展的实质是人类“全面”资产的代际流量稳定，路径是对更加广泛的资产组合进行有效管理，措施是构建或优化有利于人类“全面”资产利用效率提高的制度。报告同时强调，在“商品作物生产地区”(乡村地域)，构成生物多样性宝藏的空间环境资产管理具有独特的意义。

据此，本书的空间资产主要是指乡村地域的空间环境资产，既包括半人工的农业生态系统，也包括非人工的自然生态系统，其中，根据不同乡村地域的地理环境条件，农业生态系统可分为农田、农地、草地、林地等不同类型及其组合，自然生态系统亦可分为森林、湖泊、沼泽、河流、山地等不同类型及其组合，这些分类构成乡村地域空间环境资产的基本类型。一般来说，一定的村镇地域系统大都涵盖农业生态系统和自然生态系统两类基本系统，其具体结构即便不能涉及所有的空间资产类型，至少也包括其中的两种以上类型及其组合。

按照村镇地域系统的空间内涵，在一定的乡村地域，所有空间环境资产类型及其空间排列构成村镇空间结构的面域单元，空间环境资产类型及其地域组合对村镇空间结构具有重要影响。一方面，一定乡村地域的空间环境资产类型及地域组合可能表现出不同的景观图案，从而直接成为村镇空间结构的有机组织单元；另一方面，空间环境资产的类型及其组合是村镇地域系统空间结构形成与演化的物质基础和先决条件，更为重要的是，这种物质基础和先决条件直接作用于村镇空间结构的所有其他构成要素的规模、形态及其变化。可以认为，一定乡村地域的空间环境资产类型与组合基本决定了村镇地域系统空间结构的框架。显而易见，以农业生态系统为主体、以广域农地分布为特征的平原地区与以自然生态系统为主体、以破碎农地分布为特征的山岭地区相比较，两者的村镇空间结构具有完全不同的特征，不仅表现为空间环境资产类型及其地域组合方面的差异，而且表现为乡村中心、村落单元和道路设施等规模与特征的全方位差异。空间环境资产及其地域组合发生变化，村镇空间结构也可能随之发生变化。

2. 空间资产组合与村镇空间结构变化

理论上，由于自然环境的渐进变化性质，一定乡村地域的空间环境资产及其地域组合不易发生显著变化；实践中，由于技术的进步和社会的发展，当代人类活动能够强烈地影响自然环境的变化，从而使得空间环境资产及其地域组合能够发生显著变化。一定乡村地域空间环境资产组合的变化包括数量变化和质量变化两个方面。所谓数量变化是指不同空间环境资产类型之间的转换。又可分为两个层次：①第一个层次是自然生态系统与农业生态系统之间的转换，如出于增加粮食生产的动机，围湖造田使得一定乡村地域自然生态系统的空间规模缩小、农业生态系统的空间规模扩大，出于保护生态环境的动机，退耕还湖引起自然生态系统与农业生态系统之间的反向变化等；②第二个层次是自然生态系统或农业生态系统内部不同空间环境资产类型的转换，如河道淤积引起沼泽地扩大、耕地抛荒引起草地扩大等。所谓质量变化，是指不同类型空间环境资产内部组织结构或组成因素的变化，如森林群落内部不同树木种群的变化、农业用地内部土壤养分的变化、湖泊及河流的水质变化等。一定乡村地域空间环境资产组合的数量变化和质量变化均能够对村镇空间结构的变化造成不同程度的影响。

从宏观上看，一定乡村地域的村镇空间布局总是与其所在地的河流、湖泊、小溪、沼泽、山坡、林木等资源塑造的地理环境相适应，空气、水、土壤等自然资源及交通能源、建筑能源、生物多样性、公共场所使用的多样性、道路使用的多功能性以及土地与空间的混合使用都影响着村镇空间结构，空间环境资产及其地域组合的变化意味着上述相关要素的数量匹配关系和（或）空间组织格局发生变化，村镇空间结构理应随之发生适应性变化。另外，在当代可持续发展的背景下，乡村地域因具有一定的空间环境资产而强烈改变着其地位和功能：乡村的经济、社会、文化和生态价值重新被发现和理解，乡村的健康成长成为城市和区域持续发展的基础；经济成长的创新机制，有可能使传统城市地域以外的空间得到优先发展，从而改变由城市至乡村的核心—边缘效应；乡村不再仅仅是作为城市生产要素需求的依附地，而是与城市之间逐步实现了多种要素的相互组合与流动。这些新的变化均不断地塑造着村镇地域系统的空间结构。

从微观上看，由于区域发展背景和乡村人地关系的差异，不同村镇地域系统内部的空间环境资产组合及其变化具有不同的村镇空间结构效应。根据前述相关分析，空间环境资产组合即村镇空间结构的面域组成单元，其变化本身意味着村镇空间结构的变化。此处仅从不同视角侧重探讨空间环境资产组合及其变化对村镇空间结构其他构成要素的影响。

（1）空间环境资产组合的数量变化引起的村镇空间结构效应。从村镇地域系统内部农业生态系统与自然生态系统间的数量关系看，一方面，自然生态系统的安全和稳定是农业生态系统良性演化的前提和基础；另一方面，在既定的空间规模约束下，两者存在着内在的冲突，农业生产规模的扩大总以生态环境资源的减少为代价，反之亦然。农业生态系统与自然生态系统相互转换的直接效应是一定乡村地域地表形态结构和空间功能结构的变化。地表形态结构的变化能够影响村镇空间结构其他构成要素的布局，如毁林开荒在扩大农业生态系统规模、缩减自然生态系统规模的同时，可能为乡村地域的道路设施建设留下安全隐患等。空间功能结构的变化通过影响乡村居民的生存条件进而影响村镇空间结构其他构成要素的演化，如退耕还林使得乡村居民赖以生存的耕地减少，生态移民可能使得部分村落渐行消失等。在极端情况下，两者不当的、大规模的转换还可能造成自然生态系统的崩溃，并继而扩展到农业生态系统的崩溃，其结果使得一定村镇地域系统的空间结构渐行瓦解。例如，在某些乡村地域，大规模的毁林开荒带来了严重的水土流失，其长期累积可能造成局域自然生态系统和农业生态系统的崩溃，乡村居民因无法生存而竞相迁徙，村镇地域系统的空间结构不断萎缩以致最终瓦解。这是空间环境资产组合数量变化引起村镇空间结构变化的主要形式。从农业生态系统或自然生态系统内部不同空间环境资产类型间的数量关系看，基于土地适宜性的不同空间环境资产类型的转换多引起村镇地域系统空间景观格局的变化，一般不会对村镇空间结构的其他构成要素产生实质性影响；基于土地不宜性的不同空间环境资产类型的转换可能转化为不同类型的地理灾害，从而损害村镇地域系统演化的空间基础。

（2）空间环境资产组合的质量变化引起的村镇空间结构效应。一定乡村地域的农业生态系统与自然生态系统具有性质相同或相似的构成要素，两者的区分主要在于人类活动叠加程度的差异。据此，可统一考察村镇地域系统内部空间环境资产组合的质量变化对村镇空间结构变化的影响。一般来说，空间环境资产组合的质量变化存在着两个既定的方向，一是空间环境资产组合的质量趋于优化；二是空间环境资产组合的质量趋于恶化。在每一个变化方向中又都具有多种表现形式。例如，对应于一定的村镇地域系统，局域空气质量的改善、水质标准的提高和土壤肥力的上升都意味着空间环境资产组合的质量趋于优化；反之，则意味着空间环境资产组合的质量趋于恶化。可以认为，空间环境资产组合的质量优化有利于村镇空间结构的正向变化，空间环境资产组合的质量恶化有利于村镇空间结构的逆向变化。具体而言，优化的空间环境资产组合能够增强村镇地域系统的内聚力和发展活力，其所对应的地表形态结构和空间功能结构形成村镇空间结构演化的较大弹性和灵活性，两者的共同作用为村镇空间结构的优化创造了良好环境和有利条件。恶化空间环境资产组合能够销蚀村镇地域系统的内聚力和发展活力，其所对应的地表形态结构和空间功能结构形成村镇空间结构演化的较大刚性和制约性，两者的共同作用为村镇空间结构的优化构筑了不利环境和阻力。例如，当水、土和气等要素的单一污染或联合污染超过自然生态系统或农业生态系统的环境容量时，这些构成要素将发生质变，其结果将损害到乡村居民的生存条件和居住环境，进而通过人口流动影响村镇空间结构的相关构成要素。总体而言，空间环境资产组合的质量变化对村镇空间结构变化的影响大多以间接作用为主。

3. 空间资产管理与村镇空间结构优化

在乡村地域空间环境资产结构中，农业生态系统的管理问题已在前述土地利用管理部分有所涉及，此处的讨论主要侧重自然生态系统的管理。从福利经济学的视角看，乡村地域自然生态系统中的不同空间环境资产类型都属于环境公共物品的概念范畴。一方面，一定自然生态系统的不同构成要素具有资产属性，可通过其消费能够为乡村居民带来某种福利。例如，对于一定乡村地域而言，湿地是一种环境公共物品，它可以通过水位的波动缓冲干旱、洪涝等自然灾害对地方经济发展带来的冲击，通过沉降作用而使得水源得以净化，同时也是极佳的生物栖息地；湖泊、公园、草坪等也是较为典型的地方性空间公共物品，它们能够使社会整体的经济福利得到提升。另一方面，这些空间环境资产的消费具有典型的非竞争性和非排他性，一个人对它的消费并不会减少，甚至也不会影响另一个人的消费，一定乡村地域的所有居民都可以获得它所带来的好处。据此，空间环境资产管理成为国家和地方政府义不容辞的责任。

空间环境资产管理的政府需求具有深刻的经济根源。一般来说，在环境公共产品领域，存在社会成本和私人成本、社会收益与私人收益不一致现象，其基本特征是：对环境公共产品的生产而言，私人成本高于社会成本而私人收益小于社会收益；与此同时，随着收入水平的提高，人们对环境公益产品的需求却会不断增长。其结果是：环境公共产品的供需缺口出现并趋于不断增大。就乡村地域而言，在市场经济条件下，乡村居民的个体谋利动机激励其对乡村空间资产肆无忌惮地利用；与此同时，乡村空间资产的产权不清不仅助长了乡村居民的短期谋利行为，而且市场经济的成本-收益原则对此也失去传统的约束力，从而在很大程度上形成乡村地域自然生态环境的“公用地悲剧”。另外，作为国家和区域生态系统的屏障，乡村地域具有无与伦比的环境保护价值，并承载环境污染转移的巨大压力，这种“公共地”因广泛的“搭便车”行为而可能使乡村地域自然生态系统的可持续性发展受到威胁。因此，政府理应强化对乡村地域空间环境资产的管理，并通过建立适当的利益补偿机制，以增强乡村地域的“生态抵抗力”。空间环境资产的政府管理是一种行之有效的机制。

乡村地域的空间环境资产管理是推动村镇地域系统的空间结构优化、实现其空间功能转型的必要手段。本质上，村镇地域系统中不同空间环境资产类型之间的转换源于村镇行为主体的空间行为。立足村镇地域系统的空间结构及空间功能的现状、适应乡村空间生产-生活-生态兼容的多功能性要求，综合运用法律的、行政的、经济的等多种手段，规范、调节和引导村镇行为主体的空间行为，构成政府管理空间环境资产的基本作用路径。政府可以通过公共政策影响个人和集体的空间选择行为并借此达到优化空间结构的政策目标，其核心应是空间环境资产的合理配置和村镇行为主体的管制措施，通过对空间环境资产的利用方式和影响方式进行合理的规划与有效的监管等，以达到村镇空间结构优化的目的，为乡村地域的社会经济发展创造良好的空间秩序与氛围。

7.4　村镇空间结构变化的微观机理

7.4.1　村镇行为个体的区位选择

1. 区位与区位因素

一般来说，区位（Location）是指某一事物所占据的场所，具体可标示为一定的空间坐标（郝寿义和安虎森，1999）。区位的表象是一种空间关系，即某一事物相对于其他事物的空间位置，本质是一种经济关系，即由地理坐标（空间位置）标识的经济利益差别。人类活动于地表环境之中，无时无刻不受地理环境的束缚，利用环境优势、摆脱环境约束以获取经济利益最大化是人类活动的天然目标。由于地球表层自然环境和人文环境的异质性，各空间区位客观存在着环境条件的差异性，由此，人类活动对经济利益最大化的追求转向对最优经济区位的攫取。如何判断或评估某一空间区位的经济价值？区域经济学家为此进行了大量的工作，并提出了区位因素的概念。区位因素是指予影响空间行为主体分布的因素（李小建，1999）。根据埃德加·M.胡佛（1992）的总结，一个区位的相对优劣，主要取决于四类区位因素：①地区性投入；②地区性需求；③外部投入；④外部需求。由于地球表层地理要素与资源禀赋存在差异性，各个地理区位的客观条件也必定存在差异性，正是各区位上区位因素的差异，才决定各区位的优劣。

人类生存于地表环境之中，各种活动无不打上空间的烙印。在村镇地域系统中，由于村镇行为主体及其活动类型的差异，客观上存在生产区位、居住区位和公共活动区位等区位类型的差异，村镇行为主体的空间选择及其区位决策是推动村镇空间结构变化的基本力量。

2. 村镇居民的空间行为及其区位选择

村镇居民是村镇地域系统中最重要的行为主体。从村镇居民的日常生活看，具有空间属性的行为主要包括居住、就业、购物-消费和交往-休闲等。理论上，这些空间行为都涉及区位选择问题；实践中，由于村镇居民在其中的作用空间有所不同，因而其所引发的空间效应存在较大差异。从村镇居民的就业形式看，大致可分为就地-农业部门就业和异地-非农部门就业。由于农田系统分布具有相对稳定性，而且农业生产是自然再生产与社会再生产相统一的过程，村镇居民的个体生产行为对村镇地域系统的空间结构难以产生较大的“扰动”；另外，相对于村镇居民的就业而言，非农产业部门的空间区位为既定，其区位变化并非受村镇居民个体就业选择所左右，尤其是，村镇居民的域外非农就业不会对村镇地域系统的空间结构产生直接影响。相关研究表明（施坚雅，1998d；李伯华，2012），村镇居民的购物-消费和交往-休闲活动大多依托乡村住区中心或乡村公共空间展开，这些场所的区位形成是地方政府、村镇企业和居民群体合力作用的结果。在当代中国现实土地制度背景下，村镇居民的居住区位选择及其居住空间发展是影响村镇地域系统空间结构变化的主要作用形式。

村镇居民的居住区位选择及其居住空间发展是一个复杂的动态变化过程，空间需求变化是村镇居民居住区位变化的原始动力。随着经济社会发展水平的不断提高和主观认识水平的不断提升，村镇居民的居住空间需求也不断发生变化，并同样遵循“满足生存—满足发展—满足享受”的一般逻辑。例如，在当代中国的乡村地域，住房已不再仅仅被视为一种生存之必需，同时也是生活环境的基本构件，住宅面积和结构固然是住房建设需要考虑的基本方面，但居住生活的舒适性和便捷性等越来越成为影响村镇居民居住区位选择的重要因素，村镇居民对相关公共服务设施、购物环境，乃至社区文化等所谓软环境的追求已然表现出满足享受需求的趋向[①]。村镇居民居住空间需求层次的变化为村镇规划和政府政策引导村镇地域系统的空间结构优化创造了有利条件。

地理环境变化是村镇居民居住区位变化的约束机制。一般来说，影响村镇居民居住区位选择的主要环境因素包括自然环境、经济环境、社会文化环境和制度政策环境四个方面（李君，2009）。优越的自然环境是村镇居民居住区位选择的先决条件，地形、水源等因素不仅直接影响乡村居住区位分布，还通过影响农业生产布局而间接作用于村镇

① 李君. 2009. 农户居住空间演变及区位选择研究. 开封：河南大学博士学位论文. 102～105.

居民的居住区位选择。一定乡村地域的农地分布是村镇居民居住生活的最主要经济环境，村镇居民居住区位与一定地域农地分布的空间趋同性是经济环境影响居住区位选择的基本表现形式，交通条件能够极大的改变一定乡村地域的生产生活环境，进而对村镇居民的居住区位选择产生重大影响。此外，城镇化发展通过改变周边农村原有的空间功能及其环境条件，进而对村镇居民的居住区位选择市价影响。思想观念、风俗习惯和宗教信仰等社会文化因素是村镇居民居住区位选择不容忽视的因素，血缘和地缘关系因在很大程度上能够决定村镇居民的心理环境认知，因而曾长期影响村镇居民的居住空间选择；伴随着经济发展和社会进步，基于业缘关系的经济相互依赖和社区共同责任对村镇居民居住区位选择的影响趋于增强。农村土地利用制度是村镇居民居住区位选择的又一重要因素，其中，农村宅基地审批制度和土地产权制度将可能对村镇居民居住区位选择产生方向性影响。基于村镇土地利用总体规划的宅基地审批制度基本决定了未来村镇居住空间的分布格局，进而对村镇居民居住区位选择形成刚性约束；农村土地产权制度改革能够有效增加村镇居民居住区位选择的灵活性和自由度。在当今中国大力推进依法治国的进程中，制度政策环境的创新对村镇居民的居住区位选择及村镇地域系统的空间结构优化必将产生更加积极的影响。

村镇居民的居住区位选择具有显著的空间结构效应。基于村镇规划的乡村居住空间发展能够有效提高村镇地域系统的有机水平，从而推动村镇空间结构走向优化；在乡村空间发展无序的背景下，基于个体意愿的村民居住区位选择有可能扰乱村镇地域系统的空间格局，进而损害村镇空间发展的效率。例如，备受关注的“村庄蔓延”现象。“村庄蔓延”的主要表现形式是“空心村”的形成及其扩展。“空心村”通常是指村落中心日趋衰败、民居建设向外围无序蔓延的一种空间形态，是特定背景下的一种乡村空间异化现象。在“空心村”中，村落自地理中心向外延伸，民居的质量水平和村落的人口密度分别呈递增和递减状态，村落中心废弃闲置的宅基地与村庄外围无序伸展的新建筑形成鲜明反差。在中国，“空心村”现象具有极强的普遍性，其副作用不可忽视。首先，村落的外延式粗放型发展导致耕地资源的极大浪费。国家统计资料表明，中国每年因建设而净减少耕地约 60000 万 m^2、主要消耗源自乡村而非城市，即平均每个自然村年净减少耕地 133m^2。其次，“空心村”的蔓延增加了新乡村住区建设的难度。由于“摊大饼”式的发展模式，村落建筑密度降低、平面规模膨胀，造成公共基础设施的集成建设和集约利用难以实现，村落内部废弃闲置土地的改造和再利用面临困境；此外，“空心村”的肆意发展还可能扰乱了村落原有的自然地理格局，对村落的空间重组和村镇地域系统的空间结构优化造成不易消除的影响。

3. 村镇企业的空间行为及其区位选择

村镇企业是村镇地域系统中较为活跃的行为主体。从村镇企业的日常经营看，具有空间属性的行为主要包括原材料购买、产品生产和产品销售等。就村镇企业的空间行为而言，原材料产地、生产厂址建设和产品销售市场都涉及区位选择问题。一般来说，生产区位选择村镇企业是作用于村镇地域系统的主要空间行为，其生产所需原材料及产品销售市场多位于一定乡村地域外部空间，区位选择不能对村镇地域系统的空间结构产生直接影响，但可通过影响企业的运输成本而作用于村镇企业的生产区位选择。理论上，村镇企业的生产区位选择也遵循“经济人”及其有限理性假设，根据自身发展（包括生产与交易等）需要和相关约束条件选择最佳生产区位。村镇企业的生产区位选择是在不同技术、成本、市场等区位因子影响下进行生产区位决策，由于区位条件与区位因子的差异，村镇企业也会根据对聚集或优势区位的偏好不同选择具有相对区位优势的地方进行生产活动。其中，要素投入（包括土地因子、资本因子、劳动力因子）、市场条件（包括市场规模、本地市场效应）、交通、环境等区位因素对村镇企业的空间区位决策起着至关重要的影响。首先，从要素投入方面看，在当代中国村镇经济区位中，优势或集聚区位往往是村镇政府所在地，财政基础较为雄厚，社会信用体系基本完备，土地批租或转让机制较为完善。由于农业生产技术的提高，优势或集聚区位中农村剩余劳动力较为丰富，劳动力成本低廉。村镇企业在选择生产区位时，土地批租、资本融资、劳动力价格等因素被视为企业生产的优势区位。其次，从市场因素看，虽然中国乡村市场还处于培育期，但优势或集聚区位已经初具市场规模，市场竞争机制、价格机制等也已较为完善。企业生产、交换等需要一定的市场规模或需求门槛，而优势或集聚区位基本能够满足村镇企业生产的需求门槛要求，加之同类企业的集聚所形成的集聚效应，进一步降低了优势或集聚区位的信息成本、交易摩擦成本以及由于空间分割所形成的空间成本。因此，本地市场扩大效应具有使优势区位集聚进一步强化的循环累积因果效应，村镇企业的空间行为往往受到优势区位市场吸引力的影响而最终选择优势或集聚区位。最后，从交通与环境条件看，优势或集聚区位所带来的外部性经济会给村镇企业带来额外的效用。这种外部性经济因素（包括环境工程设施的供给、给水排水设施供给以及便捷的交通运输等）满足企业对集聚区位的需求与偏好，故而村镇企业的区位选择多倾向于优势或集聚区位。

事实上，我国村镇企业发轫于特定的时代背景，其生产区位选择具有不同于完全市场经济的特殊性，并随着国家市场经济改革的不断深入而发展变化。根据工业企业区位选择的一般理论，工业企业布局的基石是成本最小或利润最大化。考虑到我国的实际情况，在农村工业发展的早期，影响工业区位的因素主要包括运输成本、生产成本、交易成本和建设成本（杨晓光和樊杰，2009）。令 $j = 1，2，3，\cdots，n$ 为对既定商品具有固定需求 μI 的消费者区位，村镇企业布局在 i 地，建设成本为 F_i，F_i 主要由土地、厂房和机器设备等固定投资构成，生产的边际成本 c_i 为常数，交易成本为 M_i，M_i 主要因为企业的生产交易活动而产生，主要包括量度费用、信息费用和谈判费用等，从地点 i 运往消费者 j 的单位产品运输费用为一个常数 t_{ij}，q_{ij} 为商品从 i 运往消费者 j 的运输量。所以，在 i 处厂商的生产成本为（樊杰，1998）：

$$\sum\left(c_i + t_{ji}\right) q_{ji} + F_i + M_i$$

在我国村镇企业发展的早期，大多数企业属于劳动密集型产业，初始的投资规模和生产规模较小，生产量 q 相关的生产和运输成本也较小，企业创办的建设成本（F_i）和相关交易成本（M_i）较大，即 $F_i+M_i > \sum\left(c_i + t_{ji}\right) q_{ji}$。此时，影响我国村镇企业区位选择的主要因素是建设成本 F_i 和交易成本 M_i。从交易成本影响区位选择来看，在改革开放初期，我国的排他性产权保护和市场交易严重缺乏，私人很难拥有创办企业所需的资源。由于城市土地是不可交易的，完善的资本市场尚未形成，人力资本及私人信用无法得到市场的评价并转化为初始资源。显然，在城市，私人无法以个人名义与其他财产拥有者签订合约，获得创办企业的权利，此时城市的交易费用无限大。在农村地区，个人通过与社区集体政权的合作，使资源的获得成为可能，从而使私人可以通过集体的形式创办新型的企业（樊杰，1998）。企业布局在农村社区内部，通过与集体合作，以费用相对较低的社区内部交易替代费用相对较高的市场交易，交易成本被大大降低；与此同时，村镇企业布局在社区，通过与社区的合作，可以分散和转移一部分市场交易的风险（邹兵，2001）。村镇企业的创办者多数是社区内的组织和个人，其在本社区内兴建企业可以最大限度地利用包括地缘、亲缘等非正式关系，建立其非正式的社会合约，并据此获得熟识社会成员的广泛参与和支持，可以更好地适应社区文化环境，从而达到降低交易成本的目的（苗长虹等，2002）。另外，土地价格是影响我国村镇企业区位选择的又一个重要因素。由于村镇企业的生产大部分是手工操作，购买机器设备投资很少，土地和厂房实际上构成了企业投资的主体。在农村地区，农村土地集体所有制能够为村镇企业使用本社区土地提供较大优惠，而且企业用地的审批手续也比较方便。显然，村镇企业生产区位选择在农村社区可以减少大量建设成本。正是由于交易成本和建设成本的节约，早期村镇企业的区位选择具有一定的社区属性，并不具有经典区位论中明显的市场和原材料的指向性。

随着市场经济的深入发展，市场交易和私有产权受到保护，资本市场和土地市场逐步开放，村镇企业依附农村所具有的制度优势逐步销蚀，交易成本和土地价格不断上升；与此同时，城市提供的良好产业环境和市场环境能够进一步降低企业交易费用，一些城市开发区的种种优惠政策还可能使得土地的综合使用价格甚至低于农村地区，村镇企业的生产区位逐步进入 $F_i+M_i<\sum\left(c_i+t_{ji}\right)q_{ji}$ 的新阶段。另外，村镇企业的结构调整和技术升级也对企业的生产区位布局变产生了很大的影响。村镇企业的演进至少从两个方面影响了企业生产区位变化（杨晓光和樊杰，2009）：①当企业规模扩展得很大时，随着产量 q 的增加，企业生产和运输成本在总成本中的比重上升、使得土地成本在总成本中的比重下降。当产量 q 增加到一定值时，生产和运输成本成为决定企业区位的首要条件，企业继续布局在农村地区，会因运输量的增加而加大运输成本；②企业的演进所导致的规模扩大和技术进步，对企业的经营管理活动提出更高的要求。农村地区由于缺少产业和人口的集聚，企业很难获得准确的市场信息，也很难得到技术和人力资源方面的支持，企业继续布局在农村地区会因为这些因素造成生产和管理成本的上升，妨碍企业向更高的层次演进；相反，集中布局在城镇地区或工业园区的企业会因为产业和人口的集聚，资本、人力资源和技术更容易获得。据此，企业为了自身演进的需要必然会将工厂向城镇地区或工业园区集聚。

7.4.2　村镇行为群体的空间博弈

1. 村镇行为主体的空间选择策略及其博弈

中国村镇空间结构的变化可以看成村镇行为群体空间博弈的结果。村镇行为群体主要包括村镇居民、村镇企业和村镇基层组织，空间博弈是指空间行为主体的行动策略及其实施过程，空间行为主体进行空间博弈的基础是其空间意愿及其空间博弈能力，村镇行为群体不同利益集团内部与外部的空间博弈是村镇空间结构发生变化的核心微观机制。

中国村镇行为主体的空间博弈属于不完全信息动态博弈。正是由于村镇行为群体的对外部性信息掌握不完全与不对称性，村镇行为主体空间博弈意愿与空间博弈能力也不相同，最终空间行为主体的行动选择策略与实施过程也存在较大差异。例如，乡村居民对就业的预期不同，会影响居民自身的生活空间选择。现在假设，存在 A、B 两个集聚区域，两区域中只有 A 区域存在一个就业岗位，而甲以概率 r 知道 A 区域存在一个就业岗位（以概率 $1-r$ 知道 B 区域可能存在这一岗位），乙以概率 m 知道 A 区域存在一个就业岗位，甲、乙互相不知道对方的信息量，且假定甲、乙二人劳动无差异，并都急切需要并满足这一就业岗位要求。甲、乙获得就业岗位的效用均为 1，没有获得效用为 0。那么，如果甲先以概率 r 选择去 A 区域，则甲获得就业岗位效用为 r，乙则为 0；如果甲先以概率 $1-r$ 选择去 B 区域，而乙也选择以概率 $1-m$ 去 B 区域，则甲、乙就业效用均为 0；如果甲先以概率 $1-r$ 选择去 B 区域，则甲的就业效用为 0，而乙选择以概率 m 去 A 区域，则乙的就业效用为 m。甲、乙不同策略的选择效用集合分别为：（r，0），（0，0），（0，m）。如果乙先采取行动，原理同甲先一样。综上，甲、乙分别存在一个占优策略，其各自对就业预期的效用满足与概率 r 与 m 的大小有关，即居民甲、乙对就业预期的行为决策与其掌握的信息量有关。推而广之，当代中国村镇空间行为主体的空间博弈不仅受行为主体的空间意愿与空间博弈能力影响，最重要的是还受到非对称信息的外部性影响。

2. 村镇行为群体的内部空间博弈

上述已从区位因子对乡村行为群体的区位决策过程影响方面阐述了村镇空间结构变化的微观基础，而乡村行为群体的空间博弈则构成影响村镇空间结构变化的微观机制。乡村行为群体的内部空间博弈是指村镇居民之间、村镇企业之间以及基层政府之间的博弈行为，其空间博弈过程也是村镇行为主体在一定理性约束条件下，追求效用最大化的区位选择策略及其相互作用的过程。乡村行为群体的内部空间博弈是村镇空间结构变化的一个重要方面。

（1）村镇居民之间的空间博弈及村镇空间结构效应。由于密度、距离、分割这三种地理变迁要素的持续存在，区域发展状况与速度也会存在一定程度的差异（世界银行，2009）。在一国之中，优势或集聚区位相对来说，经济水平较为发达。村镇居民基于对就业收入或居住空间的不同预期，各村镇居民空间选择策略也就存在差异。而广大传统乡村地区，一村居民之间普遍存在着亲缘关系。居民受传统伦理道德的影响，其最终的空间选择策略不仅受到其他居民的空间选择策略的影响，而且也会影响其他居民的空间决策过程。但是，中国乡村居民长期以来受到城乡分治户籍制度的制约，加上村镇规划的长期缺失以及乡村居民自身局限性（如知识水平、审美观点、环保意识、对政府政策的理解能力等有限，攀比心理严重），乡村居民的迁移行为对村镇空间系统的结构优化作用较弱。例如，某西部地区一乡村居民，基于对就业的预期与收入增长的需求，其选择去深圳打工，他的这种迁移决策不仅给其本身带来了收入增长，而且会通过乡村居民之间的传带作用（包括本村亲缘邻里关系的传带，也包括乡村婚嫁行为连接的村村之间的纽带关系），影响其他居民的策略选择及最终收入水平。然而，由于中国户籍制度造成的城乡分割却不能因此消失，部分乡村居民富裕之后回本村或中心城镇等区域建房。因为乡村居民自身存在较大的局限性，以及居民之间存在博弈行为，乡村自建房存在极大的盲目性、随意性，这样就造成了中国村镇空间结构效应——长期呈粗放式发展状态（农村无序发展，村舍环境恶化）。

随着经济体制的稳健改革，中国乡村市场经济体制基本成型。在经济发达地区，乡村居民之间存在的一种合作博弈行为对村镇空间结构发展也起着非常重要的作用。乡村居民之间经协商一致，以资源（包括土地）、资本（包括厂房等固定资本与技术）、劳动力等形式入股，规模化生产农业，形成土地集约利用的规模经济优势，进而形成村镇空间结构效应——村镇空间结构发展方向明确。

（2）村镇企业之间的空间博弈及村镇空间结构效应。村镇企业之间的空间博弈主要通过规模效应与集聚效应两个方面来影响村镇空间结构的变化。大多数发展经济学教科书都将农业部门描述为，由在规模收益不变条件下生产一般产品或食物的活动构成，很少关注农业部门或农村可能发生的产品差异化、内生性创新或知识的外部性现象（赵伟等，2009）。由于中国发展的重心长期放在城市，乡村企业发展缓慢。乡村企业规模、集聚效应较弱，乡村企业之间产品存在趋同现象，区域产业同构严重，这不可避免地导致乡村企业的空间竞争，以及贸易、价格等空间博弈行为。由乡村企业之间的空间博弈，进而导致企业的生产成本升高，企业利润降低，企业生产边界逐渐缩小，规模效应越来越弱。同时，由于企业规模较小，市场竞争力较弱，企业集群竞争与空间博弈能力不足，进而导致企业集聚效应不够。基于上述累积循环因果律，中国乡村企业分散布局的格局长期存在。由于乡村企业分散布局造成的环境污染治理成本增高以及乡村企业之间难以实现基础设施共享，福利地理公平效应较差。中国村镇企业上述这种动态的非合作博弈占主要地位，企业之间缺乏必要的合作博弈与合作机制，从而影响村镇空间结构效应——土地集约利用与土地生产潜力开发不够，村镇空间系统中土地资源浪费严重。

（3）基层政府或组织之间的空间博弈及村镇空间结构效应。随着中央政府的行政体制改革，中央与地方财政实行分税财政制度，地方政府的职权范围与功能也逐渐增强。基层政府或组织之间的空间博弈则是在上述背景下逐渐加强的，其更是人为的行政区划所导致的地方分割，区域政府之间的空间博弈。村镇基层政府或组织空间博弈主要指中心城镇政府间的空间博弈，中心城镇与一般村镇组织间的空间博弈。现实中，前者空间博弈在对村镇空间结构效应上处于主要地位，后者空间博弈过程更偏向于上级对下级的村镇规划指令，其中，一般村镇组织的空间博弈意愿与博弈能力较弱。

基层政府之间的空间博弈过程也满足在一定理性约束条件下，基层政府追求效用最大化（包括村镇社会稳定、政府政绩突出等）的选择策略及其相互作用的过程。例如，在某镇域范围内，基层政府率先建立地区统一性制度，引导产业专业化生产，完善市场体制，积极采取措施鼓励对外交易，通过制度创新完善区域内基础设施建设。其他毗邻区域，如若基础政府积极模仿，采取同样的措施，则会带来区域间的共同繁荣；或基层政府因竞争劣势，而进一步采取贸易保护等干预市场竞争、价格等机制，则最终会形成区域的衰落，区际差距拉大。由基层政府或组织之间的空间博弈所导致的这种毗邻效应（包括集聚-扩散效应、溢出效应、极化效应等）会进一步影响村镇空间的繁荣或衰落。

3. 村镇行为群体的外部空间博弈

乡村行为群体的外部空间博弈是村镇空间结构变化的另一重要方面。乡村行为群体的外部空间博弈包括乡村居民与企业之间、乡村居民与政府之间以及乡村企业与政府之间的两两空间互相博弈行为。

（1）乡村居民与企业之间的空间博弈及村镇空间结构效应。中国乡村居民与企业之间的空间博弈是动态的非对等性空间博弈，乡村居民的空间博弈意愿与空间博弈能力较弱，其空间博弈策略选择集合受乡村企业的空间布局或区位选择策略以及空间生产策略的影响较大。正如前述中那样，由于乡村企业空间生产交换行为形成的环境污染与交通拥挤效应等会导致居民在生活空间选择上分散决策策略。相反，由企业的空间布局策略及空间生产策略形成集聚效应，带来当地收入水平的提高、基础服务设施的改善以及满足了居民多样化产品的需求，同样会影响居民的就业预期与生活空间的需求。而同样，密度较大地区（即人口密集地区），对企业的区位有较强的吸引力。乡村企业在策略选择上，往往会因为考虑密度较大地区剩余劳动力较多、生产成本较低且社会产品需求较高等方面因素。但经乡村居民与企业多回合空间博弈之后，其最终落到上述区位集聚或分散的循环累积因果率上。在整个过程中，居民均一直处于被动选择地位。乡村居民与企业之间的这种空间博弈行为，会造成村镇空间结构效应——经济活动区位集聚或分散。

（2）乡村居民与政府之间空间博弈及村镇空间结构效应。乡村居民与政府之间的空间博弈，更多地体现在政府的空间安排与空间意志上。中国长期发展战略一直忽略乡村地区的发展，政府在对乡村空间的安排上意志较弱。乡村居民受长期形成的民风习俗、伦理道德的约束，其生活与生产空间长期呈粗放式增长状态。随着城乡一体化发展战略的提出，新农村建设与各种村镇规划也相继试点实施。在这一轮新的博弈规则下，乡村居民的可选择策略集聚也被限定。但由于政府的转移支付机制逐步完善，进行村镇规划的乡镇地区基础服务设施、社会保障及社会信用体系都较为完善，在乡村居民与政府的空间博弈过程中，乡村居民则更多的是主动选择生产与生活空间集聚，而不是处于被动地位。乡村居民与政府之间的这种空间博弈行为，会带来村镇空间结构效应——村镇空间系统优化。

（3）乡村企业与政府之间的空间博弈及村镇空间结构效应。中国乡村企业与政府之间的空间博弈大都属于动态的空间合作博弈。因为，政府在理性条件约束及追求效用最大化基础上，其需要本地区经济的繁荣（包括失业的减少、经济的增长）与社会的稳定，来提升自己的政绩。而乡村企业的进入，会给政府带来这些好处。因此，乡村企业与政府之间的契约关系就达成了，而其之间动态的空间合作博弈行为就是这种契约关系的体现。例如，政府制定一系列措施（包括税收优惠、基础服务设施完善、土地流转制度完善等），来吸引乡村企业在本区域集聚，而企业所带来的集聚效益也会促进政府效用的增长。在乡村企业与政府之间的空间博弈过程中，也存在着乡村企业或政府背弃契约的空间博弈行为（如企业产生的污染导致政府形象下降，政府在招商引资过程中违规操作或者存在受贿行为），但经过多次重复博弈之后，背弃契约的政府或企业都将被淘汰。乡村企业与政府之间的这种空间博弈行为，会带来村镇空间的结构集聚效应。

7.4.3　村镇空间结构的区位均衡

1. 区位均衡及其实现条件

村镇空间结构变化的微观机理可以描述为村镇群体的区位选择及空间博弈过程，村镇空间结构变化的最终目标是实现村镇空间结构的区位均衡。

均衡是经济分析中使用非常广泛的概念，均衡分析是经济学中常用的分析方法。古典经济学中强调的局部均衡或一般均衡均是指在完全竞争条件下，个人效用实现了最大化以及资源配置水平实现了帕累托最优状态。区位均衡与古典经济学所研究的均衡不同，其是指在假定存在地理变迁规律（指密度、距离、分割的持续存在及区位条件不同）的差异条件下，福利地理效用最大化的区位空间配置状态。区位均衡是村镇空间结构演化的目标与方向，也是村镇空间系统优化必须考虑的内容，其既是一个静态的概念，也可以看做是动态的均衡过程。

如何实现或达到区位均衡状态（也即解决村镇空间系统结构最优化问题）是村镇空间结构变化的微观机理方面的重中之重。正如上述，实现区位均衡的目标函数是福利地理效用的最大化，用地理福利函数 $W = f\left(S_1, S_2, \cdots, S_i, \cdots, S_n\right)$ 表示，其中，S 表示地理福利综合指标，i 表示不同区位，n 表示区位数量。区位均衡的约束条件是地理变迁规律的持续存在及资源环境等要素的稀缺性，那么，区位均衡的实现条件则是在约束条件下，满足区位指标（指生产、消费及交换的空间指标、环境生态指标等）的供需相等，实现人类社会及资源环境的可持续发展。

2. 区位均衡与村镇空间结构变化

区位均衡是一种有效率的状态模式，可用福利地理效用最大化来衡量。那么，福利地理效用最大化当如何表示呢？村镇行为群体空间博弈的结果如何导致当代中国村镇空间集聚或分散布局？其内在机制又是如何呢？藤田昌九等（2004）在研究均质空间经济体系中的竞争均衡中，证明了空间不可能定理（spatial impossibility theorem），即在竞争均衡体系中不可能形成经济聚集，除非各种交易、信息、运输成本均为零。新经济地理学在讨论区域发展时，引入产业存在规模报酬递增与垄断竞争的假设，并建立了核心-边缘（CP）模型（安虎森，2005），成功解释了空间经济集聚的内生增长机制（即不考虑非均质空间中地理变迁与区位条件差异的外生性）。因此，CP 模型用来解释中国村镇空间结构变化也有较大的借鉴意义。

区位均衡是一种有效率的状态模式，其可能导致的经济集聚模式也会促进社会福利的增长，也包括由于毗邻或涓滴效应导致其他欠发达区域的福利增长。那么，区位均衡与村镇空间福利公平之间是否能协调呢（也即区域间村镇空间结构发展是否具有收敛性（convergence））？正如 2009 年《世界发展报告》中所述，经济增长是不平衡的。在空间上均衡分配经济活动的意图只会阻碍经济的增长。尽管如此，和谐型发展仍然可以实现，因为即使那些远离经济机会的人口也可以因财富不断向少数地区集中而受益，通过经济一体化可以同时享受不平衡增长与和谐性发展带来的好处。因此，区位均衡为中国正在实施的新农村建设提供了强大的理论基础与技术支持。区位均衡，且能兼顾地理福利公平，对村镇空间结构变化影响效应很大，它构建了村镇空间发展与优化的方向。

相比于区位均衡，区位失衡在现实中的例子则很多。均衡与失衡一字之差，所导致的村镇空间结构变化结果大有不同。在工业化和城市化快速发展时代，空间开发的需求总是要远远超过保护的愿望，无限的开发需求增长与有限及差异化的供给能力之间的矛盾，导致空间失衡的出现（陈雯，2008）。区位失衡会导致对村镇空间结构发展极其不利的马太效应，村镇行为群体的经济决策行为，使所有个体实现效用最大化的区位选择可能导致地区间的经济发展水平差距拉大，在强势区域社会福利水平较高，而处于弱势或边缘的区域将导致村镇空间结构效应处于贫困恶性循环陷阱之中。例如，现阶段，农村土地撂荒、空心村以及农村土地流转停滞等现象，就是区位失衡导致的村镇空间结构效应引起的。

3. 城市化与村镇空间结构的动态均衡

区位均衡过程是村镇行为群体的空间博弈过程，因此，它是一种动态均衡过程。随着时间的推进，村镇行为主体的空间博弈行为发生变化（如乡村居民随着收入的增长，对就业与居住空间的预期比例发生改变，其博弈选择策略也会发生改变），各种空间主体的区位布局也会动态演变，新的均衡状态随之形成。了解动态均衡过程，对把握村镇空间结构变化规律及微观机理大有益处。

随着时间的推移，城市化水平快速提升，城市化过程也愈演愈烈。探讨中国村镇空间结构效应，忽略中国城市化的影响是得不出正确结论的，甚至也是无法进行研究的。城市化在中国村镇空间结构动态均衡过程中起着不可磨灭的作用。例如，在城市化过程中，村镇行为群体在进行区位决策时，受城市化效应多方面的共同影响，其会形成相互依存又相互竞争的经济空间系统。在城市化过程中，不仅会形成众多的同质主体（多为横向联系）的区位聚集点，而且也会形成众多的异质主体（多为纵向联系）区位聚集点，从而能节约交易与信息获取等各种成本及实现个体福利的增长，这些都是城市化效应所带来的区位动态均衡的结果。

随着城市化的发展，城市规模逐渐扩大，城市规模效应与集聚效应也会导致福利地理的覆盖范围扩大。但这种福利地理覆盖范围在空间上遵循着“距离衰减效应”，即覆盖范围及受益程度随着距城市距离的增加而减少。也基于地理变迁规律的持续存在，即使是城市化的发展也不能将此消除，因此，村镇空间行为群体的空间博弈也会持续存在，这就导致村镇空间结构均衡过程也会持续演进。城市化带来村镇空间福利的增长是不能被忽视的，但其带来的一系列负面的影响对欠发达地区区域发展也是极具借鉴意义的。

7.5 小　结

村镇行为主体的空间供求矛盾是村镇空间结构变化的基本推动力量。村镇行为主体主要包括村镇居民、村镇企业和村镇组织三种基本类型，不同的村镇行为主体具有不同的空间需求，从而形成居住空间、生产空间和公共空间（包括交易空间、交往空间和治理空间）等基本空间类型，这些不同空间类型的存在是村镇空间异质性的基本表现形式。一般地，村镇行为主体的空间需求有不断扩大的趋势，这种不断扩大的空间需求与相对稳定的空间供给之间的矛盾是村镇空间稀缺性的主要表现形式。空间稀缺性是村镇空间结构变化的重要约束条件。另外，村镇行为主体的空间需求变化同时伴随着不同空间类型之间的转换和村镇地域系统的重构，村镇空间结构变化的实质是一定乡村地域不同空间类型之间的数量比例和区位关系的变化。据此，村镇空间结构的变化始于村镇居民、村镇企业和村镇组织的空间需求变化，终于居住空间、生产空间和公共空间的均衡，是一个循环往复、不断演进的过程。

政府制度、政策和规划是村镇空间结构变化的重要调控力量。行政区划调整、土地利用规制和空间发展规划是政治力量作用于村镇空间结构变化的重要路径。一定乡村地域的行政区划调整不仅意味着相关村镇地域系统、地域边界的重新界定，还可能带来个别乡村中心的区位调整和村镇道路网络的空间重构，从而重塑村镇空间结构的基本框架。体现政府政策重心的公共设施供给包括基础设施和服务设施两个方面，以交通道路、通信线路为代表的基础设施建设能够构筑村镇空间结构的联系纽带，以学校、医院为代表的服务设施建设能够壮大村镇空间结构的中心节点，公共设施供给通过直接作用于村镇空间结构的构成要素而有效增强和提升村镇地域系统的内聚力和有机性。一定乡村地域的空间发展规划是国家空间意志和地方空间意愿相结合的集中体现，通过总体规划大致界定村镇空间结构的基本轮廓和演化方向，通过专项规划具体作用于不同空间结构要素及其变化，通过政策措施规范和引导村镇行为主体的空间行为，从而对村镇地域系统的空间结构变化产生重大影响。

当代村镇空间结构的变化常常是市场力量与政府力量耦合作用的结果。村镇空间既是一种战略资源，也是一种社会资产，村镇空间资源的配置和空间资产的利用不仅涉及个体利益，而且涉及公共福利。在市场机制的自发作用下，村镇行为主体的个体理性趋向于谋求个体利益的最大化，有可能使村镇空间结构的变化偏离增进公共福利的轨道；通过政府调控的自觉作用，引导村镇行为主体的空间行为趋于集体理性，能够使村镇空间结构的变化回归到个体利益与公共福利相统一的状态。村镇空间结构可视为一定乡村地域不同土地利用类型的空间组合，土地利用规制是市场机制与政府调控有机结合、共同作用于村镇空间结构变化的关键路径。通过国家法规条款和政府监管措施规定并保障一定乡村地域的土地利用方向，通过市场机制和个体空间行为实施和体现一定乡村地域的土地利用过程，从而对村镇地域系统的空间结构变化产生全方位影响。此外，乡村地域具有强烈的空间外部性，以政府干预“修复”市场失灵、加强对乡村空间环境资产的有效管理，既能够为村镇空间结构的优化奠定良好的空间基础，更能够为国家和区域的生态安全和粮食安全提供有力保障。

当代村镇空间结构变化的微观基础是不同行为主体的空间行为及其相互作用。伴随着乡村地域社会经济的发展，不同村镇行为主体的空间需求不断发生变化，从而推动着居住空间、生产空间和公共空间的区位选择及其动态调整，这种不同空间类型区位变化的集合构成村镇空间结构的变化。区位的本质是一种空间关系，并内含不同区位主体之间的利益关系，村镇行为主体基于个体谋利动机的空间区位选择既要受到国家法规和政策的刚性约束，又要受到相关行为主体空间行为的强烈影响，具体而言，某种类型村镇行为主体的空间行为既要受到同类相关行为个体空间意愿和空间行为的影响，还可能受到不同类型行为主体空间策略的影响，常常是多重空间博弈的结果。据此，一定乡村地域不同村镇行为主体的利益博弈导致乡村空间的区位均衡，乡村空间的区位均衡决定村镇地域系统空间结构的相对稳定状态。

第 8 章　村镇空间结构变化的主要规律

8.1　村镇空间结构变化的系统分析

8.1.1　乡村中心发展与村镇空间结构变化

根据前述相关研究，一定地域的乡村空间是一个相对独立的功能单元，该单元是乡村居民的日常生活系统，其生产、交易、居住和交往等活动大多发生于此。这是一种分散与聚集相结合的空间组织系统。农业部门经济再生产与生物再生产的二重属性决定了乡村空间的分散化特征，非农产业活动的内在节约要求则决定了乡村空间的聚集性特征，在一定地域的乡村空间，这种居住、生产的分散与交易、交往的聚集有机结合，形成内部联系紧密的统一整体。这也是一种内部组织与外部连接相结合的空间开放系统。在一定地域的乡村空间，农业剩余自内部输出、非农产品自外部输入，技术、信息和文化需要沟通和交流，甚至居民的诉求需要上传、政府的政策需要下达等，并同时伴随着频繁的人员流动。通过这种空间交换和交流，形成人类社会系统的一种基本地域组织系统。在这种地域系统中，客观存在着一个功能中心，常常具有较大的聚集规模，承担着内部组织和外部连接功能，其内部组织功能主要体现为生产生活服务，外部连接功能主要体现为外联平台支撑。乡村地域系统中的这种功能中心即乡村住区中心。

本质上，乡村住区中心的形成和发展是乡村社会进步和居民需求变化的客观要求；在中国，国家空间政策的调控同时发挥着不容忽视的作用。在近代中国，乡村空间经历了由封闭到开放、由离散化到组织化的历史性转变，乡村地域系统则经历了由传统村落系统向“基层市场”系统的历史性跨越，并伴随着乡村住区中心的正式形成。新中国成立后，基于特定背景的空间封闭政策严重抑制了乡村地域系统的良性发育和乡村住区中心的健康成长，乡村空间复又走向“同质同构”的均衡格局；其间，“人民公社”时期的生产大队治所曾长期部分取代原“基层市场”的功能。改革开放以来，经济转型及其推动的社会转型逐步消除了乡村空间发展的政策束缚，伴随着乡村地域系统的空间扩展，乡村住区中心走向“空间回归”并重现活力。但是，由于动力结构的复杂性及其作用的波动性，乡村住区中心经历了曲折的发展历程，并呈现出复杂化特征[①]。

乡村住区中心的基本功能是内部组织和外部连接，内部组织功能是其形成和发展的基础、外部连接功能是其形成和发展的条件；内部组织功能又主要分为生产服务、生活服务和公共服务等。如前所述，当代中国乡村住区中心的地域组织模式主要包括地方集市、乡政府所在地和小城镇（建制镇）三种类型。这是三种规模梯次增大、功能梯次增强的类型。地方集市是乡村住区中心的基本地域组织模式，其主要功能是服务乡村居民

---

① 余斌. 2007. 城市化进程中的乡村住区系统演变与人居环境优化研究. 武汉：华中师范大学博士学位论文.

的日常生产生活及市场交易需求，并兼具部分公共服务；乡政府所在地在一般地方集市功能的基础上，进一步拓宽了地方政府的公共服务项目，强化了公共服务功能；建制镇是乡镇级政府的一种组织形式，不仅具有一般乡政府所在地的功能，由于非农产业，特别是乡村工业的发展和聚集，其生产组织和服务功能更加突出。伴随着这种功能的拓展和增强，乡村住区中心的自身规模不断扩大、服务腹地不断拓宽。

近年来，中国乡村住区中心的发展出现了一些新的变化。一是小城镇的数量逐渐减少、规模持续扩大，二是小城镇的聚集效应进一步显现。伴随着小城镇规模扩大和实力增强，镇区基础设施和公共服务设施迅速发展。三是乡村住区中心进一步分化，村镇地域系统的空间组织体系趋于复杂化。在行政区划调整和空间政策引导的双轮驱动下，中国东部发达地区已经出现了一种新型的村镇地域组织模式——组团式小城镇，与之相伴随，中心城镇快速崛起，村镇地域系统的空间组织由小城镇（乡政府所在地）—中心村—自然村三级体系演化为中心城镇—一般城镇（乡政府所在地）—中心村—自然村四级体系。对中西部地区而言，这种村镇空间结构的演化模式未必能够被完全复制，但通过政策引导推动乡村空间整合发展的策略无疑具有借鉴意义。

8.1.2　道路设施建设与村镇空间结构变化

村镇地域系统空间结构的本质内涵是联系，即内部不同等级节点要素及其与外部世界之间的复杂联系，这种联系的实现需要多种路径的协同作用，主要包括交通道路、通信线路、电力网络、供水管道和邮政服务设施等。其中，道路设施网络不仅承载着村镇地域系统内部组织和外部连接的主要功能，而且规定着其他联系路径的基本走向，因而决定了村镇地域系统空间结构的基本格局。从系统的空间结构看，村镇地域系统各节点要素之间的相互作用主要通过道路设施来实现；从系统的空间关系看，村镇地域系统通过乡村住区中心与外部发生的各种联系也主要通过道路设施来实现。在上述诸多联系路径中，道路设施体系居于基础和核心地位，是村镇地域系统内部组织和外部连接的纽带和桥梁。

由于乡村空间的边缘地位和不同道路设施的内在属性，村镇地域系统的联系路径主要表现为公路体系；由于村镇地域系统的空间规模约束，系统内部组织主要依赖乡道和通村公路、外部关联主要通过县道和部分省道及国道；由于不同等级的公路存在车流密度和承载强度的需求差异，村镇地域系统的内部组织线路具有较低等级、外部连接线路具有较高等级。另外，国家公路网直接作用于村镇地域系统的组成部分主要限于县道、乡道和通村公路，除少数过境影响外，国道和省道大多通过联结县道或乡道而间接作用于村镇地域系统。在我国，县道、乡道和村道统称农村公路，是国家公路网的基础和主体部分。由于交通公路的公共产品性质，公路建设主要由国家和地方政府组织实施。纵观中国农村公路的发展历程，国家政策及其相关专项计划发挥着决定性作用。新中国成立前 30 年，由于乡村地域的相对均质和空间封闭特性，农村公路建设的有效需求不足；由于工业化的压力和城市化的偏向，农村公路建设的有效供给缺乏。在国家无力顾及乡村空间发展的背景下，农村公路发展缓慢。中国公路发展总体处于落后状态，并由此加剧了城乡二元结构。

中国的改革开放不仅解放了农村生产力，促进了农村经济社会的发展，而且打破了农村“同质同构”的均衡状态，打开了乡村空间的大门，农村公路发展的有效需求迅速增加；与此同时，伴随着改革开放的不断深入，城乡协调发展逐步受到应有的关注，经济的持续快速发展积累了日渐雄厚的财政资源，农村公路建设的供给能力大大增强。中国农村公路进入快速发展时期。由于农村公路布局主要围绕多级中心节点梯次伸展，伴随着通车里程的扩大和路网密度的增加，村镇地域系统内部组织的有机化水平和外部关联的便捷化程度大大提升。但“新农村建设”规划对快速城市化背景下乡村空间的剧烈变化有所忽视，“村村通”与“村庄整治”等工程存在一定程度的时序矛盾，道路设施建设的单向突进也部分造成村镇地域系统空间组织效率的损失。

通信线路设施是乡村空间内部组织，特别是外部关联的又一重要媒介。在城市化、信息化和全球化深入发展的背景下，通信线路设施对村镇地域系统的空间结构演化将会产生越来越深刻的影响。在中国广大的乡村空间，通信设施建设基础甚为薄弱，但发展方兴未艾。国家“十一五”规划明确提出“村村通电话，乡乡能上网”的农村通信事业发展目标，逐步缩小城乡“数字鸿沟”也成为新农村建设的主要任务。有鉴于通信设施建设在未来社会发展中的巨大作用和乡村空间的广阔市场前景，地方政府高涨的信息化建设热情直接推动了农村地区信息基础设施的发展。相关研究表明（见第 5 章相关研究内容），推进农村信息化建设、有效发挥通信线路设施的媒介作用和连接功能已经获得突破性进展。

8.1.3　乡村环境整治与村镇空间结构变化

在村镇地域系统的视野下，乡村环境是指除去中心节点和道路设施以外的乡村空间，主要包括数量众多的村落、面积巨大的农田和错落分布的其他土地利用类型。在广袤的自然生态系统之上，叠加着半自然、半人工的农田系统，灿若星辰的人工村落镶嵌其中，三者组合共同构成村镇地域系统空间结构的面域形态。乡村环境主要通过土地承载力和生物生产力影响村镇地域系统的聚集与扩散，乡村空间的土地承载力和生物生产力既依赖于自然生态系统初始状态，又受到村落居民人工活动的强力影响，特别是，当代背景下的村落居民活动已上升为乡村环境变化的主要驱动力，村落布局及其调整意味着乡村人口分布及其变化，因而成为村镇地域系统空间结构变化的重要影响因素。

村落是乡村居民的生活载体和生产基地。由于村镇地域系统空间边界相对固定，村落数量及其分布成为影响村镇空间结构的两个主要维度。一般来说，村镇地域系统所能容纳的村落数量取决于系统边界界定的国土面积之生物生产力和土地承载力；一定地域的生物生产力和土地承载力可能随农村生产方式和自然生态系统的变化而发生变化，如集约生产可提高特定国土面积的生物生产力和土地承载力、生态退化可降低特定国土面积的生物生产力和土地承载力等，农村生产方式的变化和自然生态系统的状态是影响村镇地域系统村落数量的两个核心变量。村落的区位选择主要取决于一定地域地质、地貌、土壤、气候、水文和植被等自然条件及其组合状况，一定地域的村落分布格局具有很强的稳定性；乡村空间道路设施的急剧变化可能打破传统村落分布的惯性均衡状态，从而引发村落的区位重组和布局调整，当代中国乡村的道路设施建设飞速发展，已成为影响村镇地域系统村落分布的关键因素。

上述的讨论暗含着两个基本假定：①乡村地域的人口容量假定，即无论乡村人口如何变化，都在其容量范围之内；②乡村地域的空间封闭假定，即无论乡村人口如何变化，都不存在人口的城乡流动。事实上，传统乡村社会大多存在边际生产力为零、甚至为负的过剩人口，城市化不仅源源不断地吸纳来自农村的“劳动无限供给”，而且显著改变了农业生产方式和农村产业结构。城市化通过人口效应和产业效应影响乡村空间的村落数量及其分布，因而成为乡村环境变化最为重要的外部影响因素。在当代中国，城市化正处在转入常态后的快速发展中，城市化是村镇地域系统空间结构变化的基本背景条件。

改革开放以来，中国乡村农地系统的主要变化特征可概括为数量持续减少、形态更趋破碎、质量不断降低。农地数量减少是城市化进程中不可逆转的现象，中国城乡土地集约利用程度较低，特别是村庄无序蔓延加剧了农地的流失；中国人多地少的资源基础和统分结合的经营机制决定了农地碎化的基本格局，乡村空间的无序发展，特别是农宅更新的“飞地式”布局进一步恶化了这种态势；庞大的乡村人口本已构成乡村空间承载不起的沉重负荷，“食物链系统”的安全保障和农业商品经济发展形成化肥、农药等资本品对劳动的替代，人类对农地系统的作用强度空前增加，农地生态系统呈现不断恶化的趋势。农地系统的上述变化使其自身的生物生产力降低，阻碍农业生产的规模经营，从而降低乡村空间的环境承载力，形成村镇地域系统空间聚集和结构重组的惯性阻力。所幸的是，中国乡村空间已迈入人口持续减少的“门槛”、地域人口压力将日趋缓和，国家政策主导的乡村空间聚集将能够有效扭转农地碎化的演变趋势，人类社会对农业生产的依赖亦将可能趋于减轻，人类需求的变化和食品安全意识的强化也推动着农业生产方式的变革，乡村农地系统将逐步转入可持续发展的良性轨道。

当代中国乡村自然生态系统的主要变化特征包括环境污染和生态退化两个方面。乡村面源污染的蔓延和城镇点源污染的转移使得水质、土壤和空气等主要环境要素遭受类型不同、程度有异的“干扰”，并致使乡村空间的生物群落和人类社会受到直接或间接污染；与此同时，尖锐的人地矛盾催生出无节制、非理性的人类开发活动，毁林开荒、围湖造田等行径破坏了乡村自然生态系统的有序结构，荒漠化、盐渍化、水土流失、山体滑坡等自然灾害肆意侵蚀原有的良田，甚至毁灭人类赖以生存的家园。乡村自然环境要素的污染和自然生态系统的退化从根本上销蚀了乡村社会的生存根基、动摇了村镇地域系统结构优化的空间基础。伴随着中国科学发展观的贯彻落实和资源节约型、环境友好型社会建设的强力推动，乡村空间有望进入转型发展的新阶段，新农村建设等系列工程的实施也必将有效推动乡村自然生态系统朝着良性的方向转化。

综上所述，城市化的强烈冲击引发乡村空间的剧烈变动，国家政策的适时介入引导乡村空间的聚集发展。在这种背景下，村镇地域系统的空间结构处于一种不稳定状态，中心城镇不断崛起、中心村庄不断成长，村镇体系逐渐由传统的二级结构形态向现代四级结构形态演化。在这一过程中，道路设施网络逐步发育，乡村环境逐步改善，村镇空间结构正在由动荡变化走向新的均衡。

8.2　村镇空间结构变化的规律探讨

8.2.1　村镇空间结构的要素变化规律

村镇空间结构变化的表象特征是村镇地域系统空间要素变化。从空间的视角看，村镇地域系统的组成要素主要包括住区中心（节点）、道路设施（连线）和住区环境（面域），三者的空间组合构成村镇地域系统的有机整体。

1. 乡村中心变化规律

住区中心是村镇空间结构的核心节点，是村镇地域系统实施内部组织和外部连接的主要功能单元。当代乡村中心变化的基本规律是：总体数量减少、个体规模增大，中心功能不断提升，组织层次可能出现分化。“总体数量减少、个体规模增大”是指伴随着乡村空间的重新分割和地域重组，村镇地域系统的空间规模增大、数量减少，作为其核心节点的住区中心个数随之减少，但人口、经济总量和占地面积随之增大；“中心功能不断提升”是指伴随着村镇地域系统及其核心节点的空间规模扩张，住区中心的内部组织和外部连接的范围增大、路径增多、能力增强；“中心层次可能分化”是指由于乡村空间、人口、经济或社会等方面的发展需求及其制约，在同一村镇地域系统内部可能存在非唯一的住区中心，但不同中心之间存在层次差别，如中心镇和一般镇等。

乡村中心的变化具有内在的逻辑基础。在漫长的空间离散化时代，传统乡村是一种均质空间，也是一种封闭空间，乡村生活主要以村落为依托，其活动范围局限于村落周围的田野，居民在自然经济状态下自给自足。由于乡村空间的同质同构，村落之间既无交易的必要，更无外联的需求，乡村空间以村落的农耕半径为尺度，被分割成无数离散的均质单元，无需具有内部组织和外部连接功能的乡村住区中心的存在。农业生产力的提高和商品经济的发展打破了乡村空间的超稳定结构，激发了社会的初级分工和居民的交易需求，由于交易活动的聚集经济属性，乡村空间开始了内部组织过程；工业化和城市化打破了乡村空间的沉寂状态，催生了社会的空间分工和不同空间的交易需求，由于交通运输的媒介经济功能，乡村空间开始了外部连接过程。均质的乡村空间开始分化重组，一些地理位置适中、区位条件优越、经济基础良好的村落逐步成长为乡村空间内部聚集和外部连接的基地。在该时期，乡村经济的总体发展水平低，乡村居民的交易需求尚处在较低层次、需求规模小；乡村道路交通状态较为原始，乡村居民的交易活动面临闲暇时间和空间阻隔的双重约束。与此同时，城市化进程缓慢，城乡空间联系松散，联系内容以农业剩余的流出为主。在这种背景下，乡村空间的均质状态受到冲击，部分村落开始异化，在广阔的乡村大地上，一个个“基层市场”如雨后春笋般涌现，成为乡村住区中心的原始形态。此时，乡村中心的总体数量大、个体规模小，因而其辐射范围较小，内部组织功能以乡村日常用品的聚散为主、外部连接功能薄弱。伴随着国家工业化、城市化和市场化的深入发展，城市工业系统对乡村空间的需求发生显著改变，劳动力供给和市场开拓逐步取代原材料供给和农业剩余成为国家工业化和城市化的重要支撑，农业生产和农民生活被卷入城市生产系统，整个乡村空间被“市场化”。在这一进程中，乡村人口由相对减少到绝对减少，乡村空间开始从密集化走向稀疏化。乡村地域系统由内生发育成长阶段迈向外源推动发展时期，乡村空间逐步边缘化。在该时期，乡村经济进一步发展，居民生活进一步改善，乡村空间的交易类型、交易层次和交易规模均大大扩展，乡村经济和居民生活的市场化水平大大提高。由于新兴交易类型和高级交易层次的市场门槛限制和乡村人口的日益减少趋势，乡村交易行为必须在更大的空间规模上展开，乡村道路交通状况的改善为更大规模的空间交易提供了可能，乡村空间进一步分化重组。与此同时，乡村产业结构不断发生适应性变化，乡村工业在波动中崛起、农业结构在动态中调整、第三产业稳步壮大，非农产业的分工特性和聚集经济不仅密切了乡村空间内部及其与城市空间的生产联系，而且直接推动了乡村中心的规模扩张和功能提升。在这种背景下，国家的空间政策和政府的空间行为成为推动乡村空间重构的又一重要力量，行政区划调整有效扩大了村镇地域系统的空间范围，治所区位迁移有力推动了乡村中心的规模扩张，道路设施建设大大强化了乡村空间的内部组织和外部关联。此时，小城镇上升为乡村住区中心的主流形态，与之相伴随，其总体数量减少、个体规模增大、辐射范围扩展，内部组织由日用品的聚散发展为全方位的生产生活服务、外部连接由物质产品运输发展为以人员流动和商品流动为主体，包括信息、技术和管理服务的综合性联系；由于空间基础的差异，地方集市、乡政府所在地和小城镇的乡村中心形态均有分布，在部分经济发达、人口密集的乡村地域，还通过构建小城镇组合而兴起中心城镇，乡村中心由此分化为“中心城镇—小城镇”的二级架构，此时，中心城镇在村镇地域系统中发挥主导作用。

2. 道路设施变化规律

道路设施是村镇空间结构的作用媒介，是村镇地域系统实施内部组织和外部连接的主要联系通道。当代乡村道路设施变化的基本规律是：系统内部通车里程增加、通行质量改善、通达深度提高，以乡村中心为枢纽的道路设施网络不断完善；系统外联道路高级化、形式多样化、程度便捷化。“系统内部的通车里程增加、通达深度提高、通行质量改善”是指在村镇地域系统的空间范围内，以乡、村公路为主体的线路长度不断增加，乡、村公路的路面状况不断优化、通畅程度不断提升，其连接的村落数量也不断增多；“以乡村中心为枢纽的道路设施网络不断完善”是指乡、村公路的数量匹配合理，空间布局科学，乡村中心的交通枢纽地位凸显，道路设施系统的联系效率不断提升、媒介功能日益增强；“系统外联道路高级化、形式多样化、程度便捷化”是指村镇地域系统的外部联系通道均为县道以上等级，不同地域可能存在公路、铁路、水路甚至高速公路等不同道路形式，外联直达范围扩大、通行速度加快。路线网络化和分布有机化是当代背景下构成乡村道路设施发展的基本趋势。

乡村道路设施的上述变化既是城乡空间相互作用的必然要求，也是村镇地域系统演化的逻辑结果。相对于传统时代的离散、封闭性，现代乡村地域具有全新的特征。首先，村镇地域系统是一个开放空间。工业化和城市化的兴起和发展密切了城乡空间的有机联系。一方面，城市空间对乡村空间的需求增加，从粮食到原材料、从资金到劳动力、从土地到生态，需求类型增多、需求规模增大；另一方面，城市空间对乡村空间的作用增强，市场需求引发乡村经济结构调整、技术转移推动农业生产力进步、文化扩散影响乡村居民生活方式变革、信息流动可能重塑乡村空间的面貌。这种需求的增加和作用的增强要求快速、便捷的联系渠道保障，乡村外联道路纳入城市主导的国家骨干路网体系。其次，村镇地域系统是一个边缘空间。从外部空间的影响看，城市空间的主导作用具有沿节点逐级传递并通过节点向面域辐射的既定路径；从内部空间的组织看，乡村空间的支撑作用需要广域资源的逐级聚集并通过核心节点向外转移。通畅的道路体系和住区中心的枢纽地位是实现城乡空间相互作用的必要前提。再次，村镇地域系统是一个有机空间。工业化、城市化和市场化推动了乡村地域的空间分化，由于地理、经济和社会条件的空间差异，乡村地域的空间聚集是非均衡的，表现为住区中心与村落之间、不同等级中心之间和不同等级村落之间存在人口、产业和社会资源聚集规模及聚集水平的差异，空间差异必然要求空间联系，并必然形成联系性质和联系规模的差异。村镇地域系统的空间异质性和联系差异性要求其内部的有机化组织，具有一定通车里程、通行质量和通达深度的乡村道路网络成为这种有机化组织的基本工具。最后，村镇地域系统最终将走向一体化空间。伴随着经济的发展和社会的进步，城乡空间联系的性质将会发生改变，随之形成“以工促农、以城带乡”的崭新格局，城乡空间由密切联系转而融为一体，区域道路系统向着网络化、高级化、多样化和便捷化的方向发展。

3. 乡村环境变化规律

住区环境是村镇空间结构的面域支撑，是村镇地域系统实施内部组织和外部连接的主要作用对象。当代乡村住区环境变化的基本规律是：村落数量呈倒“U”型变化、村落规模在动荡中变化，农地数量在波动中趋于收敛、农地质量在波动中趋于改善，自然生态环境变化遵从库茨涅茨法则。“村落数量呈倒‘U’型变化、村落规模在动荡中变化”是指伴随着乡村空间由密集化向稀疏化转变，村落数量先增加，而后逐步减少，村落规模变化视地理条件和生产方式不同而可能存在不确定性；“农地数量在波动中趋于收敛、农地质量在波动中趋于改善”是指，城市化与粮食安全的博弈左右着农地数量的变化，城市化的完成和国家人口的稳定决定着农地数量的均衡值，市场化和商品化的博弈左右着农地质量的变化，消费需求和技术进步最终决定农地质量的变化方向；“自然生态环境变化遵从环境库茨涅茨法则”是指伴随着乡村空间的发展和村镇地域系统的演化，乡村自然生态系统先恶化而后优化的一般变化趋势。

乡村住区环境的变化是乡村人地关系演化和城市空间影响两者共同作用的结果。村落是乡村社会赖以存在的载体，是乡村居民从事生产生活的基地。乡村人口规模是决定村落数量的基本变量。一般地，经济发展和社会进步推动着乡村人口的自然增长，城市化发展则导致乡村人口的机械减少，乡村人口的数量变化取决于人口自然增长与城市化发展水平之间的均衡。在城市化的初期发展阶段，乡村人口的自然增长率大于机械减少率，人口规模扩大、村落数量增加；在城市化的中期发展阶段，乡村人口的机械减少率大于自然增长率，人口规模萎缩、村落数量减少；在城市化的后期发展阶段，乡村人口的机械减少率大致等于自然增长率，人口规模不变、村落数量稳定。国家鼓励节育的人口政策可提前、鼓励生育的人口政策亦可推后乡村人口及村落变化的均衡点。村落的数量变化还会受到乡村人口分布的强烈影响。在乡村人口总量既定的条件下，单体村落的人口聚集规模越小，则村落数量越多；单体村落的人口聚集规模越大，则村落数量越少。村落的人口聚集规模变化是地理环境条件、乡村经济资源、农业生产方式和空间道路设施等因素综合作用的结果。从空间上看，平原地区的高水平农耕区可支撑较大的村落规模，山陵地区的低水平农耕区可承载较小的村落规模；从时间上看，快速城市化进程中的村落规模因乡村空间的剧烈变化和动荡调整而涨落变化。因此，随着城市化的推进，村镇地域系统的村落数量总体上趋于减少，但村落规模则因时因地而呈现不规则变化。

就农地系统变化而言，耕地的数量和质量变化与城市化和社会经济发展过程息息相关，并受到国家政策调控的强烈影响。在城市化的初期发展阶段，城市的空间扩张缓慢，耕地数量因乡村人口增加而主要受制于居住用地变化，耕地质量因传统生产方式而主要受制于耕作强度变化，总体表现为数量减少、质量退化、但变化幅度缓慢；在城市化的中期发展阶段，城乡建设用地急剧增加，粮食需求因国家人口增加而增加，耕地减少与粮食生产矛盾尖锐，并通过追加土地投入、提高土地产出而缓解，此时的耕地数量急剧减少、耕地质量急剧下降，国家保护耕地的法规和政策成为抑制这种变化趋势的有力杠杆；在城市化的后期发展阶段，乡村人口已大大减少，城市化的空间节约集约利用效率充分显现，城乡建设对耕地的侵蚀压力缓解，城市工业产品对农产品的部分替代弱化了乡村空间的生产功能，耕地进一步上升为一种战略资源，其数量趋于稳定、质量趋于改善。就乡村自然生态系统的变化而言，技术进步和人类活动方式的变化始终具有主导性作用。在城市化的初期发展阶段，技术进步缓慢，乡村生产方式对自然生态系统的影响基本停留在外延作用层次，主要表现为密集人口带来的乡村环境的压力，乡村自然生态系统开始退化；在城市化的中期发展阶段，伴随着科学技术的飞速发展，生产方式急剧变革，人类活动对乡村环境的作用能力大大增强，与此同时，城市空间的污染外溢加剧了乡村空间的环境压力，此时，人类活动对乡村自然生态系统的影响已深入到内涵层次，主要表现为有效改变了要素结构和系统性质，乡村自然生态系统急剧恶化；在城市化的后期发展阶段，乡村人口减少、生产功能弱化，生态功能开始上升为乡村空间的主体功能，技术进步对乡村自然环境的作用方向已由破坏转向保护，由此，乡村自然生态系统不断得到优化。

8.2.2 村镇空间结构的组织变化规律

村镇空间结构变化的本质内涵是村镇地域系统空间机制的变化。从空间的视角看，村镇地域系统的空间组织具有多种路径、空间关联具有多种机制，伴随着村镇地域系统的演化，其空间组织机制也在发生适应性变化。

1. 村镇空间结构与村镇空间组织

现代工业化、城市化和市场化推动了乡村空间的分化，村镇地域系统形成并开始了漫长的历史演化。村镇地域系统形成和发展的初始条件是一定乡村地域的相同或相似的地理基础，包括自然条件和自然资源、经济发展水平、社会习俗和文化传统等；维系纽带是建立在某种（些）地域共同利益和集团意识基础之上的内聚力作用，包括村镇之间的政治、经济、社会和文化联系等。由此可知，村镇地域系统也是一种人地关系地域系统，乡村人类活动在系统演化进程中一直发挥主导作用，这种主导作用在村镇地域系统的空间维上表现为既相互联系，又相互区别的两个方面：一是其空间形态的静态映射，即系统的空间结构；二是其空间形态的动态演化，即系统的空间组织。如果说，村镇地域系统的空间结构指的是系统内部的社会经济客体通过相互作用形成的空间聚集程度和聚集形态；那么，村镇地域系统的空间组织则是指系统内部的社会经济客体通过相互作用表现的空间聚集方向和聚集路径。因此，前者是一定地域空间组织的作用结果，后者是一定地域空间结构的形成过程，两者统一于系统内部社会经济客体的运动。

社会经济客体是经济资源的物质存在形式。从这种意义上，村镇地域系统的空间结构反映的是一定地域经济资源的空间配置状况，其空间组织揭示的是一定地域经济资源的空间配置过程。村镇地域系统的空间组织及其有序化，不仅能够降低地域经济活动的空间交易费用，还能通过结构优化和系统整合而获得空间正外部性，从而有可能使地域整体的经济效益最大化；同时，合理的地域空间组织也是应对空间稀缺性的有效途径，从而构成可持续发展的一种手段。

2. 村镇地域系统的空间组织路径及其变化

村镇地域系统的空间组织路径是指系统构成要素之间的相互联系及其表现方式。从空间形态上看，村镇地域系统的空间组织路径主要表现为乡村住区中心（小城镇）与乡村住区单元（村落）之间所发生的各种联系，具体联系方式主要包括住区中心对众多村落的生产生活服务和社会政治管理等。

（1）乡村住区中心是村镇地域系统的生产生活服务中心，前者的服务功能对后者的空间组织具有决定性作用。乡村住区中心的崛起是乡村空间走向聚集和村镇地域系统形成与发展的主要标志。相对于分散的村落和分散的农耕，乡村住区中心是非农产业的空间载体，聚集其中的非农企业大多具有浓郁的乡村根植性，主要是农业生产需求和农民生活需求的产物，乡村住区中心与众多村落由此构成一种空间供求关系。就生产服务而言，乡村住区中心能够依托非农企业为村落农业生产提供产前—产中—产后的一条龙服务，从生产资料到耕作工具、从技术服务到产品加工等；就生活服务而言，乡村住区中心不仅是乡村居民衣食住行等日常生活用品的主要源地，而且成为其休闲娱乐和社会交往的主要基地。伴随着农业生产力的发展和农民生活水平的提高，农业生产和农民生活将进一步市场化，农村市场化的深入发展不断对乡村住区中心的生产生活服务提出新的要求，乡村住区中心与腹地村落之间的空间联系将更加密切。

（2）乡村住区中心是村镇地域系统的社会政治管理中心，前者的管理功能对后者的空间组织具有基础性作用。乡镇政府是国家权力的基层单元，村镇行政区划大致界定了村镇地域系统的空间范围，政府治所与住区中心重合是当代村镇地域系统空间构造的主流模式。这一特征进一步强化了住区中心与腹地村落之间的空间联系。乡镇政府的主要职能是公共服务、社会管理和政治控制，由于政府治所的区位选择和政府部门的区位聚集，乡镇政府的上述职能由此转化为住区中心的服务功能。就公共服务而言，乡村住区中心因学校、医院等公共设施布局而成为学生就学和居民就医的基地；就社会管理而言，乡村住区中心因公安、法律等公共部门设置而成为维持社会治安和排解居民纠纷的基地；就政治控制而言，乡村住区中心因人大、政府等权力机关聚集而成为乡村政治动员和国家政策实施的基地。与此同时，以政府治所—住区中心为交通枢纽而展开的乡村公路和通信线路等基础设施网络也为镇—村空间联系提供了技术保障。

（3）乡村住区中心还是村镇地域系统与外部关联的核心节点，不仅国家政策必须通过住区中心向周围村落传递，而且基于村落的各种外部联系也需要通过住区中心实施中转。从这种意义上，村镇地域系统的外部连接通过乡村住区中心的枢纽性质而能够发挥密切内部联系、强化内部组织的作用。

总体而言，村镇地域系统主要通过生产生活服务和社会政治管理等空间组织路径得以形成、维系和演化，但上述的不同路径在村镇地域系统发展的不同阶段具有不同作用，并呈现出一定的规律性。概括地，当代村镇地域系统的空间组织路径具有如下变化规律：生产生活服务不断强化，生活服务逐步上升为主导性联系；社会政治管理不断弱化，公共服务逐步凸显为主导性联系。“生产生活服务不断强化，生活服务逐步上升为主导性联系”是指伴随着乡村空间的市场化发展，乡村中心的生产生活服务功能不断增强，村镇地域系统的生产生活联系日趋密切，与此同时，乡村空间的功能转型使村镇地域系统的生产联系趋于稳定、生活联系地位上升；“社会政治管理不断弱化，公共服务逐步凸显为主导性联系”是指伴随着城市化的发展和国家空间政策的调整，乡村中心的社会政治管理功能逐步减弱，村镇地域系统的社会政治联系趋于稳定，与此同时，治理体制的变革和发展理念的转变使村镇地域系统的政治控制趋于弱化、社会管理趋于稳定、公共服务地位上升。

村镇地域系统空间组织路径的变化是诸多因素合力作用的结果，但乡村人口变化和功能演化构成其中的两个关键变量。在城市化的初期发展阶段，乡村人口变化的基本趋势是空间密集化，乡村社会逐步由自然经济转向商品经济，但乡村居民的需求层次和消费水平较低，乡村农业的耕作技术和生产水平落后，但人口增长和农业剩余分别推动了村镇地域系统的生活生产联系；在该阶段，国家政策重心主要聚焦于城市空间和工业部门，并为实施“空间剥夺”而加强对乡村空间的政治控制，但社会管理，尤其是公共服务受到忽视。在城市化的中期发展阶段，乡村人口开始由密集化走向稀疏化，农业生产卷入城市生产系统、乡村空间的生产性凸显，乡村社会被“商品化”，居民需求层次、消费水平和农业耕作技术、生产水平均有提高，村镇地域系统的生活生产联系不断增强；与此同时，发展观逐步转变，国家的空间政策由不断强化逐步调整，政治控制开始减弱、社会管理有所加强、公共服务逐步引起关注。在城市化的后期发展阶段，乡村人口开始走向低水平均衡，但乡村空间的生产功能弱化、生活功能强化，乡村空间逐步与城市空间融合而走向一体化，村镇地域系统开始融入城乡地域系统，生活联系及其与此相适应的公共服务上升为地域空间组织的主导性因素。

此外，上述讨论主要涉及村镇地域系统的纵向联系。事实上，村落之间的横向联系也是村镇空间结构维持稳定的重要推动力量，例如，基于农田水利设施建设的生产联系，基于乡村居民交往的生活联系，基于自然环境保护的生态联系等。但是，住区中心与周围村落的纵向联系始终更具决定性意义。

3. 村镇地域系统的空间组织机制及其变化

村镇地域系统的空间组织机制是指系统构成要素之间发生各种联系的内在机理。从空间内涵上看，村镇地域系统的空间组织机制主要表现为乡村住区中心的聚集与扩散，住区中心通过聚集而增强功能，通过扩散而实现功能，具体作用机理主要包括两种，即市场机制的自发作用和政府调控的自觉作为。

乡村住区中心的形成和发展主要源于乡村居民的交易需求及其推动。根据克鲁格曼的空间自组织原理，均质乡村空间的“随机扰动”可形成乡村住区中心的初始状态（事实上，乡村住区中心初始状态的形成是偶然性与必然性共同作用的结果），此后的发展由于聚集经济的作用而自发进入空间自我强化的轨道。隐藏其中的内在机理是：乡村住区中心的成长是不同空间行为主体区位聚集的结果。对应于村镇地域系统的一定空间状态，不同的地理区位已被赋予不同的经济成本和经济收益，村镇地域系统的空间结构实为经济福利的地理分布。乡村住区中心的形成有效提升了其占据区位的空间边际价值，并通过空间相互作用使村镇地域系统内部的空间利益格局得以重塑。不同非农企业基于利益最大化的追求而走向聚集，从而推动了乡村住区中心的不断成长。一定时期村镇地域系统的需求总量最终决定乡村住区中心的成长边界。此即市场机制的自发作用过程。

乡村住区中心的形成和发展还得益于地方政府的空间行为。根据诺斯的国家理论，地方政府是一种具有委托–代理意义的组织实体，具有公共利益最大化和集团利益最大化的双重行为动机。作为一种独立的空间行为主体，乡镇政府对村镇地域系统的空间组织能够产生多方面的影响。首先，乡镇政府及其关联部门是一套机构组合，自身包含一定数量的工作人员并占用一定面积的地理空间，通过政府治所区位与乡村住区中心的空间重合，不仅有利于实现收益最大化和成本最小化，而且直接贡献、并通过乘数效应间接贡献于乡村住区中心的聚集成长；其次，社会公共产品的生产是乡镇政府的基本职能，乡村公路等基础设施建设能够强化住区中心与周围村落的空间相互作用、密切两者的空间联系；乡镇政府还是空间政策和空间资源的垄断供给者，通过优惠空间政策的制定和企业及居民用地的批租，能够有效调控不同空间主体的行为，引导乡村住区中心的空间聚集。此外，乡镇政府还能够通过农田水利设施的建设和生态治理工程的实施，开拓不同村落的联系路径，进而密切村镇地域系统的横向联系。乡镇政府的空间行为及其空间政策是村镇地域系统空间组织的又一重要推动力量。

村镇地域系统的聚集与扩散是市场机制与政府调控耦合作用的结果，对应于不同的发展时期，两者的作用组合可能呈现出不同的特点。总体而言，在村镇地域系统的空间演化过程中，市场机制始终发挥着基础性作用，政府调控的力度将不断趋于增强。乡村空间的市场化发展和边缘化趋势是决定两者作用组合变化的主要因素。在城市化的初期发展阶段，乡村空间的市场化水平较低，乡村地域基本处于被忽视的地位，市场机制和政府调控的力度均较弱，乡村住区中心的成长和村镇地域系统的演化进程缓慢；在城市化的中期发展阶段，乡村空间的市场化发展不断深入，工业化和城市化的快速推进加速了乡村空间的边缘化，经济学原理表明，市场机制的自发作用难以扭转乡村空间的边缘化趋势，政府调控的强力介入成为必须，乡村住区中心在曲折中发展、村镇地域系统在动荡中演化；在城市化的后期发展阶段，乡村空间的市场发育成熟、功能完善、基础性作用得以充分发挥，但乡村空间的弱化性质和弱势地位并未从根本上改变，政府调控的强力作用得以持续并不断增强，乡村住区中心的规模稳定发展、功能不断增强，村镇地域系统真正融入城乡地域系统、空间结构不断优化。

8.2.3 村镇空间结构的系统变化规律

村镇地域系统是一种复杂的空间组织系统，其组织要素变化和组织机制变化的耦合形成村镇空间结构的系统变化，这种系统变化可从多个视角予以考察，其中，时间阶段、空间分布和时空耦合的变化尤其值得关注。

1. 村镇空间结构的时间变化规律

事物随时间的变化是客观世界普遍存在的基本规律。但不同的事物具有不同的变化特征和变化趋势。前述讨论表明，村镇地域系统的组织要素和组织机制均表现出随时间而变化的特征，作为统一整体的村镇空间结构也理应存在着阶段性变化。可以认为，传统乡村空间是一种均质的离散化空间，并具有超稳定的结构形态；现代乡村空间是一种异质的聚集化空间，并具有不稳定的结构形态。现代乡村空间的分化和演化主要是工业化、城市化和市场化推动的结果，其中城市化发挥着直接的作用。据此，本书以当代中国的事实为背景，以发达国家的历程为参考，以城市化的发展水平为依据，将村镇空间结构的时间变化划分为既相互区别、又相互联系三个阶段。

（1）第一阶段为村镇空间结构的缓慢变化时期。其对应的城市化水平小于 30%。在该阶段，乡村空间开始由均质走向异质，村镇地域系统的组织要素密集但层次较低、联系路径稀疏且关系松散，二元作用机制开始形成、但作用强度并不平衡，乡村住区中心大多表现为地方集市和乡政府所在地的初始形态，村镇空间结构则主要呈现出一种“初级中心—外围村落”的二级构造体系。

（2）第二阶段为村镇空间结构的动荡变化时期。其对应的城市化水平介于 30%和 70%之间。在该阶段，城市化的快速发展引发乡村空间的剧烈变化，村镇地域系统的组织要素由密集转向稀疏、联系路径由松散转向紧密，二元作用机制经历由市场主导向政府主导的转型，伴随着小城镇的成长、中心镇的崛起和中心村的建设，住区中心和基层村落的类型开始出现分化，与此相适应，村镇空间结构的主流模式呈现出二、三、四级构造体系兼容的多样化态势。

（3）第三阶段为村镇空间结构的稳定变化时期。其对应的城市化水平大于 70%。在该阶段，城市化已基本完成、乡村空间由混沌走向有序，村镇地域系统的组织要素稀疏但层次提升、联系路径形成有机网络，二元作用机制因清晰分工而形成新的平衡，乡村住区中心以中心城镇和一般城镇为主要表现形态，村镇空间结构则复又“回归”到“中心城镇—中心村落”的二级构造体系。

由此可知，村镇空间结构的构造体系沿循“否定之否定”的运行轨迹而呈现出螺旋递进式变化。在这一演化进程中，乡村人口的变迁和社会生产力的进步是其中具有决定性意义的因素。需要说明的是，村镇空间结构的演化路径是基于典型乡村空间的概括，由于地理环境的差异，有些地区未必也无需经历上述的完整历程。村镇空间结构的变化遵从特定的空间分布规律。

2. 村镇空间结构的空间变化规律

村镇空间结构是乡村地域人地相互作用的集中表现形式，也是乡村人地关系的主要“连接界面”。一定的村镇空间结构不仅是乡村人类利用自然、改造自然的物质成果，也是其人类继续利用自然、改造自然的作用载体。伴随着社会生产力的发展，人类活动已由人地矛盾的次要方面上升为主要方面；科学技术的巨大进步不仅使人类社会逐步摆脱了对自然环境的被动依赖，似乎也在摆脱自然环境对人类活动的束缚。然而，自然环境的变化并不会以人类的意志为转移，一定的自然环境条件总是对应一定的人类活动“门槛”——自然条件存在对人类活动的基本约束，作为自然条件地域差异而存在的地理环境因而也是村镇空间结构变化的基本约束。依据乡村空间的自然条件及其承载力状况，可将村镇空间结构赖以存在的地理环境划分为三个依次变化的类型。

（1）第一种为生态条件较好的地区类型。该类型的地理环境特征是：地势平坦、土壤肥沃、气候条件优越，因而环境承载力强、人口稠密、区域经济发展的背景条件好。理论上，村镇空间结构的时间变化规律在该类地区体现得最为标准，实践中，村镇空间结构的时间变化特征在该类地区体现得最为典型。村镇空间结构的构造模式需要经历初始的二级体系、到过渡的多元体系、再到均衡的二级体系的轮回演进。村镇空间结构变化的突出特征是“中心城镇—一般城镇—中心村庄—一般村落”四级结构体系的形成与消亡。

（2）第二种为生态条件适中的地区类型。该类型的地理环境特征是：地势起伏不平、土地类型多样、气候条件较好，因而环境承载力较强、人口稠密适中、区域经济发展的背景条件较好。理论上，村镇空间结构的时间变化规律在该类地区体现得不甚标准，实践中，村镇空间结构的时间变化特征在该类地区体现得也不够典型。村镇空间结构的构造模式同样存在三个阶段的变化、形成二级体系的轮回演进，但在其变化的第二阶段，小城镇成为乡村住区中心的主流形态，“小城镇—中心村—村落”是村镇空间结构的主流模式。

（3）第三种为生态条件较差的地区类型。该类型的地理环境特征是：山高谷深、土地破碎、气候复杂多变，因而人类生存条件恶劣、人口稀疏、区域经济发展的背景条件差。理论上，该类地区村镇空间结构的构成要素稀疏、组织联系困难、优化成本巨大，实践中，转移乡村人口、简化空间结构当是村镇地域系统的空间优化方向。村镇空间结构的变化以聚集发展和要素优化为主，其构造模式有别于上述类型的轮回演进，主要表现为二级体系的线性升级。

由此可知，地理环境的差异深刻影响着村镇空间结构的变化。就中国的具体国情而言，东、中、西三级阶梯的地理环境差异基本决定了村镇空间结构的不同变化模式。目前，东部发达地区的乡村空间通过小城镇组团推动了中心城镇的成长，村镇空间结构已初现四级构造体系的雏形；中部地区乡村住区中心增长乏力、中心村建设起步，村镇空间结构开始走向三级构造体系；西部地区乡村空间聚集发展缓慢，村镇地域系统尚停留在初级发展阶段，村镇空间结构的三级体系特征显著。中国村镇空间结构变化的区域差异固然与不同区域乡村空间的发展水平紧密相关，但地理环境的限制作用同样不可忽视和不容低估。

3. 村镇空间结构的耦合变化规律

人文现象的时空耦合是地理学的基本规律之一，其主要含义是：在地理环境相同或相似的条件下，特定区位某种人文现象的历史演化可投影为某时刻该人文现象的空间分布，或一定时刻某种人文现象的空间分布可转换为特定区位该人文现象的时间变化。通俗地理解，在人类社会发展的诸多方面，发达地区的“今天”即为欠发达地区的“明天”。如前所述，村镇空间结构是乡村人地相互作用的产物，也是乡村人地关系的标尺。在地理环境相同或相似的背景下，村镇空间结构的变化同样遵从时空耦合规律。例如，同处东部发达地区，不同的发展机遇可能导致不同地区乡村空间的发展水平差异，村镇空间结构由此显现不同演化阶段的特征。在江苏，目前苏南地区村镇空间结构的四级结构模式趋势明显，苏北地区却仍然停留在三级结构模式发展阶段；根据人文现象的时空耦合规律，村镇空间结构的四级结构模式可能成为未来某一时期苏北地区村镇地域系统的空间演化方向，其三级结构模式理当构成某一历史时期苏南地区村镇地域系统的空间演化图景。村镇空间结构的时空耦合是其变化所遵循的基本规律。

正确认识村镇空间结构的时空耦合规律具有重要的实践意义。一般来说，完全相同的地理环境是不存在的，极其相似的地理环境也是不多见的，但却常常可以发现某一（些）地理环境要素相同或相似的情形。由此可以推论，村镇空间结构的演化模式虽然不能够被完全复制，但其某一（些）构成要素和（或）联系路径却存在广为借鉴的可能性。通过学习发达国家（地区）乡村空间发展的经验，能够为欠发达地区的村镇空间结构优化提供有益的启示。

8.3　村镇空间结构变化的趋势判断

8.3.1　乡村人地关系变化与村镇地域系统演化

乡村人地关系变化是村镇地域系统演化的基础。乡村人地关系变化源于人类需求与土地供给的矛盾运动，乡村空间的开放性加剧了乡村地域人地矛盾的复杂性，新时期的乡村人地关系已经呈现出新的特征。

人地数量关系有所改善。国家的人口政策效应和城市化的加速发展已从根本上改变了乡村空间的人口变化态势，村落人口（城市化口径）和村镇人口（乡村地域口径）分别于 1996 年和 2008 年由持续增加转为持续减少。现以 2010 年为基准年，以“十一五”期间的人口平均增长率和城市化水平增长率为参考，对中国乡村空间的人口变化进行预测。2010 年，中国总人口约为 134091 万、城市化水平约 47.5%，城镇人口和乡村人口分别为 66978 万和 67113 万；“十一五”期间的总人口年均增长率为 0.52%，城市化水平年均增长率为 1.7%，考虑到各自的近年变化趋势和城市化政策的可能影响，分别将该两项指标调整为 0.5%和 1.5%。据此，到 2015 年、2020 年和 2025 年，国家总人口分别增长为 137477 万、140948 万、144508 万，城市化水平分别达到 55%、62.5%和 70%。村落空间的人口变化大大快于村镇空间的人口变化，说明未来的村镇空间将同时存在着人口减少和人口聚集两大趋势，与此同时，庞大的乡村人口数量仍然将是中国的基本国情。

在工业化和城市化的背景下，土地资源日趋减少是乡村空间土地利用变化的基本趋势，城市化的发展模式选择可能影响乡村土地的变化速度。就土地利用的类型而言，土地资源包括耕地、林地、草地、内陆水域和其他用地等，但对乡村空间和国民经济社会发展影响最为显著的是耕地变化。现以 2010 年为基准年，以“十一五”期间耕地面积的变化率指标为参考，对中国乡村空间的耕地变化情况进行预测。2010 年，中国耕地总面积约为 18.26 亿亩，人均占有耕地面积 1.363 亩；“十一五”期间，耕地面积累积减少 0.01 亿亩、年均变化率为– 0.01%，考虑到国家土地政策变化和耕地保护措施的积极影响，到 2015 年、2020 年、2025 年中国耕地面积将基本保持不变。伴随着城市化的发展，中国耕地总面积和人均占有耕地面积持续减少，人地矛盾日趋尖锐。事实上，中国一直是耕地资源稀缺的国家，现有耕地面积少、质量差，人均耕地面积不足世界平均水平的 40%，大约相当于美国的 1/8、印度的 1/2，其中，高产田仅占 28%，低产田为 32%。但村落空间人口减少快于耕地减少、人均耕作面积反而有所增加。

人地作用方式显著改变。从人类活动对乡村地理环境的作用看，由于农村经济发展的要求和国家粮食安全的压力，随着村落人口的减少，农业替代技术迅速获得推广，主要表现为耕地集约利用程度及其结构的变化。相关研究表明，自改革开放以来，中国耕地集约度总体变化趋势是劳动集约度不断下降而资本集约度快速上升；前者由 1980 年的 398.50 d/hm^2 降低到 2006 年的 130.25 d/hm^2、下降幅度达 298.25 d/hm^2 和 67.37%、年均降低 10.32 d/hm^2 和 2.59%，后者由 1980 年的 237.40 元/hm^2 上升到 2006 年的 915.36 元/hm^2，上升幅度达 677.96 元/hm^2 和 285.58%、年均上升 26.08 元/hm^2 和 10.98%（陈瑜琦和李秀彬，2009）。资本集约度的上升速度快于劳动集约度的下降速度，说明乡村农业生产方式变化引发人类活动对地理环境作用的性质随之发生变化，基于人口变化的直接作用趋于减弱，基于技术进步的间接作用趋于增强。在农业生产的资本投入结构中，化肥、农药、种子购置和机械作业投入约占资本集约度总量的 90%，其变化基本可以代表资本集约度的整体发展趋势。1980～2006 年，化肥投入由 138.95 元/hm^2 增加到 302.48 元/hm^2，年均增加 6.29 元/hm^2 和 4.53%，其在资本密集度中的比重由 58.53%下降为 33.05%；同期机械作业投入由 22.45 元/hm^2 增加到 162.88 元/hm^2，年均增加 5.40 元/hm^2 和 24.06%，其在资本密集度中的比重由 9.64%增加到 22.56%（陈瑜琦和李秀彬，2009）。在资本密集度的结构中，化肥投入份额始终居于主导地位，尽管绝对总量仍在增加，但所占比重趋于下降；机械作业费用投入最具变化活力，并于 1999 年开始成为第二大投入方式。上述资本密集度的变化还表现出显著的阶段性和区域性特征。从时间变化看，1996 年之前，化肥等增产性投入的增长快于机械作业费用的增长；1996 年之后，机械作业费用的增长快于化肥投入的增长。从空间变化看，在经济落后地区，化肥投入所占份额大大超过机械作业费用；在经济发达地区，机械作业费用所占份额增大到与化肥投入相匹配的水平。例如，2006 年浙江农业生产的机械作业投入在其资本密集度结构中所占比重高达 37.32%，为全国之最。

在很大程度上，农业生产的资本密集度反映的是技术对劳动的替代程度，其比重变化能够揭示人类作用于地理环境的精细结构。化肥、农药和种子的购置和投入以追求增产和提高土地生产率为主要目标导向，表现为生物化学技术对劳动的替代；机械作业的投入以追求省工和提高劳动生产率为主要目标导向，表现为动力机械技术对劳动的替代。由于中国人多地少的国情和土地破碎的背景，农业生产中的化学生物技术先于动力机械技术而普及，并在其资本密集度结构中始终居于主导地位；伴随着区域经济社会的发展，动力机械技术对劳动替代的前景广阔，并可能成为中国农业生产资本密集度结构的变化方向。乡村人类活动的不同作用方式及其变化引起地理环境的不同反应。以化肥、农药等生物化学替代技术的应用，有力促进了中国主要粮食作物单产水平及总产量的提高。例如，1980～1995 年对应于生物化学替代技术应用快速发展的阶段，稻谷、小麦和玉米三大粮食作物单产以 3.87%的年增长率递增，总产量由 3053 kg/ hm^2 迅速增加到 4828 kg/ hm^2；1996 年后，中国粮食单产增长缓慢、总量徘徊不前，生物化学替代技术的应用增长趋缓构成其主要制约因素。与此同时，化肥、农药等生物化学技术的大规模应用也引发了乡村空间严重的土地污染和生态退化。例如，从 1991～1999 年，中国乡村地域的化肥、农药和农膜使用量由 2805 万 t、765307 万 t 和 64 万 t 上升到 4124 万 t、1321620 万 t 和 126 万 t，分别增长了 1.5 倍、1.7 倍和 2.0 倍；特别是，化肥和农药的单位面积施用量均大大超过了保障食品安全的限制标准；中国农田因此而长期遭受污染的面积约 200 万 hm^2。乡村工业的发展、农业结构的调整、居民生活的改善和城市污染的扩散等进一步丰富了乡村土地污染的类型，并加剧了土地污染的压力。土壤污染严重破坏了其有机构成，并进而大大损害了土地生产力，水、气和固体废弃物污染则进一步恶化了乡村人居环境，乡村空间的经济社会可持续发展面临严峻的挑战。

在当代中国乡村人地关系变化的诸多要素中，乡村人口变化是村镇地域系统演化的基本控制变量。城市化的加速发展已使乡村空间开始走向稀疏化，在可以预计的未来，这一趋势仍将继续。农业技术进步是村镇地域系统演化的关键控制变量。伴随着乡村空间人口的持续减少，动力机械技术将逐步取代化学生物技术成为人类活动作用于地理环境的主流方式，并由此推动乡村空间的聚集化，乡村人地关系将可能趋于缓和。乡村空间的稀疏化和聚集化趋势并存，其二维复合将构成未来村镇地域系统要素重组和空间重构的背景和基础。

8.3.2　当代村镇空间发展与村镇空间结构变化

当代村镇空间发展是村镇地域系统演化的动力。由于当代乡村空间的开放性和边缘化，内生发展和外源驱动构成村镇地域系统演化的复合动力机制，新时期的村镇空间发展具有新的特征，并深刻影响村镇空间结构的变化。

乡村内生发展开始转型。伴随着内部基础和外部环境的变化，乡村空间开始走向经济、社会和文化的全面转型，并呈现出发展模式的多样化。就经济转型而言，主要体现为乡村经济的非农化和乡村空间的市场化。在当代中国，东部沿海地区乡村经济的非农化发展最为典型。根据相关研究成果，伴随着区域工业化和城市化的快速发展，东部沿海地区乡村空间的产业结构、就业结构和农业生产方式均已发生巨大变化。1978～2005 年，沿海地区第一产业比重已由 23.3%下降为 7.9%，第三产业比重由 19.8%上升为 40.5%。模拟分析表明，这一趋势仍将持续，2010 年和 2020 年，该地区的农业产值比重将下降到 8.0%和 6.0%。1990～2005 年，沿海地区乡村人口由 3.06 亿降为 2.19 亿，劳耕弹性系数为 1.84，反映农业劳动力转移远快于耕地面积减少的事实，农业劳动力效益随之稳步提高。上述变化趋势要求乡村空间的聚集发展，但该地区农村人均居住用地规模却在继续增大。从乡村空间的市场化发展看，余斌[①]通过定义乡村空间的生活市场化指数和生产市场化指数，系统探讨了改革开放以来中国乡村空间的市场化进程。研究表明：1980～2005 年，乡村居民的生活市场化指数由 52.32%提高到 83.53%，年均提高 1.25%；乡村住区的生产市场化指数由 51.68%提高到 81.43%，年均提高 1.19%。乡村空间的市场化发展迅速，其演化进程呈现出“快—慢—快”的波动变化特征。同期，乡村第三产业增加值占非农产业增加值的比重由 16.75%上升至 20.00%。上述变化趋势要求乡村空间的有机发展，但其相对低下的第三产业发展水平与相对旺盛的生活市场化需求之间存在较大矛盾。这是当代乡村空间的一个基本事实，也构成其转型发展的内源动力。此外，乡村经济的转型也用力推动了发展模式的多样化。例如，传统观念认为，乡村空间发展只有经历工业化才能实现现代化，发展乡村工业是乡村空间转型的必由之路。然而，由于环境污染、技术缺乏和运输成本等问题，乡村工业在乡村空间普遍出现了衰退，尤其是在广大中西部地区。但是，“农家乐”等乡村旅游的兴起，说明乡村空间的发展未必一定要走工业化路径，也可通过直接发展第三产业等绿色产业带动种殖业、养殖业的发展和乡村经济的转型，并由此推动村镇地域系统的空间重构。

工业化、城市化和市场化不仅推动了乡村空间的分化，而且加速了乡村社会的分化。传统乡村空间是一种封闭均质的离散化空间，乡村居民具有共同的价值观念和统一的生活方式，并构成一个行为近乎整齐划一的群体。当代乡村空间是一种开放异质的边缘化空间，乡村居民的价值观念、行为方式和生活模式正日趋多元化。当代乡村社会的分化首先源于乡村居民职业构成的分化，并由此带来其经济地位的差异。1980～2005 年，乡村居民从事传统行业（第一产业）的人数持续下降，就业于非农产业的人数则持续上升，前者占乡村住区从业人数的比例由 89.20%下降为 59.49%，后者则由 10.80%上升到 40.51%，即约有 30%的乡村劳动力已经完成其职业转换。与此相适应，乡村居民的人均收入不断增长、收入结构趋于发散、收入差距日益扩大。1980～2005 年，乡村居民的人均收入由 191 元提高到 3255 元，人均收入水平低于 1000 元所占比例由 1985 年的 97.80%下降到 2005 年的 7.00%、高于 2000 元所占比例则由 0.15%上升到 70.57%。乡村地域的分工和乡村居民的职业分化推动了乡村空间的人口流动和人际联系，乡村居民的收入差异催生了生活模式的多样化，并加剧了乡村空间的异质化。这些变化对乡村地域的空间组织提出了新的要求。与此同时，基于经济基础—思想观念—行为方式的作用逻辑，乡村社会的分化同时伴随着乡村文化的裂变。由于市场化明晰了乡村居民的独立法人地位

① 余斌. 2007. 城市化进程中的乡村住区系统演变与人居环境优化研究. 武汉：华中师范大学博士学位论文.

和经济主体意识，并传播了新的交易范式和新的竞争理念，城市化推动了当代城市文明对传统农耕文明的逐步替代，全球化的浪潮已席卷乡村住区的每一个角落，当代中国乡村居民的价值观念已然发生“脱胎换骨”的变化，形成既有繁荣，又有衰落，繁荣之中暗含着衰落、衰落之中孕育着繁荣的乡村文化“场景”。由于文化的“能量已超越技术本身”，“其在未来的发展中必将成为影响当代文明最具活力的成分”，乡村文化的重构势必将引导和带动村镇地域系统的要素重组和空间重构。

乡村外源驱动逐步升级。当代乡村空间的边缘化主要源自市场经济背景下的外部空间作用，其摆脱路径则主要源自政府调控引导下的外部空间作用。乡村空间发展的外源驱动主要包括政府行为的直接作用和政府政策引导下的外部空间的自觉作用。在政府行为的直接作用方面，当代中国的实践经历了一个从忽视到关注、从作用到升级的过程。具体而言，改革开放前 20 年，乡村空间发展总体上处于被忽视的地位，市场机制的自发作用加速了乡村空间的边缘化。以 1998 年召开的十五届三中全会为标志，国家开始深度关注乡村空间发展，提出了新农村建设的命题；进入 21 世纪以来，国家以破解“三农”难题为目标，不断加大对乡村空间发展的直接干预力度，特别是，伴随着国家《中华人民共和国国民经济和社会发展第十一个五年规划纲要》的实施和《中共中央国务院关于推进社会主义新农村建设的若干意见》的贯彻落实，乡村空间发展真正迎来公共财政阳光普照的新时期。政府行为的直接作用方式分为财政转移支付和公共设施建设等主要类型。2006 年，仅中央财政下拨的支农资金就达 3397 亿元，据估计，通过多策并举，乡村居民当年实现人均收入增加 300 元以上；同年，国家在“十五”农村公路建设取得历史性成就的基础上，再次启动并实施“农村公路建设五年千亿元工程”；与此同时，以“饮水工程”和“村庄整治”为契机，全面加大了乡村公共服务设施和人居环境建设力度。乡村居民收入水平的提高直接转化为乡村空间的内生发展活力，农村公路等基础设施建设重塑了乡村地域的空间结构，学校、诊所、商店等服务设施的区位调整、布局优化和大力建设有力推动了乡村空间的聚集发展。国家财政的强力注入和政府调控的直接干预为村镇地域系统的优化奠定了坚实的基础。

政府政策的间接作用方式主要是指通过政策引导，推动形成“工业反哺农业、城市带动乡村”的新格局，并最终实现城乡空间一体化。理论上，伴随着城市化的深入发展，乡村空间的人口不断减少，技术进步的推动能够保证农业劳动生产率的稳步提高，市场机制和城市空间的自发作用可能使得城乡空间发展自动趋向均衡。然而，农产品是人类生活的基本消费品，农业是一种融自然再生产和经济再生产于一体的产业部门，农产品需求的低弹性和农业生产的弱质性大大增加了发展的不确定性，外源驱动成为乡村空间发展的必然选择。据此，中国政府总结自身发展历程和国际发展经验，提出了“两个趋势”的著名论断；中共十七届三中全会《中共中央关于进一步推进农村改革发展若干重大问题的决定》进一步提出了城乡一体化的发展目标：“新形势下推进农村改革发展，要把加快形成城乡一体化新格局作为根本要求，建立促进城乡经济社会发展一体化制度。尽快在城乡规划、产业布局、基础设施建设、公共服务一体化等方面取得突破，促进公共资源在城乡之间均衡配置、生产要素在城乡之间自由流动，推动城乡经济社会发展融合。”城乡一体化目标的确立，为农村发展提供了新的动力，可引导城乡生产要素双向流动，城市产业向农村扩散，农产品向城市流通；可综合协调城乡空间利用，平衡城镇各种功能发展的空间需求，缓和各方利益冲突；可规范城乡资源的有效利用，城乡人居生态环境的有序改善，历史文化遗产的有力保护；可引导适应农村环境和生产特点的城市工业下乡，促进城市和周边农村经济社会共同发展；可引导人口和劳动力有序流动，促进城镇化健康发展。城乡空间一体化是城乡经济社会发展一体化的物质基础，村镇地域系统的聚集化、有机化和网络化是“工业反哺农业、城市带动乡村”的基本支撑。城乡空间相互作用的增强构成村镇空间结构优化的现实需求。

8.3.3　村镇空间结构变化的未来情景展望

目前，中国仍处在城市化的快速发展阶段，乡村空间仍将发生剧烈、深刻的变化。中国的村镇地域系统将如何演化？村镇空间结构将会发生怎样的变化？欲回答该类问题，必须认真总结发达国家的经验教训，准确把握当代中国的具体国情，同时，正确认识未来中国乡村空间发展的动力基础。

基于发达国家的历史分析。总体上，西方发达国家于 20 世纪 50 年代就先后完成了国家的人口城市化，此后进入所谓的“后工业化时期”。在这一历史进程中，一些乡村住区因受工业经济的渗透而转型，并逐步融入城市主流社会；另一些则因遭受分化和剥夺而远离都市文化，并日渐萧条和衰落。与此相对应，村镇地域系统的构成要素发生显著变化，大量村落和公共基础设施遭到废弃，教堂、学校和商店等空间结构要素渐行消失，道路设施网络日益萎缩。由于人口持续外流、设施日趋破败，景观褪色、文化颓废，乡村空间因丧失生机与活力而严重被边缘化。20 世纪 70 年代，这些国家陆续出现所谓的“乡村复兴”现象，其外在特征是乡村人口增加、建筑密度增大和土地利用的多样化，其内在结构也随之发生变化，诸如停车场、乡村公园等新的元素纷纷涌现，空间模式由自发的分散型向规划的聚集型转变等。与此同时，外部人口的大量涌入及其多样性活动引发了生态环境问题，乡村空间陷入经济发展与环境保护的两难困境。有鉴于此，自 20 世纪末，西方世界的乡村发展初现“空间转型”的新端倪，即乡村空间开始走向“多功能性（multifunctionality）”。在“欧洲空间发展展望（ESDP）”和“共同农业政策（CAP）”的推动下，“乡村综合发展”备受关注，土地资源保护、文化景观修复和生态环境治理成为当代乡村空间发展的主题。西方发达国家的经验表明，城市化和市场化必然引起乡村空间的衰落。基于市场机制自发作用和城市空间需求变化的产业扩散及“逆城市化”等，也难以从根本上扭转乡村空间日益萧条的趋势，国家干预的不断深化可能构成乡村空间转型及其可持续发展的关键推动力量。外源驱动是乡村空间转型发展的必然要求。

基于时代背景的比较分析。从城乡空间冲突的角度看，西方发达国家仿佛是“一夜间迈入了后工业化社会”。这一现象是其特定的国情和时空背景共同作用的结果。欧美国家是典型的市场经济国家，由于市场机制在资源配置中的主导性作用，这些国家的工业化和城市化并未能幸免于乡村空间的边缘化。然而，尽管存在周期性经济波动，但尚未出现资源环境的“瓶颈”制约，工业化和城市化的顺利发展为乡村人口的有效转移提供了保证；特别是，发达国家充分利用其先发优势，在世界范围内构造“核心—外围”体系，以广大殖民地国家为原料和产品市场，大大弱化了对乡村空间的剥夺，并有效缓和了城乡发展“鸿沟”。当代发展中国家发展背景复杂、发展愿望强烈、发展压力沉重、发展道路曲折。长期屈辱的身份背景催生出民族复兴的情感激励，长期落后的经济基础造就了市场竞争的弱势地位，市场机制不完善损害了国家发展的效率，片面工业化和扭曲城市化孕育着发展的波动和风险，并加速了乡村空间的边缘化，尤其是，发展中国家普遍遭遇人口增长、资源短缺和环境污染的刚性约束。在乡村走向萧条的同时，国家、城市等外源动力不足，乡村空间发展极易陷入“贫困恶性循环”。

基于当代中国的国情分析。当代中国的乡村空间发展兼具发展中国家的普遍矛盾，也具有自己的独特国情。中国的基本国情是人多地少，特别是乡村人口众多、土地资源稀缺。这一特征将长期存在，这一矛盾将日趋尖锐。根据前述预测，到 2020 年，中国仍有多达 91782 万的巨量乡村人口和 59123 万的庞大乡村群体，但国家人均耕地面积已进一步减少到 1.127 亩。与此同时，中国资源贫乏、生态脆弱，人均耕地面积不及世界平均水平的一半，人均水资源占有量仅为世界平均水平的 27%。在科学发展观和可持续发展的背景下，乡村空间发展的意义正在发生变化，“农业、农村是全国的生态屏障，……，没有农业、农村，城市也就无法生存和持续发展。这种生存不仅是供给意义上的，更重要的是一种生态性的保障”。简言之，“要想用仅占全球 7%的耕地、7%的淡水资源来支撑占全球 21%人口的中华民族的生存和发展，就必须留得住农民，留得住农业生产和生态空间，即农村的耕地、林地、水源地等”（仇保兴，2009b）。——所有这些决定了中国不能够沿袭西方国家曾经的、以“牺牲”乡村为代价的城市化道路。从当代中国的发展实践看，乡村空间正试图摆脱传统路径而努力走向城乡平衡与和谐发展。

由此可知，由于城市化世界中乡村住区的边缘性地位，由于可持续发展背景下乡村空间的生态环境价值，积极的国家干预既是乡村住区发展的内在要求，也是当代乡村空间发展的客观规律。中国“新农村建设”的实践表明，外源驱动仍将是乡村空间发展的持续动力，城市化仍将是其中的基础变量，国家干预仍将是其中的关键变量。与此同时，乡村空间将进一步走向聚集和开放，通过在开放中聚集，在聚集中开放，村镇地域系统的空间结构不断走向有机化和网络化。

乡村住区中心数量继续减少、规模持续扩大。城市化将推动乡村人口的持续减少，乡村空间的稀疏化与密集化并存将是一种长期趋势。一方面，聚集经济的自我强化机制将促使乡村住区中心自我膨胀；另一方面，伴随着乡村空间的人口减少和住区中心的功能提升，村镇地域系统规模扩张、数量递减，乡村住区中心数量随之减少。与此同时，乡村住区中心的功能提升还反作用于村镇地域系统的空间规模扩张，乡村道路设施的日益完善也为这种反作用提供了技术支持。有关研究认为，在乡村空间的地理背景下，作为一个有效率的乡村住区中心，现阶段的适宜服务市场规模应为 4 万～5 万人，其中，中心人口的聚集规模应占其市场规模的 40%左右。考虑到乡村空间发展和住区中心成长的渐进性，现假定：2010 年和 2020 年，中国乡村住区中心的平均市场规模分别为 5 万人和 6 万人，根据前述的人口预测数据，则乡村住区中心的数量大致应为 18748 个和 15297 个，较 2008 年分别减少 48.0%和 57.5%；其自身人口规模约为 2.0 万人和 2.4 万人，较 2008 年分别增加 2.5 倍和 3.0 倍。村落进一步稀疏化而中心进一步聚集化。

农村公路建设将逐步由数量扩张转向质量提升。经过改革开放 30 年的建设与发展，中国农村公路的通车里程和通达深度已有显著增长；特别是，“十五”期间，国家采取了一系列针对性措施和大规模投入，使乡村公路交通状况发生了根本性变化。“十一五”期间，与新农村建设的总体要求相适应，国家开始全面实施《全国农村公路建设规划》，并于 2006 年正式启动“农村公路建设五年千亿元工程”，农村公路建设快速推进。2008 年年底，全国农村公路通车里程达 321 万 km（含县乡两级公路），东部和中部地区建制村通沥青（水泥）路率分别达 90.1%和 79.8%，西部地区建制村通公路率达 81.2%。应该说，经过 21 世纪前 10 年的建设，中国农村公路的通达体系将基本完成。未来村镇地域系统的空间规模不断扩张、村落元素趋于稀疏，国家公路建设随之面临重大战略转型，路面升级和道路连接将上升为公路建设的重点，农村公路的通畅程度不断提升、道路运营更富效率。这些变化将有利于推动村镇地域系统的空间重构。

村镇地域系统出现分化并重新组合，村镇空间结构不断优化。随着城市化的发展和城市空间的扩张，部分紧邻城市的村镇地域系统将融入城市地域系统；随之乡村住区中心的空间聚集和规模扩大，部分村镇地域系统将转化为城市地域系统；村镇地域系统数量大幅减少。伴随着城市空间作用力的增强和乡村空间外联路径的完善，城乡空间联系更趋紧密，在区域层次上，城市地域系统和村镇地域系统的空间融合构成城乡地域系统，并由此形成城乡空间一体化的新格局。与此同时，乡村人口数量持续减少，乡村住区中心聚集规模日益扩大，村落数量日益缩减，农村公路设施网络连接日益完善，村镇地域系统空间范围日益扩展。乡村住区中心的聚集发展强化了村镇地域系统的内部联系，农村公路设施的网络连接强化了村镇地域系统的有机组织，通过聚集与分散相结合，村镇空间结构的组织模式不断进化、组织体系不断优化。由于区域差异和时空耦合，在某一特定发展时期，不同的村镇地域系统将可能呈现不同的空间组织形态。

8.4　村镇空间结构与空间功能变化

8.4.1　村镇地域系统的空间结构与空间功能

村镇地域系统是一种人地关系系统，可从人类活动、地理环境和人地相互作用三个层面描述村镇地域系统的空间结构。作为沟通人文科学与自然科学的桥梁和纽带，基于人地相互作用考察村镇空间结构是地理学的独特视角。现实中，人地相互作用具有不同的物质存在形式和空间聚集单元，其间存在着多路径的有机联系，这种空间聚集单元及其联系路径的排列组合即村镇地域系统的空间结构，其静态表现形式即一定地理环境中乡村住区中心和众多村落通过联系路径构成的有机整体。村镇空间结构既是实施乡村人地相互作用的联结界面，也是反映乡村人地关系状态的显性标尺。

前述讨论表明，乡村空间具有多种功能，是一种多功能的复合性空间。本质上，村镇地域系统是由广域乡村空间分割而成的有限空间，具有广域乡村空间的一般功能。另外，村镇地域系统又是一种多要素组成的有机空间，自身具有特定的空间结构，具有特定的空间功能。这种特定的空间功能具有双重涵义：一是特定的功能性质，二是特定的功能强度。前者是指由乡村住区中心的性质差异决定的空间功能性质差异。例如，如果乡村住区中心表现为乡村工业基地，则村镇地域系统具有生产性主导的主体功能；如果乡村住区中心表现为乡村商业基地，则村镇地域系统具有生活性主导的主体功能。后者是指由乡村住区中心的实力差异决定的空间功能强度差异。例如，如果乡村住区中心具有较高的乡村工业发展水平，则村镇地域系统具有较强的生产性功能；反之亦然。在很大程度上，乡村住区中心的状态基本决定了村镇地域系统的功能状况。

上述村镇地域系统的功能变化符合系统科学的基本原理。一般地，系统具有三个基本属性：要素、结构和功能，要素之间的联系形成系统结构，结构的加和效应产生系统功能。系统结构决定系统功能，有怎样的系统结构当有怎样的系统功能，这种结构对功能的决定作用主要通过要素之间的联系及其所表现出的整体性来实现；系统功能能够反作用于系统结构，系统功能明晰之后可据此调整系统结构，这种功能对结构的反作用主要通过影响要素变化及其相互之间的联系实现。就村镇地域系统而言，有别于传统的均质离散乡村，空间异质化是系统形成的基础，地域内聚力是系统形成的机制，乡村住区中心的崛起是系统形成的标志，由此构成的空间结构是村镇地域系统的根本属性，乡村住区中心、散布周边的村落和蜿蜒展布的道路网络有机联系、相互作用，决定了村镇地域系统的功能。由此可知，村镇地域系统的自然演化形成一定的空间结构，并产生一定的空间功能；通过推动乡村住区中心聚集、引导村落区位调整、构筑乡村道路设施等措施，能够影响村镇地域系统的空间结构变化，进而实现特定的功能目标。这是推动乡村空间结构优化和功能转型的理论基础。

8.4.2 村镇空间结构变化与村镇空间功能异化

人类活动和地理环境是人地关系的两个方面。人类生存于自然界，通过作用于自然环境不断改善自身的生存状况是人类活动的永恒主题，人类活动在人地关系中更富积极意义；特别是，伴随着人类社会发展和科学技术进步，人类基本摆脱了对自然界的单向依赖，利用自然、改造自然的能力大大增强、热情空前高涨，人类活动对自然环境的作用正在走向随心所欲和肆无忌惮。因此，相对于自然环境的缓慢、渐进变化，人类活动的变化迅疾而深刻，“人地关系的变化在人而不在物”（吴传钧，1995），人类活动始终居于人地矛盾的主要方面。在当代村镇地域系统的演化进程中，人类活动的影响最具活力并充满变数，自然环境通过其承载力及其宜居水平的变化反作用于人类活动，从而形成人类活动的约束条件，作为人地相互作用的显性标尺，村镇空间结构更是乡村人类活动作用于地理环境的具体成果，人类活动对村镇空间结构的变化具有决定性意义。

根据系统科学原理，系统的演化是其内部要素及联系和（或）外部环境变化作用的结果。村镇地域系统是一种相对独立的系统，人类活动是当代村镇地域系统演化的决定性因素。据此，当代村镇地域系统演化和村镇空间结构变化可分为两种类型：一种是内力主导型，即市场机制作用下的乡村人类活动引发的村镇空间结构变化，可视为是村镇空间结构的自发变化；另一种是外力主导型，即政府调控作用下的外力驱动引发的村镇空间结构变化，可视为村镇空间结构的自觉变化。在市场经济背景下，城市化推动了乡村空间的边缘化，依靠乡村人类活动的自发作用势必难以扭转乡村空间的边缘化趋势，村镇空间结构的变化充满不确定性；政府调控下的外力驱动是一种有意识的自觉行为，通过政府政策的引导和协调，使内生发展和外力驱动形成合力，从而推动村镇空间结构走向优化。

在乡村空间边缘化的背景下，当代村镇空间结构的变化已经表现出一些令人忧虑的特征。从空间基础看，城市的繁荣和乡村的凋敝形成鲜明反差，两者共同描绘出一幅“欧洲城市加非洲乡村”的区域图景；与此同时，乡村自然生态系统受损、环境污染严重。这种空间基础对村镇空间结构变化产生消极影响。在乡村空间日益稀疏化的条件下，村镇地域系统的空间聚集乏力，乡村居民生存条件恶化、空间离心趋向增强，从而制约了村镇地域系统有序空间结构的形成及其可持续发展。从空间要素看，突出表现为乡村住区中心成长不足。由于经济基础薄弱、乡村需求疲软导致非农产业发展落后，乡政府所在地和部分小城镇存在规模小、功能弱等问题，多不能承担乡村空间组织的重任。首先突出表现为村落布局凌乱。由于制度变迁、规划滞后和管理缺位等原因，乡村民居的区位选择随机性强，“空心村”等村庄蔓延现象普遍。再次表现为乡村道路设施有机水平不高。农村公路通车里程和通达深度快速增长，但人文关怀情绪弥漫、尊重科学规律欠缺，导致道路设施的功能层次较低、通畅保障不力、运营效率不高。从空间关系看，形成颇具典型特征的“双重离散”格局。由于乡村住区中心成长与乡村空间需求推动之间陷入“恶性循环”，村镇地域系统在走向边缘化的同时，并未能走出离散化的窘境，村镇空间结构的构成要素联系松散，乡村空间日益“远离”城市化空间。这些变化对新时期村镇地域系统的要素整合与空间重构构成挑战。

伴随着村镇空间结构的自发变化，村镇空间功能显现异化趋势。一般地，村镇空间功能具有总体综合性和阶段替代性的特征。总体综合性是指村镇空间是一种复合性空间，具有生产、生活、生态等多种功能；阶段替代性是指村镇空间的诸多功能存在功能强度的差异，伴随着村镇空间的演化，其主体功能可能发生变化。理论上，村镇空间结构决定村镇空间功能，与村镇空间结构相适应的空间功能及其作用绩效本是一种常态；实践中，人类之于村镇空间存在特定的功能诉求，这种功能诉求强烈受制于人类发展理念的约束，并随着人类社会的整体发展水平而变化。据此，村镇空间功能异化是指，在中国“以人为本”的科学发展观视野下，当代村镇空间所表现出来的、不利于保障乡村居民可持续发展的空间绩效，是村镇空间客观功能绩效与人类社会主观功能诉求之间的偏差。

进入 21 世纪以来，中国政府在深刻反思自身发展历程、充分汲取国际发展经验的基础上，提出了科学发展观，并据此构造了指导中国未来发展的长期战略和行动纲领。根据科学发展的理念和要求，当代中国村镇空间的功能正在走向异化。一是村镇空间的生活功能弱化。首先，乡村居民收入增长缓慢、收入渠道狭窄，其与城市居民的收入差距持续扩大。据估计，若将城市居民的隐性福利和优惠待遇计入，现阶段中国城乡居民的收入差距可能达到 6∶1 的空前水平，已远超国际社会公认的 1.5∶1 的“红线”。乡村居民的低收入不仅制约着其基本生活的保障，而且潜伏着社会稳定的隐患。其次，乡村公共基础设施和公共服务设施建设滞后、欠账较多、水平较低。农业水利设施陈旧破败、农村公路设施通行不畅、农民饮水设施保障不力等，乡村空间教育、文化、医疗、卫生和各项社会事业全面落后，乡村生活不仅丧失可靠的安全保障，更难以形成可持续性。

再次，乡村人居环境日趋恶化。宏观上，农村基础设施和公共服务设施落后严重影响了乡村居民的生活便利；微观上，“脏、乱、差”的村庄环境和家庭环境大大降低了乡村空间的宜居水平。二是村镇空间的生态功能弱化。健康的生态环境原本是乡村空间的独特优势，当代乡村空间不仅肩负自我生态保全的职责，同时承担城市生态屏障的重任。现阶段，农业生产方式的变化和生物化学替代技术的使用已严重损害了乡村自然生态环境的本底条件，城市污染的空间转移和扩散加剧了乡村生态系统的退化，土壤污染、空气污染、水质污染、垃圾污染等现象比比皆是，乡村生态环境的持续恶化有可能危及区域生态系统的崩溃。三是村镇空间的生产功能弱化。理论和实践均表明，城市化进程中村镇空间的生产功能弱化是一种必然趋势。一方面，城市工业和第三产业的崛起大大降低了乡村农业生产在国家（区域）产出中的份额，形成村镇空间生产功能的相对弱化；另一方面，伴随着社会的发展和技术的进步，人类消费对农产品的需求趋减、城市工业生产能够部分替代乡村农业生产，形成村镇空间生产功能的绝对弱化。以人类的需求考察乡村空间的价值，其生产功能的弱化理应转换为生态功能的强化和生活功能的优化。当代乡村空间三种功能同趋弱化的事实证明，单纯依靠内生发展，乡村空间势必难以摆脱边缘化和功能异化的发展趋势。

在很大程度上，村镇空间结构的自发变化推动了村镇空间功能的异化。从二维空间视角解读村镇地域系统的演化，村镇空间结构是一种静态映射，是村镇空间发展的显示器；村镇空间组织是一种动态描述，是村镇空间发展的推动力。也就是说，村镇空间结构不仅是乡村人地相互作用的结果，也是乡村人地相互作用的工具，离散的空间结构不仅意味着村镇空间发展的低水平，而且意味着村镇空间发展的弱动力。低层次的村镇空间结构是村镇空间功能异化的重要原因，处于“恶性循环”之中的乡村住区中心不仅助推乡村居民缓慢的收入增长，还因公共服务设施落后和空间组织效率低下而降低乡村居民的生活质量，并恶化乡村空间的发展环境，从而弱化了村镇地域系统的生活功能和生产功能；布局散乱的村落及其低水平的人居环境状况在增加乡村空间组织成本的同时，还直接威胁到乡村居民的生存和生活，从而构成改善乡村空间生活功能和生态功能的主要制约因素；低劣、低效的乡村基础设施和公共服务设施抑制了乡村空间的有机联系，阻碍了乡村居民的生活便利，并通过影响乡村空间发展水平而损害乡村居民的可持续发展。低层次的村镇空间结构也是乡村空间污染蔓延和自然生态系统退化的重要作用机制。此外，当代村镇地域系统空间基础的不可持续性形成村镇空间结构变化及其功能异化的背景条件。

8.4.3　村镇空间结构优化与村镇空间功能转型

在当代背景下，村镇空间结构的自发变化使村镇空间偏离人类的功能诉求而形成功能异化，政府调控下的外力驱动成为推动村镇空间结构优化和功能转型的必然要求。所谓村镇空间结构优化是指，通过政府力量的干涉和政府政策的引导，促使内生驱动力和外源驱动力正向叠加，形成空间结构有序、空间联系有机、空间组织有效的村镇地域系统；所谓村镇空间功能转型是指，通过村镇空间结构的优化，使生产功能的趋弱转换为生活功能和生态功能的提升，形成生产-生活-生态兼容的村镇地域系统。村镇空间功能转型的实质是推动村镇空间功能与人类功能需求之间由偏离走向“回归”。

政府调控下的外力驱动能够推动村镇地域系统的演进。

首先，中国已经基本迎来国家空间政策转型的有利时机。从政府能力看，国家经济经过 30 年的持续高速增长，已整体达到小康水平，国家随之积累了较为雄厚的财政资源。2005 年，中国的 GDP 总值超过 18.38 万亿元、人均 1700 美元，国家财政收入达 3.16 万亿元、较 1978 年增加了 27 倍以上。从城乡关系看，21 世纪之前，国家空间政策的主线是“农业支持工业、农村支持城市”。据估计，仅改革开放之前 20 余年，乡村空间净流出的经济剩余约为 8000 亿元；改革开放之后 30 年，乡村空间以投资、土地、劳动力等支持城市化，城市空间已形成自主发展活力。国家和区域发展可以转入“工业反哺农业、城市带动乡村”的新阶段。

其次，政府调控及其外力驱动存在多种作用路径。①通过调整国民收入分配格局、加大财政转移支付力度，直接向乡村空间注入资金。例如，国家粮食基地建设、农田水利设施更新和农村公路设施建设等项目的实施等。事实上，仅 2003～2007 年的 5 年间，国家财政用于“三农”的支出达到 1.6 万亿元，是改革开放前 30 年的 10 倍，是改革开放后 24 年的 1.3 倍；2008 年国家财政预算用于“三农”的资金为 3917 亿元，较 2007 年增长了 15.3%。②通过政策引导推动城乡一体化格局的形成。2008 年，党的十七届三中全会明确提出“城乡经济社会发展一体化体制机制基本建立”的 2020 年农村改革发展目标，要求“始终把着力构建新型工农、城乡关系作为加快推进现代化的重大战略……加快建立健全以工促农、以城带乡长效机制”。通过统筹城乡产业发展，引导城市资金、技术、人才、管理等生产要素向农村流动；通过统筹城乡基础设施建设和公共服务，逐步建立城乡统一的公共服务制度；通过统筹城乡劳动就业，引导农民有序外出就业。率先“在城乡规划、产业布局、基础设施建设、公共服务一体化等方面取得突破，促进公共资源在城乡之间均衡配置、生产要素在城乡之间自由流动，推动城乡经济社会发展融合”。当代世界经济充满不确定性，扩大内需已被并列为驱动国民经济持续健康发展的三驾马车之一，农村市场不断聚焦城市第二、三产业的目光，城市空间的作用必将成为乡村空间发展和村镇空间结构优化的重要外源动力。③通过政策引导吸引全球化力量的关注。在经济全球化的背景下，跨国资本已将其触角伸展至每一个角落，中国农村市场蕴含着巨大的商机；特别是，伴随着人类需求结构的变化和消费水平的升级，食品安全问题已成为全球瞩目的焦点之一，顺应世界潮流、介入乡村空间将能够获得丰厚的回报。全球化力量也将构成外源驱动乡村空间发展和村镇空间结构优化的重要补充力量。

最后，政府调控及外力驱动能够导向村镇空间结构的优化。当代乡村空间的边缘化既是市场机制的作用结果，也是市场失灵的集中体现。据此，政府调控的意义在于，通过构筑一系列机制和路径，缔造一种空间帕累托改进——在保证城市经济稳定增长的同时，激发乡村空间的发展活力，推动并促成一种城乡良性互动、共同繁荣的格局。由于村镇空间结构是乡村空间发展的显示器，政府调控及其作用下的空间帕累托改进必然导向村镇空间结构的优化。根据福利经济学原理，政府的主要经济职责是解决公共产品、外部性和自然垄断等问题。从公共产品的视角看，政府能够直接生产农村公路等基础设施和学校等服务设施，从而推动村镇地域系统的空间聚集和有机关联；从外部性的视角看，政府可引导建设农村水利设施、投资农村环境保护等，借以改善村镇地域系统的空间基础；从自然垄断的视角看，政府可协调电力、饮水、通信等部门向乡村空间拓展，据此优化村镇地域系统的空间格局。政府还可通过调整国民收入分配，将国家各种转移支付直接转化为乡村居民的货币收入，据此增加乡村空间的发展活力。此外，通过构建有利于城乡一体化的体制机制，引导形成城乡之间的空间联系、产业联系和市场联系，能够构筑城乡联系通道，推动乡村住区中心的健康成长，增强乡村空间聚集发展的经济基础。

村镇空间结构优化能够推动村镇空间功能转型。推动乡村空间功能转型已经成为当代世界的一种潮流。例如，日本1980年制定的“农改基本原则”，明晰了当代乡村空间的五大功能：供给粮食；适度配置人口，维护社会均衡；有效利用资源，提供就业场所；提供绿地空间，形成自然植被；维护文化传统（仇保兴，2009b）。尽管中国与日本存在发展阶段和发展水平的整体差异，但两者也存在人多地少的国情相似性，日本关于乡村空间的功能定位对中国具有借鉴意义。事实上，在日本关于乡村空间的功能定位中，“供给粮食”指的是其生产功能，“适度配置人口，维护社会均衡”、“有效利用资源，提供就业场所”和“维护文化传统”可视为其系统的生活功能，“提供绿地空间，形成自然植被”则是其典型的生态功能。当代中国的乡村空间应当是一种生产、生活、生态兼容的多功能性空间。显而易见，两者同样具有相似性。

村镇空间结构优化有利于推动村镇地域系统的功能转型，使当代村镇空间由生产主导走向生产、生活、生态的功能兼容。总体上，村镇空间结构优化意味着乡村空间环境从物质载体到联系网络和空间基础的全方位提升，有利于阻止其生产功能的绝对弱化、推动其生活功能和生态功能的强化。具体的，乡村住区中心的聚集成长能够直接贡献于乡村经济增长和公共设施建设，通过其内部空间组织和外边空间关联，带动村落经济发展、辐射公共服务、推动资源集约节约利用、便利生态环境保护等，从而有利于乡村空间生活环境和生态环境的改善；乡村道路网络等基础设施的完善能够有效提高村镇地域系统的空间组织效率，不仅便利乡村空间的人口和要素流动，而且密切系统不同区位的空间相互作用，从而有利于乡村空间生产环境和生活环境的改善；村落整合和村庄整治能够直接作用于乡村人居环境，通过土地整理作用于乡村生态环境，并推动村镇地域系统的有机化发展，从而有利于乡村空间生活环境、生态环境和生产环境的改善。村镇空间结构的优化对村镇空间的功能转型具有综合关联效应。

当代村镇空间的功能转型是一项系统工程。在乡村空间边缘化的背景下，跳出“就农村而论农村、就农业而论农业、就农民而论农民”的传统思维定势，寻求外力驱动、推动城乡关联当是一种基本的政策取向。与此同时，城镇化的健康有序发展既对村镇空间的功能转型提出了更高的要求，同时也是村镇空间顺利实现功能转型的前提条件；其中，适宜的城市化速度和科学的城市化模式是城乡空间相互作用的关键调控变量，其对村镇空间功能转型的实践涵义是，一方面，乡村空间要持续向外转移人口；另一方面，乡村空间要继续容纳适当人口。乡村空间人口的动态均衡对村镇空间的结构优化和功能转型具有至关重要的意义。此外，乡村空间发展的外力驱动思维不仅无需排斥，而且必须激活其内生发展动力。由此而论，空间管治也是村镇地域系统推动空间结构优化、实现空间功能转型的必要手段，立足村镇空间结构及其功能的现状、适应乡村空间生产-生活-生态兼容的多功能性要求，村镇土地利用规划与管治、人居环境建设规划与管治和公共服务保障规划与管治无疑成为其中的重要内容。

8.5 小　结

村镇空间结构是乡村人地相互作用的物质表现形态，是由乡村住区中心及其周边村落，经由交通道路和通信线路网络连接而成的空间组织体系。乡村住区中心是村镇空间结构的核心构件，具有内部组织和外部连接等基本功能。改革开放以来，中国乡村住区中心的主要变化特征是：数量趋于减少、规模持续扩大、功能有所增强，但空间聚集发展仍然不足、整体功能尚不适应村镇地域系统空间重构的要求。乡村通道设施是村镇地域系统空间组织的纽带，是由乡村道路和通信线路等基础设施组成的空间联系网络。新时期的总体变化特征表现为农村公路通车里程增加、通达深度提高、通行质量改善，但通畅保障程度不高、道路运营效率较低。宛若繁星的众多村落是村镇地域系统的基本组织单元，也是联系乡村面域空间的基地。现阶段，中国乡村村落数量趋于减少、规模在动荡中变化、布局的不规则性显著，村落耕地面积持续减少、生态环境日趋恶化。中国的村镇空间发展及其空间结构优化任重道远。

依据乡村住区中心的空间组织功能，可将村镇地域系统的空间组织路径概括为生产、生活服务和社会、政治管理，村镇地域系统的空间关联机制是生产、生活联系和社会、政治联系；其中，生产、生活服务及其联系对村镇地域系统的空间组织具有决定性意义，社会、政治管理及其联系发挥基础性作用。在当代中国，由于内生驱动力和外源驱动力的作用及其变化，村镇空间结构的变化呈现出时间阶段性、空间差异性和时空耦合性等基本规律。由于村镇地域系统组织要素和关联机制随时间而发生变化，村镇空间结构类型的变化遵从“否定之否定”规律；由于乡村空间发展水平和区域地理环境差异，村镇空间结构类型依据上述差异而呈递进式排列；在地理环境相同，但发展水平相异的条件下，某区位村镇空间结构的历史演化可投影为某时刻村镇空间结构的区域分布，反之亦然。正确认识村镇空间结构的变化规律具有重要的实践意义。

伴随着城市化的推进和科学技术的进步，乡村人口数量和生产方式将继续发生变化，人类活动是人地矛盾的主要方面，乡村人地关系的总体变化趋势是：基于人口变化的直接作用趋于减弱，基于技术进步的间接作用趋于增强。这种变化的意义在于，在乡村空间走向稀疏化的同时，要求村镇地域系统走向聚集化、村镇空间结构走向有机化。与此同时，乡村空间发展始终是村镇地域系统演化和村镇空间结构优化的积极推动力量。由于当代乡村空间的边缘化和开放性特征，乡村空间发展的内生动力是基础、外源动力是关键；特别是，国家的直接干涉和政策引导将可能发挥决定性作用。乡村空间将进一步走向聚集和开放，村镇空间结构将进一步走向有机化和网络化。村镇地域系统面临要素重组和空间重构。

村镇地域系统具有空间功能的二重属性，即空间有限性和结构有机性。基于有限空间的视角，村镇地域系统是一种集生产性、生活性和生态性于一体的多功能复合型空间；

基于有机空间的视角，村镇地域系统又存在功能性质和功能强度的特殊性，前者是指由乡村住区中心的性质差异决定的空间功能性质差异，后者是指由乡村住区中心的实力差异决定的空间功能强度差异。理论上，村镇空间结构的自发变化能够引起其功能的响应性变化，形成村镇空间功能的一种常态；实践中，人类之于村镇空间存在自身特定的功能诉求，这种特定的功能诉求可能与常态的村镇空间功能发生偏离。据此，村镇空间功能异化是指，在中国“以人为本”的科学发展观视野下，当代村镇空间所表现出来的、不利于保障乡村居民可持续发展的空间绩效；反之，村镇空间功能转型是指，通过村镇空间结构的优化，使生产功能的趋弱转换为生活功能和生态功能的提升，形成生产-生活-生态兼容的村镇地域系统。当代村镇空间的功能转型是一种系统工程，寻求外力驱动、推动城乡关联当是一种基本的政策取向，城市化的健康有序发展是一种重要的前提条件；村镇地域系统的空间管治是一种必需的实施手段。

第 9 章　村镇空间优化布局模式与管治方式

村镇空间结构是村镇经济发展的指示器，这并不意味着村镇空间结构是一个纯被动的物理状态，是经济和社会发展的衍生状态。实际上，村镇空间结构也是经济和社会发展的基础条件，对经济和社会发展具有很强的反作用。人们可以根据村镇空间结构的现实状态和发展趋势的科学认识，综合考虑自然、经济和社会等多种因素，设计和规划因地制宜、与时俱进的村镇空间布局的优化模式，并通过各种有效的管治方式，引导村镇空间布局渐进式地趋于优化，以最小的成本和最有效的管治方式促进村镇空间布局优化。

9.1　村镇空间优化布局的条件分析

9.1.1　科学发展观与国家空间政策的转变

党的十八大对科学发展观的最新解读：科学发展观就是坚持以人为本，实现经济社会全面、协调、可持续发展。全面，就是要以经济建设为中心，全面推进经济、政治、文化建设，实现经济发展和社会全面进步；协调，就是要坚持“五个统筹”，推进生产力和生产关系、经济基础和上层建筑相协调，推进经济、政治、文化建设的各个环节、各个方面相协调；可持续，就是要促进人与自然的和谐，实现经济发展与人口、资源、环境相协调，坚持走生产发展、生活富裕、生态良好的文明发展道路，保证一代接一代地永续发展。全面、协调、可持续发展，是经济政治文化社会等各方面的发展与人的全面发展的统一，是经济、社会与人口、资源、环境的统一，是物质文明、政治文明和精神文明建设的统一。

为适应新的发展条件和全球经济社会发展的趋势，在科学发展观的指导下，我国的空间发展政策开始发生根本性转变。在优化结构、保护自然、有限开发、集约开发、协调开发和陆海统筹的总体开发原则指导下，形成了针对不同类型空间的差异化政策。新的空间发展政策要求我国广大的村镇地区必须实现土地集约和节约利用、集中均衡式的空间布局、尊重自然与优化结构等空间发展目标。

1. 土地集约节约利用与村镇布局优化

进入 21 世纪，伴随着大规模的工业化和城镇化，中国耕地减少超出预期，粮食安全和生态安全引人关注，集约和节约利用土地成为国家空间发展政策的出发点。由于中国城市化的特殊阶段，现有大中城市的空间扩展还得持续较长时间。因此，保持中国耕地动态平衡的主要领域在于挖掘村镇的土地利用潜力，通过村镇布局调整腾出更多的农业生产用地和生态用地，实现土地的集约和节约利用。借鉴国外农村建设经验及从我国推动社会主义新农村建设的目标出发，聚落集中与土地集约利用、村镇工业化和产业集聚、规范人口流动和农民市民化，既是优化村镇布局的重要公共政策，也是实现科学发展和土地集约节约利用的目标。

随着城市化进程的加快，土地资源的稀缺性日益突出。村镇布局与土地之间的关系成为研究的重点。传统村镇一般具有数量多、规模小、分布零散、生活方式传统等特点。许多村庄分散建房，户均占地面积大。在乡村人口减少和向城镇迁移的情况下，空心村数量和空心化程度都在增加，土地闲置现象越来越突出。伴随城市扩展及城乡人口流动和转移，村庄人口不断减少，城市人口不断增加。远离中心城市的村镇的人口空心化现象是一个不可避免的历史进程，空心村镇的整治成为村镇发展的重要领域。在中心城区扩展边缘区，“城中村”问题日渐突出，这些都迫切需要对村镇的空间结构进行重组。实行村镇合并重组，推进聚落集中，既有利于降低村镇基础设施和服务设施的供给成本，又有助于节约土地，提高土地使用率。

聚落集中指乡村人口向中心镇、中心村聚集，通过合并、迁移而进行收缩和重组。聚落集中既可以节约宝贵的土地资源，也可以通过人口的集中产生外溢效应，推动工业化和城镇化的健康发展。20 世纪 50 年代，是日本的村镇发展和空间转型的关键时期。为促进村镇发展和空间转型，日本开展了町村合并。仅 1950～1955 年期间，村的数量就由 8357 个锐减至 2506 个，减少了约 70%（崔曙平，2005）。20 世纪 70 年代以来，日本政府规划实施了旨在改善农村生活环境，缩小城乡差别的村镇综合建设示范工程，对促进后工业化时期日本的村镇建设起到了积极的作用。在当代中国的村镇布局调整中，可以借鉴日本村镇合并与聚落集中的经验，加快我国村镇聚落集中的步伐，提高村镇土地的集约节约利用程度。

村镇工业集聚也是村镇发展、布局调整和结构优化的主要动力机制。基于新型工业化和城镇化的双重推动力量，散布村镇的中小企业向小城镇工业园区集中，通过产业集聚，促进人口集中和小城镇发展，进而实现“一企兴镇，一镇聚企，镇企共荣”的良性循环，是当今中国实现农村工业化和城镇化互动发展的成功之路。在我国的东中西部地区，分散的村镇工业趋向产业集聚的成功案例不胜枚举，成为推动村镇布局优化调整的典型模式。村镇产业集聚本身就是布局调整的一个重要内容，以此为动力，又能促进人口集聚，产生规模更大、基本公共服务更完善的中心村镇。人口集聚反过来又会产生信息、技术和市场的外溢效应，促进村镇工业化的转型和升级。

2. 集中均衡式布局结构与村镇布局优化

从空间结构的角度，集中-均衡式的国土空间开发结构是适合中国国情的国土开发空间结构，它既适合国家的宏观空间结构，也适合于以县域（市、区）为相对独立单元的村镇布局空间结构。从村镇布局的角度而言，集中均衡式布局意味着在村镇地域也应以“大分散，小集中”的空间格局为发展导向。

村镇居民点布局调整的根本目标是在尊重自然和可持续发展的基础上，有利于村镇居民的生产和生活，有利于提高村镇空间经济效益。从微观空间格局的视角，村镇生产和生活与大规模城市化和工业化地区不同，由于农业经济的天然属性，农村居民只能在分散的、权属不同的土地上进行生产活动。因此，适应耕作及防护农作物安全的需要，农业生产活动只能分布具有适宜地理条件的国土空间，高度发达的经济和交通系统都不可能改变农业生产活动的这种空间属性。以支撑农业产业活动为主要任务的村镇聚落适合均衡布局，必将在国土空间上形成大分散的格局。

在一定的村镇空间内，村镇聚落应形成局部集中居住的空间格局，以形成“小集中”的空间优化格局。这既有利于提高村镇的社会发展，也有利于提高村镇基本公共服务水平，代表了中国村镇布局渐进式调整优化的基本方向。

村镇聚落的小集中具有社会发展方面的积极作用。农村居民点是地缘和血缘关系相对浓厚的居住生活圈，在有着较长的农闲时节的农村，邻里交往是居民生活中一个重要组成部分，这也成为农村区别于城市的一个重要特点。适应这一特点，农村居民点的布局中注重邻里间公共用地的设计和人际交往活动的场所的设计，积极建构充满人情味的村镇居住邻里空间（袁青等，2003）。显然，构建邻里空间要以一定程度的集中居住为前提条件，只有集中居住才能产生邻里交往的空间需求，并促进公共交往空间的建设进程。目前，随着中国村镇集中程度的提高，邻里交往空间正在不断扩大。中心村镇的体育活动场所、图书室等已经成为新兴的邻里交往空间。集中程度较高的村镇社区一般具有更为完善的邻里交往空间，其社会发展程度也相对较高，由于社会交往增多而产生的促进生产、改善生活的外溢效应也明显高于散居村镇居民。

村镇聚落的小集中有利于改善基本公共服务供给的空间布局。基本公共服务设施是新农村建设和发展的支撑条件，优化基本公共服务空间配置，是引导村镇布局有序调整的重要手段。乡村人口流动是村镇聚落空间变化的动力因素，大部分村落的人口减少，必然推动村镇空间的新一轮集中。一方面，选择一部分基础较好的村镇，逐步完善基本公共服务基础设施，完善医疗、娱乐、交通、电信、饮水工程、休闲娱乐设施和培训机构等，发展成为集聚效应较强的现代化村镇，并在此基础上集聚人口和产业，提升基本公共服务供给水平。另一方面，引导偏远、高山、恶水区域的村镇居民自愿迁移，逐步减少或撤并生活条件恶劣的居民点，并不再进行新的基本公共服务的供给，以避免出现基本公共服务的无效投资。

3. 尊重自然与村镇布局优化

地理学家将自然划分为所谓的“第一自然”和“第二自然”。一般而言，尊重自然是指尊重“第一自然”，即自然地理条件。村镇布局的优化调整必须尊重自然，因地制宜，根据村镇的地形地貌、水文条件，确定村镇布局调整的方向和策略。

地形与地貌是影响村镇布局调整的重要自然地理条件，它既是影响中国不同类型地区村镇布局现状格局和景观特征的决定性因素，也对村镇布局的优化方向具有很强的约束作用。村镇平均规模、中心村镇服务半径和公共服务水平与地形与地貌有着密切的关系。水文状况（特别是河流分布）是塑造村镇布局的重要自然因子，是早期村镇布局的重要轴线，也对决定今后村镇发展方向具有重要影响。总之，由地形地貌、水文等综合自然地理条件构成的“第一自然”决定了村镇布局的整体趋势、布局调整策略等。

依据综合自然地理条件判断一个地区村镇布局的总体趋势，并依此设计科学的调整方案，明确不同类型地区的主体功能和开发方向，是村镇布局调整和管治的基本内容。在国家实施主体功能区布局的条件下，不同类型地区的主体功能逐步明确，城镇化地区、生态地区和农业地区的空间界限也将得到进一步明确。村镇建设必须尊重资源和生态环境承载能力，以环境和资源容量为标准，选择差异化发展政策。生态地区、农业地区的人口减少和城镇化地区的人口增加将成为村镇人口调整的基本方向。由于生态地区和农业地区总人口的减少和迁移，村镇平均人口规模将会出现递减趋势。而城镇化地区将会承担吸收人口迁移的功能，因此，其村镇人口规模将可能出现一定程度的增加。

在村镇布局中，应依据综合自然地理和基础设施布局等条件，合理选择不同村镇的发展方向和布局策略。一方面，部分综合自然地理条件较好、交通区位等“第二自然”状况良好的村镇将会成为中心村镇（key settlement），选择作为下一阶段集聚人口和经济的核心区域。另一方面，部分人口承载力下降、交通不便的村镇则应顺应人口递减的趋势，合理缩小居民点规模，对村镇居民点进行土地整治，增强其农业与生态功能。在村镇建设中，还应遵循人类聚居的生态学规律和社会规律，营造融于自然、具有精神文化灵魂的居民点环境，提供多层次的人性化需求，创造人性化的聚居环境，让人们感受到聚居环境的亲切、宜人性和认知性，体会到聚落的便捷性、安全性、舒适性以及心理归属感。

9.1.2　新农村建设与基本公共服务均等化

1. 新农村建设与村镇布局优化

新农村建设是中国经济发展达到一个新的阶段以后，中国社会经济发展的重要阶段。新农村建设将促进广大的村镇在生产和生活方面发生根本变化，逐步形成与工业化、信息化时代相适应的村镇空间结构。从结构演化的角度看，新农村建设是由政府和村镇居民共同推动的社会、经济和空间结构变化过程，政府和村镇居民以不同的资金来源和建设方式，促进村镇整体结构的演化。

村镇布局是空间结构变化的一个重要组成部分，是形成合理的空间组合的核心要素。公共财政支持和村镇居民的个人资金积累是促进村镇布局优化的主要资金来源。各类新农村建设资金均能推动村镇布局优化，但由于资金来源不同，建设项目的侧重点不同，各类资金所起的作用是有差异的。

公共财政是促进村镇公共空间调整优化的主要来源，同时，也对私人空间的优化布局起到了积极的推动作用。各级政府财政资金主要用于村镇基础设施建设，在促进村镇空间布局优化过程中起着杠杆作用。自2006年以来，中央政府投入巨资实施新农村建设，各级地方政府也进行相应的资金配套，完善村镇基础设施，特别是村镇交通基础设施，对村镇布局优化起到了杠杆作用。一方面，它强化了一些中心村镇的交通优势度，中心村镇与中心城区和其经济腹地的经济联系增强，相对时空距离缩短，中心村镇人口和经济集中的引力增强。另一方面，一些边远村镇的交通瓶颈得以消除，经济上的分割状态得以打破，人居条件得到改善，生产和生活的吸引力得到增强。在今后很长一个阶段，两种效应的消长对村镇布局的实际调整过程起着支配作用。另外，地方公共财政还对村镇居民住房、宅院、道路建设进行补贴，推动了微观空间的优化调整。

村镇居民的家庭资金积累是村镇布局调整优化的主要资金来源，是推动村镇私人空间（属于家庭占用的空间，主要是村镇居民在集体土地上建设的住房及其附属建筑等）优化的主要资金来源。家庭资金积累主要来源于家庭经营收入和打工收入，尽管不同类型地区两种收入所占的比重差异较大，但在村镇布局调整中的功能是相似的，既有对村镇布局的直接影响，也会产生间接影响。家庭资金直接影响村镇居民的居住地点决策、住房建设的质量和规模等。随着村镇经济的发展和居民打工收入的迅速增长，村镇住房建设投资增长很快，村镇居民重建和修建住房迅速改变了村镇景观形象。但是，由于缺乏引导和具有前瞻性和科学性的规划，部分地区村镇居民随意修建住房，既破坏了村镇良好的景观形象，也给村镇居民的生产和生活带来诸多负面效应。由家庭资金支撑的消费和投资行为还会产生对村镇布局优化的衍生需求，如村镇居民高档耐用消费（如家用电器）拥有量的增加要求提升电力基础设施系统，村镇居民汽车、摩托车和农用车拥有量的增加要求提升道路系统等。

2. 基本公共服务均等化与村镇布局优化

进入 21 世纪，城乡发展观出现积极变化。城镇空间集聚人口与产业、农村空间承担粮食安全及食品供应、生态空间保持原生状态并提供生态产品，已经成为共识。基于上述空间结构发展导向，大规模的人口流动（农民市民化）及相关的就业和居住空间变化，导致基本公共服务均等化成为一个复杂的动态过程。一方面，既要提高城镇基本公共服务供给水平，保证原有和新增城镇居民享受更好的基本公共服务，提升城镇现代化水平。另一方面，又要提高村镇居民的基本公共服务水平，方便生产和生活，增强村镇的吸引力。因此，为了有效地实现基本服务均等化，必须基于城乡空间变化趋势，合理配置基本公共服务的空间布局。

城乡空间变化是指城镇和乡村人口、机构、居住单元等空间要素的配置变化所产生的空间结构变迁，城乡基本公共服务均等化则是指城乡居民应享有基本相同的公共物品供给。在快速的城乡空间变化过程中，基本公共服务的空间配置必须适应城乡空间变化才能实现基本公共服务均等化，并提高基本公共服务投资的效率。

村镇人口的动态变化能集中反映村镇空间的变化特征，用人口指标来测度，村镇空间变化具有变化方向的多样性和变化速度的非均衡性的特征，人口增加意味着村镇空间的扩大与功能进化，而人口减少则意味着村镇空间的萎缩与功能退化。变化速度则指在一定的期限内，村镇人口增加（或减少）的快慢程度。这种特征决定了村镇基本公共服务需求也具有多样性，呈现出基本公共服务需求的空间差异性。部分集聚人口的重点集镇和重点建设的中心村，由于快速的人口增长而成为基本公共服务落后于居民现实与远景需求的地区，加快这些区域的基本公共服务项目建设是优化村镇布局的关键。部分人口大量外迁的生态空间和人口自然减少的自然村，由于人口减少、功能层级下降，基本公共服务的现实与远景需求不旺，依据现实需求合理提供基本公共服务水平，减少基本公共服务项目投资浪费，也是优化村镇布局的重要环节。

9.1.3　村镇空间变化与村镇布局优化机遇

1. 重点村镇“中心化”与布局优化

传统村镇聚落空间系统是以村镇集市为中心，以村落为支点，分散组合而形成的相对松散的村镇生产与生活空间，具有空间分布均匀、职能同构等特点。在中国城镇化和工业化的浪潮下，村镇的职能和空间结构正在发生变化。一些村镇发展为功能多样化、偏向“城市性”的功能中心，成为重点村镇。一些村镇则发展成为功能单一、偏向“农村性”或“生态性”的功能板块。伴随着村镇功能的分化，村镇空间分布型式正在发生改变，由相对均衡逐步向相对集中变化。一些村镇演化为重点村镇，成为集聚人口和产业的节点区域。一部分村镇则发展成为人口减少，但农业与生态功能相对增强的稀疏化空间。

乡村城镇化表现为两种不同的形式，即异地城镇化和本地城镇化。在经济较为发达的核心村镇，本地城镇化和异地城镇化兼有，加之可以吸引边缘村镇的迁移人口，因此，人口有可能进一步集中，“中心化”程度会有所提高。在城市化进程中，重点村镇的“中心化”表现为三种相互关联的集中化过程阶段，即功能、劳动和人口在空间上的集中。

在由自然经济转向市场经济的过程中，农村产品供给城市消费者和城市产品下乡，使得重点村镇成为连接广大农村与城市消费者的纽带，其商业功能和物流集散功能逐步增强。公司和服务机构在重点村镇的集聚促进了劳动集中，商业环境的改善和就业岗位的增强为周边或其他地区农民的创业活动或打工创造了条件，“公司+农户”式的经营方式增加了对劳动力的雇佣。劳动集中自然会产生人口集中，一些优秀的创业者和劳动者将会选择重点村镇作为居住空间。

东部发达地区和中西部地区一些邻近中心城区的村镇发展了一些大村镇，吸引了邻近自然村及其他地区居民的迁移，人口规模逐渐增大（5000～10000 人以上），村镇基础设施的现代化水平较高，服务周边村镇的能力增强，中心化趋势比较明显。当然，随着城市化的进一步推进，中心村镇也将会出现人口减少的现象，人口进一步向城市集聚。

2. 边缘村镇“稀疏化”与布局优化

相对于具有经济发展和区位优势的重点村镇，还存在大量经济发展相对落后、区位条件相对不利的边缘村镇。与重点村镇相比较，在城镇化和工业化的浪潮下，边缘村镇表现出“稀疏化”的特点。“稀疏化”是一个空间过程，表现为劳动人口与居住人口的大量外流而使村镇人口密度降低和聚落空间密度下降。

在以传统农业为主、远离中心城区的边缘村镇，农民、农户和村落与外部的空间联系相对较弱。以村落为核心，以耕种为主要生产方式，以耕作半径为经济活动圈，以邻里交往为特点，依然是主导的生产和生活方式。由于对外部空间的依赖比较低，城镇化和工业化浪潮对边缘村镇的影响力相对较小。同时，由于边缘村镇缺少本地城镇化的基本条件，以异地城镇化为主要形式。一部分年轻的村镇居民选择到本县或外县打工，形成了庞大的打工族群体。随着农民市民化进程的加快，边缘村镇人口的持续下降，村镇的人口密度降低，人口密度出现“稀疏化”。另外，由于部分自然村人口减少和人居条件较差等原因，部分自然村自然消亡，导致村镇的空间分布密度趋于下降。

3. 村镇空间一体化与布局优化

中心村镇的中心化与边缘村镇的稀疏化是一个孪生过程，其间存在要素流动和相互关联的复杂机制。发达国家在城市化的过程中非常重视对这一进程的调控，解决城镇集中化和乡村稀疏化过程中的政策调节。例如，瑞典十分重视农业人口减少与城市增长孪生过程的动态机制的研究，采取了诸多有效的空间发展政策，协调人口增长的城镇与人口减少的农业地区的发展。日本政府则比较重视对边缘村镇、人口过疏村镇的扶持政策，通过 1965 年的《山村振兴法》和 2000 年的《促进过疏地区自立特别措施法》(2000 年）等法律，提高山村和过疏地区社会间接资本投资，保障其基本公共服务供给和地区自立发展能力。

在中国的快速城市化和工业化过程中，城镇、中心村镇与边缘村镇的联系增强，空间变化机制十分复杂，空间变化现象也存在着极大的区域差异。但是，重视中心村镇与边缘村镇的互动关系，将中心村镇视为边缘村镇的节点（获得就业、服务、商业），将边缘村镇视为中心村镇的腹地（商业、文化、教育等），建立一体化的地域发展机制，在中心性增强的重点村镇与稀疏化的边缘村镇之间保持合理的经济、劳动联系，实现城乡空间一体化，是不同类型地区村镇布局调整中必须共同面对的问题。

9.2　村镇空间优化布局的目标定位

9.2.1　“以人为本”与村镇空间的可居住性

1. 庭院空间组合与村镇布局优化

以家庭为单元、以庭院为主要载体的居住形式是中国村镇居民的主导居住模式，地理条件、民族习惯和收入水平是影响庭院空间组合的重要因子。中国村镇的庭院空间要素一般由居住空间、厨房、厕所、农具存放处、小型庭院养殖区、简易农业作业区（如打谷场)、沼气区、绿化区等组成，由于中国自然地理的多样性、民族文化多元性和经济发展水平差异性，庭院空间组合复杂多样，可居住性的差异也比较大。

在传统农业社会，大多数村镇居民的庭院空间结构简单、功能单一，仅能满足基本的生产和生活需要，缺少休闲空间，庭院的可居住性较差。随着经济快速发展和人民生活水平迅速提高，村镇居民对人居条件的要求不断提高，对庭院住所的投资增加，政府的政策引导和资金支持，庭院空间正在向多元化、人性化和生态化方向发展，可居住性逐步增强。

庭院空间组合优化是村镇布局优化的重要组成部分，也是新农村建设的重要内容，是实现“以人为本”的发展导向的基本体现。不同类型的村镇应依据当地居民家庭的实际情况和支付能力，稳步促进庭院空间组合的创新。从各地的实践和发展趋势来看，主要表现为以下几个方面的特点：①从混杂的庭院空间向分区空间发展。传统的农家庭院空间要素繁杂、功能多样、生产和生活空间混杂、人畜空间相邻混杂，人居条件较为恶劣。近期，一些地方（如湖北安陆）尝试将农业作业区、养殖区进行集中，还有一些地方建设可供几十户家庭联合使用的大型沼气池，均取得了较好的效果。②重视庭院清洁工程，大力改善人居环境。生态家园和“一池三改”建设、庭院净化工程、饮水解困是提高农村庭院清洁水平的主要措施。近几年，各地村镇通过“民办公助”的模式大力推进各种建设项目，以农民自筹资金为主，以政府公共财政奖励和补助为辅，引导农民自愿开展庭院净化工程，极大提高了庭院的清洁水平。

2. 社区空间建设与村镇布局优化

传统村镇具有典型的社区封闭性特征，社区内外部之间的人员、信息交流稀疏。同时，由于经济和社会发展水平较低，村镇居民的需求层次普遍停留在满足生理需求阶段，社会交往和发展需求极为不足。由于需求缺乏和建设能力不足的双重原因，传统村镇缺乏公共空间及其相应的学习、体育、健身和娱乐设施，村镇居民既不能享受经济建设现代化的成果，也缺少提升个人能力的机遇，阻碍了村镇社会经济的发展。随着工业化和城镇化的推进，村镇居民的生活和生活方式正在发生根本性的变化。因此，在新一轮村镇布局调整中，要综合村镇居民的实际需要和建设能力，有步骤地加强村镇社区空间建设，以和谐、发展和学习为导向，通过社区空间创新，改善村镇社区的可居住性，提升村镇的发展能力，实现以人为本的发展目标。

村镇社区空间是指社区居民能够自由使用的各种类型的公共活动空间，如社区图书室、运动室、会议室、体育活动场所等，社区空间具有地方公共产品的性质，是公共财政和集体财力建设的重点内容。社区空间按属性可分为学习空间、交往空间和运动休闲空间等，可以满足村镇居民个人发展、社会交往和体育锻炼等各方面的需要，促进村镇居民的全面发展。

村镇社区交往空间的建设应该尊重自然，因地制宜，充分依托一些自然、开敞的公共空间，低成本建设村镇的交往空间。例如，江汉平原的部分村镇在庭院之间的公有林地中建设了一些石桌、石椅，既美化了村庄环境，又增加了村民的交往和交流空间。在新农村建设过程中，各村镇普遍建设了村支部（村委会）会议室，但从目前来看，利用率并不高。因此，可以充分利用这些村镇会议室，将其转化为多功能的交往和学习空间。

为满足村镇居民的发展需要，培育新型农民，建设以提升居民能力为中心的学习型村镇，村镇学习空间建设势在必行。从目前实践来看，建设村镇学习空间有两种途径：①在一些房屋较为宽敞、知识水平较高的居民家中建设“科技示范户”，由集体资金采购部分图书和杂志，供村镇居民借阅。②集中建设村镇中心图书室，采购图书资料，并由专人负责图书资料室的开放和借阅。第一种形式是初级阶段，是私人空间的公共化，适合于人口分散、经济发展水平偏低的村镇。但随着经济发展水平的提高和需求的提高，还应向专用图书资料室发展。第二种是高级阶段，适合于人口集聚程度高、经济发展水平较高的村镇。在一些经济较发达地区，部分村镇集中修建中心图书室、会议室、球场和其他体育设施，成为社区公共空间的集群，满足了村镇居民的多方面需求。

尽管村镇社区空间建设取得了一些实践经验和实际成效，但还远不能满足村镇居民的需要。因此，如何构建从庭院空间—社区空间—外部空间的协同关系，提升村镇空间的可居住性，还将是一个长期和艰巨性的任务。

9.2.2　“两型社会”与村镇空间的可持续性

1. 资源节约与村镇布局优化

村镇系统是人居系统和生态系统的复合系统，在村镇布局和建设中节约资源，将有利于生态系统的修复和生态平衡，构建资源节约型的村镇社区。

在不同的空间尺度下，村镇布局的空间特性不同。“在大尺度的地表生态系统中，村落呈“点”状分布。这种点状分布有利于节约耕地，扩大农田生态系统面积，促成农田与村落的镶嵌结构。在小尺度的地表生态系统中，村落又呈“面”状分布，呈现诸如团状、方状和条状等多种形态”（王智平，1994）。显然，从宏观尺度调整村落布点，从微观尺度调整土地利用方式，将有利于建设资源节约型的新型村镇。

在大尺度的地表生态中，村镇人居系统以点状离散分布，根植于地表生态系统中，形成了特有的镶嵌结构。点状扩散过程表现为村镇人口的扩散和对原生态自然环境的占用。1950～1970 年，中国农村人口处于急剧增长，村镇居民点扩张，占用了大量的林地、湿地和草场，导致生态空间被挤占，生态风险加剧，村镇空间系统的综合效率降低。20 世纪 80 年代以来，工业化和城镇化促进了大规模的乡村人口流动，具备了村镇聚落点状收缩的基本条件。因此，村镇布局应因势利导，利用点状收缩机制加快村镇人口的集中集聚和对村镇生态环境的“还原”，以形成节约土地的村镇布局系统。目前，中国很多地方推出了“占补平衡”和“勾地制度”，将村镇居民点用地的减少和城镇用地的增加相联系，激励地方政府采取措施加速村镇布局调整，建设土地资源节约型的村镇布局系统。

在微观空间尺度，村镇布局表现为一种面状布局，由村镇居民点、耕地、道路用地、水体、湿地、荒地等多种空间多边形构成，并因地理、社会和经济条件的差异，形成多样化的面状组合。从广义空间资产组合的角度，中国村镇布局还存在很多问题。例如，在一些人口迅速减少的村镇，废弃房屋得不到有效整治，既影响了村容村貌，也浪费了宝贵的土地资源。例如，“空心村”现象也加剧了居民点对耕地的占用，导致村庄外围粗放发展而内部衰败的空间形态的分异现象，形成“乡村蔓延”态势，加剧村镇空间资源组合的不合理程度。因此，优化村镇布局，严格控制庭院建设，尽量减少对耕地和生态用地的占用，是节约土地资源的关键。合理的微观村镇布局还可以带来水资源、基础设施建设、基本公共服务供给等方面的节约，真正形成节约型的村镇社区系统。

2. 环境友好与村镇布局优化

村镇空间优化布局的目标遵循人类聚居生态学规律和经济活动的空间规律，使村镇居民的经济和社会活动与环境之间友好互动，避免出现居民向自然开战、自然惩罚居民的恶性循环格局，营造融于自然、人地和谐、生态安全的美好家园，使村镇系统成为环境友好型社会的重要空间组成部分。

在传统的农业社会，中国不同类型地区的村镇居民尊重自然，形成了与各地自然环境较为适应的村镇布局体系，村镇居民循环利用各种物资的生活方式也最大限度地减轻村镇环境的承载，形成了人地关系相对和谐的空间活动与环境承载运行模式。但是，近30年来，由于巨大的人口压力、农村工业化和居民生产与生活方式等因素的多重影响，村镇布局中出现了一些有悖于环境友好的消极变化，村镇居民与环境之间的友好关系受到极大的扰动。例如，村镇企业扩散加剧了面源污染，盲目推进大规模村镇居民点建设超出本地环境容量的许可，规划无序的道路系统对生态平衡与生物多样性产生逆向扰动等。

以人为中心的环境伦理观和以自然为中心的环境伦理观是两种相反的环境伦理观，对村镇布局实践都有很大的影响，两者都具有片面性，不能全面指导村镇布局规划与实践。如果完全以人的需要为中心进行村镇布局，必然会破坏环境的可持续性。反之，完全以自然为中心，否定人在村镇系统中的主导地位，则无法开展有效的村镇布局实践。所以，村镇布局必须兼顾居民与环境的双重利益，通过科学合理的空间组合优化村镇布局，形成居民与环境之间和谐友好的互动关系。在当代中国的村镇布局中，忽视环境问题是主要矛盾。因此，村镇布局中应特别强调村镇居民对环境的友好态度和行为。

9.2.3 “全球视野”与村镇空间的可通达性

当代中国的村镇空间优化是在全球化的背景下进行的，因此，要从全球视野来关注影响村镇发展的多种因素。Farokh Afshar（1998）认为：全球化在更广的范围内强化了全球联系，因而传统的城市与乡村的二元地域空间划分转化为“全球性城市”与“全球性乡村”的分野。从全球尺度而言，单一的村镇系统只是一个域面上的一个“点”，它与外部空间的联系程度决定了村镇的可达性及其获取全球化外溢效应的能力。因此，为有效地促进村镇发展，必须提高村镇空间的可达性。

依据当代空间经济联系的特点，村镇空间的可达性应超出单一的交通可达性范畴，实现与外部世界物质、信息和文化方面的多元空间联系。2001年，Coombes和Raybould（2001）提出了测度聚落系统可达性的三个核心维度，即规模、密度和可达性，认为可达性是指一个地方的居民获取交通、文化等服务时物理设施和社会经济文化方面的差异。Graeme Hugo等（2003）学者则认为教育和公共健康的可达性不只是影响城市化水平的重要因素，也是影响人口行为的重要因素。因此，综合各国学者对可达性的研究，结合中国村镇发展的现实情况，可将村镇可达性定义为村镇与外部世界的交通、信息和文化联系的渠道和便捷度等。从基本公共服务均等化的角度，各级政府较为重视交通、信息与文化方面的基础设施投资，但其侧重点是村镇居民享受的基本公共财政支出和服务水平。而村镇空间的可达性重在测度和评价村镇与外部空间联系的渠道和便捷程度，以此分析和判断村镇整体发展能力和竞争力。一般而言，具有较高可达性的村镇将具有较强的自我发展能力，具有进一步集聚人口和产业的能力。

在现阶段，如果将村镇布局当做一个总体空间变化，则可达性是空间变化中的一个重要子系统，整体系统与子系统之间存在复杂的互动关系。一方面，村镇布局现状决定可达性的空间分布状态，村镇核心区一般是交通、信息和文化传播的节点区域，具有较高的可达性。另一方面，可达性的变化也会反作用于村镇布局，一些新兴的交通、信息和文化传播节点无疑会产生导致空间变化的力量，促进村镇布局的优化。因此，科学研究村镇布局整体的变化趋势，探索科学配置交通、信息和文化网络可达性的空间布局，对促进村镇布局中优化具有重要作用。

1. 交通可达性与村镇布局优化

交通可达性是指某一给定区位利用交通系统和工具到达选定的其他区位的便利程度。交通可达性的提高意味着更大的区域交通优势度，其居民的创业、就业和福利环境将明显改善，外部投资、旅游和文化介入的机会也会明显增多。在研究交通对区域发展的作用时，不同的研究机构和学者会有不同的视角。但在重视交通系统在缩小时空距离和空间分割方面的巨大作用方面存在着全球共识，并认为来自各个方面的通达性需要是促进交通发展和空间结构优化的主要力量。

世界银行 2009 年度发展报告《重塑经济地理》从密度、距离和分割的 3D（Density，Distance，Division）维度研究不同空间尺度的经济地理重塑过程①。经济地理重塑既是一个空间变化的过程，实际上也代表了空间优化的过程。其中，距离和分割均与交通网络和交通可达性密切相关，通过交通基础设施缩短时空距离、消除分割状态是最基本的公共政策，这也适用于中国村镇空间调整优化过程。

经济地理学家十分重视交通需求在改进交通可达性方面的巨大作用。Janelle 认为，通达性需求是区域交通基础设施发展的推动性力量，如果存在足够的潜在需求，就会寻求满足这种需求的手段，从而促进交通基础设施的发展，提高通达性。图 9.1 显示了通达性需求与时空组织空间变化之间的相互关系（Janelle）。村镇布局是一种综合性的空间组织调整，通达性需求对交通创新的推动力量是不容忽视的，而交通创新又会成为推动村镇布局调整优化的重要政策工具。

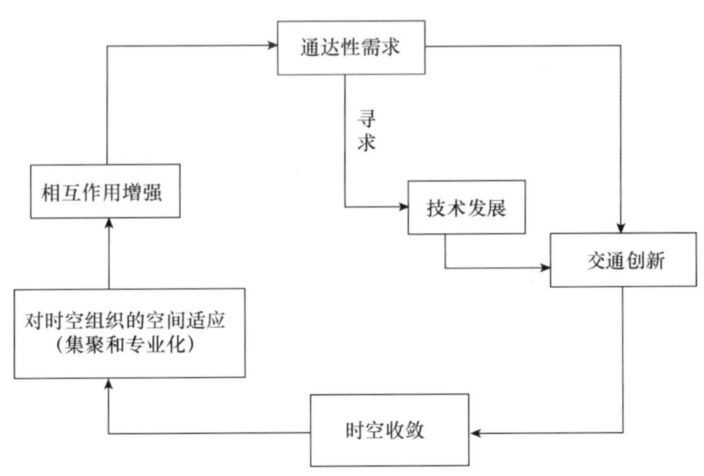

图 9.1　交通发展与区域空间结构重组

在村镇经济比较落后和封闭的背景下，村镇社区的封闭性特征比较明显，对外空间经济联系比较稀疏，内部交通需求明显不足。同时，由于经济落后，公共财政支出不足，

① Reshaping Economic Geography，The World Bank 2009.

推动交通发展的外部力量也很薄弱。因此，大多数村镇交通基础设施和交通工具都很落后，村镇内部的交通联系较差，交通发展滞缓。从道路系统构成来看，村镇内部交通一般以简易道路为主，主要村镇之间以砂石路（多数为等外公路）相连接，机动车辆通行比较困难。伴随交通设施的发展，村镇布局的空间形态演化一般经历点状—轴向发展—轴向填充几个发展阶段，但演化过程缓慢，村镇空间形态稳定少变。

村镇外部交通改善主要依赖政府的投资，一般要经历没有连接—基本连接—完全连接几个阶段。前两个阶段的道路系统以等级较低的县乡公路为主，承担村镇连接中心城区的主要交通路网。但由于道路质量差、运输能力差和综合成本高等因素，村镇内部交通优势度的差异比较小，它对村镇布局调整的影响力十分有限。当村镇外部交通发展到完全连接阶段时，部分节点村镇具备了相对完善的路网系统和较低的综合运输成本，交通优势度明显增强，村镇的交通优势度产生较大的空间差异，从而产生调整村镇布局的推力和拉力。

交通可达性对村镇布局具有多重影响机制，在村镇布局调整过程中起着重要的作用。交通可达性是影响村镇节点体系的主导因素，村镇人口布局重心一般趋向交通可达性较高的地区，因此，正确处理好交通可达性（低值区和高值区）的空间组合，是合理引导村镇人口再布局的关键。交通可达性是影响村镇居民就业机会和接收福利的重要因素，美国学者通过对美国的案例研究一致发现，交通是穷人，特别是各种援助受助者获得就业机会的主要障碍。可靠的交通系统将会提高就业机会、高收入的可达性，而且还会提高就业的稳定性。为此，交通公共政策应是有效地帮助他们摆脱交通困境，克服当前的流动性限制（Blumenberg and Manville，2004）。可见，在交通系统高度发达的美国，交通可达性依然是限制居民发展和享受福利的主要限制性因素。研究现有交通系统与人口布局的空间不协调，致力于改善交通可达性，依然是美国区域发展的重要研究议题。

由于中国是一个发展中的大国，村镇交通设施差，交通可达性远远落后于欧美等发达资本主义国家。村镇布局的重要任务是依据村镇功能区的发展目标合理规划交通空间与交通系统，有针对性地提升重点地区的交通可达性。一方面，要重点提升集聚人口和产业的重点村镇的交通可达性，并使其交通网络系统有效延伸至服务区域，建成具有村镇特色、满足村镇居民需求的通勤系统，实现村镇空间与外部世界的多元联系，特别是与高等级城市中心的联系，方便村镇居民的流动，更有效地寻找工作与市场机会，以此滋润和推动村镇的综合发展。另一方面，要避免在生态和农业地区修建大量交通设施，避免交通设施对生态空间和农业空间的挤占和分割。依据优化开发的原则，合理安排交通空间布局，协调村镇聚落、农业空间和生态空间的关系。

2. 信息可达性与村镇布局优化

村镇空间的信息可达性是一个集合概念，它既可以指信息到达该空间的速度和便捷程度，也可以指特定空间的人群获取信息的便捷程度，对信息可达性的测度包括多种有形要素（信息基础设施和设备）和无形要素（信息流动限制、居民获取信息的能力）。对村镇信息基础设施的建设和对村镇居民获取信息能力的培训都可以提高村镇的信息可达性，提高村镇发展经济的竞争力。但从当前村镇布局的实践的角度，主要任务是要加强信息网络基础设施的建设，形成能带动村镇经济发展的信息节点，强化其吸纳信息和传播信息的功能。

我国村镇的信息网络的发展大致经历了萌芽阶段、初始阶段和发展阶段（罗静，1995）。解放以前，传统的农村空间结构阻碍了信息网络的发展，而信息网络的不良发育削弱了促进农村空间结构优化的力量，由此造成农村信息网络难以跨越低水平的恶性循环。新中国成立后，独家经营的小农户逐渐走上农业合作化道路，并发展为人民公社，由于经济体制的推动力量和宣传的需要，农村信息网络的发展较快，重点是邮政和广播。20 世纪 70 年代，有线广播进入农村，普及程度相当高，成为人民公社实现农村计划经济和传播作物定向意志的主要工具。

改革开放以后，村镇信息网络发展的动力主要来源于两个方面：①联产承包责任制使农民摆脱了经济束缚，真正成为经营承包土地的业主，农民开始建立和完善自己的信息网络；②农村剩余劳动力开始寻求新的经济出路，农民企业家、专业户应运而生，农村出现了深刻的人群阶层分异。这些新型农民对信息及信息网络的发展有较高的要求，成为支持信息网络发展的重点，电视在大众信息传播媒体中居于主导地位。至 20 世纪 90 年代初，各地村镇基本形成了功能较为齐全的农村信息网络。进入 21 世纪，村镇信息网络建设进入快速发展时期，基本与城市信息网络保持同步。

新中国成立 60 年以来，特别是改革开放 30 多年来的大发展和村镇信息化建设，中国大部分村镇的信息基础设施已经有了革命性的变化，不仅传统的信息传播工具（电话、电视）普及率大大提高，新兴的通信工具（移动通信网、互联网）在村镇通信中也得到了广泛使用，村镇的信息可达性得到根本改善，广大村镇地区信息不通的格局得到根本改变。但是，现有村镇布局还是有很多制约提高信息可达性的不足之处，有必要在村镇布局调整的过程中渐进式地加以解决。例如，农村聚落零散增加了信息网络的建设，山区散户居民过多制约了信息可达性，村镇信息交流互动平台过少影响了信息的传递等。依托核心村镇建设多样化的信息交流和传播设施与场所，有效建设村镇信息节点体系，是加强信息网络建设与村镇布局良性互动的关键措施。这些节点既是信息等级扩散的重要终端，又是村镇信息传染扩散的源头，是提高村镇信息可达性的枢纽。另外，各级政府还要培育村镇居民提高信息可达性的意识，提高获得信息的技能和能力（如使用互联网的能力）。

3. 文化可达性与村镇布局优化

交通和信息的可达性是村镇发展的必要条件，但不是充分条件。村镇社会经济的全面发展还取决于制度和文化等“软要素”或“软实力”的进展程度。其中，较高的文化可达性是至关重要的。文化可达性是一个很难定量测度的双向概念（外部地域文化的扩散和本地文化的吸引力），包括外部先进文化的介入机会、村镇居民对外部文化的接受程度与能力、本地特色文化对外部空间特定人群的吸引力等。在全球化时代，不同地域的文化交往与冲击不断增强，具有较强文化接受能力和文化传播能力的村镇具有较强的文化可达性，往往会率先突破社区文化封闭的约束，获得新的发展机遇。

文化可达性与村镇布局之间存在较强的依存关系，合理的村镇布局可以增进文化传播的渠道和效率，扩展村镇居民学习和吸收先进文化的机会窗口，扩大本地文化的显示度和吸引力。村镇布局的近期重点是：建设文化可达性较高的节点，依托节点的传播、扩散和显示功能，提升村镇整体的文化可达性。

从文化传播和学习的角度看，先进文化的介入机会、村镇的文化设施、居民的学习态度和“可获得能力”是不可或缺的重要因素，合理集聚和网络化的村镇布局都能明显促进上述因子条件的改善。较大规模的中心村镇居民具有较多的空间交往，外部空间先进文化的介入机会较多，其文化可达性明显高于小规模村镇。由于集聚效应的存在，其文化设施建设的成本较低，利用效率也会得到明显改善。同时，由于具有较为密集的人际交往，文化传播和学习的外溢效应十分明显。从本地文化的对外显示来看，只有在村镇范围形成具有集群效应的文化节点才能产生较强的文化魅力，并以此吸引外部空间人群的关注、投资或旅游，促进村镇经济社会的全面发展。近年来，江西、安徽和湖南等省的特色村镇，以村镇特色文化集群建设的方式打造对外文化传播的节点，吸引了大量的旅游者和文化投资，极大地提升了本地的文化可达性，将村镇特色景观转化为生产力。

9.3 村镇空间优化布局的模式选择

9.3.1 人类福利内涵与村镇布局优化

1. 人类福利的内涵与村镇空间优化

现代福利经济学体系是由英国“新剑桥学派”的主要代表人物庇古建立起来的。庇古以边沁的功利主义为基础，认为福利是指个人获得的效用和满足，并认为福利有总福利与经济福利之分。总福利具有广泛的内容，既包含可以直接或间接用货币来进行计量的“经济福利”，也包括一些非经济的内容，如友谊、社会公正与环境价值等。但总体而言，以收入和商品为主要衡量指标的经济福利是总福利的主体部分。

罗尔斯是当代著名的哲学家，他的“正义论”与公平主义的价值观对人类福利的评价有重要的影响力。罗尔斯认为，基本物品是衡量和评价人类福利的指标体系，基本物品是帮助一个人实现其目标的通用性手段，包括“权力、自由权和机会、收入和财富，以及自尊的社会基础”，它不仅包括收入，还包括一些通用性“手段”。显然，罗尔斯关于“基本物品”的经典分析扩展了福利的基本内涵，将人们所需要类型多样的“基本物品”纳入福利评价的范畴，为透视福利及其供给提供了一幅更完整的画面。

阿马蒂亚·森（Amartya Sen）是后福利经济学的主要代表学者，他尝试拓展和重建福利标准，认为收入和商品依然是作为衡量福利的物质基础，但应将居民的可行能力、环境等作为评价福利的重要因素。他还认为福利具有多样性和异质性的特点，个人的异质性、环境的多样性、社会氛围的差异、人际关系的差别，以及家庭内部的分配等因素都会影响到个人的福利，上述观点为研究环境、空间与人类福利的关系开辟了新的思路。

他认为，福利经济学把信息注重点从收入扩大到基本物品，并不足以适当地处理以收入和资源为一方，福利和自由为另一方，两者之间关系的差异性。他认为，福利评价的标准应该是一个人选择有理由珍视的生活的实质自由，即可行能力。一个人的可行能力指的是此人有可能实现的、各种可能的功能性活动组合，而功能性活动是指一个人认为值得去做或达到的多种多样的事情或状态。一个人的功能性活动组合反映了此人实际达到的成就，而可行能力集则反映了此人有自由实现的自由：可供选择的各种相互替代的功能性活动组合（阿马蒂亚·森，2002）。

自人类出现以来，作为人类生存基本条件的环境对人类福利有着重要的影响。阿马蒂亚·森非常重视环境因素对人类福利的影响，这是福利经济学在现代的一个巨大的进展。他的福利经济理论也为我们提供了分析环境与福利的新思路。以“温室效应”为例，这一环境因素对不同地域的居民的不同影响，可以用他们各自的能力集的变化反映出来。通过数据收集和市场调查，可以得出“温室效应”发生前后不同地域居民“能力集”的福利评估。运用“功能能力理论”和部分序数理论，可以通过分析得出明显的结论：“温室效应”使得绝大部分国家，尤其是发展中国家的福利进一步下降（胡涵钧和俞萌，2001）。

从福利经济学的发展历程来看，人类福利是指一个复杂的动态概念，是社会发展的函数。随着时代的发展，福利的内涵不断拓展变化，从收入和商品扩展到可行能力、环境等更为广泛的内容。同时，人类福利也存在巨大的空间差异，不同空间层次和区位的福利内涵和福利增进的标准具有差异性，在地理空间上呈现出复杂性格局。

村镇是人类活动的空间载体，与人类福利（特别是村镇居民的福利）存在着多种不同的关联机制。随着福利内涵的变化，村镇布局优化的内涵也应与时俱进，不断增加新的内容，从不同方面增进人类福利。从中国当代村镇发展的现实出发，村镇布局优化应依据增进总体福利、改进福利空间布局的总体原则，在提高村镇居民的收入和商品消费能力、培育可行能力和改善环境三个方面取得进展，达到改善村镇民生、提高人口素质和优化生态环境的多重目标：①村镇布局优化应立足于促进居民就业的可达性，提高收入水平和消费能力，改善消费环境。本地企业较多的村镇应合理布局企业区位，形成集聚发展格局，为本地居民创造多样化的就业岗位。②村镇布局优化有助于提高信息可达性和文化科技知识的传播，形成学习型的村镇社区，增强知识外溢效应，提高村镇居民的可行能力。③村镇布局优化应立足于形成可持续的空间组合，改善人居环境，提高环境生态价值。

2. 福利测度与村镇布局优化

村镇空间的优化将会改变村镇居民与集体的福利，个人或集体对村镇空间结构的偏好会影响其福利。个人或集体对村镇空间结构偏好的差异会通过效用函数表现出来，并进而影响个人或集体涉及村镇空间变化的各种行为。测度或揭示村镇居民个体或集体对村镇布局的偏好、支付意愿和接受补偿意愿，是切实形成有利于增进个体与集体福利的村镇布局优化政策与实施项目的重要基础。

序数效用论是集合体（即涉及多种消费物品）效用评价的理论基础，而效用函数是其主要的分析测度工具。效用函数是消费偏好序列的表示，通过它能够以最高的效用水平表示最偏好的消费集。如果一项政策改变了消费集而使效用水平增加，可以使用消费者剩余来衡量这种变化。消费者剩余是不可观察的效用函数的货币度量，消费者剩余也可以用来度量支付意愿或接受补偿意愿（姚志勇，2002）。支付意愿是指人们为了得到像环境舒适性这样的物品而愿意支付的最大货币量，而当人们把这些货币用在其他方面时，他们不会关心是花钱得到这个改进还是放弃这个改进。接受补偿意愿是指人们自愿放弃本可体验到的改进时获得的最小货币量，当人们得到这笔额外的货币时，他们不会在乎是得到改进还是放弃这个改进。这两个价值计量方法都是以偏好的可替代性这一假设为基础的，但它们对福利水平采用了不同的参考点。支付意愿以没有改进作为参考点，接受补偿意愿则是以存在改进作为福利或效用的基准。在原则上，支付意愿和接受补偿意愿不必相等。支付意愿受个人收入的限制。但是，当人们因放弃改进而要求补偿时，其数量却没有上限（A・迈里克・弗里曼著，曾贤刚译，2002）。

20世纪30年代以来，以帕累托、卡尔多、萨缪尔森和阿罗等经济学家以帕累托最优状态（Pareto-optimality）①为核心，发展了新福利经济学，其核心问题是探索实现"帕累托最优"所必须具备的一系列边际条件，进而判别一项政策实施是否改进了人类福利。新福利经济学家提出了不同的判别标准。希克斯-卡尔多的假想补偿原理认为，如果资源配置的结果使福利受益者补偿受损者后，受益者的福利水平仍可以提高，那么集体福利依然较以前有相应提高，这就可以看做是一种帕累托改进。柏格森提出的社会福利函数理论则认为，只有组成了一系列明确的"价值判断"，并把它们结合到社会福利函数中去，判别标准的问题才能解决。一旦这样的社会福利函数组成了，一项社会变革就可以根据它是否使社会升到社会福利函数的较高的一点，来判断它是否是一种改进。

如果一项公共政策增进了一部分人的福利，但减少了另一部分人的福利，则总福利也不一定增加，此时难以判定此项政策的优劣。为此，经济学家设计了不同的帕累托最优判断标准，判断不同情景下公共政策或项目是否可以通过检验。以简单的二人经济系统为例，可以考虑一个项目影响两个人：一个人是受益者，另一个人是受损者。二人总福利的变化要运用潜在的帕累托标准进行判断。潜在的帕累托标准（PPI）的基础是：只有当存在某种方式时，它可以对支出重新进行分配，使得无人会因为一个项目使其福利状况变坏，却有一些人因该项目而使其福利状况变好，此时该项目才可以通过。潜在的帕累托标准具有严格的条件，不允许有人在一个项目中有福利变坏的情形，这在现实的经济系统中是不多见的。因此，一些经济学家设计了弱潜在帕累托标准与强潜在帕累托标准两种改进形式。如果受益者的选择价格超过受损者所要求的补偿，项目可以通过，这就是弱潜在的帕累托标准；如果在每一种状态下，支付可以超过项目的成本，那么该项目可以通过，这就是强潜在的帕累托标准。显然，在弱潜在帕累托标准、强潜在帕累托标准的情形下，两个经济系统趋向福利最大化，但二人之间存在福利流转。在实际的政策操作层面，福利流转是不可避免的过程，具有不均衡特征。

在现实的经济系统中，村镇空间结构变动的影响面是很广泛的，必须对个体、多人和集体空间系统中的福利变化进行评估。从理论上讲，可以设计将人们的支付意愿曲线和补偿意愿曲线进行加总的科学方法，从而得出总支付意愿曲线和总补偿需求曲线。如果支付点位于总补偿曲线之上或它的上方，或补偿点位于总支付曲线之上或它的下方，

① 社会福利达到最优状态，即任何社会变革都不可能使任何一个人的福利有所增进，而不使其他人的福利减少。

那么该项目可以通过潜在的帕累托改进的福利标准的检验，项目实施可以带来村镇空间系统总福利的增加。

规划研究者或政策决策者可以通过市场调查、非市场观察或组织村镇居民议事等各种方法，获得个人或集体针对村镇空间结构变化或建设项目的支付意愿与接受补偿意愿，作为村镇规划编制和项目实施的参考依据。在操作过程中，要有效解决两个方面的问题，以增加科学性和真实性。第一，科学确定评估的内容及其权重。依据中国当代村镇发展的现实，评估的范围包括村镇布局过程中村镇居民的收入和商品、可行能力和环境等方面的福利变化情况。但要根据不同村镇发展的现实情况，对不同的内容赋予不同的权重，充分体现总体福利的变化情况。一般而言，经济较为落后地区的村镇居民更加重视通过布局优化增进收入和商品、可行能力等方面的福利，而经济发达地区的村镇居民则会更为重视增进环境福利。第二，设计一种引导村镇居民真实反映个人空间偏好的机制，保障村镇布局调整过程中社会和谐与稳定，保障顺利实施村镇布局优化规划政策与项目。对于村镇空间结构改善的项目或政策，村镇居民可能在机会主义倾向和“搭便车”心理的支配下，隐瞒自己对村镇空间结构改善的真实偏好，从而降低个人的意愿支付水平。同理，人们也可能在机会主义倾向的引导下，夸大个人对某些村镇空间结构要素的偏好程度，试图以此提高个人接受补偿的意愿。显然，这两种现象都为准确判断村镇空间结构优化与增进福利的关系制造了人为的困难。

3. 福利最大化与村镇空间优化

福利有个体福利与加总福利的分野，加总福利又可分为村镇、地方、区域、国家和全球等空间尺度。不同尺度空间系统“福利最大化”的命题都具有相对性，因而，涉及空间福利的公共政策也具有明显的相对性，不存在绝对意义的福利最大化命题。福利最大化的相对性表现在福利最大化具有不同的空间层次，不同空间尺度的福利之间既存在一致性，也存在矛盾性。不同层次的空间福利最大化应遵守系统性原则，协调好整体与局部之间的关系。从一个较低的空间层次迈向一个较高的空间层次时，都会存在更高层面的空间福利最大化命题。较低空间层次的福利最大化是基础，较高层面空间的福利最大化对较低层面空间的福利最大化具有约束作用。

村镇居民空间福利最大化的目标往往表现为收入和商品消费、就业、居住空间，以及与特定空间（就业区位、农田）的邻近性和可达性等。村镇空间福利最大化的目标主要表现为村镇居民总收入和消费能力的提高、土地的集约节约利用、可达性和景观特色等。基于区域视角的空间福利最大化则重视村镇布局（特别是“迁村腾地”）对工业化和城镇化的推动作用。基于国家宏观政策视角的村镇福利最大化则包含更多的目标，如土地节约、耕地保护和粮食安全等国家战略。而基于全球视野，则可能会包含对村镇系统大力发展低碳经济、减少温室气体排放等有利于促进全球环境福利等目标。

村镇是中国的基层空间系统，长期在一起生产和生活的居民形成了特定的空间利益共同体，追求基于村镇空间的福利最大化。同时，它又是县域空间系统的子系统，更是国家空间系统的最小子系统，因此，村镇也必须从属于区域与国家的福利最大化。村镇布局要正确处理好不同空间层次福利最大化之间的关系，既要以村镇福利最大化为基础，也要服从区域与国家福利最大化目标。例如，在计算村镇耕地占用的福利变化时，就不能仅仅权衡本地交易及其利益得失，还要综合考虑国家层面的粮食安全问题及其相关的福利变化。同时，国家在进行宏观空间布局时，也要从整体福利最大化目标出发，对村镇布局给以适当的功能定位，引导村镇空间结构趋向优化发展，避免村镇布局无序发展。

福利最大化是一个面向未来的命题，它具有空间动态性，人口流动在增进福利和改变福利地理分布方面具有重要作用。当代中国，村镇人口流动强度大、类型多，对村镇福利产生了多种影响。因此，不能仅仅以人口的现状分布计算未来的福利最大化，还应科学预测人口的流动和再布局，将促进人口有序流动作为实现福利最大化和优化福利地理分布的政策工具。这同时也促进了整体福利观和发展观的转变，国家的发展与福利政策从传统的以空间为单元（本体）的“地区繁荣”政策，逐渐转向以人为本的“人的繁荣”发展政策。“地区繁荣”政策隐含区域刚性空间和人口静态分布假设，主要基于既定区域空间的人口分布，强调通过自身努力和国家援助等方式发展本地经济，实现福利最大化及其空间布局政策。“人的繁荣”隐含区域弹性空间和人口流动假设，基于弹性空间和人口布局的动态的变化，强调以人口自由流动优化空间结构，引导居民从福利“基本物品”较差的山区、海岛和生态脆弱地区向福利“基本物品”供给或发展潜力较大的地区迁移，从而实现加总福利的最大化。

村镇居民的福利构成是由两部分构成的，一部分是村镇居民自我创造的福利，还有一部分是接受的公共福利（如基本公共服务等）。在当代中国，随着国家综合国力的提高，实施了“以工补农，以城带乡”的发展战略，使得村镇福利结构产生了较大的变化，公共福利成为较为重要的福利来源。因此，在村镇布局中，既要充分考虑空间结构变化对村镇居民个体或集体创造福利的影响，还要考虑布局结构是否改善了村镇居民接受公共福利的条件。前者重点要求村镇布局有利于形成村镇主导与特色产业、繁荣和发展打工经济，促进村镇居民收入的多元化。后者重点要求提高村镇的交通和信息可达性，使基本公共服务有效覆盖不同区位的村镇居民。

9.3.2　产业空间形态与村镇布局优化

产业发展是空间形态优化的重要推动力量，产业具有引导村镇布局变化的力量。村镇产业发展是提高村镇居民收入水平、提升商品消费能力的主要动力之一。优化产业空间布局还可以有效地提升村镇居民的可行能力，有效地保护村镇生态环境。依据区域产业功能分析方法和当代中国村镇产业发展实际，可将区域产业划分为主导产业、辅助产业和基础结构。产业空间形态是一个动态发展过程，不同的发展时期对应不同的空间形态。各地村镇应根据自身发展特点，逐步形成各具特色的产业体系与空间形态，在提高产业竞争力的同时，优化村镇布局。

1. 集群型主导部门与村镇布局优化

西方学者对于农业地区是否采取“集群”空间形态的产业发展模式有不同的意见。David L.等（1997）学者认为，将促进产业集群作为农业地区发展的可选方案有利有弊，成功的集群促进政策的优点包括较强的外部经济、更有吸引力的产业重组环境、更大的企业网络，更有效的公共资源利用。产业集群战略的有利之处包括选择目标产业、克服后来者劣势、提供政策支持等。因此，考虑发展集群的地区应比较启动或扩大集群的成本与成功的集群发展的潜在利益。在实践方面，欧美日等发达国家的实践也表明，农业地区发展集群空间形态的主导产业部门对区域发展具有明显的作用，同时，也对村镇布局优化具有明显的推动作用。比较典型的案例是日本大分县实行的“一村一品”发展政策。

在自然经济时代，中国大多数村镇农作物定向杂乱无序，缺少专业化、市场化的都市农业，作物面状分布破碎度极高，没有形成明显的农作物空间结构。由于农业产业化和农村工业化发展的落后，村镇也只有少量工副产品加工点零星点状分布，没有形成集聚空间形态。在从自然经济向市场经济转轨过程中，农业和农业产业化部门逐渐成为村镇地区的主导部门。部分发达村镇工业发展较快，加工制造业发展成为主导部门。

经过改革开放 30 年的发展，村镇农业、农产品加工业、农村工业和服务业得到全面发展，产业空间结构对村镇布局的影响日益增强。不同类型村镇以市场为导向、以资源为基础，探索出特色产业型、农产品基地型、生态建设型、资源开发型、加工制造型和历史文化古镇等多元化的主导产业发展模式，以集群为特征的产业空间形态日渐明晰。当代村镇集群产业是指村镇产业通过空间集中形成具有城市经济特征的村镇经济空间，它既可以提高村镇产业的规模经济和地点竞争力，又有利于形成环境治理的空间集中，从整体上优化和改善村镇环境。村镇产业集群主要有两种空间等级类型，其一，向核心村镇和城镇集聚，具有优化乡镇整体空间结构的功能；其二，向中心城区工业园区集聚，具有优化县市整体空间结构的功能。

2. 嵌入型辅助产业与村镇布局优化

村镇辅助产业是其主导产业的协作配套产业，根植于村镇主导产业的生产活动，其主要目标是支撑村镇主导产业发展，包括物流、信息和技术服务等。村镇辅助产业具有明显的时空动态性，因主导产业变化，辅助产业的类型和空间形态也会发生改变。在自然经济时期，村镇生产活动以满足自身生活需要为主，没有形成以外部市场为目标的主导产业，因此，不可能在村镇催生相关辅助产业。随着村镇经济的发展，村镇主导产业逐步形成，相关辅助产业将会获得良好的发展机遇，其空间形态则应适应主导产业的需求，形成嵌入型空间结构，与主导产业形成紧密的空间关系。

目前，不同类型的村镇主导产业选择差异极大，因此，其辅助产业的嵌入方式与空间形式具有多样性。以特色农产品和大宗农产品生产为主导产业的村镇，其辅助产业主要是物流业，应在核心村镇大力建设第三方物流企业，改善营销环境，促进村镇布局的优化。以加工制造型和资源开发型为主导产业的村镇，其辅助产业为零配件生产与配套、劳动力培训等生产服务业。依托历史文化古镇和生态建设，以乡村旅游为主导产业的村镇，其辅助产业主要为旅游服务业、旅游商品开发与生产。

3. 网络化基础结构与村镇布局优化

村镇基础结构主要是指公共服务部门，包括生产性基础结构、生活性基础结构和社会性基础结构，它既可以由政府提供，也可以由公营企业或私人部门提供，其目标是滋润村镇经济和社会的全面发展。在经济较为落后的条件下，村镇基础结构发育滞后，并在空间形态上表现为稀疏的散点或线型结构，没有形成足以滋润村镇发展的网络化基础结构。例如，大多数村镇交通基础设施往往节点稀少、线路不多，断头路较多，导致村镇对外交通不畅，基础结构严重影响村镇经济社会发展和村镇居民生活。

在当代中国，由于综合国力的增强，国家实施"以工补农，以城带乡"的发展战略，长期被忽视的村镇基础结构建设受到前所未有的重视。国家和地方财政投入巨资改善村镇基础设施，向网络化的基础结构迈进，以基础结构的网络化促进城乡网络化发展。基础结构的网络化空间结构要求将各类基础结构最大可能地延伸至村镇社区，建立和健全网络化的村镇生产、生活和社会性基础结构，消除村镇在生产、生活与社会活动方面的分割状态。在生产性和生活性基础设施方面，应加强村镇交通网络建设，尽可能消除村镇交通的断头路，增强村镇交通可达性，并减少村镇交通成本。在社会基础结构方面，应将大力继续教育、公共卫生和社会保障网络的覆盖程度，通过网络节点尽可能将村镇居民纳入社会网络结构，促进村镇社会经济的全面发展。网络化的基础结构不仅可以促进主导产业和辅助产业的发展，同时也可以提高村镇居民接受公共福利水平的便捷度，增强村镇居民的"可行能力"。

9.3.3 聚落空间形态与村镇布局优化

1. 聚散有序的等级结构与村镇布局

村镇聚落一般以点、轴、块为基本空间形态，各种空间形态均有其空间适应性，因自然地理条件、交通可达性和经济发展水平的差异，而形成聚散程度不同的村镇等级结构。自然地理条件对乡村聚落的主体布局形态具有深刻影响。点状布局模式常见于丘陵山区，条状布局模式主要是在沿交通线和河流发展轴向形成、平原地带多以块状布局模式。交通可达性和经济发展水平对聚落的聚散程度也有明显的影响，较好的交通条件和经济发展水平具有引导聚落向条状和块状发展的力量，倾向于提高聚落的集聚程度，高级的空间单元所集聚的人口比例将逐步增加，"点—轴—块"多种元素的合理组合，逐步形成聚散有序的村镇聚落布局。这种空间格局既满足国家节约土地、保障粮食安全的战略，也有利于在村镇内通过"迁村腾地"增加耕地，补偿城市化和工业化占地，实现区域福利的最大化。这一过程并不是刻意消除处于离散分布的村镇居民点，并对现有村镇系统进行大手术式的结构调整，而是基于规划和基本公共服务供给引导的方式，通过居民的自我判断，自愿迁移至集聚程度较高的村镇社区，通过渐进式的调整，形成聚散有序的村镇布局体系。反之，如果进行大规模的拆建，一方面会破坏村镇布局与环境的协调性，另一方面会加大村镇布局调整的社会成本和私人成本，加剧社会矛盾。

村镇聚落的聚散运动是持续的运动过程，它既依赖于村镇内部的发展，也深受外部空间的推拉，是一个极为复杂的空间变化过程。在经济较为落后的条件下，村镇节点等级体系并不明显，村镇功能也没有明显分化。即使是人数集聚较多的村镇，也只是由于自然地理条件适合居住，人口承载力相对较高，导致村镇人口总量相对较大，但这些人口较多的村镇并没有发展更高等级的职能。因此，中心镇地位模糊、缺乏中心村建设的现象较为普遍，村镇体系的规模结构出现“平面化”趋向，没有形成聚散有序的村镇等级结构。平面化的村镇节点体系也导致村镇布局缺乏主轴，并抑制了村镇之间的空间关联与组团式发展。总之，平面化的村镇结构不利于村镇经济的发展，难以形成引领村镇经济发展的地方中心，是一种缺乏效率的村镇空间结构。

当代中国村镇经济的快速发展促进了村镇空间等级的有序演化，中心镇的产业与人口集聚功能逐渐得到增强，具有特色的农村地方中心不断涌现，村镇差异化的功能定位也渐趋明显，逐步开始形成聚散有序的村镇等级结构。从发展趋势看，中心镇将会成为集聚人口和产业的主要区域，它有两个方面的主要功能：①成为村镇经济与城市消费者的桥梁和中介，通过物流、信息流和劳动力流动，既与城市经济有效连接，又能有效滋润乡村经济；②为农村地区提供生产、生活和社会服务，成为促进农村地区产业集群发展的引擎。在一些条件地理条件较好、经济较为发达的农村地区，则会出现具有较大人口规模、功能多样的“大村庄”，成为名副其实的农村地方中心。大村庄一般是在人口稠密、村庄密度较大的农村地区，经由地方政府选择支持通达性、人居条件较优的村庄发展而来。这些大村庄具有一定的集聚人口和产业的功能，可以为邻近村庄提供服务功能，发挥示范效应。

2. 环境友好的水平结构与村镇布局优化

农村环境包括三个组成部分：农业生产土地、自然环境和聚落—建筑区。三者形成一个整体（Ruda，1998）。三者之间的空间组合构成了村镇的水平空间结构，是村镇布局优化的重要内容，其核心是聚落与农业生产土地、自然环境之间形成一种友好型关系。2003 年，世界银行发展报告《动态世界的可持续发展：转型中的制度，增长和生活质量》非常重视生态脆弱地区（fragile land）和农村地区的空间资产组合。前行长沃尔芬森（Wolfensohn）在序言中指出：“经济、社会、环境的问题与机遇的互动主要体现在空间上——人们生活的地方”。该报告还按照生态脆弱地区（fragile land）、农村和城市的空间序列，强调以“管理广泛的资产”（managing a broader portfolio of assets）为导向，形成环境友好型的空间结构。在低密度聚落的生态脆弱地区，提高生产率并实现关键生态系统的可持续性。在商业化的农村地区，关键在于管理各种自然资产，如土地、水和环境的互动关系。

中国传统的村镇布局是一个稳定性的空间结构，村镇聚落散布于农业空间与生态空间之间，依靠步行维系生产与生活系统，形成了功能有机混合、结构变化缓慢的村镇水平空间结构。从空间要素来看，传统村镇点、轴、面的空间组合与拓扑关系也相对稳定，结构变化较为缓慢，人与环境的关系、各种社会空间关系均相对稳定。从环境与发展的角度看，功能混合的水平空间结构具有适应自然地理小环境的优点，有利于生态性乡村景观构建与可持续发展。但是，由于分割性和规模小，难以形成具有规模效应、面向城市消费者的专业化村镇经济。

改革开放以来，村镇经济逐渐受到城市经济的影响，以市场为导向、以城市消费者为目标市场的商品化农业空间不断扩展，对传统村镇的水平空间结构产生了巨大冲击。

在一些邻近核心城市的村镇地区和发达地区的农村，商业化农村地区的色彩日趋浓厚，传统村镇的水平空间结构趋于解体，村镇聚落与农业生产土地和自然环境之间的相互关系进入调整阶段。一方面，大规模的专业化种植区发展很快，以现代化设施为特征的现代农业开始主导村镇农业经济与农业空间结构，农业生产的板块化趋势明显；另一方面，具有一定集聚规模的大村庄发展较快，一部分自然村趋于萎缩或消亡，村镇体系的结构变化加速。

在当代中国村镇，无论农村经济发展到何种程度，村镇地区均要根据自身的地理环境，形成有别于城市化空间的地域系统，着力形成空间与功能有机混合的水平空间结构，明晰村镇山、水、田、林、路和聚落等空间要素的地理界限。山、水、田、林是村镇生态系统的重要组成部分，是生产空间和生态空间的复合体，是村镇聚落叠加的空间载体。仇保兴（2009）认为："村镇规划与城市规划的重要区别在于，应该尽可能地保留乡村原有的资源、地貌、自然的形态，生物的多样性及人与自然、生物之间的紧密不可分离的共生共存关系。"据此，村镇生产空间、生态空间、交通空间和聚落空间均应以生态文明为指导，塑造环境友好型的村镇空间结构。

在农业生产空间，主要应依据自然地理和市场条件，因地制宜地发展具有市场前景的特色种植业。在生态空间，主要应依据国家生态安全和村镇生态文明的实际要求，尽可能保持原生态自然环境，减少人类活动对生态环境的负面影响。村镇交通空间也应充分地尊重自然，在满足基本通达性的基础上，形成与自然环境和谐的路网系统。聚落空间是村镇地区的"建成区"，是广大村镇地区开发强度最高的地区，是村镇水平空间结构中的枢纽。加强对聚落空间扩展的管治，防止聚落空间无序蔓延而侵占生态空间与生产空间。山区、丘陵地区的农业生产空间、生态环境和聚落空间沿垂直地带的空间组合，实质上是特殊地貌条件下的水平空间结构，形成兼容经济发展与生态文明的空间资产组合。

3. 经济合理的垂直结构与村镇布局优化

垂直结构是成熟的城市化空间的特有现象。建筑技术创新推动了城市空间结构的垂直扩展，聚集效应较高的地区，土地供给有限，只能依靠现代建筑技术，通过建设立体空间应对空间稀缺性，逐渐形成沿垂直方向扩展的城市化空间。但是，随着当代中国村镇经济、聚落中心性的提高和住宅条件的改善，村镇聚落"建成区"的空间结构正在发生质的变化。村镇中的多层房屋结构比例逐步上升，部分经济发达村镇的"农民公寓"建设发展较快，村镇空间"城市化"趋势日益明显。村镇建筑沿垂直方向的发展开始成为村镇空间发展的重要组成部分。例如，江苏华西村的"空中农村"建设令世界瞩目，超过了很多中心城市的标志性建筑，改变了人们对村镇空间景观的印象。据联合申报网报道，华西村党委书记的吴协恩表示："农村的印象总是低矮房子，现在就是要实现一个跨越，农村可以突破这个形象，建成一个高空的新农村。"

村镇聚落"建成区"在垂直空间上的扩展，不仅是村镇布局空间维度的扩展和空间景观变化，还包含建设成本、生产与生活方式等多方面的变化。村镇建设成本包括土地租用、建筑材料等不同组成部分，其相对价格变化必将"诱致"垂直空间结构的变化。

在经济发达而土地稀缺的东部发达地区村镇，以楼房及高层建筑构筑的村镇景观已经较为普遍，“农民上公寓”成为新农村建设的时尚。在中西部地区村镇，打工收入成为村镇居民住房建设的主要来源之一，很大一部分村镇居民依靠打工收入的资金积累，盖起了 2～3 层的乡村小楼，乡村景观也有很大变化。各级政府还通过调整和引导，将部分示范村建设成为整齐划一的街道式村镇居民区，初步具备了城市社区的一些基本空间要素与景观特征。

随着村镇与日俱增的土地稀缺性，村镇垂直空间的拓展势在必行，但一定要结合村镇居民生产和生活方式的实际状况，合理规划村镇布局，既节约土地资源和建筑成本，又能方便村镇居民的生产和生活，还要传承村镇地域乡土文化。在当代中国，大部分村镇地区依然是以农业为主，村镇居民的收入总体上还比较低，“空中新农村”的建设必须与村镇经济社会发展阶段相适应。如果脱离村镇实际刻意追求村镇的垂直空间景观，盲目建设“空中新农村”，可能既缺乏经济性，也缺少合理性。

9.4　村镇空间优化布局的管治创新

管治是指通过多种集团的对话、协调、合作以达到最大程度动员资源的统治方式，以补充市场交换和政府自上而下调控之不足，最终达到“双赢”的综合的社会治理方式（张京祥，2000）。在村镇布局实践中，管治是以调控和配置空间资源为手段，以优化国土开发空间秩序为目标的各种协调、引导和控制工具的集合，是管治主体、客体和工具的统一。管治主体是指实施管治的行为者，管治客体是管治行为的调控与调整对象，管治工具则是主体作用于客体的各种操作性手段与方法。主体、客体和工具既是集合概念，包括多种复杂的组合方式；同时，它们也具有很强的时代性，随着社会经济社会的发展，主体、客体的组合内容会发生结构变迁，并促进管治工具的创新。在当代中国，由于村镇是城镇用地和集体用地的混杂区域，既具有一定程度的开放性，同时又具有很强的封闭性，因此，必须通过实施多主体协同、多工具互动的治理方式实现和谐与可持续的空间发展，通过空间管治优化和重塑村镇布局。

9.4.1　中国村镇布局管治的历史演变

1. 村镇布局管治主体的演变

管治是各种公共的或私人的个人和机构管理其共同事务的诸多方式的总和，管治的本质是政府与非政府力量之间以及力量内部的互动关系（何兴华，2001）。从历史发展的角度看，随着经济社会结构的变迁，村镇各种类型的主体之间（政府、企业、居民等）必然会产生相应的结构变化与力量消长，并引起管治主体的结构变化。

改革开放以前，村镇管理实行的是以队为基础的公社制，基层政府和组织对社员的空间行为具有很强的约束作用，具有调整村镇布局的“权威”和相应的政治力量。在 20 世纪 70 年代，部分村镇开展了规模较大的“新村建设”运动，向沿河、沿路等适宜区位集并散布的村落，普遍扩大了聚落的规模，并促进了布局的改变。在这一阶段，以基层组织为主导，广大村镇地区还进行了大量以劳动投入为主体的农田水利建设，改变了村镇地区山、水、田、林、路与聚落的空间边界。在僵化的计划经济体制和传统农业的背景下，村镇经济没有培育企业的环境与机制，鲜有企业孕育于村镇。在政府与村镇家庭的关系方面，家族处于绝对的从属地位，一般会按照基层组织的计划安排生产和居住空间。显然，此阶段村镇布局中的管治主体是基层政府，它以严格的计划和管理网络，控制村镇布局的各种空间要素和行为，不存在家庭个体的分散决策及其对村镇空间布局的影响。

改革开放以来，市场主体的多元化发展、村镇基层组织治理模式和空间发展管理模式的变化成为促进村镇布局管治主体结构变迁的主要驱动力量。在村镇空间发展过程中，有中国特色的市场经济成为重构政府与非政府力量的驱动力量，村镇基层政府、集体组织和居民等各种类型的主体可用不同的方式、在不同的空间尺度上实施管治，推动村镇布局的优化。首先，村镇经济的市场化改革催生了大量具有活力的市场经济主体，如不同类型的专业户和村镇企业等，它们具有更大的空间行为自由度和更复杂的空间需求，管治主体之间的关系趋于网络化和复杂化。其次，随着公社体制的终结和实施基层民主政治，非政府力量的决策与行为对村镇布局的影响力与日俱增，基于强制和指令的治理模式逐渐淡出村镇，村镇基层组织的治理模式发生了根本变化，以规划引导和公众参与的治理方式成为村镇布局的主流方式，村镇居民的权益保障机制逐步得到完善。最后，村镇布局与空间发展的责任主体日趋多元化，多部门协同管治村镇布局的特征日益明显，管治主体之间的协同与协商成为空间可持续发展的重要保证。例如，在村镇空间管治中，国土资源管理部门主要负责土地资源的用途管治，建设部门主要负责以聚落为核心的村镇“建成区”的管治，林业和环境保护部门则更为重视生态空间的管治等，不同部门的管治区域具有明显的叠加性。如何协调政府不同部门管治主体的行为，实现管治政策的协同，减少管治摩擦或冲突，是当代中国村镇布局进程中管治创新的重点问题。

2. 村镇布局管治客体的演变

管治客体是管治行为的调控与调整对象，在村镇布局管治中主要涉及土地利用、住房建设、基本公共服务供给、环境与生态建设等客体对象。从区域横向比较的视角，村镇布局管治的客体对象具有区域差异性。由于发达地区村镇的空间要素发育更好，具有更为完全的空间要素分异，山、水、田、林、路与聚落之间的组合也更为复杂多变，因此，其村镇布局管治客体具有多元化和复杂的管治客体。相对而言，落后地区的村镇空间要素组合层次较低，其变化速度也相对较慢，村镇布局管治的客体对象相对简单。从村镇发展的视角，随着村镇经济社会运行方式变革、现代化进程加快，以及工业化和城镇化的外溢效应增强，村镇管治客体也会产生复杂的变化。

改革开放以前，在公社体制的支持下，村镇布局的“指令”计划可以全面约束村镇布局的各种客体对象，村镇空间发展受到抑制，管治的客体对象处于稳定少变的状态。改革开放后，村镇不同主体的空间决策与行为的自由度增强，村镇空间发展的分异与组合机制日趋复杂，对村镇布局进行管治的需求明显上升。一方面，伴随着空间发展决策主体的多元化和分散化，管治的客体由原来的物理空间实体（如住宅、道路、耕地等）扩展到空间行为方面的管治，创新管治方法势在必行。另一方面，随着村镇经济市场化程度提高，村镇土地利用的竞争性提高，农业、生态、交通用地之间的竞争与组合关系趋于复杂化，合理与高效利用村镇土地资源的紧迫性增强。为此，不仅要对村镇布局的管制制度进行集成创新，同时，还要依托现代规划与信息技术，提高管治的科学性。

3. 村镇布局管治工具的变化

村镇布局管治是通过实施一系列操作性政策工具来达到预期目标的，管治主体和客体的变化必然引致管治工具及其组合方式的变化。另外，管治理论的出现并没有创造出新的政治经济制度，而是市场协调作用的继续和政府控制作用的延伸，是对市场和政府两种对立价值和策略的取舍与重组（罗小龙和张京祥，2001）。在改革开放以前，计划经济体制实际上形成了静态、僵化的空间发展管理模式，计划、指令工具成为最有效的工具。但是，由于缺乏空间发展的驱动力量，村镇布局处于稳定少变状态。改革开放以后，管治主体和客体的多元化扩展推动了管治工具的创新。一方面，基于发达市场经济国家的成熟经验，中国在城乡空间发展领域大量引入了规划管治、分区管治和行为管治等多种管治工具。另一方面，依据中国村镇空间发展的独特阶段与现象，如城中村、空心村等，中国不同类型地区进行了管治与管治工具的创新探索，形成了一些针对空心村、城中村的管治工具，取得了明显的治理效果。

9.4.2　中国村镇布局管治的政策创新

1. 层级协同管治与村镇布局

中央和各级地方政府及村镇集体的协同管治是当代中国村镇布局管治政策创新的基石。一般而言，不同层级的政府管理着不同空间尺度的区域，其空间发展利益既存在一致性，也存在较多的矛盾和摩擦。在村镇布局调整与管治方面，中央政府、地方政府与村镇集体组织之间存在着空间利益的博弈关系。科学分析它们之间的博弈关系及其对村镇布局的实际影响，将有助于创新村镇布局的管治机制，实施分级管治，科学定位不同层级政府在村镇布局管治中的功能定位，提高管治的协同性和效率。

中央政府对村镇布局的管治往往体现于法律、具有约束性的全国性规划和政府职能分工。2008 年 1 月生效的《中华人民共和国城乡规划法》是实施村镇布局管治的基本依据，该法明确了不同层级政府在乡规划、村庄规划中的权力和责任，并确定了其管治的重点。2010 年 12 月国务院发布的《全国主体功能区规划》（国发〔2010〕46 号）则对国土空间进行了分类，提出农业空间包括农业生产空间、农村生活空间，农村生活空间即农村居民点空间。国务院还明确由国家住房与城乡建设部承担规范村镇建设、指导全国村镇建设的责任，包括拟订村庄和小城镇建设政策并指导实施，指导村镇规划编制、农村住房建设和安全及危房改造，指导小城镇和村庄人居生态环境的改善工作，指导全国重点镇的建设等。

县级以上地方政府通过城乡规划等引导本区域的村镇布局，并根据区情与空间发展趋势，制定相应的管治原则和管治区域，通过重点镇、中心镇、旅游名镇和旅游名村等项目建设优化村镇布局。乡镇政府是乡规划和村庄规划编制和实施的主体，其中，乡规划还应当包括本行政区域内的村庄发展布局及其相应的管治原则、管治区域等。村民会议或者村民代表会议对本区域的村镇布局具有知情权和议事权，村庄规划在报送上级政府审批前，应当经村民会议或者村民代表会议讨论同意。政府批准村庄规划后，村民会议或者村民代表会议可以行使集体管治权，保证村镇空间布局按照规划实施。

在村镇布局中有效实现层级协同管治还取决于村镇规划与上位规划的无缝对接，将管治政策冲突减少到最低限度。一方面，县级以上的城乡规划应充分考虑村镇布局的现实情况，提出有针对性村镇规划管治区域和管治措施。另一方面，村镇布局规划与规划实施应充分体现上级政府城乡规划的理念与政策，充分体现上位规划的管治要求及其实施细则。

2. 地域协同管治与村镇布局

村镇地域的协同管治包括两个层面的内容，一是指各种空间管治主体的地域协同，即“地方政府+集体+企业+居民”围绕管治目标联合实施管治，形成联合、互动、网络化的管治模式。二是指各种空间要素的配置和管理部门在运用管治工具方面的协同，以实现村镇空间布局的整体优化。

地方政府是村镇地域空间利益的代表者和责任主体，是管治目标、原则和机制的设计主体，在地域协同管治网络中居于主导地位。村组是影响村镇布局的基层集体单元，村民大会或村民代表大会具有讨论、审议村庄规划与布局的法定功能，具有行使集体管治行为的权力。村镇企业与居民是村镇布局的主体，同时，也是村镇布局调整的直接受益者或受损者，实施管治活动的绩效取决于村镇居民与企业的参与度，吸纳与尊重他们对空间布局调整的建议和意见，改变“政府强制实施，公众被动配合”，提高管治活动的执行力。

村镇布局是一个系统性的空间要素配置工程，包括住宅、道路、供水、排水、供电、垃圾收集、畜禽养殖场所等农村生产、生活服务设施、公益事业等各项建设的用地布局、建设要求，以及对耕地等自然资源和历史文化遗产保护、防灾减灾等的具体安排。由于村镇布局内容的丰富性与复杂性，住房与城乡建设部门无法独立承担村镇布局调整和优化任务，必须与国土资源、产业、交通、电力、水务、环境保护等部门实施协同管治，形成优化村镇布局的合力。

9.4.3　中国村镇布局管治的工具创新

从制度经济学的视角看，管治目标的实现取决于如何使用不同类型的管治工具，并实现不同管治工具之间的协同配合。皮埃尔研究了正式组织与非正式组织在城市管治活动中权力分配的强弱状况，并将管治进行了如下划分：管理型、合作型、促进增长型、福利型四种类型（洪明和徐逸伦，2001）。每一种管治模式均有不同的管治主体、目标和管治工具。实质上，应用于城市的管治模式同样适用于村镇管治，但由于管治工具实施环境的差异，村镇布局管治还应进行相应的政策工具创新。

相对于城市而言，村镇是市场力量较为薄弱的熟人社会。因此，以市场力量为主导的管治工具在村镇布局中的适用性受到很大约束，而以政府主导、公众参与为主要特征的合作型管治则有很好的社会基础。在村镇布局的管治活动中，应通过激励性措施，鼓励村镇居民与企业参与、关心村镇布局的调整方法，通过高水平的个体与集体参与，创造适合于特定村镇环境、公众参与和认同的管治工具。

在具体管治活动中，要充分利用“政策分区与空间管治”方法，依据村镇实际情况，运用合理的政策工具。同时，基于村镇空间发展的复杂性现实，单一的管治工具往往很难达到预期的管治效果，因此，管治主体一般会同时运用多种管治工具，以政策组合创新形成合力。

9.5　小　　结

在科学发展观的指导下，我国的空间发展政策开始发生根本性转变，村镇布局调整成为建设美好家园的重要组成部分。村镇布局的调整优化是科学发展观在村镇地区的集中体现，是推动我国土地集约与节约利用，形成兼容生产、生活和生态的村镇空间的必由之路。2006 年以来实施的新农村建设已经成为村镇布局调整强大推动力，政府公共财政投入具有杠杆作用，以基本公共服务均等化为导向的基础设施投资成为引导村镇空间优化的基本力量，村镇居民的家庭资金积累则对优化布局产生了直接和间接的优化效应。由于新型工业化和城镇化的推动，村镇空间发展进入快速变化期，重点村镇的“中心化”、边缘村镇的“稀疏化”和城乡一体化成为当代中国村镇空间变化的普遍景象。

村镇空间优化布局具有系统化的目标定位。首先，强调“以人为本”，在重塑村镇空间的过程中建设宜居环境。庭院空间和社区空间建设是村镇布局优化的基础，建设多元化、人性化和生态化的庭院空间，加强村镇社区空间建设，将极大提升村镇环境的可居住性。其次，以“两型社会”为目标导向，通过居民点调整和空间要素优化组合，构建以土地资源节约为核心、融于自然、人地和谐、生态安全的美好村镇家园。最后，要以“全球视野”导引村镇布局，通过科学配置交通、信息和文化网络，提高村镇可达性。

村镇是人类活动的重要空间载体，与人类福利（特别是村镇居民的福利）存在着多种不同的关联机制，提高人类福利是村镇布局优化的宗旨。从中国当代村镇发展的现实出发，村镇布局优化应依据增进总体福利、改进福利空间布局的总体原则，在提高村镇居民的收入和商品消费能力、培育可行能力和改善环境三个方面取得进展，达到改善村镇民生、提高人口素质和优化生态环境的多重目标。据此，产业布局与聚落空间是村镇布局的核心内容。在当代中国，村镇应以发展集群型的主导产业、嵌入型辅助产业和网络化基础结构为导向，实现产业空间形态的优化。同时，要以形成聚散有序的等级结构、环境友好的水平结构和经济合理的垂直结构为导向，通过渐近调整的方法，推进村镇聚落空间形态的优化。

在村镇布局实践中，管治是以调控和配置空间资源为手段，以优化国土开发空间秩序为目标的各种协调、引导和控制工具的集合，是管治主体、客体和工具的统一。改革开放以来，村镇布局管治的主体、客体和工具都发生了巨大的变化，但还不适应当代中国村镇空间发展的需要。因此，要立足村镇空间发展的现状与需求，推动管治政策和工具的创新。一方面，要准确定位中央政府、地方政府、集体组织在管治中的功能定位，形成层级有序、协同有效的村镇管治政策。另一方面，针对特定的村镇地域的管治目标，要建立“地方政府+集体+企业+居民”联合、互动、网络化的管治模式，各种空间要素的配置和管理部门在运用管治工具方面也要协同，以实现村镇空间布局的整体优化。从管治工具来看，村镇空间管治不是城市管治的简单复制，要依据“村镇是市场力量较为薄弱的熟人社会“的特点，通过激励性措施，鼓励村镇居民与企业参与、关心村镇布局的调整方法，通过高水平的个体与集体参与，创造适合于特定村镇环境、公众参与和认同的管治工具。

第 10 章　村镇土地利用规划与管治

10.1　村镇空间结构与土地利用体系

10.1.1　村镇空间结构的本质内涵

从人类土地利用角度来看，村镇空间结构是由具有不同土地利用特质或效益的点、线、面，依据其内在的生产、生活和生态联系与位置关系，相互连接在一起，形成的具有特定土地功能的区域空间结构。一般地，根据土地利用地块的组合形态，村镇空间结构由点、线、网络和域面四个基本要素组成。

村镇空间中的“点”是指农民生产和生活在土地利用格局上集聚而形成的点状景观分布形态。工业和服务业的产业组织在土地利用上具有集聚倾向，往往会形成集中型的点状结构，表现为相应的工业点和服务网点等，集聚较多人口和产业的村镇成为农业空间的重要节点，各种规模不等的点相互连接形成村镇等级体系。村镇空间中的“线”是指某些经济活动在土地利用格局上所呈现出的线状景观分布形态。根据经济活动的性质，线包括了交通线（由河流、道路等组成）、通信线（由各种通信设施组成）、能源供给线（由各种能源设施组成）、给排水线（由各种水利设施组成），还有由一定数量的村镇沿水系或道路作线状分布所形成的线。由村镇所组成的线是区域空间结构中一种综合性的重要的线，在区域经济发展中具有特殊意义，因而往往被称为轴线。线可以根据组成要素的数量、密度、质量及重要性等分成不同的等级。同类但不同等级的线之间往往在功能上是互补的，它们相互连接，相互补充，共同完成某一种经济活动。村镇空间中的“网络”是由相关的点和线相互连接所形成的。网络是连接空间结构中点与线的载体，它能够使连接起来的点和线产生出单个点或线所不能完成的功能。网络可以分为单一性网络和综合性网络。前者是由单一性质的点与线组成，如交通网络、通信网络、能源供给网络等。后者是由不同性质的点与线组成。正是由于网络的存在，才可能产生区域经济发展中的各种商品流、资金流、信息流、人流。村镇空间中的“域面”是由村镇内某些经济活动在土地利用格局上所表现出的面状景观分布状态，包括农业生产空间域面、市场空间域面和农业生态空间域面等。

点、线、网络和域面不是简单的空间形态，它们具有特定的经济内涵、相应的土地利用格局和一定的服务功能。村镇空间就是由各种点、线、网络和域面相互结合在一起构成的，不断递嬗演化，由相对低级的节点空间逐步发育成复杂的点—线—面一体化空间，即节点相互依存，域面协调发展，通道配套运行，各种空间经济实体的联系交错密集，呈现网络化系统。

城市与村镇空间在内涵上和外延上，都存在明显差异。从概念内涵上，城市与村镇分属两个不同范畴。其中，城市聚落指的是国家按行政建制设立的直辖市、市、建制镇的市区或镇区的集合，乡村聚落是指市区和镇区以外的居民聚居点，包括集镇和村庄的集合，即村镇聚落，突出表现为乡村和集镇混杂的聚落形态。从人口、经济社会、功能和景观等方面，村镇与城市空间的表现形式存在显著差异（表 10.1）（朱平，2005）。

表 10.1 城市－村镇空间差异（朱平，2005）

差异指标		村镇空间	城市空间
人口	数量	人口少、规模小	人口多、规模大
	构成	以农业人口为主	以非农业人口为主
	密度	人口密度小	人口密度大
	居住	分散	集中
经济	产业结构	以第一产业为主，经济相对落后	以第二、三产业为主，经济相对发达
	功能结构	功能单一，与自然条件密切相关	功能复杂，多为区域的经济、政治、文化、科教和交通中心
社会	社会观念	乡土观念浓厚，富地方民族特色，邻里关系较融洽	富现代、集体、全国（球）性观念，邻里关系较淡漠
	社会生活	社会生活单一，条件较差	社会生活丰富，条件较好
	社会化程度	工作较简单，社会化程度低	工作分工复杂，社会化程度高
土地利用		分散，集体所有，以农业用地为主	集中，公有制为主，以建设用地为主
组织化程度		低	高
融合力差异		弱	强
景观形态		以自然景观、生态环境为主，人地关系相对简单，自然环境改造强度不大	以人造景观、人工环境为主，人地关系复杂，自然环境改造强度大

与城市空间结构相比，村镇空间内涵具有其独特性，主要表现为：①自然性。中国村镇空间不像城市空间，因远离政治中心，受规划和控制的影响甚小，其空间结构往往带有较强的自然性，在土地利用结构上，很大程度上反映了一种“天人合一”的自然结构形式，结合自然山水和田园风光自发生成，受自然环境的影响较大。②有机性。中国传统村镇的空间往往是以点（广场）、线（道路、河流等）骨架进行组织，从村镇的总体环境空间到公共户外空间（广场或月塘）、半公共空间（道路、河流）以及私密空间（庭院、园林等），整个空间体系天然合成，形成主次分明、自然有序的空间结构特征，环境与村落，道路、广场与建筑彼此之间是统一的有机整体。③连续性。中国古代城镇的发展，时空跨度很大，历史延续更替是世界城市发展史中罕见的一个连续变化的完整系统。与都市皇城的发展变化相比，小城镇的发展更具有连续性和完整性，其土地利用形态的演替保持较好的连贯性，除受自然因素的变化导致的突变外，很少有重大的变化。④自组织性。在传统的自然型村镇中，居住群体的行为和意识形成自组织性，通过人们的生活方式、文化观念和自然环境等深层次因素共同作用，使村镇整体与自然结合，空间组织上有机延续，形体环境上协调统一，在土地资源配置上构成了令人满意的空间秩序。

10.1.2 村镇土地利用的系统分析

从土地利用类型来看，村镇土地利用类型是指土地利用方式相同的村镇土地资源单元，是根据村镇土地利用的地域差异划分的，是反映村镇土地用途、性质及其分布规律的基本地域单位，是人类在改造利用村镇土地进行生产和建设的过程中所形成的各种具有不同利用方向和特点的土地利用类别。村镇土地利用通常具有以下特点：①是一定自然、社会经济、技术等各种因素综合作用的产物；②在空间上具有一定的地域分布规律；③随着社会经济条件的改善和科学技术水平的提高或受自然灾害和人为的破坏而呈动态变化；④根据土地利用现状的地域差异划分，反映土地利用方式、性质、特点及其分布的基本地域单元，具有明显的地域性。

评价村镇土地利用类型的多样化程度，其目的在于揭示区域内各种土地利用类型的齐全程度或多样化状况。一般借鉴吉布斯–马丁（Gibbs-Martin）多样化指数，计算公式为

$$G = 1 - \frac{\sum_{i=1}^{n} x_i^2}{\left(\sum_{i=1}^{n} x_i\right)^2}$$

式中，G 为多样化指数，其理论最大值为（n–1）/n；n 为土地利用类型数；x_i 为第 i 类土地面积或百分比。当 n=l 时，说明一个地区只有一种土地利用类型，此时 G=0，多样化指数最小；如果某一个地区土地利用类型越多样，则 n 越大，G 越接近 1。

为了测度土地利用类型的集中化程度，采用洛伦兹（Lorenz）曲线和集中化指数（I）（陈其春等，2009）。洛伦兹曲线的优点是比较直观。首先根据表 10.1 将各乡镇各地类面积百分比，由大到小按顺序排列，然后累计面积百分比，并据此绘出曲线，以评价各种地类的集中程度。集中化指数的优点在于能精确地度量区域土地利用类型的集中化程度，其计算公式为

$$I = \frac{A - R}{M - R}$$

式中，I 为集中化指数；A 为各地类累计面积百分比之和；M 为假设土地都集中分布时累计面积百分比例之和；R 为高一级层次区域各地类累计面积百分比之和，以 R 值作为衡量集中化程度的基准。

此外，不同类型的村镇土地利用往往在生态景观上存在显著差异，根据土地利用/覆被景观差异，从景观生态学角度，借用信息熵理论，可以构建多样性指数评价土地利用类型丰度，反映景观类型的多少和各景观要素所占比例变化（严志强和陆汝成，2008）。通常选取 Shannon-Weaver 多样性指数，计算公式为

$$H = -\sum_{k=1}^{n} P_k \ln(P_k)$$

式中，P_k 为第 k 类景观类型所占的面积比例（k 景观类型面积/总面积）；n 为景观类型总数。当景观是由单一类型构成时，景观是均质的，其多样性指数为 0；由两个类型以上构成的景观，对于给定的 n，当各景观类型所占比例相等时，H 达到最大值（H_{max} =ln（n））；各景观类型所占比例差别增大，则景观的多样性下降。通常，随着 H 的增加，景观结构组成的复杂性也趋于增加。

在景观多样性指数基础上，可构建景观优势度指数 D 和均匀度指数 E。其中，优势

度指数 D 用于测度景观多样性与最大多样性的偏离程度或描述景观由少数几个主要的景观类型控制的程度。计算公式为

$$D = H_{\max} + \sum_{k=1}^{n} P_k \ln(P_k)$$

式中，$H_{\max}$为研究区域各类型景观所占比例相等时，Shannon 多样性指数的最大值，$H_{\max}=\ln(n)$。通常，优势度指数越大，则表明偏离程度越大，即组成景观的各类型所占比例差异大，或者说某一种或少数景观类型占优势；优势度小则表明偏离程度小，即组成景观的各种景观类型所占比例大致相当。优势度为 0，表明各景观类型所占比例相等，没有一种景观占优势。

均匀度指数 E 则反映景观中不同景观类型的分配均匀程度。其值越大，表明景观各组成成分分配越均匀。通常以多样性指数和其最大值的比来表示，均匀度计算公式为

$$E = H / H_{\max} = -\sum_{k=1}^{n} P_k \ln(P_k) / \ln(n) = 1 - D$$

式中，H 是 Shannon 多样性指数；$H_{\max}$ 是其最大值；D 为优势度。显然，当 E 趋于 1 时，景观斑块分布的均匀程度亦趋于最大。

从土地利用结构来看，村镇土地利用结构更多的是指村镇范围内的土地利用的数量结构，即村镇国土面积中各种用地之间的比例关系或组成，也称土地利用构成，反映一定时期村镇土地资源的可利用和已利用的程度及开发利用潜力。通常用各类生产建设用地和非生产建设用地分别占土地总面积的比例来表示。

土地利用结构静态评价多采用各土地利用类型面积或数量占用地总量的比值来反映，而动态变化评价则往往构造土地利用动态度（LUDI）、开发度（LUD）和耗减度（LUC）（杨永春和杨晓娟，2009）。

其中，土地利用动态度（LUDI）表示单位时间内某一土地利用类型面积的变化程度，表达式为

$$\text{LUDI} = \frac{U_a - U_b}{U_a} \times \frac{1}{T} \times 100\%$$

式中，U_a、U_b 分别表示 a 时刻和 b 时刻某种土地利用类型的面积；T 为 a 时刻到 b 时刻的研究时段长。

土地利用开发度（LUD）表示单位时间内某类型土地利用实际新开发的程度，表达式为

$$\text{LUD} = \frac{U_{ab}}{U_a} \times \frac{1}{T} \times 100\%$$

式中，U_{ab} 量测从 a 时刻到 b 时刻新开发的某类型土地利用的面积；U_a 表示 a 时刻该土地利用类型的面积；T 为 a 时刻到 b 时刻的研究时段长，以年为单位。

土地利用耗减度（LUC）是量测单位时间内某类型土地利用被实际消耗的程度，表示为

$$\text{LUC} = \frac{C_{ab}}{U_a} \times \frac{1}{T} \times 100\%$$

式中，C_{ab}是指从 a 时刻到 b 时刻某种土地利用类型被消耗的面积；U_a表示 a 时刻该土地利用类型的面积；T 为 a 时刻到 b 时刻的研究时段长，以年为单位。

在不同的历史时期，不同的社会经济条件下，人类社会对村镇土地资源开发利用的广度和深度不同，土地利用结构不断发生变化。当前中国村镇土地利用类型以耕地、林地、牧草地和未利用地利用为主的结构系列构成了其主要组分，其面积占全国土地面积的 99.18%，反映出当代中国村镇土地利用仍以农用地占绝对主导地位，其中以林用地为主，耕地和未利用地为辅的复合结构，共拥有县域 1556 个，占分类总数的 63.23%，占全国土地面积的 79.86%，是我国最为重要的县域土地利用结构类型。

从土地利用格局来看，村镇土地利用格局是土地利用结构在村镇地域空间上的表征，反映了村镇各种土地利用类型的空间配置关系。借鉴景观生态学的斑块—廊道—基质模式来表达其空间结构特征，这种土地利用格局实质是土地景观格局。景观格局是由不同大小、形状、组合的自然及人文斑块组成的嵌块体。景观生态学方法可以很好地描述村镇土地利用矢量数据斑块的大小、形状及分布情况，主要有景观指数、景观破碎度指数、景观聚集度指数等定量模型。

其中，景观指数是指高度浓缩景观格局信息，反映其结构组成和空间配置某些方面特征的简单定量指标。通过景观指数描述景观格局具有使资料获得一定统计性质和比较、分析不同尺度上的格局的优点。景观格局特征可以从单个斑块（individual patch）若干个单个斑块组成的斑块类型（patch type 或 class），以及包括若干个斑块类型的整个景观镶嵌体（landscape mosaic）3 个层次上进行分析。因此，景观格局指数也可相应地分为斑块水平指数（patch-level index）、斑块类型水平指数（class-level index）以及景观水平指数（landscape-level index）。斑块水平指数包括单个斑块面积、形状、边界特征以及距其他斑块远近的一系列简单指数。在斑块类型水平上，因为同一类型常常包括许多斑块，所以可相应地计算一些统计学指数（如斑块的平均面积、平均形状指数、面积和形状指数标准差等）。此外，与斑块密度和空间相对位置有关的指数对描述和理解景观中不同类型斑块的格局特征很重要，如斑块密度（单位面积的斑块数目）、边界密度（单位面积的斑块边界数量）、斑块镶嵌体形状指数、平均最近邻体指数等。在景观水平上，除了以上各种斑块类型水平指数，还可以计算各种均匀度指数和聚集度指数。

景观破碎度指数（FN）用来测度景观破碎度，在较大尺度研究中，景观的破碎化状况是其重要的空间特征。景观破碎度指数包括廊道密度指数和景观斑块破碎度指数。其中，破碎度指数的计算公式为

$$\mathrm{FN} = \mathrm{MSP}(N_f - 1) / N_c$$

式中，N_c 表示研究区总面积与最小斑块面积之比；MSP 表示景观中各类斑块的平均斑块面积；N_f表示景观中某一景观类型的面积总数。

聚集度指数（C）反映景观中不同斑块类型的非随机性或聚集程度。如果一个景观由许多离散的小斑块组成，其聚集度的值较小；当景观中以少数大斑块为主或同一类型斑块高度连接时，其聚集度的值则较大。与多样形和均匀度指数不同，聚集度指数明确考虑斑块类型之间的相邻关系，因此能够反映景观组分的空间配置特征。景观聚集度 C 的一般计算公式为

$$C = C_{\max} + \sum_{i=1}^{n}\sum_{j=1}^{n} P_{ij} \ln(P_{ij})$$

式中，$C_{\max}$ 是聚集度指数的最大值（2ln（n））；n 是景观中斑块类型总数；P_{ij} 是斑块类型 i 与 j 相邻的概率。在比较不同景观时，相对聚集度 C' 更为合理，其计算公式为

$$C' = C / C_{\max} = 1 + \frac{1}{2}\sum_{i=1}^{n}\sum_{j=1}^{n} P_{ij} \ln(P_{ij}) / \ln(n)$$

此外，借鉴分形几何理论，构造分维数和形状指数，也可以反映土地利用景观格局的复杂性规律。

分维数常用来测定斑块形状的复杂程度。斑块的分维数采用周长与面积关系进行计算，公式为

$$\mathrm{FD} = 2\ln(P/4)/\ln(A)$$

式中，P 为斑块周长；A 为斑块面积。FD 值的理论范围为 1～2，其值越靠近 1，斑块形状越简单；相反，值越靠近 2，说明斑块形状越复杂。

形状指数通常是经过某种数学转化的斑块边长与面积之比。结构紧凑而又简单的几何形状（如圆或正方形）常用来标准化边长与面积之比，从而使其具有可比性。具体地讲，景观形状指数是通过计算某一景观形状与相同面积的圆或正方形之间的偏离程度来测量其形状复杂程度的。以正方形为参照几何形状进行计算，计算公式为

$$\mathrm{LSI} = 0.25E/\sqrt{A}$$

式中，E 为景观中所有斑块边界的总长度；A 为景观总面积。当景观中斑块形状不规则或偏离正方形时，LSI 增大。

就居民点用地而言，当前中国农村居民点用地受区域位置、自然条件、经济发展和宏观政策影响显著，地域分布极不平衡，空间密集区与稀疏化并存，呈现东中西地带梯度分异规律：东部沿海地区居民点分布密集，用地集中；中西部平原居民点分布相对较密集，用地相对集中；东北北部、中西部山区居民点分布相对稀疏，居民点用地规模较小；西部青海、西藏、内蒙古、新疆等高原、沙漠、戈壁区居民点密度很低，用地比重很小（田光进等，2003）。

从土地利用强度来看，村镇土地利用强度主要反映了村镇土地利用的广度和深度，表现出人类对村镇单位面积土地的深度利用程度，一般用建筑密度和容积率来综合表示，以提高土地利用率。单位土地面积上利用强度的增大，表现为建筑物层数的增加、容积率的加大，土地的多维空间利用以及同一宗土地多种用途等（彭建超等，2008）。土地利用强度是一个具有时间和空间意义的相对比较概念，其空间意义指特定时期某一区域土地利用强度大小，是和其他类似区域比较的结果，或单元区域之间比较的结果；其时间意义指随着时间的演变，人类对土地资源利用的能力和利用程度不断增强，现在的土地利用强度是过去动态变化的结果，又是未来土地利用的开始。从理论上说土地利用强度具有时间上的可度量性，空间上的可比较性①。

土地利用强度往往采用土地利用强度综合指数来表达：

① 孙书涵. 2005. 基于 GIS 的长春市城镇土地利用现状与潜力研究. 长春：吉林大学硕士学位论文.

$$U = \sum_{i=1}^{n} P_i \times h_i$$

式中，P_i 为景观类型 i 所占面积比例；n 为景观类型总数；h_i 为人类活动对景观类型 i 影响强度，即人为干扰强度指数，通过人为干扰景观（如建设用地、居住用地、耕地、园地、人工牧草地和林地等）组分（面积）比例与自然景观（未利用地、天然牧草地和林地）组分比例之比计算获得，或通过定性分级获得（表 10.2）。其中，人为干扰强度指数 h_i 计算公式为

$$h_i = P_h / P_n$$

式中，P_h 为人为干扰景观组分比例，P_n 为自然景观组分比例。

表 10.2　土地利用类型人为干扰分级

土地利用等级	土地利用类型	人为干扰分级指数
未利用地级	未利用地	1
林草水用地级	天然林地、牧草地、水域、滩涂、沼泽用地	2
农业用地级	耕地、园地、人工牧草地、人工林地、水利设施用地	3
建设用地级	城镇、居民点、工矿、交通用地	4

10.1.3　土地利用-空间结构的耦合机理

村镇土地利用与空间结构两者相互影响，共同作用，构成耦合的复杂非线性关系，其中，土地利用格局是村镇空间结构的主要表现形式，其强度、类型和方式发生变化，也会导致村镇空间组合形态和效益发生变化；而村镇空间要素是其土地利用的主要载体，自然、经济、人口、社会等空间要素相互配置和作用往往改变了人类的土地利用方式、强度和类型，进而带来整个土地利用格局发生变化。

首先，土地利用是村镇空间结构形成的主要动力。村镇空间结构是农村土地利用最显著的特征和最直观的表现，土地利用对村镇空间结构的影响是在一定时空跨度范围内的缓慢动态作用过程，主要表现为村镇景观组合性变化与空间异质性变化，并引起村镇实体空间和基质空间的组合变化，使得整个村镇空间呈现异质性、多样性、等级性或稳定性①。通过土地利用引致景观类型变化。景观是地貌、植被、土地利用和人类居住格局的组合结构，主要由自然景观和人文景观组成。由土地利用方式、结构和强度变化引起的景观类型变化主要是这两类景观间的相互转换，如大量的森林、草地、湿地、湖泊等自然景观被人类开发利用，转变成农田和乡村景观。通过土地利用促使自然空间异质变化。土地利用是人类对自然基质空间最直观的改造。人类正是通过不同土地利用方式和强度改变了土地覆被类型和利用结构，进而促进了村镇空间结构的演变。土地利用引致景观空间在粒径、对比度、连通性和构成上发生异质变化。其中，景观粒径是景观斑块的大小，有粗细之分，往往人类土地利用活动越剧烈，景观斑块越细化，进而村镇空间越趋于破碎化。斑块—廊道—基质模式是构成和描述景观空间格局的基本模式，也是景观空间异质性的集中体现，很大程度上决定了村镇景观的总体格局和生态过程。土地

① 李边疆. 2007. 土地利用与生态环境关系研究. 南京：南京农业大学博士学位论文.

利用对景观空间格局的影响主要是通过对斑块—通道—基质的塑造，营造点—线—面不同组合的空间形态。

其次，空间结构和作用是土地利用变化的重要因素。村镇土地利用变化是政府、企业、社会公众三方利益主体互相作用产生的合力作用下形成和演变的，表现为经济、社会、文化、生态等空间要素相互作用的根本结果，村镇经济、社会、文化、生态等要素在空间上的配置组合状态对土地利用方式和模式、类型和结构、强度和格局等性状起决定性作用（表 10.3 和图 10.1）。经济空间主要通过产业结构、经济效益、交通技术和人口移动等经济要素组合差异来影响土地利用的类型、用途、方式和效益。①产业空间。经济发展空间差异最重要的是表现出产业结构的差异，由于不同产业对土地区位有着不

表 10.3　村镇空间结构对土地利用的影响

空间要素	主要影响因素	土地利用影响
自然生态空间	地理区位	邻近大城市的城郊村镇建设用地扩张较快
	自然资源状况	自然资源丰富地区村镇发展规模较大，一些村镇对资源具特定要求的原材料、矿产加工、医药、化工等工矿用地规模较大
	生态环境状况	村镇生态单元、生态敏感性、景观安全格局、生态系统阈值等差异性直接影响到土地利用性状，土地利用过程中的生态环境问题也增强人类环保意识，间接影响人类后续土地利用方式和模式
经济空间	经济区位	距离高层次城镇位置不同，其接受的经济社会辐射影响不一样，直接影响村镇土地利用规模和强度
	产业发展与结构调整	农业、乡镇企业、商服业发展水平，产业非农化，经济要素的产业间转移等成为土地扩张的根本动力，促进土地需求总量和结构水平发生改变；产业发展带来经济实力的增强，也为土地集约利用提供技术和财力支持
	土地经济利益与规模经济	土地不同使用性质具有明显的经济利益差异，如村镇土地征用大于旧城改造引致大量城郊农用地锐减；人口、经济要素不断向中心集聚，规模不经济，促使村镇外延扩张，土地利用规模扩大，无序蔓延
	城镇就业与人口增长	不同产业吸纳就业能力存在差异，导致人口向第二、三产业转移，产生大量建设用地需求；人口增加，意味着产品需求量增加，需要调整优化系统结构，集约利用土地，扩大土地面积，加大未利用地开发
制度空间	交通网络技术	交通网络技术不断革新，空间通达性不断改善，土地价格收益发生变化，土地利用方式也相应调整
	土地制度与开发	土地政策因素是土地利用的直接决策因素，它引导着社会经济
	政策	生产活动，并通过地权制度、价格制度、经营机制等直接影响土地利用及其结构的形式，进而影响土地利用的方式和强度①
文化空间	户籍制度与人口迁移	传统户籍制度限制人口的流动，导致乡村工业化粗放型发展和乡镇企业凋零；户籍制度的放松，人口不断向中心集镇移动，建设用地需求增加，集约化程度提高
	市场竞争制度与开放政策	村镇企业受市场机制作用不断迁入优区位（中心乡镇、中心村），同时资金不断注入，规模集聚，建设用地规模增加，集约化程度增大
	政府管理思路与意识	如政府吸引投资政策缺乏监督，导致大量投资“借鸡生蛋”，圈地炒卖地皮，大量土地闲置和耕地占用
	价值观念生产生活方式	受历史沉淀、风俗习惯、价值观念影响，居民形成不同生产生活方式，引起相应土地利用方式和格局发生变化

① 张兰. 2006. 大城市郊区城市化综合水平与土地利用结构格局演变的关系研究. 成都：四川大学硕士学位论文.

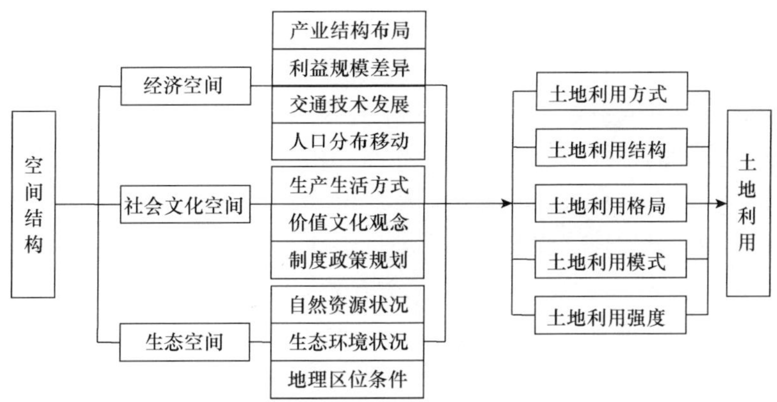

图 10.1　村镇空间结构对土地利用的作用模型

同的需求，因而产业间形成前后向有机联系的产业链或空间上的产业集群，最终对土地利用结构演变产生内在驱动力。②经济利益与规模效益。不同土地利用方式具有明显经济效益和规模差异。受不同程度经济收益和规模效益追求影响，村镇土地利用方式、结构、强度明显发生变化，突出表现为大量耕地、未利用地、林牧草地等农业用地、未利用地被工业园区和房产开发征用，不断转化成工矿业、交通仓储、城镇居住等建筑用地形态。③交通技术空间。交通运输技术的空间格局对村镇用地扩展方向产生重大影响，随着交通的发展，用地布局从紧凑、高密度逐步呈现分散化趋势，用地方式从粗放浪费向集约高效转变，用地结构日益多样化和均匀化。④人口空间。人口规模增加，粮食及水果、蔬菜、禽蛋、肉类等食物需求增加，从而引起其生产用地类型的变化。人口不断向中心城镇迁移、集聚，产品需求结构发生变化，加之巨大的就业压力，导致第二、三产业用地需求增加，土地利用结构面临调整。

社会文化空间主要通过制度政策、价值观念、生产生活方式、科技信息水平等差异性影响村镇土地利用特性。首先，土地使用制度变革、城镇住房制度改革、耕地保护政策、市场竞争和开放、政府管理思路和意识等制度文化空间执行上的差异导致村镇土地利用结构和方式存在明显差异，严格实现科学的土地管理制度的村镇往往表现出土地利用强度的集约化、结构的合理化、方式的科学化。其次，村镇不断形成的社区空间关系、价值观念差异、生产生活方式也影响着村镇土地利用结构和模式。

自然生态空间主要通过资源状况、生态环境背景、地理区位条件等要素约束人类的土地利用方式。从土地利用的对象来看，土地本身就是自然生态环境空间的重要组成部分，其特性势必约束土地利用的方式与程度。就目的而言，土地利用是人类通过与土地结合获得物质产品和服务的经济活动过程，其物质能量来源难以脱离自然生态环境这一基础的支撑。自然生态环境空间表现出自然资源、生态环境和地理区位三个方面的差异性，进而对土地利用方式、模式、格局、结构、强度等要素产生影响作用。

（1）自然资源状况。自然资源（水资源、小气候等）对于村镇居民的生产与生活区位选择具有较大影响，进而影响土地利用规模、结构等性状。一般而言，小气候条件优越、水资源丰富和水质较好的村镇乃首选之地，较易集聚人口和产业。

（2）生态环境状况。首先，村镇生态单元特性不同，对环境特性需求不同的土地利用方式、格局具有限制或引导作用。干旱区，建设用地和农用地往往沿河分布。湿润区，地质坚实、防洪抗涝的地段成为建设用地首选。山地缓坡区，形成环绕梯田。平坦平原，农用地规模较大，集约化程度高。其次，特定敏感的生态区，土地利用规模和方式具有明显局限。地质敏感区，往往限制建设用地规模和开发强度。盆地的水口、廊道的断裂处或瓶颈河流交汇处的分水岭等生态安全控制点，往往要严格控制土地利用强度和方式。再次，生态环境承载力具有一定界限值，表现出对村镇土地利用强度的容忍程度和类型匹配关系的具体规定。最后，生态环境还可通过人口子系统，借助人类生态环境意识的改变，实现对区域土地利用强度与方式进行约束。

（3）地理区位条件。村镇所处的空间位置不同，距高层次城镇的空间距离不同，与它们之间进行物质和文化交流，接受高层次城镇的科技、经济和文化辐射的条件不同，直接影响自身的土地利用规模与开发强度。

10.2　村镇空间结构的土地利用效应

10.2.1　村镇空间要素与土地利用结构变化

村镇空间往往由自然生态空间、经济社会空间等组成要素，在政策规划作用引导下，相互作用、共同影响，通过地理位置、自然资源、交通网络、人口迁移与发展、产业发展与结构调整等空间配置差异，导致土地利用结构变化（图 10.2）。

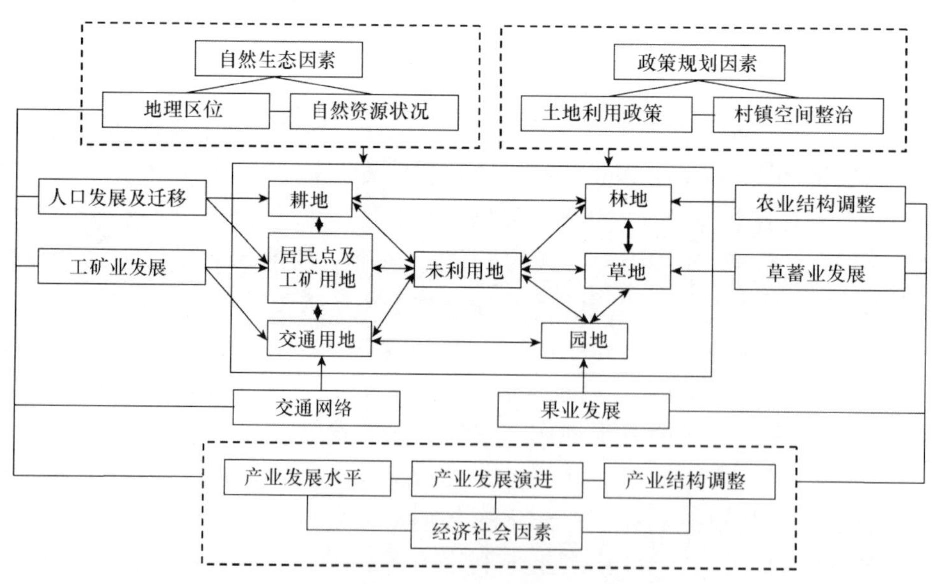

图 10.2　村镇空间要素与土地利用结构变化相互关系

地理区位在很大程度上决定着村镇土地的利用方式，对土地利用结构的区域差异产生重要影响。村镇所处的空间位置不同，距高层次城镇的空间距离不同，与它们之间进行物质和文化交流，接受高层次城镇的科技、经济和文化辐射的条件不同，直接影响小城镇的规模与发展速度和前景，进而对其土地利用强度和方式产生重要影响。一些村镇地处大城市经济腹地或后花园，面临中心城市巨大的经济社会辐射影响，土地利用类型不断转化（农业用地减少，建设用地增加），土地利用强度不断加大（集约化程度上升）；同时，城市社会经济文明不断渗透于村镇空间，人们对食物消费的需求结构发生剧烈变化，对粮食类产品的直接消费数量减少，而对由粮食类产品带来的转化产品需求增加，同时对住房、交通和城市建设等用地需求增加，为适应这种多样化的需求，区域内土地利用类型势必趋于多样化，所以这些乡镇土地利用结构多样性、均匀度高，组合类型数多（宁艳梅等，2008）。

从交通网络来看，交通网络的区域差异性以及技术变革，往往引起村镇土地利用类型和格局发生变动①。

（1）交通网络的等级差异性和密度对村镇土地利用类型产生深刻影响。首先，道路的辐射影响会引起村镇土地利用类型的分异。在道路的强影响区域，土地利用以建设用地、工业用地和农业用地（耕地、园地为主）占主导地位，生产生活活动密集。道路的弱影响区域则以林地、草地等生态背景用地为主，面积比重明显高于道路影响范围内的水平，而建设用地和工业用地面积所占比例往往很低。其次，不同等级道路对土地利用现状的影响程度不一样。村镇区域主要以主干道路（主要是贯穿村镇区域的高速、铁路、国道、省道、县道等高等级快速干线）、街巷道路（主要是街区街道、集镇主要干道）、乡间土路（往往为农村人畜及简易农用车辆通行的田间小道）三种不同等级道路体系为主，三种道路等级其影响范围和强度明显存在差异。在发达省份、高度城市化近郊区，主干道路影响范围可达 1200m，主要以工业用地比重较高。街巷道路影响范围达 800m，建设用地和商业用地比重超过主干道路。乡间土路往往不超过 200m，农业用地占绝对优势。最后，道路密度不同，其影响程度也不一样。在高密度区道路两侧，城市化土地利用类型（主要以工矿业用地、居民点用地）所占比例较高，是乡村城镇化的重点区域。在低密度区，工矿业用地比例却较低，主要为农业用地和生态用地。在中密度区，道路影响范围内的土地利用类型主要是工矿业用地，其次是居民点用地。在高密度区，建设用地面积所占比例较高，以居住用地、商业用地等为主导，天然用地面积所占比例严重不足。

（2）交通格局和革新引导村镇土地利用格局。交通系统不仅是村镇系统空间结构的直观表现，也是村镇空间发展的主要轴线和功能导向。村镇发展对交通网络具有明显的依赖性，往往高度分布于国道、省道及轨道交通形成的交通走廊沿线，相应土地利用格局呈现线状的轴向生长。此外，交通技术变革改变区域通达性，进而影响区域土地利用价格和使用方式，引起村镇功能空间不断演化，呈现不同的土地利用空间形态（图 10.3）。

① 张兰. 2006. 大城市郊区城市化综合水平与土地利用结构格局演变的关系研究. 成都：四川大学硕士学位论文.

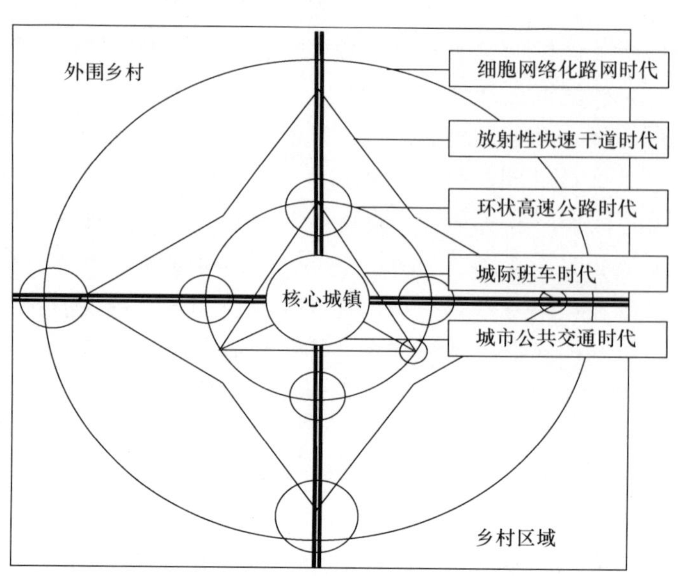

图 10.3 交通组织变革与村镇用地空间形态演化

从自然资源来看，资源条件和资源赋存是村镇土地利用变化的基础和背景，在一定程度上决定了村镇土地利用的类型、利用方式及其土地利用的区域分异，并从宏观上规定了土地利用转化的方向。例如，地貌特征影响土地利用类型的空间分异，进而决定了不同地貌类型区土地利用的特点①。一般而言，山地村镇以林地为主，土地利用类型相对单一，土地利用多样性和均匀度小，集中程度高；平原村镇以耕地和园地为主，但土地利用类型较复杂，多样性和均匀度大，集中程度低（宁艳梅等，2008）。例如，自然资源（水资源、气候资源等）状况影响产业发展和投资结构，进而决定土地利用类型和结构。一些拥有丰富矿产资源、中草药资源、能源丰富的城镇，往往能对矿产和原材料加工、化工及医药制造、能源生产等产业具有较大吸引力，相应地村镇工矿业用地比重则较高。此外，土地本身属于自然资源，土地资源数量的有限性也会对土地利用系统产生强烈的制约作用，从而影响土地集约利用的总体水平、变化状况以及趋势状况（汤怀志等，2008）。

从产业经济来看，村镇产业经济发展程度、结构的非农化转换、经济要素在不同产业及地域间的流动是村镇土地利用变化的主要动力因素（邢谷锐等，2007）。首先，产业经济水平越高的地区，土地利用类型越多样均匀；而经济水平越落后的地区，土地利用类型就越集中，两者互为因果。一般地，土地利用类型多，为人们经济活动提供更多的选择，使生产具有多样性，从而有利于繁荣市场，增强抗风险能力，促进经济稳定发展。而经济越发达，人民的生活水平越高，需求越多样，从而要求土地利用类型丰富多样。其次，不同产业部门，其土地利用效率、强度和生产率等方面存在巨大差异，因而所需土地数量和质量相应存在很大差别。区域经济系统产业结构的调整变化必然引起不同产业间土地利用效益的差异，从而导致土地资源在不同产业部门间的重新分配和区域土地利用结构的变化。各种产业的发展都需要一定量的土地资源投入，各产业部门所需

① 周忠学. 2007. 陕北黄土高原土地利用变化与社会经济发展关系及效应评价. 西安：陕西师范大学博士学位论文.

土地资源的多寡是各不相同的。通常农业部门用地面积最大，工业和服务业用地面积相对较少，且工农业用地中各类用地面积也大不相同。最后，产业发展演进，使产业结构不断调整、优化和升级，促使更多的农业劳动力向第二、三产业转移，并加快了城市的发展速度；在快速工业化、城市化的进程中土地资源的利用方式和利用结构发生剧烈变化，土地利用数量结构的变化不仅表现为总体用地结构的变化——耕地减少、城镇及工矿等建设用地增加，也表现为建设用地内部构成变化等其他形式。在经济发展和产业结构不断调整的过程中，原有建设用地规模的扩大，尤其是居民点及独立工矿用地面积扩张是用地结构变化的一个主要现象。这种建设用地规模的扩大源于经济和产业的集聚效应。经济的空间集聚客观上对土地产生了新的需求，以解决原有建设用地不足问题①。

从人口因素来看，人口增长和移动是村镇土地利用/覆盖最具活力的驱动因素之一。人口增长必然对粮食及水果、蔬菜、禽蛋、肉类等食物需求增加，从而引起其生产用地类型的变化，人口增加也必然对居民点用地及城镇用地的需求增加，导致当地土地利用类型发生变化②。人口不断由自然村向中心村或中心城镇移动、集聚，使得集镇、中心村人口与用地规模不断增加，生产性需求不断增加，引起中心村镇居民点或城镇用地规模增加，大量人口外迁出，也导致所在自然村出现“空废化”，耕地撂荒，未利用地比例增加。

从政策和规划来看，不同土地利用政策及村镇空间整治规划也会对村镇的土地利用结构产生深远影响。一方面，土地利用结构的区域差异与土地利用政策有密切的关系。例如，鼓励外商投资建厂、鼓励小城镇建设的土地利用政策会导致该地区的建设用地比例快速上升，农用地比例不断下降；严格控制建设占用耕地，建立严格的耕地保护制度，实行“占一补一”，加强对违法用地的惩罚以及鼓励土地复垦和滩涂、“四荒”开发的土地政策则会稳定或提高该村镇耕地的比例，降低未利用地的比例；为维护生态平衡实行退耕还林还草还湖政策、为满足市场需求进行的农业结构调整等举措会降低耕地比重，提高园地、林地和其他农用地的比重（宁艳梅等，2008）。另一方面，行政区划调整也会对村镇土地利用强度、格局和类型带来变化。行政区划调整一般选择经济条件优越的集镇作为新镇政府驻地，城镇发展也是以新驻地为重点进行的，实际上，被撤乡镇政府驻地的集镇一般不再作为小城镇发展，乡镇区划调整也就意味着小城镇建设布局调整，而小城镇在城市和农村之间起到很好的桥梁、传导作用，小城镇布局对土地利用的区位影响较大。一些交通便利、人口密集、社会经济较发达的村镇对周边具有较强的辐射和传导能力，土地利用需求多样化，往往具有多样性的土地利用类型。

10.2.2　村镇空间结构与土地利用格局变化

村镇空间形态往往表现为各种经济活动在土地利用上的空间配置，其布局形态根本上由土地利用的宏观格局决定；反之，村镇空间要素的组合形态、成长变化以及规划调整也会对人类的土地利用格局的变化产生影响。

首先，村镇空间由蔓延到伸展，由集聚到扩散的成长演替的结果，往往表现出村镇

① 顾湘. 2007. 区域产业结构调整与土地集约利用研究. 南京：南京农业大学博士学位论文.
② 周忠学. 2007. 陕北黄土高原土地利用变化与社会经济发展关系及效应评价. 西安：陕西师范大学博士学位论文.

土地利用形态的点状—团块状—带状—跳跃状演化（表 10.4）。

表 10.4　镇空间生长与土地利用格局变化①

空间结构生长	同心圆式蔓延		轴（带）状生长	跳跃式生长
	高密度蔓延	低密度蔓延		
主要内涵	由中心镇（村）向四周地区蔓延或依附于镇（村）区向外形成环状或块状填充	中心村镇无铁序无计划向外蔓延，用地出现大量空隙，村镇“空心化”	村镇由内向外，沿交通轴线或河流水系延伸	有计划跳出原有镇（村）区不连续的空间扩张，多因工业园区或地形限制
用地格局	外向扩展	低密度无序蔓延	轴向扩展	跳跃式扩展
用地形态变化	用地呈核心-边缘式环状分异，由中心向中外依次为居住、商业、工业、农业用地，表现为填充式向外扩展	用地盲目扩展，集约率低，形成大量空地或插花地	建筑用地沿交通干道或主要河流轴向扩展	呈跳跃式飞地，分散化态势，往往形成不连续的团块群
用地类型变化	与镇区相杂的农业用地不断转化成非农用地，镇区多以生活用地为主，集中于商业市场、文化教育等设施用地	建筑用地多以居住用地为主，居住与农用地混杂	以工业、仓储用地比重较大，其次居住与公建用地规模也较大	以工业仓储等生产性用地为主
代表典型	广东东莞马涌镇建设用地比重高，以工业和生活用地为主，用地混杂，中心用地集约，外围以生态用地为主，斑块破碎②	新泰市北公新建村住宅不断无序布局村外，村中心旧宅不断空废，形成自中心向四周的松散圈层结构（王成新等，2005）	苏州横泾镇早期受河流（苏东河）和晚期受公路影响明显，表现为沿河流、公路延伸的条带放射状布局（王跃和陈亚莉，2005）	浙江温州松门镇老镇区受老虎山和茶山地形阻隔，新开发区在旧镇区东面沿温松公路布局，主要以工业用地为主
示例图片	东莞马涌镇	新泰市北公村	苏州横泾镇	温州松门镇

当村镇空间高密度蔓延时，村镇空间不断自中心村镇区向周围地区蔓延或依附于中心区向外呈环状或块状生长，表现为一种“见缝插针”式的高密度填充方式，势必将原有的与村镇建成区非农用地混杂的农业插花地带快速转变成非农用地，用地类型多以生活用地为主，对原有中心村镇建成区功能依赖性强，主要是商业、文化教育设施用地，对外向交通依附性则较弱，工业仓储用地比重较低，整个村镇土地利用格局表现为一种高密度填充式外向扩展，用地类型形成环状分异，自中心向外依次为居住、商业、工业和农业用地。

当村镇空间低密度蔓延时，其对中心村镇区依附性不强，表现为无计划无秩序地向

① 熊健. 1996. 江南小城镇空间结构、用地形态研究. 上海：同济大学硕士学位论文.

② 黄小芬. 2004. 中国快速城镇化地区小城镇土地集约化利用的评价与规划支撑体系. 武汉：华中科技大学硕士学位论文.

外盲目生长，中心村镇建成区存在大量空地或插花地，周围形成住宅、工业等建筑用地与农业用地或生态用地混杂的格局，土地利用率低，集约程度不高，周边形成松散的低密度蔓延带。

当村镇空间沿向外交通干线或主要河流延伸，呈轴线生长态势，受交通与水系影响明显，建成区用地形态狭长呈带状。农产品加工业、仓储业、运输物流业受交通干道影响明显，依附性强，因此，沿交通干线生长的村镇空间，以工业、仓储等生产性用地比重较高，居住、公建等用地比重其次。住宅及其公共空间具有亲水指向性，沿主要河流生长的村镇空间以居住、商业及其公建用地比重较大。

当村镇空间不连续的生长呈跳跃式，往往与原村镇建成区相距一定距离重新“扎根”，形成“飞地”。多受工业园区建设或地形限制，选择区位交通条件良好地段进行扩张，形成新生产空间，多以交通依赖性强的工业或仓储等生产性用地为主，老村镇建成区空间生长往往同步进行或开始衰减（表10.5）。

表10.5 村镇空间形态与土地利用格局（业祖润，2001）

空间形态	主要特征	土地利用格局	代表典型	示例图片
集中形	以一个或多个核心体为中心，集中布局的内向性群体空间	住宅及其公共空间用地集中布局，周边以农业用地或生态空间为主	福建田螺村以土楼形式构成核心体	 福建田螺坑村
组团型	由多个宅区组团随地形变化或道路、水系相联系的群体组合空间形态	土地集约程度较高，住宅及其公共用地呈团块状布局，周边以农业或生态用地为主	陕西安堡村，分几个组团型相连而成整体	 韩城安堡村
带状型	多随地势或流水交通干道方向顺势延伸或环绕成线形布局的带型空间	住宅及其公共用地呈带状布局	湘西拨茅村沿流水方向布局	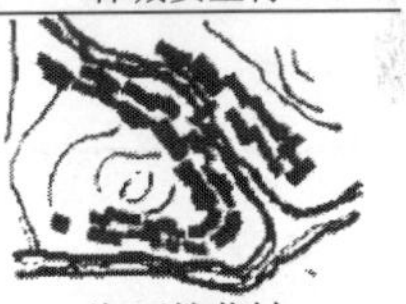 湘西拨茅村
放射型	以一点为中心，沿地形、交通变化呈放射状外向延伸布局，形成视野开阔的空间形态	土地沿地势或交通向外扩展，集约程度逐步降低，呈星形或扇形放射状布局	北京川底下古山村沿山势呈放射状布局	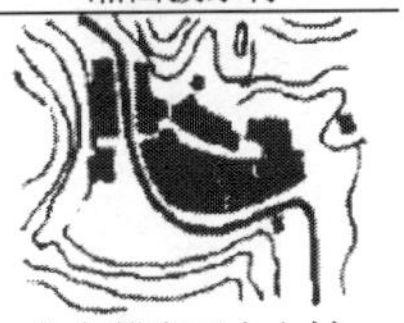 北京爨底下古山村
象征型	模拟自然物或其他物形布局形成具有隐喻意义的空间形态	居民点用地模拟自然物有意识集中布局	四川罗城以船形布局象征一帆风顺	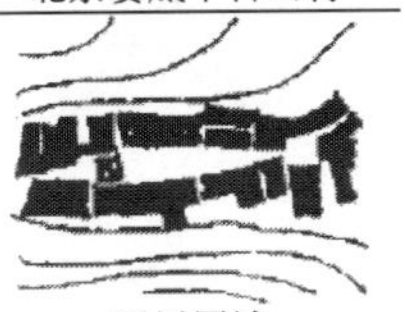 四川罗城
灵活型	随地形变化自由布局的灵活空间	居民点用地分散，依山势随机分布	桂北金竹苗寨依山就势，云南倮马寨依水造田，就近生产，布局自由，山、田、宅相交融	 云南倮马寨

其次，不同村镇空间形态，集中或放射，组团或松散，带状或团状，规整或灵活，往往内部土地利用格局也存在明显差异。具体表现为，集中形的村镇，建设用地呈集中布局，而农业和生态用地在外围呈分散分布，土地利用结构呈现类型有序的中心—外围式分异。组团型的村镇，其土地集约程度较高，相较集中形村镇要低，建设用地呈团块状，周围为片状农业和生态用地。带状型村镇，建设用地沿重要水系或交通线呈带状展布，农业用地位于线状轴两侧分散布局，而生态背景用地则分布于农业用地外围。放射型村镇，建设用地集约程度由一点向四周（往往沿交通线或地势）逐渐降低，呈星形或扇形扩展。象征型村镇，具有隐喻性空间布局法则，村镇土地利用格局相对规整，建设用地，尤其是住宅用地模拟自然物，呈规律组合分页，具有较强特色。灵活型村镇，其空间形态布局比较随意，村镇土地利用多处于无组织状态，用地分散，集约化程度低，各用地类型地块分布零散，土地利用格局多为随机形态。

最后，不同村镇空间要素，往往决定规划层面的村镇土地利用格局调整方式。村镇土地利用格局演化是为满足人们生产和生活的需要前提下的一个由其自然资源条件、区位可达性及社会经济基础条件综合影响下的区位择优过程（姜广辉等，2006）。这些自然、地理、区位、社会经济发展等内外部空间因素的综合影响决定了村镇用地空间结构的调整模式。根据村镇居民点生产、生活条件、现状类型及社会经济发展基础等空间要素组合状态，可将村镇用地空间结构调整模式分为四种类型（表10.6）。其中，生产条件是村镇生存与发展的基础，有人均耕地与园地面积、耕地与园地质量以及耕地与园地可达性；而生活条件代表了其区位情况的优劣，有村镇中心及服务设施可达性、农民人均储蓄值；村镇现状类型则由其三次产业比例以及内部工商企业用地结构比例确定；村镇发展基础则包括农村居民点人口规模、人口数量变化率、用地规模、三次产业值、固定资产投资额以及农村居民点内部服务设施用地比例（姜广辉等，2008）。

表10.6　村镇空间要素与土地利用格局调整模式

用地调整模式	生产条件	生活条件	现状类型	发展基础	代表典型（北京平谷区）
积极发展型	土地资源丰富，农用地质量高，具备农业集约化、产业化与规模化经营的条件	距离中心城镇较近，区位条件较好，交通运输条件优越	一定的工业基础和市场基础，以第二、三产业为主，经济自我成长性和发展水平较高	人口发育稳定，内部企业用地比例较高，地均产出率高，基础设施较完善，有强农村城镇化趋势和发展潜力	峪口镇、东高村镇、平谷镇、马坊镇和马昌营镇
内部挖潜型	较多闲散地，人均用地面积大，土地利用较粗放	农民收入来源有限，处于从温饱向小康过渡期	人均产值中等，经济发展情况一般，具外延扩展趋势	一定的人口和用地规模，具备加快发展资源基础和发展潜力	黄松峪乡、王辛庄乡、南独乐河镇和平谷镇
自然衰退型	生产条件差，不具备发展二、三产业的区位条件以及资源条件	生活来源有限单一，呈现破败趋势	一定基础设施建设，思想闭塞，抵触搬迁，部分村庄老龄化	缺乏相应竞争力，迁出人口增多，总人口规模逐年递减	马坊镇、东高村镇和夏各庄镇
搬迁兼并型	交通不便，信息不灵，地处较落后或偏远山区，或生态环境脆弱区、生活环境恶劣区、地质灾害易发区	生存及发展条件恶劣，生活较贫困，收入来源单一有限	农地资源条件恶劣，村庄基础设施配套成本高、难度大，管理不便	居民点比较分散、规模小，区内不具备人口、产业集聚的条件	大华山镇、黄松略乡和刘家店乡

10.2.3　村镇空间发展与土地利用强度变化

影响村镇土地利用强度的空间因素复杂多样，各因素间相互作用、共同影响，对村镇土地利用强度变化影响较大的因素可归纳为三点：村镇空心化、产业集聚化和空间整治。

（1）从村镇空心化来看，随着城市化进程的加快和城乡人口流动限制政策的松动和取消，大量农村精英和青壮年劳动力离开村庄，进入城市务工经商。加上长期的偏向城市、忽视农村的政策刺激了农村向城市的移民，农村出现了越来越严重的村庄人口“空心化”现象。特别是经济社会发展落后地区的村庄，由于集体经济缺乏活力，内聚力丧失，人口大量外迁，房屋空置，逐渐出现衰落迹象。与此同时，区位优越、经济基础条件好的村落，率先从单纯的农业经济发展为融工业、农业、商业于一身的混合型村庄空间形态，表现出明显的功能混合。基于用地和交通运输的方便考虑，这些村庄的第二、三产业一般布局在村庄外围，或沿河流和公路布局。农民新建住宅也选择在村庄外围或交通线沿线建设，从而逐渐形成了空间上的分散化和空心化的发展格局（陈晓华等，2008）。这种“空心化”现象实质上是在城市化滞后于非农化的条件下由迅速发展的村庄住宅建设与落后的规划管理体制的矛盾所引起的村庄外围粗放发展而内部衰败的空间形态的分异现象（薛力，2001），往往与居住用地的扩展相伴而生（王成新等，2005），造成了大量村镇住宅建设用地闲置浪费，形成圈层状土利用强度分异格局：内部荒废型住宅闲置建设用地，中间集约型居民点和工矿建设用地，外围粗放型农业用地。

（2）从产业集聚化来看，产业的区域空间集聚实质上是资本、劳动等生产要素在一定面积的区域土地上的聚集，决定了包括土地等要素的集聚能力和辐射的影响范围，推动整个区域产业结构体系的不断优化、升级，进而影响整个村镇土地集约利用水平和优化。通过村镇产业园区开发建设，产业不断集中于特定村镇地域，促进土地成本不断提高，土地集约利用情况随产业结构的合理调整也呈现逐渐提高的态势①。

（3）从村镇空间整治来看，区划调整、村镇归并、重新制定小城镇发展规划时，能够有效地改变基础设施落后、布局松散、功能分工不明等弊端，有利于合理调整城镇内部功能结构布局，降低原有行政区划影响和协调难度，减少基础设施重复建设，从而提高产业和人口集聚度，提高土地利用的集约度，形成规模经济效应。当然，乡镇区划调整也可能无法很好地解决被撤并乡镇政府驻地的遗留问题，导致部分原有企业搬出或停产后其土地可能被闲置或低价出租，土地利用效率降低，同时区划调整后村镇如果集镇规划不到位，基础设施建设停滞不前也会导致大量土地低效率租借利用（邹伟，2008）（表 10.7）。

表 10.7　镇空间整治对土地利用强度的影响

整治方式	针对问题	对土地利用强度的影响
农村居民点整理	农村居民点用地杂乱、低效、分散	提高土地利用效率，改善农村居住环境
迁村并点	村庄规模小、布局分散	节约土地资源，促进土地集约规模经营
村庄整治	内部结构不合理、居住环境差	改善村庄居住环境，改善绿地、交通用地、居住用地等用地结构
园区建设	产业用地布局分散、利用效益低	提高园区土地利用效率
土地储备	大量闲置土地存在	提高土地利用效率，盘活闲置土地，保障村镇发展用地空间

① 顾湘. 2007. 区域产业结构调整与土地集约利用研究. 南京：南京农业大学博士学位论文.

10.3　村镇空间布局与土地利用规划

10.3.1　当代村镇土地利用的发展现状

长期以来，中国村镇建设处于无规划指导的自发建设状态，村镇建设脱离土地利用控制，呈现“只图数量而不重质量，只重外延不重内涵”，低水平、粗放型、重复性、随意式发展，当代村镇土地利用发展面临诸多问题。

1. 耕地面积锐减，土地供需矛盾日益突出

伴随着国民经济和各项社会事业的蓬勃发展、人口数量的不断增长和居住条件的日益改善，中国村镇大量耕地转化成建设用地，人均占有耕地急剧减少，从而导致人地关系日趋恶化。1978～2003 年，中国共有 470.5 万 hm^2 耕地转化为建设用地，年均减少 29.38 万 hm^2，共计造成失地农民近一亿人。农村耕地资源的低价获取使城市发展方不愿着力于城市内部的改造，而更倾向于向乡村扩展，由此又导致了城乡空间发展争夺的进一步失序（方创琳，2007）。建设用地扩大是耕地减少的重要原因，其比重占 25%～40%。其根本原因在于一些地方发展经济急于求成，盲目搞以地招商，大面积征用、开发和出让土地，有的甚至违法越权批地。有些村镇领导在农村现代化理解方面有失偏颇，把建设规模增大和街道拓宽理解为农村现代化的指标，在建设用地上大手大脚，造成土地资源的极大浪费。从实践上看，50%的村镇土地使用制度改革都是在增量土地上进行的，而且这些村镇新区中，又有 60%以上的面积是征用其周围的优质耕地而建成的。有些村镇不注重走内涵式发展道路，而一味追求外延面积的扩大，占用大量耕地、菜地，建设项目盲目上马，缺乏统一规划，导致大量优质耕地流失。

2. 土地集约程度低，农用地利用效率低

人均用地规模是反映城镇土地利用集约程度的一个重要指标，在小城镇的建设发展过程中，用地增长速度往往高于城镇人口的发展速度，使城镇人均用地呈增长趋势。目前我国建制镇规模普遍偏小、镇区人口少是小城镇的一个通病。据统计，东部地区乡镇平均规模不到 3 万人，中部不到 2.5 万人，西部地区只有 1.5 万人左右。而镇区人口，特别是镇政府驻地人口太少，东部地区镇区人口平均 4000 多人，西部地区只有 2000 多人，聚集效益低，土地粗放利用，城镇与乡村概念模糊。由于集约化程度低，小城镇人均用地平均为 149m^2，一般比大中城市多 45%～80%，而我国目前推荐的城市建设用地指标为 100m^2/人（王筱明和吴泉源，2001）。我国村镇土地利用效率低下，存在闲置浪费现象。特别是在具有一定历史的旧镇区，不仅存在大量的闲置宅基地，还有不少不景气的企事业废弃的用地，这些用地长期处于闲置或低效利用状态。在计划经济体制下建设的供销社、食品站、粮管所等单位占用土地面积较大，在国家经济体制转轨后，这些单位的经营状况不够理想，土地利用率很低。在新开发的新镇区，也常常出现“征而不用，多征少用”的粗放用地现象。

3. 土地污染严重，生态环境恶化

随着村镇土地利用，虽然拓展了人类经济社会的发展空间，但同时也带来了严重的生态环境危机，并导致土地利用生态效益逐步降低。主要表现为水资源缺乏和水污染严重、大气污染和热岛效应明显、土壤污染蔓延，以及地面沉降和地裂缝时有发生等（刘新卫等，2008）。村镇空间受工业和农业发展带来的污染最为明显。由于村镇发展多以乡镇企业为支柱产业，许多乡镇企业产业结构普遍层次较低，多是劳动密集型、高能耗、高污染的工业，加上地方政府为了一味地追求经济效益，往往忽视了社会效益与环境效益，致使土地污染严重①。村镇土地受“三废”、农药、化肥污染，土地退化严重，随着经济的高速发展，耕地受生态破坏和环境污染的影响，质量逐年下降，生态环境脆弱。目前，农村耕种主要施用化肥，喷施大量的农药，其平均利用率还不到 30%，而很少施用农家肥。因此，村镇土地受“三废”、农药、化肥的污染十分严重，从而破坏土壤结构，影响土地肥力，造成土地退化。与此同时，由于村镇建设管理不严，农村宅基地占地面积大，带来了土地的极大浪费，用地指标大幅度超标。同时，“双就地”乡村工业化模式导致有限的耕地被非农产业过多占用，乡镇工业的分散化布局以及企业社区性，从而使得乡镇工业用地规模过大，农村工业化超前发展、城市化滞后更使乡村环境污染日趋严重、生态遭到破坏，并导致工业污染扩散到广大农村（陈晓华等，2008）。

4. 小城镇扩展过快，占用耕地现象严重

小城镇的形成和发展是一个经济与社会发展的自然过程。然而，考察我国小城镇建设，就不难发现各地普遍存在着的设镇速度快、缺乏规划、带有盲目性和随意性等问题。改革开放以来，市场经济的深入发展催生小城镇的快速增长；特别是进入 20 世纪 90 年代以来，“开发区和房地产热”对城镇用地的迅速膨胀起了催化作用，一些地区不顾条件，急于求成，纷纷设立脱离土地利用规划和城镇规划控制的开发区，或盲目追求过高的人口与用地规模，致使城镇用地以极不正常的速度急剧扩张。小城镇过快增长的直接后果是与节约用地、保护耕地产生日益尖锐矛盾。小城镇一般以所在地为中心，逐渐向外连续蔓延，而小城镇周围由于发展农业的区位条件优越，多是长期耕作的优质农田，村镇迅猛无序扩张的根本结果就是大量优质耕地被占用，农田变为建设用地，从长远看，必然会对当地农业生产的稳定性及可持续性构成威胁。国家统计资料表明，中国每年因建设而净减少耕地约 600 万 hm^2，而主要消费源自乡村而非城市，即平均每个自然村年净减少耕地 1.33hm^2 ②。

5. 耕地占补注重“量”忽视“质”

村镇在发展过程中注重增量土地的发展，忽视存量土地的挖潜，重外延，疏内涵。许多村镇在发展中都不断向外扩张，任意扩大用地规模，村镇土地利用效率低下，占地规模急剧扩大，人均占地面积大幅增加（严金明和蔡运龙，2000）。由于村镇的外延扩

① 黄晓芬. 2004. 中国快速城镇化地区小城镇土地集约化利用的评价与规划支撑体系. 武汉：华中科技大学硕士学位论文.

② 余斌. 2007. 城市化进程中的乡村住区系统演变与人居环境优化研究. 武汉：华中师范大学博士学位论文.

张所占的土地多为村镇周边的优质农田，而通过复垦和开发的新增耕地的质量要远低于被村镇建设所占用的耕地（徐瑞祥等，2001）。近年来，迅猛发展的村镇其新增建设用地 80%以上为扩展周围用地，60%以上为良田沃土。一些地方在贯彻耕地占补平衡政策时，仅把实现耕地增减数量平衡作为目标，实现了耕地增减的平衡，甚至出现了耕地的净增加。但随着耕地质量水平的下降，新地生产力的下降日趋明显，结果是耕地总量出现隐性减少，耕地危机加剧。

6. 村镇建设中违法用地突出

当前，小城镇建设中违法用地现象相当突出。土地的未批先用、征而未用、私自改变土地用途和非法转让、出租、抵押土地使用权现象屡禁不止。而且违法主体多是乡镇政府，有些乡镇政府甚至还将近几年村镇建设和招商的成就归功于违法用地。产生这种现象的深层次原因主要是两个：一是严格的土地管理政策与村镇脆弱的经济不相适应。新《土地管理法》实施以后，用地手续相对复杂，用地成本相应增高，面对过高的用地门槛，有些地方不惜以牺牲土地和农业为代价非法占地，以求得地方经济的一时发展。二是现行限制农民集体建设用地流转的政策，其实质是对农村集体土地财产权利的限制，这种不公平的待遇和巨大的经济利益诱惑成为集体土地自发入市的内在动力（程久苗等，2003）。其外在表现主要是村镇政府好大喜功，违法圈地和占地；居民认识不够深刻，法制观念淡薄，加速土地浪费。其结果却是大量耕地占用或土地闲置。据有关资料显示，上一轮规划纲要确定将 1997～2010 年新增城镇用地控制在 133.47×10^4 hm^2 左右，但实际上 1997～2005 年全国城镇用地净增量即已达到 96.39×10^4 hm^2；上一轮规划要求到 2010 年全国新增独立工矿用地 53.33×10^4 hm^2 左右，但到 2005 年年底净增量即已达到 80.72×10^4 hm^2（刘新卫等，2008）。

10.3.2　当代村镇土地利用的空间格局

当前，村镇处于一种政府主导下的经济增长模式，一方面导致村镇的快速扩张和迅猛发展，村镇数量不断迅猛增长，村镇经济规模和生产水平不断提高；另一方面，也引起村镇用地的无序扩张和外延式扩散，表现为村镇用地零散布局、建设用地无序蔓延、村镇用地空废化等。

1. 村镇用地分散，整体结构不均衡

由于在相当长的时期内，我国村镇建设基本上处于自发性的发展之中，为了农田耕作的便利，农民通常依田而居，从而形成了“满天星”式的村镇空间布局体系①，土地利用方面表现为用地规模小，形状破碎，布局零散。

2. 建设用地混乱，空间布局不合理

村镇土地使用结构不合理，第二产业用地比重偏高，第三产业用地比重偏低，土地

① 张德礼. 2008. 大城市郊区农村居民点用地规模变化规律及其驱动力研究——以武汉市江夏区为例. 武汉：华中农业大学硕士学位论文.

容积率过低，乡镇工业用地产出效率低下[①]。据有关资料表明，我国工业用地占建设用地总量的比例高达 26%，超过美国（7.3%）和香港特区（6%），也超过许多发展中国家。通过建设部试点的 12 个小城镇镇区建设用地结构数据的分析表明（陈美球和吴次芳，2002）：村镇公共设施和基础设施用地所占比例偏低，尤其是交通道路、绿地和市政设施用地比例过小，而居住用地偏高，多数小城镇居住用地超过建成区面积的 50%。村镇建设缺乏有效的规划制约，城镇建设用地呈现“小集中，大分散”格局。长期以来，村镇建设由于缺乏长远规划或规划不当，脱离本身经济实力和发展条件，普遍贪大求全，土地集约化程度低，造成土地资源的极大浪费。有的村镇只顾眼前利益，沿交通道路布局，导致建设用地呈带状无序蔓延；有的则对地方社会经济发展速度估计不足，规划缺乏超前性，土地配置失当，工业区、住宅区和商业区混杂（王筱明和吴泉源，2001）。乡镇企业聚集是村镇有序发展的重要特征，曾几何时，我国乡镇企业 80%散落在村落，12%在集镇，7%在建制镇，1%在县城以上城镇。乡镇企业发展缺乏产业结构的布局规划，布局过于分散，重复建设严重，形成了产业趋同，导致土地资源的很大浪费（蒋一军，2001）。

3. 后备用地不足，空间分布不均衡

2005 年，全国后备土地资源丰富地区（以未利用地为主）的有 170 个县域，它们共有土地面积 $21334\times10^4\text{hm}^2$，占全国土地总面积的 22.44%。但主要分布在甘肃、新疆、西藏、东南部的一些县域，以及青海、云南、内蒙古个别县域（封志明等，2003），而沿海经济发达县域村镇土地后备资源严重不足。20 世纪 90 年代以来，村镇不断呈“摊大饼式”粗放型扩张，占用大量未利用地和农用地，村镇建设与土地储备间的矛盾日益激化，更加剧后备土地资源的短缺，尤其是在经济发达的江苏、四川、山东、浙江、广东和上海省份，以及城镇人口密集的都市圈群地区，未利用地大量占用，数量和速度惊人，呈现出东部地区>西部地区>中部地区>东北地区的空间态势（刘新卫等，2008）。

4. 生产生活混杂，缺乏功能分区

由于村镇规划在编制和实施过程中存在一些问题，部分村镇发展缺乏有效的组织与管理，村镇中心各种功能区布局混乱，形成生产与生活的双重复合性用地格局，功能不分，区划不明，地块杂乱。工业用地、居住用地、基础设施、商业用地交叉布置，工业用地、居住用地“插花”现象非常严重，污染严重的工厂混杂于居住用地之间，“宾馆与工厂并排，公园与工厂紧邻”，功能分区不明显，村镇内边角空地随处可见，污染严重的工厂混杂于居住用地之间，商业网点偏居一隅，严重阻碍村镇功能的发挥。尤其是村镇居住用地建设混乱，宅基地、空闲地、生活用地和生产用地相互混杂，基础设施建设随意性大，缺乏明显的功能分区，村镇空间支离破碎[②]。其主要原因是规划水平普遍偏低且实施过程中随意更改，建设连续性差，布局缺乏科学性、合理性，人为因素多，形象工程占据较大比重，村镇之间缺乏明确的分工和协作关系，导致不能形成较强的辐

① 胡银根. 2003. 小城镇用地有序扩张的评价指标体系研究. 武汉：华中农业大学硕士学位论文.
② 李晓刚. 2006. 城市化进程中农村居民点用地优化管理研究——以青岛市为例. 南京：南京农业大学硕士学位论文.

射能力和较高的专业化分工，更难形成先进的现代产业和较强的区域经济整体竞争能力（严金明和蔡运龙，2000）。

5. 居住用地分散，集中布局困难

村镇建设规划缺乏有效衔接和协调，规划的权威性不强，导致村镇居民点数量众多，自然村、中心村分布散乱，松散无序，地块破碎。长期以来，村镇居民点建设处于自发建设状态：在经济相对发达、交通较便利的村镇，大部分居民点临街而建，既影响了交通，又强占了耕地；平原地区一些居民为了方便生产，通常将房屋修在自家责任田旁，布局零乱，在耕作区形成了“满天星”式布局；山区的居民由于受地形限制，通常依山、临路而建住房，分布更加零散①，呈现边缘化态势。农村居住点的用地分散化不但造成土地资源浪费，导致基础设施投资费用增加，也造成中心村镇服务功能空间吸引力和辐射力不足。“迁村并点”，鼓励分散的村庄向中心村镇适度集中，是解决居住用地分散的根本途径，但由于许多村镇居民强烈的本土意识以及各村地方利益的考虑，致使目前村落空间分散的局面没有较大改观②。

6. 土地无序扩张，形成“空废化”

由于村镇政府长期缺乏对村镇非农产业和土地开发缺乏统一的总体谋划和正确的政策指导，导致村镇用地结构失衡（第二、三产业用地比重过高，土地容积率过低，土地产出效能低下）、布局不合理、扩张无序性，造成资金、土地资源的双重浪费和生态环境的持续恶化。这种状况在经济较为发达的沿海地区尤为突出。例如，江苏苏南地区小城镇是随着乡镇工业的兴起而发展起来的，小城镇星罗棋布，均等发展，而苏南模式的一个显著特征就是乡、村社区组织在经济和社会生活中有着举足轻重的作用。这一特征导致了在乡镇工业和小城镇发展过程中不可避免地会出现重复投资、重复建设、互相攀比、遍地开花等有悖于市场经济规则的现象，造成资金、土地等经济资源的浪费和对生态环境的破坏。而珠三角地区，在改革开放的大潮中，许多村镇自行设立开发区，造成产业布局散乱无序；同时，随着道路等区域性基础设施的建设，乡镇工业沿路布局，占用大量优质农田，不仅导致耕地面积锐减，浪费了宝贵的土地资源，而且增加了配套设施建设的成本，引起了生态环境的恶化③。村镇用地的无序扩张在空间地域上最直观的结果，就是促使村镇用地粗放型外延式扩展，形成村镇空间“空废化”，即村镇中心日趋衰败、民居建设向外围无序蔓延的一种空间形态，自村庄地理中心向外延伸，民居的质量水平和村庄的人口密度分别呈递增和递减的状态，村庄中心废弃闲置的宅基地与村庄外围离散新建设用地形成鲜明反差（薛力，2001）的空间异化形象，导致整个村镇用地呈“摊大饼”式扩张，造成土地资源尤其是耕地的极大浪费。例如，苏中扬州地区的酒甸镇就是空心村发展比较严重的地区，从 1987～1999 年，全镇村庄的占地面积从 $100hm^2$ 扩大到 $392hm^2$，增长了 3.92 倍，其中 40%的村庄用地处于闲置和废弃状态，而

① 张旭斌. 2006. 小城镇发展土地集约利用问题中城乡用地结构和布局的研究. 长沙：湖南农业大学硕士论文.

② 张琦. 2008. 快速城市化地区小城镇土地利用结构变化研究——以常熟市辛庄镇为例. 上海：同济大学硕士学位论文.

③ 胡银根. 2003. 小城镇用地有序扩张的评价指标体系研究. 武汉：华中农业大学硕士学位论文.

同期的总人口却呈下降趋势（毕于运，1999）。

10.3.3　当代村镇土地利用的基本要求

当前村镇土地利用要求遵循“三个有利于，两个碰不到，一个不矛盾”原则，即村镇土地利用一是有利于现代农业生产的组织和农民小康生活的实现，有利于村镇服务设施集散功能作用的发挥，有利于村镇土地的节约与集约利用；二是生产与生活用地碰不到，形成合理功能分区（生产区、居住区、公共服务区），即产业发展用地与居民点用地碰不到，基础设施用地与居民点用地碰不到；三是与国家土地政策、地方文化特色保持统一，既集约节约用地，保护耕地，遵守相关国家、地方土地利用制度和政策，又因地制宜，体现独特地域文化特色。具体要求表现为以下四个方面。

1. 有利生产，方便生活

当前，村镇土地利用普遍存在结构和布局不合理。一方面，农业用地地块破碎，出现大量插花地，交通道路用地偏少，小型农业机械难以通过，不利于农业机械化生产；另一方面，居民点用地零散，无法享受集中功能服务，居民生活不方便。因此，村镇土地利用要为组织生产创造条件，也要为居民创造安宁、清洁、优美、舒适的生活环境，使生产与生活通过用地布局的合理安排而得到协调。一方面，土地利用形成功能接近的紧靠布置、功能矛盾的相间布置、搭配协调的组织生产格局，使资源能源得到合理利用；另一方面，土地利用景观整齐有序，人文与自然和谐共生，为居民创造良好的生活环境，保证物资交换通畅和人居环境美化①。

2. 集中紧凑，集约合理

村镇经济规模有限，用地范围不大，集中布局工矿点、居民点、服务设施和基础设施用地不仅不会产生城市用地集中化所带来的环境负面影响，相反可实现规模经济，节约土地，降低工程造价和交流成本②，增强村镇对外服务功能辐射；同时也符合村镇建设量力而行、循序渐进的原则。然而受土地制度、开发成本等因素制约，过度集中则会导致村镇聚居规模过大，加之缺乏高效行政管理，易引起严重环境问题，增加经营管理成本，产生规模不经济。因此，村镇土地利用要求因地制宜，根据不同村镇用地现状、区位条件和发展要求，将村镇划分为不同类型：城镇型（中心城市或城镇周边村镇）、扩展型（现状发展好、区位条件优）、保留型（具历史文化保护价值）、撤并型（规模过小，出现衰败）和特色型（具独特地域文化特色），不同村镇采用不同的或集中或分散的集约用地模式，使得整个地域空间形成“大分散小集中”式的适度集聚、多元发展的合理格局。

3. 优化布局，丰富功能

当前，村镇居民点用地规模偏小，布局零散，生产与生活用地混杂，工厂与住宅相

① 刘仙桃. 2009. 农村居民点空间布局优化与集约用地模式研究——以北京市昌平区为例. 北京：中国地质大学博士学位论文.

② 李晓刚. 2006. 城市化进程中农村居民点用地优化管理研究——以青岛市为例. 南京：南京农业大学硕士学位论文.

互交叉。这种村镇土地利用格局一方面加大村镇空间整治难度，增加村镇经营管理成本，造成土地资源的浪费；另一方面，加剧村镇人居环境恶化程度，公共服务功能无法有效集散。具体表现为：零散小规模自然村只有居住功能，相对集中中心村、乡（集）镇的商业服务、文化娱乐、生产加工、农产品集贸、信息交流、交通物流、教育科技等功能无法集中或完整享受。因此，村镇土地利用要求形成合理村镇用地结构，优化布局公共设施用地、基础设施用地、居住用地和工农业生产用地，村镇建设用地形成生产区、居住区和公共服务区等合理功能分区，完善基础设施与公共服务设施的功能集散效应。

4. 因地制宜，突出特色

不同地区的自然、经济、人文、历史、发展水平、生活习惯等有所不同。农村居民点集约用地过程必须遵循因地制宜原则，根据土地的适宜性及社会发展需要，确定农村居民点集约用地的目标模式[①]：对于过于分散又缺乏条件，盲目上马的村镇，应视经济的可行性，社会的可接受性和环境的允许性，考虑部分拆迁，适当集中，以实现村镇聚集经济效益、社会效益和环境效益；对于占地过多，无序外延扩张的村镇，应严禁城镇对外扩张，置换低效、闲置的土地资产，盘活现有土地存量（张安录和杨钢桥，2000）。而对于一些具有重要历史文化意义或价值的古村镇聚落，其在建筑用地格局上不能一味集中布局，要保持现有独特的村镇聚落布局，凸现当地自然景观和人文景观风貌特色。

10.3.4　当代村镇土地利用的规划要领

1. 统筹用地分散与集约用地的关系

当前村镇居民点用地规模小，太分散。许多村镇居民点用地面积仅占国土面积的10%不到（沈兵明，2000），分散在整个村镇地域空间内，地块相当离散，尤其是在山区，村镇居民点用地呈“满天星”式布局。这种高度分散的用地格局既不利于资金和服务功能的高效配置，也造成了极大土地资源浪费和污染；既造成了农村土地利用粗放格局，降低了土地利用的综合效益与效率，也增加了公共设施和生活基础设施的建设难度，不利于人口与产业的集聚，阻碍乡村的城镇化。当前，极度分散的村镇用地地块集中面临巨大资金投入和居民意识转变的压力，村镇现状用地分散布置与村镇用地集中规模使用的矛盾日趋凸现。解决这种分散型用地格局的低效率、高浪费、重污染、低效益的关键是节约集约用地，在村镇土地利用规划中，针对当前村镇离散的用地格局，通过迁村并点、产业集聚、内部挖潜、服务功能集中等方式，集中布局村镇用地，提高土地的利益强度与效率，实现规模经济效应。

2. 统筹村镇扩张与耕地保护的关系

我国土地资源稀缺，人均土地面积少，尤其在村镇地区，土地资源，特别是耕地对于村镇居民生产与生活显得尤为重要。然而，随着改革开放的深化和农村经济的发展，村镇建设对耕地需求量日益增加，导致了村镇建设用地需求量大大超出了土地供给能

① 刘仙桃. 2009. 农村居民点空间布局优化与集约用地模式研究——以北京市昌平区为例. 北京：中国地质大学博士学位论文.

力，村镇用地无序性与耕地资源的有限性之间的矛盾却日益突出：村镇重复投资、重复建设、互相攀比、遍地开花，大量优质耕地占用，许多村镇人均耕地面积持续下降，已经低于国际红色警戒线，国家粮食安全和人民温饱生活受到威胁。我国的村镇发展决不能步西方发达国家对土地资源掠夺式的后尘，应避免先蔓延后整治的弯路。发展村镇，从各地区的经济社会发展水平与资源环境条件出发，确定合理的村镇建设规模和用地规模，优化用地结构和布局，合理调整经济结构，注重土地的集约利用和节约利用，通过挖潜，改造旧镇区，积极开展撤村并镇、迁村并点，充分开发利用荒地和废弃地，减少耕地占用，加强耕地的占补平衡，坚持走内涵与外延相结合，以内涵为主的可持续发展之路①。

3. 统筹用地规划与实际执行的关系

科学编制村镇用地规划是引导村镇用地有序扩张和集约利用的关键，而村镇用地集约利用和有序扩张实现的重点在于已编制用地规划的实施，两者紧密关联，相互作用。然而在我国，村镇用地规划编制已经引起高度重视，但规划在实施中存在较多问题：规划未能有效执行与贯彻，肆意改变规划，导致规划赶不上变化的现象层出不穷。其结果是，许多村镇发展“马路经济”，沿着国道一条龙摆开的，既影响交通、浪费耕地，又缺乏建设效益，不利于村庄基础设施配套建设；有的村庄没有建设规划控制，村庄外围新房林立，村庄内部旧房破烂不堪，土地利用率很低；有的村庄虽有规划，但没有规划实施的具体政策和措施，没有政策、法律措施作保障，导致农居点散乱现象严重，村镇居民点整理无法有效按规划进行（葛雄灿和张三庆，2002）。因此，村镇土地管理应纳入县级行政管理部门，加强土地规划的立法与相关政策规定，加强规划的执行力，增强法律观念和公众的约束力。引入规划实施绩效考核制度，以加强土地规划的权威性与执行力；同时，用地规划编制应实现专家规划、公众参与和政策意志的多方统一，以保证规划的科学性。

4. 统筹土地开发与环境保护的关系

当前村镇土地利用和开发导致日益明显的环境问题，这种环境问题主要源于村镇生产与生活的管理无序或无力。一是乡镇企业生产。当前村镇多以乡镇企业为其支柱产业，许多乡镇企业产业结构普遍层次较低，多是劳动密集型、高能耗、高污染的工业，加上地方政府为了一味地追求经济效益，往往忽视了社会效益与环境效益，致使土地污染严重。许多污染严重、不能在城市范围内建设的工厂企业，纷纷外迁到周边发展条件较好的村镇，形成主要污染源，导致生态环境持续恶化。二是村镇居民生活。居民乱堆垃圾的习惯不改，环卫管理不到位，如今不少村镇还可见垃圾遍地，蚊蝇纷飞的景象。三是村镇农业生产。化肥、农药等大量投放土地中，引起严重的土地退化。针对村镇土地开发和利用过程中的突出环境问题，只有选择在保护生态环境的前提下，走土地资源理性开发的道路，寻求能够生产最佳经济、社会、生态效益的土地利用强度，最大限度地减轻土地利用活动对生态环境的污染和破坏，实行土地资源开发利用

① 胡银根. 2003. 小城镇用地有序扩张的评价指标体系研究. 武汉：华中农业大学硕士学位论文.

与生态环境的良性循环[①]。

5. 统筹外延扩张与内涵挖潜的关系

当前许多村镇盲目追求城镇化，错误理解为村镇土地非农化，受政绩利益驱使，大搞开发区，缺乏约束，随意建设，村镇摊煎饼式无序扩张，造成大批优质耕地被占用，忽视村镇土地利用的内部挖潜，造成新的土地低效扩张[②]。而一些具有独特历史文化价值的古村镇，却存在一味坚持村镇内部改造，导致许多历史文化建筑被新的社区或工业园区所代替，村镇土地内部挖潜的结果剥夺了历史文化建筑的生存空间。因此，在村镇用地规划中应因地制宜，针对村镇用地现状、发展水平和方向，有针对性地实施外延扩张和内部挖潜战略。对人均用地较多的小城镇，要坚持以内涵发展为主。在旧区改造过程中，要注意适当提高建筑密度和容积率，集中建设居住小区和工业小区，促进乡镇企业向工业小区集中，实现土地集约使用，进而实现更经济地布置基础设施。对人均用地较少且发展潜力大的小城镇可适当扩大规模，走外延为主的发展模式。在区域发展和区域规划实施过程中，具有区位或资源等优势的小城镇或片区中心镇有可能向小城市发展，或者中心村镇具有独特历史文化价值，内部改造缺少土地空间，客观上需要一定的外延发展，但要根据小城镇发展实际情况确定发展规模，控制土地投放量，紧凑发展，节约宝贵的土地资源，避免多征少用、早征迟用、征而不用等现象，提高土地利用率（汤茂林，2003）。

6. 统筹耕地占用与耕地补偿的关系

村镇盲目地城镇化必然导致土地非农化，建设用地面积不断增加，耕地面积不断减少。1997 年对全国 20 个省的 1035 个小城镇的抽样调查表明，当时小城镇的平均占用耕地大概是 1.76hm^2，即人均占用耕地 108m^2，小城镇发展的耕地占用与中等城市持平。耕地减少直接威胁国家的粮食安全和人民的生命线，因此，村镇土地利用规划的前提是“十分珍惜和合理利用每寸土地，切实保护耕地”，实现耕地“占补平衡”。然而，从我国小城镇土地使用制度改革的实践来看，80%以上都是在增量土地上进行的，而在这些小城镇新区中，有 60%以上的面积是征用小城镇周围的优质耕地而建成的，其结果是大量优质耕地被占用，而补偿耕地多为劣质耕地（如荒地或坡地），耕地占补量平而质不平。有学者研究发现 1985～1995 年，全国小城镇建成区面积平均约扩大 2.5 倍规模，80%由周围粮田或菜地提供（邹德萍，2001）。因此，村镇土地利用规划实施“耕地占补”的保护耕地战略，应当将耕地的质和量统一起来，村镇建设以内部挖潜为主，外延扩张时尽量占用荒地、未利用地或劣质耕地，加大优质耕地的保护和复垦，切实实现耕地真正的质量动态平衡。

7. 统筹村镇规划与用地规划的关系

由于历史和现实的原因，我国大部分地区，尤其是地处城郊结合部的村镇，村镇规

① 张新主. 2005. 关中土地利用变化及土地合理利用. 西安：西北大学硕士学位论文.
② 胡银根. 2003. 小城镇用地有序扩张的评价指标体系研究. 武汉：华中农业大学硕士学位论文.

划与土地利用总体规划不够协调，主从关系不明，甚至脱节（张安录和杨钢桥，2000），出现村镇规模与土地规划“两张皮”：用地结构人为划分为建设用地与农业用地，其中，建设用地由村镇总体规划控制，土地利用规划等规划处于相对辅助的地位，主要用来控制建设的规模、不同用地的空间位置（功能分区）、重大基础设施的建设等，而农业用地部分由土地利用总体规划控制，城镇总体规划和其他专项规划处于相对辅助的地位[①]；规划管理部门缺乏有序协调，土地利用规划与城镇规划分属两个不同部门，土地利用规划同村镇规划部门无法达成共识，村镇发展总体规划的建设用地规模常常突破土地利用总体规划的控制，严重妨碍了两个规划的实施，降低了土地利用规划的可操作性。

中共中央、国务院 2000 年下发的《关于促进小城镇健康发展的若干意见》（后简称《意见》）明确提出，发展小城镇要统一规划，合理布局。一是编制小城镇发展规划应列入国民经济和社会发展计划，保持高度统一；二是切实做好与土地利用总体规划，以及交通网络、环境保护、社会发展等各方面规划的衔接和协调；三是小城镇发展的建设用地规划要纳入省（自治区、直辖市）、市（地）、县（市）土地利用总体规划和土地利用年度计划。《意见》从制度层面规定了村镇发展规划与土地利用规划的高度统一关系，即在对村镇用地进行结构和布局调整时，土地管理部门应和规划部门协同合作，应遵循土地利用规划和村镇发展规划（村镇体系规划、产业规划、基础设施规划、居民点规划）相协调的原则，以土地利用规划统领村镇规划（工业园区规划、矿产资源规划、旅游规划等），协调解决主要用地布局问题，保证村镇规模以土地利用总体规划为依据（严金明和蔡运龙，2000），实现村镇规划与土地利用总体规划有效相衔接，以避免出现一地多用、引发争议的现象，使土地能发挥最大效益，达到高效、合理利用土地的目的[②]。

10.4　基于土地集约利用的村镇空间管治

10.4.1　村镇土地集约利用的评价模型

村镇土地集约利用是指在我国这种特定的人多地少国家里，通过不断增加单位村镇土地资金、技术和劳动力等的投入，从而达到既促使村镇土地利用结构合理化、最优化，又能最大限度地提高村镇土地的使用效率、经济效益、社会效益和生态效益的一种土地可持续发展方式（许树辉，2001）。其中，增加投入是村镇土地集约利用的前提和基础，土地利用合理化、最优化是土地集约利用的必然要求，提高土地使用效率、综合效益，实现土地可持续发展是土地集约化利用的追求目标。

尽管当前村镇土地集约利用的内涵并未达成一致，但仍然在以下几个方面形成了共识：①村镇土地集约利用是一种效益最佳的用地方式。讲求通过提高土地投入强度，实现土地资源深度开发，形成有序土地利用结构，以提高土地利用效率，取得经济产出、社会效益和环境效益的最大化。②村镇土地集约利用是一个动态长远的演进过程。随着经济发展水平和技术进步，人们的土地利用认知水平不断改变，村镇用地效率将不断提

① 胡银根. 2003. 小城镇用地有序扩张的评价指标体系研究. 武汉：华中农业大学硕士学位论文.
② 江福秀. 2008. 基于土地利用安全的城乡用地优化配置研究. 北京：中国地质大学博士学位论文.

高，土地集约利用程度和水平也相应不断提升。③村镇土地集约利用是一个系统复合的动态目标。这种目标不是单一静态的终极目标，而是动态复合的多重目标，即要追求经济投入和产出效益的提高，也要综合体现社会和生态环境的效益，最终实现经济、社会和环境效益高度统一。④村镇土地集约利用是一种持续健康的发展方式。体现了村镇土地利用的可持续发展观，是可持续发展思想在土地评价领域的体现。土地集约利用既要保证目前各类用地需求，又要保证村镇有足够的预留空间和发展空间。土地资源的可持续利用表现为自然生态资源的适宜性、经济方面的获利性、环境方面的良好循环性、社会方面的公平性（彭建超等，2008）。⑤村镇土地集约利用是一种因地制宜的评价模式。这种集约利用水平评价因不同区域的自然、社会、经济条件的差异性而存在衡量标准的差异性，即不同地区，其主导评价标准可能不一样。

目前，土地集约利用评价多采用多指标评价体系，主要着重对土地的投入产出水平、利用强度和效率、利用潜力等方面进行评价，侧重现状评价；或者主要分析土地利用的经济、社会和生态环境效益，侧重目标评价。较有代表性的为许树辉（2001）的投入—产出—使用—可持续程度四程度评价指标体系、王国恩和黄小芬（2006）的土地利用的经济—社会—生态环境效益三目标评价指标体系。其基本思路是：建立一般评价指标体系后，通过数据标准化处理，选择运用不同方法确定指标权重，构建土地集约化综合指数：

$$\mathrm{LIU}=\sum_{i=1}^{n}F_i\times w_i$$

式中，LIU 为村镇土地集约利用度（综合指数）；F_i 为村镇某项指标 i 的分值；w_i 为指标 i 的权重；n 为指标数量。

10.4.2　村镇土地集约利用的潜力评价模型

土地利用潜力是一种相对能力，同国情、区情、经济水平及技术能力等密切相关（何芳，2004），反映了村镇当前土地利用状况与在特定时期内的考虑技术经济和自然、规划因素限制以及城市未来发展要求等条件下可能达到的最佳土地利用状况之间的差距。普遍认为城镇土地利用潜力是针对城镇现状土地或存量土地而言，且最终目的是实现城镇土地利用效益最大化。一般是指在某一发展时期，村镇所能利用的三维空间范围内，主要通过调整存量土地的利用结构和利用强度，在现存土地总量不变的前提下使土地利用达到更（最）优状态，所获取的经济、社会、生态环境等综合效益（欧雄等，2007）。

评价村镇土地利用状况通常以土地集约利用分析为基础，主要对土地利用结构、利用强度、区位级别（包括自然禀赋、经济、社会发展和土地产出等方面的区域差异）和综合效益等方面进行描述①②③。其中，土地利用结构反映了各类村镇用地在空间上的分布状况，通过功能分区或均质区域的不同用地类型的土地面积或建筑面积的构成比例来度量；土地利用强度反映单位土地面积上劳动力、资本和技术等非土地要素的承载量。

---

① 孙书涵. 2005. 基于 GIS 的长春市城镇土地利用现状与潜力研究. 长春：吉林大学硕士学位论文.
② 陈莉. 2007. 农村居民点集约利用研究——以柘城县为例. 开封：河南大学硕士学位论文.
③ 陈永平. 2008. 城镇土地集约利用与优化研究——以黔江区为例. 重庆：西南大学教育硕士学位论文.

对于商业、居住和工业用地等村镇居民点用地一般通过容积率、建筑密度和建筑楼层数来描述土地利用强度；土地区位级别是影响土地效用、效益和成本的外部因素的综合表现，反映了区域内土地利用结构协调程度、环境质量优劣，以及获取外部的商业、服务、医疗等公共服务所需时间或运费的差异，可通过土地质量指数、定级因素总分值或土地级别来衡量；综合效益是土地利用的主要目标之一，是土地利用结构、利用强度和区位级别综合作用的结果，可通过地租、地价、土地资产、环境质量等级等收益指标来描述。

许多学者多从上述四个方面，基于土地利用结构、强度、经济效益和环境效益，选择易可度量指标，如土地产出率、闲置率、容积率、建筑密度、人均用地面积、类型结构、地价、环境质量等级等（欧雄等，2007），对村镇土地集约利用潜力进行评价。有的则基于土地集约利用程度和变化趋势，从土地集约利用的合理程度、土地投入程度、土地利用效率、土地利用程度、土地可持续度和土地集约利用发展变化趋势六个方面进行土地利用潜力评价（雷国平和宋戈，2006）。唐旭等（2009）则从用地结构、强度、区位级别和经济效益四个方面，构建 LUC4 元组模型：LUC={协调程度 S，区位级别 G，利用强度 I，经济效益 E}。其中，土地利用结构潜力=潜力时点的协调度系数–现状时点的协调度系数，反映了单元土地利用现状结构指标与所在功能分区的理想土地利用结构指标之间的差距，可用协调度模型计算；区位级别潜力=潜力时点的土地质量指数–现状时点的土地质量指数；利用强度潜力=潜力时点的容积率–现状时点的容积率；经济效益潜力=潜力时点的土地资产总量或地均产值–现状时点的土地资产总量或地均产值。在潜力定量分析基础上，按利用程度和改造方向，通常将村镇土地利用潜力划分为六种类型（马刚等，2005；唐旭等，2009）。

10.4.3　村镇土地集约利用的管治方略

1. 完善规划体系，加强规划管理监督

首先，科学编制土地利用规划[①]。合理编制土地利用规划是土地集约利用的关键，重点做好基本农田保护区规划和城镇发展控制区规划，严格控制村镇建设用地的供应总量，遏制村镇无序扩张与占用耕地现象；坚持把当前与长远结合起来，既注重规划的超前性，为村镇发展留下合理的空间，又注重土地资源的保护；同时打破行政区划界限，立足大区域视角，加强土地利用的区域协作。其次，统筹土地利用规划与其他规划体系，理顺土地利用规划与村镇发展规划的主从关系[②]。村镇土地规划要体现出科学性和实用性，使之成为村镇建设的约束和发展的方向，对于城镇土地用途，应清晰地界定土地可发展区与土地利用的限制区，明确城镇土地的功能分区，科学合理地引导城镇的用地规模（许树辉，2001）；同时，村镇土地管理部门应和规划部门协同合作，加强产业空间规划、城镇体系规划、道路交通规划与土地利用总体规划的相互衔接，建立协调统一、控制有力的规划调控体系。最后，统一村镇土地规划的空间管理职能，避免职能重复，造成管理的混乱和冲突。针对当前土地利用总体规划中存在的问题，建立和完善建设用

① 张旭斌. 2006. 小城镇发展土地集约利用问题中城乡用地结构和布局的研究. 长沙：湖南农业大学硕士论文.
② 乐建明. 2005. 我国城市化进程中的土地集约利用. 重庆：重庆大学硕士学位论文.

地审批制度，严格按土地利用规划批复建设用地项目；加大对各类违法用地的妥善处理力度；严格控制耕地占用规模，避免和杜绝耕地浪费现象发生；加强土地执法力度，强化土地管理工作人员业务和思想素质（赵任任和周寅康，1999），增强土地利用规划的权威性、科学性和实效性，体现规划的指导性和法制性，贯彻“十分珍惜和合理利用每一寸土地，切实保护耕地”的基本国策，坚持“一要吃饭，二要建设”的基本方针。

2. 优化用地结构，发挥最大综合效益

村镇用地结构的合理性是城市土地集约利用的前提，在时间和空间上合理安排各类用地，合理配置土地资源，选取最优的土地利用方式，是实现土地利用系统健康的重要保证[①]。首先，优化各类用地功能布局，提高土地利用效率。依据区位理论配置村镇土地资源，科学规划功能性地块的空间布局，居住区、工业区、商贸区、农业区合理布局、相互联动，提高土地集约化利用水平；统筹安排基础设施，避免重复建设，实现基础设施区域共享和有效利用，节约土地资源和资金投入。其次，加快产业结构调整，提高土地利用效益。充分利用规划的指导和经济杠杆的作用，加快村镇产业用地结构的调整，推进土地置换，转换土地使用功能，重新配置土地资源，将中心村镇部分工业，尤其是重污染型企业外迁，腾出用地，发展第三产业，或配备一定数量的公共设施、道路广场、绿地等，提高土地利用的社会效益、经济效益和生态效益[②]。

3. 盘活存量土地，实现用地内涵挖潜

首先，在观念上树立土地节约和集约利用意识，高度重视村镇存量土地的挖潜，改变过去那种重数量轻质量的粗放型经济发展观和土地利用观。其次，实现由计划主导型向市场主导型转变，运用市场机制。运用市场机制促使用地单位从经济效果和单位的经济利益出发，将不用的或低效利用的土地通过市场机制有偿地转让出去，挖掘城镇土地利用的潜力。再次，通过经济杠杆调节，通过政府制定优惠政策减免有关行政收费项目，优先安排贷款，提高新征地土地出让金，降低旧城改造建设成本[③]，促使村镇企业、个体和政府内部挖潜存量土地，提高村镇建筑容积率，实现土地集约和节约利用。最后，采用必要行政干预手段（许树辉，2001）或相应制度和法规，严格控制村镇外延发展，规划约束企业、个体以及政府等的短期行为。严格建设用地定额管理，从紧控制农村居民点和城镇用地规模，明确新增项目用地投资集约度标准和容积率条件；促进农村居民点向中心村和集镇集中、乡镇企业向工业园区集中（严志强和陆汝成，2008），实施中心村建设工程，加大村庄集并力度，采取城郊结合部农村城镇化型、小村并点型、小村控制型和中心村型的迁村腾地办法，逐步做到自然村落缩并[④]。

4. 优化市场配置，构建土地有形市场

深化土地使用制度改革，加强政府的宏观调控，积极培育土地有形市场，充分使用

① 王玉芳. 2006. 长株潭地区土地利用系统健康评价研究. 长沙：湖南师范大学硕士学位论文.
② 陈永平. 2008. 城镇土地集约利用与优化研究——以黔江区为例. 重庆：西南大学教育硕士学位论文.
③ 张旭斌. 2006. 小城镇发展土地集约利用问题中城乡用地结构和布局的研究. 长沙：湖南农业大学硕士论文.
④ 吴娟. 2005. 土地利用总体规划中土地利用现状与潜力分析. 武汉：华中师范大学硕士学位论文.

价值规律这只“看不见的手”来调节土地的供给和需求，是促进土地资源配置与社会需求有效结合、提高土地资源配置经济效益的重要手段（严志强和陆汝成，2008），也是村镇土地合理利用的前提。未来要使市场机制发挥对村镇土地资源的基础性作用，要从以下几方面入手：第一，建立多元化村镇土地市场体系（陈美球和吴次芳，2002）。在土地使用权与所有权分离的基础上，针对村镇土地使用权多样化，建立多元化的村镇土地市场体系，既包括国有土地使用权有偿流转，也包括集体土地使用权流转，既有土地使用权的出让、转让市场，也应有土地整理与复垦市场。第二，完善土地征用制度，严格规范征地行为，提高农用地非农化成本[①]。促使用地单位或生产经营企业对土地由生产或技术因素所决定的自然需求，转变为“有支付能力”的需求和消费。不仅要明确公共目的是行使土地征用权的唯一标准，严格土地征用程序，而且要逐渐实现由“征”转为“购”，促使土地征用行为与土地市场接轨，逐渐形成融集体土地和国有土地于一体的村镇土地市场（陈美球和吴次芳，2002）。同时，提高农用地的征用价格，使地方政府从征地环节无法获利，用经济措施拟制地方政府征地的冲动。既严格限制政府违法或无序征地，保证公权公用，又逐步形成公平的征地补偿方式和补偿标准，保护农民权利和权益。第三，健全村镇土地一级出让市场，规范土地市场交易程序，促进土地合法流转。进一步实行经营性用地以市场配置为主的供给形式，全面推行土地招标、拍卖制度，严格经营性用地竞价出让，限制缺乏法律依据或行政许可的行政划拨和协议出让，使市场配置成为土地供给的主要形式，防范现任行政长官的短期性行为；完善村镇土地价格管理体系，健全村镇土地基准地价和宗地地价，有效监管村镇土地交易行为，防止以权谋私扰乱土地市场行为。第四，强化村镇土地市场的保障制度建设。加强土地资源的产权登记、土地评估、价格公告等管理制度建设（陈美球和吴次芳，2002），强化土地利用动态监测，依法进行土地交易，禁止土地资源的乱占、滥用和随意抛荒，使土地资源管理工作做到有法可依、有章可循。第五，积极培育土地二级市场，完善土地储备制度。做好划拨存量用地上市的相关立法，灵活运用级差地租原理，健全土地保有税等税费经济杠杆，利用市场的力量和投资者逐利的本性推动村镇旧城改造和村庄整治，优化村镇用地结构，促进村镇土地的集约高效利用，提高土地配置效率。完善土地收购储备制度，利用政府的力量收购储备企业无力补缴地价款而闲置或低效利用的划拨用地，既盘活存量土地资源，遏制土地隐性市场，又增加政府土地的收益[②]。

5. 深化体制改革，完善土地利用政策

当前，村镇居民点用地管理混乱的一个重要原因，是缺乏明确而具体的法律规范和强有力的制度制约措施，健全法规条例、创新制度管理是实现村镇居民点用地有序管理的基础和保障[③]。第一，强化土地管理立法工作，健全各项法规、规章制度。改革土地处罚制度，强化财产与人身并重的制裁机制，加大违法占地的查处力度。第二，健全土地市场的统一管理制度，完善土地的有偿使用制度、交易市场和动态监测制度，引导和

---

① 乐建明. 2005. 我国城市化进程中的土地集约利用. 重庆：重庆大学硕士学位论文.
② 乐建明. 2005. 我国城市化进程中的土地集约利用. 重庆：重庆大学硕士学位论文.
③ 李晓刚. 2006. 城市化进程中农村居民点用地优化管理研究——以青岛市为例. 南京：南京农业大学硕士学位论文.

规范土地市场健康有序发展。第三，严格项目用地评估制度和用途管制制度。坚持建设项目用地会审制度，控制土地用途的随意改变，严把建设用地审查关，强化用地审批程序。第四，完善土地的集约利用评价—考核—责任制度。明确不同地区土地集约利用管理目标，建设土地利用动态监察预警系统和监督制度，改变考核中只重视发展总量和速度、不重视发展结构和效益的做法，把土地集约利用作为一项重要考核内容。第五，完善土地税费制度，加强土地闲置费征收工作，抑制土地浪费行为，建立有利于土地集约利用的收益分配机制[①]。

10.5　小　　结

本章构建村镇土地利用规划的理论与实践分析体系，阐释村镇土地利用与空间结构的概念内涵和耦合机理，揭示空间结构与土地利用的相互影响、共同作用机制，着重分析村镇空间变化引起的土地利用效应以及村镇土地利用的空间格局，最后结合当前中国村镇土地利用的现状、问题，从集约利用视角，提出相应土地集约化管治方略。

村镇土地利用与空间结构紧密关联、动态耦合，两者构成一相互耦合、共同演进的复合系统。一方面，土地利用的区域差异和类型分布构成了村镇空间结构的主体内涵，村镇空间结构是村镇土地利用体系的空间特征的最根本反映。村镇空间受土地利用方式、强度和结构的影响和制约明显，是村镇土地利用体系长期以来在空间上不断动态变化与平衡的结果，其优化协调、螺旋演进的发展过程归因于土地利用科学规划、协调整理。另一方面，村镇空间结构的变化对村镇土地利用方式空间结构拓展变化起到推动或抑制作用，村镇人口、经济、资源环境、社会文化等空间要素的相互作用与配置对土地利用方式、强度和格局起决定性作用。村镇区位、交通、自然资源、产业发展、人口因素、政策因素等地理要素存在明显差异，进而影响其空间成长阶段、形态格局和发展模式，最终对不同规模、等级、区位和功能的村镇土地利用结构、格局和强度产生显著影响。尤其是，村镇空间的科学合理布局很大程度上能促进土地资源的优化配置，提高土地的集约利用程度，发挥土地的最大潜力。

当前村镇土地利用具有突出的空间结构问题：村镇土地利用分散粗放，无序扩张，耕地占用，新增建设用地和存量土地闲置浪费严重，集约程度低，布局不合理，功能混杂，产出效益低。其原因是当前中国村镇走的是一条外延式发展的土地利用模式，这种模式耕地占用多、能源消耗大、生态成本及社会成本高，不符合我国人多地少、人均资源少的基本国情和可持续发展的长远利益。改善当前村镇土地外延型、粗放型利用现状，其根本要旨是走集约型发展道路，加强土地利用规划的权威性与执行力。在规划要求上，切实做到利于现代农业生产的组织和农民小康生活的实现，有利于村镇服务设施集散功能作用的发挥，有利于村镇土地的节约与集约利用；生产与生活用地碰不到，形成合理功能分区；与国家土地政策、地方文化特色保持统一。在规划理念上，统筹用地分散与集约用地、村镇扩张与耕地保护、用地规划与实际执行、土地开发与环境保护、外延扩

① 顾湘. 2007. 区域产业结构调整与土地集约利用研究. 南京：南京农业大学博士学位论文.

张与内涵挖潜、耕地占用与耕地补偿、村镇规划与用地规划七大关系，在经营管理上，关键是发挥政府主导和市场规范作用，实行科学合理的土地集约利用空间管治战略，走紧凑集中型土地利用模式，避免低密度分散扩张的土地利用模式，以适应我国资源、人口、环境协调发展的要求。

第 11 章　人居环境建设规划与管治

11.1　村镇空间结构与人居环境系统

11.1.1　当代村镇空间结构的主体功能

在目前空间结构的研究理论中，对村镇空间结构的功能还没有一个普遍被认可的明确界定。美国人文学家、城市理论家刘易斯·芒福德（Lewis·Mumford）认为："城市的功能和目的缔造了城市的结构，但城市的结构却较这些功能和目的更为经久"。一方面，功能的变化往往是结构变化的先导，村镇常因功能上的变化而最终导致结构的变化。另一方面，结构一旦变化又有新的功能与之配合。村镇空间结构的形态是表象的，是构成村镇所表现的发展变化着的空间形式的特征，是一种复杂的经济、社会、文化现象和过程，它是在特定的地理环境和一定的社会经济发展阶段中，人类各种活动与自然环境因素相互作用的综合结果。据此，村镇空间结构可以理解为村镇地域范围内，各空间经济单元之间内在的具有相对稳定而又包含变化的空间分布和等级规模关系（罗雅丽和张常新，2009），即村镇经济活动的空间组织形态及其关系。村镇空间结构的核心问题是村镇空间组织形态，包括四个有机关联的组成部分：环境资源配置、居民点分布、产业布局和基础配套设施布局。曾菊新（1996c）在《空间经济：系统与结构》中系统概括了村镇空间结构的三种基本模式。一是离散型。这种空间结构的中心是在一定规模的服务设施所在地，周围则是纯农业地区，大多数农村居民住宅分散在便利生活和生产的临水近路的农田附近。二是条状型。这种空间结构的特点是乡村居民各家各户沿公路和沿江、河、湖岸居住，排成一线，农田呈细长条向两侧延伸。三是集聚型。具有服务功能的中心集镇与乡村聚落较集中地分布，周围则是大片的农业用地。

村镇空间结构是由节点、通道和域面三大要素组成的复杂系统，三大要素的空间排列及其相互作用外显为村镇空间结构特征。从微观层面分析，这三大要素之间的空间组合及其相互作用内在决定了村镇空间结构的主体功能。

节点是人口和产业的聚集地，如城镇、乡镇企业聚集地和乡村聚落等。区域的增长主要通过节点来发动，城乡一体化发展要求区域各级节点有适当的规模等级结构和功能分工。乡村中节点类型有从事农业的村落和集镇两种。乡村聚落是由一定的定居于乡村的家庭数量和人口规模组成的以人类活动为主导的社会-经济-自然复合生态系统。集镇是满足乡村居民对制造业产品需求的供给地，主要作为行政管理中心存在。乡镇企业良好的地缘配置格局将会促进农民在就业上向非农产业转化、在地域上向城镇转移，使得村镇各级节点空间集聚和带动作用强化。一般而言，处于初期成长阶段的节点或最低规模层次的节点，其成长发育更多依赖于本地区的空间经济环境，如小城镇的兴起大多依托于农村经济条件。当节点进入兴盛阶段或达到较大规模级别时，其运行状况主要取决于节点要素之间的空间相互作用（曾菊新，1996d）。

通道是城乡之间及其内部高效便捷的联系纽带，是城市产业向村镇转移和城乡要素的双向流动关键，如交通网、信息网等线状基础设施等。通常对于村镇，起主要作用的运输方式是公路交通。其中，通过村镇的国、省干线及高速公路主要是从大区域（省、市甚至国家）的角度出发而考虑，是区域路网的骨架，其建设可以带动区域经济的发展，乡村公路作为保障乡村社会经济发展最重要的基础设施之一，在促进乡村经济发展、方便乡村居民出行、促进城乡一体化建设等方面则具有十分重要的意义。同时，在村镇内部，以及村镇之间、村镇与中心城市之间配置电力、电讯、道路、给排水等基础设施，可以促进工业逐步从中心城市扩散到卫星城镇，使分散的乡村工业向中小城镇集聚，促进城乡一体化发展。

域面是点和线要素赖以存在的空间基础，是节点影响和辐射所及的地域范围。域面的发展水平主要受节点和网络的发展水平所制约，域面的经济内容也受节点的影响并与之相互配合。域面可以减缓农业生产的分散化和小规模化经营，利于农业机械化生产，促进农业的现代化。域面还可以促进村镇建设：第一，通过拆并自然村和行政村，引导农民集中居住，以整合农村生活空间；第二，通过集约利用农村非农土地，加快拆并村庄宅基地复垦开发步伐，以实现城乡建设用地置换；通过完善土地流转机制，引导农地规模经营，以整合农村生产空间。在村镇的发展中，节点、通道、域面不是孤立存在的，他们相互联系，相互影响，共同促进村镇发展，优化村镇空间结构主体功能。

从宏观层面分析，村镇空间结构的主体功能主要体现在生产、生活和生态三个方面（表 11.1）。生产主要包括初级生产、次级生产。初级生产是指从自然界（农、林、牧、渔业等）生产农副产品以及获取工业原材料的生产过程。次级生产就是对初级生产产品的再生产过程，主要集中于为居民服务的食品、衣物等农副品加工，以及解决居住条件的建筑、建材生产，如制造、加工、建筑等产业。此外，生产活动还包括流通服务和信息生产，但是这两类生产在村镇的发育程度都较低。流通服务在村镇主要是农副产品和日常生活用品等小型收购、零售服务，以及为乡村医疗卫生、交通、目的地旅游等服务；受乡村居民总体文化素质相对较低、对信息产品有效需求相对不足的制约，信息生产主要集中于中小学教育以及农业技术推广服务等平台。总体来说，由于村镇空间的经济地理特性，其生产活动主要集中于初级生产，即农副产品的生产和工业原材料的获取。次级生产等生产活动还有较大发展空间。

表 11.1　村镇空间结构的主体功能

	经济	社会
生产功能	生产农副产品、工业原料；涉及建筑等产业	流动服务、信息生产、人力资源的培养
生活功能	消费自己生产和外来输入的生产、生活资料	基础设施、信息服务、文化传播、社会福利
生态功能	资源的持续供给、环境的持续容纳	满足自身和城市的生态需要

乡村地区的生活功能主要是满足乡村居民的基本需求与发展需求。基本需求是维持乡村居民活动正常进行所必需的基本生活条件，包括基本的食物、淡水、衣物、日常生活用品、燃料等消耗性物品和动力、农药、化肥、种子等生产资料及基本的住房、交通、

教育和医疗条件等，用以保证人体新陈代谢的正常进行和人类种群的持续繁衍（刘邵权，2006a）。自全面建设新农村以来，在地方政府的引导下和乡村居民共同努力下，乡村地区呈现出欣欣向荣的景象。然而，在目前中国广大乡村的经济发展和生活水平条件下，发展的需求空间较大，发展步履还比较艰难。虽然国家提出了两个文明一起抓，但在乡村地区，物质文明在乡村居民的偏爱中“茁壮”成长，精神文明由于长期被“冷落”而营养不良。尽管也有生活用品从低档向中高档发展的趋势，但总体来说，发展需求在绝大部分乡村居民的消费中所占比例较低。

生态功能包含资源的持续供给能力、环境的持续容纳能力、自然的持续缓冲能力，以及人类社会的自组织与自我调节能力。正是由于有这种调节服务功能，复合生态系统才得以持续发展，经济才得以持续，社会才得以安宁，自然才得以和谐（刘邵权，2006b）。村镇有着其得天独厚的生态资源，村镇的生态功能不仅为其自身服务，而且在相当程度上满足了城市的生态需求，为城市提供所需资源，同时作为城市的自然缓冲区，缓解了城市的环境压力，因此，村镇的生态功能对于促进城乡一体化发展具有特殊的意义。

11.1.2　乡村人居环境的概念与内涵

长期以来，城市人居环境一直是我国人居环境研究的重点，随着经济的快速发展和农民生活水平的提高，乡村人居环境也逐渐地引起了人们的关注。目前，已有众多学科涉足乡村人居环境研究领域，包括建筑学、地理学、历史学、社会学和环境学等，但在有限的乡村人居环境研究中，对乡村人居环境的定义并不统一。从建筑规划学角度，认为乡村人居环境是乡村居民住宅建筑与居住环境有机结合的地表空间总称；从生态环境学角度，将乡村人居环境定义为以人地和谐、自然生态系统和谐为目的，以人为主体的复合生态系统；从风水伦理学角度，认为理想的乡村人居环境就是尊重自然规律，注重人造景观与自然环境的协调；从形态学角度，将乡村人居环境定义为人文与自然协调，生产与生活结合，物质享受与精神满足相统一（周直和朱未易，2002）。按照较为流行和权威的定义，乡村人居环境是乡村居民“工作劳动、生活居住、休息娱乐和社会交往的空间场所”（左玉辉，2002）。

乡村人居环境系统按照内容可分为乡村人居硬环境系统，乡村人居软环境系统。所谓人居硬环境即人居物资环境，是指一切服务于乡村居民并为居民所利用，以居民行为活动为载体的各种物质设施的总和。它是一切有形环境的总和，是自然要素、人文要素和空间要素的统一体，由各种实体和空间构成（宁越敏和查志强，1999）。具体而言，人居硬环境由四部分组成：①自然生态环境，它包含区位、地貌、地质、地形、水文、气候等内容；②居住生活环境，它包含住房条件、绿地空地、娱乐设施、卫生保健、社区氛围等；③基础设施环境，它包含供水、供电、供气、供热、道路、通信等；④可持续发展环境，它包含土地、能源、淡水、人口、环境等内容。人居软环境即人居社会环境，指的是居民在利用和发挥硬环境系统功能中形成的一切非物质形态事物的总和（宁越敏和查志强，1999）。它是一种主要包括文化活动、生活情趣、生活方便舒适程度、信息交流与沟通、社会秩序、安全和归属感等的无形环境，居民随时随地身处其中并感受其效果。就人居软环境而言，它更多地涉及社会学、心理学及行为科学的研究内容。

范少言根据乡村聚落空间形态按阶段顺次推进，不同层次形态呈现复合螺旋发展状态，以及空间结构演化的基本模式提出了聚落群层次结构示意，由上至下，层次结构依次为中心城镇、行政村、自然村和独立的住户。

乡村人居环境的内涵解构。一般认为，乡村人居环境可分解为三个组成部分：自然环境、人文环境和人工环境（左玉辉，2002）。自然环境是指人类生存与发展所必需的自然条件和自然资源的集合，包括生物圈、水圈、大气圈和岩石圈的相关物质构成要素；人文环境是指人类自身演绎并生活其中的社会结构、组织制度、价值观念和行为方式等方面的总称，文化是其中的灵魂；人工环境是指通过人类长期的、有意识的社会劳动而创造的物质环境体系，包括村落建筑和各种联系通道等。其中，自然环境先于人类而存在，其演化主要遵从自然规律；人文环境是人类社会成员之间相互作用的产物，其发展主要遵从社会规律；人工环境是人地相互作用的物质结晶，其变化受自然和社会规律的双重制约。

一定地域的乡村自然环境、人文环境和人工环境具有不可分割的内在逻辑联系。首先，三者共同服务于乡村居民的空间需求。自然环境提供人类生存的物质基础和空间场所；人文环境形成人类生活的社会秩序和文化氛围；人工环境构筑人类生活的物质条件和空间载体。其次，三者通过乡村居民的生活活动发生相互作用。具有不同制度环境和文化传统的居民活动能够不同程度地“干扰”特定地域自然环境的演化方向；自然环境资产的一定数量和质量既支持、又限制一定地域的人类活动：特别是，所有人工环境都是人类活动与地理环境相互作用的产物，不仅体现地域自然环境的特色，也深深打上地域文化传统的烙印。据此，乡村人居环境是一定乡村地域人地关系的显示器。

从空间的视角看，乡村人居环境可分解为自然生态基质、物质设施网络和社会文化氛围三个组成部分，大致与前述的自然环境、人工环境和人文环境相对应。三者之间具有空间层次叠加的关系，自然生态基质是乡村居民活动的空间基础，物质设施条件是乡村居民活动的空间载体，社会文化氛围是乡村居民活动的空间媒介，三者相互联系，形成乡村人居环境的完整构造体系；其中，物质设施网络既是服务人类空间需求的直接“作用工具”，又是反映乡村居民生活质量的显性标尺，因而是乡村人居环境的核心组成部分。随着社会的不断发展和生产力水平的提高，乡村居民的空间需求增加，乡村人居环境的空间内涵由“稀疏”走向“密集”，其服务功能随之不断完善。

无论基于哪种视角，乡村人居环境的“物质”内涵都可以继续分解。在“宏观”层次上，乡村人居环境和城市人居环境具有相同的空间内涵。然而，两者却具有迥异的空间特征。总体而言，相对于城市人居环境的“密集”特性，乡村人居环境是一个“稀疏”的生活空间。从自然生态基质看，在接近原生态的自然环境基础之上散布着低密度的人群和相对“稀疏”的人类活动；从物质设施网络看，乡村地区的聚落规模较小、间距较大，联系通道布局落后、层次较低，承载居民活动的实体物质体系的空间结构松散；从社会文化氛围看，生物再生产的经济气息浓郁、“同井同耕、守望互助”的社会格调凝重，充满乡土气息的“地方化”色彩朴实而鲜明。在地球表面的广大乡村地区，大都具有相同或相似的空间特征，并据此与城市人居环境相区别。在当代城市化的世界中，乡村人居环境因其优越的自然生态基质而被赋予新的功能，其性质有必要予以重新认识。

从系统演化的角度来看，作为一个开放的巨系统，乡村人居环境系统也在不断地自我演化，在这过程中，乡村人居环境系统也呈现出了它独有的基本特征。

（1）动态性。人居环境系统不仅有空间存在的物质实体，而且在时间维度上，其自身也有发生发展变化的运动过程，这就是人居环境系统的动态性。乡村人居环境系统作为一种有序发展类型，随着自身的发展以及来自周边的其他系统的影响，其人口、住宅、经济、文化、社会都在不断地发生着变化，而这种动态的变化和经济社会的发展呈强烈的相关性。

（2）整体性。乡村人居环境系统是由乡村人居硬环境系统和乡村人居软环境系统组成。每个子系统又由若干个更低层次的要素组成，其相互作用形成了人居环境系统结构模型的开放性。各个组成部分都要承担一定的功能，并且相互影响、相互制约。在优化乡村人居环境系统的时候必须将其各个组成部分视为一个整体综合考虑。协调好各个组成部分的关系，发挥好其作用，是实现乡村人居环境可持续发展的一个突破点。

（3）层次性。人居环境系统组分具有层次性，即具有明显的水平分离和垂直分离特征。水平分离特征（characteristic of horizontal part），即系统由两个或两个以上的组分（component）构成，各组分按照一定的程序有机地组合在一起。例如，乡村人居环境系统可分为乡村人居硬环境系统和乡村人居软环境系统，而其子系统还可分成更小的组分，如乡村人居硬环境系统还包括了自然生态环境、居住生活环境、基础设施环境、可持续发展环境等。这种大系统套小系统的系统层次结构称为垂直分离特征（characteristic of verticality part）（祁新华等，2007）。

（4）开放性。乡村人居环境系统是一个开放复杂的系统，不断地与周围环境进行物质能量等交换。随着城市化进程步伐的加快，乡村地区受城市的影响越来越大，这种物质能量交换也会越来越频繁。在城乡的交互作用过程中，开放性的人居环境系统会带来正负两方面的效应，正效应促进经济社会的发展，而负效应多体现在环境污染等方面。

（5）可控性。乡村人居环境系统具有自然和人文双重属性，随着人类社会的发展，乡村在生活方式、生产方式和生态环境方面发生着改变，并同时影响着城市。这种城乡之间的相互影响、相互作用是有强度和方向的，就其在不同环境和不同发展阶段呈现的不同发展特征，可采取相应的策略来实施城乡一体化战略。

总之，乡村人居环境系统就是在乡村这样一个大的地理系统背景下，乡村居民通过利用和改造自然，在此聚居，并进行着耕作、交通、文化、教育、卫生、娱乐等活动的环境系统。它为乡村居民提供赖以生产生活的地域空间，满足其物质精神等各方面的需求，并与之交互共同发展变化着。乡村人居环境系统是一个典型的人地关系系统，乡村居民的主观能动作用能优化或弱化该系统，同时该系统的发展变化也会对乡村居民的生产生活作出反馈。因此，如何平衡当前发展及将来发展、适当发展和过度发展之间的关系、合理地优化乡村人居环境系统是加速社会主义新农村建设的关键问题。

11.1.3 人居环境-空间结构的相互作用

从空间结构的演变看两者的相互作用。探讨空间结构的演变需要首先考察其演变的动力机制，王开泳和肖玲（2005）在《城市空间结构演变的动力机制分析》一文中认为，城市经济的发展是推动城市发展的内生力量，是城市空间结构演变的根本动力，城市规划、技术进步和社会人文类型等是城市空间结构演变的外生力量，正是这些因素的共同作用，不断改变着城市的空间形态。

本书认为，上述的因素组合同样适用于村镇空间结构演变分析，也就是说，经济发展是推动村镇空间结构演变的内在力量和根本动力。经济发展会对当地的基础设施和产业结构等产生深刻影响。当经济形势大好时，由于基础设施完善，一些增长极就会逐步形成，这些增长极多出现在城市的中心区或者“中心村”、“重点村”等地。增长极的出现会引起人口、产业和其他社会经济活动的聚集，继而强化当地的空间功能分区和空间布局。同时人居环境也发生相应的改变，原来一些模糊的功能单位会因基础设施的完善和空间的细化变得具体化，人居环境质量得以提高。其中特别是产业结构的优化，可大力改善乡村地区的生产环境，随后连锁反应地影响到乡村的生活和生态环境。

从空间结构的模式看两者的相互作用。基于空间结构与人居环境概念的理解，我们首先从空间结构要素点、线、面微观的角度来探讨人居环境聚落形式。

（1）以“点”形态构建空间核心结构的人居环境模式。在前面已经述及节点是人口和产业的聚集地，如城镇、乡镇企业聚集地和乡村聚落等。区域的增长主要通过节点来发动，城乡一体化发展要求区域各级节点有适当的规模等级结构和功能分工。从经济学的角度来看节点往往扮演着增长极的角色，“中心村”、“重点镇”以及城市的中心区，克里斯塔勒的中心区位理论等无不体现出节点在区域经济增长中举足轻重的作用。然而人们的居住形态也要从点开始讨论，早在原始社会，人们就开始了聚居生活。最初的人居形态是原始社会的部落居民点，这是一种独立的基本单元，也是进化的原始起点。在后来的人居建设中人们崇尚“中”、“中心”关系，晋陶侃《寻找捉脉赋》中提出“穴占中央，山若作穴，水自回环”。古人认为人居天地中，是“穴”为自然之气与人之气聚集交会，天人相交的结合点。多采取以一山、一池、一房、一树为中心的向心布局模式，组织环境空间和建筑。从“天下观”、“九阶制”到居住环境的择中性理论无不体现“中心”的意义。以一点为中心，沿地形变化呈放射状外向延伸布局，形成视野开阔的空间形态。例如，徽州黟县关麓村堑下区以宗祠为中心组织各派系家族居住分区，突出了宗祠的中心地位（业祖润，2001）。

（2）以“线”形态为空间结构骨架的人居环境模式。在人居环境中，线可以说就是我们日常生活中的通道，包括电力、电信、给排水、交通等线状基础设施。在城乡发展中，城乡居民点往往沿江河或者是交通要道布局。前述条状型村镇空间结构模式即乡村居民各家各户沿公路和沿江、河、湖岸居住，排成一线，农田呈细长条向两侧延伸。城市居民点往往以道路延伸控制居民点的生长方向，以大小街巷网络构建居民点内部空间的生长骨架。在传统人居环境的空间结构组织中，多以自然山水屈曲环绕的线性布局构建灵活多变的空间结构。例如，江西千年古村——流坑村。该村历史上曾以耕种和漕运相结合为产业主体，村子布局根据河流位置及水运需求，采用垂直河岸的七条纵向街巷和平行河流的一条横向街道组合成道路骨架，控制村落的整体布局。并在河岸处七条纵巷的入口部分设码头、巷门，各分巷内布置不同房派的居住组团。各组团沿巷道两侧建住房，中心地段建各房派祠堂，形成七个居住组团，使该村的产业活动与居家有机结合，成为罕见的聚落格局（业祖润，2001）。

（3）以“面”为空间主体结构的人居环境模式。在传统的人居环境建设中或者是出于风水的理论，或者是出于防御的要求，人们往往选择群山环抱、河流环绕的封闭的区域建设居民点。而这些“面”、“群”的边界往往就是山川、河流、树林、竹篱、围墙等。例如，福建具有防卫功能的规模巨大的客家土楼集聚建筑。在古代，城池的选择也青睐于易守难攻的挟山扼要之地。在工业社会赋予了“面”新的时代意义。早在20世纪初，法国青年建筑师嘎涅（Tony Garnier）就已经提出了工业城市的功能分区、城市组群等方法。1933年的《雅典宪章》则正式提出了城市的功能分区思想，认为城市的基本活动可以分为居住、工作、游憩和交通，“并认为这是城市规划和分析的‘最基本分类’”。（罗志刚，2004）

从空间结构变化的原因看两者的相互作用。人口迁移就是空间结构变化的最重要原因，区域内所进行的一切经济、社会、文化活动都是为人服务的。人们迁移到一个新的区域后，总是更偏爱和自己有着同样背景的人一起居住，如来自同一个地方的或者同族。这些由一个族裔移民相对集中的组团构成“拼合城市”。在这些组团中，各自有自己的商业中心及社会服务设施。这样的城市结构已具有某些“多中心城市”的影子。这些“小中心”有的保留至今，特别是在大都市里面这种情况就更常见，如美国纽约的“唐人街”。在国内也有因省籍而形成的居住组团，如“浙江村”、“新疆村”；或因行业而组成的商业服务业组团，如“服装街”、“修理街”等。

11.2　村镇空间变化的人居环境效应

11.2.1　村镇空间结构与乡村生产环境变化

村镇空间结构与乡村生产环境之间具有相互作用的多重反馈关系。传统的村镇地区产业结构单一，主要是以农业种植、农副产品加工，以及为工业提供原材料为主。随着城市化进程的推进，科学技术水平的不断提高，农业已由单一转向多元化发展，呈现出农业生产规模化，产业链条循环化以及相关服务配套设施产业化等现象。产业结构的调整需要相应的空间来承载，这就对村镇的空间结构的建设起了积极的推动作用。但事物的发展总是一把双刃剑，村镇空间结构的变化和村镇生产环境改变的过程中，也会出现一些不和谐的音符。

（1）从农业生产看，农业是农村地区经济发展的支柱产业。一个地区农业的产出水平往往能决定该地村镇中建筑物的密度、规模、布局和结构。在自然条件不利的地区，由于单产低，为了提高农业产量，乡村居民所需的生存腹地会更大，而为了耕种便捷，其建筑物布局也以临近农田为宜，这样就造成了整个村镇的空间结构特征以分散为主。由于发展石油农业和采用机械自动化生产手段，致使村镇的规模和布局以及村镇间的联络方式等趋于现代化，农业科技产业园也应运而生。农业科技产业园是以市场为导向、以科技为支撑的农业发展的新型模式。农业科技产业园一方面可以将乡村地区的土地资源进行整合利用，另一方面可保证农业的规模化现代化生产。同时它还是人才培养和技术培训的基地，起到对周边地区农业产业升级的作用，使农业生产由原先单一的农产品生产为主转为农产品农副产品的系列生产，大大扩展了农业生产的范围，提高了农业的生产率。现阶段农业技术产业园的发展模式在我国形成热潮，很多地区都结合自己的地方实际建设产业园，如湖北省东南部的武穴市魏高邑农业科技园就打造了八大功能区，即立体养殖区、特色林果区、无公害大棚蔬菜区、优质粮油区、高效花卉区、小康居民区、工贸区和旅游休闲娱乐区。农业科技产业园的出现极大地改变了村镇空间格局，引导着村镇空间向集约化和规模化方向发展。但是不能忽视的是，现阶段我国农业的基础地位仍然很薄弱，还存在一系列的问题，如以土地资源为要素的农业基础不能适应现代农业发展的要求、乡村居民务农积极性不高、土地质量较差、可耕地面积正在逐年减少等。

（2）从工业生产看，乡镇企业是具有中国特色的社会主义的一项创举，是村镇地区发展的积极促进因素。乡镇企业促进了乡村居民就业、增收和对构建农村和谐社会起了推动作用。在工业反哺农业方面，乡镇企业促进了农业生产向规模化、专业化、标准化、优质化方向发展。在促进农村城镇化方面，乡镇企业的第二、三产业向小城镇集中发展，不仅为城镇建设直接提供了产业支撑，同时还带动了农村非农人口向城镇转移，有效避免了农民过度向大城市集中。在现实中，乡镇企业更是地方财政的支撑，在国民经济全面协调可持续发展的过程中起到了沟通城乡、衔接工农的作用。由于乡镇企业的发展涉及工业、商业、服务业以及农业等行业，因此，其出现后对于村镇地区的空间布局也有一定的要求。例如，对外服务型的乡镇企业，其对于交通运输方面的要求就会较高。乡镇企业的出现推进了传统的村镇空间向综合化、服务类的空间形态发展。作为新兴农村工业模式，乡镇企业对农村经济的发展起了很大的推动作用。随着乡镇企业的发展，村镇和城市工业的同构性也日益增强，甚至出现乡镇企业和城市工作争原料、争市场、争资金投入等情况，其结果就是导致村镇地区的经济呈波动性发展，“结构效应”日益下降。

（3）从第三产业看，服务类产业是提升乡村生活品质的重要内容。由于各地乡村的发展水平、区位、资源优势的不同，在发展第三产业的时候也应该有所侧重。例如，在乡村经济发展水平较高，各类基础设施建设较为齐备，当地自然或人文资源比较丰富的地区，其旅游服务业的发展则应为侧重点。所以，根据在不同的村镇地区，因其第三产业侧重点不同，对其村镇空间的发展也带来一定的影响。就现阶段而言，我国村镇地区第三产业的发展还严重滞后，村镇基础及配套设施条件差，科技、教育、公共卫生等事业发展水平低，信息、金融保险、IT 技术等新兴产业远远不能满足第一、二产业发展的需要。我国拥有极大丰富的乡村剩余劳动力，但是乡村工业的发展与乡村第三产业的发展很不协调。随着农业技术水平的提高，还会有更多的劳动力从第一产业中释放出来转化为剩余劳动力。而乡村地区以工业为首的第二产业的容纳量有限，因此，乡村剩余劳动力会大量转向第三产业，这也为第三产业的发展提供了契机。

村镇产业的非农化和经济结构的多元化是现代乡村发展的标志，这种发展使村镇空间结构趋于复杂化。村镇空间结构的变化不仅体现在村庄的分布、布局形态和村镇的扩展上，同时也体现在村镇内部的各个功能分区的出现，如专门化的生产地域或者专门化的工商业用地等，不同的村庄也会发生功能异化。

11.2.2 村镇空间结构与乡村生活环境变化

随着乡镇企业和第三产业的发展，村镇地区的经济面貌得到了极大的改善，其空间结构形态和乡村居民的生活环境也发生着变化。一些本身加工贸易条件较好，区位、资源、经济等基础条件较好的地区，产业结构从单一趋于复杂化，率先发展成了工业、服务业以及农业等行业于一身的综合型的村镇，并形成了较为明显的功能分区的分散布局。而一些先天条件较差的地区，由于其整体缺乏经济活力，内部出现衰落迹象，继而形成“空心村”，则面临着分化和重组的状况。乡村居民作为村镇社会生活的主体，是村镇空间结构变化的直接“参与者”，村镇空间归根结底是由乡村社会生活的主体——乡村居民的群体分化形成的，是其在地域空间上的反映，这种空间结构的变化又反过来影响居民的生活环境。

（1）从乡村人口结构来看。由于大量的乡村地区的精英和青壮年劳动力流向城市，造成乡村人口空心化，但同时，因其劳动所得，使得乡村地区的经济水平有明显的提高。受到“光耀门庭、置田置产”等传统思想的影响，多数乡村居民认为所谓改善生活条件就是盖房、建楼。这在一定程度上改善了村容，但是由于攀比的心态，乡村居民在修建新房时往往只重视其外观是否气派，而很少重视内部配套设施的建设，更不用提对公共基础设施的建设。因此，这种所谓的改善对于生活质量的提高没有任何帮助。当原有的老屋出现交通等不便利的情况的时候，乡村居民就会保留原来的老屋，在公路沿线上修建新房。由于改革开放初期申请宅基地比较廉价，先富起来的乡村居民就将新房建在了交通以及各方面区位条件优越的地方。随后其他居民纷纷效仿。大多数乡村居民在建房和村庄建设上缺乏规划引导。沿公路建房，在可耕地建房，导致居住点分布散乱；村庄规划不合理，建房各自为主，规格不一，高低不等，建新房不拆旧房，造成村庄建设用地和资金的严重浪费。在部分地区甚至出现了严重的“空心村”现象。

（2）从基础设施建设来看。村镇空间的发展引导着乡村基础设施的建设，同时乡村基础设施的建设对村镇空间结构的变化具有诱发作用。首先，公共基础设施的建设对村镇空间结构有明显的影响。例如，公共基础设施的兴建会提高村民的生活品质，扩大村民的交流和活动范围继而影响原有的村镇空间格局。其次，交通网络建设对村镇空间结构有直接的影响。长期以来，乡村之所以会偏僻、闭塞，其主要原因就是乡村地区的整体交通不发达。这种现象在城市化加速发展的今天在逐步地改善。随着城市交通系统建设的推进，其交通网络不断地向外延伸和联结，乡村的交通体系逐步被作为城乡交通网的一部分被纳入了建设范围。随着这种联系的加强，城乡之间人员、物质、资金以及信息的流动越来越频繁，最终乡村原有的单一独立的空间体系被打破，其空间特征也发生着改变。最后，信息网络建设对村镇空间结构的作用日趋增强。乡村居民可以通过信息网络获得更多、更快捷的信息，以决定其行为动向。这些现代化的信息交流方式的不断普及对原有的村镇空间结构一次冲击，同时电视、宽带网络相关设施的安装和布局也从另外一个方面影响着村镇的空间结构。

（3）从乡村生活观念来看。进城务工的乡村居民极大地开阔了眼界、增长了见识，生活观念也随之发生变化，并将这些变化传递到乡村。城市文明向乡村的渗透最终影响乡村居民的生活方式。例如，民宅建设中普遍出现的“城镇化”现象，在这一过程中，不同村镇的特点被扼杀，不同村镇的空间元素被城市元素所替代，乡村的空间认同感消失了，同时这种观念的转变也体现在村镇空间的变化上，村镇空间在这一过程中不断地集聚或分散，“空心村”现象随之出现，新农村建设一度在很多地区走入了“建设城市一样的农村”的误区。

（4）从乡村传统文化来看。乡村新生活观念对乡村传统文化的冲击尤甚。由于我国历史悠久，在广大乡村地区的传统文化资源丰富，且有部分文化已经作为了人们生活生产的准则。特别是一些乡村的民俗风情等。民俗风情是存在于农村生产生活中的具有地方特色的物质或非物质文化，对农村空间功能构成及布局、农村空间的形态及色彩、农村空间行为都有非常重要的影响（洪亘伟，2008）；另一方面，随着经济发展和生活方式现代化的冲击，小城镇建设和传统民居的更新出现盲目照抄大中城市建设式样的趋势，传统建筑风格被破坏，丧失了各地的特色和优势。在小城镇和乡村，行列式状的住宅小区布局形式随处可见，丧失了传统住区中街坊巷道活泼自然的特色和亲切自然的生活气息，和睦互助的友好邻里关系也日趋淡漠（赵之枫，2001）。

（5）从乡村发展趋势来看。按照经济发展水平我国的村镇可以分为较发达和欠发达，两种不同类型的村镇有其不同的社会空间发展的趋势。区位、资源、经济等基础条件较好的村镇会逐步发展成为真正的城市社区。而另外一类先天条件较差的地区，整体缺乏经济活力的传统村镇将逐步为新型的乡村城镇型社区体系所取代。随着城乡一体化的发展，乡村城镇社区与大中城市社区的经济、文化、社会联系更趋紧密，功能更加完善和现代化，乡村居民的收入、消费水平、价值观念、生活方式等与城市居民趋于一致，但大多数乡村城镇社区由于植根于广大乡村，仍然带有一定的“乡村性”，表现出在产业结构、经济生产方式、景观形态等方面与典型城市社区之间存在某些差异（艾大宾和马晓玲，2004b）。随着规模的扩大与生产、生活方式的城市化，乡村城镇社会的职业阶层分化将日益显现，社区内会逐步出现居住分离，从而形成一定程度的社会空间分异（汪涛，1999）。

综上所述，由于乡村居民对高生活质量的追求，导致原有生活环境的变化，包括生活理念、传统文化、房屋结构等。在村庄内部，由于其用地结构的变化引起内部的空间区位变更。在村庄外部，村庄用地迅速向外蔓延，村庄规模也迅速扩大，造成了空间结构的变化。

11.2.3　村镇空间结构与乡村生态环境变化

乡村和城市最直观的区别就是视觉上的景观差异。每当提及乡村风貌时，其特有的千百年不变的乡土风貌、文化景观和美好的田园风光就会映入人们的脑海之中。但是，事实上乡村景观并不是人们所认为的一成不变。特别是改革开放以来，随着生产力方式的改变，生产力水平的提高，我国广大乡村地区在一波又一波工业现代化浪潮和城市化进程的推动下，其原有的空间结构、景观形态、环境在主动和被动地受着影响。特别是由于科技生产技术的进步，使得“人定胜天”的思想一度极大膨胀，加之经济利益的驱动，导致村镇的不断外延以及传统空间的改造更新，并最终打破了传统空间的布局。村镇空间结构一改往日的“风水理论”，山水田园再也无力左右村镇的发展布局，在“经济利益”理论选定的村镇环境条件下，村镇空间的格局已大致形成——村镇一般布局在区位条件优越或者是交通沿线上。可以说近现代许多村镇的发展是以牺牲生态环境为代价的。例如，对自然资源掠夺式的开采已造成村镇许多资源的枯竭，自然灾害的频繁发生，如滑坡、泥石流等，已经打破了村镇的生态平衡，诗人们笔下的“世外桃源”也只能是一种幻想。人们生产和生活方式的变化改变了人与生态环境之间的关系，人为物质空间成为人们生产和生活的主导空间，自然仿佛已不再是必不可少的了，而成为了一种附属品。更有甚者，在追求利益最大化的今天，生态环境在某些时候甚至被认为是发展的障碍。

（1）从土地利用的角度来看。乡村地区的土地可分为生产用地和生活用地。乡村生产用地主要是为乡村的工农业生产服务的。乡村地区除聚落外，大部分的土地都作为作物栽植、水产养殖或放牧等用途，是由当地生产条件、居民生活方式、社会文化背景等因素交互作用而成的生态空间（陈明杰，1994；李丽雪等译，1996）。乡村的生产用地又可以从农业用地和工业用地两方面来讨论。农业生产用地中最广泛的土地利用类型就是耕地，我国虽是农业大国，但耕地面积并不大，加之人口众多，因此，人均耕地占有就更少。近年来在经济快速发展的大趋势下，许多地区不切实际的乱开发造成了大量的耕地浪费，我国的耕地资源越发异常紧张和短缺了。另外，工业生产用地和生活用地也是缺乏规划的，用地规模、布局、功能定位不尽合理，如乡镇企业的分散布局和居民点的无序扩张。总的来说，乡村地区的土地占用量很大，利用率低，以粗放、低调的利用方式为主。生态环境由于这些土地利用而发生了巨大的变化。同时这样的土地利用方式会引发工农业用地和生态保护用地之间的矛盾，并导致村镇空间从传统的松散、粗放和低效的结构向紧凑、集约和高效的结构转变。

（2）从污染的角度来看。乡村地区的污染大致可分为农业生产污染、工业生产污染、生活污染和城市转嫁污染。就农业生产污染而言，由于村镇地区空间结构的改变，农业用地所占比重下降，特别是耕地数量和质量下降，乡村居民为了让农产品产量保持原有或者更高水平就过度使用了农药和化肥，最终导致土壤的板结和退化，土壤肥力下降，农田受到严重的污染。就工业生产污染而言，乡镇企业带来的污染尤其严重。由于乡镇企业大多规模小、设备陈旧、生产技术落后，资源利用率低，造成大量资源被浪费，废物存放量大、排放浓度高，同时处理达标率低，农村一些传统落后的生产生活方式，造成了农村生态环境污染破坏。影响广大村镇地区的生态环境，特别是水环境质量加剧恶化。就生活污染而言，长期以来，农村人畜共居、农村普遍存在分散养殖，生活垃圾和畜禽养殖废弃物随处抛弃，大量的生活垃圾和畜禽养殖废弃物难以集中处置和利用，导致农村水和大气环境污染。就城市转嫁污染而言，既包括垃圾废物的直接转移，也包括污染源的转移。在不少农村小镇旁边都有露天垃圾场用于堆放生活垃圾和工业废弃物，而这些垃圾中有很大一部分来自于城市。这些城市垃圾不仅占用、污染了农村的土地资源甚至是耕地资源，也严重影响了农村的水源安全和大气质量。另一方面，随着城市环境保护工作的开展，一些高污染难治理的落后工业以乡镇企业的形式转移到了农村，给农村生态环境带来了更加严重的威胁。由于以上污染和原有的分散式的村镇空间的布局呈正相关点状分布，具有分散化、乡土化的特点，最终可能会导致整个村镇地区的“面”的污染，生态环境也随之遭到严重破坏。随着村镇空间结构趋于集中化和有明显的内部功能分区，这些污染的分布也将更有规律性，为治理工作提供了便利。

（3）从资源的角度来看。与村镇空间发展最密切相关的最重要的资源就是土地资源。乡村的生产、生活以及城镇化进程都需要土地资源。滥用土地资源就会导致乡村生态系统的失调，如村民无规划的建房和乡镇企业的滥占耕地以及农业生产过程中的污染，这一切都使得耕地资源的总量逐渐减少且质量不断下降。再者，一个地区的矿产资源是反映该区自然资源禀赋的重要指标，特别是乡村地区长期充当着为城市提供工业原材料的角色，矿产资源就尤为重要。在一些地区乡村储藏有煤岩、石灰岩等矿产资源，由于多年对乡村矿产资源大量的无序的开采，不仅直接破坏了乡村土地资源和植物资源，而且引发了山体塌陷、滑坡、地面沉降等地质灾害和景观的严重破坏，并致使山体保水功能和水位下降，植被破坏，水土流失。矿石开采中剩下的尾矿、岩石等废弃物大量堆存，既造成了水环境和大气环境的污染，又占用了大量土地，造成土地的闲置和浪费，还使一座座青山千疮百孔，影响整个乡村的景观。为了更好地利用这些资源创造利益，在村镇内部的空间布局趋于交通沿线布局，建筑物密度、人流等都沿着交通沿线呈现出距离衰减。一旦其主要资源出现衰竭的情况，在这种村镇中，其空间结构就面临着重新洗牌的命运。因此，在村镇空间布局的时候要兼顾长远利益和整体利益，科学地利用资源，才能使得村镇经济、社会和生态持久发展。

（4）从生物多样性的角度来看。村镇的生物多样性受到较大威胁。随着生产方式的改变和生活环境的逐步改善，村镇空间结构将趋于优化。乡村的人口得以持续增加，但同时人地矛盾突出，加大了对资源的掠夺和环境的破坏；农药的使用以及大量污染物排放，不少物种的栖息地发生剧烈改变，使生态脆弱区域的物种受到威胁，不少资源逐渐处于濒危状态甚至消失绝迹。而环境的改变又为外来入侵种的生存和扩展提供了空间。

总的来说，现阶段乡村生态系统功能衰退，水土流失严重。为了乡村人居环境的持续发展，必须在农业、工业、住区与自然环境间建立良好的生态关系。要实行“工业向园区集中，人口向“镇区集中”、“撤村并点”、“撤乡建镇”，节约用地，合理处理废弃物，防止城市污染向农村转移，控制乡镇企业的环境污染，大力开展生态农业、观光农业建设，创造高品质的空气质量和良好的视觉景象，创造有别于城市、优于城市的良好生产生活环境。应重视农村的景观建设。自然环境是农业生产的必备条件，而农村的自然景观又是一笔宝贵的精神财富和物质财富，将在未来城乡关系中扮演重要的角色（赵之枫，2001）。

11.3　村镇空间布局与人居环境建设规划

11.3.1　当代乡村人居环境的现状分析

中国乡村人居环境建设经历了曲折的历程。新中国成立初期，中央政府在全国范围内，有计划、有步骤地开展土地改革，废除了几千年的封建土地制度，实现了农民“耕者有其田”的愿望，极大地解放了农村的生产力，促进农村地区的发展。然而，“大跃进”和“人民公社化”运动以及从中央到地方“浮夸风”思想的滋生和蔓延，加之三年自然灾害和文化大革命，导致我国农村发展停滞不前，人居环境建设丧失稳定的经济和政治基础。

改革开放初期，农村陆续实施“家庭联产承包责任制”政策，包产到户的伟大创举不但适合农村生产力的发展水平，而且符合广大农民的意愿，所以在短时间内极大地促进了农业和农村的发展。同时，这期间乡镇企业也得到了发展，让呆滞的农村经济真正活跃了起来，促进了乡村工业第二、三产业的发展，并让一部分农民脱离农业生产或者半公半农，解决了我国无数农村劳动力，并让农民的生活水平有所提高。该期间乡村人居环境的特点是：逐渐走向富裕的乡村居民显著改善了住房条件，部分地区开始自发进行乡村道路、电力、安全饮水等基础设施改造与建设，但前期政府指导与扶持力度不够，到后期政府发挥的作用有所加强，出台了支持乡村道路、供电设施建设的政策措施，促进乡村人居环境建设。

20世纪90年代，在“让一部分人先富起来，以先富带动后富”，“效率优先，兼顾公平”的社会主义市场经济思想的指引下，举国上下，都以“经济建设为中心”，以牺牲农业为代价，支持工业化进程。再者，随着经济发展，以“包产到户”为核心的农业政策，“家庭联产承包责任制”，小农经济的生产关系，已经不适应以大型机械化为核心的现代农业的生产力的发展，甚至阻碍了现代化农业以及农业生产的规模化经营。随着城市化进程的加快，我国农村问题、农民问题、农业问题逐渐成为了阻碍我国城市化进程中比较突出的“三农”问题。乡村与城市的差距越来越大，乡村居民收入与城市居民收入的差距也逐年拉大，乡村的发展，包括其人居环境的发展，都远远滞后于城市。该期间乡村人居环境建设的特点：虽然道路、安全饮水、供电等基础设施建设和农房建设全面快速发展；虽然与农民生活息息相关的基础设施条件成为当时的政策设计的重点目标，虽然突破了长期以来财政投入以改善农业生产条件为主，兼顾农民生活条件改善的局面；但是此时国家方针政策对城市的“偏爱”以及“民工潮”向城市地区的进军，使得乡村地区生活景象每况愈下。

自 2004 年社会主义新农村建设命题提出以来，国家连续五年以中央一号文件的形式颁布和实施以农村改革为主题重大方针政策，并数次强调“继续改善农村人居环境”。我国农村、农民、农业落后的局面开始有了新的转机，乡村人居环境质量有了提高。该期间乡村人居环境的特点是：不少地方的乡村面貌有了显著改观，乡村基础设施建设形成多元化投入格局，以提高居住舒适度为主要内容的乡村人居环境治理向纵深推进；政府在安排专项资金加强安全饮水、河渠整治、改水改厕、污水垃圾治理的同时，随着乡村企业的发展，乡村生活污染加剧、生态环境不断恶化，“空心村”的面积不断加大，村庄整治成为乡村建设的出发点和落脚点。

纵观我国的乡村人居环境的建设，既有乡村居民生活水平的提高，经济的发展的可喜成绩，但在收获这些喜悦时，我们也意外地得到了发展给予我们的“赠品”。总体而言，我国当代乡村人居环境发展现状不容乐观。

（1）乡村农业的基础地位仍薄弱。农业是我国国民经济的基础，更是广大农村地区经济发展的支柱产业。现阶段我国的农业还存在一系列问题，如以土地资源为要素的农业基础不能适应现代农业发展的要求，乡村居民务农积极性不高，土地质量较差，可耕地面积正在逐年减少等。随着农业科技的飞速进步，农业经济效应还是在不断提高的，特别是农业科技产业园的诞生。农业科技产业园是以市场为导向、以科技为支撑的农业发展的新型模式。农业科技产业园一方面可以将乡村地区的土地资源进行整合利用，另一方面可保证农业的规模化现代化生产。同时它还是人才培养和技术培训的基地，起到对周边地区农业产业升级的作用，使农业生产由原先单一的农产品生产为主转为农产品农副产品的系列生产，大大地扩展了农业生产的范围，提高了农业的生产率。但就总体而言，我国的乡村农业的基础地位仍然薄弱，科技投入应日益增加。

（2）乡村工业无序发展。虽然乡镇企业解放了乡村生产力，促进了乡村非农产业的发展，但是乡村工业无序发展问题比较突出。目前，乡镇企业比较火的行业往往是造纸、制革、炼油和印染等技术含量低、污染性强的资源型行业，一些污染严重的工厂和行业逐步从城市向小城镇和乡村迁移（刘黎明等，2006）。“村村点火，镇镇冒烟”，造成重复建设，将原来集中于城市的污染源带到农村，从而扩散为交叉性的大面积污染。城市的污染相对比较集中，方便进行治理。而乡镇企业规模小，布局分散，再加上资金不足，技术落后，管理不善，一般没有环境保护设施，对废弃物难以集中治理，只能直接排入环境。而这种情况在粗放的、急功近利的生产和管理条件下有愈演愈烈的趋势（赵之枫，2001）。虽然这样的乡镇企业暂时推动了乡村经济发展，提高了乡村居民的收入，但其对乡村自然环境和人居环境造成了巨大的破坏。

（3）村庄基础设施和服务设施尚待完善。国家在 21 世纪提出了城市支持乡村，工业反哺农业，全面建设社会主义新农村的方针政策，但对外交通不通畅，村内道路、给水、排水、通信等基础设施配套性、共享性差，教育、文化、卫生、环保、家政等事业落后，这是全国村庄的通病。2005 年，国家建设部组织对农村 11 类、105 项人居环境项目进行了典型调查，共涉及全国 9 省 43 个县的 74 个村，结果显示：41%的村庄没有集中供水；96%的村庄没有排水沟渠和污水处理；40%的村庄雨天出行难，晴天是车拉人，雨天是人拉车；70%的村庄畜禽圈舍与住宅户混杂；90%的村庄使用传统的旱厕；90%的垃圾随处丢放；90%的村庄没有任何消防设施。由于当前乡村人居环境总体状况不良，也导致农民住房不断拆了建、建了拆，近年因拆建和自然损毁年均损失约350亿元，农民有限的资产被固化和消耗在反复拆建住房上，造成农户财产长期难以积累，也造成社会资源的巨大浪费。

（4）乡村生活质量有待提升。农村地区人口多，村庄较为分散，经济实力薄弱，加上长期公共财政对农村投入不足，使得农村人居环境长期落后，居住环境质量较低。首先乡村居民环保意识缺乏，生活垃圾、生活污水、农作物秸秆、废旧塑料袋、家禽粪便等随意排放，造成乡村整体“脏乱差臭”。其次，乡村居民不合理的生产方式，如滥施农药、化肥、大量使用不可降解的农用地膜、棚膜以及养殖业的无序发展等，不仅污染了土壤、空气质量、地下水生态环境，还对乡村生态、农产品质量、水源造成不良影响，对乡村居民的饮水安全构成威胁。除了以上的环境问题，村民住宅建筑品质也很低。乡村住宅与城市住宅相比无论是从建筑形式、建设外观，还是人均居住面积来看，都远远逊色于城市的建设。由于乡村住宅的建设通常缺乏专业的规划指导设计，乡村居民往往单独建设自己的房子，并且受乡村传统思想的影响，更多地关注房子的外表，不注重房子的质量以及形式，致使许多房子建筑形式单一，外观装修缺乏专业水准，显得杂乱无章，缺乏视觉景观美。

（5）乡村居住环境质量下降。在农村，居民虽然已经不愁吃穿，但是乡村的教育设施、医疗设施水平很低，健康卫生水平严重不达标，居民的社会保障水平还很低下。目前城乡社会保障覆盖率之比高达22∶1，占全国总人口近60%的农村居民仅享用了20%左右的医疗卫生资源，九成左右农民是无保障的自费医疗群体。从这些数字可以看出农村公共事业滞后的现状。在新农村建设过程中，政府要通过公共财政补贴帮助农民建立起包括合作医疗、农村养老保障等农村社会保障体系。各种娱乐休闲设施欠缺，居民在农闲时节，最平常的休闲活动就是打牌或者是打麻将，经过长期的发展，这种娱乐开始慢慢向赌博转化，许多家庭也因为赌博而家庭不和甚至解散，严重影响了居民的生活质量以及纯朴的乡风。

（6）乡村人口构成失调。由于进城务工者多为男性青壮年劳动力，就造成留守村落的出现，在乡村中留守的人口常被戏称为“386199”部队，即妇女儿童及老人。在一些情况严重的地区，全村的劳动力都是由老人和妇女组成，且严重不足，这样的情况会造成该地区的生产能力下降，严重制约其自身的发展。另外，由于城乡人居环境的巨大差距，特别是在硬环境方面的差距及城乡生活习惯之间的差异，造成部分进城务工人员，如打工者、在外求学者以及和婚流入城市中者，不愿意回乡村生活或工作，甚至不愿意探亲。这势必造成家庭问题，如老年人的赡养问题和子女们的家庭教育问题。特别是部分外出打工者会抱着只要钱足够多就有高质量的生活的观念，而从本质上忽视了人文关怀。

（7）土地占有量大，利用率低。在乡村地区乡村建设用地规划多相对滞后，用地规模、布局、功能定位不尽合理，导致了粗放、低效利用土地。这种现象主要表现在乡镇企业以及乡村居民点盲目建设方面。许多地方兴办乡镇企业大量地占用耕地，乡镇企业分布极其分散，缺乏合理、系统的规划，多圈多占、占而不用或不充分利用等现象比比皆是，耕地保护与经济发展之间的矛盾越来越突出。随着中国乡村人口增加，乡村居民点也在不断地扩大，乡村内部自身用地布局结构不合理，许多地区盲目地把耕地划为宅基地，而村庄内部多为一些老宅旧宅，甚至无人居住，出现了“空心村”等问题。同时，各地农业发展没有形成自己的特色，农业耕作过于粗放，基本上是以农户为单位的家庭经营模式，集约度低，很难形成规模效益。由于缺乏规划与管理，乡村城市化过程中引进的多数项目各自进行基础设施与服务设施的配套，分散配置的非农产业相对于城市的相对集中发展不但占用大量土地，而且形成资源利用率低下的局面，造成了土地利用的严重浪费（刘黎明等，2006）。

（8）生态问题凸显。随着人口的增长和生产的发展，垃圾、污水、废弃物大量产生，打破了自然经济状态下生态环境的自我平衡；农村人居环境建设缺乏规划引导，管理缺位，新老问题叠加没有完善的上下水系统，通常每家每户都有自来水，但缺乏必要的排水设施，只是人工挖掘明沟排除院内雨水和生活污水，人畜排溺均采用自家土厕。炊事仍采用传统的秸秆燃烧，既浪费了有机肥料，又造成大气污染，同时对厨房内部空间造成一定程度的污染（孙跃杰等，2008）。

（9）乡村传统文化面临威胁。在乡村规划中是保留乡村意境，还是城镇意境？乡村意境的规划以自然意趣、诗化田园为灵魂，挖掘农耕文化所承载的“以农为本”思想及人与自然和谐、政治秩序与自然规律和谐的思想，将“天人合一”的观念物化到规划之中。但在农民新村规划中，往往只强调了社区的功能，而忽视了乡村社区的景观规划与乡村风貌塑造，导致了“千村一面”的社区建设，破坏了具有特色的乡村聚落景观，丧失了乡村传统文化。作为历史文明见证和精神家园的传统乡土建筑是中华民族传统文化的宝贵财富。但随着经济发展和生活方式现代化的冲击，小城镇建设和传统民居的更新出现盲目照抄大中城市建设式样的趋势，传统建筑风格被破坏，丧失了各地的特色和优势。在小城镇和乡村，行列式状的住宅小区布局形式随处可见，丧失了传统住区中街坊巷道活泼自然的特色和亲切自然的生活气息，和睦互助的友好邻里关系也日趋淡漠。在新形势下，历史文化继承发展问题亟待解决（赵之枫，2001）。

11.3.2　乡村人居环境优化的理论基础

1. 生产发展——乡村人居环境优化的物质基础

发展包括经济社会发展、人与自然和谐发展以及人自身的全面发展等。其中，经济发展是整个发展体系的基础，对于现阶段的我国来说，发展才是硬道理。改革开放以来，我们党始终坚持以经济建设为中心，把发展作为党执政兴国的第一要务。生产发展是解决社会主义初级阶段主要矛盾和问题的根本途径，是实现中华民族伟大复兴的希望所在。

乡村人居环境的优化，生产发展是其根本内容，只有加快生产发展才能促进乡村生活设施等方面的优化。乡村地区的生产发展应体现以下特征：①时代特征。要在科学发展观、以人为本、构建和谐社会三大理念引领下创新，体现时代特色。即随着时代的发展，不断赋予发展新的内涵和新的内容，并在实践中不断拓宽新的思路和新的眼界。②综合特征。即乡村发展不仅仅局限于某个生产领域或者某个环节，如单纯的粮食生产、乡镇企业发展等；并且上升发展的高度使其与物质文明、政治文明、精神文明三个文明建设有机结合、综合协调的发展，不能以牺牲某个文明为代价追求发展。③联动特征。乡村地区基础薄弱，乡村的建设不能只依靠乡村地区以及乡村居民的力量，不能就乡村论乡村、就农业抓农业，乡村建设的工作部署是城乡融为一体，作为一个系统工程来考虑的。④渐进特征。乡村的建设绝不可能一蹴而就，各地的情况和状况都不一样，乡村建设必须通过科学制定规划来推进永续实施，有效确保生产发展的连续性和持续性。

乡村生产发展一方面主要促进农业生产，另一方面协调农业与非农产业的关系。非农产业为乡村经济的发展提供了空间，也包含在“生产发展”的要求之中。

（1）促进乡村农业发展。主要是为现代农业，产业一体化农业提供发展平台，使乡村农业健康持续地发展。一是建设现代农业。建设现代农业，就是要实现农业生产手段的机械化、农业生产技术的科学化、农业生产分工的专业化与社会化。二是经营产业一体化农业。通过种养加、产供销、贸工农一体化经营，将农业再生产过程的产前、产中、产后诸环节联结为一个完整的产业系统，形成高效的农业综合生产经营体系。按照高产、优质、高效、生态、安全的要求，调整优化农业结构。三是发展持续农业。在统筹、协调人与自然关系的基础上，实现环境的良性循环与生态平衡，并通过技术变革和体制性变革，确保当代人类及其后代对农产品的需求不断得到满足。

（2）促进乡镇企业合理发展。近年来，农村非农化和乡村城市化表现出全方位推进态势。在农村经济基础比较好的地区，尤其是在乡村工业发达的沿海地区，形成了众多的如河南的南街村、江苏的华西村等都市化村庄（陈晓华等，2008）。在市场经济条件下，发达地区的农村发展为中西部地区提供了经验借鉴。①着力培育一批竞争力、带动力强的龙头企业和企业集群示范基地，推广龙头企业、合作组织与农户有机结合的组织形式，让农民从产业化经营中得到更多的实惠。②由于“离土不离乡”向“离土不离村”的偏离，造成了企业规模效益和投资效益缺失、剩余劳动力转移能力不足、污染问题日益严重等问题。因此，要积极鼓励和引导长期稳定从事第二、三产业的农户离土离村、进城进镇，促进乡镇企业集聚发展，推动乡村居民居住适度集中。③进一步加快乡村工业化的进程。在发展中要注重外部资源的引入，外部资源的投入主体主要有两个部分，一个是各级政府，一个是民间各界力量，政府既是发动者也是资源投入的主角。外部资源包括物质、人力、知识、技术、信息、文化等，没有外部资源的引入就不可能激发起沉寂了的乡村地区的活力。加大财政投入是合理发展乡镇企业的主要推力之一。

另外，充分尊重乡村居民的发展主体地位，充分发挥乡村居民的能动作用。加强义务教育，提高乡村居民的文化素质；通过农村实用技术、务工职业技术培训及相关针对性的技术培训，培养新型产业农民和务工农民；通过农产品加工业，拉长产业链，促使乡村居民在加工增值的过程中增加收入。总之通过培养新型乡村居民来增加乡村收入，改善乡村人居环境。

2. 生活舒适——乡村人居环境优化的核心目标

新农村建设的核心目标是“生活宽裕”，我们在此基础上提出生活舒适是乡村人居环境优化的核心目标。对于乡村居民来说，生活舒适就是指生活在“乡风文明、村庄整洁、管理民主”的生产、生活、生态条件良好的地区，并且生活宽裕，能满足乡村居民物质、精神上以及自我发展的需求。

乡村的人居环境建设要达到生活舒适的目标，首先要通过开辟各种增收渠道，增加农民收入。要鼓励和支持一部分农民走出去，跳出“农门”经商务工。农民增收不但可以激发广大农村的巨大消费潜力，使农民的需求成为一种有效需求，还可以增强消费对国民经济的拉动力。其次，建设与改善与乡村居民生活直接相关的基础设施。虽然乡村居民的基础实施较以前有很大改善，但是乡村在水、电、道路、信息通信等基础设施条件的改善，还需要发挥各方面积极性，引导社会力量共同参与，还需加大乡村义务教育、职教、技术培训等方面的教育设施；加大乡村医疗卫生、社会保障服务方面的设施。再次，建立健全乡村市场体系，畅通农产品的市场流通，方便乡村居民生活，乡村便民店多提供物美价廉的商品，形成现代流通方式下的农村消费经营网络。最后，合理规划乡村建设，改变乡村往日脏乱差的景象，建设生态良好的宜居的乡村生活环境。

3. 生态文明——乡村人居环境优化的基本保障

党的十六大报告明确指出，我国全面建设小康社会的一项重要目标，就是要走“可持续发展能力不断增强，生态环境得到改善，资源利用效率显著提高，促进人与自然的和谐，推动整个社会走上生产发展、生活富裕、生态良好的文明发展道路”；胡锦涛总书记在十七大报告中，在系统阐述实现全面建设小康社会奋斗目标的新要求时，明确提出要“建设生态文明”。这是我们党首次把“生态文明”这一理念写进党的行动纲领，必将在建设中国特色社会主义过程中产生重大影响。必须指出，生态文明不是机械地回归自然，而是要坚持整体协调循环的原则和机制，调整产业结构、增长模式与消费模式。使经济建设与资源、环境相协调，实现良性循环，走生产发展、生活舒适、生态良好的文明发展道路，维护生态平衡，做到“精明增长”。乡村人居环境建设主要通过以下途径达到这个目标。

（1）加强乡村居民的生态文明教育，树立人和自然平等的生态文明观念。生态文明教育是对全体公民进行生态文化和生态道德教育。要使广大农村居民深刻认识到，不仅人有价值，自然也有价值；不仅人有主动性，自然也有主动性；不仅人依靠自然，所有生命都依靠自然。乡村社会的发展必须将生态价值与社会价值、经济价值统一起来。

（2）在生产方式上，树立可持续的经济发展模式。在生产发展中，不能单纯追求经济效益，而要转变高生产、高消费、高污染的工业化生产方式，以生态技术为基础实现社会物质生产的生态化，使生态产业在产业结构中居于主导地位，促进经济社会与环境协调发展。在乡村地区则重点发展生态农业。

（3）在生活方式上，树立健康、适度消费的生活观。引导乡村居民革新消费观念，在乡村地区提倡绿色消费、文明消费，人们改造自然要以不损害自然生态的整体稳定和其他生物物种的生存为前提。让乡村居民真正过上健康舒适的生活。

（4）要完善有利于生态文明建设的法律和政策。虽然，我国已经基本上形成了以宪法为核心，以环境保护法为基本法，以环境与资源保护的有关法律、法规为主要内容的比较完备的环境与资源法律体系，但是乡村地区“环保欠账”问题严重，并且有加剧趋势。所以在乡村生态文明建设中，要抓紧有关生态环境保护与建设法律法规的制定和修改工作，健全、完善地方生态环境保护法规和监管制度，建立科学、合理、有效的执法机制（于然欣，2009）。

11.3.3　乡村人居环境建设的规划要领

乡村人居环境关系到乡村居民的衣、食、住、行，乡村人居环境质量的优劣直接影响到人们的生活质量和幸福指数，乡村人居环境建设规划是其发展的先决条件。但现实的乡村人居环境建设往往存在两个极端，或是忽视规划的指导性作用，或是进行不科学的规划建设。仇保兴（2008）曾撰文指出，乡村规划和建设中存在五个“盲目”问题，即盲目撤并村庄；盲目对农居进行改造，片面追求“新形象”；盲目进行牲畜集中养殖，片面进行人畜分离；盲目进行城乡无差别化的能源系统建设；盲目安排村庄整治的时序。我国《城乡规划法》第十八条明确指出，乡规划、村庄规划应当从农村实际出发，尊重村民意愿，体现地方和农村特色，并对规划内容进行了具体界定，为乡村人居环境建设规划奠定了基础。

1. 乡村人居环境建设的规划指导思想

乡村人居环境应遵循《城乡规划法》，在城乡一体化的大背景下，统筹城乡发展，坚持“以人为本”的原则，以“生产发展、生活宽裕、乡风文明、村容整洁、管理民主”为基本目标，合理有效地建设和改善乡村人居环境，使乡村地区经济、社会、环境三位一体协调发展。

2. 乡村人居环境建设规划的基本原则

乡村人居环境建设应该遵循一定的规则，主要包括以下几方面：①坚持可持续发展的原则。可持续发展的乡村人居环境是贯彻整个规划思路的核心，规划中必须处理好近远期的衔接问题，近期规划以提高乡村人居环境为目标，远期乡村人居环境建设必须要具有前瞻性，准确判断乡村未来的发展趋势，与时俱进，可持续地建设乡村人居环境各方面的内容。②坚持科学性原则。乡村人居环境建设必须遵循自然、经济、社会发展规律，科学地规划乡村人居环境建设的内容、方式，使乡村人居环境建设符合科学发展规律。③坚持生态观原则。以广义生态观为指导，本着节约土地、资源，充分利用空间的原则，从环境与空间的整体出发布局乡村道路、建筑、绿化等空间，构建生态良好的乡村人居环境。④坚持乡土观原则。根据乡村的特点，避免乡村人居环境建设盲目大拆大建、大包大揽、贪大求洋的现象，保持乡村传统建筑风格和乡村传统特色，乡村传统质朴风气。⑤坚持以人为本的原则。乡村人居环境建设的主体是乡村居民，所以乡村人居环境建设规划时要主动征求乡村居民的意见，从他们的实际需要出发，规划切实为人民服务，以改善乡村居民生活质量为目标。⑥坚持系统观的原则。充分运用系统优化的思想，全面整体推动经济发展、社会繁荣和生态保持平衡，增强农村的综合承载能力（胡伟等，2006）。规划的目标不能局限于乡村结构的局部最优，而是要追求整个乡村经济、社会和生态环境的最佳效益，并与区域的总体规划相协调。⑦区域分异原则。区域的规划一定要因地制宜。在充分研究区域和乡村各要素的功能现状、问题及发展趋势的基础上，综合考虑区域规划、乡村总体规划的要求及乡村现状，充分利用空间环境容量，搞好功能分区，利于居民生活和社会经济发展，实现社会、经济、环境的协调统一。上述七个原则相互联系，相互制约，应注重协调、统筹兼顾，规划建设优美宜人的乡村人居环境。

3. 乡村人居环境建设规划的主要内容

乡村人居环境建设规划的内容很广，主要包括村庄建设、产业发展、居民点布局、生态环境等方面。

（1）科学规划村庄建设。村庄建设包括村庄近期整治建设、村庄远期优化建设以及村庄基础设施建设。①村庄近期整治建设。村庄整治的基本表述，就是立足于村庄已有房屋、设施和自然条件，通过政府经济与政策引导、农民自主参与和社会支持相结合的形式，保护乡土特色和传统文化，分期分批有序地改造、整治村庄的公共设施和公共环境，以低成本、低资源消耗、不增加农民负担的方式改善乡村人居环境。在科学规划村庄改造的基础上提高环境质量。先从“四清四改”抓起，即“清垃圾、清路障、清污泥、清柴垛，改路、改水、改灶、改厕”，再从优化乡村景观入手，结合乡村特色，塑造良好的乡村风光，从本质上改善乡村居民的生活环境。最后因地制宜搞好“空心村”的治理。在实施村庄改造建设时，本着节约土地的原则，“撤村并乡”、“撤乡并镇”，一般要坚持中心镇并一般镇、强镇并弱镇、大镇并小镇、老镇并新镇的基本原则，实行一户一宅，多的宅基由村统一收回，落实规划，框死村界（可以通过建环村路，或者是种植树木），并借助法律法规、乡规民约开展整治建设工作。②村庄远期优化建设。村庄远期优化建设要立足现实，坚持可持续发展原则，坚持系统论、重点论、动态论原则，与时俱进。准确地预测和判断乡村建设未来工业化、城镇化的发展趋势，合理引导城镇各项建设向农村延伸，政府公共财政向农村覆盖，促进乡村产业结构优化升级，乡村劳动力农转非等。③村庄基础设施建设。基础设施建设联系乡村居民生活的方方面面，是改善乡村人居环境质量的必要前提和有效措施。乡村基础设施是区域设施的重要组成部分，是以物质形态为特征的基础结构系统，是可利用的各种设施，是为农民提供生产和生活所必需的最基本的设施。包括灌溉水利、交通、给水、排水、供电、燃气、供热、通信、环境卫生、防灾等各项工程，各项基础设施的完备程度直接影响农村生产、生活等各项活动的开展（毛其蟹，2001）。

（2）科学规划乡村产业发展。在规划乡村产业发展时，要将乡村产业结构和产业布局放到城乡经济一体化规划中统筹安排，根据村镇的区域条件、自然条件、人文条件确定主导产业关联产业，形成合理的产业结构，确保乡村经济持续快速发展。要对各产业进行科学布局，促进产业协作，形成循环经济效应（李尉生和李志学，2008）；在规划设计中，对乡村产业发展项目要尽可能进行落实，为种植业、养殖业、加工业等需要的集体产业园区作出安排，加强对基础设施规划建设的指导，适当提高基础设施的建设规模和建设水平，如管理服务、交易交流、运输车辆停放等用地和设施，为产业发展提供充足的空间；本着不同地段土地赋予不同使用功能的原则，既要严格保护耕地，节约建设用地，使土地的综合利用效益最大化，又要考虑农民特殊的生产生活要求（如水利设施建设、土地整理、禽畜圈养等）（陈芳，2008），推动工业向园区集中，农业向优势品种集中，土地向规模经营集中，逐步形成以工业为主导、高效农业为基础、服务业为纽带的产业发展新格局，形成特色鲜明的产业体系；特别是，加强乡村旅游的规划发展，结合乡村生态资源和乡土特色发展乡村生态旅游、观光旅游、文化旅游，或以“农家乐”为主题的休闲旅游，使旅游业成为乡村经济发展的新增长点。

（3）科学规划乡村居民点布局建设。现阶段，乡村居民点建设现在普遍存在的问题是空心村现象严重、建筑质量差、千村一面、布局混乱等，总之乡村居民点建设缺乏专业规划。乡村居民点建设规划主要从以下几方面入手：①遵循《城乡规划法》，科学规划乡村居民点组团式发展，因地制宜，合理延伸居民点布局。②科学规划建筑形式，建筑形式应新颖别致，舒适效益，保存并很好地体现传统民居特色及其文化内涵，体现当地的民俗风情，形成具有鲜明地方特色的民居。③协调好“新旧交替”，使新村的建设空间布局、建筑风格设计符合乡村建设的整体规划，从根本上治理“空心村”现象。④严格规定建筑高度和占地面积，防止乡村居民随意拆建房屋，影响乡村整体视觉景观。⑤合理模仿城镇居民小区建设模式，规划布局生活服务设施，并注重提高建筑质量。总之实现乡村居民点空间形态的良性发展。

（4）科学规划乡村生态环境建设。乡村生态环境建设应主要协调好三个方面的规划（张博野和曾菊新，2008）。首先，乡村自身必须做好整体的规划，以实现生态效率的最大化。其次，做好城乡环境一体化规划。在新农村建设中，必须改变城乡不平等的待遇，按照生态系统的规律，合理进行城乡布局与规划，从而实现城乡之间生态互补和协调发展。再次，做好区域环境一体化规划。农村生态环境保护应在区域环境一体化规划的框架下进行。针对乡村人居环境生态环境现状，主要从以下方面建设乡村生态环境：一是改善乡村环境卫生状况，包括乡镇企业的废水、废气、废渣污染，乡村居民的生活垃圾、废水，农业生产的农药污染，以及不合理的农业方式带来的环境负面效益等。二是在环境整治的同时，认真实施绿化、美化村容村貌工程，有计划地对村庄的公共区域进行绿化美化，营造整洁有序的农村环境，如发展乡村旅游对有价值的古村落、古名居和山水风光进行保护，整治和科学合理开发利用，充分利用自然生态基础建设生态村庄或者铺设以绿化为主题的休闲空间，供乡村居民散步、休闲交往。三是在乡村地区推广清洁能源，改变传统的生产和生活方式，积极发展生态产业。四是提高乡村居民的生态观，这主要是通过政府的宣传教育，政府要多主持这方面的实践活动（如讲座、文艺汇演、实践体验等）提高乡村居民的觉悟，当然加大学校的教育力度不失为一个好方法。最后，完善环保法、乡规民约，切实落实乡村环境的法治管理方略，以法治景，提高乡村居民自我管理、自我教育能力，群众自发建立环保专业队伍，提高乡村环境管理和治理水平。

11.4　基于人居环境优化的村镇空间管治

11.4.1　乡村人居环境质量的评价模型

所谓评价是根据确定的目的来测定对象系统的属性，并将这种属性变为客观定量的计算值或主观效用的过程。评价是选优和决策的基础。所谓模型，就是对客观事物的一种简要描述、模仿和抽象。常用的模型很多，这里所说的评价模型是指标化的数学模型。常用的数学方法有定性指标量化法，包括德尔斐法、头脑风暴法、模糊数学法、灰色法、层次分析法；综合评价的方法，即聚类分析法、因子分析法、相关分析法、主成分分析法等（吴志强和蔚芳，2004）。

人居环境评价通过问卷调查、相关指标体系的建立来实施，不但能使人居环境评价工作从理论向实践转化，而且有利于横向或者纵向研究人居环境，并找出不足，取长补短，进而寻求发展的方向。人居环境评价指标体系是描述和评价人居环境优劣的可量度参数的集合，是对人居环境质量的一种刻画、描述和度量，是一种“尺度”和“标准”（邓茂林，2008）。乡村人居环境是乡镇、村庄及维护居民活动所需物质和非物质的有机结合体（李王鸣等，2000），乡村人居环境评价研究对整个乡村的人居环境的建设和可持续发展非常重要，是我国社会主义新农村建设的重要内容。基于乡村人居环境的复杂地域特征，结合乡村人居环境系统的特点以及指标选择的主观性与复杂性，可主要通过乡村人居建设水平评价和乡村居民满意度评价来衡量乡村人居环境质量。根据乡村人居环境的特点，遵循以下原则构建评价指标体系：①科学性原则。指标体系建立在科学基础之上，指标概念必须明确，并且要求有明确的科学内涵，能够度量和反映乡村人居环境结构和功能、本质和水平。②全面性原则。乡村人居环境是一个广而复杂的复合系统，指标的选取应该具有综合性，既能反映局部与全局的关系，又能反映现在与未来的关系。③动态性原则。指标应采取静态与动态相结合，不但能反映乡村人居环境某一时点上的水平，还能反映乡村人居环境发展演变趋势。④重点性原则。乡村人居环境和发展类型具有多样性，衡量乡村人居环境指标数量多而广，因此，选取有代表性的主要指标，使指标体系简洁而完备（李健娜，2006）。

根据上述指标体系构建的原则，借鉴已有研究基础，从目标层、准则层和对象层三个层次构建乡村人居环境质量评价指标体系（表 11.2）。常用评价方法包括德尔斐法和层次分析法等。

表 11.2 乡村人居环境质量评价指标体系（李健娜，2006）

目标层	准则层	对象层
乡村	资源环境发展	水资源质量、生活污水处理率、固体废物处理率、自然历史景观
人居	乡村社会发展	卫生医疗机构数量、学校数量、商业网点数量、乡村邻里关系
环境	基础设施发展	文化娱乐设施、道路设施、自来水普及率、宽带普及率、电话普及率
质量	居住生活发展	人均居住面积、住房配套设施、住房质量、居住环境状况
评价	乡村经济发展	乡村人均 GDP、乡村就业结构、乡村产业结构

11.4.2 乡村人居环境建设的路径分析

1. 依托城乡一体化发展，促进乡村人居环境建设

美国著名学者约翰 • 弗里德曼曾经提出，在具有广大农村的发展中国家，其城市化道路的重要方式之一就是建立“农村都市”(agripolitan)，形成强有力的农村中心（崔曙平，2005）。这与我国近年来提出的“重点镇、中心村”构建思路不谋而合。这样，既可避免农村人口大量涌入城市带来的各种弊病，又能使农村就近接受城市辐射，农民就近享受城市文明，农业及早推行“工厂化”生产和经营。事实上，这也是城乡一体化的建设过程。城乡一体化可以理解为一个逐步缩小城乡差别，市区和郊区、城市和农村达到协同发展的过程，其实质就是城乡协同作用日益加强的空间经济过程（曾菊新，1996e）。现阶段我国乡村人居环境表现出来的脏乱差，不仅仅是乡村自身发展落后的问题，也是城乡发展差距在生存环境和生活质量上的集中体现。长期以来，我国重城轻乡，城有乡无的偏爱发展模式，“促进”了城乡二元结构的形成。伴随着我国农村经济体制和农业经营机制的改革，大多数乡村集体经济、乡村社会化服务名存实亡，取而代之的是城乡差距的加剧。建设乡村人居环境必须建立起城乡协调发展，城市支持乡村的制度。首先，关注城-镇-乡体系互动关系，运用整体设计原则，明确城乡分工，加强城乡之间的交流。乡村要依托城市的发展，振兴乡镇企业；结合本土特色产品，培养龙头企业；以乡村资源为契机，以城市为市场，尝试乡村旅游业和服务业的发展。其次，要正确处理城市与乡村的关系，合理有效地对“城中村”、“城郊村”、“空心村”进行管治。再次，工业反哺农业，以城促乡，以农业产业化促进农业增产、农民增收、农村稳定，城市加大对乡村的资金补给，建设和优化乡村的基础设施，畅通城乡信息、资源、人才等交流。城乡水平接近了，城乡会相互依存，相得益彰，最后将形成自然-空间-人类系统有机统一，城乡一体化的格局（赵之枫，2001）。

2. 建设生态型乡村，改善乡村人居环境

首先，乡村人居环境的改善最终要建立在乡村经济发展基础上，改善生态农业是改善乡村人居环境的首要对策。生态农业就是在一定区域内，在遵循自然生态规律和社会经济规律的基础上，以生态学理论和系统工程理论为指导来因地制宜地规划、组织农业

生产，将粮食生产与多种经济作物生产相结合，种植业、林业、牧业和渔业相结合，协调生产发展、环境保护和资源利用之间的关系，达到既满足当代人对农产品需求，而又不损害后代人满足需求能力的可持续发展农业（张博野和曾菊新，2008）。在乡村建设过程中，发展生态农业就是把现代科学技术和传统农业精华相结合，逐步改变传统农业过分依赖化肥、农药的生产方式，引进先进的农业科技技术以及专业人士，大力推广和创新现代农业新技术方法。具体包括实施生物工程、推广秸秆气化、固化成型、发电养畜等技术。积极发展节地、节水、节肥、节药的节约型和环保型农业，提高农业的效率与质量。

其次，乡村人居环境建设最终的目的是改善乡村居民的生活条件，住房的改善是其重要内容。发展以家庭为单元的生态入居模式、促进土地的集约利用，是农村生态型住宅建设的基点。要以农村庭院设计和建设为突破口，普及节能型、环保型建筑和适度增加多层建筑，提高庭院光热利用效率；推广简单实用、清洁卫生的供热、给排水方式，建设无害化生态卫生厕所；设计多功能型庭院种植、养殖模式，并实现系统内循环，发展集约型循环经济，建设生态和经济双赢的现代化农村生态人居模式（车振宇，2007a）。当然，建设生态人居模式，还需结合乡村整体规划，加大对乡村地区环境的整治。

再次，生态村的建设要注意保育自然景观。维系乡村山水文脉体系、保持自然生态景观格局是乡村人居生态安全的重要保障。乡村为了发展，往往易走入城市发展以“牺牲环境为代价”的老路。在基本农田保护的基础上，科学规划自然景观保育措施，适度开发景观资源，融合人居需求，营建亲近自然、回归自然的合理模式，带动乡村生态旅游产业发展（车振宇，2007b）。

最后，构建能源循环型乡村社会发展模式。乡村要健康持续发展，必须是农业、工业、自然资源等形成良好的循环发展模式。加快对乡村生产和生活废物质的处理利用，普及高效、低污染、节能的能源，建立以能源循环利用为基础的循环型乡村社会发展模式。

3. 实施可持续发展理论，优化乡村人居环境建设

首先，乡村环境的可持续发展包括以下几点：①要从根本上解决乡镇企业的污染问题：合理、科学规划乡镇企业的集聚规模和厂址选定，对诸如乡村小化肥厂、小造纸厂、小水泥厂等污染较严重的乡镇企业，应设址在远离居民生活区的下风向，并对其生产用地、用水、绿化等作出严格规定；调整产业和产品结构，推广清洁、无污染生产，加速企业技术进步，提高企业效益，优化人居环境。②在农业生产方面大力发展生态农业和环保产业，合理组织农业生产，使生态系统和经济系统形成良性循环，以实现农业的高产、优质、高效与可持续发展的目标。③在人居环境方面，就要加大村庄整治力度，彻底改善乡村“人畜混居”，“晴天一身灰，雨天一身泥”，“只见新房、不见新村”的现象，并结合当地的文化背景，建设宜居环境。

其次，乡村人口的可持续发展。人居环境的主体是人。严格控制人口，提高农民素质关系到农村经济的振兴，也关系到乡村人居环境的可持续发展。然而在我国，尤其是乡村地区，长期受“重男轻女”思想的影响，已导致乡村地区男女比例严重失调，甚至还诞生了“光棍村”，所以乡村地区要加强“少生，优生”，“生男生女，一样重要”等

计划生育方面的宣传力度。乡村地区无论是经济还是文化方面的发展都很落后，所以要加大普及乡村地区的义务教育，提高乡村居民的文化素质，有条件的地方可以开展成人继续教育、社区教育和技术培训等。由于长期受小农意识的影响，乡村居民的可持续发展思想很欠缺，所以还应加大诸如环保方面知识的普及，培养新世纪新型乡村居民。

最后，乡村资源的可持续利用。主要从土地和能源利用两方面来阐述。能源的可持续利用就是指水资源、矿产资源等的可持续利用。在乡村地区有效利用土壤和植被；发展高效系统；使用对环境无害的材料；积极开发利用可再生资源；促进废物再生利用；使用可循环利用的材料；使用地方材料等。例如，太阳能火炕、锅灶等。在前面以能源为基础的循环型乡村模式也已经述及。

土地的可持续发展。解决好乡村土地问题是改善乡村人居环境问题的当务之急，对有效提供可利用土地资源，改善生态环境，促进资源可持续利用，实现乡村环境保护有着积极的现实意义。第一，解决乡村土地环境问题首先要进行合理的土地总体规划开发整理：通过归并零散地块、平整土地，增加有效耕地的面积；建立田、水、路、林、村综合治理体系，完善道路、机井、沟渠、护坡、防护林等农田和农业配套工程，调整土地利用布局，提高土地利用率；对工矿生产建设形成的废弃土地进行复垦整治，增加农用地，改善生态环境以及灾后土地整理；界定土地权属、地类、面积，进行土地变更调查和登记等。经过综合治理后的土地，改善了农业生产条件，有利于农业适度规模经营和农村现代化建设，降低农业生产成本，提高经济效益（国土资源部，2005）。第二，合理规划乡村居民点的建设，盘活村里土地存量使用。由于乡村居民长期受祖宗根基不能动或者“叶落归根”思想的影响，建立新的住宅，并保留老房子，缔造了“空心村”，严重浪费了土地。第三，在农业生产生活中大力推广高效、无毒或低毒的农药，减少对土壤的污染；保护草地植被，合理使用草地、防止因过量放牧造成的植被破坏、水土流失；保护和发展林业资源，严禁乱砍滥伐和涵养水源等都是针对农村土地环境保护工作的积极措施。

11.4.3 乡村人居环境优化的管治方略

1. 乡村人居环境的管治沿革

我国乡村人居环境的落后是多种因素长期积累的结果。为了改善乡村人居环境，国家管治政策也在适时调整。作为农业人口大国，早在 20 世纪 50 年代就曾提出建设社会主义新农村，由于农村社会生产力低，广大农民的温饱还难以保障，发展农业生产主要是解决农民的穿衣吃饭和粮食需求问题，建设新农村就是要维持农村和全社会的安定。十年“文化大革命”严重干扰了我国社会主义新农村建设的进程。改革开放后，农村生产力获得了空前解放，农村各项事业都获得了飞速进步，农民一直盼望的“楼上楼下，电灯电话”都成了现实。20 世纪 80 年代初，我国又提出“小康社会”的概念，并将建设社会主义新农村纳入小康社会的重要内容之一。2005 年 10 月，党的十六届五中全会通过了《中共中央关于制定国民经济和社会发展第十一个五年规划的建议》，其中明确提出了我国建设社会主义新农村的目标和要求，即“生产发展、生活宽裕、乡风文明、村容整洁、管理民主。”这既是中央对新农村建设的要求，也是其总体目标。

20 世纪 80 年代以来，我国的各地政府都致力于推动城市化发展，农村城镇化备受重视，过去一度停滞的小城镇建设日益活跃，乡村地区的经济得以复苏。随着乡村地区工业化和城镇化的不断发展，一系列的问题也随之而来，如大气污染和水污染严重，生态环境恶化趋势日益加重。纵观我国的乡村人居环境建设，既有乡村居民生活水平提高和农村经济快速发展的可喜成绩，但也收获环境污染等意外“赠品”。当代乡村人居环境的优化已经迫在眉睫。

2. 乡村人居环境优化的内容

理论研究和实践经验表明，优化乡村人居环境首先要牢牢把握以下六点“关键”：①将乡村居民的生命财产安全始终放在第一位；②优先解决乡村居民的民生问题，把乡村居民最急需、最直接、最关心的事情放在突出的位置，集中力量解决好；③一定要建立政府帮扶、乡村居民参与、社会支持的机制；④一定要从本地的实际出发，不刮风、不搞“一刀切”、不侵犯乡村居民利益，不搞大轰大嗡、大包大揽、大拆大建；⑤切实保护乡村特色、地方特色和民族特色；⑥十分重视制度建设和机制创新，建立乡村人居环境改善的长效机制（李兵弟，2006）。

其次，从微观动力角度，优化乡村人居环境需从地理政策体系入手。地理政策体系主要包括空间政治政策、空间经济政策和空间行为政策等。空间政治政策在于调整国家空间政策重心并把握其价值取向，以保障乡村住区的空间供给；空间经济政策欲通过提高乡村居民的收入水平、推动乡村住区的产业发展，以激励乡村住区的空间需求；空间行为政策则试图通过对乡村人居行为的空间引导和空间规范，使其符合空间公共福利最大化的目标要求。三者的结合形成住区空间结构的均衡和人居环境的优化，并获得乡村人居行为的微观动力基础[①]。

3. 乡村人居环境优化的治理途径

（1）制定目标、健全规划体系。我国农村广布，各个地区资源环境条件差异大，发展水平也不同，加上区位因素、村庄规模、村庄治理和城乡联系等差异，要求进行乡村人居环境的优化时不可能所有乡村地区一起同时推进，也不可能将以前的改造全部推翻重来。因此，首先要因地制宜，制定合理的优化目标。因地制宜、立足当地村镇建设实际，科学制定规划，并分批次有序地改建、新建或整治乡村公共基础设施，尽可能地以低成本、低资源消耗、少增加甚至不增加农民负担的方式，以优先解决农民最需要最迫切的问题的原则逐步改善乡村人居环境。

增强村镇规划的系统性。以往的规划受行政区划的制约和市场经济的冲击，仅仅对一个县城、一个村庄，甚至一个集镇进行规划。这种规划忽略了乡村人居环境系统和城市人居环境系统以及区域生态系统之间的联系，严重影响了区域甚至全国范围内的生产力布局或产业分工，阻碍了村镇地区的健康持续发展，也阻隔了城乡间的交互运动。因此，村镇规划必须有改革和创新。

① 余斌. 2007. 城市化进程中的乡村住区系统演变与人居环境优化研究. 武汉：华中师范大学博士学位论文.

增强村镇规划的整体性。乡村自身必须做好整体的规划，以实现生态效率的最大化，走集约化的道路。乡村土地整理就是其中的主要手段，它不仅能够带来经济效益，同时可以使生态布局合理化，从而提高生态承载能力（张博野和曾菊新，2008）。在土地整理时，以“统一规划、统一政策、统一拆迁、统一建设”为手段，通过行政、法律、经济途径管理乡村建房，开展宅地整理，向旧村要地，遏制村庄继续向外无序扩张的不良趋势。要有所侧重地发展、择优培育重点中心镇，大力优化村镇的空间布局，促使生产要素向重点中心镇聚集，走资源环境集约化道路。要引导重点中心镇从当地实际出发，扬长避短，形成当地特色，带动周边欠发达地区发展。整体规划要有一定的前瞻性和战略眼光，坚持高起点、高标准、高水平，“一次设计，分步实施”，合理布局，维护规划的权威性。

（2）完善规划、加强指标控制。在对规划方案进行完善时，应坚持“自上而下”与“自下而上”相结合的规划理念，特别是，重视乡村居民在规划中的参与性以及他们的需要和要求。改革开放30年间，我国有部分乡村地区积累了相当的财富，乡村居民改善人居环境的愿望日益强烈，并自组织的开始对周围环境进行改造。这种“自下而上”的规划是乡村居民主观能动性的表现并充满活力，但是由于没有整体调控，往往到了规划后期其弊端会日益显现。在经济欠发达的乡村地区，多是政府的“自上而下”的整体规划为主，这种整体规划很容易被认为是牺牲局部利益来换取整体利益，并可能引发乡村居民的抵触。在规划过程中应先采取“由上而下”方式，初步提出总体规划方案，并广泛听取各乡各镇各级部门的意见，并多次交流得出合理的规划方案。这种兼顾“上下”的规划方式，不仅提高了乡村居民的积极性，也较大地提高了规划的科学性和合理性，最大限度地协调好了各方的利益。除了对内兼顾“上下”外，村镇规划还要打破传统的以行政区划为界的范围。加大和周边地区的联系，如构建城乡联盟体等。

村镇总体规划在科学发展观的指导下，要尽可能重视村镇体系、产业布局、功能分区，并注重与村镇土地利用规划等相关详细规划的衔接工作。并按照不同村镇的空间特点资源禀赋、规模等实际情况，适当地增减控制和评价指标。在实际的控制性工作中一定要做到因地制宜、适当的调整指标体系。

构建保障规划实施的长效机制。村镇规划的编制固然重要，但是通常情况下规划从编制到具体实施之间确实存在差距。应切实保障规划实施。首先，要确保规划本身的科学性，这和参与规划编制的工作人员的专业水平、工作态度等有关，且一定要理论和实际情况相结合，就不同村镇的具体情况进行因地制宜的规划编制。其次，对于规划实施的监管，不应该只是委托规划部门的责任，应建立区域内的协调机制，特别是规划涉及的部门，如环保、基础设施建设、旅游、给排水等。各个部门长期协同监管才能从根本上保证规划方案有质量地实施。最后，需在规划实施过程中总结出原规划编制的不足，并适时根据实际情况作出调整以适应乡村人居环境建设的需要。

（3）立足区域、完善管治网络。如前所述，村镇空间具有超越自身的服务功能。例如，农村地区的生态功能不仅为其自身服务，而且在相当程度上满足了城市的生态需求，为城市提供所需资源，同时作为城市的自然缓冲区，缓解了城市的环境压力。城市的经济发展，特别是工业的发展，已对村镇的环境造成了一定的污染。乡村人居环境的优化必须改变城乡不平等的待遇，从区域整体发展、城乡协调发展、生态共存共保的角度出发，突出强调不同行政区划之间的产业结构分工、生态环境保护、城乡空间延续等方面的衔接、互补和协调，在乡村内部健全乡村人居环境优化管治网络，在城乡之间架构城乡联盟体。

健全区域管治网络要特别重视乡村人居环境的地域层次性。不同地域层次的人居环境其组成要素也不尽相同，要分别从宏观和微观上对其进行把握。在宏观层次上，以着眼全局建设，将相关和要素部门纳入网络体系结构中来，如规划、环保、绿化等部门，这也体现了人居环境系统的整体性特征。在微观层次上，重视和乡村居民生产生活的密切联系。由于所处的层次最低，其管理的内容也比较具体和细化。除了注意各个村庄的内部环境的相对一致性以外，还要注意不同村庄间的差异性，这一层次的工作很大程度上是乡村居民自治组织完成管治工作，如村委会。这种居民自治有助于调动乡村居民参与的积极性，让其更多的乡村居民以主人翁的身份投入到对人居环境优化改善中来。

（4）发展经济、打造生态乡村。“生产发展、生活宽裕、乡风文明、村容整洁、管理民主”是国家对新农村建设的总体要求和发展目标。“生产发展”是新农村的物质基础，乡村人居环境的改善必须立足经济发展的基础之上。发展生态农业是当前农村经济发展的首要选择。生态农业就是在一定区域内，在遵循自然生态规律和社会经济规律的基础上，以生态学理论和系统工程理论为指导来因地制宜地规划、组织农业生产，将粮食生产与多种经济作物生产相结合，种植业、林业、牧业和渔业相结合，协调生产发展、环境保护和资源利用之间的关系，达到既满足当代人对农产品的需求，而又不损害后代人满足需求能力的可持续发展农业。在新农村建设过程中，要逐步改变传统农业中过分依赖化肥、农药的生产方式，加大对农村环境保护相关科研的支持力度，大力推广和创新现代农业新技术新方法。具体而言，要重点开发节约资源和保护环境的农业技术，推广废弃物综合利用技术、相关产业链接技术和可再生能源开发利用技术。实施生物工程，推广秸秆气化、固化成型、发电养畜等技术，积极发展节地、节水、节肥、节药的节约型和环保型农业（张博野和曾菊新，2008）。

（5）更新观念，改良软环境。乡村居民是乡村生产生活的主体，是优化乡村人居环境的直接“实施者”和“受益者”。因此，要优化乡村人居环境，就必须“以人为本”。乡村人居环境优化应进一步提高乡村居民在村庄整治中的地位，让他们有主人翁的责任感，政府在组织村民进行改造建设时，需进一步确立村民在村庄整治中的主体地位，尊重村民意愿和对项目的选择。应加强宣传教育，提高乡村居民的节能环保意识。大力开展环境宣传教育，通过各种途径与乡村居民进行有效沟通，倡导健康、文明、卫生、节能、环保的生活和生产方式，帮助乡村居民树立节约集约利用土地、保护耕地、爱护环境、实现可持续发展的观念，让乡村居民明白环境保护是攸关脱贫致富和造福子孙的大事，只有从自己做起，从家庭做起，农村人居环境才能得到真正的和彻底的改善，走循序渐进，与自然、环境和谐发展，节能减耗增效的生产之路。因此，提高乡村居民的环保意识，是改善乡村人居环境的前提（张博野和曾菊新，2008）。

要建立健全一系列的培养人才、引入人才的政策，并确保其贯彻落实。优化农村人才开发社会环境、优化农村人才教育培训环境、优化农村人才选拔使用环境、优化农村人才激励环境、优化具体的农村人才开发平台（马平轩，2007）。乡村只有有了自己的"第一生产力"，才能因势利导，努力建立富有特色、充满活力的社会主义新农村。

11.5　小　　结

乡村人居环境是乡村居民的日常生活环境，是自然生态要素、物质设施要素和社会经济要素等所有外部条件的有机结合，其实质是乡村人地关系的显性表现形式。乡村人居环境具有空间属性，一定乡村地域自然生态要素、物质设施要素和社会经济要素的有机结合构成乡村人居环境系统，根据当代乡村人地关系的特征，村镇地域系统可视为一定乡村地域的人居环境系统，自然环境、空间环境和社会环境构成乡村人居环境的三个子系统。据此，村镇地域系统的空间结构与乡村人居环境之空间环境存在着基本的对应关系：村镇空间结构构筑乡村空间环境的基本骨架，并为乡村居民的日常生活提供空间场所。村镇空间结构与乡村人居环境之间存在着正反馈的相互作用：村镇空间结构的优化意味着乡村人居环境的质量改善，村镇空间结构的退化意味着乡村人居环境的质量下降。

当代乡村空间正在走向生产-生活-生态兼容的多功能性空间。这意味着村镇空间结构对乡村人居环境的正反馈作用存在着三种基本路径，即村镇空间结构的变化能够分别作用于乡村生产环境、生活环境和生态环境的变化。村镇空间结构变化具有两种基本形态，即村镇地域系统的空间要素变化和空间联系变化，两者的变化均能够对乡村人居环境的不同方面产生不同程度的影响。据此可构建村镇空间结构的人居环境效应关系矩阵。现以乡村中心的变化为例说明之。乡村中心规模的适度扩张是村镇空间结构变化的主要表现形式，这种变化不仅意味着村镇企业和人口的空间集中，还可能伴随着学校、医院等公共服务设施的空间集中和层次提升。从乡村中心变化的直接效应看，这种变化能够为乡村非农产业的发展开拓市场，能够为乡村居民的全面发展提供保障，能够减缓周边乡村地域的生态环境压力。村镇空间结构变化还具有多回路的、间接的人居环境效应。

在当代背景下，乡村人居环境的内涵已由生存型向发展型拓展，快速城市化进程中的乡村空间剧烈变动，乡村生活面临着生存和发展的双重困扰，前者主要源于自然生态环境的恶化趋势，后者则主要源于社会经济环境的改善乏力，村镇空间结构的离散化进一步加剧了乡村空间的边缘化。建设"生产发展、生活舒适、生态文明"的新乡村空间是中国城市化和国民经济持续健康发展的内在要求，以规划统领乡村人居环境发展是建设和谐、宜居的新乡村空间的科学路径。基于空间环境在乡村人居环境中的纽带功能和村镇空间结构的人居环境效应，乡村中心的成长性培育及其功能提升、公共服务设施的配套和完善、交通道路和通信线路等基础设施的升级和通畅以及围绕"村庄整治"而展开的生态-生活环境治理等理当成为乡村人居环境建设规划的核心内容。

乡村人地关系的空间分异决定了乡村人居环境的地域差异性，不同乡村地域可能存在着不同的人居环境矛盾。乡村人居环境系统、客观地揭示了乡村人居环境的地域差异性，并能够凸显地域人居环境矛盾，因而构成乡村人居环境规划和建设的理想操作单元。现状评价是乡村人居环境规划和建设的基础，模型构建是实施乡村人居环境评价的关键环节，通过适宜模型、进行科学评价能够准确揭示特定乡村地域的人居环境矛盾，从而明晰人居环境建设路径。中国地域辽阔、区域发展和人居事业差异巨大，总体上，东部地区的空间环境、中部地区的社会环境和西部地区的自然环境可能构成区域层面乡村人居环境建设的主要矛盾，因而也是乡村人居环境建设和管治的主要方向和操作重点。

第 12 章　公共服务保障规划与管治

12.1　村镇空间结构与公共服务体系建设

12.1.1　村镇空间结构的整合机制：公共服务体系

村镇是我国农村居民的生产、生活空间与生态空间的载体或集合。村镇生产、生活与生态空间的分布，形成一定的空间结构，即支撑或影响村镇经济社会发展的各种要素的空间组合，主要包括村镇公共设施、村镇居民点、村镇企业、村镇环境资源的空间配置状态。

一定意义上，当前被广泛关注的“三农”问题（农业、农村与农民问题）可看做是生产、生活与生态空间问题的复合。也就是说，从村镇空间结构配置的角度来考察，一个趋于改善的乡村生产、生活与生态空间标志着“三农”问题的改善，一个趋于恶化的乡村生产、生活与生态空间往往显示“三农”问题的恶化。

毫无疑问，村镇空间结构优化配置问题与我国特殊的社会经济发展背景紧密相关。作为典型的二元经济社会，我国以社会化大生产为主要特点的城市经济和以小生产为主要特点的农村经济并存，城市经济以现代化的工业生产为主，农村经济以小农经济为主。相比农村，城市的道路、通信、卫生和教育等基础设施发达；相对于城市，农村人均消费水平远远低于城市。改革开放以来，伴随着社会经济的巨大发展，我国城乡二元结构转换速度加快，城乡一体化进程明显提速。但是，由于地区经济发展的不平衡性制约了各地城乡一体化进程的均衡性，村镇空间结构的优化配置问题逐渐凸显出来。

显然，在城乡一体化进程存在巨大差异的背景下，我国不同类型地区的村镇空间结构既出现了一些积极的变化，也出现了一些消极的变化，而判断这些“变化”关键的标准在于公共服务体系的统筹与完善。在一些快速城市化地区，城乡公共服务体系不断融合，城乡基础设施和公共服务体系的一体化程度不断提高，城乡生产、生活与生态空间配置与水平差距趋于缩小，城乡关系趋于融合，在这些地区，“三农”问题解决得相对较好。而在一些地区，城乡公共服务水平差距没有得到有效控制，城乡基础设施建设和公共服务体系仍呈块状差异，城乡生产、生活与生态空间配置及水平差距仍在扩大，导致乡村整体生活质量与水平相对下降，在这些地区，“三农”问题越趋复杂，变得更加难以解决。

类似上述的“发展失衡”是当前中国经济社会运行中的突出问题，研究认为其直接原因是公共服务的提供不足（吕炜和王伟同，2008）。而城乡发展失衡或城乡差距扩大的主要原因也在于公共服务提供的城乡非均等性，乡村公共服务的提供、公共服务体系的建立没有城市那样明确的目标，或者说，乡村在公共服务体系建设方面被忽视。在快速的城市化进程中，城乡差距的扩大不仅体现在农业产业的弱质性更弱、农民收入相对城市居民的低增长比率，也体现在村镇空间——乡村生产、生活与生态的空间品质相对城市的全方位下降。为抑制城乡差距的急剧扩大，以城乡“公共服务均等化”推进城乡一体化成为应有之义，即通过改进村镇公共服务体系建设来拓展农业产业的发展空间，改善农村公共品提供不足及农村生态环境不断恶化的状况，优化农村的生产、生活与生态空间品质。公共服务体系成为整合村镇空间结构（生产、生活与生态空间）的纽带（图 12.1）。

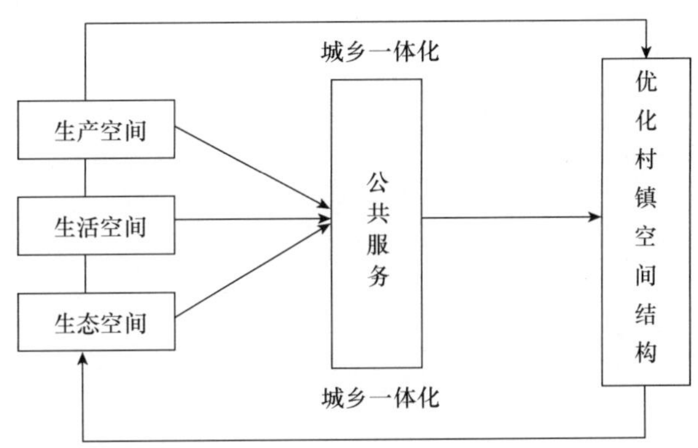

图 12.1　村镇空间结构的整合机制：公共服务体系

12.1.2　当代乡村的公共服务体系：系统与结构

当代乡村公共服务体系，是集义务教育、公共卫生、社会保障、公共文化设施、公共安全、基础设施等公共服务提供、经营、管理与服务等组织系统与结构形式的总和，是乡村为满足农业、农村发展和农民生产、生活共同所需而提供的具有一定的非排他性和非竞争性社会服务或公共产品，它是沟通城乡关系，促进城乡居民大体享受同等待遇，保证社会公平与正义，构建和谐社会的主要形式。加强乡村公共服务体系建设，对改善农业增长方式，促进农民增收，推进农村社会经济结构的战略性调整，确保农业与农村的稳定与繁荣增长，加快城乡一体化进程，具有重要意义。

1. 乡村公共服务体系：概念内涵

乡村公共服务，实际上是相对于乡村私人服务而存在的。按照公共产品理论，具有竞争性和排他性的产品（或服务）为私人产品（或服务），其生产与供给按照市场加以组织可以高效率地向社会提供。相对于私人产品（或服务），不论是纯公共产品（或服务），还是准公共产品（或服务），由于规模效应、外部性等原因的存在，其生产与提供如果由市场加以组织，或者导致产品提供过多，或者导致产品提供过少，不能达到社会最优水平。

在乡村公共服务体系中，义务教育、基本医疗、公共卫生、就业服务、社会保障、科技服务和公共设施等构成乡村公共服务的基本内容。可以看到，乡村公共服务涉及农村生产生活的方方面面，影响极广，而乡村公共服务的提供最终由两个系统——生产系统和供给系统予以完成，这两个系统，可以是统一的（供给主体与生产主体合一），也可以是分开的（供给主体与生产主体分离）。

2. 乡村公共服务体系：系统属性

乡村公共服务的系统属性，主要从其生产系统与供给系统两方面加以阐述。传统财政学一般将公共产品（或服务）的生产与供给视为一个整体，并不加以区分。然而，公共服务的供给与生产各自有着明确的重点，对两者加以区分有着十分重要的作用。我们认为，农村公共服务的供给是一系列集体选择行为的总称，它就需要提供什么样的产品和服务、产品和服务的数量及质量标准、需要筹措的收入数和如何筹措等作出决定；而农村公共服务的生产则是如何将一系列的输入资源转化为产品和服务的技术过程。

详细而言，农村公共服务的供给系统，主要是建立起一个集体选择机制，根据公共服务品的性质，克服其提供过程的“搭便车”倾向，确立服务供给主体；将分散的小农户以一定形式组织起来，让农户表达对公共服务的真实偏好；在产品或服务提供数量与标准确定的条件下，通过一定方式，确定税（或费）的大小，使公共服务提供实现财政平衡与持续供给。因此，农村公共服务的供给系统，是主要由农户、农户组织、地方政府、企业、中央政府等经济主体按照某种集体选择机制就某种公共服务的供给所做的一系列集体选择与博弈行为。

农村公共服务的生产系统与供给系统不同，其生产是一个典型的生产函数，即资源投入转化为产出的技术过程。供给方的任务之一是和生产者建立起相应的联系，但自身未必一定去组织生产，即它既可以是生产者，同样也可以是一个购买者。生产系统的主要任务是将农村公共服务的生产与千差万别的地方实际结合起来，满足地方公共服务需求；尽力实现公共服务生产的规模化，获得规模效益；尽可能将农户纳入到生产系统中来，恰当激励农户，实现公共服务的“合作生产”，满足乡村对公共服务数量与质量方面的需求，进而选择公共服务的生产方式——政府生产、政府委托私人生产、政府补贴私人生产、农村社区生产、市场生产等。

3. 乡村公共服务体系：结构角度

如图 12.2 所示，乡村公共服务体系的生产与供给系统是十分复杂的。对于基础教育、基本医疗、公共卫生、社会保障、就业服务、公共设施等众多服务（或产品），服务（或产品）性质具有相当的差异。例如，教育是具有竞争性的，也可以通过收费来实现排他，但是基础教育对整个国民素质的提高具有重要意义，因而在世界各国都将其纳入基本公共服务；医疗卫生服务也具有私人产品的性质，但考虑到国民健康的基本需要，特别是

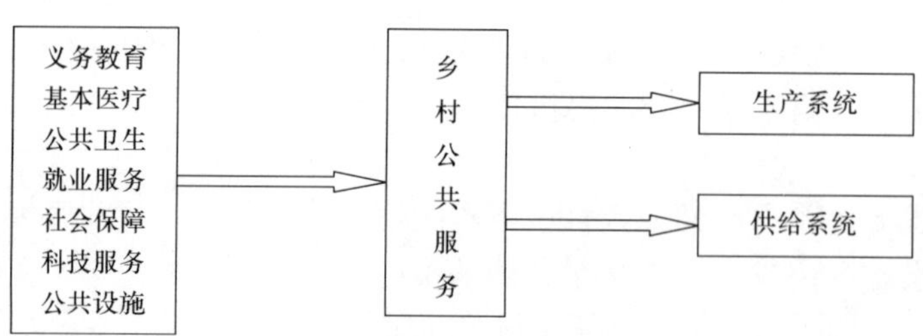

图 12.2　乡村公共服务体系的概念框架

计划生育、疫病防治对整个地区（或国家）的意义，使得农村基本医疗与卫生同样具有公共服务的属性。诸如生产性的公共服务设施，更是如此。

系统的结构体现在系统本身是由各要素组成的，这些要素之间的相互联系与制约关系构成某种结构。简言之，系统由要素组成，但要素的简单堆积并不一定是系统。如上所述，由于乡村各类公共服务属性的差异性，使各类公共服务的生产与供给系统按照其自身的某种方式运行，组成一个复杂的运行机制与网络。例如，农村基础教育及其服务网络与农村基本医疗服务网络都有其自身运行方式，分别具有自身的组织体系。它们具体由承担各种服务职能的组织及组织之间的分工和配合加以运转，这其中最重要的组织体系包括各级政府组织、村民自治组织、行业协会、其他公益性或经营性组织。现阶段，向我国农村农民提供公共服务的生产与供给系统具有某种结构上的不稳定性，这主要缘于向农村农民提供公共服务的各类组织及其构成仍是一个不稳定或不成熟的体系，主要表现在各类组织对于自身在农村公共服务体系中应承担的专门职能缺乏明确的认识；各类组织在农村公共服务体系中还不具备必需的能力，亦未形成科学合理的功能结构。受结构不稳定性的影响，当前各类组织缺乏提供乡村公共服务的自觉性，而且提供乡村公共服务（或产品）的能力也普遍不足。

12.1.3　村镇空间结构与公共服务配置：互动与协调

村镇空间结构是乡村生产、生活与生态空间配置的集合，其配置与变化深受人类生产方式的影响，而人类生产方式总依赖于相应的公共服务，因而村镇空间结构配置与乡村公共服务配置之间不断地进行着互动与协调，以尽可能地支撑在当时社会经济条件下占主导地位的乡村生产方式。

1. 低水平均衡

在传统农业生产方式下，长期以来，在巨大的人口压力下，村镇空间结构配置是以“生产空间”配置为中心的，相应公共服务大体也服务于这种“中心”导向，用以促进农业生产，满足不断增加的人口的食物需求。这种“生产”导向反映在村镇的空间布局上，主要以优化“生产空间”为中心，“生活空间”与“生态空间”的提升被忽视。当然，在一定时期内，在城市化水平与农业生产水平相对较低的情况下，这种指引与导向具有相当的合理性：①历史上，农业与环境具有长期的积极联系。特别是我国的农业传统注重“用地养地”相结合保存土壤肥力，人畜及农业生产的废弃物资源化率较高，广大农村造就了一种较优质的非常有价值的农业生态景观，乡村生态空间与农业生产空间具有相当的同质性；②在农民与外界联系较少的情况下，农民的生活空间紧密依赖较小范围内产品与服务提供。并且，相当部分产品，如“饮用水”，农民可直接从居住地附近的河流湖泊中获取。

在上述情形下，以农业生产及其产量最大化为目标的空间指引导向较好地解决了乡村生产生活中的主要矛盾，以生产空间为导向的村镇布局也比较好地顺应了这一态势。在这种生产方式下，乡村公共服务的需求相对较小，需求面也主要偏重于生产性公共服务方面，而传统农村社区提供的相应服务供给成为主要的服务供给与生产方式。在乡村，生产力发展水平较低，生产方式较落后，市场半径较窄，乡村与外界联系较少，因而，在乡村公共服务需求相对较低的情况下，村镇空间布局与乡村公共服务提供取得了一种较低水平的均衡。

2. 非均衡性协调

随着乡村日益加入较完善的市场体系，乡村社会经济环境，特别是农业和农村的内外部环境与条件发生了巨大的变化之后，乡村传统的静态的村镇空间与公共服务配置的低水平均衡就将被打破，与之对应，乡村的生产、生活与生态空间品质，也因乡村公共服务配置相对滞后，也部分地恶化了，从而由低水平的均衡走向非均衡性的协调，这时，矛盾将充斥村镇空间配置的方方面面。改革开放后，伴随着我国农村经济体制改革取得的巨大成就，村镇空间结构与乡村公共服务配置就面临着下述问题：①在以“生产”为中心的空间配置指引下，随着体制改革释放出巨大生产力，农业高速发展，农产品供给大为丰富，食物供应由总量短缺转变为结构性过剩，在这一背景下，一些新问题随形势变化不断地产生而累积起来的主要包括：农业生产经营方式不适应现代经济发展的趋势，“小农户”生产方式面临着“大市场”的洗礼，农业生产组织形式亟待在改革中创新；②农产品市场发育与发展不适应农业大发展趋势，农产品的市场化率低，农产品市场公共服务（含信息服务等）明显滞后；农业生产结构调整进程缓慢，农业科技服务（含劳动力培训）对农业发展支撑不足；③传统的农村公共产品（或服务）供给机制在改革后逐步消除后，没有及时地建立起新的有效的农村公共产品供给及成本分摊机制，使农村公共产品的供给短缺，这使农村基本建设投资始终偏低，农民急需的水利灌溉设施、环境保护、公共教育、公共卫生、社会保障等方面的供给严重缺乏；④受城乡二元体制的影响，在经济快速发展，城市化进程加快的条件下，农民在社会保障、非农化进程、身份转换等方方面面在整体上仍受到制度歧视，严重地限制了农民的选择机会与发展路径，农民作为一个群体不能得到与其在生产、生活中所作出的贡献相匹配的收益，并且在现有制度下其应得的收益也常常受到来自于其他力量的挤压。

上述问题直接和间接地影响了乡村生产、生活和生态空间品质。在生产空间方面，农业基础设施建设滞后使农业生产规避自然风险的能力下降；农户小生产越来越无法适应社会化的大市场，经营农业的市场风险难以被分散、降低；狭小的农户经营规模与农业现代化生产产生了难以调和的矛盾，农户兼业化趋势普遍，但兼业化程度的提升使农业在相当农户的经营决策中处于副业的地位，从而导致了农户生产的粗放经营，进而造成地力下降，农业生产的可持续性受到威胁，等等；在生活空间方面，由于公共服务（或产品）供给的城乡差别，涉及农民生活主要部分交通、通信、供水、供电、卫生、教育与城市差距越来越大，它不仅使农民不能与城市居民一样从政府提供的公共产品中获益，而且这种短缺产生了反向挤压农民收入的动力，如道路交通建设要求农民集资摊派，卫生设施缺乏引致农民因病致贫或返贫，同时，它也抑制了农业生产要素在市场上的流通，使农村更加缺乏基本的创业条件，形成恶性循环。在生态空间方面，传统美丽的农业景观受到越来越多的侵蚀，这缘于工业（尤其农村工业化进程中涌现出的乡镇企业）和农业的集约化、专业化生产对农村大气、土壤、物种，特别是水体的严重破坏，形成的严重污染使很多地区青山绿水不再。工业污染、农药残留、化学肥料的使用还对农民的身体健康产生不利的影响，在这里，传统农业或农村里生活空间与生态空间在一定程度上的一致性分离了。

3. 高水平均衡

党的十六届五中全会提出“建设社会主义新农村是我国现代化进程中的重大历史任务”，“要按照生产发展、生活宽裕、乡风文明、村容整洁、民主管理的要求，扎实稳步地加以推进”。这 20 字指导方针是对我国“三农”问题的全盘回应，这里，我们认为，20 字方针也是统筹村镇空间结构与乡村公共服务配置的指南。

可以这样说，当前政策的变化，已经由单纯强调“生产发展”，进入到统筹生产、生活与生态空间的优化配置的阶段，如“村容整洁”这一反映“生态空间”配置的问题第一次出现在政府决策中，应该说，这是由某种“单兵突进”到“系统突破”意义上的进步。

如前所述，在不可阻挡的城市化浪潮面前，我国乡村空间配置与公共服务协调既出现了积极的变化，也出现了一些消极因素。这些积极变化，是在重视“三生”空间的统筹配置，以公共服务的城乡协调推进城乡一体化进程中出现的；而那些消极因素的出现极大程度上则是由于仍然片面重视“生产至上”，忽视生活与生态空间，乡村公共服务供给长期滞后于农户需求而产生的。因此，20 字方针秉承了我国农村“三生”空间配置与公共服务出现良性协调的基本原则，将在新时期新形势下推进我国乡村空间配置与公共服务由“非均衡性协调”步入到“高水平均衡”状态，使农村“三生空间”在保持乡村特色的基础上，实现与城市“三生空间”的有序对接，实质意义上缩小城乡差距。

12.2　村镇空间变化的公共服务保障效应

12.2.1　村镇空间结构与公共服务需求变化

1. 村镇空间结构配置：基于需求角度

（1）生产空间的视角。从农业生产及优化农业生产空间的角度看，目前较为突出的问题是农业土地制度对生产空间改善的限制。一定意义上，我国的农业产权制度属于社区产权，具有封闭性，这种社区产权与村镇空间布局相吻合，特别是在村这个领域更为明显。社区产权的封闭性在于村里的农民获得土地是以其社区身份获得的，同时，社区每个主体获得的土地事实上是按照平均主义的原则来分配的，如果社区内的主体一旦脱离这个村庄，那么他（她）将失去获得土地的合法性。检视农业制度所形成的村镇农业生产空间，典型的问题包括以下几方面。

农地细碎化，限制了规模经营。我国耕地资源稀缺，据统计，2002 年人均耕地约 1.5 亩，农户平均耕地约 6 亩，有 14 个省区人均耕地低于 1 亩，其中又有 6 个省区人均耕地不足 0.5 亩，低于联合国所制定的土地对人口的最低保障线 0.8 亩的标准（刘传江和李雪，2002）。而且，在实际承包到“田块”的过程中，由于兼顾到土地肥力、距离农户家庭远近，实际到农户手头的地块与人均耕地大体符合，农地细碎化在各种因素的综合作用下被推到极致。正是由于农地的细碎化使农业难以取得规模收益，农业生产率十分低下，中国平均每个劳动力生产的谷物只有世界平均水平的 2/3，只有美国的 1/90，也远远低于日本、澳大利亚、巴西等国家；国内人均生产的肉类也低于世界平均水平，大约只有美国的 1/80。但就地均生产率而言，众多研究指出，我国的生产率水平居于世界前列，劳均生产率与地均生产率的一低一高，显示出我国的土地的利用率极高，而劳动力利用率其边际成本几乎为零，要想根本扭转这一趋势，农业发展急需向规模化经营，追求规模收益。但是，目前农户对土地只有使用权，农地的流转与集中还缺乏相应的制度支撑，特别是农村剩余劳动力转移后，农户则自动失去了从社区获得土地的合法性，这使得即使农户能够在非农化领域寻求到更有利于自身的发展机会，也不会将土地让出，从而事实上降低农地规模经营的速度与进程。

农业生产的自给自足特征难以消除，限制了农业生产的专业化与商品化。当前，我国农业市场经济化程度总体偏低，农民生产的农产品其自给性仍高达 60%～70%，农产品商品化率在 30%～40%之间，而发达国家农业生产者自给性产品的比例一般在 1%～5%之间，农产品商品化率在 95%以上。上述数据说明，改革以来，虽然我国农业生产获得了较高速度的增长，总体上满足了人民对农产品的需要，但并没有根本改变占人口绝大多数的农民其生产的自给自足的特征。由于土地的社区平均分配性质，又没有相应的土地流转的政策配套，既使农业生产的规模效益难以获取，同时也造成农产品商品化比率低的现实。现有一些研究也指出了如果改革农地流转方面的规定，或许在一些地区，随着农业劳动力转移后自发产生的农地制度创新和加强土地流转的一些做法，具有明显的提高农产品商品化率的作用（涂军平和黄贤金，2007），研究指出，土地流转率与农产品商品化率之间存在相关性，土地流转率每增加 1 个百分点，土地流入户的农产品商品化率将增加 1.329 个百分点。在农业相对于非农业比较利益较低的情况下，农村剩余劳动力的转移是大势所趋，这将使更多的农地有机会参与流转，而农村的本地劳动力也将有机会承包更多的土地，扩大农业生产规模或进行专业化生产，而这些潜在利益的实现，都需要对我国集体所有的农地制度加以创新，革新农地制度，加强农地的流转。

农业生产性公共产品供给不足，影响农业效率的提高。由于多年来我国农业基建投资始终偏低，财政的支农支出徘徊不前，目前我国农村农业生产性公共产品在总量上严重短缺。这种严重短缺可从农业生产性公共产品的地域范围内解读。我们可以将农业生产性公共产品分为村域性与跨村域性的，村域性公共产品主要由村镇依靠集体组织或者由村民联合提供；跨村域的公共产品主要由镇或镇以上政府提供，也可由受益村域联合提供。由于公共产品的属性，对于村域性公共产品，如小型农业灌溉设施，在可能存在的搭便车的激励下，村民之间会在小型农业灌溉设施的成本分摊上出现典型的“囚徒困境”，这样小型农业设施在村域范围内如果没有相应的成本分摊方法来解决激励问题，则会在小型农业灌溉设施的建设上出现困境。鉴于此，很多村镇在这些小型农业生产基础设施的建设上都依赖于村集体经济的投入，特别是乡镇企业发展的较好的地方更是如此。但由于村集体在我国农村实行家庭联产承包责任制后，相当部分的集体经济逐步瓦解，实力薄弱，而且乡镇企业的发展在 20 世纪 90 年代中期以后陷入困境，因此，给村域的生产性基础设施建设带来相当大的困境。对于跨村域的生产性公共产品，也由于同样的原因，且政府长期投入不足造成短缺状态。农业生产性公共产品短缺使我国相当地区的农业生产依赖改革前所修建的设施，以农田水利基础设施为例，长期的超负荷使用及无人管护使沟渠淤积、河道变浅，遇雨成灾，严重影响了农业效率的提高。

（2）生活空间的视角。农村的生活空间是一个系统的集成，为分析的方便，我们将它分为两个部分，一是农民的私人生活空间，主要包括农民的住房等关系到农户家庭生活条件的；二是农民生活范围内的公共生活空间，主要包括交通、电力、商业、供水、供电等直接或间接影响农民生活条件的设施。总体来看，改革以来，农民的生活空间，特别是私人生活空间，改善得很快，但是也付出了一定的代价；相对于私人生活空间的改善速度，农村公共生活空间品质的提升需要付出更大的努力。

私人生活空间品质普遍改善，但部分地区呈无序状态。农户私人生活空间的改善在改革之后主要体现在农民住房条件的改善上，从居住面积来看，从 1978～2004 年，我国农村人均居住面积从 8.1 m^2 增长到 27.9 m^2。人均居住面积的增加从整体上反映了我国农村私人生活空间品质的改善状况，实现了农村“居者有其屋”的传统人文理想。当然，人均居住面积作为一个单一指标，很难综合反映农村居住改善的综合情况，特别是区域间的差异。易成栋（2006）根据 2000 年人口普查数据对东中西部地区的农村居住条件做了较全面的估计，引入了包括外部墙体、建房时间、厨房条件等指标的住房设施指数，综合看，我国东部、中部和西部的农村住房设施指数分别为 19.96、18.47 和 17.05，呈东部向西部递减状态；具体地，从住房的材料来看，东部农村家庭中 88.71%为钢筋混凝土或砖石，中部为 82.39%，西部为 47.63%；东部农村家庭中 84.88%为独立厨房，中部为 81.41%，西部为 76.60%；东部农村家庭中 39.13%使用自来水，中部为 15.59%，西部为 16.88%；东部农村家庭 7.91%使用统一或者自装热水的洗澡设施，中部为 1.37%，西部为 1.57%，没有洗澡设施的比例分别为 79.22%、89.53%、90.13%；东部农村家庭 70.04%使用独立抽水或者独立其他厕所，中部为 70.11%，西部为 59.96%，没有厕所的比例分别为 27.69%、25.79%、35.97%。

但农村住房条件的改善在实际过程中出现了一些无序状况，付出了相应的代价，回过头来看农民自发的改善居住状况的努力，在没有适当力量的引导或帮助下，这有一定的必然性。概括起来，在这个过程中出现的主要问题有：①建房过程中的宅基地使用无序，居住分散，为今后各种设施配套带来困难；②相当多农户在改革后两次建房，使收入受到侵蚀，而这主要缘于没有给农民提供相应的投资机会（建房的资金来源多是农户外出劳力的打工收入），住房消费成为其第一选择；③出现了“空心村”现象，但又由于产权等各方面的问题，没有得到合理有效的清理，宅基地占有农地的面积出现扩大趋势。

公共生活空间品质总体提升不足，但已从局部取得突破。农户生活所在的公共生活空间涵盖范围较广，如影响其出行的交通、影响其消费的商业网点，等等。主要包括公共基础设施、公共卫生、公共教育等。改革后，相对于日益改善的农村私人生活空间而言，农村公共生活空间品质总体提升不足。在公共基础设施方面，农村道路建设资金投入在总量上不足，农村道路技术等级低，基本没有养护；农村通信发展严重滞后于城市，电力基础设施也存在着较严重的老化问题。在公共卫生方面，现在农村公共卫生保障系统十分脆弱，20 世纪 80 年代以来，农村合作医疗体制基本解体，绝大多数农民成为自费医疗群体，再加上政府对农村卫生投入不足，农村卫生服务体系功能薄弱，基层卫生机构面临生存危机，由此直接导致医疗卫生服务质量下降。在公共教育方面，由于政府没有按《教育法》的规定加强对教育的投入，农村教育基本是农民自己办教育的局面，教育环境相对城市较差，表现为农村学校危房多，教育设施严重不足、优质师资流失，导致农村学生升学率下降、辍学率上升等问题。农村公共生活空间品质提升的不足，成为城乡差距扩大的另一个主要表现。

实际上，上述涉及农村公共生活品质提升不足的各个方面，也与农村私人生活空间改善中出现的问题有一定的关联。例如，由于居住分散，增加了交通设施布局的难度与成本；又如，村落的分散布局与中小学校由于出生率下降往镇区集中引起的中小学生上学距离远的问题。应该指出的是，公共生活空间品质提升的问题虽然从总体上看提升不足，但在局部地区显示出了亮眼的成绩。以浙江为例，近年来浙江通过统筹城乡经济社会发展，以“千村示范万村整治”工程为龙头，全面推进了“康庄工程”、“万校标准化工程和农村中小学‘四项工程’”、“文明村镇建设工程”、“万村文化建设工程”、“广播电视‘村村通’工程”等一系列载体，在统筹城乡发展、推进新农村建设中，特别是新村和新社区建设取得了较为明显的成效。据统计，在浙江嘉兴，2005 年年底基本实现等级公路通村和路面硬化，全市 951 个行政村，有 793 个通了公交；铺设了供水管网 2840 多公里，加快了城乡供水一体进程；加强了农村文化站、养老院、卫生院等方面的建设进度，提升农村社区服务功能，以农村社区卫生服务来说，嘉兴农村社区卫生服务中心和社区卫生服务站的覆盖率已经达到了 98%以上。类似浙江农村大步提升农村公共生活空间品质的地区在其他省份也同样存在，但像浙江这样把农村的建设放在省决策平台并大力推进的并不多见。可以预期的是，随着新农村建设逐步向深层次推进，浙江建设中所取得的有效经验定会在全国其他地区得到推广，农村公共生活空间品质的提升虽不能短期获得急剧提升，但这一目标却并不遥远。

（3）生态空间的视角。传统的乡村生态空间以其宁静、祥和与美丽受到人们的推崇。然而，在农业获得快速发展，农村的工业化同步进行，且农村环境生态长期被忽视的条件下，农村内源性污染与外源性污染交织在一起使农村生态空间急剧恶化，并严重威胁着农业的生产空间与生活空间。

农村污染防治的生态空间政策缺位，农村内源性污染日趋严重。农村污染防治的生态空间政策缺位，主要是相对于城市而言的。也就是说，长期以来，我国污染防治的重点在城市，一直持续到现在，农村污染防治仍是薄弱点。这主要表现在：①农村环境立法滞后。1995 年制订的《中国环境保护 21 世纪议程》强调保护农村环境，要加强农村环境保护法制建设，争取颁布实施《农村环境保护监督管理办法》、《农业环境保护条例》、《农药环境安全管理条例》、《农业区域综合开发环境安全法》、《土壤污染防治法》、《农村环境保护法》和《农业自然资源损毁赔偿法》7 部法律法规，但这些法律法规迟迟未能出台。环境立法的滞后，使农村环境保护失去了重要的法律强制手段。②现行环境政策的不适应性。在农村环境政策体系建设不能满足农村环境保护需要的情况下，能对农村环保予以政策支持的就是当前的环境政策体系。然而，当前的环境政策体系仍以命令控制体系为主，但命令控制体系在广大的农村存在先天不足，而且我国农村环保机构严重缺失，农村环境管理不能得到有效执行，更加剧了这种不适应性。由于上述原因，我国农村内源性污染由点到面，已经到了不能再忽视的地步。

农村工业化进程乡镇企业布局不合理，农村外源性污染呈扩散状态。农村乡镇工业的发展极其壮大，事实上标志着我国工业化走上了一条城市工业与农村工业齐头并进的道路。乡镇企业数量大，规模小，工艺低，分布散，造成农村工业污染在区域分布上由点到面，逐步扩大。另外，在我国的生态脆弱地区，退化仍在加剧。据估计，我国因水土流失每年流失表层土在 50 亿 t 以上，丧失的肥力高出全国化肥的产量。草场退化导致的土地沙化、荒漠化程度也十分严重，土地沙化面积每年扩大 3000km^2，相当于每年损失一个中等县的土地面积。耕地退化、盐碱化问题也十分突出，我国干旱、半干旱地区有 40%的耕地存在不同程度的退化，现已形成的盐渍化土地近 37 万 km^2，加上原生的盐渍化土地，面积已达 80 多万 km^2（曲格平，2002）。

2. 村镇公共服务需求变化

村镇公共服务需求及其变化趋势与村镇空间配置的上述变化有密切的联系。在村镇生产、生活与生态空间配置上，我们可以看到与私人服务（或产品）相对应的空间配置及其效率，在生产空间上，表现出小农生产的高效率，甚至可以说农户通过自己的努力使地均生产力达到某种极限；在生活空间上，作为农户私人生活空间的居住状况不断得到改善，反映了农户改善自己生活条件的努力；与农户私人生活空间相对应的生态空间（如房前屋后的生态配置，庭院经济仍表现出顽强的生命力与生产力）也在农户的精心打理下有着一定的改善。但是，由于公共服务（或产品）的特殊性质，其供给（或提供）当前严重滞后于农户自身对“三生”空间配置的配套，并相当程度上制约了农村生产力、生活条件与生态质量的提高。从以上分析得到的结论是：整体而言，村镇公共服务需求（或提供）在农户大力改善私人生产、生活与生态空间的情况下，进一步提高村镇空间配置的效率的途径，在于顺应当前农户对村镇公共服务的变化，提高村镇公共服务供给（或提供）的效率。

（1）生产性公共服务需求重点发生改变。家庭联产承包责任制改革以来，我国农业在快速发展的基础上，面临着转变农业生产方式，进一步提高农业效率，实现由传统农业向现代农业转变的历史性任务。要完成这一历史性任务，归根结底，就是要解决“小农户”与“大市场”的突出矛盾。研究表明，生产性公共服务是联结“小农户”与“大市场”的纽带，目前“小农户”与“大市场”所表现出来的矛盾，主要原因在于联结两者之间关系的纽带的缺失。为问题分析的方便，这里将生产性公共服务分为两个方面，一是制度性公共服务，新制度经济学指出，制度性产品（或服务）具有公共产品性质，农户对某种制度性产品（或服务）的需求最终通过制度变迁的形式予以满足。制度性公共服务对农业生产活动，特别是农户的家庭经营活动具有激励性作用。二是生产性服务（或设施），指以农村的生产为基本对象的服务（或产品），如农业技术推广、农业市场信息、农田灌溉设施，等等。这些服务（或设施）直接影响农业生产经营。

政府的重要功能之一就是“生产提供”足以激励经济主体活力创造力的制度，即激励相容的制度。改革开放以来，我国通过“家庭联产承包责任制”改革启动农村经济，使农业发展摆脱了停滞不前的状况，这一制度变革就是生产性公共服务生产与提供的典型例子。如前所述，当前我国农村经济“小农户与大市场”间的矛盾十分显著，家庭联产承包责任制虽然克服了公社制度下的制度缺陷，在改革以来的一段时期激励和调动了农户生产的积极性和创造性，但是，随着市场的逐步完善与发育，新的矛盾逐步显现——这也是制度变迁的应有之义。因此，在家庭联产承包责任制的基础上，对之予以进一步完善，也就是生产与提供相应的制度性服务，弥补农户分散经营的缺陷，而这需要在土地流转、农户组织、农业生产流通等领域进行相应的变革，即生产与提供土地流转制度、农户组织制度与农业生产流通制度，使农户得以组织起来，规模生产，获得生产领域的规模经济，分享农业生产流通链条里的利润，使农户逐步走出狭小的单纯以农为生的困局。

生产性公共服务需求的另一重点在于农业技术、农业信息与农田灌溉等生产性服务，这种需求的产生主要是由于生产发展的需要，如农业技术，农业技术革新在市场的推动下发展迅速，但新型农业技术与分散的农户难以有效地联结起来；同样，农业信息服务也由于多方面的原因（如农村信息来源、信息渠道与农户文化水平的限制）使农户难以依据市场的变化而有效地改变生产经营决策，从而生产面临着巨大的风险。而对农田灌溉设施等的需求，则是由于实行家庭联产承包责任制后，这些设施的维护、更新面临了巨大的“搭便车”困境，单个农户无能力也不愿意予以提供，因此，使得农业生产的基础设施不能满足生产的需求，进而影响了农业生产。

（2）生活性公共服务需求矛盾十分突出。生活性公共服务指的是以农村居民生活消费为主要服务对象的农村公共服务，如农村通信、电视广播、互联网等媒体服务、农村安全饮水服务、交通服务、农村义务教育、农村医疗服务、农村文化服务、农村金融服务等都属于生活性公共服务，这些服务的生产与提供直接影响农户生活水平的提高。

（3）生态性公共服务需求增长迅速。生态性公共服务指的是以农户生产生活中生态性需求为对象的农村公共服务，如农村环境卫生、乡村景观维护与农田生态平衡等方面的服务。农村生态性公共服务长期以来在乡村被忽视，实际上这方面的公共服务直接关系到农户生产生活品质的提高。

随着农村经济的发展与进步，当前农村生活污水、垃圾、农业生产及畜禽养殖废弃物排放量增多，这导致许多地区农村环境恶化。由于农村生态性公共服务工作在农村基本不到位，生活污染、白色污染、农业面源污染等问题在乡村十分突出，并影响到传统美丽的乡村生态景观，全面影响到了广大乡村农户的生产与生活。因此，随着这一形势的变化，乡村生态性公共服务需求增长迅速，最主要的就是对农村垃圾的处理与服务、农村用水用厕与农业面源污染的治理等问题。

同时，随着农业工业进程的加速，很多乡村对工业发展中的污染基本没有任何治理措施，因而直接污染了周边环境，这在不少地区造成了非常严重的矛盾，因工业污染造成的“癌症村”等消息时有报道，所以，对农村地区工业污染与治理方面的服务也是农户生态性服务需求重要内容之一，并需引起高度重视。

12.2.2 村镇空间结构与公共服务供给变化

1. 村镇空间结构配置：基于供给角度

（1）生产空间视角。非兼容的公共服务供给制度。1978 年以来，我国农业获得了高速的增长，对农业的增长，经济学界偏向于由农业制度变迁来予以解释，而不是像经济增长理论那样认为增长主要取决于农业发展的常规要素——物质资本投入的增长、技术的变迁和进步，等等。林毅夫等经济学家估计，由家庭联产承包责任制取代人民公社这一集体农作制度的变迁，对中国农业生产力的贡献巨大，最低估计数都为 20%。也就是说，制度变迁改变了农户“生产空间”依存的制度结构，增强了农户生产“私人产品”的激励结构，调动并提高了农户的劳动积极性。但依新制度经济学的解释，在一个制度结构中，制度安排的实施是相互联系和相互制约的，在人民公社体制下，当地公共服务的供给机制随着公社体制被替代也失去了存在的基础。这就使得在农村占主导地位的生产制度与其相适应的公共服务供给制度之间出现了制度上的不兼容，这种不兼容状态随着家庭联产承包责任制在农村正式被确立得以显现，但遗憾的是，长期以来，这种状态被忽视了。这样，农村公共服务供给跟不上农业生产的整体形势，因此，许多经济学家认为，我国农业的高速增长是以牺牲农村公共服务的生产与提供为代价的，换句话说，改革后的农业增长部分地依靠了原公社体制下农业基础设施建设所打下的基础①。但公社体制的解体，当然会使公共服务的供给水平遭到破坏，具体表现即在于农田水利设施年久失修，等等。

非配套的公共服务供给方式。1978 年以前，我国农村生产性公共服务（产品）的供给主要依靠一种以劳动力替代资本的方法，由政府动员并组织劳动力承担灌溉、防洪、水土改良等密集型投资项目。显然，大规模的人民公社为这种大规模的劳动替代资本创造了条件。在这种供给方式下，我国农村生产性公共服务（或产品）的供给水平持续上升，以机耕面积占有效耕地面积的比例为例，这一比例就由 1952 年的 1.6%提高到 1978 年的 54.1%，农田水利建设成效显著。1978 年家庭联产承包责任制改革令劳动替代资本提供公共服务的方式提出了挑战，一方面，农户获得了从事经济活动的自由，劳动的边际生产率提高，基于经济理性，劳动更多地将被用于私人物品的生产；另一方面，基层政府的动员能力随着体制的变迁也大大下降，特别是大型密集型的公共项目的建设方面远没有改革前的影响力与动员力。概括而言，在农村公共项目的建设上投入劳动的机会成本增加，公共服务（或产品）的生产成本增加了，这是改革后公共服务供给方式上的一个重要变化，劳动替代资本的供给方式难以为继，但其他供给方式（如资本替代劳动）在相当长一段时间内由于乡村

① 公社体制下，我国农田基础设施建设的规模是相当惊人的，通过劳动力近乎无偿征用的集体动员体制，建立起良好的农田基础设施。

财力等多方面的限制，也不能有效出现。因此，事实上这段时间乡村生产性公共设施项目建设基本处于停滞状态。

（2）生活空间视角。生活性公共服务提供加速。农村市场经济的发展与农民收入水平的提高，不可避免地提高了农户对生活性公共服务的需求，一段时间里，需求与供给不平衡状态加剧。自20世纪90年代中后期以来，随着国家政策的逐步到位，特别是“村村通”工程的实施，极大地推动了公路、电力、生活和饮用水、电话网、电视网、互联网等在乡村地区的建设进度。农村公路建设在全国范围内兴起高潮，农村公路建设等级普遍提高，很多地区覆盖范围由行政村推进到自然村，极大地方便了广大村民的出行；电力网在农村自第二次电网改造后，用电保障度与电损下降，用电价格得以稳定；而电话网、电视网与互联网在广大乡村从无到有，逐步普及，农户坐在家里就能了解、学习外面的世界不再是梦想，而变成活生生的现实。当然，也有一些服务提供仍难以跟上农户需求的步伐，特别是生活和饮用水网络的建设，受地理条件和自然环境等各方面的限制，不少地区仍面临比较严峻的生活与饮用水安全问题。从统计数据看，生活性公共服务相对应的是农户相关支出加大，既活跃了农村经济，也带动了整个国家经济的健康发展。据统计，从1994～2003年的10年中，农民人均纯收入由1221元增加到2622元，食品支出占农民消费总支出的比重，即恩格尔系数由1994年的58.9%下降到2003年的45.6%，农户的消费结构当中，交通和通信支出、文教娱乐用品及服务支出占农民总消费支出的比重分别由1994年的2.4%、7.4%和3.2%增加到 2003年的8.4%、12.1%和6.0%。农村居民消费支出中增长最快的交通及通信支出，人均达 163 元。学术界已经非常关注农村生活性公共服务的需求弹性研究，认为加大这方面的服务供给力度，可极大地推动我国国民经济增长，并推进我国经济增长由投资拉动到消费拉动的转变，从而转变我国传统的经济增长方式，进一步提高整体经济的运行效率。

基础性公共服务逐步改善。这里主要针对农村基础教育、农村社会保障制度与农村公共卫生等方面的服务。这些方面往往并不直接影响农户的生活，但能间接地影响农户生活质量、生活水平提高的努力。这三方面的服务提供在进入21世纪后都有显著改善，九年制义务教育真正得到实施，农村社会保障也在扩大保障面与提供新的保障方式，农村新型合作医疗制度也在广大农村地区进行推广。但这三方面的服务供给由于认识、资金与制度等方面的因素，虽逐步得到改善，但在改善的过程中又面临着不少新的困难。21世纪，在农村基础教育方面，我们实现了“真”的九年制义务教育，但农村基础教育又面临着师资水平下降、学生上学距离远等新问题；农村社会保障制度受传统农村保障思想影响极大，现代保障的实施与推进还面临着不少阻力，同时资金面上政府承担着极大的压力；农村公共卫生，特别是医疗合作制度，仍在普及推广过程中，也面临不少新的问题。基础性公共服务对切实改善农村落后面貌极为重要，并且涉及全体国民的基本权利保障问题，关系到国计民生，因此，加快基础性公共服务提供将极大地改善农村生活性公共服务状况，进而提高农户的生活质量与水平。

（3）生态空间视角。生态公共服务供给总体滞后。空间视角下的生态空间，由于我国经济社会发展的阶段性，对其认识与重视程度与生产空间和生活空间相比明显滞后，进而使得相应公共服务的供给在总体上看也呈滞后性。这种滞后表现是由两个方面的不明确所造成的。一是供给主体不明确。生态性公共服务在城市主要由环境部门提供，但在广大乡村则属农业部门的科层部门负责，而农业部门本质上是从生产空间来考虑农村社会经济发展的。二是供给政策不明确。当前关于生态服务的相关政策主要是城市指向的，就是说，对乡村生态供给国家目前尚没有系统的政策，这无疑使得乡村生态服务供给处于一种尴尬状态。

生态性公共服务供给的区域不平衡。尽管生态性公共服务从总体上看呈滞后性，但针对当代乡村出现的水源地、垃圾污染、土壤污染等重要环境问题的治理，我国已在一些地区开始以一定形式治理，以图总结经验，对全国乡村生态环境问题进行全面部署，这种安排使生态性公共服务供给表现了区域的不平衡性，显然，这种不平衡是暂时的，是我国对乡村生态性公共服务供给仍处探索阶段的一种阶段性现象。例如，我国启动了农村小康建设环保行动计划，加大了农村地区生态性示范区的建设力度，加大了生态镇、生态村的建设步伐，这些措施使乡村部分地区生态性公共服务供给基本适应了当地经济社会发展状况，出现了人与自然、人与社会和谐发展的雏形。

2. 村镇公共服务供给变化

（1）供给主体多元化。村镇公共服务供给主体指的是公共服务由谁来提供的问题。就公共服务（或产品）的性质来看，受供给中的外部性和搭便车等问题的困扰，乡村公共服务供给的私人化将带来供给的无效率或低效率。公共服务本质上代表了某种公共利益，而政府理所当然地是公共利益的代表，也理应成为村镇公共服务的供给主体，但限于政府财政或政府供给效率等多方面的限制，纯粹的政府供给也可能是低效率或无效率的。从世界范围来看，公共服务的供给主体在上述两难问题的困境中发展出依据公共服务的不同属性与层次派生出多元化供给主体的趋势，以促进不同主体之间的合作竞争，形成公共服务的有效供给体系。我国村镇公共服务供给主体的变化也顺应这一良好态势，出现了政府供给主体（包括中央政府、地方政府）、农村社区供给主体、行业协会（或组织）、农村私人供给主体的多层次分布，初步形成一种主体多元化格局，为有效率地提供村镇公共服务奠定了基础。

（2）提供方式多元化。如前所述，公共服务的供给与公共服务的提供并非等同的概念，基于生产与提供可分离的原则，某一公共服务的供给主体可能并非该服务的提供主体。公共服务的提供方式就是用以表明某种公共服务供给主体具体提供该公共的过程与方式。当前，村镇公共服务的提供方式也与供给主体的多元化趋势相适应，呈现出多种方式并存的局面，具体地，包括政府直接提供、政府委托私人提供、政府补贴私人提供、社区集体提供、市场提供等。其中，政府直接提供是政府集生产与提供于一身，而政府委托或政府补贴私人提供则将生产与提供分离开来，政府负责提供，但不直接生产。这样，通过提供方式的多元化，较好地解决了公共服务的种类、数量与农户需求的对接问题，提高了公共服务提供的效率，使农户能够更好地享受优质的公共服务。

（3）供给资金来源多渠道化。上述两个方面的变化也直接引致了村镇公共服务供给资金渠道的变化。当前村镇公共服务供给资金来源已初步脱离了单纯由政府与乡村社区集体出资的局面。另外，涌现了金融资金、私人资金参与村镇公共服务供给等渠道。前者，主要是与一些新成立的村镇公共服务组织有关，它们的创立吸纳了部分金融资金成为其组织的初始资本之一；后者则是私人伴随着市场化提供方式，私人资本开始进入，体现了在公共服务相对短缺条件下通过“谁投资谁受益”原则快速增加公共服务供给的理念。

12.3 村镇空间布局与公共服务体系建设规划

12.3.1 当代乡村公共服务配置的现状分析

中国乡村公共服务配置经过几十年，特别是改革开放后 30 年的发展，基本形成了以“生产空间”配置为核心，兼顾“生活空间”、“生态空间”服务配置的多层次公共服务体系与网络。随着农村社会经济发展的程度逐步提高，特别是城乡一体化的进一步推进，当代乡村公共服务配置面临着新的问题与挑战。

1. 规模不经济的生产空间配置导致分散性的生产性公共服务需求难以得到有效提供

家庭联产承包责任制使我国的农业生产用地形成以户经营的鲜明特征，加上基本上按农业人口平均分配土地的“均地”传统，事实上使农业生产用地被近乎无限地分割，形成极小规模的经营现状。这种特征造成生产性公共服务需求以家庭为需求单位，导致“众口难调”，需求显示弱化，加剧了公共服务提供的外部性影响，“搭便车”给公共服务提供的负面效应进一步放大，加大了公共服务提供的难度；同时，由于土地面积小，农户经营土地的收入与之关联较低，农户对农业技术推广的需求惰性大，新型农业技术推广这一公共服务也面临推广难的问题；而且，我国农户的兼业化特征也加大生产性公共服务需求的分散性，使得地区公共服务供给或生产单位（如市场信息等公共服务）难以保证农户的需求得到有效满足。

2. 零星散落的生活空间配置导致规模性的生活性公共服务提供受到极大限制

整体而言，当前我国乡村生活空间配置是与传统小农生产方式相适应的，具体表现为村镇规模小而分散，农户分散在众多的自然村，单位村庄的平均规模过小。同时，农村工业化进程，特别是乡村乡镇企业的发展的空间分布，也呈鲜明的地域性特征，呈“村村点火，户户冒烟”格局，未能有效地在城镇集中发挥其在村镇分布的有效集聚带动作用。乡村生活空间的配置格局使道路、供水供电、通信、电视电话、教育、医疗网络等生活性公共服务（或设施）提供由于规模不经济而成本居高不下，或者农户用不起，或者供给单位由于建设资金过大难以有效提供，事实上造成这些服务（或设施）难以配套。在不少地区有的即使建成了，也面临能否持续维持服务供给的难题。

3. 交互影响的生态空间配置导致集中性的生态性公共服务供给面临诸多困难

生态空间配置因其自身属性可分为生活性生态空间与生产性生态空间配置，两者在乡村互为影响。当前乡村生态空间配置的一个主要问题在于生产性生态空间的过度配置对生活性生态空间配置形成强力挤压。由于农村生产经营面临各种压力，特别是劳动力配置、要素价格变化等原因，农户集约式的使用化肥、农药成为普遍现象，或者说生产空间配置导向的空间资源配置使农户片面追求地均生产力而过度使用农业生产资料。其后果则在于面源污染严重，影响了乡村赖以生存的水源质量与周边环境；同时，乡村工业的分散式发展又造成工业污染的“面源化”，在一些乡村两者的结合对当地的生态空间进行了挤压性的配置，从而严重破坏了生态环境，影响到农户的生产与生活。生态性公共服务的提供在保生产与保生活的双重压力下顾此失彼，而且对面源污染这种世界性治理难题，当前并没有探讨出有效的治理对策，很多措施只不过是头痛医头，脚痛医脚。同时，乡村生活水平的提高也增加了乡村生活污染排放的数量，“脏、乱、差”现象普遍。一句话，交互影响的生态空间配置在我国乡村生态性公共服务本不健全的情况下异常严峻，当前的服务供给与提供可能面临着比城市更为复杂的局面。

12.3.2　乡村公共服务优化配置的目标导向

长期以来，由于没有认真地从提升乡村生产、生活和生态空间配置效益的角度对乡村公共服务供给加以通盘考虑，已经产生了如上所述的一系列问题，没有做到生产、生活与生态的有机统一，也没有做到经济效益、社会效益与环境效益有机统一。我们认为，村镇空间布局与乡村公共服务供给在某种意义上的分离是问题产生的根本原因，克服这些问题，要从服务于既定的目标出发，将当前利益与长远利益结合起来，实现村镇空间布局与乡村公共服务供给的统一。具体而言，这一目标导向主要包括如下三点。

1. 经济的发展及其效率

促进经济发展及其效率的提高是首要目标导向。不管是村镇空间布局也好，还是乡村公共服务配置也好，都需要围绕这一目标，这一目标基于这样一个理念：如果基于村镇布局与基于乡村公共服务的每项政策都能充分协调起来，调动起政策的潜力与相对优势，则可以取得共同的预期利益。就村镇空间布局而言，则有必要在提升生产、生活与生态方面取得一致的利益，就村镇公共服务而言，则发挥着促进或加速实现这种一致利益的作用。

村镇空间布局要求乡村根据社会经济发展及其形势变化，改变以往在“城乡分割、城乡分治”条件下形成的以“农业生产空间布局”为中心的传统。从长远来看，村镇空间布局的合理化会使城乡联系更为密切，能创造一个城乡互动更密切的渠道，从而促进经济发展，实现经济整体效率的提高，而这种渠道也将对沟通城乡联系的公共服务一体化或均等化的实施起推动作用。从当前来看，村镇空间布局首先要与农业的结构转换紧密结合起来，这里的结构是“大结构”的概念，既包括农业产业结构，也包括农业就业结构、农村的资源结构等。从产业结构的转换来说，村镇空间布局要有利于农村的非农业化进程；从就业结构的转换来说，村镇布局要有利于农村剩余劳动力的转移，使大多数农民在一个相当的时期里能够走出农业；从资源结构来说，村镇布局要节约农业资源，特别是土地资源，使农户的生活用地（如宅基地）尽量少地占有耕地，使农村的各种公共服务设施及其配套（如道路等）也尽量少地占有良田。而这些都有利于促进农业产业结构转换，促进农业就业结构转换，促进农业资源利用率的提高。

鉴于经济发展及其效率提高的复杂性，政府则有必要顺应经济发展的内在力量，作出政策方面的变革，将政府力量与市场力量统一到发展的轨道上来。这对村镇空间布局政策与乡村公共服务供给政策来说都十分重要。关键一点是要在政策上增加农户的选择机会，这种选择机会的增加再加以政府的适当引导将会使村镇空间布局与乡村公共服务能够更好地统一起来。例如，在引导农户集中的中心村镇建设上，可以让农民获得中心村镇居民获得的权益，并且保障其承包土地的流转权利，让这种权利成为农民非农化的一笔资本。选择机会的增加将会引起农村人力、物力与财力的流动性增加，这种流动性是提高效率不可避免的措施，只有通过流动才能使各种资源能被最有效利用它的主体所掌握和支配，从而促进经济发展。而农户要素的流动性必然会引起乡村公共服务供给对象在空间分布上的集中，从而增强公共服务供给的效率。

2. 收入的提高与维持

一直以来，我国高度重视农民收入的提高与维持，但20世纪90年代以后，农民收入提高与维持就成为一个重大的问题。我们将村镇空间布局与乡村公共服务提供看作农户收入的重要影响因素，拓展了单纯从生产角度研究农户收入提高的狭窄视野，这种视野抓住当前的一系列问题的主要方面，它们都与提高和维持农民收入有关。例如，村镇空间布局，生产、生活及生态空间的提升无不也与收入的提高和维持相联系。生产空间的优化与配置，将使农业产业化进程加快，而农业的产业化是提高农民收入的一个重要途径；生活空间的优化与配置也对农民收入产生重大影响，如农村电网老化造成漏损严重使农村电费长期高于城市，违反了“同网同价”原则，侵犯了农民的利益；而生态空间的保持与提升，既能增加农业自然资源的价值，也可使农民免费地获取其日常生活所需的水、野生食品等，当水质恶化时，既危害农民的健康，也使农民不得不花费相应的费用去消费可以放心的饮用水，这直接增加了他们的生活开支。

村镇空间布局与乡村公共服务的优化配置可以从各个方面直接或间接地提高农民收入，在实际的政策导向上也必须以此为标准。经济上对农业的收入支持政策（无论是间接的还是直接的）长期存在着严重的分歧，但如果我们将这些支持政策从村镇空间与公共服务的优化配置考虑，则可能会对长期的收入支持与维持产生实际影响。这些都要求我们不单纯地从农业支持的角度看待问题，而是从村镇的生产空间、生活空间与生态空间配置的综合角度看问题。更全面地讲，“城市反哺农村，工业反哺农业”不能单纯从农业生产的角度出发，必须衡量这些支持政策在哪些方面能产生最大的张力。在了解村镇的生产空间、生活空间与生态空间的现实配置的基础上，从最薄弱的领域——乡村公共服务的统筹提供予以突破，最大限度地发挥杠杆效应与乘数效应，使农户收入的支持与维持政策形成可持续的局面，把单一的向乡村“输血”转换为更好地为乡村“造血”。

3. 环境质量的改善与提升

环境质量的改善与提升与村镇空间和公共服务配置直接关联，也直接影响着农业与农村的可持续发展，关系到农民的身心健康。村镇的生态空间配置与优化要关注的是两个问题。

（1）人体健康。环境质量的一个重要尺度是人体健康的维护。当前威胁农民身体健康的主要问题包括农村饮水安全问题、农村公共卫生问题以及乡镇企业的工业污染问题，这三个问题是直接相关的。乡镇企业的工业污染问题在相当意义上是个布局问题，分散的布局使企业能够逃避环境主管机关的监管，分散的布局也使企业失去了污染规模治理可能存在的激励，同时，分散的布局使工业污染在农村扩散，所以要在村镇空间布局中优先对工业污染带来的生态空间质量下降予以解决；农村饮水安全问题主要是由于乡村生态空间的恶化使地表水质恶化造成的，同时大量证据表明在农业集约生产程度高的地区，浅层地下水也受到了污染。因此，结合村镇空间布局与乡村公共服务配置推进自来水进村进屋工程对保障农民身体健康就成为一项重要的工程。最后，农村公共卫生的问题主要表现在“脏、乱、差”，农民生产生活污染没有得到处理。鉴于垃圾处理也需要一定的费用，其集、转、运与处理设施的建立即为村镇优化布局中须着手处理的。

（2）自然资源质量。农民的生产生活严重依赖于其周边的自然资源基础的质量。土壤保护、水质维护都是合理利用和保护自然资源的有机组成部分。结合城乡一体化进程，通过村镇布局的调整，引导人口的集聚，改变农村人口居住分散的状况，加快“空心村”与宅基地的整理，尽可能地减少农村居民点占有的土地面积，降低人口增长对土地的压力。同时，合理引导与规划农业产业化的空间布局，对农业的专业化生产，特别是畜牧业，要按照“营养平衡”（畜禽粪便的量与农田能够吸纳的量）的原则合理布局，尽量使农业生产中的废弃物资源化，减轻农业生产废弃物对土壤与河流的污染。

环境质量的改善和提升，与经济发展及效率的提高、农民收入的提高和维持是相一致的。维持与保护农村的环境质量之所以重要，是因为要想在国家层面上实现高水平的经济效益，需要经济地使用土地等农业自然资源，并保持生态平衡。类似地，对经济效益的要求同样也要求农业资源的良好保存，否则环境质量的内在化价值就会直接下降，并侵蚀经济效益的基础；当然维持与保持农业自然资源的质量对农民收入的意义更加不言而喻，可能对城市居民来说，农村环境并不是直接影响他们生活的因素，但对农民来说，农村环境质量的提升与维持关系到他们的生存，因为这些自然资源多是他们直接的生活来源。现实的情况是，由于农村环境质量的下降，农民的身体健康受到了严重的影响，特别是在一些受到乡镇企业工业污染的区域，甚至出现了“癌症村”，这是特别值得警惕的。

12.3.3　乡村公共服务体系建设的规划要领

乡村公共服务已经不再是单纯局限于农村地区的单一性问题，而是一个影响国家和地区经济社会全面协调发展的重要因素，从世界范围看，乡村公共服务水平的高低是衡量该国家（或地区）城乡一体化水平的重要标志。新中国成立以来，我国加大了乡村公共服务体系的建设，改革开放后乡村公共服务体系已取得了一定的发展，但总体来看，乡村公共服务发展仍然相对滞后，特别是与发展迅速的城市相比，乡村的公共服务提供水平，如人均道路拥有量、人均教育投入水平、人均病床数等指标数值，远远落后于城市，城乡差别在改革以来走出先下降再上升的发展轨迹，这与我国乡村公共服务供给主体职责不明、投入不足、供给不够是密切相关的。当前，新农村建设在我国方兴未艾，作为新农村建设的一个重要环节，尽快完善乡村公共服务体系，实现公共服务向农村拓展、城市文明向农村辐射，成为一个相对紧迫的重要任务。而规划先行，是切实做好这项工作的基础性前提。

1. 规划原则

（1）体制创新。适应村镇空间配置与乡村公共服务建设的新形势与新要求，积极推进体制改革与创新，健全管理体制，研究制定符合推进乡村公共服务建设与优化的政策，做好乡村公共服务建设的制度创新和体制。

（2）分级负责。要本着全国一盘棋，各级政府通力合作，按照公共服务受惠面，遵循经济规律，财权与事权相对称，分级负责相应公共服务的供给与提供，形成上下对接、城乡对接，权责相符的公共事务建设新局面。

（3）科学布局。结合村镇空间分布与公共服务网的辐射力，充分考虑相应区域资源、人口、自然条件等各种因素，因地制宜，整合资源，科学规划布局公共服务网络节点，探索乡村公共服务网络体系建设布局规律，在保证服务数量与质量的基础上，维持乡村公共服务建设的可持续性。

（4）以点带面。建设乡村公共服务体系与网络，将之与国民经济和社会发展规划有机地联系起来，做到相互衔接，统筹安排，制订整体建设方案，因地制宜地实施建设和控制。从各区域的具体实际出发，采取面上打基础，点上求突破的做法，即选择重点领域和重点区域进行突破，抓点示范，全面推进。

（5）配套推进。在加强乡村公共服务各项基础建设的同时，加快乡村公共服务组织的培育与发展，加强乡村公共服务管理与专业技术人才的培养，强化公共服务建设资金的管理，使机构、网点、组织、人员与经费等方面的建设与管理工作同步推进，实现可持续发展。

（6）全民参与。充分发挥各级政府在乡村公共服务建设中的组织作用、引导作用和指导作用，提供良好的政策和公共服务环境。广泛开展各项公共服务建设与普及的教育与推广工作，让广大群众认识公共服务建设的必要性与重要性，提高公众参与的积极性、广泛性，鼓励和支持民间团体和社会公众参与公共服务建设的各项活动，形成个体、家庭、企业、社区、社会共同推进乡村公共服务建设的氛围。

2. 基本要领

乡村公共服务建设规划编制的基本要领在于规划要以民生为要，要突出政府的职能作用，要加强公共财政投入，也就是说，衡量公共服务建设规划的基本标准在于规划是否以民生为主要关注对象，是否突出了政府在公共服务中的职能作用，是否发挥了公共财政的职能，从而使广大农村与亿万农民享有更多的权益。

（1）规划的制定要坚持以人为本。要尊重农民及其意愿，明确农民是乡村公共服务的需求主体，想民所想，急民所急，充分体现民意、民愿和民求，做到因地制宜，实事求是。

（2）规划的制定要突出政府的义务。建立和完善乡村公共服务体系是政府全面履行其管理职能的具体体现。各级政府要进一步明确各级政府在农村公共服务上的职责和义务，分工合作。遵循责权配置相一致的原则，明确界定各级政府应提供哪些乡村公共服务，并赋予其相应的管理权力，真正做到财权与事权的统一。

（3）规划的制定要保证财政的投入。公共服务的重点在于“公共”二字，它代表的是社会大部分人的总体利益，需要公共财政予以支持。而乡村公共财政缺失是目前乡村公共服务体系严重滞后的主要原因之一。在新的历史性的任务面前，要下决心纠正公共财政上的城市偏向，扩大公共财政覆盖农村的范围，加大公共财政对农村的投入，发挥政府在农村公共服务中投资主体的作用。

（4）规划的制定要体现城乡统筹。规划的制订要体现工业反哺农业、城市支持农村的要求，科学合理地安排村镇空间布局；特别是在公共服务基础设施建设上，要充分体现城乡一体化的要求。

（5）规划的制定要积极引导社会力量。由于农村地域广大，农民人数众多，对公共服务需求的规模庞大，单纯依靠政府财政投入，很难及时解决农村公共服务供给不足的问题。为了尽快满足农户对公共服务的需求，除政府要增加直接投入外，还要积极利用市场机制、社会力量、农村社区及农民自身的力量，使之共同参与到农村公共服务的供给与建设中来，形成以政府主导、社会参与、适度竞争、监管有力的农村公共服务投入与供给机制，探索出一条既能减轻财政压力和农民负担，又能提高农村公共服务质量的有效途径。

（6）规划的制定要尊重客观规律。乡村公共服务建设是一项长期性、艰巨性、复杂性的社会系统工程，必须立足当前，着眼长远。要从实际出发，不盲目制定标准搞一刀切，防止盲目攀比，防止照搬城市社区公共服务模式、不计成本、搞不切实际的乡村公共服务建设。

12.4　基于公共服务均等化的村镇空间管治

12.4.1　当代乡村公共服务的政策审视

自从全国普遍实行家庭联产承包责任制以后，农户已经成为独立的经济主体，对公共服务的需求呈现出新的特点。但是，由于体制惯性的力量，乡村公共服务的供给一直未能很好地满足农户对公共服务的需求。事实上，政府已经意识到并一直进行相应的改革以摆脱这种被动局面。例如，自20世纪80年代中期以来，我国对农村事业单位（这些单位是传统体制的乡村公共服务单位）进行了广泛的改革，采取了一系列的政策措施，这些改革与我国经济体制改革的方向相适应，也是基于“市场取向”的。

整体上看，虽然过去我国在乡村公共服务方面的改革努力取得了一些成绩，但在服务提供方面仍难令人满意。主要问题包括：服务质量参差不齐，成本有效性不够，人们享受服务的机会不均等；对关键服务的资金供给不足，低收入弱势群体承担了过多过重的费用负担；为公共服务及其供给者提供资金仍然是各级政府的一个沉重包袱。

对乡村公共服务的政策审视，国内已有不少的研究成果。相当多的研究指向主要基于城乡二元分割体制出发阐述我国城市公共服务供给的“城市偏向”，即公共服务提供的非均等化，这里我们不想对非均等化的现象做重复论述，而主要基于政策效果，拓展分析的范围。下面的分析从与政策有关的“付费机制”和“激励机制”两个方面展开讨论。

1. 付费机制不健全

对于乡村公共服务而言，对公共服务的付费责任最终都落在政府与私人（农户）身上，关键是谁付费及其在付费中所占的比重大小。农村公共服务改革中相关多的政策内容放在重新调整付费责任在政府与私人（农户）之间划分方面。

过去相当一段时间，乡村公共服务的发展轨迹为付费的去政府化，也就是以借“市场取向”改革的名义，将付费责任由政府向私人（农户）转移。例如，基础教育，名义上为义务教育，但各方面的经费支出最终都落在农民身上，实际上是农民自己付费教育自己的孩子。这种付费责任的转移涉及面非常广，在农村卫生医疗、农技服务、农业信息服务、道路交通建设等各个方面都存在，正是由于付费责任的转移，在20世纪90年代，农民苦、农民负担重成为全社会关注的问题。

进入21世纪后，鉴于农村社会经济形势的严峻性，政府调整了过去付费责任的非政府化倾向。仍以教育为例，中央政府终于履行了提供这一公共服务的职责，将义务教育真正落实，同时在相关文件中对农村收费进行了限制，避免了付费责任转移的扩大化。这也与我国财政职能由“建设型财政”向“公共财政”转变有密切的关系。

可见，乡村公共服务在改革开放30年以来走了一条曲折的道路。付费责任的转移与回归是付费机制不健全的具体表现，而且至今除中央政府外，各级地方政府关于付费责任的有效约束还没有真正建立起来，一旦政府财政压力增大，仍有重新将付费责任转移至农户的动力。因此，如何找到一个更好的方法，使政府能够在特定公共支出水平上，实现更多的目标，“让钱花得更值”，将是建立有效的付费机制所面临的巨大挑战，这要求政府在分配有限的公共资源时，要根据轻重缓急的原则对各类服务进行优先排序并落实资金，以保证政策目标的实现（这点要求建立规范的预算制度），同时，通过收入分享或转移支付机制，为保障乡村公共服务的配套资金提供制度安排（这点要求建立规范的政府间财政体制）。

2. 激励机制不兼容

激励机制问题也与上述付费机制有关，即乡村公共服务付费的具体方式会影响到服务的提供者，即基本公共服务的提供者的激励机制。

过去的乡村公共服务改革在把服务提供者“推向市场”的同时，也使得它们有了较高的创收积极性。一方面，相应改革削减了提供者的财政拨款（对应付费责任转移）；另一方面，赋予了提供者更大的管理自主权，允许其扩大服务范围，而且把管理层和职工的收入与创收效果联系起来。如此，就把管理者和职工置于一种“剩余索取者”的位置。

强烈的获益动机并不能保证服务的数量与质量。即使农户承担了付费责任，如果没有强烈的市场约束和监管约束，服务效果仍然难以保证。然而，公共服务本身，特别是教育、医疗卫生以及农业推广等公共服务，服务本身的一个突出特点是“可度量性”低，也就是说，要比较精确地度量这类服务的质量和数量会非常困难。这种困难使得提供者可以有非常多的理由来避免农户对服务数量与质量不到位或服务改善不佳的指责，这在 20 世纪 90 年代是非常普遍的现象。

更严重的是，由于我国市场经济体制仍处于完善阶段，乡村公共服务提供者的两种约束——政府和市场的约束，在长期内都非常软弱无力。市场约束薄弱主要是因为存在三个方面的制度性缺陷，包括消费者（农户）没有足够的权利；监管体制仍不健全；市场竞争不完全且常常被扭曲。来自政府的约束由于绩效管理不健全、管办不分而同样薄弱。

总之，关于乡村公共服务政策，改革以来的有关做法有许多值得深思之处。“城市指向”的非均等化提供，是空间视角上的非均衡配置或空间歧视；付费机制不健全是政府在付费责任方面没有具体规范，从而使政府可借市场之名转移政府责任；激励机制不健全使乡村公共服务提供者难以受到有效约束，公共服务的生产与提供不能得到有效保证。因此，乡村公共服务政府亟待在上述三个方面进行有效变革，以切实提高乡村公共服务的数量和质量，这对落实“以人为本”的科学发展观具有非常关键的意义。

12.4.2　乡村公共服务体系的发展方向

公共服务意在“公共”二字，是相对于私人而言的。乡村公共服务体系建设和发展要在科学发展观的指导下，依据当前公共服务生产与提供的现实情况，在“公共”这两个字上做文章，正确地引导全国公共服务体系的均衡发展。相对于城市显得极为落后的乡村公共服务体系，在相当一段时期内，其建设方向显然为农户提供与市民大体均衡的公共服务——公共服务的均等化。

1. 公共服务均等化及其含义

公共服务是指政府利用公共权力或公共资源，为促进居民基本消费的平等化，通过分担居民消费风险而进行的一系列公共行为。一般地，居民消费风险主要包括三种：①可及性风险，即有钱也买不到的风险，如洁净的水和空气、治安等；②可获得性风险，即买不起的风险，如食品、教育、医疗、养老等，如果没有支付能力就不能消费；③信息不对称风险，如食品、药品的质量，以及医疗、教育的质量等，由于受知识分工的限制，人们对这些消费品的质量和安全性是难以弄清楚。显然，这三种风险直接影响到公众的消费水平和消费质量，从社会层面来看，往往导致消费严重不平等，因此，需要政府对居民的消费风险提供保障。

政府利用公共权力或公共资源生产或提供公共服务，其范围往往受政府财政能力的限制，其覆盖面并没有一成不变的模式。从世界各国的经验来看，大体由人们普遍所认可的基本公共服务基础之上，随着社会经济的不断进步而拓展。所谓基本公共服务，可从两个方面予以界定，一是从消费需求的层次看，与低层次消费需求有直接关联的公共服务即为基本公共服务；二是从消费需求的同质性看，人们的无差异消费需求属于基本公共服务。在《中共中央关于构建社会主义和谐社会若干重大问题的决定》中，按列举法所列出的基本公共服务包括由政府财政提供的教育、卫生、文化、社会保障和公共基础设施等方面的服务。可见，基本公共服务不是抽象的东西，它与每一个社会成员都有密切的关联。

需要说明的是，公共服务均等化不是平均化。均等化体现的是以人为本与社会和谐的社会价值观和政策理念，是在人的基本需求层次——民生的公共服务领域实现公平，其本质上是人的权利均等化。一般而言，均等化具体体现在基本生存权、基本受教育权、基本就业权、基本居住权和基本健康权等领域的公共服务均等化。均等化不是强制性的平均性，它是以人的自由选择权为前提的，对于政府提供的均等公共服务，居民有自由选择的权利，可以选择，也可以不选择。居民可通过自己的支付能力状况，通过付费享受高于政府基本标准的公共服务。例如，为小孩选择服务标准高的私立学校、支付商业保险享受更全面的社会保障，等等。当然，当代乡村公共服务供给的滞后，一定程度上制约了农户的选择权力，从这个意义上讲，推进公共服务均等化，在乡村更加刻不容缓。

2. 基于公共服务均等化的政策指引

（1）空间均衡。空间均衡包括两层含义，其一主要针对公共服务生产或提供的“城市偏向”所造成的城乡公共服务的不均衡，即要适度加大乡村公共服务的力度，结合乡村经济社会发展的实际，有步骤地实现公共服务的城乡对接，逐步实现公共服务生产或提供的城乡一体化；其二主要针对公共服务在村镇空间配置上“生产空间偏向”所造成的村镇空间的不均衡，即在维持与提高生产性公共服务水平的基础上，加大生活与生态性公共服务的提供，切实落实新农村建设的 20 字方针，以乡村公共服务的村镇空间配置均衡为契机，推动新农村的建设步伐。

（2）有约束的分级付费责任。没有约束的付费机制将使乡村公共服务提供陷入困境。建立健全有约束的付费机制主要用以防止付费责任的不恰当转移，包括中央政府向地方政府的转移、地方政府向基层政府或向农户的转移。严格的付费责任要建立在明确公共服务（或产品）的属性特征、外部性、费用大小在各级之间按职责相符的原则予以建立。这方面，已有诸多研究论及，一般认为通过明确政府职能，皆能予以合理界定，问题的难点在于建立起与政府职能转变相匹配的公共财政体制。就现实而言，20 世纪 90 年代的财税体制改革使基层政府财政陷入“吃饭”财政窘境。因此，在建立与完善公共财政体制之前，须在确定分级付费责任后，通过财政转移支付制度对相应的分级付费责任予以保证。

（3）激励兼容。激励兼容直接影响政策的有效性，即政府目的能否达到决定于政策本身的激励兼容性。乡村公共服务生产与提供，涉及经济主体众多，服务（或产品）属性各异，同时公共服务体系也比较复杂，这些造成政策获得激励兼容性不易。乡村公共服务的生产与提供获得激励相容性，必然结合上述特点，遵循一些基本准则。一是尽力与市场机制相协调，即公共服务的生产与提供不能变成变相的政府生产与提供，要健全公共服务生产与提供市场，尽力让市场发挥资源配置的基础性作用；二是尽力与社会服务组织协调，即在乡村公共服务生产与提供主体的建设中，要培育壮大社会服务组织，并且向这些社会服务组织让渡部分政府原先承担的服务职能，从而增强服务的多样性，提高服务效率；三是尽量与农户行为协调，即适应小农经营的农业生产与生活方式，让公共服务的触角能够与高度分散的农户需求统一起来。

12.4.3　乡村公共服务配置的管治方略

公共服务（或产品）的外溢性特征，决定了政府必须对其生产或提供予以一定程度的管治，保证公民获得多样的、数量充足的、质量较高的公共服务。而乡村公共服务的生产与提供是一个过程。因此，对其管治，我们认为因是一种“过程管理”或“过程管治”。

1. 完善政策过程

村镇空间布局与乡村公共服务供给事关农业、农村与农民这个全国上上下下都关注的“三农”问题的方方面面，相关的政策也关系到各方面的利益，特别是农民的利益，因而政策的出台必须避免武断地决策并强制推行。我们认为，要将村镇空间布局与乡村公共服务配置政策设计好、推行好，受到广大农民的欢迎，要从参与、规划、制定落实三个方面科学地完善政策制定的程序。

（1）公共参与。村镇空间和乡村公共服务的配置与整个农村社会经济发展的相互关系，需要政策制定者深刻认识，并促使他们在政策制定时更加注重公众的意见。除了直接面对农民的调查，还可与长期关注村镇空间与乡村公共服务问题的团体、协会和专家学者接触，征求他们的意见，综合整理后形成决策的依据。可以说，真正有特色的，可以与各地实际相结合的政策方案，不经过广泛的公共参与，不发动起相应的涉农主体的积极性和参与精神是很难制定出来的。

（2）规划评价。村镇空间与乡村公共服务配置的管治政策还必须基于科学的规划与评价基础之上。它涉及乡村生产、生活和生态空间的规划及其评价。规划方面，包括村镇布局总体规划、村镇产业规划、村镇基础设施建设规划（包括农田水利、交通通信、供水供电、环卫设施等）、村镇环境生态规划；评价方面，包括经济评价、环境影响评价。规划的作用在于制定一个蓝图，从而让政策制定更具有针对性。

（3）政策制定与落实。政策的制定与落实对村镇空间与公共服务配置来说，由于涉及部门众多，包括农业部门、环境部门、交通部门、商业部门、卫生部门、建设部门，等等。因此，还需要建立起相应的责任分配与协调机制，其关键在于能够在制度方面建立起一个一体化的程序与平台，包容众多部门的力量，权责分明，上下一体，尽量减少政策执行过程的摩擦与矛盾，形成合力，让政策能够真正贯彻落实。

2. 复合政策手段

事实上，村镇布局与公共服务的调整与优化涉及的范围及其所要达到的目的决定了其必须尽可能使用复合型的政策手段，让每种手段发挥其作用。在实践中最重要的主要包括经济手段、法律手段和咨询手段三种，经济手段侧重于从经济利益方面进行引导，法律手段侧重于从制度方面予以规制，咨询手段侧重于教育与劝说。将三者有机结合起来，有利于最大限度地发挥各种政策的效力。

（1）经济手段。传统的观点认为，农民对经济刺激没有反应或反应弱。这种看法现在看来是不合时宜的。农民能够对不同产品的相对收益率的变化和用于它们生产的活动费用变化作出反应。因而经济手段是一个重要的影响村镇布局与公共服务优化的工具，它既能够影响生产空间配置，如通过价格支持手段；也能影响生活空间配置，如通过补贴手段，同样能够影响生态空间配置，如通过征税与罚款的手段。但是，各种手段之间可能存在一些相互影响，鼓励生产专业化空间配置的价格支持手段，可能引致集约型农业的大面积扩张，促使农民在有限的土地内施用大量化肥，在长期内造成土地肥力下降并造成营养流失，污染水源。因此，在运用经济手段的过程中，需要注意其对生产、生活与生态空间优化的交叉影响。一般来说，经济手段主要包括：①产品价格或其他用于生产支持的安排，主要是影响生产空间的。针对当前存在的主要问题，包括畜牧业的规模养殖和乡镇企业的发展所带来的生产空间带来生活、生态空间恶化，各地应减少对“生产支持”的各种政策安排，让生产反映其正常的生产成本，回归到市场价格力量的引导配置上来。②补贴、收费和征税。村镇布局与公共服务配置中的多项重要内容，包括引导人口适当的集聚，强镇强中心村，提升农村的生活空间（改善道路、供水供电、厨房卫生条件等）需要综合运用这些政策，特别是补贴政策；而当前的一些引致农业生态空间恶化的补贴政策应该取消，如农业化学投入品（化肥、农药）等补贴（它导致其过量使用）；为使农村一些公用事业能够长期生存（上述的供水等），则考虑以成本定价的方式结合超量定价来收费，以提高资源的利用率等。

（2）法律手段。经济手段是一种利益引导，尊重农民的自由选择权。而法律手段是一种强制工具。村镇空间布局与公共服务配置的优化需要在几个方面加强法律这种强制工具的作用。第一，是关于一户一宅，规范宅基地的使用，限制宅基地占有农田；第二，是进一步完善土地承包制方面的立法，具体包括土地流转与农地征用方面，让土地流转与农地征用能够有效连接起来，通过立法引导与规范市场的力量，限制行政强制的力量；第三，是关于农业投入品的使用标准，尽量与国际接轨，促使农业投入品（化肥、农药、地膜等）生产商严格按照环境标准的要求向农民提供产品；第四，是建立起畜牧业粪便处置的强制标准，要求畜牧业业主修建一定容量的储存设施，并不得随意向周边环境载体排放，做到畜禽养殖的点源控制化；第五，关于农民非农化后的国民待遇，主要包括户籍管理、社保管理等方面的内容，以有效地引导农民进城，加快人口的集聚化过程。

（3）咨询手段。咨询手段是经济手段和法律手段的有效后盾。从最终效果来看，农民对通过村镇布局与公共服务配置改善与提升生产、生活与生态空间配置的态度与接纳程度依赖于鼓励与引导。这一途径主要涉及教育与劝说两个方面。通过教育能够改变人们的知识结构与责任意识；通过劝说能够减少政策执行的阻力，如农业非点源污染要从源头上找出是谁制造了污染，是一件成本非常高昂的事情，但通过教育与劝说，诉之以利害关系，则可以使农民认识到自身行为的危害而自觉地科学使用化学、农药，减少过量行为，这种途径不仅能带来生产、生活与生态空间品质发送的好处，而且也能为农民带来长久的经济效益。

3. 强化政策创新

由于村镇布局与公共服务配置的优化涉及面过广，许多问题都非常复杂，因而必须在政策层面上加强创新力度。这里根据我国村镇布局与公共服务提供的现实与趋势，选择了土地流转与整理、村镇公共物品统筹供给、村镇生态环境保护和村镇社区建设四个的内容，给出相应的政策创新建议。

（1）土地流转、整理与村镇布局调整。土地政策是农村各项政策的核心，直接关系农民的权益与切身利益。土地政策包括土地流转与土地整理两个方面，这两个方面都影响“生产空间”的建设与优化。当前，农村土地流转的主要使命是如何将农民的个人理性引导到村镇生产空间布局的集体理性上来。在土地整理方面，则是通过土地整理实现动态的“土地平衡”。我们认为，村镇布局中的土地整理政策可以与土地流转政策统一起来考虑，将其作为土地流转的一部分，并在此基础上，加以政策创新。

“宅基地”置换“住房面积”。毋庸置疑，我国农业的根本出路在于减少农民，同时在人多地少的国情约束下，尽量引导人口的集聚是节约土地的好办法。当前，限制农民进中心村进镇的一个非常现实的问题是其居住问题，另外，就是其原有“宅基地”的处理问题。所谓以“宅基地”置换“住房面积”，指的是对一些主要从事非农化工作并且有意愿到镇和中心村里居住置业的农民，在他们放弃其“宅基地”使用权的条件下，按土地流转的价格折算给农民，无偿地为其在镇（或中心村）提供同等价格信房面积的房子（不足的补足现金，超出面积的由其自己负担），其原有宅基地归集体所有。

村民跨村组建房政策。如果说第一项政策是应用于农民进镇，那么这一政策则适用于推进中心村的建设。按现有宅基地使用政策，村民建房一般只能在其村有土地上建房，这造成中心村难以做大。应该按照农村现有自然村的分布及其人口、农地分布情况，合理规划选址，允许村民跨村组建房，其宅基地面积与其旧房宅基地面积无偿置换，置换后的旧房划归村集体，由村集体统一重新发包。

集体土地流转政策。改变当前对集体土地使用的单一“征用”政策，创新在农村剩余劳动力转移过程中必然出现的土地流转权问题，在吸收承包土地转包、倒包等农民自发创新出来的土地使用制度的优点的基础上，创新集体土地流转政策，使农民的承包地能够成为其非农化过程中的第一笔启动资本。

土地整理政策。用足用活土地整理政策，将土地整理政策与村镇发展相结合，促进土地整理工作逐步从以农地整理为主向建设用地为主转变，把工作重点放到村庄发展与建设上来。同时，做好建设用地指标调剂，优先给予土地整理、宅基地整理和土地立项开发，盘活土地，真正将土地整理这项工作办成集约用地、节约用地的好方法。

（2）公共服务统筹供给与村镇布局优化。区域共建共享。按照城乡一体，区域共建共享的原则，从整体角度进行农村公共服务（或产品）的合理配置和建设，优化农村生产生活条件。这项政策要求在公共服务（或产品）的提供过程中，不能着眼于自然村（或行政村），而应该从区域的角度结合村镇布局的优化来统筹安排道路、供水、供电、排污、通信、垃圾处理等基础设施，以及教育、卫生、文化、体育等社会公共设施建设，扩大资源共享度，提高投资效益。例如，城镇近郊区农村基础设施可以依托城镇基础设施配套优势通盘考虑；而一些有条件的村镇可以联合起来共同建设基础设施。在农村公共服务（或产品）的提供过程中，还要避免单纯着眼于“通达率”等指标，一些要撤并的边远村庄和人口稀少的居民点，是没有必要花过大代价建设这些基础设施的。

公共品提供政策。将公共产品提供与生产区别开来，更好地发挥政府在提供公共品方面的作用，也就是说农村公共产品的提供，政府并不需要自己去生产，它既可以自己组织生产，也可以运用补贴、付费等方式将这些产品委托给其他经济主体进行生产。由于农村基础设施建设涉及面广，任务重，所需建设资金极大，要充分利用市场机制，根据基础设施为准公共产品的性质和特点，使建设资金来源多元化。对于那些使用范围限于本社区具有“俱乐部”性质的农村基础设施，可以按照“一事一议”的原则由本社区的居民根据受益程度来分摊、集资；对于那些可以通过收费进行排他的设施，通过产权改革引导社会资金流入，充分发挥私人或企业的作用，由私人或企业出资建设。此外，政府还可以利用财政贴息等办法利用金融手段为农村基础设施融资，获得初始投入，建成后再通过收费、税收、分摊等原则来偿还贷款。

（3）村镇布局中的生态环境保护。费率政策。这里主要针对农村工业化进程中所出现的工业污染与农民日常生活中所形成的生活污染。对工业污染，要通过规制手段要求按产业链条集中起来，然后加大监管力度，集中治理污染，贯彻国家的各项污染排放政策；对农民日常生活所形成的生活污染按照镇集中处理的原则建立起“集、运、处”的农村垃圾处理系统，所需费用由村集体通过“一事一议”的办法解决，同时政府给予一定的补贴。

补贴政策。主要针对两类对象，一是农户污染少的新能源（如沼气），二是农户投入有机肥（绿肥）的补贴。大力推进“猪沼”循环的小型家用沼气系统，对农户建设沼气池予以补贴；宣传推广农户使用有机肥，栽种绿肥，在村集体的带领下，由村民实话相互监督，最终如果村周边地表水营养化程度达标，即给予全村奖励，奖励费用并专项投入全村环境卫生设施的管理，即上述的收费项目（垃圾处理的集运处系统），解决非点源污染监督成本过高所引起的激励问题。

自愿行动。村镇生态环境在一定意义上是“三分建设、七分管理”，只有持之以恒、常抓不懈，才能保证有一个良好的生活、生活及生态环境，使农民长期得到实惠。可组织村庄研究完善村规民约或村民自治章程，将村镇管理制度化，对全体村民形成相应的约束。要求村集体探索建立村级环境日常管理队伍，并加强宣传教育，引导村民逐渐改变不良卫生习惯。

12.5　小　　结

在快速的城市化进程中，城乡差距的扩大不仅体现在农业产业的弱质性更弱、农民收入相对城市居民的低增长比率，也体现在村镇空间——乡村生产、生活与生态的空间品质相对城市的全方位下降。为抑制城乡差距的急剧扩大，以城乡“公共服务均等化”推进城乡一体化成为应有之义，即通过改进村镇公共服务体系建设来拓展农业产业的发展空间，改善农村公共品提供不足及农村生态环境不断恶化的状况，优化农村的生产、生活与生态空间品质。公共服务体系是整合村镇空间结构（生产、生活与生态空间）必不可少的纽带。

改革开放以来，我国村镇空间结构与公共服务配置发生了很多变化。在村镇生产、生活与生态空间配置上，我们可以看到与私人服务（或产品）相对应的空间配置及其效率，在生产空间上，表现出小农生产的高效率；在生活空间上，作为农户私人生活空间的居住状况不断得到改善；与农户私人生活空间相对应的生态空间（如房前屋后的生态配置，庭院经济仍表现出顽强的生命力与生产力）也在农户的精心打理下有着一定的改善。但是，乡村公共服务（或产品）的供给（或提供）当前严重滞后于农户自身对“三生”空间配置的需求，并相当程度上制约了农村生产力、生活条件与生态质量的提高。

中国乡村公共服务配置经过几十年，特别是改革开放后 30 年的发展，基本形成了以“生产空间”配置为核心，兼顾“生活空间”、“生态空间”服务配置的多层次公共服务体系与网络。但现有的公共服务体系与网络已不适应新形势的发展要求，必须将其与村镇空间结构的优化结合起来，围绕公共服务均等化进行科学规划，使其在维持与提高生产发展、农民收入水平及乡村生态环境质量方面发挥应有的作用。同时，乡村公共服务体系的建设要结合区域实际，注重政策过程，复合政策手段，加强政策创新，进而提高公共服务生产的管治水平。

参 考 文 献

阿马蒂亚·森. 2002. 以自由看待发展. 北京: 中国人民大学出版社

艾大宾, 马晓玲. 2004a. 中国乡村社会空间的形成与演化. 人文地理, 19(5): 56～59

艾大宾, 马晓玲. 2004b. 中国乡村社会空间的形成与演化. 人文地理, 19(5): 55～59

安虎森. 2005. 空间经济学原理. 北京: 经济科学出版社. 66

白呈明. 2003. 农民失地问题的法学思考. 人文杂志, (1): 127～132

毕于运. 1999. 中国土地占用八大问题. 资源科学, 21(3): 30～35

曹建云. 2003. 世界城市化的现状、特点及其发展趋势. 西北人口, (2): 52～54

曹利平. 2009. 农村劳动力流动、土地流转与农业规模化经营研究——以河南省固始县为例. 经济经纬, (4): 84～87

曹利群. 2000. 农村组织形态创新: 现状与问题. 农业经济问题, (10): 12～16

曹志宏, 郝晋珉, 梁流涛. 2008. 农户耕地撂荒行为经济分析与策略研究. 农业技术经济, (3): 43～46

车振宇. 2007a. 生态人居体系构成与建设路径. 辽宁大学学报自然科学版, 34(3): 286～287

车振宇. 2007b. 生态人居体系构成与建设路径. 辽宁大学学报自然科学版, 34(3): 287

陈方. 2013. 城乡关系: 一个国外文献综述. 中国农村观察, 6: 80～89

陈芳. 2008. 浅谈新农村建设规划设计思路. 广西城镇建设, (6): 87～89

陈光庭. 1999. 21 世纪中国城市发展的主要趋势. 北京社会科学, (3): 3～11

陈静, 郭伟, 张梦霞. 2010. 天津市新农村居住区建设可行模式分析. 北方经济, (11): 42～44

陈美球, 吴次芳. 2002. 我国小城镇土地利用问题剖析及其对策探讨. 中国农村经济, (4): 15～21

陈明杰. 1994. 乡村地区土地开发与环境生态保护研究——以德国为例. 台湾土地金融季刊, 31(2): 29

陈其春, 吕成文, 李壁成, 等. 2009. 县级尺度土地利用结构特征定量分析. 农业工程学报, 25(1): 223～231

陈瑞莲, 李学. 2004. 城乡二元结构理论与国内现实. 天津行政学院学报, (4): 19～23

陈雯. 2008. 空间均衡的经济学分析. 北京: 商务印书馆. 194

陈晓华, 张小林, 马远军. 2008. 快速城市化背景下我国乡村的空间转型. 南京师范大学学报(自然科学版), (3): 125～129

陈修颖, 叶华. 2008. 市场共同体推动下的城镇化研究——浙江省案例. 地理研究, 27(1): 33～44

陈颐. 1998. 中国城市和城市现代化. 南京: 南京出版社. 42～53

陈永林, 孙巍巍. 2007. 新农村建设中赣南乡村聚落空间结构的演变. 牡丹江师范学院学报(自然科学版), (4): 35～37

陈甬军. 2004. 中国为什么在 50 年代选择了计划经济体制. 中国经济史研究, (3): 48～55

陈瑜琦, 李秀彬. 2009. 1980 年以来中国耕地利用集约度的结构特征. 地理学报, 64(4): 469～478

成令波, 王志彬, 张利海. 2009. 对农村“空心村”情况的调查与思考. 探索, (3): 60～61

程久苗, 严登华, 俞华. 2003. 安徽省小城填发展中的土地利用问题及对策. 地理科学, 23(1): 122～128

仇保兴. 2008. 生态文明时代乡村建设的基本对策. 城市规划, (4): 15～16

仇保兴. 2009a. 生态文明时代的村镇规划与建设. 小城镇建设, (7): 10～17

仇保兴. 2009b. 生态文明时代的村镇规划与建设. 小城镇建设, (7): 13～17

崔禄春. 1999. 论“文化大革命”之前的知识青年上山下乡. 党史论坛, (3): 26～28

崔曙平. 2005. 如何构建新型城镇. 城乡建设, (2): 40～41

邓汉超. 2002. 试析我国目前农村经济组织的效率与演进趋势. 云南财贸学院学报, (5): 30～34

邓鸿勋, 陆百甫. 2004. 走出二元结构-农民就业创业研究. 北京: 中国发展出版社. 113～119

邓茂林. 2008. 城市人居环境评价的综述与展望. 统计与决策, (23): 148

邓先瑞. 2003. 长江流域乡村聚落环境及其可持续发展. 沙洋师范高等专科学校学报, (5): 49～53
段华平, 彭廷柏. 2001. 农业生态系统研究进展. 作物研究, 15(3): 42～46
樊杰. 1998. 中国农村工业发展在城镇化过程中的作用——对我国七个建制镇的实证研究. 地理科学, 18(2): 99～105
樊平. 2005. 关注农村阶层关系的新变化. 中国党政干部论坛, (9): 18～19
樊志全. 2007. 中华地籍五千年(五). 中国土地, (6): 62～64
范少言, 陈宗兴. 1995. 试论乡村聚落空间结构的研究内容. 经济地理, 15(2): 44～47
范少言. 1994. 乡村聚落空间结构的演变机制. 西北大学学报(自然科学版), 24(4): 295～298
方创琳. 2007. 快速城市化进程中的区域剥夺行为与调控路径. 地理学报, (8): 849～860
封志明, 杨艳昭, 宋玉, 等. 2003. 中国县域土地利用结构类型研究. 自然资源学报, 18(5): 552～561
冯丽. 2008. 城市化背景下的"空心村"现象及调控机制探讨. 理论界, (2): 174
高国威, 孟祥林. 2006. 中国城市化过程的东西比较. 内蒙古社会科学, (1): 113～117
葛雄灿, 张三庆. 2002. 农村居民点用地的调查与思考. 经济地理(增刊), 22: 100～104
宫玉波. 2006. 世界城市化发展特点之浅析. 现代商业, (5): 168～169
宫玉松. 1994a. 中国近代城乡关系简论. 文史哲, (6): 32
宫玉松. 1994b. 中国近代城乡关系简论. 文史哲, (6): 36
辜胜阻. 1993. 非农化及城镇化理论与实践. 武汉: 武汉大学出版社. 171～173
顾朝林. 2000. 经济全球化与中国城市发展. 北京: 商务印书馆. 151～157
关海庭. 1995. "文化大革命"中知识青年上山下乡运动述论. 当代中国史研究, (5): 68～74
郭玉亮. 2006. 改革开放以来农村社会阶层分化的现状与特征分析. 山东省农业管理干部学院学报, (5): 4～6
郭玉亮. 2008. 试论新时期农村社会阶层分化对社会发展的影响. 安徽农业科学, 36(6): 11590～11593
国家统计局. 1993. 中国统计年鉴(1993). 北京: 中国统计出版社
国家统计局. 1995. 中国统计年鉴(1995). 北京: 中国统计出版社
国家统计局. 2005. 中国统计摘要(2005). 北京: 中国统计出版社. 102
国土资源部. 2005. 土地整理工程设计. 北京: 中国人事出版社
哈斯金斯. 2008. 十二世纪文艺复兴. 张澜, 刘疆译. 上海: 上海三联书店. 1～2.
郝寿义, 安虎森. 1999. 区域经济学. 北京: 经济科学出版社. 43
何芳. 2004. 城市土地经济与利用. 上海: 同济大学出版社
何洪泽. 2003. 世界城市化的发展趋势. 人才建设和城市信息, (4): 75
何兴华. 2001. 管治思潮及其对人居环境领域的影响. 城市规划, (9): 7～12
何一民. 2004. 近代中国城市发展与社会变迁. 北京: 科学出版社. 415
河南大学环境与规划学院. 1998. 区域发展新透视. 开封: 河南大学出版社. 238
贺振华. 2006. 农户兼业及其对农村土地流转的影响——一个分析框架. 复印报刊资料: 农业经济导刊, (8): 36～41
洪亘伟. 2008. 农村空间发展影响因素研究. 苏州科技学院学报(工程技术版), 21(4): 52～55
洪明, 徐逸伦. 2001. 我国小城镇管治研究初探. 城市规划, (9): 37～40
侯军岐. 2003. 论农业产业化的组织形式与农民利益的保护. 农业经济问题, (2): 51～54
胡涵钧, 俞萌. 2001. 环境经济研究的福利标准. 复旦学报(社会科学版), (2): 51～56
胡琼阁. 2005. 对当前农村社会阶层分化的探析. 兰州学刊, (2): 202～203
胡世明, 张海鹏. 2010. 工业化进程中乡镇企业发展的资源消耗评价. 经济与管理, 24(1): 5～9
胡伟, 冯长春, 陈春. 2006. 农村人居环境优化系统研究. 城市发展研究, 13(6): 11～17
华淑华. 2009. 世界城市化的历史进程与一般规律. 黑龙江史志, (10): 27～28
季先峥. 2005. 论城乡一体化. 河南农业, (3): 46

姜爱林. 2002. 新中国成立以来城镇化发展的历史变迁. 河南大学学报(社会科学版), (9): 80～83
姜斌, 李雪铭. 2007. 世界城市化模式及其对中国的启示. 世界地理研究, (3): 40～45
姜广辉, 张凤荣, 秦静, 等. 2006. 北京山区农村居民点分布及其变化与环境关系分析. 农业工程学报, 22(11): 85～92
姜广辉, 张凤荣, 谭雪晶. 2008. 北京市平谷区农村居民点用地空间结构调整. 农业工程学报, 24(11): 69～75
蒋一军. 2001. 土地整理与小城镇建设. 小城镇建设, (3): 11～21
金春明. 1995. 《"文化大革命"史稿》. 成都: 四川人民出版社. 320
金丽馥, 周德军. 2001. 中国农村土地制度演变的 80 年. 江苏理工大学学报, (2): 7～12
金铭. 2012. 地球荒漠化威胁人类生存. 生态经济, (9): 12～17
金其铭. 1988. 农村聚落地理. 北京: 科学出版社
金晔. 2006. 当前农村社会阶层分化现象刍议——以西南地区 H 村为中心的考察. 华中农业大学学报(社会科学版), (4): 41～44
孔繁金. 2007. 农村阶层分化对和谐社会构建的影响. 理论探讨, (4): 24～26
赖扬恩. 2002. 我国农村工业化的现实基础与深化对策. 福建论坛(经济社会版), (2): 32～35
雷国平, 宋戈. 2006. 城镇土地集约利用的潜力计算与宏观评价. 学习与探索, (6): 184～187
雷蒙·威廉斯. 2013. 乡村与城市. 韩子满等译. 北京: 商务印书馆
李保东, 王黎锋. 2007. 论建国后中国土地制度的演变——基于农民土地观的分析. 武汉职业技术学院学报, 20(2): 44～46
李兵弟. 2006. 对改善农村人居环境状况的思考. 北京建筑工程学院学报, 22(4): 1～4
李健娜. 2006. 乡村人居环境评价研究. 中国生态农业学报, 14(3): 192～195
李克强. 1991. 论我国经济的三元结构. 中国社会科学, (3): 65～82
李立. 2007a. 乡村聚落: 形态、类型与演变——以江南地区为例. 南京: 东南大学出版社. 42
李立. 2007b. 乡村聚落: 形态、类型与演变——以江南地区为例. 南京: 东南大学出版社. 40
李立. 2007c. 乡村聚落: 形态、类型与演变——以江南地区为例. 南京: 东南大学出版社. 71
李立. 2007d. 乡村聚落: 形态、类型与演变——以江南地区为例. 南京: 东南大学出版社. 81
李立. 2007e. 乡村聚落: 形态、类型与演变——以江南地区为例. 南京: 东南大学出版社. 36～37
李立. 2007f. 乡村聚落: 形态、类型与演变——以江南地区为例. 南京: 东南大学出版社. 132～136
李立. 2007g. 乡村聚落: 形态、类型与演变——以江南地区为例. 南京: 东南大学出版社. 144～148
李立. 2007h. 乡村聚落: 形态、类型与演变——以江南地区为例. 南京: 东南大学出版社. 168～169
李立. 2007i. 乡村聚落: 形态、类型与演变——以江南地区为例. 南京: 东南大学出版社. 167～168
李立. 2007j. 乡村聚落: 形态、类型与演变——以江南地区为例. 南京: 东南大学出版社. 119～120
李泉. 2005a. 中外城乡关系问题研究综述. 甘肃社会科学, (4): 207
李泉. 2005b. 中外城乡关系问题研究综述. 甘肃社会科学, (4): 210～211
李双江, 邢晨. 2012. 农业区域战略环境影响评价中生态风险评价指标体系研究. 环境科学与管理, 37(7): 153～158
李王鸣等. 2000. 中外人居环境理论与实践发展述评. 浙江大学学报理学版, 27(2): 205～211
李尉生, 李志学. 2008. 乡村新变化与乡村规划新思维, (8): 131～134
李小建. 1999a. 经济地理学. 北京: 高等教育出版社. 188～191
李小建. 1999b. 经济地理学. 北京: 高等教育出版社. 27
李学鑫, 罗丽丽, 苗长虹. 2000. 河南省乡村—城市转型的区域差异研究. 地域研究与开发, 19(3): 32～35
廖丹. 2011. 析我国新型农村金融机构的发展前景. 中国市场, (7): 60～62
廖洪兰, 廖高平. 2006. 试论农村阶层分化对构建社会主义和谐社会的影响. 时代教育, (12): 146～147

林德荣. 2007. 国内农业产业化经营组织研究. 安徽农业科学, 35(26): 8383～8385
林浣芬. 1995. 我国计划经济体制的基本形成及其历史特点. 党的文献, (2): 38～43
刘传江, 李雪. 2002. 农业规模经营的决定因素与国际经验. 农业经济导刊, 2(2):35～39
刘洪彪, 甘辉. 2008. 新农村建设中“空心村”的整治. 农业现代化研究, (9): 586～589
刘洪彬, 于桂娥. 2008. 从空间区位看我国城乡协调发展的困局及选择. 上海经济研究, (6): 15～20
刘君德. 1996. 中国行政区划的理论与实践. 上海: 华东师范大学出版社. 128～132
刘黎明, 杨琳, 李振鹏. 2006. 中国乡村城市化过程中的景观生态学问题与对策研究. 生态环境, 15(1): 203
刘倩, 赵慧峰, 苏红娟, 等. 2007. 治理“空心村”提高土地复耕率对策研究. 农业科技管理, 26(4): 63～65
刘青松. 2003. 农村环境保护. 北京: 中国环境科学出版社
刘邵权. 2006a. 农村聚落生态研究——理论与实践. 北京: 中国环境科学出版社. 28
刘邵权. 2006b. 农村聚落生态研究——理论与实践. 北京: 中国环境科学出版社. 29
刘盛和. 2004. 中国城市化水平省际差异的成因探析. 长江流域资源与环境, (11): 530～535
刘石吉. 1987. 明清时代江南市镇研究. 北京: 中国社会科学出版社
刘世锦. 2004. 用新发展观统筹解决我国经济社会发展中的重要矛盾. 经济与管理研究, (1): 59
刘晓梅, 雷祺. 2009. 基于长尾理论的中国农村市场开拓策略. 经济理论与经济管理, (6): 65～68
刘新卫, 张定祥, 陈百明. 2008. 快速城镇化过程中的中国城镇土地利用特征. 地理学报, 63(3): 301～310
刘应杰. 1996a. 中国城乡关系演变的历史分析. 当代中国史研究, (2): 7
刘应杰. 1996b. 中国城乡关系演变的历史分析. 当代中国史研究, (2): 6
刘应杰. 1996c. 中国城乡关系演变的历史分析. 当代中国史研究, (2): 8
刘祖华. 2007. 中国乡村治理结构的现代转型逻辑. 中共南京市委党校南京市行政学院学报, (4): 39～42
卢荣善, 远秀. 2009. “市大镇”为载体引导资源流向——中国城乡协调发展的一种新思路. 经济学动态, (6): 1～7
陆学艺. 2002a. 邓小平理论与当代中国社会阶层结构变迁. 北京: 经济管理出版社. 18
陆学艺. 2002b. “三农论”——当代中国农业、农村、农民研究. 北京: 社会科学文献出版社. 393
吕红平. 2001. 农村家族问题与现代化. 石家庄: 河北大学出版社. 216～221
吕炜, 王伟同. 2008. 发展失衡、公共服务与政府责任——基于政府偏好和政府效率视角的分析. 中国社会科学, (4): 52～64
吕新发, 耿幸宏. 2014. 试论城镇化定理及其内在机制. 中央社会主义学院学报, (2): 22～26
罗宏翔, 哈顺. 2005. 乡镇撤并与农村空间结构优化. 财贸经济, (4): 91～94
罗静. 1995. 信息网络与农村空间结构优化. 信阳师范学院学报, 8(3): 325～329
罗亮. 2010. 西藏林芝地区生态循环农业发展的实证研究. 中国新技术新产品, (16): 211
罗小龙, 张京祥. 2001. 管治理念与中国城市规划的公众参与. 城市规划汇刊, (2): 59～62
罗雅丽, 张常新. 2009. 村镇空间结构理论研究综述. 经济研究导刊, (12): 150～151
罗志刚. 2004. “人居环境系统”微观形态的层级进化规律初探——基本单元的分化与再组织. 规划师, 20(10): 96
马从辉. 2002. 我国城乡居民收入差距原因分析. 经济学家, (4): 30～35
马达文. 2012. 破解农业现代化进程中的生态环境问题——湖北稻田高效生态种养的实践与功效. 中国水产, (8): 30～32
马刚, 李海宇, 徐逸伦. 2005. 城市土地潜力分析——以南京市为例. 地理与地理信息科学, 21(3): 56～59

马平轩. 2007. 优化农村人才开发环境的思考. 河南农业科学, (8): 14

马远军, 张小林, 李凤全, 等. 2006. 我国城乡关系研究动向及其地理视角. 地理与地理信息科学, (3): 78～84

毛其蟹. 2001. 城镇基础设施与规划. 小城镇建设, 7(7): 8～9

毛泽东. 1977a. 毛泽东选集(第5卷). 北京: 人民出版社. 247～248

毛泽东. 1977b. 毛泽东选集(第1卷). 北京: 人民出版社. 277～278

孟祥林. 2008. 城市郊区化: 世界城市化的发展趋势分析. 嘉兴学院学报, (1): 51～58

苗长虹, 樊杰, 张文忠. 2002. 中国农村工业发展: 一个综合区位分析框架. 地理研究, 21(1): 125～133

苗长虹. 1997a. 中国农村工业化对经济发展的贡献. 经济地理, 17(2): 60～64

苗长虹. 1997b. 我国城乡工业联系及协调发展研究. 地理研究, 16(2): 30～37

苗长虹. 1998. 乡村工业化对中国乡村城市转型的影响. 地理科学, 18(5): 410～416

苗长虹. 2007. 欧美经济地理学的三个发展方向. 地理科学, 27(5): 617～623

牟宗国, 滕兆青, 卜祥艳, 等. 2006. 对建国初期我国计划经济体制的再认识. 哈尔滨职业技术学院学报, (4): 12～13

宁艳梅, 周文元, 曾晓妹, 等. 2008. 湖南省衡南县土地利用结构的区域差异分析. 热带地理, 28(2): 172～176

宁越敏, 查志强. 1999. 大都市人居环境评价和优化研究——以上海市为例. 城市规划, (6): 15～20

牛若峰. 2002. 中国农业产业化经营的发展特点与方向. 中国农村经济, (5): 4～12

欧健. 2000. 知识青年上山下乡的回顾与思考. 洛阳农业高等专科学校学报, (12): 61～62

欧雄, 冯长春, 李方. 2007. 城镇土地利用潜力评价——以广州市天河区为例. 地域研究与开发, 26(5): 100～104

潘九根, 钟昭锋, 曾力. 2006. 我国城乡二元结构的形成路径分析. 求实, (12): 68～70

彭勃, 金柱演. 1999. 国家与乡村社会关系的发展沿革: 资源——体制框架的可行性分析. 中共福建省委党校学报, (1): 17

彭建超, 徐春鹏, 吴群, 等. 2008. 长三角地区城市土地利用集约度区域分异研究. 中国人口资源与环境, 18(2): 103～109

祁新华, 程煜, 陈烈. 2007. 大城市边缘区人居环境系统特征研究. 亚热带资源与环境学报, 2(3): 63～68

齐友发, 蔡梦筠. 2007. 浅议乡镇企业发展与农村城镇化. 农业经济, (7): 77～78

钱忠好. 2009. 非农就业是否必然导致农地流转. 新华文摘, (2): 52～55

乔家君. 2005. 区域人地关系定量研究. 人文地理, (1): 81～85

乔忠, 王敬华. 2003. 我国小城镇发展状况、对策与展望. 中国农业大学学报(社会科学版), (1): 22～27

秦岭. 2000. 农村城镇化滞后的主要根源及发展战略的选择与创新. 中国农村经济, (12): 41～46

曲格平. 2002. 关注生态安全之二: 影响中国生态安全的若干问题. 环境保护, (7): 3～6

任志军. 2003. 从世界城市化的一般规律看我国的城市发展. 市场经济研究, (3): 52

邵西梅. 2005. 我国城乡二元结构变迁的历史探索. 安徽农学通报, (6): 13～14

沈兵明. 2000. 村镇土地利用总体规划中建设用地配置的几个问题探讨——以浙江省为例. 经济地理, 20(5): 72～74

沈志华. 2007. 浅论20世纪50年代的农业合作化运动. 中南财经政法大学研究生学报, (4): 95～98

施坚雅. 1998a. 中国农村的市场和社会结构. 北京: 中国社会科学出版社. 6～7

施坚雅. 1998b. 中国农村的市场和社会结构. 北京: 中国社会科学出版社. 22

施坚雅. 1998c. 中国农村的市场和社会结构. 北京: 中国社会科学出版社. 128

施坚雅. 1998d. 中国农村的市场和社会结构. 北京: 中国社会科学出版社. 107～108

石霞. 1999. 走向市场-欠发达地区农村市场化研究. 北京: 中国农业出版社. 14～19

石忆邵. 2003. 城乡一体化理论与实践: 回眸与评析. 城市规划汇刊, (1): 49～54

世界银行. 2003. 2003 年世界发展报告: 变革世界中的可持续发展. 北京: 中国财经出版社. 87～88

世界银行. 2009. 2009 年世界发展报告: 重塑世界经济地理. 北京: 清华大学出版社. 3～4

宋磊, 董捷. 2005. 浅谈中国农村土地制度变迁. 南方农村, (1): 12～16

苏雪串. 2003. 中国的城市化与二元经济转化. 北京: 首都经济贸易大学出版社. 83～103

孙家烈. 2011. 我国水土流失问题与防治对策. 中国水利, (6): 16

孙跃杰, 叶苹, 王勇. 2008. 中部地区农村人居环境改善问题探析. 安徽农业科学, (24): 10459～10460

孙自铎. 1996. 试论中国发展中的“二元结构”及其矫正. 农业经济研究, (4): 47

谭静. 1996. 农业产业化研究进展综述. 中国农村经济, (10): 33～39

汤怀志, 吴克宁, 黄勤, 等. 2008. 基于土地利用系统分析的区域土地集约利用研究——以江西省高安市为例. 财贸研究, 19(2): 7～14

汤茂林. 2003a. 20 世纪 90 年代第三世界城市化研究. 城市, (1): 40～42

汤茂林. 2003b. 对小城镇合理用地的思考——以江苏省为例. 城市规划, 27(7): 32～35

唐旭, 刘耀林, 赵翔, 等. 2009. 城镇土地利用潜力评价方法研究. 中国土地科学, 23(2): 64～70

唐志军, 王玉霞. 2008. “空心村”形成的深层次原因及其治理——对湖南永州市农村的调查与思考. 中国发展观察, (3): 42～45

陶林. 2008. 改革开放三十年与我国农村土地制度的变迁. 产业与科技论坛, 7(9): 25～27

藤田昌九, 雅克-弗朗科斯·蒂斯. 2004. 集聚经济学. 刘峰等译. 成都: 西南财经大学出版社. 40～49

田光进, 刘纪远, 庄大方. 2003. 近 10 年来中国农村居民点用地时空特征. 地理学报, 58(5): 651～658

田文玲. 2009. 加大对“老少边穷”农村公路投资和技术支持力度. 中国老区建设, (8): 4～4

童荣萍. 2006. “空心村”现象的科学认识及治理. 农业经济, (10): 23～26

涂军平, 黄贤金. 2007. 区域农地流转与农产品商品化率关系分析——以江苏省宝应县农户调查为例. 中国农村经济, (2): 35～39

汪涛. 1999. 转型中的苏南小城镇社会空间演化初探. 城市研究, (4): 19～21

王成新, 姚士谋, 陈彩虹. 2005. 中国农村聚落空心化问题实证研究. 地理科学, 25(3): 257～262

王国恩, 黄小芬. 2006. 城镇土地利用集约度综合评价方法. 华中科技大学学报(城市科学版), 23(3): 69～74

王红艳. 2005. 农民阶层分化对农村社会的政治影响. 农村·农业·农民(A 版), (1): 12～13

王继宏, 杨西潭, 霍海涛. 2006. 集约拓天地——南阳市节约集约用地纪实. 河南国土资源, (11): 20～21

王景嶬. 2003. 我国农村产业结构的变化和发展状况. 锦州师范学院学报(哲学社会科学版), 25(3): 72～74

王开泳, 肖玲. 2005. 城市空间结构演变的动力机制分析. 华南师范大学学报(自然科学版), (1): 116～122

王黎明. 1997. 面向 PRED 问题的人地关系系统构型理论与方法研究. 地理研究, 16(2): 38～44

王明美. 2006. 城市化: 世界潮流与中国的差距. 江西社会科学, (3): 139～145

王世元. 2006. 认清新形势明确新任务努力开创土地开发整理工作新局面. 国土资源通讯, (10): 38～42

王婷婷, 蒋知栋, 杨耀淇, 等. 2013. 农村生态文明建设中的环境污染问题与治理对策. 贵州农业科学, 41(10): 203～208

王伟光. 2006. 建设社会主义新农村的理论与实践. 北京: 中共中央党校出版社. 213

王卫华, 陈家芹. 2007. 国外小城镇的发展模式. 中国农村科技, (7): 55～56

王筱明, 吴泉源. 2001. 小城镇土地集约利用研究. 中国人口、资源与环境, 37～38

王银芹, 谢云. 2007. 对建国以来湖北农业人口城镇化转移的历史分析——以孝感市农村为例. 湖北社会科学, (6): 77～79

王永华. 2002. 建国以来我国农村土地制度演变的历史考察. 鞍山钢铁学院学报, 25(5): 388～392
王玉贵, 娄胜华. 2006. 当代中国农村社会经济变迁研究. 北京: 群言出版社. 492～497
王跃, 陈亚莉. 2005. 苏州城郊村镇分布特征. 地理学报, 60(2): 229～236
王智平. 1994. 村落生态系统分布特征和模式探讨. 农村生态环境(学报), 10(1): 6～8
吴传钧. 1991. 论地理学的研究核心——人地关系地域系统. 经济地理, 11(3): 1～6
吴怀连. 1991. 农村社会学. 合肥: 安徽人民出版社. 77～108
吴志强, 蔚芳. 2004. 可持续发展中国人居环境评价体系. 北京: 科学出版社
武力. 2007a. 1949—2006 年城乡关系演变的历史分析. 中国经济史研究, (1): 24
武力. 2007b. 1949—2006 年城乡关系演变的历史分析. 中国经济史研究, (1): 30
武力. 2007c. 1949—2006 年城乡关系演变的历史分析. 中国经济史研究, (1): 23～31
肖文韬, 宋小敏. 2001. 论空心村的成因及对策. 农业经济, (9): 16～19
谢志强, 姜典航. 2011. 城乡关系演变: 历史轨迹及其基本特点. 中共中央党校学报, 15(4): 68～73
邢谷锐, 徐逸伦, 郑颖. 2007. 城市化进程中乡村聚落空间演变的类型与特征. 经济地理, (11): 932～935
熊汉富. 2000. 改善农民物质消费更要致力于更新生活方式. 消费经济, (4): 60～62
熊正文, 孙斌. 2009. 新农村建设的影响因素及对策分析. 重庆科技学院学报(社科版), (6): 51～52
徐红星, 吕仲贤, 郑许松, 等. 2009. 生物入侵及其对农田生态系统中生物多样性的影响. 中国计量学院学报, 20(1): 92～96
徐建光. 2006. 不同类型村庄新农村建设规划对策浅析——以浙江省永嘉县为例. 小城镇建设, (7): 46～50
徐瑞祥, 周生路, 邹勇刚, 等. 2001. 小城镇建设与土地利用问题及对策——以南京市为例. 经济地理, 21(5): 609～613
徐怡. 2010. 我国农村土地制度改革的新思考. 内蒙古农业大学学报(社会科学版), 12(5): 54～56
许经勇. 2005. 城乡二元结构体制下农村改革的局限性. 调研世界, (1): 3～6
许然. 1999. 浅析我国农业产业化的理论与实践. 河南教育学院学报(自然科学版), 8(1): 63～66
许树辉. 2001. 城镇土地集约利用研究. 地域研究与开发, 20(3): 67～69
许欣欣. 2000. 当代中国社会结构变迁与流动. 北京: 社会科学文献出版社. 165
许学强, 薛凤旋, 阎小培. 1998. 中国乡村—城市转型与协调发展. 北京: 科学出版社. 115～120
许学强, 叶嘉安. 1986. 我国城市化的省际差异. 地理学报, (3): 8～21
薛力. 2001. 城市化背景下的“空心村”现象及其对策探讨——以江苏省为例. 城市规划, 25(6): 8～13
严金明, 蔡运龙. 2000. 我国城镇化道路的选择与小城镇合理用地的思考. 中国土地科学, 14(4): 27～30
严正. 2000. 论中国的城市化进程. 当代经济研究, (8): 29～32
严志强, 陆汝成. 2008. 基于信息熵的小城镇土地利用结构变化及其持续利用研究——以广西北流市为例. 广西师范学院学报(自然科学版), 25(4): 70～74
杨彬. 1996. 社会空间-场论. 北方论坛, (6): 12～17
杨承训, 张新宁. 2014. 提高耕地质量: 农业内涵式发展之基. 中国井冈山干部学院学报, 7(4): 111～118
杨贵庆. 1993. 中国当今集镇建设规划与乡村城市化进程的若干问题. 城市规划汇刊, (4)
杨国安, 杨兆萍. 2008. 中国城市化过程中的空间集聚与分散. 科技导报, 26(10): 71
杨维军. 2006. 论三次土地制度变迁对我国现代化的影响. 开发研究, (1): 65～69
杨晓光, 樊杰. 2009. 中国农村工业企业区位变化研究. 经济地理, 29(3): 472～477
杨永春, 杨晓娟. 2009. 1949—2005 年中国河谷盆地型大城市空间扩展与土地利用结构转型——以兰州市为例. 自然资源学报, 24(1): 37～49
姚志勇. 2002. 环境经济学. 北京: 中国发展出版社

业祖润. 2001. 传统聚落环境空间结构探析. 建筑学报, (12): 20～24
叶裕民. 2001. 中国城市化之路: 经济支持与制度创新. 北京: 商务印书馆. 17～18
叶裕民. 2004. 世界城市化进程及其特征. 红旗文稿, (8): 37～38
易成栋. 2006. 中国农村家庭住房状况的地区差异. 资源与人居环境, (10): 66～68
尹怀庭, 陈宗兴. 1995. 陕西乡村聚落分布特征及其演变. 人文地理, 10(4): 17～24
于波. 2005. 全球化赋予城乡一体化的时代内涵研究. 农业经济, (4): 5～6
于秋华, 于颖. 2006. 中国乡村工业发展的制度分析. 财经问题研究, (12): 16～20
于然欣. 2009. 论生态文明建设的途径. 管理观察, (2): 184～185
于涛方. 2007. "中国城市化格局、过程及其机理研究"进展. 地理研究, 26(3): 27
于文博. 2001. 我国典型农业地域农业发展模式研究. 经济地理, 21(1):105～109
余斌, 罗静, 靳军. 2005. 城市化与城乡发展: 世界不同类型国家比较与启示. 地域研究与开发, (10): 17～20
余斌, 曾菊新, 罗静. 2006. 城乡地域系统空间组织的微观机制. 经济地理, 26(3): 364～368
余斌, 曾菊新, 罗静. 2007. 中国城镇非密集地区城乡发展的空间创新. 地理科学, 27(3): 296～303
袁克忠. 1998. 农业产业化发展之路探讨. 农业现代化研究, (1): 56～58
袁青, 冷红, 陈滨志. 2003. 寒地村镇住区空间环境规划的几点思考. 低温建筑技术, (4): 22～23
袁政. 2004. 中国城乡一体化评析及公共政策探讨. 经济地理, (3): 355～360
曾菊新. 1996a. 空间经济: 系统与结构. 武汉: 武汉出版社. 166～183
曾菊新. 1996b. 空间经济: 系统与结构. 武汉出版社. 125～130
曾菊新. 1996c. 空间经济: 系统与结构. 武汉: 武汉出版社. 181
曾菊新. 1996d. 空间经济: 系统与结构. 武汉: 武汉出版社. 124
曾菊新. 1996e. 空间经济: 系统与结构. 武汉: 武汉出版社. 159～183
张安录, 杨钢桥. 2000. 小城镇发展与建设用地管理. 城市规划, 24(9): 51～54
张博野, 曾菊新. 2008. 新农村建设中的人居环境优化研究. 湖北社会科学, (4): 48～51
张聪群. 2007. 新农村建设中的农村基层政权问题研究. 农村经济, (5): 7～10
张化. 1987. 试论"文革"中知识青年上山下乡运动. 党史通讯资料, (4): 12～13
张晖, 刘林, 左停. 2011. 新农村建设背景下"空心村"的治理问题研究. 安徽农业科学, 39(9): 5599 ～5601
张济生, 张守美. 1999. 产农品的流通和工业品化程度. 中国农机化, (2): 12～13
张京祥. 2000. 城市与区域管治及其在中国的研究和应用. 城市问题, (6): 40～44
张雷, 沈叙建, 杨萌凯, 等. 2004. 中国区域发展的资源环境协调问题. 地理科学进展, 23(6): 10～19
张立平, 钟涨宝, 颜其松. 2006. 农地流转新困境及其破解对策——兼论农户兼业及其对农地流转的影响. 农村经济, (12): 47～49
张丽亚. 2004. 关于欠发达地区实现农业产业化的思路. 理论观察, (5): 57～58
张泉, 王晖, 陈浩东, 等. 2006a. 城乡统筹下的乡村重构. 北京: 中国建筑工业出版社. 97～99
张泉, 王晖, 陈浩东, 等. 2006b. 城乡统筹下的乡村重构. 北京: 中国建筑工业出版社. 102～103
张泉, 王晖, 陈浩东, 等. 2006c. 城乡统筹下的乡村重构. 北京: 中国建筑工业出版社. 69～70
张绍丽. 2006. 我国农业产业组织的主要模式与绩效分析. 新东方, (6): 38～41
张树新, 费迅. 2003. 粮食统购统销与我国计划经济体制的最终确立. 党史研究与教学, (1): 22～26
张田, 卜美东, 耿维. 2012. 中国畜禽粪便污染现状及产沼气潜力. 生态学杂志, 31(5): 1241～1249
张维理, 武淑霞, 冀宏杰, 等. 2004. 中国农业面源污染形势估计及控制对策. 21 世纪初期中国农业面源污染的形势估计. 中国农业科学, 37(7): 1008～1017
张小林. 1999a. 乡村空间系统及其演变研究(以苏南为例). 南京: 南京师范大学出版社. 112
张小林. 1999b. 乡村空间系统及其演变研究(以苏南为例). 南京: 南京师范大学出版社. 128

张小林. 1999c. 乡村空间系统及其演变研究(以苏南为例). 南京: 南京师范大学出版社. 136～137
张小林. 1999d. 乡村空间系统及其演变研究——(以苏南为例). 南京: 南京师范大学出版社. 204～205
张小林. 1999e. 乡村空间系统及其演变研究(以苏南为例). 南京: 南京师范大学出版社. 217～220
张小林. 1999f. 乡村空间系统及其演变研究(以苏南为例). 南京: 南京师范大学出版社. 220～228
张小林. 1999g. 乡村空间系统及其演变研究(以苏南为例. 南京: 南京师范大学出版社. 94
张小林. 1998h. 乡村空间系统及其演变研究(以苏南为例). 南京: 南京师范大学出版社. 101～103
张晓玲, 刘海广, 别秀梅. 1999. 农业产业化是农村经济发展的必由之路. 吉林农业大学学报, 21(增刊): 139～141
张玉龙. 2008. 浅谈农民工现象所引起的城乡文化的整合. 现代企业文化, (23): 38～39
张昭. 1998. 关于河北省空心村治理的理论探讨. 河北师范大学学报(自然科学版), (4): 63～67
张志辽. 2005. 生态移民的缔约分析. 重庆大学学报(自然科学版), 28(8): 149～153
章辉, 吴柏均, 杨上广. 2006. 长三角城市化发展的影响因素及动力机制. 工业技术经济, 25(10): 45～49
章辉美. 2005. 中国农村土地制度变迁对农村社会发展的影响. 中州学刊, (5): 44～46
章家恩, 骆世明. 2000. 农业生态系统模式研究的几个基本问题探讨. 热带地理, 20(2): 102～106
赵德余, 温思美. 2004. 我国农业产业化组织形成的动因与线索. 农村经济, (4): 5～8
赵任任, 周寅康. 1999. 小城镇土地利用问题与对策研究——以深圳市坪地镇为例. 地域研究与开发, 18(2): 89～92
赵荣. 2002. 人文地理学. 北京: 高等教育出版社. 198
赵树枫, 陈光庭, 张强. 1998(增刊). 世界乡村城市化与城乡一体化. 城市问题, 14～15
赵伟, 藤田昌九, 郑小平, 等. 2009. 空间经济学: 理论与实证新进展. 浙江大学出版社. 22
赵之枫. 2001. 乡村人居环境建设的构想. 生态经济, (5): 50～52
甄峰, 黄朝永. 1999. 国内城乡一体化研究进展与思考. 城市研究, (2): 47～49
甄峰. 1998. 城乡一体化理论及其规划探讨. 城市规划汇刊, (6): 28～31
中共中央马克思恩格斯列宁斯大林著作编译局. 1961. 马克思恩格斯全集(第 46 卷)上册. 北京: 人民出版社. 478
中共中央政策研究室. 1994. 农业部农村固定观察点办公室. 对农民职业分化的调查. 中国农村经济, (3): 33～38
中国城市科学研究会. 2011. 中国小城镇和村庄建设发展报告. 北京: 中国城市出版社. 8
中国乡镇企业杂志社. 2004. 我国将加快打造农业生态系统. 中国乡镇企业, (3): 61
种道平, 钟涨宝. 2003. 正确处理土地抛荒与税费征收之间的关系. 农业经济, (2): 7～9
周德群. 2009. 对城乡“二元”结构的反思及走向分析. 理论前沿, (3): 28～29
周建, 施国庆, 李菁怡. 2009. 生态移民政策与效果探析——以新疆塔里木河流域轮台县生态移民为例. 水利经济, 27(5): 68～72
周立群, 曹利群. 2001. 农村经济组织形态的演变与创新——山东省莱阳市农业产业化调查报告. 经济研究, (1): 69～75
周晓虹. 1998. 传统与变迁: 江浙农民的社会心理及其近代以来的嬗变. 北京: 三联书店. 43
周心琴, 张小林. 2005a. 我国乡村地理学研究回顾与展望. 人文地理, 25(2): 285～288
周心琴, 张小林. 2005b. 1990 年以来中国乡村地理学研究进展. 人文地理, (5): 8～12
周楦博, 李余全. 2014. 化解土地流转中存在问题的思考和建议. 重庆国土资源, (4): 32～35
周学勤. 2009. 中部地区“空心村”宅基地整治与管理应并重——访中国农业大学张正河教授. 农村工作通讯, (12): 14～15
周一星. 1994. 城市地理学. 北京: 商务印书馆. 56～60
周一星. 1995a. 城市地理学. 北京: 商务印书馆. 48

周一星. 1995b. 城市地理学. 北京: 商务印书馆. 107～114
周一星. 1995c. 城市地理学. 北京: 商务印书馆. 79～88
周一星. 1995d. 城市地理学. 北京: 商务印书馆. 118～120
周一星. 1995e. 城市地理学. 北京: 商务印书馆. 119～122
周直, 朱未易. 2002. 人居环境研究综述. 南京社会科学, (2): 84～88
朱平. 2005. 城乡聚落对比分析. 中学地理, (3): 24～25
朱希刚. 1998. 中国农村改革20年: 回顾与展望. 农业经济问题, (9): 2～7
朱志萍. 2008. 城乡二元结构的制度变迁与城乡一体化. 软科学, (6): 104～108
转引自吴良镛. 2001. 人居环境科学导论. 北京: 中国建筑工业出版社. 原引自 Ekistics, 1976, (5): 246
邹兵. 2001. 交易成本理论: 一个研究乡镇企业空间布局的新视角. 城市规划汇刊, (4): 8～11
邹德萍. 2001. 警惕"农村城市化"的圈地热. 价格月刊, (6): 19～20
邹伟. 2008. 乡镇行政区划调整对土地利用影响研究——以江苏金坛市薛埠镇为例. 经济问题, (4): 77～80
左玉辉. 2002. 环境学. 北京: 高等教育出版
A·迈里克·弗里曼. 2002. 环境与资源价值评估——理论与方法. 曾贤刚译. 北京: 中国人民大学出版社
Afshar F. 1998. Balancing global city with global village. Habitat Intl, 22(4): 375～387
Blumenberg E, Manville M. 2004. Beyond the Spatial Mismatch: Welfare Recipients and Transportation Policy. Journal of Planning Literature, (19): 182
Coombes M, Raybould S. 2001. Public policy and population distribution: Developing appropriate indicators of settlement patterns. Environment and Planning C: Government and Policy, 19(2): 223～248
David L B, Mark S H. 1997. Rural Industrial Development: To Cluster or Not to Cluster. Review of Agricultural Economics, 19(2): 308～325
Hugo G, Champion A. 2003. Alfredo Lattes. Toward a new conceptualization of settlements for demography. Population and Development Review, (2):277～297
Janelle D G. 1969. Spatial organization: A Model and a Concept. Annals of Association of American Geographers, 59: 348～364
Lefebvre H. 1990. The Production of Space . Malden: Blackwell Publishing. 56～58
Ruda G. 1998. Rural buildings and environment. Landscape and Urban Planning, 41(2):93～97
Smardon R C. 1996. 视觉景观评估与分析(Foundations of Visual Project Analysis). 李丽雪等译. 台北: 田园文化
Weber A. 1997. 工业区位论. 李刚剑等译. 北京: 商务印书馆. 58